Michael Herbst

Missionarischer Gemeindeaufbau in der Volkskirche

Michael Herbst

Missionarischer Gemeindeaufbau in der Volkskirche

Calwer Verlag Stuttgart

CIP-Kurztitelaufnahme der Deutschen Bibliothek

Herbst, Michael:
Missionarischer Gemeindeaufbau in der
Volkskirche / Michael Herbst. – Stuttgart:
Calwer Verl., 1987.
  ISBN 3-7668-0831-1

ISBN 3-7668-0831-1

© 1987 by Calwer Verlag Stuttgart
Umschlagbild: Bronzetafel von Lorenzo Ghiberti, 1403–1424;
Florenz, Baptisterium, Nordtür, rechter Flügel – Scala, Florenz
Umschlaggestaltung: Otfried Kegel
Satz: IBV Satz- und Datentechnik GmbH, Berlin
Druck: Kohlhammer + Wallishauser, Hechingen
Verarbeitung: Verlagsbuchbinderei W. Weber, Plüderhausen

Inhalt

Drittes Kapitel
Die Gemeinde als Bau
Neutestamentliche Perspektiven 74

Vorwort

Die vorliegende Arbeit über den missionarischen Gemeindeaufbau entstand in den Jahren 1981 bis 1985. Sie wurde im Mai 1985 an der Theologischen Fakultät der Universität Erlangen-Nürnberg als Inauguraldissertation vorgelegt. Das Erstgutachten verfaßte Prof. Dr. Manfred Seitz, der die Arbeit auch angeregt und begleitet hat. Das Zweitgutachten verfaßte Prof. Dr. G. R. Schmidt.

Das Thema »Missionarischer Gemeindeaufbau in der Volkskirche« hat in den letzten Jahren immer mehr an Bedeutung gewonnen. Die Erosion der Volkskirche zwingt zu einer Neubesinnung über die Frage des Gemeindeaufbaus. Die vorliegende Arbeit möchte ein Gesprächsbeitrag zu dieser Neubesinnung sein. Im ersten Teil werden die theologischen und soziologischen Grundlagen erarbeitet: Praktische Theologie als Wissenschaft vom Gemeindeaufbau muß danach fragen, wie der Aufbau der Gemeinde vom Neuen Testament und vom Bekenntnis der Kirche her im Raum der Volkskirche geschehen kann. Im zweiten Teil werden die z. Zt. diskutierten Konzeptionen der Gemeindearbeit vorgestellt und auf ihre Bedeutung für den missionarischen Gemeindeaufbau hin befragt. Im letzten Teil dieser Arbeit geht es um ein eigenes Konzept für den missionarischen Gemeindeaufbau in der Situation der Volkskirche. Grundentscheidungen und ein kybernetisches Programm werden dabei zur Diskussion gestellt.

Danken möchte ich vor allem meinem Lehrer Prof. Dr. Manfred Seitz für die intensive Begleitung dieser Arbeit und die prägende persönliche Lehrzeit, die ich als sein Assistent am Institut für Praktische Theologie verbringen durfte, meinen Freunden Falk und Walter Becker sowie Esther Barbara Hanzig für das wichtige theologische Gespräch in diesen Jahren, meiner Vikariatsgemeinde in Münster und besonders meinem Vikariats-Mentor Pfr. Wolfgang Heide für die Geduld angesichts einer nicht enden wollenden Arbeit, Betty und Ulrich Mehrer in Erlangen für den Einsatz beim Schreiben und Korrigieren des Manuskriptes. Mein Dank gilt auch der Zantner-Busch-Stiftung in Erlangen für ihren großzügigen Druckkostenzuschuß und dem Calwer Verlag Stuttgart für die Aufnahme dieses Buches in sein Verlagsprogramm. Danken möchte ich auch Dorothea Bieneck in Erlangen und Hannelore Welte in Münster für die Mithilfe bei den Korrekturen. Viele andere haben beim Entstehen der Arbeit mitgeholfen. Auch ihnen sei an dieser Stelle ein herzlicher Dank gesagt. Unmöglich wäre es aber gewesen, diese Arbeit zu beginnen und zu vollenden ohne die Mithilfe und das Opfer an Zeit und Kraft, die meine Frau und mit ihr unsere Kinder auf sich genommen haben. Ihnen gilt an dieser Stelle ein besonderer Dank.

Münster, Christi Himmelfahrt 1987   *Michael Herbst*

Erster Teil

Gemeindeaufbau als Problem
der Praktischen Theologie

Erstes Kapitel

Die Aufgabe der Praktischen Theologie[1]

A. Das Problem

Die Praktische Theologie befindet sich in einer ziemlich ungemütlichen Lage; und strenggenommen ist dies immer so gewesen. Ist sie bemüht, ihren Kritikern zu beweisen, daß sie zu Recht als theologische Wissenschaft neben Dogmatik, Exegese oder Kirchengeschichte existiert, so läuft sie Gefahr, daß man ihr vorhält, sie sei nicht ausreichend praxisorientiert. Konzentriert sie sich hingegen voll und ganz darauf, der kirchlichen Praxis begleitend zur Hilfe zu kommen, wird sie sich schnell dem Vorwurf ausgesetzt sehen, sie sei nicht wissenschaftlich genug. Die Praktische Theologie befindet sich in dieser ungemütlichen Lage zwischen Wissenschaft und Kirche und kann ihr nicht entrinnen. Dies ist ihr aufgetragen.[2]
Dem Gemeindeaufbau ergeht es nicht besser. Vielen ist schon der Begriff suspekt. Lebt hier etwa das »Erbauliche« wieder auf mit all seinen unerfreulichen Begleiterscheinungen wie Weltferne und Konventikeltum? Jedenfalls: Was hat Gemeindeaufbau mit theologischer Wissenschaft zu tun?
Damit wird ein erster Fragenhorizont sichtbar. Es geht in diesem Kapitel um die Klärung der Frage, was unter »Praktischer Theologie« zu verstehen ist und welche Bedeutung dem Thema »Gemeindeaufbau« innerhalb der Praktischen Theologie zukommt. Mit dieser Fragestellung ist zugleich die Hoffnung verbunden, daß die unlösbare Verbindung eines verantwortlichen Verständnisses von Praktischer Theologie mit dem Thema »Gemeindeaufbau« sichtbar gemacht werden kann. Zugleich wird sich der Aufbau und das Vorgehen der vorliegenden Arbeit aus diesem Verständnis von »Praktischer Theologie und Gemeindeaufbau« ergeben. Methodisch wurde ein wissenschaftsgeschichtlicher Zugang gewählt, da die zu diskutierenden Probleme im Laufe der Geschichte dieser Disziplin mit wünschenswerter Klarheit zutage getreten sind.

B. Zugänge durch die Geschichte

I. Friedrich Schleiermacher (1768–1834)

Friedrich Schleiermacher gilt zu Recht als der Begründer einer selbständigen praktisch-theologischen Disziplin im Raum der theologischen Wissenschaften.[3] Natürlich gab es durchaus schon praktisch-theologische Fragestellungen vor Schleiermacher. Das Neue Testament ist voll von Praxis und Anleitung zur Praxis! Seit der Alten Kirche gibt es einen breiten Strom pastoraltheologischer Literatur, die Beruf und Leben des geistlichen Amtes[4] zum Thema macht (z. B. die Schrift »De Fuga« von Gregor von Nazianz). David Hollaz nannte die Theologie als ganze eine »scientia eminens practica«.[5] Die reformierten Theologen Andreas Hyperius und Gisbert Voetius thematisierten Fragen der Kirchenleitung und der kirchlichen Praxis.[6] Aber es kam vor Schleiermacher eben nicht zu einer allgemein anerkannten und zum wissenschaftlichen Kanon gehörigen theologischen Disziplin mit klar umrissenen Aufgaben und Grenzen.[7]

Darin bestand die Leistung Schleiermachers: Er hat die Rolle der Praktischen Theologie innerhalb der wissenschaftlichen Theologie definiert und damit diesem Fach präzise Aufgaben zugewiesen.

Als erstes ist in diesem Zusammenhang die »Kurze Darstellung des theologischen Studiums« von 1811 (2. Aufl. 1830) zu nennen. Schleiermacher bemüht sich in dieser kurzen Schrift um eine Enzyklopädie der Theologie und ihrer einzelnen Disziplinen. Er rechnet dabei die Theologie zu den sogenannten positiven Wissenschaften.[8] Damit legt er die Theologie – als ganze! – sofort auf ihren Bezug zur Praxis fest. Positive Wissenschaften sind nämlich nicht durch die Idee des Wissens geprägt, sondern vielmehr durch ihre Beschäftigung mit einer konkreten Aufgabe. Schleiermacher präzisiert diese Auskunft mit seiner berühmten Definition der Theologie: »Die christliche Theologie ist sonach der Inbegriff derjenigen wissenschaftlichen Kenntnisse und Kunstregeln, ohne deren Besitz und Gebrauch eine zusammenstimmende Leitung der christlichen Kirche, d. h. ein christliches Kirchenregiment, nicht möglich ist.«[9]

Dieser energische Verweis auf die praktische Aufgabe der gesamten Theologie sollte auch als einheitsstiftendes Prinzip in einer Zeit dienen, in der sich die einzelnen Disziplinen der theologischen Wissenschaften differenzierten und auseinandertraten: Die Historische Theologie (in dichtem Gespräch mit der profanen Geschichtswissenschaft) und die Systematische Theologie (in ebenso dichtem Gespräch mit der Philosophie) gingen ihre eigenen Wege. Dabei entließen sie auch die praktischen Fragen der Kirche aus ihrer Zuständigkeit. Beiden Tendenzen will Schleiermacher durch seine Definition wehren.[10]

Auch wenn die gesamte Theologie auf die praktische Aufgabe der Kirchenleitung bezogen wird, ist eine spezielle praktische Disziplin in der Theologie notwendig. Schleiermacher unterschied darum zwischen Historischer, Philosophischer und Praktischer Theologie.[11] Die Praktische Theologie ist allerdings nicht in demselben Maße als Wissenschaft anzusehen wie die beiden anderen Fächer der Theologie. Sie ist Wissenschaft in einem weiteren Sinne des Wortes, weil auch in ihr – wie in jeder ordentlichen Wissenschaft – Erfahrung und Wissen aufeinander bezogen werden.[12] Ihre Aufgabe aber ist – vergleichbar mit der der Politik, der Pädagogik oder der Hermeneutik – unmittelbar praktischer Art: Sie soll Kunstregeln für die Kirchenleitung formulieren. Ihre Arbeit ist also ausschließlich technischer, regelgebender Art. Sie soll die ihr gestellten Aufgaben nicht mehr systematisch durchdenken; das ist Aufgabe der Historischen und Philosophischen Theologie. Sie soll allein für die angemessene Bewältigung der ihr vorgegebenen Aufgaben sorgen.[13]

Dieser Dienst der Praktischen Theologie ist aber für die Theologie als ganze unverzichtbar. Das wird auch an einem Bild deutlich, das Schleiermacher in der ersten Auflage der »Kurzen Darstellung« (1811) benutzte. Während Historische und Philosophische Theologie die Wurzel und den Stamm eines Baumes darstellen, bildet die Praktische Theologie die Krone des Baumes.[14] So ist die Praktische Theologie zwar eine nachgeordnete Wissenschaft, aber doch ein – schon für die der Theologie aufgetragene Ausbildungsaufgabe[15] – unverzichtbarer Teil der theologischen Wissenschaft. Schleiermacher betont allerdings, daß die Praktische Theologie selbst noch nicht Praxis ist, sondern Theorie der Praxis.[16] Ihre Kunstregeln sind auch nicht Rezepte, die einfach befolgt werden können, sondern Prinzipien kirchlicher Leitungspraxis, die in der konkreten Situation erst noch umgesetzt werden wollen.[17]

Friedrich Wintzer hat die Bedeutung Schleiermachers für die Entwicklung der Praktischen Theologie treffend formuliert: »Schleiermacher hat die Praktische Theologie als Theorie kirchlichen Handelns über das Niveau einer theologia applicata, die lediglich anhangweise den Blick auf die speziellen Berufsfragen des zukünftigen Pfarrers lenkte, hinausgehoben; und er hat die Formel genannt, die der Praktischen Theologie grundsätzlich innerhalb der theologischen Wissenschaft ein Heimatrecht gab: die (mittelbare) Teilhabe aller Theologie an der im umfassenden Sinne verstandenen Aufgabe der Kirchenleitung, die der spezielle Gegenstand der Praktischen Theologie ist.«[18]

Schleiermacher stellte die Vorarbeit der beiden anderen theologischen Disziplinen dabei in Rechnung. Der Praktische Theologe kann deren Ergebnisse voraussetzen und muß nicht eigene systematische Entscheidungen treffen. Daß hier kontroverse systematische Entscheidungen zu eigenen Überlegungen zwingen könnten, hatte er nicht im Blick. Das lag vielleicht auch daran, daß er – wie nach ihm auch Nitzsch und Harnack – neben der Praktischen Theologie selbst auch die Systematische Theologie an der Universität besorgte.[19]

Für den Zusammenhang von Praktischer Theologie und Gemeindeaufbau ist etwas anderes bemerkenswert: Schleiermacher hat nicht nur die Theologie als ganze, sondern auch die Praktische Theologie auf die Reflexion der Kirchenleitung verpflichtet. Dieser Bezug auf die Kirche und deren praktische Gestaltung ist bis heute ein weitgehender Konsens der Praktischen Theologen.[20] Der Begriff der zusammenstimmenden Kirchenleitung läßt sich jedenfalls ohne Schwierigkeiten vom Gemeindeaufbau her verstehen. Allerdings ist der Begriff »Kirchenleitung« enger gefaßt als der Begriff »Gemeindeaufbau«. Hier liegt wohl auch die Grenze der Definition Schleiermachers: Es droht eine Engführung der Praktischen Theologie auf kirchenregimentliche und pastoraltheologische Fragen. Dieser Gefahr ist Schleiermacher nicht entgangen, obwohl er die »Circulation der Mittheilung«[21] in der Gemeinde betonte. Das aber gilt es trotz jener Gefahr der Pfarrerzentrierung in der Praktischen Theologie Schleiermachers festzuhalten: Er hat sowohl der Praktischen Theologie einen eigenen Ort in der theologischen Wissenschaft zugewiesen als auch den Horizont der Gemeinde und ihres Aufbaus für die Theologie eröffnet.

II. Carl Immanuel Nitzsch (1787–1868)

C. I. Nitzsch lehrte in Bonn und Berlin Praktische Theologie und setzte das Werk seines Lehrers Schleiermacher fort. Zugleich unterscheidet sich der bedeutende Vermittlungstheologe Nitzsch an einigen prägnanten Stellen von seinem Lehrer. In der Geschichte der Praktischen Theologie ist er gewiß von mindestens gleicher Bedeutung wie Schleiermacher. Die »Observationes ad theologiam practicam felicius excolendam« (1831) nehmen ebenso eine Schlüsselstellung in der Geschichte dieser Disziplin ein wie die dreibändige »Praktische Theologie« (1847 ff.), die den ersten Gesamtentwurf der Disziplin überhaupt darstellt.[22]

Nitzsch hat eine folgenreiche Grundentscheidung für praktisch-theologisches Arbeiten getroffen, mit der er sich von Schleiermacher absetzte. Darin stimmt er auch mit dem Hegelianer K. P. Marheineke überein, der die Praktische Theologie als systematische Disziplin konzipieren wollte.[23] Entweder kann sich die Praktische Theologie in vollem Sinne als Wissenschaft erweisen, oder sie hat im Raum der akademischen Theologie nichts verloren.[24] Die Wissenschaftlichkeit Praktischer Theologie aber war für Nitzsch daran gebunden, daß sie eben auch systematisch-theologisch arbeiten müßte. Sie muß auch von ihrem Subjekt, der handelnden Kirche, ausreichend und präzise Auskunft geben können. Sie kann diese Aufgabe nicht an die Systematische Theologie delegieren. Die Frage nach dem Wesen und Auftrag der Kirche wird damit zur Quelle und Voraussetzung der Praktischen Theologie gerechnet. Erst nach der Klärung dieser Fragen darf sie sich den Problemen des praktischen Verfahrens widmen.[25]

Einen zweiten Schwerpunkt hat C. I. Nitzsch auf die kirchliche Statistik gelegt. Während Schleiermacher diese Frage der Systematischen Theologie zuschrieb, verlangte Nitzsch von der Praktischen Theologie die konzentrierte Beschäftigung mit der kirchlichen Wirklichkeit. Dazu gehören konfessionskundliche Fragen ebenso wie eine genaue Beobachtung des kirchlichen Lebens und seiner Tendenzen.[26]

Indem Nitzsch die Kirche als handelndes Subjekt der Praktischen Theologie betrachtet, hat er schon hier grundlegend der Pfarrerzentrierung die Spitze genommen. Jeglichem Ansinnen einer Pastorenkirche stellt er das »Allgemeine Priestertum der Glaubenden« entgegen.[27]

So finden sich in der Definition der Praktischen Theologie bei C. I. Nitzsch die bis heute tragenden Elemente praktisch-theologischen Arbeitens: Die Aufgabe besteht darin, »auf dem Grunde der Idee der christlichen Kirche und des kirchlichen Lebens durch Verständniß und Würdigung des gegebenen Zustandes zum leitenden Gedanken aller kirchlichen Amtsthätigkeiten zu gelangen.«[28]

Praktische Theologie im 19. Jahrhundert ist ohne diese Ansätze undenkbar. Besonders die Verpflichtung auf systematische Grundlegung ist von allen Nachfolgern Nitzschs aufgenommen worden. »Nitzsch hat... die Praktische Theologie als Theorie kirchlichen Handelns definiert und zugleich die Notwendigkeit spezieller theologisch-systematischer Besinnung und historischer Orientierung betont.«[29]

Die meisten Berichterstatter der Geschichte praktisch-theologischen Arbeitens fassen die nächsten Jahrzehnte sehr summarisch zusammen, indem sie auf die großen »Systeme« der Praktischen Theologie hinweisen, die eigentlich eher Dogmatiken gewesen seien. Schuldpflichtig werden Ehrenfeuchter, Harnack, v. Zezsch-witz u. a. genannt. Eine nähere Auseinandersetzung mit dem Werk dieser Theologen lohnt sich offenbar nicht; jedenfalls werden keinerlei Hoffnungen mehr mit diesen Namen verbunden. Sie sind in die Geschichte entlassen.[30] Bei näherem Hinsehen wird man dieses Urteil kaum teilen können. Daß hier ein Defizit vorliegt, soll am Beispiel Theodosius Harnacks gezeigt werden.

III. Theodosius Harnack (1817–1889)

Theodosius Harnack gehörte zum baltischen erwecklichen Luthertum. Er lehrte Praktische und zeitweise auch Systematische Theologie in Dorpat und Erlangen. Neben seiner wissenschaftlichen Tätigkeit war er eng mit der livländischen Kirche verbunden. Auch wenn er die Wendung der livländischen Theologie und Kirche zum konfessionellen Luthertum um 1850 mitmachte, blieben doch die erwecklichen Grundgedanken wirksam, etwa die Betonung der persönlichen Glaubensge-wißheit. Nach seinem Tod verlor Harnack immer mehr an Bedeutung. Sein Sohn Adolf, dessen »liberalen« Weg er scharf mißbilligt hatte, wurde zur führenden theologischen Autorität. Seither war es ziemlich still um Theodosius Harnack, wenn man von einigen wenigen Bemühungen absieht, die Georg Merz und Martin Doerne unternahmen, um das Werk dieses bedeutenden Theologen wieder bekannt zu machen.[31] Harnack hat sich bereits 1847 in seiner Promotion mit der Frage beschäftigt, was eigentlich unter »Praktischer Theologie« zu verstehen sei: »De theologia practica recte definienda et adornanda«. Dieses Problem blieb dann bis zu seinem Spät-werk, der zweibändigen »Praktischen Theologie« (1877/78) für ihn wichtig. Theologie als ganze ist kirchliche und damit auch konfessionelle Wissenschaft. Sie teilt mit der Kirche den Ursprung aus dem Worte Gottes. Der Glaube der Kirche ist zugleich auch ihr Grund. Die Kirche als Subjekt der Theologie benötigt wissen-schaftliche Reflexion, damit sie ihre Leitungsaufgaben angemessen bewältigen kann, und damit sie denkerisch ihr Bekenntnis gegenüber der Welt vertreten kann, in die sie »berufsmäßig« gesandt ist.[32] Harnack hat immer wieder die heilsgeschichtliche Bedeutung der lutherischen Theologie hervorgehoben. Hier sei die rechte Zuordnung der drei tragenden Grö-ßen »Schrift«, »Bekenntnis« und »Glaube« gelungen. Harnack will alle drei Be-griffe in seiner Ekklesiologie zum Wesen der Kirche rechnen: Die Schrift als norma normans, das Bekenntnis als Gesamteinsicht der Kirche in die Schrift oder norma normata und den Glauben als notwendige persönliche Antwort des Men-schen in der Kraft des Geistes.[33] Gehört aber der Glaube zum Wesen der Kirche, dann soll auch der forschende Theologe ein Glaubender sein. Auch der Theologe ist an den Glauben seiner Kirche gebunden. Und umgekehrt: Ohne persönlichen Glauben kann es keine rechte theologische Erkenntnis geben.[34] Im Zusammenhang dieser Arbeit ist nun aber die Definition der Theologie in Har-nacks Werk hochinteressant. Die Theologie wird zu einem Dienst an der Οἰϰο-δομή nach Eph 4,12 verpflichtet. Theologie als kirchliche Wissenschaft fragt nach der Wahrheit des christlichen Glaubens, hat aber zugleich eine praktische Aus-richtung. Sie soll dem Aufbau der christlichen Gemeinde dienen. Die Freiheit der theologischen Forschung soll nicht angetastet werden, aber sie soll auch nicht den ihr gesetzten Rahmen vergessen: Πάντα πρὸς οἰκοδομὴν γινέσθω (1 Kor 14,26). Das ist das Motto, das Harnack über seine »Praktische Theologie« (1877/78) gesetzt hat. Das ist der sinngebende Rahmen der ganzen Theologie. Indem Harnack immer wieder auf die tragenden neutestamentlichen Worte vom Gemeindeaufbau Bezug nimmt, schärft er der Theologie diese Verpflichtung stets neu ein: Theologie »dient... an ihrem Theil der Erbauung des Leibes Christi: nicht im engeren Sinne des ascetischen Sprachgebrauchs, sondern in dem vollen des neutestamentlichen: der Erhaltung, Förderung, Hinanführung der Kirche und der Einzelnen zu ihrer Vollendung.«[35]

Wenn aber die ganze Theologie ihrer Bestimmung nach der Gemeinde Jesu und ihrem Aufbau zu dienen hat, was ist dann der Sinn einer eigenständigen praktisch-theologischen Disziplin? Wird sie nicht zum unnötigen Luxus?

Harnack betont die Bedeutung der Praktischen Theologie als einer explizit praktischen Disziplin, die sich nun im engeren Sinne mit der Auferbauung des Leibes Christi befaßt, namentlich mit denjenigen Lebensfunktionen der Kirche, die unmittelbar an dieser Auferbauung des Leibes Christi beteiligt sind. Er definiert Praktische Theologie – sicherlich in Anlehnung an Nitzsch –: Praktische Theologie »ist die Wissenschaft von der Selbstbethätigung der Kirche zur Auswirkung ihrer Idee auf Grund ihrer Vergangenheit für die Fortbildung zu ihrer Zukunft.«[36]

In dieser Definition ist das Selbstverständnis einer wissenschaftlich verantworteten theologischen Disziplin enthalten, die sowohl dogmatisch-grundlegend als auch historisch-kritisch und konstruktiv-planerisch der Zukunft der Kirche dienen will. Damit ist der entscheidende Bezugsrahmen und die gegliederte Arbeitsweise der Praktischen Theologie im Zusammenhang mit dem Gemeindeaufbau zutage getreten.

Selbsterbauung der Kirche als des Leibes Christi bedeutet extensives und intensives Wachstum. Menschen sollen zur Gemeinde Jesu und zum Glauben an Christus geführt werden (extensives Wachstum), um dann im Glauben und Zusammenleben der Gemeinde reifen zu können (intensives Wachstum). Die Praktische Theologie reflektiert nun diejenigen Lebensfunktionen, die notwendig sind, damit extensives und intensives Wachstum stattfinden können. Sie reflektiert dabei vor allem die Subjekt-Objekt-Dialektik, in der die Kirche selbst bei ihrer Erbauung steht. Sie ist Objekt der Erbauung (Christus erbaut die Kirche) und zugleich Subjekt der Erbauung (Christus erbaut die Kirche durch die Kirche). Darum spricht Harnack auch von der Selbsterbauung der Kirche. Christus benutzt die Kirche als Organ der Erbauung. Dazu sind der Kirche Wort und Sakrament übergeben worden. Wort und Sakrament sind die Lebensfunktionen der sich selbst erbauenden Kirche schlechthin. Die Praktische Theologie thematisiert ausdrücklich die Selbsterbauung durch Wort und Sakrament. Damit wird sie zugleich zum Wächter über den Bezug der gesamten Theologie zur Selbsterbauung der Kirche. Schließlich wird die Selbsterbauung zum gliedernden Prinzip der Praktischen Theologie. Es wird unterschieden zwischen der aedificatio directa oder dem Kirchendienst (aufgeteilt in extensive Funktionen der Mission und Katechetik und intensive Funktionen des Gottesdienstes und der Seelsorge) und der aedificatio indirecta oder dem Kirchenregiment (dessen Aufgaben in der äußeren Leitung der Kirche durch Kirchenrecht, Kirchenordnung und Kirchenregiment bestehen).[37]

Zum Schluß ist noch darauf hinzuweisen, daß eine zweite Definition der Praktischen Theologie eine wichtige und notwendige Ergänzung zu dem bisher Gesagten bietet: »Die rechte praktische Theologie soll aus dem Grunde des Ursprünglichen schöpfen, um daran das Vorhandene zu prüfen, zu bewähren und fortzubilden.«[38] Das »Vorhandene« wird also zum Thema der Praktischen Theologie. Sie hat auch gründlich das gegenwärtige Leben ihrer Kirche in Augenschein zu nehmen. Aber sie darf sich weder zum bloßen Referenten noch zum Advokaten der empirischen Kirche und ihrer Praxis machen. Sie hat vielmehr die empirische Kirche kritisch an ihrem Ursprung zu messen und ihre Fortbildung zu planen.[39]
Theodosius Harnack hat der Praktischen Theologie als kirchlicher Wissenschaft einen umfassenden biblischen Auftrag zugewiesen. Sie soll der Οἰκοδομή nach 1 Kor 14,26 und Eph 4,12–16 dienen. Damit wird der Praktischen Theologie der Bezug zum christlichen Gottesdienst gegeben. Sie erscheint selbst als ein im weitesten Sinne gottesdienstliches Element (1 Kor 14) oder als ein Charisma in der Auferbauung des Leibes Christi in der Welt (Röm 12,1–8). Dieser Bestimmung von Praktischer Theologie weiß sich die vorliegende Arbeit verpflichtet.
Auch der »Arbeitsplan« einer so verstandenen Praktischen Theologie bleibt bedenkenswert. Sie soll dogmatisch, historisch, empirisch-kritisch und konstruktiv arbeiten. Diese Aufzählung findet sich bis in handlungswissenschaftliche Konzepte moderner Praktischer Theologie – wenn auch mit unterschiedlichen Gewichtungen – immer wieder. Harnack gibt aber der dogmatischen Aufgabe den unbedingten Vorrang in dieser Aufzählung. Praktische Theologie soll sich demnach stets an der Gesamteinsicht der Kirche in die Heilige Schrift orientieren. Das ist ihre Quelle.
Auch wenn man bereit ist, diesen Ansatz positiv zu würdigen, wird man kritisch das Übergewicht erwähnen, das in Harnacks »Praktischer Theologie« dem Ekklesiologischen zukommt. Darüber wird das von Harnack selbst geforderte empirische Studium fast vergessen. Außerdem bedroht die Konzentration der Praktischen Theologie auf Wort und Sakrament das von Harnack postulierte allgemeine Priestertum der Glaubenden. Wort und Sakrament werden dem Amt übergeben, nicht einzelnen. Das Amt repräsentiert die Kirche als ganze und als Organ Christi bei der Erbauung seines Leibes. Dabei droht das allgemeine Priestertum als Thema der Praktischen Theologie in Vergessenheit zu geraten.[40]
Gegen das Defizit an Wirklichkeitsbezug in der Praktischen Theologie hat sich ein anderer Theologe des 19. Jahrhunderts mit seiner Arbeit gewandt:

IV. Christian Palmer (1811–1875)

Die Bedeutung dieses Tübinger Gelehrten hat Dietrich Roessler als ein später Nachfolger Palmers in Tübingen hervorgehoben.[41] Zwischen 1852 und 1875 lehrte Palmer in Tübingen und brachte zu fast allen wichtigen praktisch-theologischen Fragen bedeutende Veröffentlichungen hervor. Nur ein System der Praktischen Theologie hat er nie geschrieben; und das war gewiß kein Zufall.[42]
Die Anfrage des Vermittlungstheologen Christian Palmer an seine Kollegen lautete: Was unterscheidet eigentlich noch die Praktische von der Systematischen Theologie? Beschreibt allein die Systematische Theologie gültig das Wesen der

Kirche, dann wird der Praktische Theologe zum »Laufburschen«. Er darf nur noch in höchst untergeordneter Stellung das von anderen Vorgedachte zur Ausführung bringen. Die Praktische Theologie sinkt dann zur Regelsammlung herab. Wenn andererseits der Praktische Theologe seine Aufgabe nur noch darin sieht, die Idee der Kirche forschend zu ergründen, dann wird sein Fach praxisfern, ja praxisunfähig und letztlich nur eine Verdoppelung der Systematischen Theologie. Darin sah Palmer die eigentliche Gefährdung der Praktischen Theologie seiner Zeit, daß ihre »Systeme der Praktischen Theologie« reine Dogmatiken des kirchlichen Lebens waren. In ihnen wurde dann entweder die Praxis der Kirche als wissenschaftlich nicht relevant desavouiert oder aber – etwas eleganter – als sich von selbst einstellende Konsequenz des rechten ekklesiologischen Denkens apostrophiert.[43]

Palmer selbst setzt zunächst enzyklopädisch ein. Jedes Fach der Theologie hat seine eigene Aufgabe. Die Dogmatik etwa soll die göttlichen Tatsachen denkend durchdringen. Gegenstand der Praktischen Theologie sind aber nicht die göttlichen Tatsachen, sondern die Dinge, die erst noch werden sollen, und zwar nicht aus göttlicher Notwendigkeit, sondern aus menschlicher Freiheit (obwohl sich das göttlich Notwendige in der menschlichen Freiheit durchsetzt und realisiert). Dann ist das Arbeitsgebiet der Praktischen Theologie diejenige Aufgabe, die den Menschen durch die göttliche Tatsache des Christentums gestellt ist. Damit gerät Praktischen Theologie in größte Nähe zur Ethik. Ethik befaßt sich allerdings mit dem christlichen Leben, während Praktischen Theologie das kirchliche Leben reflektiert. Neu ist aber die Orientierung der Praktischen Theologie an der Ethik (und nicht mehr an der Dogmatik). Ethik und Praktische Theologie haben eine gemeinsame Ausgangsbasis. Ihre Fragestellung und ihr Stoff werden wesentlich durch geschichtliche Aufgaben, die sich dem Christen bzw. der Kirche stellen, bestimmt. Das kann am Beispiel der Pädagogik verdeutlicht werden. Natürlich hat christliche Pädagogik viel mit christlichem Glauben und christlicher Sitte zu tun, aber sie entsteht doch durch das konkrete Problem. Erziehungsarbeit ist unter wechselnden Umständen zu leisten. Genauso gilt es, daß Praktische Theologie mit der Lösung praktischer Aufgaben zu tun hat. Darum soll sie auch praktische Theorien für diese konkreten Aufgaben der Kirche bzw. des geistlichen Berufes aufstellen.[44]

Palmers Interesse an dieser enzyklopädischen Einordnung ist offensichtlich. Es geht ihm um den Wirklichkeitsbezug der Praktischen Theologie, um ihre Wirkungsmöglichkeiten angesichts wirklicher und nicht bloß erdachter geschichtlicher Aufgaben. Das Christentum ist zuallererst Sache des Lebens; das hat auch die Praktische Theologie nachzubuchstabieren. Nichts wäre für eine sich praktisch nennende Disziplin fataler als die Belanglosigkeit angesichts der Wirklichkeit. Sittliche Grundanschauungen wollen, ja müssen im Zusammenhang des geschichtlichen und gesellschaftlich Gewordenen zur Geltung gebracht werden, sonst verkommen sie zur unwahren Theorie. Der Praktische Theologe sei ein Mensch der Erfahrung – das war Palmers Forderung. Nur dann kann sein Kirchenbegriff konkret und praktisch sein oder, wie er es gegenüber einem rein dogmatischen Kirchenbegriff ausdrückte, »mehr menschlich«.[45]

V. Eine Zwischenbemerkung

Heute wird man sich allerdings hüten müssen, die Klage über eine dogmatisch überladene Praktische Theologie allzu eilfertig nachzusprechen. Der heutige Kontext will auch bei einer historischen Auskunft mitbedacht werden. Dieser Kontext ist durch eine zunehmende Dogmen-Feindlichkeit gekennzeichnet. Man kann hin und her im (theologischen und kirchlichen) Lande das Lob hören: »Hier konnten wir einmal frei von aller Dogmatik reden!« Genauso häufig ist der Tadel zu vernehmen: Dieses oder jenes sei aber eine höchst dogmatische (und das bedeutet: problematische) Redeweise.[46] Die Austauschbarkeit der Begriffe »dogmatisch« und »problematisch« sollte zu denken geben. Immerhin bedeutet der Verzicht auf Dogmen nicht das überfällige Abwälzen eines beschwerlichen Ballasts, sondern die Preisgabe der Gesamteinsicht in die Schrift, wie sie der Kirche im Laufe der Jahrhunderte zugewachsen ist und sich etwa in den Bekenntnissen äußert. Auch wer sich – mit Recht! – darum bemüht, den Glauben so auszusprechen, daß er in die Situation des heutigen Menschen hineinspricht, wird auf evangelisch verstandene Dogmen nicht leichtfertig verzichten können. Es geht um nichts Geringeres als um die Identität der christlichen Kirche im Wandel der Zeit, oder um es präziser zu sagen, um die Treue der Christen im Bekennen ihres Herrn (Mt 16,16), der durch die Zeiten hindurch der Eine und Selbe bleibt (Hebr 13,8). Wenn nun zur historischen Betrachtung zurückzukehren ist, dann nicht ohne eine wichtige Beobachtung. Es ging Männern wie Christian Palmer oder Paul Drews nie um ein vermeintlich undogmatisches Christentum. Die Rolle einer normativen ekklesiologischen Grundlage stand außer Frage. Sie wollten innerhalb und nach einer solchen Grundlegung die empirischen und praktischen Fragen als das Proprium der Praktischen Theologie zur Geltung bringen.

VI. »Das Problem der Praktischen Theologie«[47]

So lautete der Titel eines kleinen Buches, das Paul Drews (1858–1912) im Jahr 1910 veröffentlichte. Drews vertritt eine ganze Reihe von Praktischen Theologen um die Jahrhundertwende, welche die sich selbst »praktisch« nennende Theologie höchst unpraktisch fanden. Ihrer Einsicht nach führte die Praktische Theologie ein ziemlich kümmerliches Leben als Anhang der Systematischen oder der Historischen Theologie. Die historisch ausgerichtete Praktische Theologie war immer stärker hervorgetreten – ganz den wissenschaftlichen Interessen des 19. Jahrhunderts entsprechend. Der bedeutendste Vertreter einer historisch orientierten Praktischen Theologie war E. Chr. Achelis (1838–1912) mit seinem dreibändigen Lehrbuch der Praktischen Theologie (1890/91, 3. Auflage 1911).[48] Paul Drews, Martin Schian (1869–1944), Friedrich Niebergall (1866–1932), Otto Baumgarten (1858–1934) und Martin Rade (1857–1940) verlangten nun eine entschiedene Kehrtwendung der Praktischen Theologie hin zur Wirklichkeit, zum empirischen Denken. Wer in der Wirklichkeit wirken will, muß sie zunächst einmal gründlich kennenlernen. Das war der Grundsatz dieser empirisch ausgerichteten Theologen.[49]
Paul Drews entwickelte zu diesem Zweck ein eigenes Ausbildungskonzept. Er un-

terschied streng zwischen der universitären Praktischen Theologie und der späteren praktischen Ausbildung der Vikare in Predigerseminaren. Studenten müssen noch nicht predigen oder seelsorgerliche Gespräche führen. Dieses Erfahrungs-Defizit bedeutet zwangsläufig ein Desinteresse an handwerklichen Regeln der Homiletik. Die Praktische Theologie muß darum den Studenten etwas anderes bieten, um sie in ihrer theologischen Bildung zu fördern. Drews fordert zu diesem Zweck eine zusammenhängende, gut begründete und geordnete Darstellung der empirischen Kirche. Sonst fehle den Theologen »die Kenntnis des gegenwärtigen Standes des kirchlichen Lebens und der Aufgaben, die die Kirche um ihres Fortbestandes und um ihrer Bestimmung willen an dem gegenwärtigen und zukünftigen Geschlechte zu erfüllen hat.«[50]

Konkret bedeutete dies einen neuen Fächerkanon für die Praktische Theologie: Evangelische Kirchenkunde (mit einer genauen religiösen Volkskunde aller Schichten und Stände), religiöse Psychologie und Geschichte der praktisch-theologischen Fächer (das Anliegen von E. Chr. Achelis aufnehmend). Diese empirischen Wissenschaften sollten nicht bloß Bestehendes konstatieren, sondern auch kritisch beurteilen.[51]

In diesem Zusammenhang ist eine weitere Forderung Paul Drews' bemerkenswert: »Es hieße freilich auf Sand bauen, wenn man in der Praktischen Theologie Kirchenkunde, religiöse Volkskunde, religiöse Psychologie und Geschichte triebe, ohne daß es gründlich zur Erörterung käme, welche Maßstäbe und Normen für das kirchliche Leben zu gelten haben, wie die Tätigkeiten der Kirche nicht nur empirisch hinzunehmen, sondern im Wesen der evangelischen Kirche, d. h. zuletzt im Wesen der evangelischen Frömmigkeit begründet sind.«[52]

Zu dieser notwendigen »gründlichen Erörterung« gehörte für Drews vor allem die Erarbeitung eines positiven und daher sowohl richtungsweisenden als auch mutmachenden Bildes der christlichen Gemeinde. Auch wenn der Begriff »Gemeindeaufbau« nicht vorkommt, ist die Sache hier bedacht. Wie kann die christliche Gemeinde weiterentwickelt werden, um dem Ideal einer lebendigen Gemeinde möglichst nahezukommen?[53]

Abschließend soll noch auf die Definition der Praktischen Theologie hingewiesen werden, die Paul Drews im Anschluß an die wissenschaftsgeschichtliche Tradition verfaßt hat. Wieder ist der Viererschritt »Empirie – Historie – Theologie – Konstruktion« zu erkennen: »Der wissenschaftliche Gegenstand, um den es sich in der Praktischen Theologie handelt, ist das Leben der empirischen Kirche der Gegenwart. Dies gilt es zu erkennen, zu verstehen, zu beurteilen und weiterzubilden.«[54]

Die empirische, der modernen Humanwissenschaft zugewandte Praktische Theologie konnte sich rasch durchsetzen. Zwei Buchtitel können exemplarisch den »Erfolg« der modernen Praktischen Theologie belegen. Das eine höchst wirkungsvolle Buch stammt von F. Niebergall und belegt programmatisch die Frage dieser theologischen Richtung: »Wie predigen wir dem modernen Menschen?«[55] Das andere zu erwähnende Werk ist »der Schian«, Martin Schians »Handbuch für das kirchliche Amt«. Es erschien erst 1928, als schon ganz andere Stimmen in der Theologie zu hören waren. Doch es konnte sich noch durchsetzen. Bald jedoch wurde die empirische, liberale Praktische Theologie verdrängt durch die aufkommende und sich immer stärker durchsetzende Theologie Karl Barths.

VII. Die Theologie des Wortes Gottes

Es ist natürlich völlig ausgeschlossen, im Rahmen dieser einführenden Kapitel den Umfang und die Bedeutung der Theologie des Wortes Gottes auch nur abzuschreiten. Darum kann es auch gar nicht gehen. Sinn der nun folgenden kurzen Skizze kann es nur sein, die entschiedene Hinwendung der Theologie Karl Barths (1886–1968) und seiner Freunde zum Wort Gottes als die entscheidende Wende der Theologie des 20. Jahrhunderts zu benennen.[56]

1. Der Prediger im Gedränge

»Wir sollen als Theologen von Gott reden. Wir sind aber Menschen und können als solche nicht von Gott reden. Wir sollen Beides, unser Sollen und unser Nichtkönnen, wissen und eben damit Gott die Ehre geben. Das ist unsre Bedrängnis. Alles Andre ist daneben Kinderspiel.«[57]

Ins Gedränge kommt, wer predigen soll und weiß, daß es in der Predigt um nichts Geringeres als das Wort Gottes geht. Diese Not hat den Safenwiler Pfarrer Karl Barth bewegt und zu einer Kehrtwendung in seiner ganzen Theologie geführt. Ist alle andere Not nur Kinderspiel – und was gibt es, auch für den Theologen, für Nöte! –, so entscheidet sich an dieser einen Not alle theologische Existenz. Es ist die Not der Frage nach der Vollmacht zur Verkündigung. Wie kann ich es als Mensch wagen, Gottes Wort zu reden? Wie kann aus menschlichem Reden Gottes befreiendes Reden werden? Aus dieser Not konnte die ererbte Theologie nicht befreien. Alle Versuche der empirisch orientierten Praktischen Theologie seit der Jahrhundertwende, beim modernen Menschen einzusetzen und von seiner Situation ausgehend, die Predigt zu konzipieren, zerbrechen an dieser Not. Da wird nur gefragt, wie man denn den Menschen erreicht; hier aber geht es nicht um das Problem menschlicher Erreichbarkeit, um Anknüpfungen an seine Situation o. ä. Hier wird radikaler gefragt; hier geht es um die Wahrheit der Predigt als Gottes Wort im Menschenmund. Da erscheinen die Wege der liberalen Praktischen Theologie als geradezu unverschämt optimistisch, als ob es nur um die Frage der Vermittlung ginge. Nein, es geht darum, daß Gottes Wort geschieht! Angesichts dieser Not spricht Barth von den »sanften Auen« der Praktischen Theologie.[58] Karl Barth sieht nur eine Hilfe: Es gilt, die Not vor Gott anzunehmen. Wir sollen als Theologen von Gott reden; das ist unsere Berufung und auch der Menschen Erwartung. Sie warten auf ein letztgültiges Wort.[59] Zugleich können wir als Menschen nicht Gottes Wort sagen. Beides sollen wir wissen und damit Gott ehren. So soll die Not ausgehalten werden. Ja, unsere Not kann sich zur Verheißung wenden, wenn wir Gott die Ehre geben.[60] Nur Gott kann von Gott reden; und die Niederlage aller Theologen angesichts der Aufgabe, von Gott zu reden, ist unausweichlich. Es bleibt die Bitte darum, daß Gott selbst rede.[61]

2. Das Wort Gottes

Der Prediger ist im Gedränge. Der Theologe, der als Prediger im Gedränge ist, reflektiert das Wort Gottes. Das ist das Hauptthema der Theologie Karl Barths. Es geht um Gott, den »ganz Anderen«,[62] den die Kirche und die Theologie nie im Besitz hat und der sich von den Menschen auch nicht religiös in Betrieb nehmen läßt. Das hat Karl Barth ohne Ermüdung immer neu betont: »Wenn ich ein ›System‹ habe, so besteht es darin, daß ich das, was Kierkegaard den ›unendlichen qualitativen Unterschied‹ von Zeit und Ewigkeit genannt hat, in seiner negativen und positiven Bedeutung möglichst beharrlich im Auge behalte. ›Gott ist im Himmel und du auf Erden‹.«[63]

Um diesen Gott und sein Wort geht es in der Theologie. Von diesem Gott ist aber auch zu sagen, daß er gerade als der Freie und Majestätische frei dazu ist, voller Erbarmen zu sein. Gerade so, nicht von uns in Besitz genommen, ist er bei uns und mit uns und für uns.[64] Ja, sein Erbarmen und seine Menschenfreundlichkeit sind geradezu Beleg seiner Hoheit und Majestät. Sein Erbarmen aber erschließt sich aus der Geschichte seiner großen Taten. Sein Wort ist es, das sein Erbarmen eröffnet. In seinem Wort stellt er sich uns vor Augen als der Gott des Evangeliums, des dem Menschen »gut weil gnädigen Wortes«.[65] Ohne dieses Wort gibt es keine vollmächtige Predigt. Da aber dieses Wort auch nicht verfügbar ist und keine menschliche Überredungskunst dem Menschen versichern kann, daß Gott gut zu ihm ist, darum ist der Prediger wie der Theologe hilflos und ganz auf Gottes eigenes Eingreifen und Reden angewiesen, das er aber erbitten darf: Veni Spiritus Creator!

Das gleiche gilt nun aber auch von der Theologie. Auch sie ist nichts als eine creatura verbi. Ohne Gottes Reden gibt es keine menschliche Rede von Gott. Diese kann nur Antwort sein und Bezeugung der von Gott her ergangenen Anrede. Geschieht es aber, daß Gott spricht und seine Menschenfreundlichkeit laut wird, dann wird Theologie zu einer »fröhlichen Wissenschaft«![66] Andererseits gilt: »Nicht nur keine ordentliche, sondern überhaupt keine evangelische Theologie ohne den Vorgang jenes Wortes!«[67]

Was bedeutet nun diese strenge Bindung der Theologie an das freie und unverfügbare Wort Gottes?

3. Theologie im Horizont der Verkündigung

Theologie als creatura verbi zu verstehen, bedeutet eine Aussage in dreifacher Hinsicht:

Es ist eine Aussage über den Ursprung der Theologie: »Das die Theologie nicht nur regelnde und durch sie nicht erst zu interpretierende, sondern sie allererst begründende, konstituierende, aus dem Nichts ins Sein, aus dem Tod ins Leben rufende Wort ist das Wort Gottes.«[68]

Damit ist Herkunft und Ort der Theologie angezeigt: Wo das Wort Gottes zu erwarten ist, da hat sie sich einzustellen. Will sie »fröhliche Wissenschaft« werden, muß sie um dieses Wort bitten und möchte sie gerne hörende Theologie sein. Als hörende Theologie ist sie aber auf die Heilige Schrift angewiesen. Die Heilige Schrift ist Bezeugung des Wortes Gottes durch berufene Augen- und Ohrenzeugen. Die Heilige Schrift wird – ubi et quando visum est Deo – stets neu Gottes Wort und Zuspruch seiner Barmherzigkeit. Die Theologie steht in dieser Erwartung nicht neben oder gar über der Heiligen Schrift, sondern hoffnungsvoll unter ihr. Sie hat nicht neben Aposteln und Propheten kollegial zu stehen, »ihnen gütig oder verdrießlich über die Schulter zu blicken, ihre Hefte zu korrigieren, ihnen gute, mittlere oder schlechte Noten zu erteilen«.[69] Vielmehr wird sie bereitwillig auf Apostel und Propheten hören und sich von ihnen »ihre Hefte korrigieren« lassen.[70]

Kommt die Theologie aus dem Wort Gottes, dann ist auch ihre Bestimmung an das Wort Gottes gebunden. Sie ist nicht schöpferisch und produktiv, sondern reproduktiv und ihren Schöpfer lobend. Sie will dem Wort entsprechen, das sie hervorrief. Sie ist dadurch zugleich bescheiden und frei. Bescheiden, weil sie gebunden ist an das Wort und nichts Eigenes aus sich heraussetzt; frei, weil diese Bindung alle anderen möglichen Bindungen außer Kraft setzt und die Theologie nur an Gottes Menschenfreundlichkeit verweist.[71]

Diese so verstandene Theologie als ganze ist eine Funktion der christlichen Gemeinde. Ihr Subjekt ist die handelnde Kirche; ihr Objekt ist das Handeln der Kirche.[72] Oder präziser: Ihr Objekt ist die Rede der Kirche von Gott, die Verkündigung. Da alles von der Wahrheit dieser Rede von Gott abhängt, braucht die Kirche ein Organ der Selbstüberprüfung. Theologie ist die wissenschaftliche Selbstprüfung der Kirche hinsichtlich der Wahrheit ihrer Rede von Gott.[73] Um diese Fragen kreisen mit unterschiedlichen Teilaufgaben alle Fächer der Theologie. Kommt das Evangelium von Jesus Christus im Reden und Leben der Kirche recht zur Sprache? Das ist die Grundfrage! Im einzelnen heißt das: »Kommt die christliche Rede von ihm her? Führt sie zu ihm hin? Ist sie ihm gemäß? Keine dieser Fragen ist ohne die andere, aber jede ist mit ganzem Gewicht selbständig zu stellen. So ist Theologie als biblische Theologie die Frage nach der Begründung, als praktische Theologie die Frage nach dem Ziel, als dogmatische Theologie die Frage nach dem Inhalt der der Kirche eigentümlichen Rede.«[74]

Die wissenschaftliche Selbstprüfung der Kirche durch die Theologie am Maßstab des biblisch bezeugten Wortes Gottes betrifft nicht nur die verbalen Äußerungen der Kirche, sondern auch »ihre gemeindliche Existenz als solche«[75], die die kirchliche Rede bekräftigen oder auch widersprechend in Frage stellen kann. Das Wissen um die eigene Sprache der kirchlichen Praxis führt weiter zu der grundlegenden Erklärung der dritten These der Barmer Theologischen Erklärung (1934). Die Kirche redet demnach »mit ihrem Glauben wie mit ihrem Gehorsam, mit ihrer Botschaft wie mit ihrer Ordnung«[76]. Das ganze gemeindliche Leben ist darum am Wort Gottes zu orientieren. Absolute Adiaphora gibt es nicht. Das bedeutet für den Gemeindeaufbau: Die Fragen der Gestaltung gemeindlichen Lebens, Dienens, Ordnens usw. sind Fragen, die sie im Hören auf das Wort und in antwortendem Gehorsam zu klären hat. Die Funktion der Theologie ist es, der Gemeinde dabei dienend zur Seite zu stehen.

4. Praktische Theologie als Homiletik

Ist die gesamte Theologie an die Aufgabe der Verkündigung verwiesen, so gilt dies auch und erst recht für die Praktische Theologie. Sie hat das Ziel der Verkündigung zu reflektieren: »Führt sie zu ihm hin?«[77]

Praktische Theologie wird dabei (fast?) mit der Homiletik deckungsgleich. Karl Barth kann Theologie ausreichend und vollständig durch die Disziplinen Exegese, Dogmatik und Homiletik beschreiben sehen.[78] Darum kann er auch sagen: »›Praktische Theologie‹... ist... Theologie im Übergang zur Praxis der Gemeinde, eben zu deren Verkündigung.«[79] Nicht, daß die anderen Fächer der Praktischen Theologie entfielen, aber sie werden alle unter dem Blickwinkel der Verkündigung gesehen, z. B. die Seelsorge.[80]

Praktische Theologie als Homiletik will wissen, wie dem Wort Gottes in der Gemeinde gedient werden kann, und wie dem Wort Gottes durch die Gemeinde dann in der Welt zu dienen sein möchte. Wohlgemerkt, dem Wort Gottes zu dienen, nicht der Gemeinde und auch nicht der Welt![81] Wieder geht es nicht um Fragen der Anknüpfung oder Vermittlung – das Wort vermittelt sich selbst! –, sondern allein um den Dienst am Wort. Besser kann man der Gemeinde und der Welt nicht dienen als durch solchen Dienst! Die Sprache dieses Dienstes überprüft die Praktische Theologie. Sprache der Verkündigung soll »die Geschichte Israels und Jesu Christi nacherzählende und eben sie in das Leben und Treiben des heutigen Christen und Menschen hineinerzählende… sachlich durch Exegese und Dogmatik belehrte und formal durch die jeweils brauchbarste Psychologie, Soziologie und Linguistik gewitzigte Sprache«[82] sein. Der Praktische Theologe sucht diese Sprache. Um sie aufzufinden, zu erlernen und zu üben »studiert man – auch sie lebenslänglich! – auch praktische Theologie.«[83]

5. Was bleibt?

Die Praktische Theologie nach dem 2. Weltkrieg ist diesen Grundentscheidungen Karl Barths zum großen Teil gefolgt. Für eine am reformatorisch ausgelegten biblischen Evangelium orientierte Praktische Theologie ist der Bezug aller Theologie auf das Wort Gottes unaufgebbar. Diese Orientierung an der Heiligen Schrift ist mit der dritten These der Barmer Theologischen Erklärung gerade für den Gemeindeaufbau bindend. Die vorliegende Arbeit möchte den Gemeindeaufbau von dieser Entscheidung einer Theologie des Wortes Gottes her verstehen. Die dritte These der Barmer Theologischen Erklärung ist aber auf die ganze Praktische Theologie anzuwenden. Sie hat als Glied der christlichen Gemeinde durch ihre Forschung und Lehre zu bezeugen, daß sie Christi Eigentum ist. Sie hat auf keines anderen Herrn Stimme zu hören, wenn sie nicht anderen Herren (nach Joh 10 »Mietlingen«) verfallen will.

Die Konzentration der Praktischen Theologie auf die Homiletik, die auch zu einer Homiletisierung etwa der Seelsorge führte[84], fand eine notwendige Korrektur, so daß die Eigenart der praktisch-theologischen Disziplinen wieder besser hervortreten kann. Spricht sich ferner Karl Barth wie auch Eduard Thurneysen für eine positive Rezeption der modernen Humanwissenschaften aus, so sind damit auch wieder Aspekte der Praktischen Theologie der Jahrhundertwende aufgenommen, allerdings entschieden dem Wort Gottes untergeordnet.[85]

In diesem Zusammenhang ist Alfred Dedo Müller zu erwähnen, der 1950 einen Grundriß der Praktischen Theologie vorgelegt hat. Bei Müller tauchen die anthropologischen und empirischen Fragen in aller Ausführlichkeit wieder auf. Andererseits wird die bestimmende Rolle des Wortes Gottes nicht angetastet. Die drei Kriterien der praktisch-theologischen Arbeit bei Alfred Dedo Müller belegen diese interessante Sichtweise. Müller fordert die Praktische Theologie zum unbedingten Realismus auf. Sie soll sorgsam alle vorhandenen Hilfsmittel (auch der Humanwissenschaften) einsetzen, die ihr helfen können, die Wirklichkeit wahrzunehmen. Müller hat dies selbst in der Seelsorgeausbildung angewandt, indem er eng mit Psychologen zusammenarbeitete. Die Ergebnisse dieser Einsicht in die Wirklichkeit sind dann aber im Licht des Wortes Gottes zu prüfen. Darum lautet das zweite Kriterium: Kritik. Hier geht es um das Urteil Gottes, um das Hören auf sein Wort. Das dritte und letzte Kriterium schließt den praktisch-theologischen (Arbeits-)Kreis: Unbedingte Konkretheit erwartet Müller vom Praktischen Theologen. Aufgrund der Erkenntnis der Wirklichkeit und der Beurteilung des Wortes Gottes sollen nun konkrete Schritte einer erneuerten Praxis benannt werden.[86] Mit diesem knappen Hinweis auf Alfred Dedo Müller schließt die Betrachtung der Geschichte praktisch-theologischen Denkens ab. Praktische Theologie und Kirche erschienen immer in engem Zusammenhang. Mit der Kirche teilt die Praktische Theologie den Ursprung und das Leben aus dem Wort Gottes. Mit ihr soll sie aber auch den Weg teilen. Als kritische Begleiterin der Kirche erforscht sie den Zustand des gemeindlichen Lebens. Sie tut dies jedoch weder als Referent noch als Advokat der kirchlichen Gegenwart, sondern – gebunden an das Wort Gottes – kritisch-konstruktiv, indem sie neue Wege für die Gemeinde aufzeigt. Es gilt, die Gemeinde zu bauen. Gemeindeaufbau fragt nach der Zukunft der Gemeinde. Praktische Theologie ist Wissenschaft vom Gemeindeaufbau, d. h. von der Zukunft der Gemeinde.

C. Praktische Theologie als Handlungswissenschaft

In den 60er Jahren wurde dann erneut die Frage nach der wissenschaftlichen Funktion der Praktischen Theologie aufgeworfen. Ist schon die Bindung an das Wort Gottes nicht gerade die Verheißung einer beschaulichen Existenz, so kamen nun neue Klagen hinzu, die der Praktischen Theologie zu schaffen machten. Von ihrer Aschenbrödel-Rolle war da die Rede. Sie sei nur eine »Trittbrettfahrerin« ohne eigenes Recht. Sie sei das »fünfte Rad« am Wagen.[87] So kam erneut die Aufgabe auf die Praktischen Theologen zu, ihre Rolle im Ganzen der theologischen Wissenschaft zu beschreiben. Es waren verschiedene Faktoren, die das Gespräch um die Praktische Theologie wieder in Gang brachten. So wurde zum Beispiel energisch darauf hingewiesen, daß der Praktische Theologe den modernen Humanwissenschaften mehr Aufmerksamkeit zuwenden müsse, um den Pfarrern das nötige Rüstzeug für ein erfolgreiches Vorgehen in ihrem Beruf zu vermitteln.[88] Darüber hinaus war das Problem der Theorie-Praxis-Beziehung durch die modernen Handlungswissenschaften in den Mittelpunkt des Interesses gerückt. Dadurch wurde der Praktischen Theologie eine neue Rolle und Aufgabe zugewiesen. Sie schien geradezu prädestiniert zu sein für das Gespräch mit den modernen Humanwissenschaften und auch für die Bewältigung des Theorie-Praxis-Problems in der Theologie. Daraufhin geriet die Praktische Theologie in eine Linie mit anderen Handlungswissenschaften wie z. B. der Soziologie, der Politologie oder der Kybernetik.[89] Das neue Motto hieß: Praktische Theologie ist die Theorie vom kirchlichen Handeln. Sie ist Handlungswissenschaft! Mit dieser Bestimmung der Praktischen Theologie will sich dieser Abschnitt auseinandersetzen. Was bedeutet eine handlungswissenschaftliche Orientierung der Praktischen Theologie? Wie verhält sich diese Bestimmung zur primären Anbindung der Praktischen Theologie an das Wort Gottes?[90]

I. Theorie und Praxis

»Weil Theorie einerseits in Praxis umgesetzt wird, andererseits Praxis Theorie erst ermöglicht, ist ein Wissenschaftstypus notwendig, der sich gerade der von der Praxis her kommenden Theoriebildung verpflichtet weiß.«[91] Der Ort der Praktischen Theologie war damit neu bestimmt. Als theologische Theorie von der kirchlichen Praxis steht sie an der Grenze zwischen Theorie und Praxis und regelt den Verkehr zwischen beiden. Ihre Aufgabe ist also die Beschreibung dieser Nahtstelle von Theorie und Praxis.[92]

Die modernen Handlungswissenschaften entstanden an dieser Nahtstelle. Sie thematisieren das menschliche Handeln, um es zu analysieren und zu beurteilen. Dabei werden die Regelkreise menschlicher Kommunikation in Aktionen und Reaktionen sichtbar. Werden sie sichtbar, so werden sie auch in gewisser Weise planbar und vorausschaubar. Die Handlungswissenschaften bleiben nicht bei der Analyse menschlichen Handelns stehen, sondern verstehen sich auch als kritische und projektive Wissenschaften. Es geht ihnen um eine bessere, gelungenere Praxis. Ist menschliches, gesellschaftliches Handeln durchschaubar, dann ist es auch – ungeachtet des menschlichen Freiheitsspielraums – lenkbar, voraussehbar, planbar. Die Handlungswissenschaften verstehen ihre denkerische Aufgabe als »Probe-Handeln« im Blick auf eine verbesserte Praxis. Indem aufgrund empirischer Daten Situationen durchgespielt werden können, erscheint die in den Blick zu nehmende neue Praxis berechenbarer.[93] Dabei wird vorausgesetzt, daß menschliches Handeln veränderbar ist.

In den modernen Handlungswissenschaften ist das Problem der Theorie-Praxis-Relation besonders scharf in den Blick genommen worden. Eine Einbahnstraße von der Theorie zur Praxis wurde dabei mehr und mehr als Illusion entlarvt. Die Erkenntnis der marxistischen Theorie, die Praxis als Grundlage der Theorie anzusehen, spielt dabei eine entscheidende Rolle, ohne daß die weltanschaulichen Voraussetzungen immer geteilt werden.[94]

Praktische Theologie als Handlungswissenschaft versteht unter Praxis den gesamten Bereich kirchlichen Handelns, sei es von einzelnen, sei es von Gruppen. Theorie hingegen ist ein »kohärentes Gefüge normativer Aussagen«[95], das sich am Evangelium orientieren soll. Diese Theorie soll helfen, kirchliche Praxis zu verändern. Kirchliche Praxis wird als veränderbar, ja als »machbar« angesehen.[96] Andererseits ist auch die Theorie veränderbar. Es gibt keine reine Theorie; vielmehr ist jede Theorie gesellschaftlich – im Fall der Theologie wesentlich durch die Situation der Kirche – mitbedingt. Damit ist die Wechselbeziehung von Theorie und Praxis benannt. Diese Wechselbeziehung ist zu präzisieren. Sowenig, wie es eine praxislose Theorie gibt, sowenig gibt es eine theorielose Praxis. In jeder Praxis verbergen sich Grundanschauungen, Absichten, Einstellungen usw. Norbert Greinacher stellt mit Recht fest, daß es zwar bewußtlose, nie aber theorielose Praxis gibt.[97] In der Wechselbeziehung zwischen Theorie und Praxis gibt es auch keinen einseitigen Primat. Eine einseitige Herrschaft der Theorie vergäße deren Bedingtheit durch die Praxis; eine einseitige Herrschaft der Praxis müßte den gegenwärtigen Zustand als ›status quo‹ zementieren. Das aber widerspräche dem handlungswissenschaftlichen Interesse an der Veränderung der Praxis. Theorie und Praxis stehen in einer lebendigen Wechselbeziehung. Praktische Theologie steht als theologische Theorie somit zwischen Praxis und Praxis.[98]

Zur kritischen und projektiven Bestimmung der handlungswissenschaftlichen Praktischen Theologie kommen manche Praktischen Theologen mit Hilfe der in der Handlungswissenschaft gängigen Kritischen Theorie. Die Kritische Theorie der Frankfurter Schule will innerhalb aller Fachwissenschaften als kritisches Moment wirksam werden. Stets fragt sie danach, ob das Erforschte auch zur Emanzipation des Menschen taugt, mithin ihm zu einer Welt verhilft, in der er seinen Bedürfnissen und Kräften gemäß leben kann. Alles, was den Menschen versklavt und seine Möglichkeiten verstellt, wird von der Kritischen Theorie verurteilt. Damit wird jede affirmative Deutung des Bestehenden unmöglich. Beschäftigt sich die Kritische Theorie mit Religion, so verfallen alle metaphysischen Herrschaftsansprüche ihrem Verdikt, während die utopischen und emanzipatorischen Aspekte herausgestellt werden. Kritische Theorie ist ferner stets offene Theorie und nie fertige Weltanschauung. Stets neu und stets kritisch eröffnet sie einen offenen Lernprozeß, in dem immer wieder bestehende Praxis kritisch durchleuchtet wird. Auch durch neue Theoriebildung erneuerte Praxis wird sogleich in das Kontrollverfahren der ausschließlich an universaler Aufklärung und Befreiung orientierten Kritischen Theorie einbezogen.[99]

Theologen wie Gert Otto oder Norbert Greinacher sehen in der Kritischen Theorie die angemessene Interpretationshilfe für die Theologie der Gegenwart. Die neuzeitliche Freiheits- und Emanzipationsgeschichte wird als angemessene Auslegung der Sache Jesu angesehen.[100]

Praktische Theologie in der »bipolaren Spannungseinheit« von Theorie und Praxis soll dann kritische Theorie in der kirchlichen Praxis sein. Sie soll die kirchliche Wirklichkeit wahrnehmen und beurteilen. Sie soll planend eine neue Praxis entwerfen. Sie selbst hat sich aber durch die Praxis einer kritischen Probe zu unterwerfen. Entweder sie wird falsifiziert oder verifiziert. Praxis wiederum ist nie statisch-affirmativ zu betrachten, sondern auf Veränderung hin anzusehen.

Das handlungswissenschaftliche Konzept von Praktischer Theologie im Spannungsverhältnis von Theorie und Praxis faßt Norbert Greinacher treffend zusammen: »Praktische Theologie als kritische Theorie der kirchlichen Praxis in der Gesellschaft wird damit nicht nur rückbezogen auf die Sache Jesu und ihre Tradierungsgeschichte, nicht nur normativ bezogen auf die gegenwärtige kirchliche Praxis, sondern es kommt ihr auch die Aufgabe zu, unter Transzendierung des Status quo von Theorie und Praxis des kirchlichen Lebens die Zukunft der Kirche antizipierend zu bedenken und zu gestalten.«[101]

Es versteht sich von selbst, daß Praktische Theologie als Handlungswissenschaft dazu berufen ist, den Dialog mit den übrigen Handlungswissenschaften zu führen, zumal sie deren Erkenntnisse und Methoden zu ihrer eigenen Arbeit dringend benötigt. Damit ist der Praktischen Theologie ein eigener Platz im Raum der Wissenschaften zugewiesen. Es ist nicht mehr wie im 19. Jahrhundert der Platz neben der Systematischen oder der Historischen Theologie, sondern der Platz neben den humanen Handlungswissenschaften.

Aufschlußreich im Zusammenhang dieser Arbeit über den Gemeindeaufbau ist die enge Verzahnung von handlungswissenschaftlichem Arbeiten und Kirchenreform. Es geht darum, Praktische Theologie aufgrund empirisch-kritischer Forschung zu befähigen, die Strategieplanung für die zukünftige Kirche zu entwerfen.[102] Darin sieht etwa Henning Schröer einen Konsens der modernen Praktischen Theologie. Praktische Theologie als Handlungswissenschaft ist Theologie der Reformation der Kirche.[103] Indem Praktische Theologie so eindeutig als ganze auf die Aufgabe, Dienerin der Gemeinde von morgen zu werden, verpflichtet wird, bleibt sie auch als Handlungswissenschaft in der Traditionslinie praktisch-theologischen Denkens seit Schleiermacher.

II. Ein Arbeitsmodell

Rolf Zerfaß hat 1974 im Anschluß an Seward Hiltner einen handlungswissenschaftlichen Regelkreis in der Praktischen Theologie beschrieben.[104] Ausgangspunkt ist die kirchliche Praxis der Gegenwart. Hier wird eine Störung wahrgenommen, etwa ein starker Rückgang im Gottesdienstbesuch. Diese Krise löst einen Handlungsdruck aus (es muß etwas geschehen!) und macht zum Nachdenken bereit. Allerdings wird zunächst der Versuch unternommen, mit herkömmlichen Mitteln und ohne präzise Analyse zurechtzukommen. Intuitiv werden bewährte Verhaltensmuster neu zum Einsatz gebracht. Allerdings ist der Erfolg nur mäßig. Die Erfolglosigkeit zwingt zu intensiverem Nachdenken. Durch eine sozialwissenschaftliche Situationserhellung soll nun eine adäquate Konfliktstrategie entworfen werden. An dieser Stelle kommt es aber darauf an, das kritische Potential der theologischen Überlieferung ins Spiel zu bringen, will man nicht bloß dem Druck der erhobenen Fakten nachgeben. Die Wahrnehmung der Situation und die theologische Überlieferung kommen in einen Dialog. Das Gespräch geht hin und her; beide dürfen sich ganz aussprechen, bis gemeinsamer Boden gefunden ist. Dann ist es die Aufgabe praktisch-theologischer Theoriebildung, humanwissenschaftlich und theologisch verantwortete Handlungsmodelle zu entwerfen. Dabei sind die Voraussetzungen und der Geltungsbereich dieser Modelle exakt zu beschreiben. So kommt es zu einer erneuerten Praxis, die aber sogleich wieder der handlungswissenschaftlichen Kontrolle zugeführt wird. In diesem Zirkelsystem oder Regelkreis kommt es auch zu einem vertieften Verständnis der theologischen Theorie in einer neuen, exakt bestimmten kirchlichen oder gesellschaftlichen Situation.

III. Praktische Theologie als Religionswissenschaft

Findet ein handlungswissenschaftliches Konzept von Praktischer Theologie immerhin einige Zustimmung innerhalb der Forschung, so ist nun auf eine Außenseiterposition einzugehen. Gert Otto hat in dem von ihm herausgegebenen Handbuch eine neue Definition vorgeschlagen: Praktische Theologie »ist Kritische Theorie religiös vermittelter Praxis in der Gesellschaft.«[105] Otto will mit diesem Vorschlag die klerikale Verengung des praktisch-theologi-

schen Denkens aufheben. Damit bricht er mit einem Grundkonsens der Praktischen Theologie seit Schleiermacher, daß sie kirchenbezogene Wissenschaft sein
will. Otto dehnt die Zuständigkeit der Praktischen Theologie auf alle gesellschaftlich relevanten religiösen Praktiken aus. Dabei will er nicht einfach historische Religionen repristinieren. Es geht ihm um alle vorhandenen ganzheitlichen Deute-
Schemata der Wirklichkeit. Kirche kommt in den Blick, weil sie eines dieser vorhandenen religiösen Phänomene darstellt. Eine Prävalenz des spezifisch Christlichen wird abgelehnt.[106] »Daraus ergibt sich für die Praktische Theologie eine
transkirchliche, aber auch transchristliche Forschungsperspektive.«[107]
Das Interesse an Religion ist aber stets auf die Gesellschaft zu beziehen. Nicht nur
die Relevanz der Theologie für die Gesellschaft (und umgekehrt) ist damit gemeint, sondern eine grundsätzliche Gesellschaftsbezogenheit von Religion. Praktische Theologie wird als Kritische Theorie der Gesellschaft verstanden.[108] Dabei
wird die bereits erwähnte Kritische Theorie zur normierenden Kraft der Praktischen Theologie. In ihr ist nach G. Otto Unaufgebbares formuliert.[109] Praktische
Theologie befragt religiöse Praxis in der Gesellschaft, ob sie emanzipatorisch
wirkt oder nicht. Sie ist also notwendigerweise politische Theologie.[110]
Das Interesse an der Kirche ist untergeordnet. Sie ist als Teil gesellschaftlicher religiöser Praxis zu bewerten; ihre Institutionen können wertvolle Hilfen bei der Ver-
besserung der Lebenschancen in der Gesellschaft bieten.[111]
Mit Gert Otto's Entwurf ist Praktische Theologie zu ihrem Ende gekommen.
Hier geht es nicht um Befreiung aus klerikaler Umklammerung; hier werden nicht
nur die gesellschaftlichen Implikationen des kirchlichen Handelns bedacht (das taten andere bereits vor Gert Otto[112]). Vielmehr wird hier der Wahrheitsanspruch
des Evangeliums von Jesus Christus als unzeitgemäße und daher unbequeme Fes-
selung abgestreift und hinter sich gelassen. Da das Vakuum, das bei solcher Praxis
kurzfristig entsteht, nie leer bleiben kann, wird es bald von der »Kritischen Theorie« gefüllt. Sie formuliert nun Unaufgebbares und vermag der Kirche zu sagen,
wie Evangelium zu artikulieren ist. Die Frage von Manfred Josuttis ist darum ganz
schlicht mit einem klaren »Ja« zu beantworten: »…bedeutet das nicht, daß sich
das Evangelische des Evangeliums nicht mehr theologisch, sondern gesellschafts-
theoretisch, im Rahmen der kritischen Theorie und mit dem Maßstab der Emanzi-
pationsintention messen läßt?«[113]
So endet Praktische Theologie als Religionswissenschaft und kann das biblische
Evangelium nur noch als einen Sonderfall allgemeiner religiöser Phänomene betrachten. Eine solche »Praktische Theologie« kann »sich selbst nur noch beiläufig
oder dem Scheine nach als christliche Theologie ausgeben«[114].
Immerhin führt uns Gert Otto als Sonderfall handlungswissenschaftlichen Denkens zu zwei miteinander eng verbundenen Kriterien, die an die Praktische Theologie anzulegen sind, will sie nicht ihrem Selbstanspruch als christliche Theologie
entraten: Praktische Theologie ist am reformatorisch ausgelegten biblischen
Evangelium zu orientieren. Und Praktische Theologie ist auf das Handlungsfeld
der christlichen Gemeinde bezogen, deren Auferbauung sie zu dienen hat.

IV. Kritische Anmerkungen

Mit diesen letzten Sätzen ist die Frage aufgeworfen, wie der Ansatz praktisch-theologischen Arbeitens als Handlungswissenschaft theologisch zu beurteilen ist.
Zuerst ist auf die differenzierte Einsicht in das Verhältnis von Theorie und Praxis einzugehen. Hier ist der handlungswissenschaftliche Ansatz positiv zu würdigen. Die Interdependenz von kirchlicher Praxis und theologischer Theorie kann so in aller nötigen Klarheit beschrieben werden. Dabei wird der alte Palmersche Ansatz einer Aufgabenorientierung aufgenommen. Der Dialog zwischen der sozialwissenschaftlichen und praktisch-theologischen Forschung ist in dieser differenzierten Verhältnisbestimmung zwischen Theorie und Praxis einleuchtend beschrieben, ohne notwendigerweise einer primären Orientierung an der biblischen Überlieferung entgegenzustehen.
Positiv zu würdigen ist auch die Beziehung der Praktischen Theologie auf die kirchliche Praxis. Praktische Theologie als Handlungswissenschaft arbeitet empirisch-kritisch. Sie nimmt kirchliche Wirklichkeit exakt wahr und versucht, sie nach theologischen Kriterien zu verändern. Die Affinität zu einer Theologie des Gemeindeaufbaus liegt auf der Hand.
Diese positive Würdigung hat allerdings schon eine besondere Forderung an die handlungswissenschaftlich orientierten Praktischen Theologen zum Ausdruck gebracht: ihre primäre Orientierung am Wort Gottes im Sinne der Barmer Theologischen Erklärung. Von einer solchen Orientierung ausgehend sind auch einige kritische Fragen an die handlungswissenschaftlich orientierte Praktische Theologie zu richten. Sie betreffen vor allem die Rolle des Glaubens.
Yorick Spiegel spricht davon, der christliche Glaube sei die notwendige Motivation zum Handeln.[115] Damit wird der Glaube in das Modell praktisch-theologischen Denkens einbezogen. Praktisch-theologische Aussagen sind Aussagen über »christlich motiviertes Handeln«[116]. Ist damit die Rolle des Glaubens ausreichend beschrieben? Es scheint so, denn im übrigen schweigt die Literatur über die handlungswissenschaftliche Grundlegung der Praktischen Theologie im Glauben. Man wird natürlich in Rechnung stellen müssen, daß die Vermittlung empirischer Daten mit der überlieferten biblischen Tradition auch als Akt des Glaubens interpretiert werden kann. Dennoch erscheint die Funktion christlichen Glaubens im Vollzug merkwürdig reduziert. Andererseits wird die Veränderbarkeit der kirchlichen Wirklichkeit und die Machbarkeit kirchlichen Handelns ausdrücklich und wortreich betont. Handlungswissenschaften wollen Wirklichkeit verändern; unerträglich wäre ein Ansatz, der Geschichte und Gesellschaft als passiv hinzunehmende, geradezu schicksalhafte Größen beschriebe. Darum sagt Norbert Greinacher in wünschenswerter Klarheit: »Auch kirchliche Praxis ist machbar.«[117]
Im Schnittpunkt dieser beiden Beobachtungen entsteht nun ein theologisches Problem. Natürlich ist der Glaube auch eine motivierende Kraft (hoffentlich!). Natürlich können Menschen eine neue, veränderte Praxis in Gang bringen und damit erhebliche Verbesserungen von Strukturen ihres Lebens und Zusammenlebens bewirken. Ja, beides zusammen kann sogar als Ausdruck des Gehorsams gesehen werden. Aufgrund des Glaubens kann die Veränderung gemeindlicher Wirklichkeit angestrebt werden. Das soll keineswegs diffamiert werden.

Aber solches menschliches Handeln bewirkt noch lange nicht ex opere operato, daß es nun deutlicher, klarer oder überhaupt erstmals Gottes Wort ist, das da gesprochen wird, daß Menschen die befreiende Botschaft des Evangeliums deutlicher, klarer oder überhaupt erstmals vernehmen, glauben und annehmen können, daß sie sich zu einer gehorsamen, liebevollen, bezeugenden und anbetenden Gemeinschaft zusammenschließen, kurzum, daß hier Gemeinde gebaut wird. Das kann der »motivierende Glaube« und »die machbare kirchliche Praxis« nicht bewirken. Hier kommt der Glaube in einer ganz anderen und zumeist verschwiegenen Dimension zum Tragen: als der Glaube, der mit Gottes Praxis rechnet. Glaube ist die Erwartung, daß es letztlich Gott selbst ist, der seine Gemeinde baut (Mt 16,18). Glaube ist die Hoffnung auf Gottes Praxis, sein unverfügbares Eingreifen durch Wort und Sakrament. Glaube rechnet mit dem Wunder des Gemeindeaufbaus. Und damit diese Sätze nicht quietistisch interpretiert werden können: Der Glaube fragt nach einer dieser Praxis Gottes angemessenen (analogen) Praxis der christlichen Gemeinde. Der Glaube will dann Gott nicht im Wege stehen, sondern in »theonomer Reziprozität«[118] Handlanger der Praxis Gottes sein. Ohne diesen kritischen Einwand, der nur hier oder dort einmal leise anklingt[119], droht die Praktische Theologie als Handlungswissenschaft zur hybriden Kirchen-Technokratie zu verkommen, die sich in ihrem Machbarkeitswahn nicht mehr durch das »ubi et quando visum est Deo«[120] stören läßt.

D. Praktische Theologie und Gemeindeaufbau

Mit einigen abschließenden Bemerkungen soll nun dieses Kapitel über die Geschichte der Praktischen Theologie abgerundet werden. Praktische Theologie soll als Wissenschaft vom Gemeindeaufbau definiert werden.

1. Praktische Theologie: ein Ort der Begegnung

Eingangs war von der unbequemen Lage der Praktischen Theologie die Rede. Sie steht in der Spannung zwischen Wissenschaft, Kirche und Welt und muß diese Spannung aushalten. Darum soll Praktische Theologie als Ort der Begegnung von Wissenschaft, Kirche und Welt bezeichnet werden.[121]

a) Praktische Theologie und theologische Wissenschaft

»Theologische Wissenschaft ohne Praktische Theologie ist wie ein Witz ohne Pointe.«[122] Die Pointe, die der Theologie fehlen würde, wenn es die eigene praktische Disziplin nicht gäbe, besteht in der geradezu penetranten Erinnerung an die Bezogenheit aller Theologie auf die Praxis der Kirche.[123] Theologia als Ganze ist scientia eminens practica, aber die Praktische Theologie sorgt dafür, daß dies nicht in Vergessenheit gerät. Eine solche Erinnerungsfunktion hat jede theologische Disziplin. Die Exegese etwa erinnert daran, daß alle Theologie schriftbezogen sein soll.

Wird die Praktische Theologie durch ihren Bezug zur Sache der Kirche, also zum

Aufbau christlicher Gemeinde in der Welt definiert, dann ist sie in dem Maße sachlich, als sie dieser Sache treu bleibt. Wissenschaftlich ist sie, indem sie ihren Gegenstand methodisch-geordnet und kritisch-diszipliniert gedanklich bearbeitet.[124] Also hat die Praktische Theologie im Raum der theologischen Wissenschaft Anwalt der Kirche zu sein. Sie benennt die Fragen, Probleme und Erfahrungen der Kirche, die einer theologischen Bearbeitung bedürfen. Sie verhilft der Theologie damit in geordneter Weise zu einem Bezug zur Kirche. Sie überprüft dann aber auch die Ergebnisse theologischer Forschung auf ihre Relevanz für die Erbauung der Gemeinde in der Welt. Sie wird damit auch zur Krisis der Wissenschaft, ob sie denn ihrem Dienst an der Kirche gerecht werde. Rudolf Bohren nennt die »Praktische Theologie« darum die Wissenschaft vom Aktuellwerden aller Theologie. Wohlgemerkt: Dies ist ein prüfendes Tun und nicht bloß eine handwerkliche Anwendungslehre von bereits feststehenden Ergebnissen.[125]

b) Praktische Theologie und Kirche

Vertritt die Praktische Theologie die Kirche im Raum der Wissenschaft, so gilt nun auch umgekehrt: sie ist Anwalt der theologischen Wissenschaft im Raum der Kirche.

Diese Bestimmung setzt allerdings wiederum eine höchst enge Bindung von Praktischer Theologie (oder sollte man sagen: Praktischem Theologen?) und Kirche voraus, also nicht nur eine entschiedene Wahrnehmung der Aufgabe an der Kirche, sondern eine ebenso entschiedene Hinwendung zum Leben in der Kirche.

Diese Bindung soll nun keineswegs ein kritikloses Verhalten provozieren und die Theologie gleichsam zähmen. Anwaltschaft der Theologie in der Kirche kann vielmehr als kritisches Geleit beschrieben werden.[126] »Theologie ist – recht getrieben – Selbstkritik der Kirche«[127] Und: »Ihren Auftrag erhält« die Theologie »vermittelt durch die Kirche, die ihrer bedarf. Er besteht aber nicht darin, das empirische Sein der Kirche zu rechtfertigen, weder ihre Personen und deren Verhalten noch ihre Ordnungen und Lehren, sondern diese kritisch zu prüfen an der Botschaft, der die Kirche ihr Dasein verdankt.«[128]

Anhand dieser Botschaft, d. h. über der aufgeschlagenen Bibel wird die Praktische Theologie Reden und Handeln der Kirche zu prüfen haben, ob es der Praxis Gottes, der seine Gemeinde bauen will, dienend entspricht oder hemmend widerspricht. Wird durch kirchliches Reden und Handeln das eine Evangelium von Jesus Christus laut und vernehmbar? Ist der Raum gegeben, in dem Menschen in fröhlicher Dankbarkeit dieses Evangelium annehmen können? Wird dafür gesorgt, daß sich christliche Gemeinschaft bildet, die gemeinsam auf das Evangelium hört und darauf durch gemeinsames Leben und Dienen antwortet? In diesen und anderen Fragen wird die Praktische Theologie der Kirche eine kritische Begleiterin bleiben müssen.

Dann aber wird sie auch weiterfragen: Was ist denn heute der Kirche zu tun aufgetragen? Wie kann sie ihr Leben, ihre Verkündigung und ihre Ordnung unter den gegebenen Umständen am Wort Gottes orientieren? Praktische Theologie wird das der Kirche Gebotene suchen, damit diese besser als Gottes Handlangerin an seinem Werk teilhaben kann. In diesem Sinn wird die Praktische Theologie eine Theorie der Praxis gemeindebauenden Handelns zu entwerfen haben. In diesem Sinn wird sie auch planen müssen. Der Vorbehalt gegenüber menschlichem Machen bedeutet keine Aufforderung zur Planlosigkeit. Gerade im Angewiesensein auf Gottes Handeln und im Vertrauen auf Gottes Verheißung wird Praktische Theologie planende Wissenschaft sein, die ihre Planung als »Hoffnungshandeln« versteht.[129] »Im Hineinschreiten in die Zukunft Gottes läßt sich die eigene Aufgabe und Zukunft durchdenken, im Nachsinnen über den Heilsplan Gottes läßt sich ein Plan gewinnen für das Handeln der Kirche.«[130]

c) Praktische Theologie und Welt

Die Praktische Theologie erinnert Kirche und Theologie daran, daß sie mitten in der Welt stehen sollen und zum Dienst für die Welt berufen sind. Darum wird die Praktische Theologie alle geschöpflichen Hilfen in der Welt aufsuchen. Sie wird nicht doketisch an den humanen Wissenschaften vorbeigehen, sondern sich ihrer in kritischer Freiheit bedienen. Darum wird die Praktische Theologie – gerade als auf die Kirche und den Gemeindeaufbau bezogene Wissenschaft – die Sendung der Kirche in die Welt paränetisch in Erinnerung bringen. Gott will seine Gemeinde bauen, um sie in die Welt zu senden. Gott baut seine Gemeinde immer neu, indem er sie in die Welt sendet, damit immer mehr Menschen von seinem guten Wort erreicht und verändert werden. Praktische Theologie ist Anwalt dieser missionarischen Existenz der Kirche.[131]

2. »Alles soll der Erbauung dienen«

Mit diesem Wort aus 1 Kor 14,26 soll die praktisch-theologische Linie von Theodosius Harnack wiederaufgenommen werden. Der Gemeindeaufbau erscheint hier als Konkretisierung der allseits bezeugten Bezogenheit der Praktischen Theologie auf die Kirche, ihr Leben und Handeln, ihre Veränderung nach biblischer Maßgabe. Im biblischen Begriff des Gemeindeaufbaus ist für die Praktische Theologie ein angemessener Rahmen gefunden. Gott will seine Gemeinde in der Welt durch sein Evangelium zusammenbringen. Er will in ihr Gaben schenken und pflegen. Er will sie zu einsamem und gemeinsamem Hören, Beten, Feiern und Arbeiten[132] führen. Er will sie in die Welt senden, um durch ihren diakonischen und evangelistischen Dienst den Menschen seine Güte zuzuwenden. Und er erwartet von ihnen als den versöhnten Menschen das bislang verweigerte, dann aber wieder eröffnete Lob seiner Herrlichkeit. Diesem Geschehen soll alles Tun in der Kirche dienen. Alles Predigen, Seelsorgetreiben, Gottesdienstgestalten, alle Diakonie, alle Pflege christlicher Frömmigkeit, alles Unterrichten und alles Bedenken kirchlichen Rechts, kirchlicher Kunst oder Musik erreicht oder verfehlt seine Bestimmung, je nachdem ob es für dieses Geschehen der Οἰκοδομή dienstbar und fruchtbar wird oder nicht. Es ist schon deutlich gemacht worden, daß damit keiner Ekklesiozentrik das Wort geredet ist. Aufbau der Gemeinde Jesu ist Bedingung, nicht Verhinderung der Mission in die Welt. Es ist auch schon deutlich geworden, daß damit der Theologie kein Maulkorb umgehängt werden soll. Ihre Funktion im Geschehen des Gemeindeaufbaus ist durch ihre Beziehung auf das Wort Gottes eine kritisch-konstruktive.

Es soll nun auch noch deutlich werden, daß keiner praktisch-theologischen Disziplin mit dieser Konzentration der Praktischen Theologie auf den Gemeindeaufbau ihr Proprium oder gar ihr Lebensrecht genommen werden soll. Aber sie werden auf das Geschehen des Gemeindeaufbaus bezogen. Welchen besonderen Beitrag können sie leisten zum Entstehen und zur Gestaltgewinnung der christlichen Gemeinde in der Welt? Und umgekehrt: Welche Hilfen dürfen sie sich erhoffen von der im Aufbau begriffenen christlichen Gemeinde in der Welt? Damit aber die Beziehung der praktisch-theologischen Fächer auf den Gemeindeaufbau nicht zu einer Gemeindeaufbau-Ideologie verkommt, ist große Geduld nötig. Der Sinn eines gemeindlichen Tuns für den Gemeindeaufbau kann u. U. ziemlich lange verborgen bleiben. Etwa die absichtslose (!) Zuwendung zu einem anderen Menschen in einem seelsorgerlichen Gespräch wird nicht unter Zugzwang gesetzt werden dürfen, weil die Praktische Theologie als ganze dem Aufbau der christlichen Gemeinde verpflichtet ist. Aber der Seelsorger wird alle Hilfen, die sich ihm durch den Gemeindeaufbau bieten, in Anspruch nehmen. Er wird auch wissen, daß seine Seelsorge im Schutzraum der christlichen Gemeinde stattfindet. Er wird schließlich seinem Gegenüber zu gegebener Stunde die Einladung in die seelsorgerliche Gemeinde übermitteln. So kommt der Seelsorger von der Erbauung der Gemeinde her, dient ihr und geht auf sie zu, ohne ideologisch andauernd nach dem Zweck seiner seelsorgerlichen Bemühung für den Aufbau der Gemeinde zu schielen.

3. Dienstanweisungen

Praktische Theologie hat somit eine fünffache Arbeitsaufgabe:

a) Hören und Umkehren

Praktische Theologie als creatura verbi lebt immer neu vom Hören auf das Wort Gottes. Es ist ihr aufgetragen, Gott ausreden zu lassen, bevor sie selbst meint, irgend etwas beurteilen, planen oder entscheiden zu können. Will Praktische Theologie in theonomer Reziprozität für Gottes Gemeindeaufbau dasein, hat sie zuerst zu hören, und zwar stets neu, was Gott zu tun beabsichtigt. Sie hört auf das Zeugnis seines Tuns in der Bibel und fragt nach dem, was sie als sein Tun nun erhoffen darf. Sie kehrt damit von allem eigenen Wissen, Planen und Entscheiden um und lebt als »bescheidene Wissenschaft« allein vom Wort Gottes.[133] »Dabei fällt denn doch der Praktischen Theologie nach wie vor die Aufgabe zu, zu fragen, was der Gott des Alten und des Neuen Bundes, der sein Wort immer wieder gesprochen und damit auch sein Volk durch die Zeiten geführt hat, der Gott, dessen Offenbarung im Zusammenhang zu bedenken der Theologie aufgegeben ist, heute an seiner Kirche tun und wozu er heute seine Kirche ermächtigen und aufrufen will.«[134]
Solches Hören und Umkehren zu Gott bedeutet alles andere als ein Verfehlen der menschlichen Wirklichkeit. Im Gegenteil, es ist ja das Wort des Gottes, der sich tief zu den Menschen herabgelassen hat und in Jesus Christus selbst Mensch wurde. Aufmerksames Hinhören auf dieses Wort kann darum nur zu den von Gott geliebten Menschen hinführen und sie im Licht seiner Offenbarung allererst recht sehen lernen. Solches Hören und Umkehren zu Gott bedeutet alles andere als ein unkritisches Verfahren. Im Hören auf das Wort Gottes setzt sich die Praktische Theologie – und hier hoffentlich die Gemeinschaft der Praktischen Theologen – dem unbestechlichen Urteil und der eindeutigen Kritik des Wortes Gottes aus (Hebr 4,12). Dadurch werden ihre Augen geöffnet für ihre Aufgabe, Kirche kritisch zu begleiten.

Solches Hören und Umkehren zu Gott bedeutet schließlich alles andere als ein Verharren in der Theorie und einen Verzicht auf Praxis. Das Wort Gottes läßt sich nicht als Theorie verrechnen. Es ist auch nicht nur praxisrelevant. Es ist vielmehr selbst Praxis. Wenn Gott redet, dann ist sein Reden nicht bloß Information über etwas, sondern Handeln und Wirken. Da werden uns die Augen aufgetan, mehr noch, da werden wir zur Umkehr befähigt, da erfahren wir erneut Berufung und werden in Gottes gemeindebauendes Handeln hineingezogen. Denn Gottes Wort wird nicht leer zurückkommen (Jes 55,10).

b) Hinsehen und Unterscheiden

Praktische Theologie, die vom Wort herkommt, wird geöffnete Augen haben für die kirchliche Wirklichkeit. Sie wird dabei die Hilfen der Sozialwissenschaften nicht achtlos liegenlassen und sich damit der Zufälligkeit der Wahrnehmung ausliefern. Sie wird vielmehr sorgsam und exakt wahrnehmen, wie Gemeinde lebt, was sich als Frucht des Wirkens Gottes versichtbart und verleiblicht hat, was sich aber auch als Widerspruch zu Gottes Wort, also auch als Ungehorsam versichtbart und verleiblicht hat. Sie braucht dieses genaue Hinsehen, damit ihr Dienst der wirklichen Kirche an einem konkreten Ort und in einer bestimmten Stunde gelten kann. Von ihrem Hören auf Gottes Wort her werden sich Fragen an das Leben der Gemeinde stellen, wie auch umgekehrt aus der Situation der Gemeinde neue Fragen an das Wort Gottes erwachsen. Ihr Hinsehen und Unterscheiden ist somit vielfältig: es hilft sich mit der Sozialwissenschaft weiter, erbittet aber ebenso die Gabe der Unterscheidung der Geister.

c) Erinnern und Deuten

Praktische Theologie wird nicht ohne die Beobachtung der Geschichte kirchlichen Handelns auskommen können. Sie braucht die Kenntnis der Geschichte, um erkennen zu können, wie eine bestimmte Situation der Kirche entstanden ist. Anders wird sie die Gegenwart der Kirche nicht verstehen können. Sie wird sich deshalb der Geschichte kirchlichen Lebens zuwenden, um in ihr Spuren zu entdekken, wie Gott seine Gemeinde in anderen Zeiten und an anderen Orten gebaut hat. Sie kann durchaus für ihre heutigen Aufgaben lernen, auch wenn sie vieles nicht mehr unmittelbar zur Anwendung bringen kann.

d) Planen und Ermutigen

Kommt die Praktische Theologie vom genauen Hinhören auf Gottes Wort her, dann wird sie auch hoffnungsvoll konkrete Schritte des Gemeindeaufbaus planen dürfen. Sie lebt von der Verheißung, daß Gott seine Gemeinde bauen will, und daß er es nicht ohne uns tun will. Planen ist Hoffnungsdenken. Kommt die Praktische Theologie vom genauen Hinsehen her, dann kann sie das Gehörte in der Situation der Kirche konkretisieren. Aus dem Dialog von Wort und Situation ergeben sich konkrete Schritte neuen Gehorsams. Dabei ermutigt die planende Praktische Theologie die Gemeinde dazu, in, mit und unter ihrem Handeln nun das unverfügbare Handeln des barmherzigen und gemeindebauenden Gottes zu erbitten und zu erwarten. Praktische Theologie wird dabei auf Modelle und exemplarische Verwirklichungen gehorsamen kirchlichen Lebens hinweisen. Sie wird sich auch – kritisch-begleitend – an der Durchführung von Experimenten beteiligen.[135]

e) Ausbilden und Begleiten

Ist die Praktische Theologie auf den Gemeindeaufbau bezogen, wird sie sowohl für die hauptamtlichen Mitarbeiter als auch für die Gemeinde ausbildende Funktion bekommen. Sie wird einen Kanon von Fertigkeiten beschreiben müssen, die für den Dienst des Gemeindeaufbaus notwendig sind. Und sie wird angemessene Ausbildungsangebote für die Studenten, Vikare, Pfarrer, haupt- und nebenamtlichen Mitarbeiter und Gemeindeglieder bereitstellen müssen. Darauf wird später noch Bezug zu nehmen sein.[136]

Rudolf Bohren hat eine ähnliche Wesensbestimmung der Praktischen Theologie vorgelegt: »Praktische Theologie ist ... die Wissenschaft von der aktuellen Sammlung und Sendung der Kirche. Darum hat sie das Wirken von Geist und Wort an der Kirche und durch die Kirche zu ihrem Gegenstand. Der Geist und das Wort sammeln die Kirche, um sie in die Welt zu senden. Also ist Praktische Theologie die Wissenschaft von der Teilhabe der Kirche an Gottes Sendung, an der missio Dei. Als solche ist sie Wissenschaft von der gegenwärtigen Kirche.«[137]

Was ist Gemeindeaufbau?[1]

A. Ein Begriff kommt ins Gespräch

Neu ist die Nachfrage nach dem Gemeindeaufbau keineswegs. Auch wenn man nur die jüngste Vergangenheit betrachtet, wird man immer wieder auf die Frage nach dem Aufbau der Gemeinde Jesu Christi stoßen.

Ein gewichtiges Wort zum Thema Gemeindeaufbau hat beispielsweise die Generalsynode der VELKD in Berlin-Spandau 1958 formuliert, indem sie 22 Thesen über »Die missionierende Gemeinde« veröffentlicht hat. Diese Thesen spiegeln den volksmissionarischen Ansatz der Gemeindearbeit wider, dem es um die Wiedergewinnung der zwar getauften, aber dem Glauben und der Kirche entfremdeten Menschen durch eine missionarisch aktivierte Gemeinde geht.[2] Den Thesen folgte eine Schriftreihe »Missionierende Gemeinde«, die den Ansatz des volksmissionarischen Gemeindeaufbaus an einzelnen Problemstellungen darstellen und erläutern sollte.[3] In diesem Zusammenhang ist auch auf das »Missionarische Wort« hinzuweisen, eine von der Arbeitsgemeinschaft »Missionarische Dienste« herausgegebene Zeitschrift, deren Untertitel Thema und Richtung angibt: »Zeitschrift für Verkündigung und Gemeindeaufbau«. Diese Zeitschrift wurde lange Jahre von dem 1983 verstorbenen Heinrich-Hermann Ulrich betreut, der durch seine Beiträge immer wieder auf die Notwendigkeit des missionarischen Gemeindeaufbaus hingewiesen hat.[4]

Trotz dieser kontinuierlichen Bemühung um die Frage des Gemeindeaufbaus war es lange Zeit relativ still um Begriff und Sache. Andere Themen und Probleme beanspruchten die Aufmerksamkeit der Kirche und auch der Theologie.

Seit Mitte der 70er Jahre zeichnet sich ein Wandel ab. Dieser Wandel ließe sich schon durch die Flut der Bücher zum Thema nachweisen. Das neu erwachte Interesse am Gemeindeaufbau läßt sich aber noch konkreter an bestimmten geschichtlichen Stationen festmachen.

Zunächst war es die Frage nach der Evangelisation. Angesichts der Kirchenaustrittswelle der frühen 70er Jahre und der rückläufigen Zahl der Gottesdienstbesucher wurde wieder energischer nach der missionarischen Verkündigung gefragt: Wie können wir die getauften, aber dem Glauben und der Gemeinde entfremdeten Menschen zurückgewinnen? Die Frage der Volksmission war wieder da! Glaubenweckende Verkündigung wurde immer mehr als Notwendigkeit begriffen.

Dieser Impuls wurde durch den »Internationalen Kongreß für Weltevangelisation« (16.–25. Juli 1974) in Lausanne teils erst hervorgerufen, teils verstärkt. Der Kongreß, der weitgehend, aber nicht ausschließlich von evangelikalen Rednern wie Billy Graham, John Stott, Michael Green oder Donald McGavran bestritten wurde, hatte sich eine doppelte Fragestellung gegeben: Wie können wir in unseren Ländern das Evangelium am besten verkündigen, so daß entfremdete Menschen neu von ihm ergriffen werden? Wie können wir mit der Verkündigung des Evangeliums kulturelle Grenzen überschreiten, um auch denen die gute Nachricht zu bringen, die sie noch nie hören konnten? Der Kongreß verabschiedete eine »Lausanner Verpflichtung«, einen öffentlichen Entschluß, mit Priorität für die Evangelisation einzutreten. Dieser kurze Text, der Dringlichkeit und Wesen der Evangelisation beschreibt, ist aus mehreren Gründen bemerkenswert. Er verweist nicht nur auf den Zusammenhang von Evangelisation und sozialer Verpflichtung, sondern auch auf die Notwendigkeit einer Erneuerung der Gemeinde (6. Abschnitt: »Gemeinde und Evangelisation«).[5]

In Deutschland ist das »Missionarische Jahr 1980« ein wichtiger Anstoß für Evangelisation und Gemeindeaufbau gewesen. Es ist nur sehr schwer zu beurteilen, was dieses Jahr im Endeffekt für die Gemeinden in unserer Kirche ausgetragen hat. In unserem Zusammenhang ist etwas anderes wichtig. Durch das »Missionarische Jahr« war die Frage nach der Erneuerung der Gemeinden durch Evangelisation in ihrer vielfältigen Gestalt unüberhörbar zum Thema der kirchlichen und theologischen Öffentlichkeit geworden. Das »Missionarische Jahr« war der breit angelegte Versuch nachzubuchstabieren, was in einem Missionsland ›Deutschland‹ die Jahreslosung 1980 zu bedeuten hat: »Gott will, daß allen Menschen geholfen werde und sie zur Erkenntnis der Wahrheit kommen« (1 Tim 2,4). Dabei beriefen sich die Träger und Organisatoren aus Landeskirchen, Freikirchen, Verbänden und Werken ausdrücklich auf die Entdeckung der Evangelisation in der jüngsten Vergangenheit, also auf den bereits zitierten Lausanner Weltkongreß, aber auch auf die Arbeit der Sektion I der Weltkirchenkonferenz 1975 in Nairobi, die ausdrücklich die Notwendigkeit des evangelistischen Zeugnisses hervorgehoben hatte. Auch das apostolische Schreiben Papst Pauls VI. »Evangelisierung in der Welt von heute« (1975) wird erwähnt. Nimmt man schließlich die zahlreichen Verweise auf Synoden, Fachkonferenzen und evangelistische Aktivitäten in den Landeskirchen hinzu, so gewinnt man den Eindruck: Es ist eine »Stunde« der Evangelisation. Ziel des Missionarischen Jahres war nicht nur, viele Menschen zu einer neuen Begegnung mit dem Evangelium einzuladen, sondern auch »die Erneuerung und Stärkung des Gemeindelebens.«[6] Das Positionspapier der Veranstalter des »Missionarischen Jahres« betont: »Evangelisation nach außen, die nicht gleichzeitig Veränderung und Erneuerung der Gemeinden nach innen bedeutet, wird daher kraftlos bleiben. Gemeindeaufbau, der nicht missionarisch ausgerichtet ist, wird zur Sterilität verurteilt sein. Nur wo beides Hand in Hand geht, missionarischer Zeugendienst und missionarischer Gemeindeaufbau, erfüllt die Gemeinde ihre Berufung: Sammelstätte des Gottesvolkes zu sein und zugleich Werkzeug im göttlichen Heilshandeln. Das gilt besonders für eine Volkskirche, die sich als Missionskirche verstehen lernen muß, wenn sie ihrer Bestimmung treu bleiben und Zukunft haben will.«[7]

Einen entscheidenden Beitrag zur Publizierung des Themas »Gemeindeaufbau« haben die Bücher des Herner Superintendenten Fritz Schwarz geleistet. Das Konzept »Überschaubare Gemeinde«[8] ist seit 1979 durch Bücher, Vorträge und »Mund-zu-Mund-Propaganda« in ganz Deutschland verbreitet worden. Inzwischen liegt auch eine »Theologie des Gemeindeaufbaus« von Fritz und Christian Schwarz vor.[9] Abgesehen von der erstaunlichen Verbreitung und Diskussion der Schwarzschen Thesen ist die theologische Konzeption bemerkenswert. Es geht um eine werbende Bezeugung des »einfachen Evangeliums« und um eine Neuentdeckung neutestamentlicher Gemeindestrukturen in der Volkskirche (gemeinsam hören, beten, feiern und arbeiten).[10] Wiederum: Evangelisation und Gemeindeaufbau gehören untrennbar zusammen.

Der amerikanischen »Gemeindewachstumsbewegung« (= Church Growth)[11] verpflichtet ist ein eigenes »Institut für missionarischen Gemeindeaufbau« in Gießen. Die Arbeit dieses Institutes ist eng mit der evangelistischen Studentenarbeit von »Campus für Christus« (Campus Crusade) verbunden. Die Mitarbeiter wollen vor allem Gemeinden beraten, wie sie zu einer effektiven missionarischen Arbeitsweise vorstoßen können. Darüber wie auch über das Konzept »Überschaubare Gemeinde« wird im Kapitel über die Gemeindekonzeptionen noch einiges zu sagen sein.[12]

Im evangelikalen Bereich ist 1984 ein weiteres Institut gegründet worden: Das Missionswerk Janz-Team hat ein »Institut für Evangelisation und Gemeindeaufbau« in Kandern/Süd-Schwarzwald ins Leben gerufen. In einwöchigen Schulungen sollen hauptamtliche Mitarbeiter für ihren Dienst in den Gemeinden zugerüstet werden.[13]

Der Kirchentag 1983 in Hannover muß auch in dieser Reihe genannt werden. Erstmals gab es eine Großveranstaltung, die dem Gemeindeaufbau gewidmet war. Das Forum »Phantasie für die Gemeinde« mit Ako Haarbeck, Manfred Seitz und Theo Sorg als Referenten war ein echtes Novum für den Kirchentag:[14] »In dieser Halle haben einige tausend Menschen nach persönlichem Glaubenswachstum und Erneuerung der Gemeinde gefragt und welche Gestalt die Gemeinde haben muß, um ihre Verantwortung an den Fernstehenden, deren Zahl wächst, wahrzunehmen.«[15]

Im Februar 1987 schließlich trafen sich in Stuttgart 1500 Pfarrer, um unter dem Motto »Das Haus der lebendigen Steine« über Fragen des Gemeindeaufbaus nachzudenken.[16]

Zusammenfassend läßt sich folgendes beobachten:

1. Nachdem lange Zeit andere Themen die kirchliche und theologische Debatte beherrscht haben, ist die Frage des Aufbaus einer missionarischen Gemeinde seit etwa 10 Jahren wieder aufgetaucht und wird seither ernsthaft diskutiert. »Evangelisation ist durchaus salonfähig geworden. Inzwischen kann man fast überall über missionarischen Gemeindeaufbau sprechen, ohne sich ganz und gar ins theologische Abseits zu stellen.«[17]

2. Die Wiederentdeckung der Frage nach dem Gemeindeaufbau hängt offensichtlich mit einer zunehmenden Einsicht in die Erosion der Volkskirche zusammen.

3. Aus diesem Grund wird der Gemeindeaufbau auch fast immer in einem engen Zusammenhang mit der Evangelisation gesehen. Es geht nicht nur um den Aufbau der Kerngemeinde, sondern um das »werbende Wahrheitszeugnis«[18] für die der Kirche und dem Glauben entfremdeten, getauften Menschen: kein Gemeindeaufbau ohne Evangelisation. Umgekehrt gilt: weil die Berufung zum Glauben Berufung zum Leib Christi ist, darf es auch keine Evangelisation ohne Einweisung in das Leben der Gemeinde, ohne Gemeindeaufbau geben.

4. Praktische Theologie ist darum angewiesen, diese neue Beschäftigung mit dem Gemeindeaufbau zu begleiten. Sie vollzieht damit ihre Aufgabe, die Praxis der Kirche praxistheoretisch zu bedenken. Damit ist der Standort und die Aufgabe der

vorliegenden Arbeit beschrieben: »Auch für die Praktische Theologie, die die gegenwärtige und wahrnehmbare Kirche theologisch erforscht und begleitet, wird die Lehre vom Gemeindeaufbau (Kybernetik) eine unabweisliche und neu aufzugreifende Aufgabe sein.«[19]

B. Ein Begriff bleibt umstritten

Wer nun annehmen wollte, das Thema »Gemeindeaufbau« hätte – zumal in seiner angezeigten Verbindung mit der Evangelisation – eine breite Mehrheit in Theologie und Kirche ergriffen, so daß man nur noch über das »Wie« des Gemeindeaufbaus beraten und gegebenenfalls streiten müßte, der gibt sich einer Illusion hin. Es muß auch auf die Kritik an Begriff und Sache des Gemeindeaufbaus hingewiesen werden. Es geht darum, die kritischen Stimmen zu hören, zu prüfen und u. U. dadurch auf Gefährdungen des Gemeindeaufbaus aufmerksam zu werden.

I. Eine Beobachtung

War soeben noch davon die Rede, daß der Kirchentag 1983 in Hannover erstmals ein Forum »Phantasie für die Gemeinde« anbot und somit beitrug zur kirchlichen Nachfrage nach dem Gemeindeaufbau, so ist jetzt auch das andere festzuhalten: In den Medien ist diese Veranstaltung weitgehend unterschlagen worden. Daß einige tausend Menschen nach persönlichem Glaubenswachstum fragen und nach einer angemessenen Gestalt der Kirche suchen, ist kein aufregendes Thema für die Medien-Öffentlichkeit. Entzieht sich die Kirche der beeindruckenden Berichterstattung, je mehr sie sich dem Zentralen nähert?[20]

II. Gemeindeaufbau als Gemeinschaftsideologie?

Der Wiesbadener Pfarrer Wolfang Lück skizziert in seinem Buch »Praxis: Kirchengemeinde« verschiedene Typen ekklesiologischen Denkens.[21] Als erstes stellt er das Modell »Kirche als Gemeinde« vor. Nach dem Vorbild neutestamentlicher Gemeindebilder entsteht durch das Wort und durch die Sakramente der Glaube. Der Glaube aber zielt auf Gemeinschaft der Glaubenden und Dienst an der Welt. Säulen solcher Gemeinschaft sind allgemeines Priestertum der Glaubenden und das Bleiben unter Wort und Sakrament. Was passiert nun, wenn man diese neutestamentlichen Grundaussagen auf die Volkskirche anwendet? Das kann nicht gutgehen, meint Wolfang Lück: »Wo in dieser Weise der ekklesiologische Begriff der ›Gemeinde‹ in den kirchensoziologischen der ›Ortsgemeinde‹… hineingetragen wird, muß die Wirklichkeit der Kirche natürlich defizitär erscheinen.«[22]
Hier sieht Lück die Freiheit des Christenmenschen bedroht. Mehr noch: Auch das Evangelium ist bedroht. Die Zusage Gottes werde dann an soziologisch vorfindliche Gemeinschaft gebunden. Nur die eine menschliche Antwort auf das Evange-

lium, die Sammlung, gilt noch als legitim. Nur eine Tendenz des Christlichen wird gefördert, Gemeinde als Gemeinschaft. Dafür sollen möglichst viele Kirchenmitglieder gewonnen werden. Man bemüht sich um Gemeinschaftserlebnisse. Gemeindeaufbau dient der Gemeinschaftsideologie. »Die Kirchengemeinde wird zum Ortsverein mit strenger Parteidisziplin und Stabilisierung der Mitglieder untereinander. Das Gottvertrauen wird ersetzt durch das Vertrauen auf die Gemeinschaft.«[23]

Lück wendet sich mit aller Schärfe gegen eine Kirche, die sich vorwiegend als Gemeinde bzw. als Gemeinschaft versteht. Er argumentiert: »Die Mehrheit der Mitglieder... will sie nicht...«[24] Lück fordert darum: Wer Gemeinschaft in der Kirche sucht, soll sie auch finden. Aber die Freiheit des Christenmenschen muß auch die mögliche Freiheit von der Gemeinschaft der Gemeinde sein. Kirche ist auch Heilsanstalt. Andere Formen des Christseins sind gleichwertig, etwa ein Christsein, das sich auf die eigene Hausgemeinschaft konzentriert oder am Gemeinwesen orientiert ist.[25]

Zunächst gilt, es gibt eine Gemeinschaftsideologie. Es gibt ein Gemeinschaftsverständnis, das den einzelnen und sein Christsein daran mißt, ob er gemeinschaftskonform lebt oder nicht. Aber die Gefährdung des Gemeinschaftsgedankens kann doch nicht gegen eine legitime theologische Verknüpfung von Christsein und Gemeinde angeführt werden. Gemeinschaft als Anteilhabe an Wort und Sakrament, aber auch als Anteilhabe aneinander (Apg 2,42; 1 Kor 11 f.) gehört zu den Säulen des neutestamentlichen Gemeindebegriffs. Man müßte schon völlig den Bezug auf »der Apostel Lehre« (Apg 2,42) aufgeben, wollte man darauf verzichten. Dafür hätten die Verfasser der neutestamentlichen Schriften wohl nur ein ungläubiges Staunen übriggehabt, wenn man ihnen erklärt hätte, Christen könnten auch ohne den Bezug zum Leib Christi existieren, ja ein Leben fern von den Schwestern und Brüdern sei genauso als christlich anzuerkennen, wie das gemeinsame Leben der Christen. Das ganz Normale wird damit seiner Normalität und Normativität enthoben, die »Weisungsbefugnis« neutestamentlichen Denkens bestritten.

Darüber hinaus muß der Christ, der im gemeinsamen Hören und Beten, Feiern und Arbeiten Anteil hat am Leib Christi, sich herbe Kritik gefallen lassen. Wird der Kirchenferne in Schutz genommen, so gerät der »Gemeinschaftschrist« unter Beschuß: »Die Kirchengemeinde wird zum Ortsverein mit strenger Parteidisziplin und Stabilisierung der Mitglieder untereinander. Das Gottvertrauen wird ersetzt durch das Vertrauen auf die Gemeinschaft.«[23]

Gottvertrauen lebt sich am besten offenbar in Distanz von der Gemeinde; das Mitleben in verbindlicher Gemeinschaft aber wird zur Karikatur. Es ist offenbar höchst bedrohlich. Trotz allem ist festzuhalten: Nach biblischer und reformatorischer Einsicht ist Kirche eben auch »communio sanctorum« und nicht nur »Heilsanstalt«. Und darin ist Lück nun tatsächlich recht zu geben; da »muß die Wirklichkeit der Kirche... defizitär erscheinen.«[22]

III. Gemeindeaufbau contra Flexibilität?

Das biblische Wort vom Bauen der Gemeinde läßt an eine Baustelle denken. Da werden Mauern hochgezogen, die möglichst stabil sein sollen, damit sie vielen Generationen Bergung und Heimat bieten können. Da wird auf lange Sicht geplant. Da sollen Menschen heimisch werden und bleiben. An einen schnellen Ortswechsel denkt nicht, wer ein Haus baut. Ist diese Assoziation für den Gemeindeaufbau angemessen?

Georg Kugler hat sich intensiv mit Funktionsverlust und Funktionswandel der Gemeinde in der modernen Gesellschaft beschäftigt. Ein Kennzeichen der Gesellschaft ist Mobilität. Da bleibt man nicht mehr lange an einem Ort, da wird beweglich gelebt. Das Leben spielt sich nicht mehr allein am Wohnort ab, sondern in verschiedenen Räumen, nicht mehr am Ort, sondern in einer Region. Die Einheit der Lebenswelt ist zerbrochen. Ganz unterschiedliche Gruppierungen leben in einer Wohngemeinde, mit je eigenen Bedürfnissen und Erwartungen. Die Ortsgemeinde muß sich darauf einstellen. Sie deckt nur noch den Bereich der Wohn- und Freizeitwelt ab. Und sie muß mit wechselndem Teilnahmeverhalten rechnen. Die Menschen kommen und gehen.[26] »Unter den Bedingungen der Anonymität, Mobilität und der Differenzierung innerhalb eines größeren Raumes wird man im strengen Sinn von Gemeindeaufbau nicht mehr sprechen können. Man sollte vielleicht das Wort ganz fallenlassen, so sehr es einen biblischen Ursprung hat. Heute verbindet sich damit ein statisches Denken und entsprechend feststehende Arbeitsformen.«[27]

Um Beweglichkeit geht es Georg Kugler in seiner Kritik am Begriff »Gemeindeaufbau«. Er möchte eine flexible Gemeinde, die als mitarbeitende Missionsstation immer neu Situationen untersucht (Analyse), zur Begleitung von Menschen Konzepte entwickelt und durchführt, das Getane überprüft und sich neuen Anforderungen zuwendet. Kein Haus, höchstens ein Zelt wird gebraucht. Nur ja keine Hütten bauen (Mk 9,5)! Herbert Lindner hat es ähnlich formuliert: »Es geht nicht mehr um ein geduldiges, langfristiges Bauen, Stein für Stein. Es geht vielmehr darum, das Evangelium flexibel in stets wechselnde Situationen einzubringen. Das Wort Gemeindeaufbau kann zu dem Mißverständnis führen, es könne jemals gelingen, einen kompletten und fertigen Bau von Gemeinde zu erstellen und auch für längere Zeit darin zu wohnen. Es geht um einen Prozeß. Dafür braucht es neue Bezeichnungen. So ist Gemeindeentwicklung wohl das zutreffende Wort…«[28]

Wer wollte das ernsthaft bestreiten und das Wort ergreifen für eine unbewegliche, schwerfällige und langsame Kirche? Wenn Kugler und Lindner eine bewegliche Kirche wünschen, die sich schnell auf neue Aufgaben einstellen kann, die auch neue und angemessene Formen sucht, um ihren Dienst tun zu können, ist ihnen nur beizupflichten.

Allerdings ist zu fragen, ob dem Begriff »Gemeindeaufbau« notwendig Schwerfälligkeit und falsche Stabilität anhaften? Meint das das Neue Testament? Meint das der Apostel Paulus? Das wird zu prüfen sein! Wir wollen uns nicht ohne Not das biblische Wort der οἰκοδομή nehmen lassen, um dafür die technokratische Begrifflichkeit einer »Gemeindeentwicklung« zu übernehmen. Wir nehmen jedenfalls die Warnung mit: Gemeindeaufbau soll nicht einer schwerfälligen Kirche das Wort reden.

Es ist allerdings etwas stiller geworden um den Funktionsverlust der Parochie. Die Wohn- und Freizeitwelt wird wieder stärker als ernst zu nehmender Lebensraum betrachtet. Darum wird auch zu fragen sein, ob nicht auch eine mobile Gemeinde mobilen Menschen so etwas wie Stabilität auf Zeit anbieten kann und muß.[29]

IV. Gemeindeaufbau – der Weg in die Innerlichkeit der Gruppe?

Ein Haus wird gebaut. Das kostet Zeit und Kraft. Wer sich darauf einläßt, der muß sich konzentrieren. Er hat nicht mehr viel Zeit oder Kraft für andere Dinge. Schließlich will ein Haus Heimat, Schutz und Raum zur Lebensentfaltung bieten.

Gilt das vom Gemeindeaufbau? Ist er der Weg in die Innerlichkeit einer Gruppe? Ist Gemeindeaufbau Sammlung ohne Sendung? Bedeutet Gemeindeaufbau den Rückzug der Gemeinde aus der Welt? Wird im Gemeindeaufbau der gebotene missionarische und diakonische Dienst zugunsten der »Erbauung« hintenangestellt? Bleibt der unter die Räuber Gekommene liegen, weil wir so beschäftigt sind mit dem Bau unseres Hauses?

Das ist ein schwerwiegender Vorwurf gegen den Begriff und die Sache des Gemeindeaufbaus. Christoph Bäumler hat es so formuliert: Es »kann eine theologische Kritik einer im ›Gemeindeaufbau‹ zu sehr mit sich selbst beschäftigten Gemeinde erwachsen.«[30] Diese Kritik ist vor allem in der ökumenischen Debatte um die Strukturen der missionarischen Gemeinde erwachsen. Gott möchte sich der Welt zuwenden; Kirche ist nur Instrument, nicht Ziel seines Handelns: »Der Begriff ›Gemeindeaufbau‹ gerät von daher unter den Verdacht, die Gemeinde beschäftige sich mit sich selber, statt in der Welt ›Kirche für andere‹ zu sein.«[31]

Wer wollte dem nicht beipflichten, daß Kirche ihr Wesen verfehlt, wenn sie sich als Endstation begreift? Es kann nur deutlich gesagt werden: Kirche ist ungehorsam, wenn sie den Gemeindeaufbau ideologisch dazu benutzt, sich aus der Sendung in die Welt zu verabschieden und es sich bei sich selbst gemütlich zu machen.

Allerdings: muß der Begriff »Gemeindeaufbau« diesen negativen Geschmack haben? Wissen nicht gerade die neutestamentlichen Autoren etwas von der Sendung der Kirche, die auch vom Gemeindeaufbau sprechen? Könnte es nicht sein, daß Gemeindeaufbau nach innen (oder: Sammlung) gerade um des Dienstes in der Welt (oder: Sendung) notwendig ist? Im Aufriß des Matthäus-Evangeliums scheint es durch. Jesus unterweist seine Jünger, er sammelt die von ihm Berufenen und weist sie ein in den Messias des Wortes (Mt 5–7), in den Messias der Tat (Mt 8+9) und in das Gebet (Mt 9,37f.). Erst dann sendet er sie aus (Mt 10), nicht ohne sie immer wieder zu sich zurückzurufen (Mt 11,28–30).

V. Ein gefährdeter Begriff

Die Anfragen an den Begriff des Gemeindeaufbaus können nicht die berechtigte und notwendige Wieder-Entdeckung des Fragens nach der Gestalt der Gemeinde Jesu Christi in Frage stellen. Aber sie verdeutlichen, daß das neue Hoffnungswort

»Gemeindeaufbau« auch ein gefährdetes Wort ist. Es kann wie alle Hoffnungsworte auch verbogen und entleert werden. Nicht alles, was sich Gemeindeaufbau
nennt, ist gleich angemessen und verantwortbar. Ein krasses Beispiel kann dies
verdeutlichen: »Wir bekennen, daß der einzige wirkliche Gottesdienst für uns der
Dienst an unseren Volksgenossen ist, und fühlen uns als Kampfgemeinschaft von
unserem Gott verpflichtet, mitzubauen an einer wehrhaften und wahrhaften völ-
kischen Kirche, in der wir die Vollendung der deutschen Reformation Martin Luthers erblicken...«[32]
So sprachen die »Deutschen Christen« vom Aufbau der Gemeinde. Für die
Grundlegung der Praktischen Theologie im Wort Gottes gilt, daß die Frage nach
dem Aufbau der christlichen Gemeinde am Hören des Wortes Gottes orientiert
sein muß, wenn sie sich nicht auf Irrwege einlassen will.

C. Eine vorläufige Begriffsbestimmung: Was ist Gemeindeaufbau?

Christoph Bäumler bietet eine im Rahmen der bisherigen Erörterungen über die
Praktische Theologie plausible Definition an. Seiner Ansicht nach intendiert die
Frage nach dem Gemeindeaufbau eine »Praxistheorie der Kirchengemeinde«.[33]
Bevor allerdings eine solche Praxistheorie entworfen werden kann, muß geklärt
werden: Welche Gemeinde soll denn überhaupt gebaut werden? Welcher theologische Begriff von der christlichen Gemeinde soll uns bei der Erstellung einer Praxistheorie leiten? Bleiben diese Fragen ungeklärt, wird auch die Beschreibung des
Gemeindeaufbaus in hohem Maße unklar, mehrdeutig, ja nebulös bleiben müssen.[34]

I. Welche Gemeinde soll gebaut werden?

1. Das Wort »Gemeinde«

Der indogermanische Wortstamm verbindet die Worte »Gemeinde«, communio
und κοινωνία miteinander in der Bedeutung: »das durch gemeinsame Mauern gesicherte Gebiet«. Die ursprünglichste Bedeutung scheint »Gemeindegrund« gewesen zu sein. Demnach ist »Gemeinde« primär lokal bestimmt durch einen gemeinsamen Grund, dann aber auch durch das gemeinsame Leben derer, die durch
den gemeinsamen Grund miteinander verbunden sind.[35]
Auch wenn man diese Auskunft nicht theologisch überhöhen will, bleibt bemerkenswert, daß der Begriff »Gemeinde« Anhalt an einer leiblich-sozialen Größe
hat.

2. »Gemeinde von Brüdern«

Die Frage nach dem theologischen Begriff der christlichen Gemeinde stellt rasch vor erhebliche Schwierigkeiten. Die Auskunft Martin Luthers, »denn es weiß gottlob ein Kind von sieben Jahren, was die Kirche sei«[36], vermag den Theologen allenfalls in Verlegenheit zu bringen. Hierzulande vermögen weder siebenjährige Kinder noch Theologen ohne weiteres eine schlichte Auskunft darüber zu geben, was denn unter der christlichen Gemeinde zu verstehen sei.

In dieser Verlegenheit kommt uns ein Text zu Hilfe, in dem nun tatsächlich gerade über die christliche Gemeinde Wesentliches und Maßstäbliches gesagt wird: die Barmer Theologische Erklärung (1934). Von diesem Bekenntnis[37] lutherischer, reformierter und unierter Christen aus soll jetzt eine Annäherung an den Begriff der christlichen Gemeinde gewagt werden, jedoch nicht ohne eine Begründung dieses Verfahrens.

3. Die Bedeutung der Barmer Theologischen Erklärung

Zum 50. Jahrestag von Barmen schrieb Eberhard Jüngel in der Süddeutschen Zeitung: »...dieser Text brachte keine Theologenfündlein zur Sprache, sondern nicht weniger als die Wahrheit, mit der die christliche Kirche steht und fällt... – diese Wahrheit wurde in Barmen gehört und erkannt, ihr wurde am 31. Mai 1934 vor Gott und den Menschen die Ehre gegeben.«[38] Diese Feststellung gilt sicher zunächst der akuten Bedrohung der evangelischen Kirche durch die Irrlehre der »Deutschen Christen«. Darüber hinaus aber hat die Barmer Theologische Erklärung nicht nur Entscheidendes zu jahrhundertealten Bedrohungen der evangelischen Kirche (wie etwa die Anpassung an das landesherrliche Kirchenregiment) zu sagen, sondern als »Protestation für die Wahrheit« auch Zentrales über Identität, Gestalt und Auftrag der Kirche zum Ausdruck gebracht.[39] Besonders die dritte, aber auch die vierte und sechste These sind als Auslegung der ausschließlichen Herrschaft Jesu Christi in bezug auf die christliche Gemeinde zu verstehen.

»›Lasset uns aber rechtschaffen sein in der Liebe und wachsen in allen Stücken an dem, der das Haupt ist, Christus, von welchem aus der ganze Leib zusammengefügt ist.‹ (Eph 4,15.16) Die christliche Kirche ist die Gemeinde von Brüdern, in der Jesus Christus in Wort und Sakrament durch den Heiligen Geist als der Herr gegenwärtig handelt. Sie hat mit ihrem Glauben wie mit ihrem Gehorsam, mit ihrer Botschaft wie mit ihrer Ordnung mitten in der Welt der Sünde als die Kirche der begnadigten Sünder zu bezeugen, daß sie allein sein Eigentum ist, allein von seinem Trost und von seiner Weisung in Erwartung seiner Erscheinung lebt und leben möchte. Wir verwerfen die falsche Lehre, als dürfe die Kirche die Gestalt ihrer Botschaft und ihrer Ordnung ihrem Belieben oder dem Wechsel der jeweils herrschenden weltanschaulichen und politischen Überzeugungen überlassen.«[40]

Welche Bedeutung hat diese Beschreibung der Kirche als »Gemeinde von Brüdern« für unsere Frage nach der Identität, der Gestalt und dem Auftrag der Gemeinde, kurz, nach ihrem erkenntnisleitenden Begriff? Ist nicht mit CA VII genug über die Kirche bzw. ihre Gemeinden gesagt, so daß »Barmen III« jedenfalls doch nicht der Rang einer normativen Aussage zuerkannt werden darf? Dabei ist jedoch zu bedenken, daß CA VII keineswegs eine Beschreibung oder Definition der christlichen Gemeinde anbieten wollte. Die Confessio Augustana als ganze ist Ausdruck eines Bekenntnisses: Wir sind keine Ketzer! Wir gehören zur wahren Kirche! Auch will CA VII nicht vollständig beschreiben, was eine christliche Gemeinde ist, sondern nur herausarbeiten, was zur Einheit der einen apostolischen heiligen christlichen Kirche genug (satis!) ist. Erst später, als alle Hoffnungen auf die »unitas ecclesiae« zerbrochen waren und damit die Notwendigkeit einer eigenen Definition von Kirche unabweisbar geworden war, bediente man sich dieses Artikels der CA, um das Wesen der Kirche zu beschreiben.[41] Dabei wurde die Formel, die einst die Einheit ermöglichen helfen sollte (satis!), zu einer Ausschließungsformel (als stünde dort: necesse). Von da an wurde die Formel aus CA VII (»est autem ecclesia congregatio sanctorum, in qua evangelium pure docetur et recte administrantur sacramenta«)[42] bis in die Gegenwart zur evangelischen Definition der Gemeinde.[43]

Vor diesem Hintergrund beschreibt Klaus Scholder die Bedeutung von Barmen III: »Mit dieser dritten These hat Barmen – das zeigt der Blick auf die jüngste Kirchengeschichte – dem deutschen Protestantismus das gegeben, was ihm seit der Reformation gefehlt hat: eine evangelische Definition der Kirche.«[44]

Es wird innerhalb einer Auslegung der dritten Barmer These darum gehen zu zeigen, daß hier Einsichten formuliert und zum Bekenntnis geworden sind, die der Kirche erst im Laufe der Zeit (wieder) zugewachsen sind, und die darum – zumindest in dieser Klarheit – in der Confessio Augustana nicht enthalten sind bzw. ihrer Intention nach auch gar nicht enthalten sein können. Daß eine Anlehnung an »Barmen III« keine Ablehnung von CA VII bedeuten wird, ist ebenfalls noch zu zeigen. »Die Anerkennung und Geltung des Barmer Bekenntnisses ist gebunden an die Prüfung durch eine hör- und urteilsfähige Gemeinde von Schwestern und Brüdern vor der Letztinstanz des Wortes Gottes.«[45]

Dieser Prüfung und einer näheren Klärung der aufgeworfenen Fragen nach Identität, Gestalt und Auftrag der christlichen Gemeinde soll nun die Auslegung von »Barmen III« dienen.

4. Identität, Gestalt und Auftrag der Gemeinde

a) Identität: Was macht die Gemeinde zur Gemeinde?
In der Barmer Theologischen Erklärung folgen die ekklesiologischen Thesen (III, IV und VI) den beiden grundlegenden christologischen Thesen (I und II). Ekklesiologie nach Barmen ist somit Auslegung der christologischen Grundentscheidungen für die Lehre vom Wesen, von der Gestalt und vom Auftrag der christlichen Gemeinde. Was für Glauben und Bekenntnis überhaupt gilt, wird hier auch für die Gemeinde geltend gemacht. Verbindliche Auskunft über sie gibt es (so Barmen I) nur bei dem Herrn der Gemeinde, Jesus Christus.

Eben damit hebt dann auch die dritte Barmer These an; durch die gewichtige Zitierung von Eph 4,15f. wird die Herrschaft Jesu Christi über seine Gemeinde bezeugt. Jesus Christus ist das Haupt! Diese Aussage ist in drei Richtungen zu entfalten:[46]

Jesus Christus ist das Haupt, d. h., er ist der Herr der Gemeinde. Sie ist nach seinem Willen entstanden, und sie soll nun auch nach seinem Willen gebaut werden. Darum gibt es verbindliche Auskunft über die Gemeinde nur im Hören auf die Bezeugung Jesu Christi in der Heiligen Schrift. Wer wissen will, was die Gemeinde sei und wie sie zu bauen sei, ist darauf zu verweisen. Das bedeutet negativ formuliert: es sind nicht die religiösen oder gesellschaftlichen Erwartungen der Menschen – und seien sie noch so »fromm« –, die der Gemeinde ihre Prägung geben dürfen, wenn sie Gemeinde Jesu Christi sein und bleiben will. Diese – mit Rudolf Weth axiomatisch zu nennende[47] – Grundentscheidung präzisiert die im ersten Kapitel erörterten Gedanken zum Wesen der Praktischen Theologie als einer hörenden Wissenschaft. Und sie wird sich kritisch auswirken bei der Besprechung der verschiedenen Gemeindekonzeptionen im dritten Hauptteil dieser Arbeit. Dabei muß deutlich bleiben: Hinter dieser Grundentscheidung steht keine konfessorische Sturheit, sondern die Abwehr jeder fremden Herrschaft über die Gemeinde. Positiv gesprochen steht das Zutrauen zu dem guten Hirten der Gemeinde dahinter, dessen Stimme allen anderen vorzuziehen ist (Joh 10).

Jesus Christus ist das Haupt, d. h. er ist das Thema der Gemeinde. Über Gemeinde kann zunächst nur merkwürdig indirekt gesprochen werden. Sie ist nicht selbst das erste Thema, oder sie hätte ihr Thema bereits verfehlt. Ihr erstes Thema kann nur Jesus Christus und das in ihm geschenkte Heil sein. Will Gemeinde selbst das erste Thema sein, verspielt sie für sich selbst und für andere die Freude an diesem Heil. Doch Gemeinde ist nicht um ihrer selbst willen da, sowenig wie die Krippe im Stall von Bethlehem. Wie jener Futtertrog dient sie als »Ort« des Heilandes; abseits davon ist sie ziemlich uninteressant.[48] Gemeinde ist der Ort, an dem Jesus Christus bezeugt und sein Name ausgelegt werden kann. Allein das macht sie bedeutsam – und wirksam. Aufschlußreich ist in diesem Zusammenhang die Pfingstpredigt des Petrus als Ur-Kunde der ersten Gemeinde. Anlaß, Auslöser, Thema dieser ersten Gemeinde war das Zeugnis von Jesus, gipfelnd in Apg 2,36: »So wisse nun das ganze Haus Israel gewiß, daß Gott diesen Jesus, den ihr gekreuzigt habt, zum Herrn und Christus gemacht hat.«[49]

Jesus Christus ist das Haupt, d. h. vor allem, er ist das Subjekt seiner Gemeinde. Ihre Schöpfung und Erhaltung ist allein sein Werk. Auch und gerade wenn noch vieles über das menschliche Tun im Raum der Gemeinde zu sagen sein wird, gilt, daß Jesus das handelnde Subjekt ist. Er bleibt es auch in, mit und unter dem mitarbeitenden Tun der Christen. Er ruft Menschen durch sein Wort und bringt sie so zur Gemeinde zusammen; er baut aus und mit diesen Gemeinde auf, fügt sie zusammen; er hält sie bei sich und darum auch beieinander, ermächtigt sie zum Dienst in der Welt und bringt sie zum Ziel. Er läßt sich die Gemeinde nicht aus der Hand nehmen: »Ich will meine Gemeinde bauen!« (Mt 16,18b).

Was macht die Gemeinde zur Gemeinde? Jesus Christus als das Haupt ist die Wahrheit der christlichen Gemeinde!

b) Gestalt: Wie lebt die Gemeinde?

Auf die Frage nach der Gestalt der Gemeinde antwortet Barmen III zunächst in klarer Anlehnung an CA VII: »...die Gemeinde von Brüdern, in der Jesus Christus in Wort und Sakrament durch den Heiligen Geist als der Herr gegenwärtig handelt.«[50] Diese deutliche, positive Rezeption von CA VII betont sowohl die Stiftung der Gemeinde durch Jesus Christus als auch die Aktualität der Gemeinde als creatura verbi. Da, wo Jesus Christus in treuer, aber freier Bindung an Wort und Sakrament (aber eben nicht abseits von ihnen) handelt, da darf auch die »Gemeinde von Brüdern« erhofft, erwartet und geglaubt werden. Deutlicher als in CA VII wird die Unverfügbarkeit dieses Geschehens herausgearbeitet (»durch den Heiligen Geist«), gegen jeden Automatismus. Aber es wird nichts von der berechtigten Zuversicht genommen, daß Jesus Christus nun tatsächlich da Gemeinde schafft und erneuert, wo das Evangelium verkündigt und die Sakramente verwaltet, also den Menschen zugedient werden. Für die Gestalt der Gemeinde bedeutet das: Sie ist versammelte Gemeinde, im weitesten Sinn gottesdienstliche Gemeinde. Gottesdienst ist dabei jeder Ort, an dem Wort und Sakrament gereicht werden, d. h. in sonntäglichen gottesdienstlichen Versammlungen ebenso wie etwa in Hauskreisen, Hausandachten, Mitarbeiterzellen. Wort und Sakrament bezeugen ja die eine Gnade Gottes, das eine Evangelium, aber auf sehr vielfältige Weise.[51] Wichtig ist für die Gestalt der Gemeinde, daß sie sich vor allem daran gebunden weiß. Sie soll der Verkündigung des Evangeliums und der Verwaltung der Sakramente so gut wie möglich Raum schaffen. In dieser Bindung an Wort und Sakrament liegt die Apostolizität der Gemeinde begründet als nota ecclesiae.[52]

Damit taucht aber auch das Problem der Institutionalität der Gemeinde auf: Soll sie dem Geschehen von Kirche durch Wort und Sakrament als den Stiftungen Christi Raum schaffen, so hängt diese Aufgabe mit Dauer, Wiederholung, Zusammenarbeit, Ordnung zusammen. Damit aber werden Institutionen notwendig. Sie können das Ereigniswerden von Gemeinde nicht herbeizwingen (vgl. CA V), aber sie sollen ihm dienen. Damit gehört die Institutionalität zur Gestalt der Gemeinde. Sie sorgt für Dauer und Wiederholung und hat damit – soziologisch gesprochen – entlastende und stützende Funktion.[53] Diese Entlastung ist notwendig, da sie der Gemeinde Gestalt gibt und ihren »Ereignischarakter« davor bewahrt, in einen »Zufallscharakter« umzuschlagen. Wolf-Dieter Marsch sagt darum mit Recht: »Erst weil Kirche als Institution da ist, kann Kirche als Ereignis werden.«[54]

Natürlich kann sich der institutionelle Charakter der Gemeinde verselbständigen. Er kann zum Selbstzweck werden, er kann zum religiösen Dienstleistungsbetrieb verkommen,[55] er kann den Eindruck erwecken, allein durch sein Vorhandensein schon Wort und Sakrament zu garantieren. Darum muß betont werden, daß die institutionelle Gestalt der Gemeinde dem Geschehen von Wort und Sakrament zu dienen hat, ohne dieses garantieren zu können. Sie hat damit der »Gemeinde von Brüdern« zu dienen. Primäre Institutionen sind eben nur Wort und Sakrament als Stiftungen Jesu; die menschlichen Gestaltungsversuche in der gemeindlichen und kirchlichen Institutionalität gehören auf die Seite der Antwort auf Wort und Sakrament; dort freilich sind sie hilfreich und notwendig.[56]

Schließlich ist auf das Gefälle der dritten Barmer These hinzuweisen. Das Neue und für manche auch Aufregende dieser These ist der strenge Verweis auf den Zeugnischarakter von Botschaft *und* Ordnung. Beide gehören zum Zeugnis der Gemeinde. Dabei folgt mit innerer Notwendigkeit die Ordnung aus der Botschaft, so wie der Gehorsam aus dem Glauben folgt. Und dabei braucht die Ordnung wie der Gehorsam als Zeugnis auch das Wort der Botschaft und des Glaubens, um identifizierbar zu werden. In diesem Zusammenhang nun differenziert Barmen III: Zum Zeugnis gehören Botschaft und Ordnung. Aber von der Ordnung der Gemeinde darf nicht erwartet werden, was allein von der Botschaft in Wort und Sakrament erwartet werden darf. Hier ist ein unumkehrbares Gefälle vom Wort zur Ordnung (wie auch vom Glauben zum Gehorsam).[57] Zu erinnern ist hier wieder an die Pfingstpredigt des Petrus in Apg 2 und den darauf folgenden Bericht von der ersten christlichen Gemeinde. Auslöser für das Wachstum dieser Gemeinde war eben das gepredigte Wort von Christus. Zu ihren Grundsäulen, die bis heute genannt werden, wenn die konstitutiven Elemente christlicher Gemeinde genannt werden,[58] gehörten darum laut Apg 2,42 auch die Lehre der Apostel und das Brotbrechen, nach Apg 2,38 die Taufe.

Jesus Christus als das Haupt bringt seine Gemeinde durch Wort und Sakrament zusammen – als »Gemeinde von Brüdern«[59]. Diese nähere Bestimmung ist nun ins Auge zu fassen als Präzisierung der Auskunft über die Gestalt der christlichen Gemeinde. Die Sakramente und das Wort sind nicht bloße Hinweisschilder auf Glauben und Gemeinde, sondern sie sind wirksame Zeichen, die hervorrufen, was sie bezeugen: »Wir haben also nicht nur zu fragen, worin die Gnadenmittel bestehen, sondern auch, was sie bewirken.«[60]

Sie bewirken, daß nun tatsächlich Gemeinde entsteht als Gemeinde von Brüdern zwischen Himmelfahrt und Parusie.[61] Wo Wort und Sakrament sind, da – gewiß »ubi et quando visum est Deo« (CA V) – finden Menschen neu oder erstmals zum Glauben an Jesus Christus und werden eingegliedert in die »Gemeinde von Brüdern«. Da kann der Ruf Gottes nicht ohne Antwort bleiben. Umkehr ereignet sich und darin Freude, Gemeinschaft und Dienst. So entsteht eine persönliche Christusbeziehung. Das muß nun auch ausdrücklich gesagt werden; darin ist Barmen III in der Tat deutlicher als etwa CA VII. Undenkbar, daß Christi Wort Menschen in der Unverbindlichkeit Gott gegenüber und in der Vereinzelung dem Leib Christi gegenüber beließe! Weil es aber durch menschliche Schuld offenbar so unmöglich doch nicht ist, muß die Konsequenz von Wort und Sakrament deutlich zum Ausdruck gebracht werden.

Martin Luther hat das z. B. in den Schmalkaldischen Artikeln getan. Ein Kind von sieben Jahren weiß demnach, daß es zur Gestalt der christlichen Gemeinde gehört, daß sich in ihr Glaube versichtbart und Gemeinschaft ereignet: »...denn es weiß gottlob ein Kind von 7 Jahren, was die Kirche sei, nämlich die heiligen Gläubigen und ›die Schäflin, die ihres Hirten Stimme hören‹«; denn also beten die Kinder: ›Ich glaube (an die) eine heilige christliche Kirche.‹ Diese Heiligkeit stehet... im Wort Gottes und rechtem Glauben.«[62]

Und noch einmal ist der Bericht der ersten Gemeinde nach Apg 2 als Ur-Kunde zu vernehmen: Auf die Predigt des Petrus hin bleibt Betroffenheit nicht aus: was sollen wir tun, fragen die Hörer der Pfingstpredigt. Umkehren, sich taufen lassen auf den Namen Jesu zur Vergebung der Sünde, die Gabe des Heiligen Geistes empfangen (Apg 2,38) und: »hinzugetan werden« zur Gemeinde (Apg 2,41) – das sind die höchst sichtbaren Folgen der Pfingstpredigt des Petrus.

Eine ernste Gegenrede sieht in dieser Betonung der Gemeinde und des Glaubens eine Gefährdung der Rechtfertigungsbotschaft. Die Reflexion auf die Glieder der Kirche dürfe nicht in die Definition der Kirche aufgenommen werden; schließlich seien nicht die Glieder konstitutiv, sondern allein Christi Handeln an ihnen.[63] Anders als Werner Elert, der diese Bedenken vorgetragen hat, begründet Trutz Rendtorff seine Ablehnung dieser Einbeziehung von Glaube und Gemeinschaft in den Begriff von Kirche und Gemeinde. Bei Rendtorff tritt das Ereignis der glaubenden Gemeinde zurück gegenüber der volkskirchlich verstandenen Heilsinstitution. Eine Beschreibung der Konsequenzen von Wort und Sakrament, die womöglich die volkskirchliche Unverbindlichkeit durchbräche oder kritisierte, wäre gesetzlich und im Widerspruch zur Rechtfertigungsbotschaft. Darum entspricht dem Wort Gottes allein eine offene Volkskirche, die sich nicht festlegt auf bestimmte Konsequenzen, etwa in einer »Gemeinde von Brüdern«.[64]

Die Gefahren liegen auf der Hand. Da könnte Gemeinde sich plötzlich aus sich selbst heraus definieren und ihr Wesen in der gemeinschaftlich gelebten Frömmigkeit sehen. Oder da könnte in gesetzlicher Weise eine bestimmte Verhaltensweise zur allein möglichen Konsequenz des Evangeliums erklärt werden. Diese Gefahren dürfen jedoch nicht den Blick dafür verstellen, daß der Ruf Christi tatsächlich nicht ohne gestaltete Antwort bleiben kann. Da werden Glaube und Bekenntnis nicht ausbleiben können (bzw. auch Unglaube und Ablehnung) und sie werden sich artikulieren müssen. Und Glaube und Bekenntnis können nicht allein für sich bleiben wollen. Wie wollte ein Christ ja sagen zum Haupt des Leibes und gleichzeitig nein zu dessen Leib? Wo anders als dort hätte er sein Ja finden und zum Ausdruck bringen können? Daß die Antwort des Glaubens und die Einbindung in den Leib Christi dann vielfältige Formen annehmen können, ist eine Binsenweisheit. Das ist aber nicht die Stoßrichtung von Barmen III. Dort geht es vielmehr um die Verleiblichung des Glaubens in der »Gemeinde von Brüdern«: »Der Heilige Geist als der Geist Jesu Christi drängt mit seinen Gaben und Früchten auf Verleiblichung in der Gemeinde. Ein bruderschaftliches Sozialleben kann nicht unsichtbar sein!«[65]

Das ist das Besondere an Barmen III: Hier wird nicht nur mit CA VII die Aktualität von Gemeinde durch Wort und Sakrament hervorgehoben, sondern auch ihre Sozialität in personaler Bruderschaft. Gemeinde ist nach Barmen III aktuale und personal-soziale Stiftung Jesu Christi. Das steht nicht zur Disposition. Gemeinde ist entweder »Gemeinde von Brüdern« oder sie ist gar nicht.[66] Das Votum des Theologischen Ausschusses der EKU bringt das so zum Ausdruck: »Damit wurde die Wahrheit bezeugt, daß die Herrschaft Christi eine Bruderschaft begründet, die ›mitten in der Welt der Sünde‹ die Erfahrung befreiender Gemeinschaft ermöglicht. Nun werden Menschen, die von Gott bei ihrem Namen gerufen sind, füreinander namentlich wichtig. Sie können einander nicht verraten, verachten oder verloren geben.«[67]

»Gemeinde von Brüdern« ist somit κοινωνία, also Gemeinschaft der Heiligen in des Wortes doppelter (und darin tiefer) Bedeutung: Gemeinsame Anteilhabe am Heiligen, also an Wort und Sakrament; und darin und deshalb auch unausweichliche Anteilgabe und Anteilnahme aneinander als Schwestern und Brüder, bis hin zum Teilen der Güter. Dazu gehört auch die Suche nach einem neuen missionarischen Lebensstil (»...wie mit ihrem Gehorsam...«)[68].

Damit soll der Gefahr einer Verflüchtigung der Gemeinde in die Unverbindlichkeit oder gar einer Verunsichtbarung gewehrt werden. Nun verweist aber CA VIII darauf, daß die Gemeinde nie reine Gemeinde ist, sondern: »in diesem Leben viel falscher Christen und Heuchler, auch öffentlicher Sünder unter den Frommen bleiben...«[69]

Auch von Barmen III her wird man diese Gefahr im Auge haben müssen: Daß eine christliche Gemeinde etwa sich selbst schon als reine, durch und durch heilige Versammlung der Gerechten verstünde, vergessend, daß dies zwischen Himmelfahrt und Parusie keineswegs verheißen ist (Mt 13,24–30). Vielmehr ist die Spannung zwischen sichtbarer und unsichtbarer, zwischen geglaubter und erfahrener Gemeinde aufrechtzuerhalten. Daß da wirklich eine »Gemeinde von Brüdern« ist inmitten einer Welt der Sünde, das ist nicht empirisch zu sichern. Das ist ein Satz des Glaubens (credo ecclesiam!). Allerdings bleibt dieser Glaube nicht ohne die Erfahrung, daß solche »Gemeinde von Brüdern« wirklich existiert. Andererseits macht nicht die Erfahrung den Glauben, sondern der Glaube die Erfahrung. Und der Glaube hält auch an der »Gemeinde von Brüdern« fest, wenn ihm viel Widersprüchliches begegnet. Er macht sich an Wort und Sakrament fest und erhofft deren Verleiblichungen in der gelebten Bruderschaft, im Wissen darum, daß bis zur Wiederkunft Christi das Wesen dieser Bruderschaft verborgen bleibt und nur dem Glauben erkennbar ist. Er wird aber die geglaubte Gemeinde in der erfahrenen suchen und an der Gestaltung der erfahrenen mitarbeiten, weil er sich von Christus nirgendwo anders hin gerufen weiß als in eben diese erfahrene Gemeinschaft, in der er Wort, Sakrament und darum auch Brüdern begegnet.[70] Jesus Christus als Haupt bringt seine »Gemeinde von Brüdern« durch Wort und Sakrament zusammen – als charismatisch-diakonische Bruderschaft.

Wenn Gemeinde Bruderschaft ist, dann folgt aus Barmen III konsequent Barmen IV: »Die verschiedenen Ämter in der Kirche begründen keine Herrschaft der einen über die anderen, sondern die Ausübung des der ganzen Gemeinde anvertrauten und befohlenen Dienstes.«[71] Es gibt wohl Ämter in der Gemeinde, die den Dienst aller ordnen, aber es gibt darum doch keine Herrschaft. Die Struktur der »Gemeinde von Brüdern« ist der Dienst, so auch die zitierte Bibelstelle: Mt 20,25 f. Ist der Gemeinde der »Dienst der Versöhnung« aufgetragen, ist sie selbst befreit zu »freiem, dankbarem Dienst an seinen Geschöpfen«[72], dann muß sich das auch im Umgang mit Diensten und Ämtern niederschlagen. Der diakonischen Gestalt der Gemeinde entspricht ihre charismatische Grundstruktur. Jedem Glied am Leib sind Gaben des Geistes gegeben (Röm 12,1–8; 1 Kor 12). Die Gestalt und Ordnung der Gemeinde hat diesen Charismen Raum zu geben. Jeder Gabe entspricht dem Willen des Gebers gemäß eine Aufgabe in der Gemeinde. Kommt die Gabe nicht zur Entfaltung, sei es, weil sie gehindert wird, sei es, weil ihr Träger sich ungehorsam vom Leib Jesu entfernt hält, fehlt dem Leib etwas. Eine wichtige Funktion der Gemeinde kann nicht wahrgenommen werden. Die Gemeinde ist in ihrem Leben und Dienst behindert; der Träger der Gabe kommt nicht zu der ihm von Gott zugedachten Verwirklichung seines Lebens. So soll es nicht sein! Weil in der Gemeinde nur einer Meister ist, alle anderen aber Brüder, darum sollen die Christen einander Raum gewähren zur Entfaltung des Reichtums der Charismen.

c) Auftrag: Wozu ist die Gemeinde gesandt?

Die »Gemeinde von Brüdern« soll sich nicht selbst genug sein. Sie soll nicht der Gefahr erliegen, sich nur noch mit sich selbst und der Pflege ihrer Gemeinschaft zu beschäftigen. Aus Barmen III folgt konsequent der Auftrag zu einem umfassenden und öffentlichen Zeugnis. »Sie hat mit ihrem Glauben wie mit ihrem Gehorsam, mit ihrer Botschaft wie mit ihrer Ordnung mitten in der Welt der Sünde als die Kirche der begnadigten Sünder zu bezeugen, daß sie allein sein Eigentum ist...«[73] Mitten in der Welt der Sünde soll sie existieren und nicht von ihr zurückgezogen. Zum Zeugnis ist sie bestimmt und nicht zur Pflege frommer Gemeinschaft oder zur Sorge um die Selbsterhaltung. Das ist in dieser Klarheit wiederum neu und ein

Fortschritt gegenüber CA VII. Die missionarische Dimension, als die Sendung der Gemeinde zum Zeugnis in der Welt begriffen, stand nicht im Blickpunkt der reformatorischen Väter. Mit dem neuzeitlichen Zerbrechen der Einheit von Gesellschaft und Kirche drängt sich die Frage nach der Sendung der Gemeinde, die sich innerhalb der Gesellschaft als Diaspora erfährt, mit brennender Aktualität auf. Zur Erinnerung: das Thema »Gemeindeaufbau« verdankt seine jüngste Aktualität der Erosion der Volkskirche und der damit aufgebrochenen Frage nach der evangelistischen Sendung der Gemeinde.

Aber zunächst ist weniger der Adressat der Verkündigung im Blick als vielmehr der bezeugte Herr selbst. Das gesamte gemeindliche Leben, zusammengefaßt als Glaube und Gehorsam, Botschaft und Ordnung, hat als Zeugnis dafür zu dienen, daß die Gemeinde allein und ausschließlich Eigentum Jesu Christi ist. Damit ist Barmen II auf den Zeugenauftrag hin ausgelegt und die Christusbezeugung als das Zentrum des Zeugnisses gesichert. Die christliche Gemeinde bezeugt zuerst nicht sich selbst, sie bezeugt auch nicht mit einem bestimmten Zweck, sie bezeugt Christus. Barmen III lebt von der Einsicht, daß der Gehorsam (bzw. die Sünde) und die Ordnung (bzw. auch die Un-Ordnung) beredte Zeugen sind. Der Ungehorsam der Christen und die an fragwürdige weltliche Vorbilder angelehnte kirchliche Ordnung können einen so lauten Gegenkommentar zum verbalen Zeugnis des Glaubens darstellen, daß der Widerspruch offensichtlich und das Reden von Christus unglaubwürdig wird. Dagegen fordert Barmen III eine dem Zeugnis für Christus angemessene Lebensgestalt der Christen (Gehorsam) und eine entsprechende Ordnung der Gemeinde. Auch damit geht Barmen III über CA VII hinaus: Die Ordnung der Gemeinde soll nicht zum Ausdruck bringen, daß durchaus noch andere Herren in der Gemeinde herrschen als Jesus Christus. Das heißt nicht, daß sich die Ordnungen direkt aus dem Neuen Testament ableiten lassen, daß es etwa nur *eine* evangeliumsgemäße Ordnung geben könne oder daß nicht sinnvolle Ordnungen transferiert werden dürften. Nur prüfen soll die Gemeinde; wen bezeugt unsere Ordnung; wessen Herrschaft über uns leuchtet durch unseren Umgang mit Ämtern, Institutionen, Bürokratie, Recht, Verwaltung usw. durch?[74]

Ist dieses Wortzeugnis als Bezeugung der Herrschaft Jesu Christi ausreichend beschrieben und durch Gehorsam und Ordnung unterstützt, kann auch vom Ziel dieses Zeugnisses die Rede sein. Hier ist Barmen VI die Konsequenz des umfassenden Zeugnisauftrages der Gemeinde: »Der Auftrag der Kirche... besteht darin, an Christi Statt und also im Dienst seines eigenen Wortes und Werkes durch Predigt und Sakrament die Botschaft von der freien Gnade Gottes auszurichten an alles Volk.«[75]

Alles Volk soll mit dem Zuspruch und Anspruch Jesu Christi bekannt gemacht werden. Zur Apostolizität der Gemeinde gehört nicht neben, sondern in ihrer Bindung an das apostolische Wort die Sendung »an alles Volk«. Der Gemeinde ist es aufgetragen, alle Menschen zur Umkehr zu Christus und damit zur Eingliederung in den Leib Christi einzuladen. Sie darf dabei nicht die Grenze zwischen dem Glauben und dem Unglauben verwischen. Sie muß zu unterscheiden wissen zwischen dem Volk und der Gemeinde. Auch wenn die Grenze zwischen Glauben und Unglauben nicht immer sichtbar ist, soll die Gemeinde um ihres Rufes zu Christus willen nicht auf diese Unterscheidung verzichten. Der Ruf wäre sinn- und ziellos, gäbe es nicht ein »hüben« und ein »drüben«.[76] Die Gemeinde darf nicht der Versuchung der billigen, unbarmherzigen Gnade verfallen, die allen Menschen zuruft: »Friede, Friede!« – und ist doch kein Friede![77] Für das von Barmen III und VI her aufgetragene Zeugnis der Gemeinde an alles Volk liegt hier – innerhalb einer noch bestehenden Volkskirche – die große Gefahr. Das Votum der EKU bringt dies zum Ausdruck: »Mission und evangelistische Verkündigung zielen auf die Weckung des Glaubens. Die Versöhnung, die allen Menschen von Gottes Entschluß her gilt, wird als Einladung zum Glauben ausgesprochen. Das Wort erwartet und erweckt unsere Antwort. Mit der ›Volkskirche‹ verbindet sich die Tendenz, Menschen immer schon als Christen anzusprechen und sie dadurch davon zu entlasten, eine eigene Antwort des Glaubens zu geben.«[78]

Das Zeugnis von Jesus Christus an alles Volk ergeht als »Namenrede« und darum primär als Wortzeugnis.[79] Aber es wäre verraten und verfälscht, wenn es nicht begleitet, kommentiert und gestützt würde durch das Zeugnis des Gehorsams, etwa des diakonischen Tuns der Gemeinde, durch den frohen und dankbaren Dienst an seinen Geschöpfen.[80] Dieser Dienst umfaßt den Hausbesuch und die helfende Tat ebenso wie den Gehorsam der Gemeinde in politischen Fragen. Wiederum ist kurz an den Bericht von der ersten Christengemeinde zu erinnern: An ihr umfassendes Zeugnis, die Dringlichkeit ihrer missionarischen Verkündigung (Apg 4,20), ihre Stellung beim Volk und ihr Wachstum, indem viele zur Umkehr geführt und der Gemeinde »hinzugetan« wurden.

5. Zusammenfassung

Die ekklesiologische Grundaussage von Barmen kennzeichnet die Gemeinde als von Christus, ihrem Haupt, zusammengerufene und zusammengeführte »Gemeinde von Brüdern«, deren Leben und Zusammenleben einerseits durch Wort und Sakrament, andererseits durch gegenseitiges Dienen in der Fülle der Gaben geprägt wird, und deren Existenz in der Welt durch umfassendes Zeugnis und Einladung zum Glauben an alles Volk zum Ziel kommen soll. Ebenso wie der Bericht von der ersten Gemeinde der Christen in Jerusalem (Apg 2 ff.) will Barmen III damit kein Idealbild der Gemeinde zeichnen. Es wird nicht ein Wunschtraum formuliert, der ohne jede Hoffnung auf Erfüllung bleiben müßte. Es wird vielmehr zum Ausdruck gebracht, was für das Leben der Menschen unter der Herrschaft Christi normal und alltäglich sein darf, was sie darum auch mit Recht erbitten und erwarten dürfen.

Daß die in Barmen III vorgestellte christliche Gemeinde keine Idealgemeinde ist, zeigt sich auch an den Verwerfungssätzen. Sie zeigen die Gefahr der Verkehrung und des Ungehorsams auf, die sich immer wieder in neuer Gestalt als Abwendung von der alleinigen Herrschaft Christi darstellt. Sie rufen damit aber auch die Gemeinde in die Bewegung der Umkehr hinein, die sie von der irrenden, ja falschen Gemeinde hin zur Gemeinde Jesu Christi je neu zu vollziehen hat. Barmen skizziert keine ideale Gemeinde, sondern die Gemeinde Jesu Christi im Prozeß der Umkehr: »Kirche der begnadigten Sünder«![81]

Die Gemeinde wird schließlich als wartende Gemeinde, mithin als eschatologische Weggemeinschaft vorgestellt (Barmen III: »in Erwartung seiner Erscheinung«[81]), die sich gerade nicht in ihrer eigenen Vollkommenheit ausruhen und einrichten darf, sondern auf ihre eigene Erfüllung und zugleich Aufhebung in der Wiederkunft Christi allererst zugeht.

Der Verdacht, mit Hilfe von Barmen III (oder auch Apg 2 ff.) solle in gesetzlicher Weise das Bild einer idealen Gemeinde an die vorfindlichen Gemeinden herangetragen werden, wird natürlich einsichtig angesichts der Abständigkeit volkskirchlicher Gemeinden von der Wahrheit und Wirklichkeit der Gemeinde Jesu Christi, wie sie in Barmen III bezeugt wird. In dieser Erfahrung hilft es aber nicht, das Bild der Gemeinde Jesu Christi zu ermäßigen und den herrschenden Verhältnissen anzupassen (auch wenn, wie noch zu zeigen sein wird, es in die Situation einer jeden Gemeinde »eingepaßt« werden muß!). Vielmehr ist die Auskunft der Bekennenden Synode von Barmen 1934 als Verheißung für gegenwärtige Gemeinden wahrzunehmen. Sie ist kein Gesetz, sondern Verheißung und mutmachende Perspektive auch für volkskirchliche Gemeinden. Andererseits ist die Abständigkeit der vorfindlichen Gemeinde zur Kenntnis zu nehmen und zu fragen, wie in der Bewegung der Umkehr erste Schritte getan werden können. Die Darstellung von Barmen III will sich jedenfalls als »Plädoyer für die ekklesiologische Zukunft eines Bekenntnisses« verstehen.[82]

Die Barmer Bekenntnissynode hat im Anschluß an die Verabschiedung der Barmer Theologischen Erklärung auch noch eine »Erklärung zur praktischen Arbeit der Bekenntnissynode der Deutschen Evangelischen Kirche«[83] herausgegeben, die die praktisch-theologischen Konsequenzen der in Barmen vertretenen Ekklesiologie für die Brennpunkte der Gemeinde (Pfarrerstand, Aufbau der bekennenden Gemeinde und Sendung der bekennenden Gemeinde) bearbeitet und damit die Notwendigkeit eines Programms für den Gemeindeaufbau eindrucksvoll belegt. Dementsprechend ist auch aus den hier dargestellten ekklesiologischen Grundsätzen heraus nach einer praktisch-theologisch verantworteten Konzeption des Gemeindeaufbaus zu suchen.[84] Mit diesen Sätzen soll die Übereinstimmung mit der Arbeit von Rudolf Weth über die Barmer Theologische Erklärung zum Ausdruck gebracht werden: »Barmen hat noch Zukunft, weil die Theorie und Praxis von Kirche, die diesem Bekenntnis entspricht, noch unterwegs ist, in wesentlichen Stücken noch gefunden werden muß.«[85]

II. Was ist Gemeindeaufbau?

Ist »Gemeinde von Brüdern« Verheißung und nicht Gesetz, demnach nicht Joch, sondern von Gott her zu erwartende und zu erbittende neue Wirklichkeit unserer Gemeinden, so ergibt sich daraus eine Definition des Gemeindeaufbaus.

1. Eine Definition

Gemeindeaufbau ist das Werk des erhöhten Herrn Jesus Christus, der selbst seine »Gemeinde von Brüdern« zusammenruft, ihrem Leben Gestalt gibt und sie in seinem Auftrag aussendet. Dieses Werk des Gemeindeaufbaus vollbringt Jesus Christus aber nicht ohne menschliche Mitarbeit. Von uns aus gesehen ist darum Gemeindeaufbau ein planmäßiges Handeln im Auftrag Jesu Christi mit dem Ziel, dem Zusammenkommen, Gestaltgewinnen und Gesandtwerden der »Gemeinde von Brüdern« zu dienen. Gemeindeaufbau geschieht also in theonomer Reziprozität[86]: Jesus Christus ist das erste Subjekt des Gemeindeaufbaus; ihm entspricht aber ein entschiedenes und gezieltes menschliches Mit-Tun.[87] Fritz und Christian Schwarz definieren Gemeindeaufbau ganz entsprechend: »Gemeindeaufbau ist alles Handeln, das auf das Ereignis- und Gestaltwerden von Ekklesia zielt.«[88]

2. Entfaltung

Die Aussagen dieser definitorischen Sätze müssen nun noch kurz entfaltet werden. Geht Gemeindeaufbau von der Verheißung der »Gemeinde von Brüdern« aus, dann ist damit auch ein Moment der Unruhe in die Reflexion über die christliche Gemeinde eingebracht. Gemeinde ist nicht einfach schon vorhanden. Gemeinde ist vielmehr noch unterwegs, noch unvollendet und erst auf dem Weg zu ihrer Erfüllung. Demnach ist der Gemeindeaufbau als ein Moment der Unruhe gerade nicht statisch, gerade nicht der Ausblick auf geruhsames Wohnen in einem fertigen Bau, sondern Bewegung und mutiges, gezieltes Zugehen auf das von Gott her Verheißene. Karl Barth hat dieses Moment der Unruhe und der Bewegung hervorgehoben. Er nennt den Gemeindeaufbau »ein Geschehen, einen Vollzug und ein Ereignis«.[89] Gewiß werden immer auch Bauteile fertig und abgeschlossen, gewiß auch bewohnbar. Aber fertig wird dieser Bau nicht. Gewiß ist auch der Ausblick auf den fertigen Bau notwendig. Aber der fertige Bau ist nicht das Ergebnis unseres Mit-Bauens. Der fertige Bau kommt vielmehr von Gott her der Gemeinde als ihr Eschaton entgegen und zu. In diesem Sinne ist 2 Kor 5,1–5 von Karl Barth ekklesiologisch-eschatologisch interpretiert worden. Das provisorische Haus wird zerbrochen werden, mehr noch überkleidet werden von dem Bau, der nicht mit Händen gemacht ist.[90] Schon darum ist – streng theologisch – stets von aufzubauenden und nicht von fertig erbauten Gemeinden auszugehen. Daß dies keineswegs die Dankbarkeit für bereits verwirklichte »Bauteile« der »Gemeinde von Brüdern« ausschließt, soll nur noch erwähnt werden.

Ist Gemeinde unterwegs, stets als »ecclesia semper reformanda« zu verstehen, dann hat dies auch mit der Bedrohung der christlichen Gemeinde zu tun, auch mit der Bedrohung des Gemeindeaufbaus. Christus als Subjekt des Gemeindeaufbaus bedient sich menschlicher Mitarbeit. Die menschlichen Mitarbeiter aber bleiben in der Welt von Sünde und Eigenwilligkeit bedroht. Deshalb ist der Gemeindeaufbau als ein planmäßiges menschliches Tun bis zu seinem Ende eine zweideutige Angelegenheit. Und es bleibt in jedem Fall ein Wunder Gottes, wenn in, mit und unter menschlicher Mitarbeit tatsächlich einmal »Gemeinde von Brüdern« hervorgerufen wird, Gestalt annehmen darf und zum Dienst in der Welt tauglich gemacht wird. Das ist dann in jedem Fall »...der Sieg der sie auferbauenden Macht Jesu Christi, eine des menschlich-sündigen Wirkens der Gemeinde sich bedienende, aber nicht aus ihm hervorgegangene und nicht von ihm her begreifliche Machttat des ihr zugewendeten besonderen göttlichen Erbarmens.«[91]

Wird aber die Autorschaft Jesu Christi in der Geschichte des Gemeindeaufbaus hervorgehoben, so soll doch nicht – in doketischer oder quietistischer Weise – das menschliche Tun herabgewürdigt werden. Es ist Gottes Entschluß, so und nicht anders Gemeinde zu bauen. Darum werden Christen und Gemeinden auch nicht davon dispensiert, in der Bewegung der Umkehr auf die verheißene »Gemeinde von Brüdern« zuzugehen. Jesus Christus als das Haupt baut seine Gemeinde, aber doch nicht ohne seinen Leib, ohne die vielen, mit Charismen begabten Glieder als seine irdische Existenzweise.[92] Gerade das menschliche Mit-Bauen im Gemeindeaufbau will vielmehr als Frucht und Ergebnis des Handelns Jesu Christi verstanden sein. Gemeindeaufbau geschieht, indem Menschen ihre Hände rühren, sie aber auch falten oder gelegentlich einfach in den Schoß legen und sich wundern, daß der Bau wächst.[93]

Damit ist eine Haltung ausgeschlossen, die mit Recht Jesus Christus als das Subjekt des Gemeindeaufbaus bekennt, um dann jede menschliche Mitarbeit abzulehnen. Christen und Gemeinden sind vielmehr gefragt, ob sie wollen, was Gott will (nämlich das Zusammenkommen, Gestaltgewinnen und Gesandtwerden der »Gemeinde von Brüdern«), um daraufhin »die lässigen Hände und die müden Knie wieder aufzurichten und gewisse Tritte zu tun« (Hebr 12,12.13a).[94]

3. Noch einmal: Der Begriff »Gemeindeaufbau«

Wird der Begriff »Gemeindeaufbau« verdächtigt, einer versteinerten und unbeweglichen, schließlich nur mit sich selbst beschäftigten Gemeinde Vorschub zu leisten, so ist nun deutlich gemacht worden, daß genau das Gegenteil gemeint ist. Das Bild einer missionarischen und nach vorne ausgerichteten »Gemeinde von Brüdern« ist hervorgetreten. Um dies auch begrifflich deutlich zu machen, soll von »missionarischem Gemeindeaufbau« gesprochen werden. Gemeindeaufbau und Evangelisation sind in der jüngeren Debatte untrennbar miteinander verbunden.[95] Es geht in der Evangelisation darum, die getauften, aber ihrer Taufe, dem Glauben und der Gemeinde entfremdeten Menschen zum Glauben einzuladen und damit auch zur »Gemeinde von Brüdern«. Die Begriffe sind untrennbar. Evangelisation ohne Gemeindeaufbau wäre unverantwortlich; er entließe die angesprochenen Menschen wieder, ohne ihnen in der Gemeinde einen Raum anzubieten, in dem sie ihre Fragen klären und ihren Glauben (neu) leben könnten. Gemeindeaufbau ohne Evangelisation wäre ebenso unverantwortlich. Er beschränkte die »Gemeinde von Brüdern« auf einen kleinen Kreis (»Kerngemeinde«) und vergäße die Sendung »an alles Volk« (Barmen VI). Meint Evangelisation die Sendung der Gemeinde an getaufte Menschen, so greift Mission noch weiter und schließt auch die nahen und fernen Ungetauften mit ein.[96] Da auch sie zu allem Volk gehören, dem Gottes Gut-Sein zugerufen werden soll, sind auch sie im Horizont des Gemeindeaufbaus zu sehen. Auch darum soll hier der Begriff »Gemeindeaufbau« durch das Attribut »missionarisch« präzisiert werden.

Fritz Schwarz hat die Bezeichnung »missionarischer Gemeindeaufbau« eine unnötige Doppelung genannt: Gemeindeaufbau ist entweder missionarisch – oder gar nicht![97] Wenn es hier dennoch angezeigt zu sein scheint, von »missionarischem Gemeindeaufbau« zu sprechen, dann vor allem um der begrifflichen Klarheit willen, auch wenn dies sprachlichem Purismus nicht standhalten sollte.

Schließlich ist der Begriff des »missionarischen Gemeindeaufbaus« gegen das Mißverständnis zu schützen, hier würden die Gemeinden von vornherein »in tote und lebendige, aktive und passive, gläubige und ungläubige Christen«[98] zerteilt. Vielmehr ist auch der missionarische Gemeindeaufbau zunächst nach innen zu wenden. Der Ruf in die Bewegung der Umkehr zu Jesus Christus gilt eben nicht bloß denen »draußen«, sondern auch denen »drinnen«, der Kerngemeinde und gewiß nicht zuletzt den Pfarrern und Mitarbeitern. So beginnt das Geschehen, in dem »Gemeinde von Brüdern« zusammengerufen wird. Gewiß wird es dann auch auf Grund dieses Rufes Entscheidungen und Scheidungen geben, aber die stehen nicht schon von vornherein fest. Sie sind schon gar nicht durch menschliche, gar pastorale Vor-Urteile festzulegen, sondern ereignen sich und werden sichtbar als positives oder negatives Bekenntnis auf Grund jenes einladenden Rufes zur Umkehr zu Jesus Christus und zur Eingliederung in die »Gemeinde von Brüdern«. Auch hier erweist sich der missionarische Gemeindeaufbau als heilsames Moment der Unruhe.[99]

4. Gemeindeaufbau und Wachstum

Schon im Neuen Testament verschränken sich die Bilder vom Wachstum und von der Auferbauung der Gemeinde Jesu Christi: »...auf daß der Leib wächst und sich selbst auferbaut in der Liebe« (Eph 4,16). Auch im Bild der wachsenden Gemeinde wird der Vorstellung einer statischen, unbeweglichen und nach innen gekehrten Gemeinde widersprochen. Auch hier ist Gemeinde noch im Werden, keineswegs abgeschlossen und fertig, gerade noch nicht »erwachsen«. Als synonymer Begriff vermag die Rede vom Wachstum der Gemeinde diesen Aspekt des missionarischen Gemeindeaufbaus besonders gut zu verdeutlichen. Gemeinde ist im Neuen Testament wachsende Gemeinde. Das ist der Normalfall. Der Kontrast zu unserer volkskirchlichen Wirklichkeit, die gerne mit dem Stichwort »Erosion der Volkskirche«[100] gekennzeichnet wird, ist offensichtlich. Gemeinde wächst, weil und insofern Jesus Christus in ihr lebt. Das ist ihr Geheimnis. Jesus Christus, der als das Haupt der Gemeinde in der Welt Gottes verborgen ist, ist zugleich als der Leib gegenwärtig. Er hat die Gemeinde als seine irdisch-geschichtliche Existenzform erwählt und ist in ihr – in der Kraft des Heiligen Geistes – präsent. »Als Gemeinschaft der Heiligen lebt die Gemeinde, weil und indem Jesus lebt. Jesus ist die ihr innewohnende, immanente Lebenskraft: die Kraft, in der sie wächst, in der also auch sie lebt.«[101]
Wiederum ist deutlich: Subjekt und damit Geheimnis der wachsenden Gemeinde ist Jesus Christus. Auch darin erweist sich der Begriff des Wachstums als angemessenes Synonym für den Begriff des missionarischen Gemeindeaufbaus. Eberhard Winkler und Gottfried Kretzschmar bringen dies in ihrer Definition des Gemeindeaufbaus auch zum Ausdruck: »Gemeindeaufbau ist das Werk des erhöhten Herrn, der seine Mitarbeiter zu planmäßigem Wirken für intensives und extensives Wachstum der Gemeinde bewegt.«[102]
Damit ist eine nähere Bestimmung der wachsenden Gemeinde vorzunehmen. Sie ist sowohl extensiv wie intensiv wachsende Gemeinde. Was verbirgt sich hinter diesen Begriffen? Missionarischer Gemeindeaufbau zielt ab auf eine intensiv wachsende Gemeinde. Damit ist die nach innen gerichtete Bewegung des Gemeindeaufbaus gemeint. Menschen, die sich innerhalb der Gemeinde bewegen, hören – sei es zum ersten Mal, sei es erneut – den Ruf zur Umkehr zu Jesus Christus. Sie werden von diesem Ruf erfaßt und finden – erneut oder erstmals – zum Glauben an Jesus und zu einer persönlichen Beziehung zu den Schwestern und Brüdern in der Gemeinde. Sie nehmen – unter der Wirkung von Wort und Sakrament »per

mutuum colloquium et consolationem fratrum« – im Glauben, in der Liebe und in der Hoffnung zu. Das ist intensives Wachstum. In der »Sprache der Väter« hieß das intensive Wachstum »Sammlung«. Es ist dies ein unaufhörlicher Prozeß, ein geistlicher Weg der einzelnen Christen in der Gemeinde und auch der Gemeinde als ganzer, wachstümlich, wenn auch nicht immer gradlinig: »Wo wäre da nicht Weg zu machen: von gutem zu besserem Glauben, Erkennen und Bekennen, zu besserem Denken, besserer Reue, besserer Freude, besserem Beten, Dienen, Hoffen, Verkündigen, Anbeten und was da als sancta weiter zu nennen ist – kurz: von guter zu besserer Gemeinschaft der Heiligen im Heiligen?«[103]

Und missionarischer Gemeindeaufbau zielt ab auf eine extensiv wachsende Gemeinde. Sie kann und darf sich nicht darauf beschränken, geistlich, innerlich, intensiv zu wachsen. Wie in der ersten Gemeinde muß es ihr auch darum zu tun sein, daß Menschen »hinzugetan« werden, herausgerettet werden und eingegliedert werden in die »Gemeinde von Brüdern« – das ist ihr extensives Wachstum, ihr Leben in der »Sendung«. Extensives und intensives Wachstum müssen einander entsprechen; keines für sich genommen genügt. Wird nur noch der intensive Aspekt betont, droht die mit sich selbst beschäftigte Gemeinde ihren Auftrag zu verleugnen. Es wird sich zudem sehr schnell als Illusion erweisen zu meinen, ein rein intensives Wachstum sei auch nur möglich. Die mit sich beschäftigte Gemeinde wird gerade nicht intensiv erbaut, sondern vertrocknet; ihrer selbst bald überdrüssig, wird sie krank. Zu ihrem Wesen gehört des extensive Wachstum, ohne das auch intensives Wachstum unmöglich wird, und wenn sie es noch so angestrengt anstrebte.

Wird nur noch der extensive Aspekt betont, so daß um jeden Preis Menschen hineingelockt werden in die »Gemeinde von Brüdern«, so muß dafür ein hoher Preis bezahlt werden: das Evangelium muß ermäßigt und den vielen angepaßt werden. Der Gemeinde ist jedoch nicht verheißen, alle Menschen zu umfassen. Darum ist ihr auch verboten, ihre Bezeugung Jesu Christi um einer menschlichen Erfolgssucht willen mit Propaganda zu vertauschen.[104]

Extensives und intensives Wachstum gehören vielmehr zusammen wie Ein- und Ausatmen; beides zusammen beschreibt die Bewegung des missionarischen Gemeindeaufbaus.

5. Gemeindeaufbau und Erbauung

Mit dem Begriff des intensiven Wachstums sind wir bereits in die Nähe einer anderen, umstrittenen Vokabel geraten, deren Beziehung zum missionarischen Gemeindeaufbau geklärt werden muß, zumal es sich um denselben Wortstamm handelt. Es geht um den Begriff der Erbauung![105]

Betrachtet man diesen Begriff ohne Vorurteil, so erschließt sich seine Bedeutung schnell. Er ist Inbegriff aller Hilfen zu persönlichem Glaubenswachstum in der Gemeinde. So war er bis in die Zeit des Pietismus hinein gemeint. Er hatte als »aedificatio mutua«[106] eine große Nähe zu Luthers »mutuum colloquium et consolatio fratrum« in den Schmalkaldischen Artikeln.[107] Erbauung konnte als »aedificatio mutua« oder – zunächst ohne jeden negativen Beigeschmack – als Selbsterbauung durch Bibelstudium und Erbauungsliteratur verstanden werden. Hier ist sicher eine große Nähe zum intensiven Wachstum innerhalb des missionarischen

Gemeindeaufbaus festzuhalten. Eingebunden in das Leben und in den Dienst der Gemeinde geht es auch um das persönliche Wachsen im Glauben durch geistliche Übungen.[108] Die Erbauung des einzelnen Gliedes soll und kann dem ganzen Leib zugute kommen, wie umgekehrt das Wachsen des Leibes auch dem einzelnen Glied zu weiterem Wachstum verhilft.

Allerdings hat spätestens seit dem 18. Jahrhundert eine Entstellung des Begriffs »Erbauung« begonnen. Es entwickelte sich »ein individualistisch-gefühlhafter Fehlbegriff von E(rbauung), ein Ineinsfließen von E(rbauung) und ästhetisch-idealistischem Selbstgenuß, genährt an den ihm gemäßen spirituellen Genußmitteln…«[109] So wurde »Erbauung« zu einem mindestens ärgerlichen, wenn nicht lächerlichen Begriff. Martin Doerne plädierte dafür, »daß die Sache… in der Katastrophe der Vokabel nicht mit umkommt.«[110] Darum sprechen wir von intensivem Wachstum, von geistlicher Übung u. a. und unterscheiden zwischen dem belasteten Begriff der Erbauung und dem missionarischen Gemeindeaufbau.

6. Gemeindeaufbau und Kybernetik

Seit Norbert Wiener versteht man unter »Kybernetik« eine Forschungsrichtung, die vergleichende Betrachtungen über Steuerungs- und Regelungsvorgänge vor allem in Technik und Natur anstellt.[111] Immerhin weiß auch der Duden von 1986 noch, daß Kybernetik schon erheblich früher innerhalb der Praktischen Theologie die Lehre von der Kirchen- und Gemeindeleitung umfaßt hat.[112]

Kybernetik als Lehre von der Kirchen- und Gemeindeleitung gehörte seit Schleiermacher zum Fächerkanon der Praktischen Theologie. Das Fach hatte aber stets eine stark juristische Ausprägung und fand darum auch kein großes Interesse. Allerdings hat Theodosius Harnack in seiner berühmten Kybernetik, ausgehend von Fragen der Kirchenleitung, für den Gemeindeaufbau aufregende Konsequenzen gezogen, die noch zu bedenken sein werden.[113] Im ganzen aber blieb die Kybernetik auf Fragen des Kirchenrechts und der Kirchenordnung beschränkt: »Kybernetik… ist derjenige Zweig der praktischen Theologie, der es mit der Lehre von der Kirchenleitung zu tun hat. Die Lehre von der Kirchenleitung wird in der praktischen Theologie auch unter der Lehre vom Kirchenrecht behandelt.«[114]

Durch die Konzentration auf Fragen der Verfassung, der Ordnung und des Rechtes verlor das Fach an Interesse und bald auch an Bedeutung. Doch zeigt sich in jüngster Zeit eine Tendenz, den Begriff und damit die praktisch-theologische Disziplin der Kybernetik erheblich weiter zu fassen. Ausgehend von den Fragen der Leitung in der Gemeinde werden nun auch Fragen der Gestalt gemeindlichen Lebens als kybernetische Fragen betrachtet.[115] Kybernetik vermag damit zu derjenigen praktisch-theologischen Disziplin zu werden, innerhalb derer geordnetes Nachdenken, also Wissenschaft vom Gemeindeaufbau stattfinden kann.[116] Für eine von Barmen III herkommenden Ekklesiologie verbietet es sich dabei von selbst, innerhalb dieses weit gefaßten Verständnisses von Kybernetik die Fragen des Rechtes und der Ordnung zu vernachlässigen (s. Verwerfungssatz der dritten These). Auch bedeutet die Zuweisung des Gemeindeaufbaus an das Fach Kybernetik nicht einen Widerruf der eingangs geäußerten These, daß die Praktische Theologie als ganze Wissenschaft vom Gemeindeaufbau sei. Dies schließt ja nicht aus, daß an einer Stelle nun auch besonders konzentriert und geordnet der Gemeindeaufbau reflektiert werden könnte bzw. sogar müßte. Andererseits ist »die… autoritär geprägte ›Kybernetik‹«[117] schon begrifflich eng mit der Frage der Leitung verknüpft. Soll also der missionarische Gemeindeaufbau innerhalb einer weit verstandenen praktisch-theologischen Disziplin beheimatet werden, so ist einerseits nach der Rolle der Leitung innerhalb des missionarischen Gemeindeaufbaus zu fragen, andererseits aber von vornherein ein Gemeindeverständnis zu verhindern, das im Sog der im alten Sinn als Gemeindeleitung beschriebenen Kybernetik einer Pfarrerkirche das Wort redet.

Von diesen Absicherungen her aber kann dem missionarischen Gemeindeaufbau innerhalb der Praktischen Theologie durch die Beheimatung im Fach »Kybernetik« ein eigener Raum gegeben werden: »…um Studenten und Pfarrer in ihre oikodomische Aufgabe einzuweisen, ist die Wiederaufnahme und Umgestaltung der praktisch-theologischen Disziplin der ›Kybernetik‹ erforderlich. Sie könnte als Lehre von der pastoralen Gemeindeleitung und vom missionarischen Gemeindeaufbau als ›Pastoral-Kybernetik‹ neue Bedeutung erlangen.«

7. Arbeitsplatz: Ortsgemeinde

Im Neuen Testament kann der Begriff »ἐκκλησία« sowohl von der ganzen Christenheit als auch von einer Ortsgemeinde, ja sogar von der kleinen Hausgemeinde des Philemon in Anspruch genommen werden.[119] Die vorliegende Arbeit über den missionarischen Gemeindeaufbau wird sich allerdings – schon aus arbeits- und platz-ökonomischen Gründen – auf die Ortsgemeinde konzentrieren. Die größeren (etwa regionalen oder oekumenischen) bzw. kleineren (etwa oikalen) Gestalten von Gemeinde sollen dabei nicht abgewertet oder aus dem Blick genommen werden. Mit Recht ist ihre Bedeutung auch im Gegenüber zur Parochie in den letzten 25 Jahren hervorgetreten.[120] Wenn dennoch hier im Sinne einer exemplarischen Darstellung der missionarische Gemeindeaufbau vorwiegend im Blick auf die Parochie betrachtet wird, dann geschieht dies auch aus pastoraltheologischen Gründen. Die Parochie als »Arbeitsplatz« des Pfarrers und als erste Begegnungsstätte der Menschen mit der christlichen Gemeinde und ihrer Botschaft bleibt – nun ergänzt durch regionale, oekumenische, oikale und andere Gestalten der »Gemeinde von Brüdern« – eine Grundgestalt der Gemeinde, deren Vorteile wiederum zu würdigen sind gegenüber einer einäugigen Kritik. Gewiß hat die Parochie Funktionen verloren, nicht aber ihre besonderen Chancen.[121] Anstatt die Parochie nun entweder als einzig denkbare und legitime Gestalt der Gemeinde zu empfehlen oder sie als Relikt der Vergangenheit abzulehnen, wird es darum gehen, von der Parochie ausgehend, die anderen Gestalten der Gemeinde zu entdecken und das Zusammenspiel der verschiedenen Ebenen im Sinne des missionarischen Gemeindeaufbaus in Angriff zu nehmen. Wer von der Parochie ausgeht, weiß doch, daß diese Ortsgemeinde nicht wie eine »Insel im Meer« liegt, sondern in einem unlöslichen Verbund mit anderen Gemeinden innerhalb der Kirche(n) steht. Und er weiß, daß die Ortsgemeinde keine amorphe Masse ist, sondern aus vielen verschiedenen Zellen und Kreisen, gottesdienstlichen Versammlungen und Dienstgruppen, in denen die »Gemeinde von Brüdern« gelebt wird, zusammengesetzt ist. Innerhalb dieser Überlegungen kommt der Ortsgemeinde allerdings eine bleibende Funktion zu als der personalen, als Versammlung und Gemeinschaft im

Evangelium sich ereignenden und lokal begrenzten Gestalt von Kirche.[122] Als diese personal-lokale Gestalt hat sie sich als erstaunlich zählebig erwiesen. Sie ist die nach wie vor »kommunikativste und stabilste Kraft der Kirche«.[123] Die Gründe dafür dürften in der Verbindung von gemeinsamem Wohnraum, Möglichkeit zu personaler Gemeinschaft und zu öffentlicher Darstellung des Evangeliums, also zu Verbindlichkeit und Offenheit liegen, wie sie in dieser Weise nur die Parochie bieten kann. Das Votum der EKU über Barmen III kennzeichnete darüber hinaus den Wert der Parochie mit dem Begriff der »Kirche der kurzen Wege«.[124] Ihr Wert für eine verbindliche und zugleich dem ganzen Volk zugewandte »Gemeinde von Brüdern« ist es, der die Konzentration einer Arbeit über den missionarischen Gemeindeaufbau in der Volkskirche auf die Ortsgemeinde legitim erscheinen läßt, zugleich aber die Komplementarität der anderen Gemeindetypen hervorheben läßt.[125] Wer hier abschätzig von »morphologischem Fundamentalismus«[126] redet, hat noch nicht begriffen, daß auch der moderne Mensch in einer mobilen Gesellschaft konkrete Verortung und Beheimatung braucht, wie sie ihm in der Lebensgestalt der Ortsgemeinde begegnet.[127]

Drittes Kapitel

Die Gemeinde als Bau
Neutestamentliche Perspektiven[1]

A. Die Aufgabe

Ist der Aufbau einer »Gemeinde von Brüdern« zentrales Thema der Praktischen Theologie, so wird sich die praktische Disziplin der theologischen Wissenschaft nicht ohne Not von der exegetischen Forschung emanzipieren. Sie wird vielmehr in der Schrift nach Kriterien, Arbeitshilfen und Verheißungen für den ihr aufgetragenen missionarischen Gemeindeaufbau fragen. Für die Praktische Theologie als Wissenschaft vom missionarischen Gemeindeaufbau wie für die Praxis der Kirche gilt, daß sie ihre Identität, ihre Legitimität, aber auch die Erfüllung ihres Auftrages verlieren, wenn sie sich freimachen wollen von der Autorität der Schrift: »In dem hermeneutischen Zirkel von Schrift, krichlicher (Bekenntnis-)Tradition und Kirche kommt der Schrift und ihrer wahrheitsgemäßen Auslegung das entscheidende Gewicht zu; ohne eine genaue, wahrheitsgemäße Schriftauslegung verliert die Kirche, die selbst creatura verbi, d. h. Schöpfung des göttlichen Wortes ist, ihre Identität und ihre Legitimität als Leib Christi.«[2]

Mit anderen Worten: Theorie und Praxis des Gemeindeaufbaus sind notwendig auf das Hören auf die Schrift (und einen dem auch entsprechenden Gehorsam) angewiesen, wenn sie sich nicht selbst der Verheißung, tatsächlich nichts anderes als »Gemeinde von Brüdern« zu bauen, vorzeitig berauben wollen.

Demnach benötigt der Praktische Theologe nicht nur die Kooperation mit dem Exegeten, sondern vor allem selbst eine positive Grundeinstellung zur Heiligen Schrift, zumindest aber das »Vorurteil«, daß ihm hier (so wie nirgends anders) Sinnvolles und Gutes für den Aufbau der »Gemeinde von Brüdern« mitgeteilt wird. Für diese Einstellung hat sich in der hermeneutischen Debatte der letzten Jahre der Begriff einer »Hermeneutik des Einverständnisses mit den (biblischen) Texten«[3] durchgesetzt: »Diese Hermeneutik schließt ein, daß wir die Bibel als Lern- und Lebensbuch der Kirche ernstnehmen, daß wir uns in reflektierter Weise der historisch-kritischen Auslegungsmethode bedienen und daß wir uns der Lebenssituation bewußt sind, aus der heraus wir zur Exegese aufbrechen und in die unsere Schriftinterpretation zielt«.[4]

Damit ist die Aufgabe dieses Kapitels umrissen: Es geht darum, im Raum der wissenschaftlichen Nachfrage nach dem missionarischen Gemeindeaufbau »die Stimme Gottes und seines Christus«[5] zu vernehmen.

Diese Aufgabe hat sowohl kritische als auch konstruktive Aspekte. Es wird darum gehen, die theologischen Aussagen der Barmer Theologischen Erklärung über die »Gemeinde von Brüdern« einer kritischen Überprüfung zu unterziehen. Der hier erarbeitete Begriff der Gemeinde (und des missionarischen Gemeindeaufbaus) muß sich bewähren lassen an Hand der neutestamentlichen Überlieferung von der

Gemeinde. Auch wer der Barmer Theologischen Erklärung den Rang eines Bekenntnisses einräumt, wird sich einer solchen Überprüfung der norma normata an der norma normans nicht entziehen können.

Der kritische Aspekt gilt aber auch der Wirklichkeit der Gemeinde in der Volkskirche. In diesem Kapitel müssen sich die Kriterien herausstellen, an denen sich die volkskirchliche Wirklichkeit messen lassen muß. Diese Aufgabe ist schon deshalb unabdingbar, weil die volkskirchliche Praxis (das heißt konkret: die sie betreiben) die Tendenz hat, sich zu verselbständigen und das selbstkritische Hören auf das Wort der apostolischen Urzeugen Jesu Christi vernachlässigen. Das Resultat ist eine Zementierung der volkskirchlichen Wirklichkeit ohne kritische und zugleich biblisch gegründete Gegenrede: »Das eigentlich Gefährliche liegt darin, daß wir uns unseres Zurückbleibens gegenüber dem, was Gemeinde und Volk Gottes vom Neuen Testament her sein sollten, nicht einmal mehr bewußt sind. Wir halten die Wirklichkeit unserer anonymen, gut verwalteten, aber weithin kommunikationslosen Großgemeinden für normal, vielleicht sogar für gottgewollt. Wir merken gar nicht mehr, wie wenig bei diesem Typ von Pfarreien elementare Forderungen neutestamentlichen Gemeindelebens überhaupt noch stattfinden können.«[6]

Über diese kritische Funktion einer der Wahrnehmung der Stimme Gottes in der Heiligen Schrift dienenden Exegese hinaus darf im Hören auf die biblische Botschaft von der Gemeinde erwartet werden, daß auch ein »Bauplan« für die christliche Gemeinde deutlich wird. Das ist der konstruktive Aspekt.

Nun stehen der Erhebung von Kriterien für den Gemeindeaufbau unmittelbar aus dem Neuen Testament erhebliche Bedenken entgegen. Wird hier nicht das Neue Testament in gesetzlicher Weise benutzt? Sollte hier etwa eine (und wenn ja: welche?) historische Gemeindeordnung oder auch Gemeindeaufbaustrategie ohne Rücksicht auf den historischen Abstand, ohne Beachtung unserer gänzlich veränderten Situation in der Volkskirche kopiert werden? Diese Bedenken sind durchaus ernstzunehmen. Das unverstellte Hinhören auf das Wort der Schrift wäre aber schon am Anfang gescheitert, wollte man allen Ernstes dem Neuen Testament eine einheitliche, unwandelbare und somit für eine gesetzliche Kopierung taugliche Praxistheorie der Gemeinde Jesu Christi unterschieben. Es gilt vielmehr der Satz Eduard Schweizers: »Die neutestamentliche Gemeindeordnung gibt es nicht. Die Verhältnisse sind schon in neutestamentlicher Zeit sehr verschiedenartig gewesen…«[7] Gibt es also innerhalb des Neuen Testamentes eine Vielzahl höchst unterschiedlicher Aussagen über die Gestalt der christlichen Gemeinde, ja, muß man sogar innerhalb der neutestamentlichen Bücher mit Entwicklungen und Wandlungen rechnen (etwa bei Paulus oder auch in der Apostelgeschichte – nach dem Apostelkonzil Apg 15), wird man sich schließlich der Geschichtlichkeit des Redens Gottes bewußt, so wird deutlich, daß es nicht um ein gesetzliches Kopieren neutestamentlicher Sätze über Gemeinde und Gemeindeaufbau geht.[8]

Damit ist aber die Autorität der Schrift für den missionarischen Gemeindeaufbau keineswegs erledigt, es sei denn, jemand wollte allen Ernstes behaupten, hinter der Vielzahl und Vielfalt neutestamentlicher Aussagen über Gemeinde und Gemeindeaufbau stecke überhaupt keine einheitliche Vorstellung mehr davon, wie denn christliche Gemeinde zu bauen sei. Vielmehr läßt sich plausibel machen, daß sich in der Vielfalt und Vielzahl dieser neutestamentlichen Aussagen doch gemeinsame, elementare und allgemeingültige Richtlinien für den Aufbau der »Gemeinde von Brüdern« finden lassen und daß es demnach doch so etwas wie »die Einheit der neutestamentlichen Gemeinde«[9] gibt. Dieser elementare Bauplan der »Gemeinde von Brüdern« aber ist kein Gesetz, das unseren volkskirchlichen Gemeinden übergestülpt werden soll. Im Gegenteil, es ist Evangelium, also Verheißung für unsere volkskirchlichen Gemeinden, was sie mit Fug und Recht für sich von ihrem Herrn erwarten und erbitten dürfen, und woraufhin sie geplante und gezielte Schritte zutun sollen.[10]

Die Alternative zu einer Anbindung der Theologie des missionarischen Gemeindeaufbaus an die neutestamentliche Verheißung wäre die Preisgabe des Evangeliums und der Verkauf der Gemeinde und des Gemeindeaufbaus an mehr oder weniger zufällige Hoffnungen und Erwartungen. Demgegenüber soll in der vorliegenden Studie nach diesem elementaren gemeinsamen Bauplan der Gemeinde Jesu Christi im Neuen Testament gefragt werden. Insofern wird auch J. A. Bengel zuzustimmen sein, wenn er von diesem elementaren Bauplan der Gemeinde Jesu im Neuen Testament schreibt: »Hiermit hat die Kirche ihre gehörige Form, welche sie behalten und als eine theure Beilage bewahren sollte.«[11]

Damit ist keineswegs der Gegenwartsbezug und die Situationsgemäßheit einer Theologie des missionarischen Gemeindeaufbaus preisgegeben. Es wird darum gehen, die erhobenen Elementaraussagen des Neuen Testamentes in die jeweilige kirchliche Lage einzupassen (aber eben nicht: jene an diese anzupassen). Damit wird schon ein Grundsatz der neutestamentlichen Gemeindetheologie nachvollzogen, daß nämlich die neutestamentlichen Apostel und Propheten die Grundlage der Gemeinde Jesu Christi darstellen (Eph 2,20).

Da es natürlich ein aussichtsloses Unterfangen wäre, im Rahmen dieser Arbeit die ganze Breite neutestamentlicher Aussagen über Gemeinde zu bedenken, soll hier exemplarisch verfahren werden. Es soll der Bauplan der Gemeinde Jesu Christi erhoben werden, wie er im Bild von der Gemeinde als Bau im ganzen Neuen Testament sich darstellt.[12] Dabei liegt der Hauptakzent auf der Erarbeitung der theologischen Hauptaussagen. Andere, z. B. religionsgeschichtliche Fragestellungen, können aus methodischen und praktischen Gründen nicht berücksichtigt werden. Es gilt, den Rahmen einer praktisch-theologischen Arbeit nicht zu sprengen. Das Motto aber lautet: »Rechte Gemeinde wird also immer nur dort sein, wo stets neu wieder, im Achten auf die Probleme, Gefahren und Verheissungen der jeweiligen Situation, im demütigen Hören auf die bisherige Geschichte, zurückgefragt wird nach dem NT, nicht in gesetzlicher Reproduktion, sondern im evangelischen Hören auf die darin enthaltene Botschaft.«[13]

B. Die Gemeinde als Bau im Neuen Testament[14]

I. Das Bild vom Bau in den Evangelien

Vom Bauen wird in den Evangelien oft im eigentlichen, unbildlichen Sinn gesprochen, wenn etwa im Weinberg ein Turm errichtet wird oder von den gewaltigen Tempelgebäuden die Rede ist (Mk 12,1 und 13,1f.). Doch dieser unbildliche Gebrauch des Baubegriffs beschreibt nur den Lebensraum, aus dem der bildliche Gebrauch sich ableitet, und kann daher hier vernachlässigt werden.[15]

1. Die Gleichnisse

Auf der Grenze zwischen bildlichem und unbildlichem Gebrauch der Bauvorstellung liegen einige Gleichnisse Jesu. Wenn Jesus im Schlußgleichnis der Bergpredigt vom klugen und vom törichten Bauherrn spricht, dann geht es darum, daß derjenige sein Leben auf ein festes Fundament stellt, der Jesu Wort hört und dann auch sein ganzes Leben daran ausrichtet (Mt 7,24–27; Lk 6,47–49). Lk 6,48 bietet zudem eine aufschlußreiche Schilderung des Bauprozesses von den ersten Grabungen über das Legen des Fundamentes bis zum fertigen Bau. In Lk 14,28–30 geht es um das Projekt eines Turmbaus. Der kluge Bauherr überschlägt zuerst die Kosten und sorgt für eine gründliche Planung. In der Sachhälfte bedeutet das: Wer Jesus nachfolgen will, überlege sich vorher, ob er bereit ist, die Kosten zu tragen, nämlich das Opfer des ganzen Lebens.
Gewiß ist in der Bildhälfte dieser Gleichnisse an ein reales Bauen irdischer Gebäude gedacht, doch »stehen Bild (Turm- bzw. Hausbau) und Sache (Jünger Jesu werden) sicher nicht beziehungslos nebeneinander.«[16] Die Rede von der Nachfolge Jesu kann jedenfalls vorzüglich mit dem Bild vom Bau illustriert werden.

2. Der verworfene Stein wird zum Eckstein

In Ps 118,22 (LXX 117,22) werden mitten im Dankgebet eines Geretteten Stimmen aus seiner Umgebung laut: Sie staunen darüber, daß der Todgeweihte nun doch leben darf, daß der Verachtete zu Ehren kommt. Sie vergleichen dies mit einem Stein, den die Bauleute für unbrauchbar erachtet haben und der nun doch zum Eckstein, also zum tragenden Quaderstein in der Grundmauer, der eine der Hausecken abstützt, geworden ist. Dieser Vergleich wird zum Sprichwort für Gottes lebenswendende Macht.[17]
Es lag nahe, mit diesem Psalmwort das Geschick Jesu Christi zu deuten. Im der Passion entgegeneilenden Markusevangelium geschieht dies im Rahmen des Gleichnisses von den bösen Weingärtnern (Mk 12,1–12). Nun macht LXX Ps 117,22 deutlich: Die Bauleute – das sind nach jüdischer Überlieferung die Schriftgelehrten[18] – haben Jesus verurteilt und getötet; Gott aber hat ihn auferweckt und erhöht. Die Schrift hat diesen Weg des Gerechten schon angekündigt. Ob über die christologische Bedeutung des Ecksteins hinaus auch schon an seine Funktion innerhalb der Gemeinde gedacht ist, ist unwahrscheinlich, zumindest aber unsicher.[19] Denn es geht ja hier nur um die Deutung des Weges Jesu. – In Lk 20,18 kommt ein neuer Aspekt hinzu: der Stein wird alle vernichten, die sich gegen den von Gott Gesandten und nun auch herrlich Erretteten stellen. – Die Parallele in Apg 4,11 läßt auch noch jede Anspielung auf die Kirche vermissen. Hier wird mit Hilfe des Kontrast-Schemas gearbeitet. Die Menschen haben Jesus getötet, Gott aber hat ihn auferweckt; darum gibt es jetzt auch keinen anderen Weg zum Heil als den Glauben an den Namen Jesu Christi.

3. Zerstörung und Wiederaufbau des Tempels

Nachdem bereits in Mk 13,1 f. Jesus im apokalyptischen Kontext das Ende des Tempels angekündigt hat, spielt die Rede von der Zerstörung und dem Wiederaufbau des Tempels in der Verhandlung Jesu vor dem Hohen Rat eine große Rolle (vgl. Mk 14,53–65). Angeblich falsche Zeugen zitieren Jesus mit dem Logion: »Ich will diesen Tempel, der mit Händen gemacht ist, abbrechen und in drei Tagen einen andern bauen, der nicht mit Händen gemacht ist« (Mk 14,58).

Die negative Seite dieses Logions ist deutlich. Jesu Gerichtsvollmacht wird herausgestellt. Wie sich das Ende des Tempels schon in der Tempelreinigung ankündigt (Mk 11,15–19), so wird es nun noch einmal prophetisch angesagt. Die Hoffnung auf den Tempel ist trügerisch. Mit dem Kommen Jesu und mit seinem Ruf in die Nachfolge ist der neue Ort der Gegenwart Gottes verbindlich bekanntgemacht worden. Doch was meint die positive Seite des Logions? Sagt Jesus hier den Aufbau seiner neuen Heilsgemeinde an? Oder spricht er von seinem eigenen Weg durch Kreuz und Auferstehung hindurch?[20] Die Zeitangabe »in drei Tagen« spricht eher für die »christologische« Deutung: Jesus spricht davon, daß durch seine Auferstehung der Tempel seine Funktion endgültig verlieren wird. Für die Hoffnung auf die Errichtung der neuen Heilsgemeinde (äth. Hen 90,29–36) – also die »ekklesiologische« Deutung – hätte man eher den Zeitraum von $3^1/_2$ Tagen erwartet.

Dieses Logion Jesu dürfte tatsächlich im Prozeß Jesu eine ausschlaggebende Rolle gespielt haben. Es spiegelt völlig korrekt den Anspruch Jesu wider, daß in ihm nun Gottes Gegenwart zu suchen sei. Falsch ist an der Zeugenaussage in Mk 14,58 allenfalls der Vorwurf, Jesus wolle den Tempel gleichsam in einem terroristischen Akt beseitigen. – Dem entspricht auch die Auslegung dieses Logions durch den Evangelisten Johannes, der οἰκοδομεῖν durch ἐγείρειν ersetzt und daran seine Deutung anschließt, Jesus habe von seinem Tod und seiner Auferstehung reden wollen. Bei Johannes ist die prophetische Zeichenhandlung der Tempelreinigung der unmittelbare Anlaß des Tempel-Logions: Joh 2,13–18 und 19–22. Die christologische Bedeutung des Logions ist bei Johannes noch stärker herausgearbeitet.[21]

Das Logion von der Zerstörung und dem Neuaufbau des Tempels ist außerdem noch in Mt 26,60b + 61 aufgenommen: die Ankündigung der Tempelzerstörung wird hier zur bloßen Möglichkeit abgeschwächt. Außerdem findet sich dieses Wort noch in Mk 15,29f. par. und in Apg 6,14. Auch wenn die christologische Deutung dieses Wortes vorzuziehen ist, bleibt es in unserem Zusammenhang bedeutsam. Das Bild vom Bau in den Evangelien bezeugt zunächst Christus als den Eckstein, der zunächst von den Bauleuten verworfen wurde, und als den neuen Tempel, also als den Ort, an dem Gott anzutreffen ist. Hier hat Gemeinde Jesu ihren Ursprung. Kann von Jesus Christus mit solchen Worten gesprochen werden, so ist es dann auch nur noch ein kleiner Schritt bis zur Deutung der Gemeinde als Bau.

4. Auf diesen Felsen will ich meine Gemeinde bauen!

Die Frage nach der Authentizität dieses Wortes aus Mt 16,18 f. ist hier nicht zu diskutieren, wird aber wohl negativ zu beantworten sein.[22] Es wird sich um ein altes

Logion aus der palästinischen judenchristlichen Gemeinde handeln. Aufgrund seines Bekenntnisses zu Christus wird Petrus eine besondere Rolle im Aufbau der Gemeinde zugewiesen. Ihm wird die Lehrgewalt übertragen. Aber entscheidend ist nicht Petrus, der Beschenkte, sondern Christus, der den Bau *seiner* Gemeinde ankündigt. Kein anderer kann Gemeinde bauen außer Christus. Er aber wird es auch tun – als der Auferstandene. Wie Gott im Alten Testament Israel »baut«, ihm also Leben und Überleben schenkt[23], so wird Christus das Israel der Endzeit bauen. Hier taucht nun erstmals die Vorstellung von der Gemeinde als Bau, von Christus als dem Bauherrn und von Petrus (also einem Apostel) als Fundament auf. Das Bild vom Bau ist allerdings nicht stark ausgeprägt, es scheint eher durch das Wortspiel mit dem Petrus-Namen hervorgerufen worden zu sein. Bedeutsam ist im Zusammenhang dieser – neben Mt 18,17 – einzigen Stelle in den Evangelien, die von der ἐκκλησία redet, daß der Christus-ἐκκλησία sowohl die Bedrohung durch den Tod (Verfolgung?) angekündigt wird als auch ihre Bewahrung.[24] Die Gewißheit von CA VII, »quod una sancta ecclesia perpetuo mansura sit«[25] hat hier ihren sachlichen Grund: Weil die Gemeinde das Werk und das Eigentum Jesu ist, hat sie Bestand.[26] Für den missionarischen Gemeindeaufbau bestätigt sich damit die Einsicht: Der Aufbau der »Gemeinde von Brüdern« muß nie am Nullpunkt einsetzen. Und, der Aufbau der »Gemeinde von Brüdern« darf und soll darauf setzen, daß Christus selbst entschlossen ist, seine Gemeinde zu bauen. Ein anderer kann die Gemeinde Jesu nicht bauen, selbst Petrus nicht, und wenn er auch das beste Konzept des missionarischen Gemeindeaufbaus hätte.

II. Das Bild vom Bau in der Apostelgeschichte

In der Apostelgeschichte kommt das Bild von der Gemeinde als Bau an einigen wenigen Stellen vor. Es kann offensichtlich als bekannt vorausgesetzt werden. Der Bildgehalt ist aber, wie nun zu zeigen ist, relativ blaß. Das Bauen der Gemeinde ist Gottes heilschaffendes Werk an seiner Gemeinde.[27]

1. Die Abschiedsrede des Paulus in Milet (Apg 20, 17–38)

Paulus spricht hier zu den Bischöfen der Gemeinde von Ephesus, die er verlassen muß. Die Bedrohung der Gemeinde in der nächsten Zukunft ist groß. Irrlehrer werden von außen und sogar von innen die Gemeinde gefährden. Die Ältesten, jetzt Bischöfe genannt, sollen wachsam sein. Doch das wird die Gemeinde letztlich nicht bewahren. Darum heißt es in Apg 20,32: »Und nun befehle ich euch Gott und dem Wort seiner Gnade, der da mächtig ist, euch zu erbauen und zu geben das Erbe unter allen, die geheiligt sind.«
Unter οἰκοδομεῖσθαι ist hier offensichtlich ausschließlich Gottes Handeln gemeint. Er handelt aber durch sein Wort. Das Wort erbaut die Gemeinde, d. h. es hält die Gemeinde bei ihrem Herrn und verhindert, daß sie ihr Erbe verliert. Im Hintergrund steht zwar das Bild von der Gemeinde als Tempel Gottes, doch es ist schon reichlich verblaßt.[28]

2. Die wachsende Gemeinde

Apg 9,31 hat in der Apostelgeschichte eine Brückenfunktion: dieser Vers schafft den Übergang von der Paulus-Geschichte zu den folgenden Petrus-Geschichten. Nach einer Zeit der Verfolgung wird nun zusammenfassend festgestellt: »So hatte nun die Gemeinde Frieden durch ganz Judäa und Galiläa und Samarien und baute sich und wandelte in der Furcht des Herrn und mehrte sich durch den Beistand des heiligen Geistes.«

Es sind offenbar der Gemeinde ruhige Zeiten geschenkt worden, die sie zu ihrer Erbauung nutzen konnte. Erbauung ist hier wie schon in Mt 16,18f. und Apg 20,32 streng auf das Leben der Gemeinde bezogen und nicht allein auf das »fromme Individuum«. Die Gemeinden stellen nun in einer Art »Zwischenbilanz«[29] fest, daß ihre Erbauung zwei Konsequenzen mit sich gebracht hat: »durch den Beistand des heiligen Geistes« – also wiederum nicht autark – hat die Gemeinde zahlenmäßig zugenommen. Und: sie wandelt »in der Furcht des Herrn«, ist also auch in bezug auf ihren Glauben als die Unterstellung unter die Macht Gottes erbaut. Erbauung der Gemeinde ist hier also als extensive und intensive Erbauung gedacht.[30]

3. Das Apostelkonzil (Apg 15,14–18)

Jakobus zitiert bei seiner Rede während des Apostelkonzils die amoseische Verheißung von der Wiederaufrichtung der zerfallenen Hütte Davids (Am 9,11). Innerhalb der Apostelgeschichte wird diese Verheißung nun für das endzeitliche Israel, also die Gemeinde Jesu, in Anspruch genommen. Jetzt geht es (wie schon in der LXX) nicht mehr um die Wiederherstellung des politischen Israels mit dem Rest Edoms und dem Rest der Völker. Jetzt geht es vielmehr um die in der Gemeinde Jesu erfüllte Verheißung des Israels der Endzeit mit dem Rest Adams, also auch der Bekehrung der Heiden. Damit wird deutlich: hier baut Gott seine Gemeinde als das Israel der Endzeit, und dazu gehört der missionarische Aspekt, daß die Heiden sich zu Gott bekehren – mithin das zentrale Thema des Apostelkonzils.[31]

4. Zusammenfassung

In den Stellen in der Apostelgeschichte wird deutlich, daß Gott seine Gemeinde durch sein Wort erbaut, und zwar extensiv wie intensiv. Zu ergänzen ist hier nur ganz kurz: so wie die Gemeinde Jesu mit dem Bild des Baus dargestellt werden kann, so können nun auch umgekehrt die Bauten der Menschen Orte der Gemeinde Jesu Christi werden, in denen sie erbaut wird. So spielt in der Apostelgeschichte das »Haus« eine besondere Rolle.[32] Das Haus umfaßt die gesamte Familie samt Kindern und Sklaven und unter Umständen mitlebenden Verwandten und Freunden. Das Haus ist in der Apostelgeschichte kleinste und wichtigste Zelle der Gemeinde Jesu: Apg 11,14; 16,15.31.34; 18,8. Es ist der Versammlungsort für die Verkündigung, das Herrenmahl und das gemeinsame Gebet: Apg 2,42.46; 5,42; 20,20. Die Bekehrung des Familienvaters zog nach sich, daß nun auch sein ganzes Haus zur Gemeinde gehörte und getauft wurde, wobei nicht zu entscheiden ist, ob dabei auch Säuglinge getauft wurden (vgl. Apg 16,31.34.15). Für die Bezeugung des Evangeliums in einer nichtchristlichen Umwelt waren die Häuser von größter Bedeutung. Außerdem erlaubten die Häuser ein ganzheitliches und geschwisterliches Zusammenleben. Die Hausväter, die ihr Haus zur Verfügung stellten, wurden zu den ersten Leitern in der Gemeinde. So steht neben der öffentlichen Verkündigung gleichberechtigt das urchristliche Haus als Raum des Evangeliums. Der Ort menschlichen Bauens wird zum Grundbaustein in der Auferbauung der Gemeinde Jesu als einer »Gemeinde von Brüdern«.[33] Diese große Wertschätzung des Hauses setzt sich über die Apostelgeschichte fort im Werk des Paulus und seiner Schüler.

III. Das Bild vom Bau bei Paulus

Bei Paulus ist das Bild vom Bau am intensivsten ausgeprägt. Zwei Vorbemerkungen sind allerdings notwendig, damit es nicht zu unnötigen Mißverständnissen in bezug auf die paulinische Bauallegoristik kommt. Zum einen ist unter den Paulusbriefen nur der Kanon der gemeinhin als echt angesehenen Paulinen zu verstehen: also Röm, 1 und 2 Kor, Gal, Phil, 1 Thess, Phlm.[34] Daß diese Begrenzung sinnvoll ist, wird sich gerade an dem Ausschnitt neutestamentlicher Theologie, der hier zur Verhandlung steht, erweisen. Die Schwierigkeiten, in die der Exeget kommt, wenn er z. B. die Bau-Vorstellung in Eph 2,19–21; 4,11–16 mit der in 1 Kor 3,9–17 harmonisieren will, sind enorm.[35] Auf der anderen Seite ist aber auch zu bedenken, daß das Bild von der Gemeinde als Bau bei Paulus nicht immer einheitlich ist. Paulus dreht und wendet das Bild, beleuchtet mal diesen, mal einen anderen Begriff und läßt sich dabei durch Gedankenassoziationen weiterführen. Beides ist bei der Exegese zu berücksichtigen.[36]

1. »Ihr seid Gottes Ackerfeld und Gottes Bau!« (1 Kor 3,9)

In 1 Kor 3 sind die Bau-Aussagen in den Paulus-Briefen am stärksten konzentriert. Hier ist auch die erste Hauptaussage über die Gemeinde als Bau zu finden: Sie ist Gottes Bau!
Im Streit gegen die Zersplitterung der Gemeinde in Korinth weist Paulus energisch darauf hin, daß es zwischen den Mitarbeitern Gottes zwar Unterschiede gebe, daß sie aber letztlich doch alle nur Diener sind (vgl. 1 Kor 3,5). Dabei bedient sich Paulus des Bildes vom Acker: Der eine hat gepflanzt, der andere hat begossen (1 Kor 3,6); doch Gott gegenüber sind diese Unterschiede belanglos. Denn er allein kann das Wachstum geben, ohne das alles Pflanzen und Begießen nichts nützt (1 Kor 3,7). Darum sind die Diener vor Gott einer wie der andere. Ihr Ehrentitel ist, daß sie Gottes συνεργοί sein dürfen. Doch damit sind sie eben nicht die Besitzer des Ackerfeldes, der Gemeinde. Ihre Rolle ist dadurch so stark relativiert, daß die Parteiungen in Korinth völlig unsinnig erscheinen müssen (1 Kor 3,8f.). Damit verknüpft Paulus das Bild vom Ackerfeld mit dem Bild vom Bau. Beide Bilder miteinander zu verbinden, war in der Antike durchaus üblich und kommt auch im Neuen Testament an mehreren Stellen noch vor.[37] Es sind Grundfunktionen menschlichen Lebens, die hier gleichnisfähig werden für das Leben der

Gemeinde: pflanzen und bauen, essen und wohnen. Das Bild vom Bau, das in 1 Kor 3,9 das Bild vom Ackerfeld ablöst und hinfort den Gedankengang prägt, hat hier zunächst eine einzige Funktion. Es verdeutlicht den uneingeschränkten Eigentumsanspruch Gottes auf seine Gemeinde als seinen Bau. Ihm gehört die Gemeinde und keinem seiner Mitarbeiter. Dabei wird auch nicht darüber zu reflektieren sein, in welchem Zustand dieser Bau sich gerade befindet. In der Tat scheint hier von einem fertigen Gebäude die Rede zu sein; doch darauf liegt überhaupt kein Gewicht. Allein Gottes Eigentumsanspruch auf die Gemeinde ist hier von Bedeutung. Der »Aggregatzustand« der Gemeinde wird sowieso mit den nächsten Versen überholt, wenn das Bild vom fertigen Gebäude hinüberwechselt zum Vorgang des Fundamentlegens, Bauens und Weiterbauens.[38]

2. Der Auftrag des Apostels: Missionarischer Gemeindeaufbau

Dem Apostel ist eine besondere Vollmacht gegeben zum Aufbau der Gemeinde: 2 Kor 10,8; 13,10 und 12,19. Zwar ist – wie noch zu zeigen ist – jedes Gemeindemitglied zum Aufbau der Gemeinde berufen, und doch ist es eine herausgehobene und besondere ἐξουσία, die Paulus für sich in Anspruch nimmt. Diese ἐξουσία ist aber sehr präzise bestimmt als ἐξουσία εἰς οἰκοδομὴν καὶ οὐκ εἰς καθαίρεσιν. Es ist ausgeschlossen, daß der Apostel je nach Wahl erbaut oder verdirbt. Seine Vollmacht ist ausdrücklich und ausschließlich auf das Erbauen der Gemeinde bezogen. Alles Tun des Apostels hat diesem Geschehen zu dienen. Die anderen, die Gegner, sind es, die verderben, statt zu erbauen. Darum wird man auch nicht mit P. Vielhauer dem Verderben den Charakter eines opus alienum im Werk des Paulus einräumen können.[39] Selbst da, wo der Apostel »scharf werden muß« (2 Kor 13,10), geht es um die Erbauung und nicht um die Zerstörung der Gemeinde. Was aber ist das Erbauen in diesem Zusammenhang? Es ist nicht mehr das missionarische Bezeugen der Christusbotschaft; es ist vielmehr das Stärken und Erhalten der Gemeinde auf dem Weg des Glaubens gemeint. Paulus ringt darum, daß die Korinthische Gemeinde nicht den Über-Aposteln in die Hände fällt und dabei das Evangelium verliert. Darum erbaut Paulus »die Gemeinde, indem er sich selbst vor ihr verteidigt, indem er seine Position als Gründer und geistliches Haupt vor allen Angriffen schützt und sie dadurch neu festigt.«[40]

In der Bildrede vom Erbauen und Niederreißen wird die starke Anbindung des Apostels an die Tradition Jeremias sichtbar. Beim Propheten Jeremia sind Bauen und Niederreißen wie Pflanzen und Ausreißen die Grundworte für das Handeln Gottes mit seinem Volk durch den Propheten. Das Gericht Gottes an seinem ungehorsamen Volk kann damit ebenso zum Ausdruck gebracht werden wie das neue Heilshandeln Gottes, das das gerichtete Volk heimholt, zurechtbringt und erneuert, ja, darüber hinaus sogar die Völker in den Raum des Heils einholt. Beides, Niedergang und Aufstieg, geschieht nicht zuletzt durch das Handeln und Reden des Propheten Jeremia, wie schon in dessen Berufungserzählung deutlich wird (vgl. Jer 1, bes. V. 10).[41]

Die besondere Rolle, die Paulus in der Erbauung der weltweiten Gemeinde Jesu spielt, wird auch in 1 Kor 3,10f. deutlich. Sind auch alle Mitarbeiter Gottes vor Gott gleich (niedrig), so wird doch an den Unterschieden untereinander festgehalten. Paulus ist der σοφὸς ἀρχιτέκτων, der alleine den Grund der Gemeinde gelegt hat (θεμέλιον ἔθηκα). Andere werden darauf weiterbauen (ἐποικοδομεῖν), doch nur einer legt den Grund. In 1 Kor 3,11 wird deutlich, daß es natürlich nur einen denkbaren Grund in der Gemeinde Jesu gibt: Jesus Christus, den Gekreuzigten und Auferstandenen selbst. Einen anderen Grund könnte keiner mehr legen, selbst Paulus nicht, oder es wäre doch nicht mehr Gottes Bau. Paulus gewann seine überragende und uneinholbare Funktion dadurch, daß er diesen Grund gelegt hat, also als erster das Evangelium von Jesus Christus nach Korinth gebracht und durch die missionarische Verkündigung Menschen zum Glauben geführt und die Gemeinde gegründet hat. Innerhalb des Bildes vom Bau ist das Legen des Fundamentes für die gemeindegründende missionarische Evangeliumsbezeugung gebraucht.[42]

Das Bild vom Bau ist in 1 Kor 3 konsequent von der ersten Arbeit am Fundament bis zum fertigen Bauwerk durchgeführt. Natürlich stehen dahinter jeweils kerygmatische Aussagen von der Gründung der Gemeinde über ihre Förderung bis hin zu ihrer Vollendung. Dennoch sollte man nicht, wie P. Vielhauer, bestreiten, daß es hier tatsächlich um eine ausgeführte Bauallegoristik geht.[43]

Auffällig ist natürlich, daß das Bild vom Bau hier anders als in Mt 16,18f. benutzt wird. Dort ist Christus der Baumeister, und der Apostel ist der Baugrund, auf den die Gemeinde gebaut wird. Hier ist Gott selbst der Bauherr, Christus die Grundmauer und der Apostel der Architekt. Der Unterschied der Bilder bedeutet jedoch keinen Unterschied in der Sache: Gott selbst baut seine Gemeinde. Er bedient sich dabei aber der apostolischen Bezeugung des gekreuzigten und auferstandenen Christus. Gemeinde entsteht und wächst, wo immer Menschen für diesen von den Aposteln gültig bezeugten Herrn gewonnen werden.

In Röm 15,20 wird der Gedanke von 1 Kor 3,10f. konsequent weitergeführt. Wieder ist Gemeinde als Baustelle vorgestellt, wo die einen den Grund legen, die anderen aber weiterbauen, also die gegründete Gemeinde fördern und stärken. In solchen Gemeinden, in denen der Grund bereits gelegt ist, will Paulus nicht wirken. Der Grund ist fremd, nicht weil es etwa ein anderer Grund als Jesus Christus wäre, sondern weil andere eben diesen einen Grund gelegt haben. Da aber will der Apostel nicht wirken, weil es seine besondere Berufung ist, die grundlegende missionarische Verkündigung in aller Welt zu halten. Missionarischer Gemeindeaufbau im ursprünglichen Sinn des Wortes ist seine Berufung, »zu predigen, wo Christi Name nicht bekannt« ist (Röm 15,20b). Οἰκοδομεῖν wird damit deckungsgleich mit εὐαγγελίζεσθαι.

In Gal 2,18 erscheint ein anderer Aspekt des apostolischen Auftrags. Das Gesetz, das Paulus abgebrochen hat, darf er nicht wieder neu errichten (οἰκοδομεῖν!). Es gibt also auch ein negativ besetztes οἰκοδομεῖν, das dem Apostel verwehrt ist. Das Niedergerissene ist wohl als eine trennende Mauer zu verstehen, die es in der christlichen Gemeinde nicht wieder geben darf: das Gesetz.[44]

In Gal 2,9 werden vom Apostel nun auch andere Autoritäten mit besonderer Bedeutung in der Gemeinde aufgeführt. Es sind dies Männer mit besonderem Aussehen, die Paulus als »Säulen« bezeichnet. Paulus sucht für sein gesetzesfreies Evangelium durchaus die Übereinstimmung mit diesen »tragenden« Autoritäten der Jerusalemer Gemeinde. Zwar ist er frei und einzig an das Evangelium gebunden, doch betont er eindrücklich die Übereinkunft mit den »Säulen«. Das Bild der Gemeinde als Bau ist also nicht mit der Vorstellung eines Gebildes aus lauter homogenen und gleichförmigen Steinen verbunden. Vielmehr gibt es in der Gemeinde unterschiedliche Bauelemente, unterschiedliche Bauleute, ja auch unterschiedliche Grade an Autorität.[45]

Hierher gehört schließlich auch der Begriff der »οἰκονομία«. Ursprünglich stammt der Begriff aus der Betriebslehre des Haushalts und bezeichnet – wie z. B. in Lk 16,1–9 – Verwaltungsaufgaben mit unterschiedlichen Graden an Verantwortung. Der Begriff kann jedoch auch metaphorisch gebraucht werden. Dies tut Paulus in 1 Kor 4,1 f.: Hier ist der οἰκονόμος der Verwalter der Geheimnisse Gottes und Christi Diener. Von ihm wird mit Recht Treue, also Zuverlässigkeit und Redlichkeit erwartet. Im Haus der Gemeinde wird das Amt des Apostels wie das Amt eines Hausverwalters verstanden (vgl. auch 1 Kor 9,17; aber auch außerhalb der echten Paulusbriefe Tit 1,7; Kol 1,25 – etwas anders 1 Petr 4,10).[46]

3. Charisma und Gottesdienst

Christ ist, wer mit dem Heiligen Geist begabt ist und darum Jesus als den Herrn bekennt (Röm 8,9; 1 Kor 12,3). Christen leben von der Gnade Gottes (Röm 3,23 f.). Die eine Gnade Gottes wirkt sich aber bei jedem Christen anders aus. Jedem Christen ist eine persönliche Gnadengabe gegeben. Die Gnadengabe ist die Individuation der Gnade im einzelnen Christen. Kein Christ hat keine, kein Christ hat jede Gnadengabe. Mit seiner Gnadengabe soll der Christ dem Leben seiner Gemeinde dienen. Er wird in der Gemeinde geraucht und bedarf auch selbst der Ergänzung durch die anderen Christen. Entzieht er sich mit seiner Gnadengabe dem Dienst und Mitleben in der Gemeinde, so fehlt der Gemeinde etwas; er selbst aber kommt nicht zu der ihm von Gott zugedachten Lebensbestimmung. Röm 12 und 1 Kor 12 zählen exemplarisch Gnadengaben auf, die es in der Gemeinde Jesu gibt. Die Listen sind unvollständig, also offen für neue Gaben, die der Geist in der Zeit bis zur Parusie schenkt.

Hat jeder Christ Gnadengaben, so kann dies für den missionarischen Gemeindeaufbau nicht ohne Bedeutung bleiben. Die Rede von der besonderen Funktion des Apostels im Aufbau der Gemeinde muß ergänzt werden durch die Rede von der besonderen Funktion jedes Christen im Aufbau der Gemeinde. In diesem Sinne ist das Kapitel 1 Kor 14 über »Charisma und Gottesdienst« zu verstehen.[47]

Die grundsätzliche Bestimmung aller Gnadengaben ist die Erbauung der Gemeinde. Der Heilige Geist bedient sich der gnadenbegabten Christen, um die Gemeinde zu bauen. Heißt es stets mit Recht, daß allein Gott seine Gemeinde baut, so muß nun ergänzt werden: Es ist der erwählende Gott, der nicht ohne seine Menschen handeln will, und der darum auch die Träger der Gnade zu Subjekten des Gemeindeaufbaus macht: »auf daß *ihr* die Gemeinde erbaut« (1 Kor 14,12). Andererseits wird damit auch das Kriterium für jede Gnadengabe bestimmt. Sie muß nun auch der Erbauung der Gemeinde dienen. Darum heißt es auch kategorisch: »Lasset es alles geschehen zur Erbauung« (1 Kor 14,26). Lag der Akzent in 1 Kor 12 auf dem Bekenntnis zu Jesus Christus und in 1 Kor 13 auf der Liebe, so liegt er nun in 1 Kor 14 auf der Erbauung der Gemeinde. Siebenmal ist in diesem Kapitel von der οἰκοδομή die Rede, stets im Sinne der Erbauung, also als nomen actionis. Es geht um den rechten Gebrauch der Gnadengaben im Aufbau der Gemeinde, dargestellt am Beispiel des urchristlichen Gottesdienstes. Welche Rolle sollen die Gnadengaben, insbesondere das Sprachengebet und die Prophetie hier spielen?

Die gottesdienstliche Versammlung spielt eine zentrale Rolle in der Erbauung der Gemeinde. Hier kommen die Christen zusammen, um auf das Wort Christi zu hören, sich gegenseitig zu ermutigen, um Gott zu loben und um zu beten, um am Tisch des Herrn versammelt zu werden und um ausgesandt zu werden. Jeder trägt etwas bei (vgl. 1 Kor 14,26). Hier wird die Gemeinde sichtbar.[48] Ein Gemeinde- oder Christenleben ohne den Gottesdienst wäre undenkbar.

Nun standen offenbar in Korinth besonders die auffälligen Gnadengaben hoch im Kurs, etwa das Sprachengebet oder der Sprachengesang. Paulus rechnet diese Charismen durchaus mit zu den für den Aufbau der Gemeinde bedeutsamen Gaben; allerdings vermag er sie nicht über die anderen Gaben zu stellen. Für ihn ist die Gabe der Kassenführung oder der Hilfeleistung ebenso wichtig wie die der Heilung oder der Weissagung (1 Kor 12,7–11, 28–31). Das Kriterium für eine Gabe ist eben nicht ihre Auffälligkeit oder vermeintliche Über-Natürlichkeit, sondern ihre Verwendbarkeit in der Liebe zum Aufbau der Gemeinde und im Bekenntnis zu Jesus als dem Herrn. Und dafür kann jede Gabe in den Dienst des Heiligen Geistes genommen werden.

Von diesen grundsätzlichen Aussagen her werden nun auch die Prophetie und das Sprachengebet im Gottesdienst beurteilt. Vom Kriterium der Erbauung der Gemeinde her gesehen erscheint die prophetische Rede als die ungleich bedeutendere Gabe. Sie ist als vollmächtiger Zuspruch des Willens Gottes unverzichtbar für den Gottesdienst der Gemeinde Jesu. Der Vergleich macht deutlich: der Sprachenbeter erbaut sich (nur!) selbst, der prophetisch Redende aber erbaut die Gemeinde (1 Kor 14,4). Der Sprachenbeter redet für Gott; was er sagt, bleibt aber den Menschen unverständlich (1 Kor 14,2.6–11). Der prophetisch Redende aber redet im besten Sinne erbaulich, nämlich klar verständlich, zur Ermahnung und Tröstung (1 Kor 14,3). Darum sollen die Christen besonders nach dieser Gabe trachten, denn »ich will in der Gemeinde lieber fünf Worte mit verständlichem Sinn... als zehntausend Worte in Zungen« (1 Kor 14,19; vgl. auch V. 1!). Das Sprachengebet hat nur dann Recht und Sinn in der Gemeindeversammlung, wenn es ausgelegt werden kann (1 Kor 14,13, 27 f.). Diese Mahnung wird noch verschärft durch den Hinweis auf im Gottesdienst anwesende Unkundige und Ungläubige. Die Überbetonung des unverständlichen Sprachengebets bedroht die missionarische Wirkung des Gottesdienstes. Der Nicht-Christ versteht nicht, was vor sich geht. Paulus erhebt den nicht-christlichen Gottesdienstbesucher zum Kriterium für den Ablauf und die Ordnung des Gottesdienstes. Aber der Außenstehende ist nur deshalb und insofern das Kriterium des Gottesdienstes, als er zum Glauben und zum Anschluß an die Gemeinde gerufen und eingeladen werden soll. Und dafür ist die prophetische Rede wiederum bedeutsam. Sie vermag den Ungläubigen zu überführen und zur Bekehrung zu führen (1 Kor 14,23–25). Niemals wird der Ungläubige an sich zum Kriterium, und unmöglich ist die Vorstellung, er solle den Gottesdienst wieder so verlassen, wie er gekommen ist. Paulus will vielmehr »ihrer viele gewinnen« (1 Kor 9,19).

Die Erbauung der Gemeinde steht im Zentrum, wenn es um den Gottesdienst und den Gebrauch der Gnadengaben geht. Erbauung der Gemeinde ist aber in einem doppelten Sinn zu verstehen. Es ist sowohl das innere Erstarken an Kraft und Erkenntnis als auch das äußere Gewinnen und Überzeugen damit gemeint.[49] Die, die schon glauben, werden in ihrem Glauben bestärkt und gefestigt (1 Kor 14,3); die, die noch nicht glauben, werden zum Glauben geführt und in die Gemeinde eingegliedert.[50] Erbauung ist wiederum intensive wie extensive Erbauung. Prophetische Rede »›baut‹ die schon bestehende Gemeinde ›auf‹ durch die (der οἰκοδομή untergeordnete) παράκλησις, die ethische und religiöse Ermahnung, und die παραμυθία die Tröstung (V. 3).« Sie »›baut den andern auf‹, den in der Versammlung anwesenden ἰδιώτης und ἄπιστος den noch Unentschiedenen und den Ungläubigen (V. 16,23 f.), dadurch daß er ›überführt‹, ›beurteilt‹, ›geprüft‹ wird, und das ›Verborgene seines Herzens offenbar wird‹, und er so zum Glauben kommt (24 f.). Zu der Förderung der bestehenden Gemeinde tritt die Gewinnung neuer Glieder, so daß man die οἰκοδομὴ τῆς ἐκκλησίας die immer neu zu vollziehende, sich vollziehende Konstitution, die creatio continua der Kirche nennen könnte…«[51] Der Gemeinschaftsbezug der οἰκοδομή ist in 1 Kor 14 offensichtlich. Dies ist in den wenigen verfügbaren Arbeiten zur οἰκοδομή auch immer mit Emphase herausgearbeitet worden.[52] Ob man allerdings daraus schließen darf, daß Paulus hier das Sprachengebet und/oder die Selbsterbauung völlig ablehnt, ist zumindest fraglich. Otto Michel etwa schreibt: »Es ist also falsch, wenn… der Zungenredner ›sich selbst erbaut‹: der geistgewirkte Akt ist nicht auf die Gemeinde und auf den Bruder gerichtet (14,17), er ist nicht als Dienst aufgefaßt und wird auch nicht von der Liebe diktiert, sondern er bleibt auf sich selbst gerichtet.«[53] Otto Michel hat gewiß recht, wenn es um den Gottesdienst geht. Dort hat das Bestreben nach Selbsterbauung nichts zu suchen. Er hat auch recht, wenn er auf die Priorität der Gemeinde gegenüber dem einzelnen oder gar dem eigenen Ich im Begriff der Erbauung hinweist und damit gegen eine verhängnisvolle Wirkungsgeschichte angeht, die den Begriff der Erbauung völlig dem Individualismus preisgegeben hat. Andererseits bleibt auch in 1 Kor 14 ein gewisses Recht der Selbsterbauung nicht angetastet, das man nun auch nicht leugnen sollte. Es ist nicht schlecht, wenn der Sprachenbeter bei sich daheim für Gott spricht (1 Kor 14,2). Paulus möchte, daß das von Gott gegebene Sprachengebet (1 Kor 12,28) als Beten im Geist (1 Kor 14,14) geübt wird (1 Kor 14,5). Paulus selbst spricht mehr in Sprachen als die Korinthische Gemeinde (1 Kor 14,18). Und er räumt ein, und zwar durchaus unpolemisch: »Wer in Zungen redet, der erbaut sich selbst« (1 Kor 14,4). Die Selbsterbauung im Sinne der aszetischen Übung und im Sinne der Heiligung kann nicht mit Hilfe der Paulus-Exegese in Bausch und Bogen abgelehnt werden. In 1 Kor 14 ist sie nur ein Nebenthema.[54]

4. Das Zusammenleben der Hausgenossen Gottes

Der Gottesdienst der Gemeinde Jesu soll sich fortsetzen im vernünftigen Gottesdienst des Alltags (Röm 12,1 f.). Auch im alltäglichen Zusammenleben soll die Erbauung der Gemeinde und ihrer Glieder Kriterium des Handelns sein. Dabei geht es nun unter dem Stichwort »Erbauung« um das Zusammenfügen der Christen zu einem tragfähigen Gebäude. Die einzelnen Christen sollen einander tragen, stützen und so fördern. Dies geschieht in der gegenseitigen Liebe. Erbauung bedeutet hier also nichts anderes, als daß die von Gott Geliebten nun auch einander in Liebe begegnen. »Die Liebe als die Bruderliebe der Christen besteht… darin, daß sie, von Gott, von Jesus zusammengefügt, sich auch unter sich zusammenfügen, um so das Gemeinwesen zu sein, das für seinen Dienst in der Welt brauchbar ist. Ohne zusammengefügt zu sein und sich selbst zusammenzufügen, können sie sich auch nicht halten und tragen. Tun sie das aber nicht, dann muß die Gemeinde auseinanderbrechen...«[55]

»Lasset uns Gutes tun an jedermann, allermeist aber an des Glaubens Genossen« (Gal 6,10). Die οἰκεῖοι τῆς πίστεως erfahren hier eine deutliche Herausstellung, die schon manchen ernsthaft geärgert haben dürfte. Die οἰκεῖοι bilden die engste vorstellbare Lebens- und Schicksalsgemeinschaft. Ihnen gilt zuerst die Verpflichtung zur Liebe. Die familia Dei ist durch einen Glauben geeint und als Haus Gottes verstanden. Eine engere Zusammengehörigkeit ist nicht vorstellbar. Die durch das eine Haus Gottes mit Gott Verbundenen sind eben auch untereinander ganz anders verbunden als mit den Menschen, die nicht οἰκεῖοι τῆς πίστεως sind.[56] Diese leise, aber doch spürbare Bevorzugung der Mitchristen ist aber nicht nur als eine vereinzelte Äußerung aufzufassen. Es fällt in diesem Zusammenhang eben auch auf, daß Paulus vorwiegend mit »Binnenproblemen« seiner Gemeinden beschäftigt ist. Die οἰκοδομή nimmt breiten Raum ein im Denken und Schreiben des Apostels. Gemeinde soll gebaut, gefördert und erhalten werden; die Außenstehenden werden sehr ernst genommen (vgl. 1 Kor 14,23–25), aber eben mit dem Ziel, sie für die Gemeinde zu gewinnen. Huldigt der Apostel einer bloß noch mit sich selbst beschäftigten Gemeinde? In der Tat steht der Aufbau der Gemeinde im Zentrum seines Denkens. Doch muß berücksichtigt werden, daß die Gemeinde der Ort ist, an dem Christus gepredigt wird und darum das Heil zu erlangen ist. Das allein macht ihren besonderen Wert aus. Darüber hinaus hat die Gemeinde den Charakter eines Modells der neuen Welt. Hier wird schon nach dem Willen Gottes gelebt; hier wird schon Gott das Lob gesungen. Darum soll die Gemeinde auch modellhaft leben, anders als die Menschen, die fern vom Glauben sind. Paulus unterscheidet streng zwischen der Gemeinde und der Welt (Röm 12,1 f.), um der Gemeinde nicht ihre (Modell-)Kraft zu nehmen. Am Leben der Gemeinde soll die Welt ablesen können, wie sich Gott Leben und Zusammenleben vorstellt und was er selbst durchsetzen will. Um so schlimmer ist es, wenn die Gemeinde dann lebt wie die Welt (1 Kor 6,1–11). Vielmehr gilt: »Tut alles ohne Murren und ohne Zweifel, auf daß ihr seid ohne Tadel und lauter, Gottes Kinder, unsträflich mitten unter einem verderbten und verkehrten Geschlecht, unter welchem ihr scheinet als Lichter in die Welt« (Phil 2,14 f.).[57]

»Die Praxis des ›Miteinander‹«[58] beschreibt nun 1 Thess 5,11: »Darum ermahnet euch untereinander und erbauet einer den andern, wie ihr auch tut.«

In 1 Thess 5,12–24 werden verschiedene Ermahnungen für das Zusammenleben der Christen zusammengestellt. Alle Gemeindeglieder sind unter das Gebot gestellt, ihre Lebensführung in der Gemeinde so auszurichten, daß die anderen Christen dadurch gefördert und gestärkt werden. In 1 Thess 5,11 wird dieses »erbauliche« Wirken durch παρακαλεῖν erläutert. Es ist ein wechselseitiges Geschehen von Christ zu Christ gemeint, in dem einer dem anderen den Zuspruch und Anspruch des Evangeliums zukommen läßt, damit dieses wieder anderen weitergegeben werden kann. So wird die Gemeinde erbaut. Karl Barth hat darauf hingewiesen, daß von 1 Thess 5,11 her alle ἀλλήλων-Stellen für den Gemeindeaufbau bedeutsam sind: z. B. einander Gastfreundschaft gewähren (Röm 12,13 u. ö.), einerlei Sinn untereinander haben (Röm 12,16), einander annehmen und ertragen (Röm 15,7) oder einander die Lasten abnehmen (Gal 6,2).[59]

Paulus verdeutlicht an einem Beispiel höchst konkret, was er darunter versteht, daß die Christen einander erbauen sollen. In 1 Kor 8–10 verhandelt er diese Frage. Es geht um den Genuß von Götzenopferfleisch. Bevor Paulus unmittelbar auf das Thema Götzenopferfleisch eingeht, greift er eine offenbar in Korinth umlaufende Phrase auf: »Die Gnosis baut auf!« Damit ist das Thema »Erbauung« wieder auf dem Plan, wenn auch der Bildgehalt an dieser Stelle weitgehend verblaßt ist.

In einer ersten Antithese (1 Kor 8,1) geht es um den Gegensatz einer stolzen und ichbezogenen Gnosis, die sich nicht um das schwache Gewissen des Bruders kümmert, und der Liebe, für die Rücksicht auf den schwachen Bruder wichtiger ist als das Rechtbehalten und Durchsetzen des eigenen Lebensstils. Die Gnosis baut nur scheinbar auf. In Wirklichkeit entsteht nur ein Scheingebilde (»das Wissen bläht auf«). Nicht, daß das Wissen falsch wäre; allein, es vermag nicht den Bruder und damit die Gemeinde zu erbauen, zu stärken und zu fördern. Dem φυσιοῦν der Gnosis steht das οἰκοδομεῖν der Liebe gegenüber. Die Liebe erscheint hier als handelndes Subjekt der Erbauung; sie vermag einen soliden und festen Bau ins Werk zu setzen. Die Liebe zu Gott und darum zum Bruder erscheint als personifizierte, reale Macht. Der Liebende achtet das schwache Gewissen des Bruders, der die Gnosis nicht hat. Der Liebende verzichtet lieber auf das Essen, als daß er dem Bruder Anstoß bereitet.

Das Verhalten des Gnostikers aber könnte den Bruder dazu verführen, gegen den Einspruch des Gewissens Götzenopferfleisch zu essen. Er würde trotz seiner Schwäche dazu »erbaut«, zu essen (1 Kor 8,10) – zu seinem Verderben. Erbauung erscheint hier als Verführung. Solche Verführung aber ist Sünde am Bruder und darum an Christus, zu dem der schwache Bruder gehört. Besser ist darum, die eigene Freiheit um des schwachen Bruders willen zu opfern. Dadurch wird die Gemeinde gestärkt, eben zusammengefügt, weil die Bruderschaft bewahrt bleibt.

Ähnlich urteilt Paulus auch in 1 Kor 10,23 f. Das Kriterium ist der Nutzen des Bruders. Dem anderen zu Gefallen zu leben, ist besser als die eigene Freiheit durchzusetzen. Wieder greift Paulus ein Schlagwort auf (»Alles ist erlaubt!«) und relativiert es an seinem Maßstab, dem Nutzen und der Erbauung des Bruders. Erbauung ist in 1 Kor 8–10 deutlich ethisch geprägt. Doch der Hintergrund ist soteriologisch: Es geht um das Gewinnen des Bruders oder des Nächsten, »damit sie gerettet werden« (1 Kor 10,32 f.). Hier ist der missionarische Gemeindeaufbau im ethischen Kontext wieder unmittelbar angesprochen. Der Gnostiker soll auf seine Selbsterbauung verzichten und sich ganz auf die Erbauung des Bruders ausrichten, damit die Gemeinde gebaut werden kann.

Offensichtlich kann Paulus den Begriff der οἰκοδομή in Korinth selbstverständlich voraussetzen. Er gibt ihm allerdings in 1 Kor 8–10 eine andere, für die Korinther wahrscheinlich überraschende Wendung. Daß Paulus den Begriff aber so unvermittelt einführen kann, setzt voraus, daß οἰκοδομή zum frühesten Kerygma der Urchristenheit gehört hat.[60]

Ähnlich wie in 1. Kor 8–10 argumentiert Paulus auch in Röm 14,19 f.; 15,2. Die »Auferbauung untereinander« geschieht hier allerdings nicht nur durch den Verzicht auf die eigene Freiheit, sondern auch durch gezielte, positive Taten des Friedens (Röm 14,19). Das schließt aus, um der Speise willen zu riskieren, daß der Bruder, immerhin ein »Werk Gottes«, zerstört (!) wird. Erbauung des Bruders schließt also ein, um seines Heils willen auf das eigene Recht zu verzichten. So bleibt die Gemeinschaft intakt. Wer anders leben will, riskiert seinerseits, aus der Nachfolge Jesu herauszufallen. Christus jedenfalls lebte nicht sich selbst zu Gefallen. Er starb vielmehr für den Bruder, dessen Heil der sorglos Essende jetzt gefährdet (Röm 15,3 und 14,15).

Zusammenfassend stellt Josef Pfammater fest: »Im ›Nächsten‹ wird die Gemeinde konkret spürbar und sichtbar, und wie durch die geistliche Förderung des Nächsten die ganze Gemeinde ›erbaut‹ wird, so wird durch ein ›Zugrunderichten‹ des Nächsten, durch das Herausbrechen dieses Bausteins aus dem Gesamtbau, die Gemeinde als solche geschädigt und in etwa niedergerissen... Ob es heißt: Erbauung der Kirche durch Erbauung des Einzelnen, oder Erbauung des Einzelnen hin zur Erbauung der Kirche, ist letztlich dasselbe.«[61]

Wie schon in der Apostelgeschichte führt das Bild vom Bau hin zum Einsatz der Bauten im Dienst der Gemeinde. Die Praxis des Miteinander öffnet auch die Türen füreinander und macht die Häuser zu Orten der christlichen Bruderschaft und der Verkündigung (vgl. 1 Kor 1,16; Phlm 2 u. a.).[62]

5. Die Krisis des Gemeindeaufbaus (1 Kor 3,9–17)

Zum Schluß ist noch einmal auf den Grundtext über den Gemeindeaufbau bei Paulus zurückzukommen, auf 1 Kor 3,9–17. Paulus arbeitet in 1 Kor 3 assoziativ. Ein Gedanke stößt den anderen an; die Bilder wechseln und widersprechen sich sogar. Und doch kann man am Ende feststellen, daß Paulus ein Bild der Gemeinde als Bau zeichnet, das von der ersten Arbeit am Fundament bis zum Gericht, also der Beurteilung des fertigen Bauwerks reicht. Man könnte darum mit einigem Recht davon sprechen, daß Paulus in 1 Kor 3 seine Bauallegoristik zu einer kleinen Bau-Ekklesiologie zusammenfaßt.

Der Ausgangspunkt war der Parteienstreit in Korinth, dessen Unsinnigkeit Paulus nachwies. Der Bau ist Gottes Eigentum. Die menschlichen Mitarbeiter Gottes sind nur »Handlanger«; ohne Gottes Segen vermögen sie nichts zu bewirken (1 Kor 3,1–9). Dann aber betont Paulus – auf der Ebene der menschlichen Mitarbeiter –, daß es doch Unterschiede gibt. Seine eigene apostolische Autorität kann darauf beruhen, daß er das Fundament der Gemeinde gelegt hat, indem er Christus gepredigt hat und so das Evangelium nach Korinth gebracht hat (1 Kor 3,10f.).

Nun kann es nicht mehr darum gehen, nochmals ein Fundament zu legen; nicht einmal Paulus könnte oder dürfte ein anderes Fundament legen. Aber es geht darum, auf dem einmal errichteten Fundament weiterzubauen. Jetzt wandelt sich das Bild. War es eben noch *ein* fertiges Gebäude, so werden nun *mehrere* Baustellen vor Augen gestellt, auf denen die ἐποικοδομοῦντες arbeiten. Die Gemeinde als Bau wird schillernd: Von Gott her ein Bau, offenbar abgeschlossen; von den Bauleuten her mehrere Bauten, an denen noch gearbeitet wird.

Die Bauleute, die nun weiterbauen, sind die Lehrer und Prediger der Gemeinde. Um ihre Verantwortung geht es. Ihr Werk wird im Gericht geprüft werden. Das müssen die ἐποικοδομοῦντες wissen. Gott wird ihr Tun im Gericht beurteilen. Das heißt aber auch: Erst im Gericht Gottes wird sichtbar, was das Bauen eines Mitarbeiters taugte.

Die Bauleute, um die es jetzt geht, haben eines gemeinsam. Sie bauen auf dem gemeinsamen Fundament weiter. Ihre Ausgangsbasis ist der vom Apostel Paulus gültig bezeugte gekreuzigte und auferstandene Christus. Erst in 1 Kor 3,16f. werden auch andere noch ins Gespräch kommen. Aber auch die, die auf dem gemeinsamen Fundament bauen, bauen unterschiedlich, je nachdem welches Material sie benutzen. Die Materialien in 1 Kor 3,12 sind im einzelnen nicht zu deuten: es gibt offenbar drei gute (also dauerhafte und wertvolle) und drei schlechte (also »brennbare« und wertlose) Werkstoffe. Was bedeutet das auf der Sachebene? Ein gutes und dauerhaftes Weiterbauen müßte all das umfassen, was Paulus als Gemeinde bauend in seinem Brief bezeichnet. Es müßten Menschen zum Glauben geführt und dabei erhalten bleiben (1 Kor 3,5); die Christen müßten angeleitet werden, im Alltag und im Gemeindeleben zur gegenseitigen Erbauung zu leben (1 Kor 8–10), auf das eigene Recht um des anderen zu verzichten, das Heil des Bruders und des Nächsten zu suchen. Der Gottesdienst der Gemeinde müßte erbaulich sein. Da müßte Raum sein für die Gnadengaben der Christen. Dieser Raum müßte zugleich aber gestaltet und geordnet sein. Das Schwergewicht müßte auf der prophetischen Verkündigung des Willens Gottes liegen, durch die die Christen ermahnt und getröstet, die Fremden aber überführt und bekehrt würden (1 Kor 14). Das wäre ein rechtes Weiterbauen. Aber das Urteil darüber kann erst im Gericht fallen, weil nur Gott es letztlich fällen kann.

In seinem Gericht wird das Feuer eine entscheidende Rolle spielen (1 Kor 3,13–15). Das Bild vom Bau tritt jetzt etwas zurück. Nun ist die Rede unmittelbar von Werken und vom Feuer. Das Feuer hat unterschiedliche Funktionen: In V. 13a offenbart sich der Richter mit dem Feuer. In V. 13b und V. 15a prüft das Feuer die Qualität der Werke. In V. 15b ist das Feuer ein Schadensfeuer, aus dem sich die Betroffenen so gerade noch retten können – etwas »angebrannt«![63]

Das Gerichtsfeuer beurteilt das Werk und verbrennt es, wenn es dem Gericht nicht standhält. Das Werk erscheint hier aber losgelöst vom Täter, der auf jeden Fall gerettet wird. Wer auf das Fundament Jesus Christus baut, wird also gerettet, auch wenn sein Werk verbrennt. Allerdings ist dann das ganze Tun eines Baumitarbeiters vergeblich gewesen. Das bleibende Werk aber empfängt Lohn (1 Kor 3,14). Der andere wird gerettet, »wie durchs Feuer hindurch« (V. 15). Da es kein reinigendes, sondern ein richtendes Feuer ist, kann sich eine Lehre vom Purgatorium nicht auf 1 Kor 3 berufen. Auch ein allgemeines Gericht nach den Werken ist nicht gemeint; es geht um die »Gemeindebauer«, die Lehrer und Verkündiger.

In 1 Kor 3,16f. wechselt das Bild noch einmal. Nun ist erstmals davon die Rede, daß die Gemeinde Gottes Tempel ist. Dreimal wird diese Bezeichnung in diesen beiden Versen gebraucht. Dabei wird nicht mehr von einem Gebäude gesprochen, das noch im Bau ist; dieser Aspekt ist jetzt nicht mehr wichtig. Vielmehr steht der Tempel da, etwa so wie der »Bau Gottes« in 1 Kor 3,9 (vgl. auch 2 Kor 6,16 und 2 Thess 2,3f.).[64] Der Bildwechsel läßt sich aber schnell durch die theologische Intention, die Paulus hier erkennen läßt, deuten. Es geht nicht um die Frage des Auf- oder Weiterbauens, sondern um die Gemeinde als Tempel Gottes, d. h. um die Heiligkeit und Unantastbarkeit der Gemeinde Jesu. Im übrigen kann Paulus offenbar voraussetzen, daß die Korinther auch dieses neue Bild gut verstehen werden; deshalb fragt er einleitend: οὐκ οἴδατε (1 Kor 3,16).

Die Gemeinde Jesu ist Gottes (heiliger) Tempel. Das Bild vom Bauen muß jetzt zurücktreten. An diesem Tempel interessiert nicht mehr, ob und wie gebaut wird; denn Gott wohnt bereits in ihm. Der erbaute Tempel gehört Gott und ist seine Wohnstatt. Die alttestamentliche Rede vom Wohnen Gottes in seinem Volk (z. B. in Dtn 12,11) wird aufgenommen und für die Gemeinde Jesu in Anspruch genommen; Gott in der Person des Heiligen Geistes wohnt in ihr.

Das Wohnen Gottes begründet die Heiligkeit der Gemeinde. Von dieser Grundaussage ausgehend bekommt das Bild nun eine Wendung ins Paränetische. Es gilt, diese Heiligkeit nicht aufs Spiel zu setzen. Offenbar war die Korinthische Gemeinde ernsthaft bedroht. Da ist von Leuten die Rede, die Gottes Tempel »verderben« wollen (φϑείϱειν: 1 Kor 3,17). Es geht offensichtlich um die Gegner des Paulus, etwa um eindringende Apostel (vgl. 2 Kor 11,4ff. und Gal 1,8f.). Anders als den Bauleuten, die auf dem von Paulus gelegten Fundament weiterbauen, kann Paulus diesen Menschen keine Rettung zusagen. Wer sich an Gottes Eigentum und Wohnstatt vergreift, hat nichts Gutes mehr zu erwarten. Ihn erwartet vielmehr das Verderben (wiederum: φτείϱειν) in Gottes Gericht. Die Gemeinde aber ist aufgerufen, der Gefahr keinen Raum zu geben und ihre Heiligkeit zu bewahren. Es wird der Gemeinde also zugemutet, um ihrer exklusiven Zugehörigkeit zu Gott willen Grenzen zu ziehen, wenn in ihr Menschen nicht auf dem Fundament (d. h. auf dem gekreuzigten und auferstandenen Herrn) weiterbauen wollen. Die Gemeinde ist nicht bedingungslos offen; ihre Heiligkeit zählt u. U. mehr als ihre Offenheit.[65]

Auch in 2 Kor 6,16 ist von der Heiligkeit der Gemeinde in einem paränetischen Kontext die Rede. Der Tempel Gottes kann unmöglich etwas mit dem Götzendienst zu tun haben. Die von Gott in Beschlag genommene Gemeinde muß sich lösen von allen Bindungen, die in Konkurrenz zum lebendigen Gott stehen (Lev 26,11f. und Hes 37,27).

Auch vom einzelnen kann gesagt werden, daß er der Tempel Gottes sei: 1 Kor 6,19f. Wie in der Gemeinde, so wohnt auch im einzelnen der Heilige Geist. Durch dieses »Einwohnen« besteht ein exklusiver Eigentumsanspruch Gottes. Gott hat diese Wohnung »teuer erkauft« und läßt sie sich nicht wieder streitig machen. Unzucht aber wäre die Infragestellung des Eigentumsanspruches Gottes zugunsten der Hure (1 Kor 6,17). Wiederum ist also die Rede vom Tempel des Heiligen Geistes paränetisch verankert. Aufschlußreich ist hier, daß auch dem einzelnen der Charakter eines Tempels zugesprochen wird. Man wird guttun, die Konzentration der Bau-Allegoristik bei Paulus auf die Gemeinde nicht mit einer kollektivistischen Ideologie zu verwechseln, in der der einzelne gar keine Rolle mehr spielt. Die Gemeinde wird in ihren vielen, einzelnen Gliedern erbaut; der einzelne wird in seiner Zugehörigkeit zur Gemeinde erbaut.[66]

Damit ist das Bild des Baues innerhalb der Paulus-Briefe umschrieben worden.[67] Innerhalb der Paulus-Schule blieb das Bild von der Gemeinde als Bau aber über den Apostel hinaus als Interpretament für den Aufbau und das Leben der »Gemeinde von Brüdern« bedeutsam:

IV. Das Bild vom Bau in den Pastoralbriefen

In den Pastoralbriefen wird das Bild vom Bau aufgenommen; allerdings geschieht dies nicht in derselben Intensität wie in den echten Paulusbriefen. Darum kann hier eher summarisch davon berichtet werden.

1. Das Haus Gottes

Die wichtigste Stelle ist in unserem Zusammenhang 1 Tim 3,14 f., wo es heißt: »Solches schreibe ich dir und hoffe, bald zu dir zu kommen; wenn es sich aber verzögert, daß du wissest, wie man wandeln soll in dem Hause Gottes, welches ist die Gemeinde des lebendigen Gottes, ein Pfeiler und eine Grundfeste der Wahrheit.« Die Gemeinde ist ὁ οἶκος θεοῦ. Das erinnert an die paulinische Rede von den οἰκεῖοι. Οἶκος θεοῦ wird darum auch hier im Sinne der »familia Dei«, der Hausgenossenschaft mit Gott und miteinander zu verstehen sein. Der paränetische Aspekt ist wiederum deutlich. Wie man sich benimmt im Haus Gottes, ist die Frage. Doch neben diesen Binnenbezug tritt nun noch etwas anderes. Die Gemeinde als Haus Gottes ist ein Pfeiler und eine Grundfeste der Wahrheit. Beide Begriffe besagen dasselbe. Die Gemeinde steht in der Welt ein für die Wahrheit, also das Evangelium von Jesus Christus. Damit wird der Weltbezug des Hauses Gottes herausgestellt. Ein fester und unerschütterlicher Garant ist sie dafür, daß in der Welt die gute Botschaft, das »gottselige Geheimnis« (1 Tim 3,16) bezeugt wird.

2. Das feste Fundament

Nur eine weitere Stelle ist in unserem Zusammenhang heranzuziehen: Es handelt sich dabei um 2 Tim 2,19–21. Da ist zunächst von dem festen Grund Gottes die Rede, d. h. von dem Fundament, das Gott für seine Kirche gesetzt hat. Dieses Fundament wird offenbar mit dem Eckstein (Jes 28,16) identifiziert, denn es trägt wie dieser eine Inschrift (vgl. auch Apg 21,14). Der Verfasser des 2 Tim hat hier offenbar an Christus, evtl. auch an die Apostel gedacht (s. a. zu Eph 2,20). Dieses Fundament bleibt unerschütterlich, auch wenn Irrlehre das Haus Gottes bedroht. Die beiden Inschriften, die dieser Grundstein trägt, heben zum einen die Zuversicht auf Gottes bewahrende Macht hervor, zum anderen aber auch die Forderung, die Heiligkeit der Gemeinde nicht zu gefährden, sondern sich von der Ungerechtigkeit fernzuhalten.
Neu ist dann die Gedankenführung in 2 Tim 2,20 f. Die Gemeinde erscheint hier als großer Haushalt mit vielen, höchst unterschiedlichen Gefäßen, also guten und weniger guten Gliedern.[68] Das Bild ist ziemlich schwierig. Die unehrenhaften Gefäße braucht man in einem Haushalt; das wird man von den unehrenhaften Gliedern kaum sagen können. Zwar wird es sie immer geben, doch die Aufforderung dieser beiden Verse muß wohl lauten (dem Bild entgegen): Jedes Gemeindeglied soll danach streben, ein ehrbares Gefäß zu sein bzw. zu werden, »dem Hausherrn brauchbar und zu allem guten Werk bereit« (2 Tim 2,21).
Zwei der wichtigsten Belege für die Bau-Allegoristik im Neuen Testament finden sich in einem anderen Strang der Paulus-Schule: im Epheser- und Kolosserbrief.

V. Das Bild vom Bau im Epheser- und Kolosserbrief

1. Die eine heilige, katholische und apostolische Kirche

»Das Hohelied von der Kirche ist im NT der Epheserbrief, dessen Sprache und Gedankenwelt uns heute so fremdartig berühren.«[69] Otto Michel spricht vom »Hohelied von der Kirche« und macht damit das Besondere des Epheserbriefes im Neuen Testament deutlich. Vielleicht kann dies noch etwas präziser gesagt werden: Es ist die Eindringlichkeit, mit der im Epheserbrief die Christologie auf das Werden und Wachsen der Kirche bezogen wird, und mit der umgekehrt wiederum die Ekklesiologie in der Christologie verwurzelt wird, die das Besondere und den Reiz des Epheserbriefes ausmacht. Die Gemeinde Jesu wird im Epheserbrief selbst zu einem Gegenstand des Glaubens – aber stets umschlossen von Christus und dem in ihm beschlossenen Heil.[70]

Der Verfasser des Epheserbriefes entfaltet seine christozentrisch orientierte Auffassung von der Gemeinde einmal durch seine Rede vom Haupt und vom Leib (z. B. Eph 1,22f.), zum anderen aber auch durch das Bild vom Bau. Dies geschieht zum ersten Mal in Eph 2,19–22. Von vornherein muß sich der Leser wieder darauf einstellen, daß er kein geschlossenes Bild angeboten bekommt, sondern eine Kette von bildhaften Gedanken, assoziativ verknüpft – und doch am Ende ein in sich geschlossenes, ja geradezu vollständiges »Lehrstück« von der einen, heiligen, katholischen und apostolischen Kirche.

Der Zusammenhang ist deutlich: waren die Heiden früher vom Heil (d. h. von Israel) ausgeschlossen und damit ohne Hoffnung (Eph. 2,12), so hat jetzt Christus durch sein Blut die Versöhnung mit Gott geschaffen und aus Heiden und Juden die eine neue Gemeinde geschaffen. Die Scheidewand des Gesetzes zwischen Heiden- und Judenchristen ist niedergerissen. Jetzt werden auch die Heidenchristen gerettet und damit gleichberechtigte Glieder des neuen Gottesvolkes.

In V. 19 wird eben diese Folgerung aus dem Christus-Heil (Eph 2,14–18) gezogen: Die Heidenchristen sind keine Gäste und Fremdlinge mehr, also keine bloß geduldeten Fremden, die sich vorübergehend oder auf Dauer mit beschränkten Rechten im Land Israel aufhielten, fern von Gott. Durch ihre Aufnahme in die Gemeinde Jesu, durch Bekehrung und Taufe (Eph 1,13) wurden sie »Mitbürger der Heiligen und Gottes Hausgenossen«. Sie wurden damit nicht zum alten Israel hinzugefügt, sondern gemeinsam mit den Judenchristen zum Neuen Volk, zur Gemeinde Jesu zusammengeschlossen.[71] Somit gilt von Juden- und Heidenchristen: Sie sind Mitbürger der Heiligen und Gottes Hausgenossen. In dieser gemeinsamen Stellung ist bereits ihre Einheit beschlossen. Der schöne Chiasmus hat doppelte Stoßrichtung: Alle Glieder der Gemeinde Jesu gehören zu den Heiligen, d. h. zur Gemeinschaft der Engel, der vollendeten Gläubigen und Getauften, die jetzt in der weltweiten Gemeinde Jesu leben.[72] So miteinander verbunden sind sie aber auch mit Gott eng verbunden, sie sind seine οἰκεῖοι, gehören also zu seiner »familia«. Mit diesen Begriffen ist das Bild von der Gemeinde als Bau vorbereitet, das in den folgenden Versen entfaltet wird.

Dabei beschreibt zunächst V. 20, was bereits geschehen ist und fortan gelten soll. Die angesprochenen Heidenchristen sind bereits in das Haus Gottes eingebaut (ἐποικοδομηθέντες; Aorist!). Vgl. auch Eph 1,13 und 2,8. Das Bild hat bereits gewechselt: Als »Auferbaute« werden die angesprochenen Christen gleichsam als Steine verstanden (und nicht mehr als Hausgenossen).

In der Gemeinde Jesu gibt es ein Fundament, das feststeht: die Apostel und Propheten. Dabei »haben diese maßgeblichen Männer der Anfangszeit eine ›grundlegende‹ Funktion und bleibende Bedeutung für den Bau der Kirche.«[73]

Sie stehen der Gemeinde offensichtlich gegenüber und gehören doch unlöslich zu ihr. Wer sind diese »Apostel und Propheten«, auf denen sich der Bau der Kirche erhebt? Es sind offensichtlich (nach Eph 3,5; auch 4,11) die Zeugen der Anfangszeit, denen das Christusgeheimnis offenbart wurde und durch die der Kirche die grundlegende Verkündigung geschenkt wurde. Ihre Autorität steht als eine von Gott gegebene für alle Zeiten fest. Die Propheten sind dabei sicher keine alttestamentlichen Propheten (trotz einer langen Auslegungstradition ist dies schon wegen der Reihenfolge im Text kaum vorstellbar), sondern geistbegabte Männer der Urkirche, die »neben den Aposteln zur Erhellung und Verkündigung des Evangeliums beitrugen«.[74] Sie bilden das Fundament der Kirche. Gemeindeaufbau kann nicht an ihrem Wort vorbei geschehen. Nach Eph 2,20 steht und fällt der Gemeindeaufbau (und damit auch die wissenschaftliche Reflexion über ihn) mit der Bindung an das apostolische Wort. Wer dem Aufbau der Gemeinde dienen will, wird darum immer wieder die größtmögliche Nähe zum Wort der Apostel in der Heiligen Schrift suchen, weil er hier mit Recht Auskunft darüber erwarten kann, welche Gemeinde wie erbaut werden soll.

Geraten aber die Apostel (vgl. auch Mt 16,18 f.) und Propheten dadurch nicht in Konkurrenz zu dem einzigen Grund, der überhaupt gelegt werden kann, zu Jesus Christus (1 Kor 3,11)? Hier ist in der Tat eine Spannung zwischen Eph 2,20 und 1 Kor 3,11 festzustellen, die durch keinerlei Operationen aus der Welt zu räumen ist (etwa, indem man den Genitiv anders versteht: der Grund, den Apostel und Propheten gelegt haben, nämlich Jesus Christus). Der Widerspruch der Bilder bleibt. Hier bilden die Apostel und Propheten das Fundament der Gemeinde, dort ist es der von Paulus missionarisch bezeugte Gekreuzigte und Auferstandene selbst. Der Widerspruch der Bilder ist jedoch kein Widerspruch der Sache. Paulus wie der Verfasser des Epheserbriefes halten an der unveränderbaren zentralen Rolle Jesu Christi in der Gemeinde fest und weisen den Aposteln und Propheten die Funktion der grundlegenden Zeugen zu; sie tun es nur mit unterschiedlichen Bildern.[75]

Der Verfasser des Epheserbriefes ist in seinem ganzen Brief darum bemüht, die Hoheit Christi in und über seiner Gemeinde mit unterschiedlichsten Formulierungen zu beschreiben; ausgeschlossen, daß er hier gegen Paulus nun Christi Rolle im Fundament der Gemeinde nivellieren wollte! Vielmehr hebt er Christi besondere Rolle mit einem neuen Begriff hervor, den er in Jes 28,16 (LXX) vorfand: Christus ist der ἀκρογωνιαῖος.

Der ἀκρογωνιαῖος ist in diesem Zusammenhang eindeutig der Eckstein im Fundament und nicht etwa der den Bau abschließende Schlußstein. Dies wird aus Jes 28,16 ebenso deutlich wie aus dem Bild in Eph 2,19–22. Welche beherrschende Funktion sollte der zuletzt eingesetzte Schlußstein noch beim Wachstum des Gebäudes ausüben? Nein, Christus ist der Eckstein, der tragende erste Stein in der Fundierungsmauer, der für den ganzen Bau entscheidend ist.[76]

Zum Bild vom Bau gehören also die Gläubigen als die aufgebauten Steine, die

Apostel und Propheten als Fundament und Christus als entscheidender Eckstein. »Christus bleibt damit der ausschlaggebende, an Wichtigkeit nicht zu übertreffende Teil im Bau der Kirche. Nur in engster Verbindung mit dem Eckstein Christus sind die Apostel ›Fundament‹: sie bilden als qualifizierte Zeugen Christi die zuverlässige, unmittelbare Verbindung mit Christus. Fundament sind sie geworden gerade und nur durch die Predigt von Christus...«[77]

Mit den Versen 21 und 22 wechselt das Bild noch einmal. War bisher im wesentlichen davon die Rede, was bereits geschehen ist und darum in der Gegenwart gilt, so geht es nun um das, was erst noch geschehen soll. Das Bild vom Bau wird zum Bild von der Baustelle. Der Bau ist offensichtlich noch unfertig, er wächst. In ihm, das heißt, in Christus, wird der ganze Bau[78] zusammengefügt (συναρμολογουμένη) und in ihm wächst er auch.[79] Das eher organische Bild vom Wachsen wird mit dem eher technischen vom Bauen verquickt, wohl schon im Hinblick auf das Bild vom Leib und (nun umgekehrt) dessen Erbauung (4,11–16). Die alles beherrschende Rolle spielt dabei Christus. Er ist der Ausgangspunkt, er *ist* das Wachstum der Gemeinde in Person und er ist auch das Ziel: der heilige Tempel in dem Herrn, d. h. in Christus. Die Gemeinde ist demnach »in Christus« erst auf dem Weg dahin, Tempel Christi zu werden. Wie schon bei Paulus ist auch im Epheserbrief das Bild vom Bau schillernd bzw. die dahinter stehende Ekklesiologie dialektisch: Gemeinde ist schon der Tempel des Heiligen Geistes, und sie soll es zugleich auch erst werden. Von rundum erbauten Gemeinden geht das Neue Testament offensichtlich an keiner Stelle aus. Gemeinde bleibt Gemeinde als Baustelle, jedenfalls bis zur Parusie.

Die Dialektik betrifft auch die angesprochenen Christen. Sie sind schon gerettet (Eph 2,8); sie sind schon »erbaut auf den Grund der Apostel und Propheten«. Nun aber heißt es: Ihr werdet miterbaut (συνοικοδομεῖσθε). Sie sind schon Gottes Hausgenossen, und sie werden doch erst noch miterbaut zu einer Behausung Gottes. Dies geschieht, indem sie in Christus zusammengefügt werden und wachsen. Das Verbum »συναρμολογέομαι« im Kontext des Themas »Einheit« läßt an ein Zusammenwachsen der Heiden- und Judenchristen in der Einheit denken. Auch das Wachsen dürfte in diesem Zusammenhang eher qualitativ als quantitativ zu verstehen sein, so wie es Rudolf Schnackenburg deutet: »Das Wachsen des Baues ist... intensiv zu verstehen. Die Kirche wächst durch größere Einheit (vgl. 4,3 f.) und Liebe (4,15 f.) in ihrer ›inneren‹ Gestalt und wird so immer mehr zu einer Wohnung Gottes im Geist.«[80]

Das Ziel ist deutlich: Die Gemeinde als Tempel oder Behausung Gottes ist Ort der besonderen Gegenwart und Nähe Gottes in der Welt. Es ist der Ort, an dem Gott schon jetzt das ihm zukommende Lob nicht mehr länger verweigert wird (Eph 1,14), und wo schon jetzt nach Gottes Willen gelebt wird (z. B. in der Versöhnung). Gemeinde als Tempel Gottes ist aber für die Welt auch der Ort, wo sie »mit allerlei geistlichem Segen in himmlischen Gütern durch Christus« (Eph 1,3) beschenkt werden kann. Das ist das Ziel des Gemeindeaufbaus: Daß die Kirche als ganze und in ihr jede Gemeinde zu einem solchen Tempel Gottes werde.

Zugleich sind in Eph 2,19–22 die Merkmale der Kirche erkennbar: sie ist *eine* (ein Tempel, aus Heiden- und Judenchristen zusammengefügt), *heilige* (ausgesondert als Gottes heiliger Tempel), *apostolische* (auferbaut auf dem Fundament der Apostel und Propheten) und *katholische* (ohne Trennmauern lebende) ekklesia.[81]

2. Die Erbauung des Leibes Christi

Eph 4,7.11–16 ist der zweite wichtige Text im Epheserbrief zum Thema οἰκοδομή. In Eph 4,12.16 wird dieses Stichwort aufgenommen, allerdings in einer eigenartigen Wortverbindung: Erbauung des Leibes Christi. Organisches und technisches Denken werden hier eng verknüpft.[82]
Es geht in Eph 4 um die Einheit der Kirche in ihrer Vielfalt. Wie hängt die Einheit, zu der mit aller Deutlichkeit aufgerufen wird, mit der Vielfalt der Gaben zusammen, die Christus seiner Gemeinde gegeben hat (V. 7)? Jeder Christ hat »Gnade« im Sinne einer besonderen Gnadengabe. Der Verfasser des Epheserbriefes beantwortet diese Frage nach der Einheit in der Vielfalt der Gaben, indem er ein Schriftzitat midrasch-artig auslegt (Ps 68,19).
In Eph 4,11 kommt er wieder auf die Frage nach den Gaben zu sprechen. Ging es allerdings in V. 7 um die Gnadengaben aller Christen, so spricht der Brief nun von besonderen Gaben, die der Gemeinde in Gestalt besonderer Amtsträger übergeben wurden. Diese Menschen werden zu Gaben Christi für seine Gemeinde und deren Aufbau. Der Unterschied etwa zu 1 Kor 12 ist offensichtlich. Es sind besonders autorisierte Menschen, die als Gnadengaben bezeichnet werden; die charismatischen Funktionen wie das Sprachengebet, die Heilungsgabe oder das Weissagen sind entfallen. Die aufgezählten Ämter zerfallen in zwei Gruppen. Zum einen sind die Apostel und Propheten zu nennen. Sie sind die grundlegende Autorität durch ihr für alle Zeit verbindliches Christuszeugnis. Sie werden hier noch einmal (nach Eph 2.20) genannt, um durch ihre Autorität die leitende und verkündigende Arbeit der anderen Gruppe zu decken. Diese zweite Gruppe der Evangelisten, Hirten und Lehrer setzt das Werk der Apostel und Propheten durch evangelistischen und gemeindeleitenden Dienst fort. Offen muß bleiben, ob es sich bei den »Hirten und Lehrern« u. U. um ein- und dieselbe Personengruppe gehandelt hat: »Qui pastor sit esse debeat magister« (Hieronymus).[83] Sicher ist aber, daß es sich um lehrende und leitende Funktionen in den Ortsgemeinden handelte, die für die Gemeinde unverzichtbar waren.[84]
Der Sinn ihres Dienstes wird mit drei präpositionalen Wendungen in V. 12 erläutert. Dieser Vers ist eine echte crux interpretum. Sind die drei präpositionalen Wendungen zu koordinieren? Dann wäre von einem dreifachen Dienst der Amtsträger die Rede: Vervollkommnung der Heiligen (= Gemeindeglieder), das Tun des Dienstes in der Gemeinde und der Aufbau des Leibes Christi. Oder sind die zweite und dritte präpositionale Wendung der ersten zu subordinieren? Dann wäre es die Aufgabe der Amtsträger, die Heiligen zuzurüsten, damit diese, die Gemeindeglieder, mit ihren Gaben (V. 7) das Werk des Dienstes tun und den Leib Christi aufbauen können. Den Amtsträgern würde dann eine gleichsam »indirekte« Funktion im Aufbau der Gemeinde zugewiesen, wichtig, aber doch »im zweiten Glied«.[85] Grammatikalisch und sprachlich sind beide Lösungen denkbar. Der Kontext legt allerdings die zweite Lösung nahe. Da ist von den Gaben aller Gemeindeglieder die Rede (V. 7), und V. 16 redet von der Selbsterbauung des Leibes Christi »gemäß der Kraft, die jedem einzelnen Teil zugemessen ist«.[86] Die Luther-Übersetzung kommt dem Sinn des Verses am nächsten, wenn es heißt: »daß die Heiligen zugerüstet würden zum Werk des Dienstes. Dadurch soll der Leib Christi erbaut werden.«

Rudolf Schnackenburg, der sich zuletzt dafür ausgesprochen hat, die drei präpositionalen Wendungen zu koordinieren, also den Amtsträgern das Werk des Dienstes und den Aufbau des Leibes Christi zuzuschreiben, will die beiden Lösungen nicht zu sehr in Widerspruch zueinander sehen. Er weist darauf hin, daß »diese Männer… in den Gesamtorganismus der Kirche so eingefügt« sind, »daß sie nur im Zusammenwirken mit allen Gläubigen zum Aufbau des Leibes Christi beitragen.«[87] Dies wird auch durch V. 16 noch verdeutlicht. Der Sinn des Verses ist damit auf jeden Fall geklärt. Die Amtsträger tragen durch die Zurüstung der Heiligen entscheidend bei zum Aufbau des Leibes Christi, ohne daß die Heiligen dadurch in den Hintergrund gedrückt würden. Der konkrete Dienst der Amtsträger besteht im Lehren und Leiten. Sie tun dies auf dem Grund der Apostel und Propheten. Ihr Dienst wird zugleich im Ganzen des Gemeindeaufbaus hervorgehoben und funktional dem Leben des Leibes Christi zugeordnet: »Wenn in V. 7 jedem einzelnen in der Kirche ein Gnadengeschenk Christi zugesprochen wird und sich erst in VV 8–11 der Blick speziell auf die Leitenden richtet, sind diese in das allgemeine, dem Aufbau des Leibes Christi dienende Gnadengewähren einbezogen.«[88]

Die Verse 13 bis 15 (wiederum eine crux interpretum!) geben das Ziel des Gemeindeaufbaus, mittelbar auch das Ziel des leitenden und lehrenden Handelns der Evangelisten, Hirten und Lehrer an. Die Einheit des Glaubens und der Erkenntnis, die Reife des Mannesalters, das volle Maß der Fülle Christi – was ist damit gemeint? Karl Barth und Philipp Vielhauer verstehen diese Stelle missionarisch. Es geht um ein Wachstum in quantitativer Hinsicht. Es geht hier um das All. Es sind noch nicht alle zur Einheit des Glaubens an Christus gekommen; viele glauben noch nicht. Der ἀνὴρ τέλειος ist nicht der einzelne Christ, sondern der »Christus totus«, Christus mit allen vor Gründung der Welt Erwählten, das Haupt mit allen Gliedern. Und das μέτρον ἡλικίας ist die Gemeinde in ihrer vollen und endgültigen Körpergröße (vgl. auch Eph 1,23), der den ganzen Kosmos umfassende Leib Christi. Dahinter steht laut Vielhauer die gnostische Vorstellung vom Urmensch-Erlöser, der alle seine Glieder in sich hineinholt, bis sie als das πλήρωμα mit ihm verschmelzen.[89]

Diese Auslegung entspräche durchaus der missionarischen Gesamttendenz der οἰκοδομή im Neuen Testament, aber sie kann dennoch letztendlich nicht überzeugen. Die religionsgeschichtliche Fragestellung kann hier nur kurz erwähnt werden. Gab es tatsächlich zur Zeit des Epheserbriefes einen vollständigen Urmensch-Erlöser-Mythos, von dem der Verfasser des Epheserbriefes abhängig war? Läßt sich die Redeweise des Epheserbriefes nicht viel schlichter und plausibler aus der ungnostischen, im Kontext der Abendmahlsüberlieferung entwickelten Leib-Christi-Vorstellung des Paulus verstehen?[90] Gegen eine gnostische Herkunft der Gedanken in Eph 4 spricht vor allem, daß die Kirche nicht mit dem Leib verschmilzt, sondern das Haupt des Leibes dem Leib übergeordnet gegenübersteht.[91]

Dann aber ist eine andere Auslegung dieser Verse möglich und nötig. Ein »quantitatives« Wachstum des Leibes läßt sich auch nur schwer mit den Aussagen von V. 14 und 15 vereinbaren, in denen es dem schlichten Wortlaut nach eben um nichts anderes als um Reifung und Wachstum der Gemeinde im Glauben und in der Liebe geht. Hier wird auch der Dienst der Amtsträger in seiner Notwendigkeit verständlich. Ihr Lehren und Leiten hilft der Gemeinde zur Reifung, indem falsche Lehre und menschliche Täuschung in ihr keinen Raum mehr finden können. Erbauung des Leibes Christi bedeutet also in den Versen 13 bis 15: Wachstum zur Einheit im Glauben und Erkennen, Reifung der Gemeinde (vgl. 2,15) als des neuen Menschen zur Reife des Mannesalters, Erfülltwerden von der Fülle Christi. Hier ist wiederum Rudolf Schnackenburg zuzustimmen: »Die Kirche soll nicht zur höchsten Höhe des Pleroma, wo Christus ist, gelangen, sondern dynamisch-intensiv von der Fülle Christi, seinen Heilskräften und seiner göttlichen Wesenheit, durchdrungen werden (vgl. 1,23).«[92]

Das bedeutet auf der anderen Seite die Überwindung der gegenwärtigen Schwäche der Gemeinde (durch unklare und verführerische Lehre) – so V. 14 – und ein Zunehmen im Bezeugen der Wahrheit in der Liebe, sowohl durch das bezeugende Wort als auch durch das Leben *aller* Gemeindeglieder. So nüchtern geschieht das angesprochene intensive Wachsen der Gemeinde als ihr Aufbau: Unempfindlichkeit gegenüber der Irrlehre, Zunahme der Einheit, Wachsen in der Liebe und in der Bezeugung der Wahrheit. Dadurch richtet sich die Gemeinde auf Christus, ihr Haupt, aus und wächst zu ihm auf.[93]

In V. 16 wird der nicht einfache Gedankengang dieses Abschnitts zusammengefaßt: Christus ist das Haupt. In dem ganzen Geschehen spielt er die dominierende Rolle. Von ihm geht alles Wachstum aus und zielt wieder auf ihn hin. Er setzt als das Haupt das Geschehen der Erbauung in Gang und ist in der Selbsterbauung des Leibes der eigentlich Handelnde. »Gedacht ist an die von Christus ausgehende Leitung, Sorge, Liebe, Lebensübermittlung, die er der Kirche angedeihen läßt.«[94] So und nur so vollzieht die Gemeinde selbst das ihr von Gott verliehene Wachstum. So und nur so ist die Gemeinde Subjekt ihrer eigenen Erbauung.

Dann aber macht dieser Vers (vgl. auch Kol 2,19) Aussagen darüber, wie dies geschieht: Es geschieht durch »jedes Gelenk der Unterstützung«[95] – das sind die in V. 11 aufgezählten Dienste in der Gemeinde. Es geschieht dann aber auch »gemäß der Kraft im Maß jedes einzelnen Teiles«[96] – d. h. durch die Gnadengabe, die jedes Glied der Gemeinde von Christus empfängt. So ist das Bild vom Leib im Zusammenhang der οἰκοδομή streng auf das intensive Wachstum der Gemeinde bezogen. Das Haupt Christus gibt die nötigen Wachstumskräfte. Er bedient sich dabei der »Gelenke«, die nach der antiken Leib-Vorstellung den Leib versorgen und die Glieder miteinander verbinden. Jedes Glied wird dabei bedacht und in das Wachstum einbezogen. Gemeindeaufbau in Eph 4,11–16 ist also nichts anderes als intensives Wachstum. Das Besondere dieses Textes liegt in der Verbindung verschiedener Gaben und Dienste. Leitende und lehrende Ämter werden hervorgehoben und doch funktional auf den Dienst aller Gemeindeglieder bezogen.

3. Eph 4,29

Im Zusammenhang der paränetischen Abschnitte im Epheser-Brief ist noch einmal von οἰκοδομή die Rede. Zum Anziehen des neuen Menschen gehört auch der neue Umgang mit der Sprache. Faules Geschwätz soll den wirklich guten Worten weichen. Was aber sind gute Worte? Gute Worte sind im besten Sinne erbaulich, je nachdem, wo es not tut. Sie bedeuten Gnade für die Zuhörer. Es scheint sich um ein die Gnade Christi (Eph 2,8) bezeugendes Reden zu handeln, das die Hörer zur

Gnade führen kann. Solches neue Reden wäre dann Erbauung – sowohl des einzelnen als auch des Leibes Christi.[97]

VI. Das Bild vom Bau im übrigen Neuen Testament

Auf einige wenige Stellen soll noch kurz verwiesen werden. Ein wichtiger Beleg ist noch im 1. Petrusbrief zu finden: 1 Petr 2,1–10. Wie bereits bei verschiedenen Texten läßt sich auch hier eine Vielzahl sehr unterschiedlicher Bilder finden. Zunächst wird die bereits in den Evangelien zitierte Psalmstelle vom verworfenen Stein, der zum Eckstein wurde, aufgenommen. Allerdings wird Ps 118,22 mit Jes 28,16 und Jes 8,14 kombiniert. Dadurch ergibt sich eine etwas andere Aussage: Christus ist der auserwählte und köstliche Eckstein – für die, die an ihn glauben. Wer ihn aber ablehnt, für den wird Christus zum Stein des Anstoßes, ähnlich wie in Lk 20,18 also zum Gericht (1 Petr 2,6–8).
Christus ist der Stein – die Christen sind lebendige Steine, die zu einem geistlichen Haus und (Bildwechsel!) zu einer heiligen Priesterschaft gebaut werden. Aus den Steinen wird ein Haus gebaut, aus den Christen eine lebendige und heilige Priesterschaft (1 Petr 2,5; 9). Neu ist in 1 Petr 2 die Analogie zwischen dem lebendigen Stein Christus und den lebendigen Steinen in der Gemeinde. Auffällig ist der antijüdische Tenor des Textes; es sind die Christen, die als lebendige Steine zu einem geistlichen (und nicht steinernen) Haus gebaut werden; dort erst gibt es die Opfer, die Gott wohlgefallen. Auffällig ist ferner die Logik der οἰκοδομή: wer von Christus sein Leben empfangen hat, der wird ohne Frage auch zum lebendigen Stein – ein Christsein ohne Gemeinde ist undenkbar: »Nur so, indem der Einzelne als Stein in den Bau der Kirche eingebaut, der Gemeinde zugefügt wird, kann er ›in Christus‹ wachsen, zum ›Heile‹ gelangen V. 2. Oikodomeisthai heißt für den einzelnen das Heil erlangen in der Gemeinde. Die Christen als ›lebendige Steine‹ und in ihrer Gesamtheit als ›geistliches Haus‹ stellen den Tempel Gottes dar, der Gott gehört, und in dem Gott für die Menschen gegenwärtig ist... Noch einmal wird hier der soteriologische Sinn von oikodomeisthai deutlich; denn hier wird ganz deutlich ausgesprochen: extra ecclesiam nulla salus.«[98]
Zu erwähnen ist noch Jud 20: Erbaut euch auf euren allerheiligsten Glauben! Der überlieferte Glaube ist das Fundament, das die Irrlehrer angegriffen haben. Das »Wie« dieser Selbsterbauung in der Gemeinde schildern die paränetischen Aussagen Jud 21–23.
Schließlich ist Hebr 3,1–6 zu nennen. Moses war ein treuer Diener im Haus Gottes, Christus aber ist als der Sohn über das Haus gesetzt. Das Haus Gottes ist hier die Gemeinde. Die Ehre des Moses verhält sich zur Ehre Christi wie die des Dieners zu der des Baumeisters. Christus hat die alte wie die neue Gottesgemeinde wie ein Haus errichtet (κατασκευάζειν). Die Christen sind Gottes Haus, »wenn wir das Vertrauen und den Ruhm der Hoffnung bis ans Ende fest behalten« (Hebr 3,6).[99]
Soweit der Überblick über das Bild der Gemeinde als Bau im Neuen Testament. Es gilt nun, im Rückblick auf die eingangs gestellten Fragen und als Auswertung des exegetischen Materials den Ertrag dieses Kapitels in einigen Thesen zusammenzufassen.

C. Zusammenfassende Thesen

Das Bild vom Bau spielt in fast allen Schichten des Neuen Testamentes eine zentrale Rolle für die Darstellung der Gemeinde Jesu. Das Bild vom Bau wird dabei keineswegs einheitlich gebraucht; dennoch ergeben sich klare gemeinsame Grundaussagen darüber, was Gemeindeaufbau im Neuen Testament ist.

1. Gemeindeaufbau im Neuen Testament ist stets ausschließlich das Werk des in Christus offenbaren und im Heiligen Geist präsenten Gottes Israels.

Gott selbst ist es, der das Entstehen und Wachsen der Gemeinde ermöglicht (1 Kor 3,5–9). Darum ist er auch ausschließlicher Eigentümer des Baues (1 Kor 3,9). Die Gemeinde ist Gottes Wohnstatt und Haus (Eph 2,22). Darum ist er auch der Hausvater der Hausgenossen (Eph 2,19). Ist die Gemeinde Gottes Eigentum, so ist sie heilig, d. h. von Gott und für Gott ausgesondert und damit unantastbar (1 Kor 3,16f.).

Die Gemeinde heißt im Neuen Testament nicht Christi Haus. Christus ist Sohn im Haus Gottes (Hebr 3,1–16). Aber er spielt doch die alles entscheidende Rolle, wenn es darum geht, daß Gott sein Haus baut. Er ist der Baumeister (Mt 16,18f.); d. h., er allein kann die Gemeinde bauen. Kein Mensch könnte dies für sich beanspruchen. In einem anderen Bild kann Christus auch das Fundament genannt werden (1 Kor 3,10f.). Wiederum kann er auch als der Eckstein bezeichnet werden (Eph 2,20). Immer geht es darum: Christus spielt die entscheidende Rolle im Aufbau der Gemeinde. Ohne den Gekreuzigten und Auferstandenen kann Gemeinde weder entstehen noch wachsen, noch erhalten und vollendet werden. Der Grund dafür liegt für den einzelnen wie für die Gemeinde darin, daß es an Christus vorbei kein Heil gibt. Er ist der verworfene Stein, der zum Eckstein wurde (Ps 118,22; Mt 21,42 par.). Er ist der neue Tempel, mithin der Ort, an dem Gott allein gegenwärtig ist (Mk 14,58 par.). Wer ohne Christus sein Leben führen oder gar Gemeinde bauen wollte, der müßte erleben, wie ihm der Eckstein zum entscheidenden Stolperstein würde (Lk 20,18 und 1 Petr 2,8). Christus spielt die entscheidende Rolle im Bauplan Gottes.

Wenn aber vom Wohnen Gottes in der Gemeinde als seinem Tempel oder Haus gesprochen wird, dann ist stets vom Heiligen Geist die Rede (1 Kor 3,16f.; Eph 2,21f.).

2. Gemeindeaufbau im Neuen Testament bedeutet stets, daß Menschen für Christus gewonnen werden, d. h. als lebendige Steine in den Bau der Gemeinde eingefügt werden (Eph 2,19f.; 1 Petr 2,4–8). Darum kann οἰκοδομεῖν zum Synonym für εὐαγγελίζεθαι werden (Röm 15,20). Das Bild vom Bau verdeutlicht: extra ecclesiam nulla salus.

3. Gemeindeaufbau im Neuen Testament ist stets intensives und extensives Wachstum des begonnenen Baus. Damit geschieht Gemeindeaufbau stets so, daß immer mehr Menschen für Christus gewonnen und in den Bau der Gemeinde eingefügt werden (1 Kor 14,23–25; Röm 15,20; 1 Kor 10,32f.) und daß die, die zur Gemeinde gehören (und dadurch die Gemeinde als ganze), im Glauben wachsen und reifen (Eph 4,13–15; 1 Kor 14,3)7. Intensives und extensives Wachstum dürfen nicht voneinander getrennt oder gar gegeneinander ausgespielt werden (Apg 9,3; Eph 2,19–22).

4. Gemeindeaufbau im Neuen Testament geschieht stets so, daß der gemeindebauende Gott sich menschlicher συνεργοί bedient, die dem extensiven und intensiven Wachstum dienen sollen. Hier sind zuerst die Apostel und Propheten zu nennen. Gott hebt diese συνεργοί aus der Zahl der Menschen, deren Dienst er für sich in Anspruch nimmt, heraus. Ihr Dienst ist und bleibt grundlegend. Petrus kann als Fundament bezeichnet werden für die werdende Gemeinde (Mt 16,18), nachdem er Christus als den Herrn bekannt hat. Paulus hat das Vorrecht, allein und konkurrenzlos das Fundament der Gemeinde in Korinth gelegt zu haben, indem er Christus als den Gekreuzigten und Auferweckten als erster bezeugt hat. Durch ihn wurden die Gemeindeglieder zum Glauben geführt (1 Kor 3,5.10f.). Der Aufbau (nie aber die Zerstörung) der Gemeinde Jesu ist die besondere Vollmacht des Apostels (2 Kor 10,8; 12,19; 13,10). Neben ihm gibt es noch andere tragende Autoritäten im Aufbau der Gemeinde, etwa die στῦλοι (Gal 2,9). So gibt es im Gemeindeaufbau Ehrentitel, die nur den Aposteln und Propheten zukommen, deren Dienst in der Fluchtlinie der Sendung Christi steht. Sie selbst werden zum Fundament der Gemeinde (Eph 2,20). Damit treten sie nicht in Konkurrenz zu Jesus. Fundament sind sie vielmehr allein deshalb, weil sie in gültiger und unüberholbarer Weise Christus, den Gekreuzigten und Auferweckten, den Eckstein bezeugen. Wer im Gemeindeaufbau Gottes Mitarbeiter sein will, muß sich an das Wort der neutestamentlichen Apostel und Propheten halten.

5. Gemeindeaufbau im Neuen Testament geschieht aber darüber hinaus auch so, daß sich Gott über die Apostel und Propheten hinaus weitere Mitarbeiter erwählt. Dabei ist zunächst an die gedacht, die das apostolisch bezeugte Evangelium weitersagen, die Prediger und Lehrer. Sie bauen auf dem Fundament der Apostel und Propheten auf (1 Kor 3,12; Eph 2,20–22). Sie sollen auf die Gemeinde achthaben, die Gott durch sein Wort baut (Apg 20,32). Besonders in Eph 4,11–16 ist von den gemeindebauenden Ämtern die Rede, von den Evangelisten (extensiv!) und von den Hirten und Lehrern (intensiv!), die in Anlehnung an die Autorität der Apostel und Propheten ihren Dienst tun. Ihre Aufgabe im Aufbau der Gemeinde ist aber eine »indirekte«. Sie tragen zum Aufbau der Gemeinde vor allem dadurch bei, daß sie die Heiligen durch Verkündigung, Lehre und Leitung zum Werk des Dienstes zurüsten. Sie sind also im wesentlichen »Mitarbeiterbildner«. So werden die leitenden und lehrenden Ämter als von Gott gewollt und gegeben hervorgehoben und doch stets funktional auf den Dienst aller Christen bezogen.

6. Darum geschieht Gemeindeaufbau im Neuen Testament vor allem dadurch, daß Gott sich aller Christen bedient, um seine Gemeinde zu bauen und extensiv wie intensiv wachsen zu lassen. Es ist der Dienst aller Christen, in allen Dingen zur Erbauung der Gemeinde beizutragen (1 Kor 14,26). Jeder Christ ist dazu mit Gnadengaben ausgerüstet (Eph 4,7). Die Gnadengaben sollen Christen bekennen helfen (1 Kor 12,3), in Liebe gebraucht werden (1 Kor 13) und dem Aufbau der Gemeinde dienen (1 Kor 14). Hier ist jeder gebraucht und jeder auf andere angewiesen. Keiner hat alle Gaben für den Gemeindeaufbau, keiner hat gar keine Gaben. Verweigert sich ein Christ dem Dienst im Gemeindeaufbau, so fehlt der Gemeinde etwas und der einzelne findet nicht zu seiner Bestimmung (1 Kor 12–14). Gemeindeaufbau durch die Gnadengaben aller Christen geschieht im Gottesdienst. Der Gottesdienst ist Ort der Bezeugung Christi, des Gebets und des Lobs, des Segens und der Mahlgemeinschaft. Der Gottesdienst ist der in jeder Hinsicht

hervorragende Ort des Gemeindeaufbaus (1 Kor 14). Dabei soll jeder Christ mit seiner Gabe zum Gottesdienst beitragen.

Gemeindeaufbau durch die Gnadengaben aller Christen geschieht in den Häusern der Christen. Will Gott seine Gemeinde bauen, so werden die Häuser der Christen zu Grundbausteinen. Hier geschieht geschwisterliches Zusammenleben, Mahlgemeinschaft und Lehre, aber auch missionarische Verkündigung (vgl. Apg und Paulus).

Gemeindeaufbau durch die Gnadengaben aller Christen geschieht im alltäglichen Gottesdienst (Röm 12,1 f.). Hier sollen die οἰκεῖοι θεοῦ, deren Gemeinschaft enger ist als jede andere menschliche Bindung (Gal 6,10; Eph 2,19), auch geschwisterlich miteinander umgehen: sich gegenseitig den Zuspruch und Anspruch des Evangeliums seelsorgerlich weitergeben (1 Thess 5,11), die Einheit bewahren und fördern (Eph 2,19–22; 4,1–16), in der Liebe (Eph 4,16) das schwache Gewissen des anderen höher achten als die eigene Freiheit (1 Kor 8–10; Röm 14 f.), so um das Heil des anderen besorgt sein (Röm 15,2; 14,15), dem anderen Gutes sagen (Eph 4,29), kurzum, einander in der Liebe dienen. So wird die Gemeinde zusammengefügt (Eph 2,21; 4,16), gestärkt, zum Dienst an den anderen in der Welt tauglich gemacht.

7. Gemeindeaufbau im Neuen Testament geschieht dadurch, daß die vielen einzelnen und damit auch die Gemeinde als ganze »erbaut« werden, und das heißt auch: geheiligt werden. Dazu gehört auch die eigene geistliche Übung (1 Kor 14,4) und das Streben danach, ein für Gottes gemeindebauendes Handeln taugliches »Gefäß« zu werden (2 Tim 2,19–21). Für den Gemeindeaufbau ist es wichtig, daß jeder Christ so lebt, wie es im Haus Gottes nötig und richtig ist (1 Tim 3,15). So gerät auch der einzelne in den Blick, wenn es um Gemeindeaufbau im Neuen Testament geht. Auch der einzelne kann als Tempel des Heiligen Geistes bezeichnet werden (1 Kor 6,19 f.). So gewiß der Begriff der Erbauung im Neuen Testament gemeindebezogen ist, so gewiß gilt auch: Die Gemeinde wird in ihren zahlreichen einzelnen Gliedern erbaut; der einzelne aber wird im Rahmen der Gemeinde erbaut.

8. Gemeindeaufbau im Neuen Testament geht davon aus, daß die Gemeinde bereits Gottes Heiliger Tempel ist (1 Kor 3,9.16 f.; Hebr 3,1–6). Sie ist es, weil und insofern Gott in ihr wohnt und Menschen sich von Gott in Beschlag nehmen lassen. Ist sie aber Gottes Tempel, dann ist sie heilig und unantastbar. Ihre Heiligkeit impliziert dann aber auch Grenzen ihrer Offenheit. So sehr Gemeinde offen ist für Fernstehende, die zum Glauben gerufen werden sollen (1 Kor 14,23–25), so klar muß sie ihre Grenzen auch ziehen gegenüber Irrlehre, Verführung, Götzendienst: 2 Kor 6,16; 1 Tim 3,15; 2 Tim 2,19. So bleibt sie eine Grundfeste der Wahrheit.

9. Gemeindeaufbau im Neuen Testament geht aber auch davon aus, daß die Gemeinde immer erst auf dem Weg ist, Gottes Tempel zu werden. Sie ist immer auch Baustelle (1 Kor 3,10–12). Ihr noch ausstehendes intensives wie extensives Wachstum läßt sie noch als unfertiges Bauwerk erscheinen. Noch müssen Menschen gewonnen werden. Noch sind Glauben und Liebe wachstumsfähig und wachstumsbedürftig. Noch ist Gemeinde als Tempel, in dem Gott angemessen gelobt wird, ein Ziel (Eph 2,20–22; 4,11–16).

10. Gemeindeaufbau im Neuen Testament weiß um das Ende der Zeit – und des Gemeindeaufbaus. Dann wird Gott richten. Dann erst wird offenbar, was das Werk der Lehrer und Leiter taugte (1 Kor 3,13–15), und ob es Lohn oder Verge-

hen erwarten kann. Bis dahin soll Gemeinde gebaut werden, auch im Blick auf den Ernst des Gerichtes Gottes, in dem nur die bestehen, die auf dem Fundament des gekreuzigten und auferstandenen Christi gebaut haben. Wer aber die Gemeinde Gottes beschädigt oder den Bruder zur Sünde »erbaut« (1 Kor 3,16f. und 8,10), den erwartet Gottes Zorn. Vor allem gilt es, bis zur Vollendung der Gemeinde und der vielen einzelnen (2 Kor 5,1–10) mitzuhelfen beim Bau der einen, heiligen, katholischen und apostolischen Kirche als dem Modell der neuen Welt Gottes.

Viertes Kapitel

Gemeindeaufbau und Volkskirche
Bemerkungen zur kybernetischen Situation[1]

A. Die Aufgabe

Praktische Theologie als Wissenschaft im Horizont des Gemeindeaufbaus hat die Verpflichtung, genau auf das Wort Gottes zu hören, auch auf dessen Auslegung in der Kirche, um zu vernehmen, was ihr da als die Wahrheit der »Gemeinde von Brüdern« entgegenkommt. Dies war das Thema der beiden vorangehenden Kapitel dieser Arbeit.

Praktische Theologie als Wissenschaft im Horizont des Gemeindeaufbaus hat aber auch die Verpflichtung, sorgsam und mit großer Aufmerksamkeit die kirchliche Wirklichkeit in Augenschein zu nehmen. Dies ist ihre zweite, und das heißt nachgeordnete und gleichwohl auch wichtige Aufgabe. Weil sich hier niemand mehr auf sein intuitives Urteil oder auch nur auf seine individuelle Beobachtungsfähigkeit verlassen kann, gilt es, sich der Hilfe der empirischen Sozialwissenschaften zu versichern. Um die Wirklichkeit der Kirche erfassen zu können, bieten diese Wissenschaften entscheidende Sehhilfen für die Theologie; sie sind in einem positiven Sinne »Hilfswissenschaften«.[2]

Das Stichwort »kirchliche Wirklichkeit« will in unserem Zusammenhang streng kybernetisch verstanden werden, also als Frage nach der genauen Bestimmung des Ortes und der Zeit, in denen der Aufbau der »Gemeinde von Brüdern« sich ereignen soll. Kybernetisches Wirken ohne eine exakte Erkundung der kybernetischen Situation müßte geradezu doketisch sein. Hier bewährt sich die Interdependenz von Theorie und Praxis für das Feld des Gemeindeaufbaus. Die Erforschung der Praxis (hier: kybernetische Situation, kirchliche Wirklichkeit) wird uns helfen, die richtigen Fragen an die Theorie (hier: Theologie des Gemeindeaufbaus) zu stellen. Kurzum, in einem strengen theologischen Sinn geht es jetzt um »Gehorsam und Genauigkeit des Sehens«.[3]

In den letzten 15 Jahren ist der Erkundung der kirchlichen Wirklichkeit große Aufmerksamkeit gewidmet worden. Die beiden großen Kirchen in der Bundesrepublik haben große demoskopische Befragungen in Auftrag gegeben, analysieren lassen und auch veröffentlicht.[4] Diese Offenheit der Volkskirche für die Methoden der empirischen Sozialforschung ist durchaus neu. Gerhard Schmidtchen hat darauf hingewiesen, daß die theologischen Bedenken gegen soziologische Denkweisen in den Kirchen lange ein fruchtbares Arbeiten mit dem Instrument der Demoskopie verhindert haben. Es ist wohl kein Zufall, daß der Wandel in der Einstellung gegenüber der empirischen Sozialforschung einhergeht mit der immer deutlicher zutage tretenden Krise der Volkskirche (also etwa seit Ende der 60er Jahre).[5]

Was aber können Theologie und empirische Sozialforschung sehen? Welche

Ausssagen können sie zur kybernetischen Situation machen? Von dieser Aussage-fähigkeit hängt der Wert der empirischen Sozialforschung für den Aufbau der »Gemeinde von Brüdern« ab.

B. Theologie und Empirie

Die ekklesiologische Grundspannung von geglaubter und erfahrener Kirche, von Kirche als sichtbarer Religionsgemeinschaft und Kirche als freiem Ereignis der Gegenwart Gottes in einer menschlichen Gemeinschaft[6], wird im Verhältnis von Theologie und Empirie noch einmal wirksam. Kirche ist immer beides: Geglaubte und erfahrene Kirche. Sie ist beides auch immer zugleich und in einer eigentümlichen Verschränkung. Theodosius Harnack spricht hier von zwei konzentrischen Kreisen, der empirischen und der wesentlichen Kirche.[7] Die Kreise sind weder exzentrisch, denn das bedeutete die schwärmerische Flucht der geglaubten aus der erfahrenen Kirche; noch sind die Kreise deckungsgleich, denn dies bedeutete die hochmütige Identifikation der empirischen Kirchengestalt mit der wahren Kirche. Aber sie sind konzentrisch, unlöslich verbunden, aber in spannungsvoller Einheit. Mit einfachen Worten gesagt: Ich kann die geglaubte Kirche nirgends anders erwarten als in der erfahrenen, sichtbaren Gestalt der Kirche. Aber ich darf diese sichtbare Gestalt erfahrbarer Kirche nie einfach mit der einen geglaubten Kirche Jesu Christi identifizieren.[8] Doch darf ich die Kirche Jesu Christi in, mit und unter der erfahrbaren Kirche erwarten, erbitten und erhoffen.[9]

Gehört zur Kirche als »Gemeinde von Brüdern« auch ihre sichtbare, wahrnehmbare Gestalt, ist also Kirche alles andere als eine civitas platonica, so kann diese erfahrbare Seite der Kirche auch zum Gegenstand allgemeiner Erfahrung und Beobachtung werden. Es widerspricht damit auch nicht ihrem Wesen, daß Meßbares an ihr gemessen und Sichtbares an ihr festgehalten und ausgewertet wird.[10]

Und da gibt es vieles zu sehen, zu hören, zu messen und zu beobachten. Die Kirche in ihrer sichtbaren Gestalt ist neben anderen eine Religionsgemeinschaft. Zu ihr gehören Menschen. Diese Menschen nehmen an bestimmten rituellen Veranstaltungen teil, bilden soziale Formationen innerhalb der Religionsgemeinschaft. Sie können sich auch distanzieren – sowohl in ihrem Teilnahmeverhalten als auch in ihrer Einstellung gegenüber den Normen der Religionsgemeinschaft. Ihre Bindung an diese Gemeinschaft ist durchaus unterschiedlich motiviert und gestaltet. Manche verlassen diese Religionsgemeinschaft. Das alles sieht der Soziologe präziser als der Theologe. Im Zusammenhang mit der Frage nach dem Aufbau der »Gemeinde von Brüdern« kann er organisationssoziologische Hinweise geben über die Struktur, die Bindekraft, die kommunikative Effizienz der sozialen Kleinverteilungsapparate »Kirchengemeinde«.

Nun könnte man vorschnell darauf verweisen, daß natürlich nur der Theologe letztlich hinter diesen Daten und Einsichten die »Gemeinde von Brüdern« entdecken kann. Gewiß, das wird zu sagen sein. Doch darf es nicht vorschnell gesagt werden. Das Wort des Soziologen, des Demoskopen muß erst wirklich gehört werden. Wenn Kirche sichtbar wird, einen Leib hat, eben keine civitas platonica ist, dann hat er uns viel zu sagen. Und ist er wirklich Soziologe, dann wird er nüchtern genug sein (vielleicht nüchterner im Umgang mit seinen Daten als der Theologe in der Faszination des Empirischen), auch dem Theologen das Wort zu geben. Was aber für den Soziologen und Demoskopen in der Tat unerschwinglich ist (sofern er nicht, was hier außer Betracht bleiben muß, Christ ist), ist die theologische Deutung der empirischen Befunde. Was ist das für eine Religionsgemeinschaft? Was bedeutet es, wenn sich da Menschen versammeln; oder was bedeutet es, wenn sie sich nicht mehr versammeln? Die Dimension der geglaubten Kirche in, mit und unter der erfahrbaren bleibt dem Soziologen verschlossen. Darum muß mit der großen EKD-Befragung »Wie stabil ist die Kirche?« festgehalten werden: »Empirische Sozialforschung von der Statistik bis zur Meinungsumfrage... bedarf der Interpretation.«[11]

Der Theologe weiß z. B. um das theologische Kriterium der Kirche als »Gemeinde von Brüdern«. Danach wird er die kirchliche Wirklichkeit zu deuten haben. Er wird zu benennen haben, unter welchen Bedingungen eine menschliche Religionsgemeinschaft »Gemeinde von Brüdern« ist oder werden kann; unter welchen Bedingungen ein Ritus Gottesdienst ist; unter welchen Bedingungen ein Mensch nicht nur einfach religiöses Individuum, sondern eben Christ zu nennen ist. Im Bereich des Maßstäblichen ist der Theologe zu seinem Dienst gerufen, in strenger Bindung an den ihm vorgegebenen Kanon der Heiligen Schrift und deren Auslegung im Bekenntnis der Kirche.

Allzu einfach wäre es nun jedoch, dabei stehenzubleiben. Der Theologe kann beschreiben, was nach Auskunft der im Bekenntnis ausgelegten Heiligen Schrift das Wesen der »Gemeinde von Brüdern« ist. Er kann zum Beispiel mit CA V davon sprechen, daß Gott Glauben wirken will, indem er durch Wort und Sakrament den Heiligen Geist gibt. Aber er muß sogleich fortfahren: »ubi et quando visum est Deo«.[12] Er kann zum Beispiel mit CA VII der Hoffnung Ausdruck verleihen, daß Wort und Sakrament eine »heilige christliche Kirche« als Versammlung aller Gläubigen hervorbringen. Aber er muß sogleich (kleinlaut?) hinzufügen, daß da auch viele falsche Christen, ja gar Heuchler und öffentliche Sünder unter den Heiligen sind, und daß die Heiligen verborgen sind.[13] Will der Theologe mehr sagen, kommt er ins Gedränge. Daß da nun tatsächlich Gemeinde Jesu Christi als »Gemeinde von Brüdern« ist, das kann er weder ins Werk setzen, noch kann er es mit Sicherheit behaupten.

Gewiß, der Theologe kann als Christ nachvollziehen, was jeder Christ tun kann. Er kann sich darauf verlassen, daß in der erfahrenen nun tatsächlich – weil Gott es verheißt – die geglaubte Gemeinde unter Wort und Sakrament versammelt ist. Er kann sich darauf verlassen, daß der Mensch, der mit ihm oder auch ihm gegenüber bekennt, daß er an den dreieinigen Gott glaubt, nun auch tatsächlich ein Christ ist. Er kann es – und er soll es auch. Er kann es, weil »Gemeinde von Brüdern« niemals in der Unsichtbarkeit bleiben kann, sondern sich verleiblicht und versichtbart (und das gilt auch vom Glauben des einzelnen!). Er soll es, weil ein tieferer Einblick dem Sehen Christi überlassen bleibt. »Ein Mensch sieht, was vor Augen ist; der Herr aber sieht das Herz an.«[14]

Damit ist die Grenze des Sehens aufgezeigt, die sowohl dem Soziologen als auch dem Theologen gesteckt ist. Ein letztes Sehen und Erkennen ist allein Sache des Herrn der Gemeinde. Christus sieht seine Gemeinde inmitten der erfahrenen Gemeinde; er kennt seine Jünger inmitten der durchwachsenen kirchlichen Realität.[15]

Es wäre jedoch verfrüht, hier stehenzubleiben und sich mit dieser Auskunft zu begnügen. Der Raum des soziologisch und theologisch, also der Raum des wissenschaftlich Beschreibbaren ist abgesteckt. Im einzelnen wird dies in den folgenden Abschnitten noch zu verifizieren sein. Doch gibt es in der Bindung an Christus als Haupt der »Gemeinde von Brüdern« auch etwas diesen Raum Transzendierendes. Gewiß kann man schon im Hinblick auf den Soziologen und seine Erkenntnisse, auch im Blick auf den Theologen und seine Einsichten, von Charismen sprechen, insofern der Begriff des Charismas alles das meint, was als geschöpfliche oder übernatürliche Gabe in den Dienst Jesu Christi gestellt wird.[16] Aber es deuten sich im Neuen Testament auch Charismen an, die dem Christen Anteilnahme am Sehen Christi gewähren. Christi Sehen ist stets ein »durchblickendes« Sehen, dem weder die Not des einzelnen noch die Lage des Volkes verborgen bleibt. Jesus sah die Stadt Jerusalem und weinte über sie, weil er ihr dem menschlichen Auge verborgenes Elend sah (Lk 19,41). Jesus durchschaute das empirisch Vordergründige und erkannte darin den herrschenden Geist. Er durchschaute zum Beispiel die Fürsorge des Petrus als satanische Verführung (Mt 16,22 f.). Jesus Christus durchschaut das Empirische; und er unterscheidet die Geister. Er ist der Träger der Charismen schlechthin, darum auch des Charismas der Geisterunterscheidung. Auch in dieser Hinsicht gilt, daß in ihm »alle Schätze der Weisheit und der Erkenntnis« verborgen sind (Kol 3,2). Aber er kann seiner Gemeinde bzw. einzelnen Christen auch Anteil an seinem »Durchblick« verleihen. Damit ist sofort deutlich gemacht, daß es sich um eine Gabe im strengen Sinne handelt, also um etwas uns Unverfügbares, das Gott geben kann, wann und wo immer er es für nötig hält. Aber er kann diese Gabe geben, am Schauen Christi Anteil zu bekommen. Paulus nennt das Charisma der Unterscheidung der Geister in 1 Kor 12,10. Ein konkretes neutestamentliches Beispiel für diesen Durchblick bietet die Apostelgeschichte in der Erzählung von Ananias und Saphira: Apg 5,1–11. Hier ist es Petrus, dem diese Gabe zuteil wird, einen Betrug aufzudecken und ungeistliches Denken zu durchschauen. Hier ließen sich nun doch viele Belege und Überlegungen anschließen. Es soll aber nur noch darum gehen, an einem biblischen Beispiel die Relevanz dieser Überlegung für die Beobachtung der kybernetischen Situation aufzuweisen.

Am klarsten erweist sich diese Relevanz beim Propheten Hesekiel. Das prophetische Charisma im Alten Testament hängt oft zusammen mit einem von Gott gewährten Einblick »hinter die Kulissen«.[17] An zwei entscheidenden Stellen in der Wirksamkeit Hesekiels wird dem Propheten ein Einblick in die Situation des Gottesvolkes gewährt, der dem normalen Beobachter nicht möglich wäre, ja, der dem normalen Beobachter geradezu wie eine Umkehrung der Wirklichkeit erscheinen müßte.

In Hes 8–11 wird der Prophet in einem Gesicht nach Jerusalem entrückt. Er bekommt in seiner Vision die ganze Gottlosigkeit und Verdorbenheit der in Jerusalem Verbliebenen zu sehen. Da ist der Frevel plötzlich offenbar: Sonnenanbetung, Bilderdienst und Thammuz-Kult. Mehr noch, Hesekiel sieht das Gericht Gottes, das über Jerusalem ergeht und demgegenüber selbst die Fürbitte des Propheten nichts mehr bewirkt. Und er sieht die Gottverlassenheit der gerichteten Stadt. Die Herrlichkeit Gottes, nichts anderes als ein Epitheton für Gott selbst, verläßt Jerusalem (Hes 10,18f.; 11,22f.). Das entscheidende Element in unserem Zusammenhang ist der Durchblick des Propheten, der ihm völlig überraschend zuteil wird und der ihn erkennen läßt, daß das in Jerusalem zurückgebliebene Volk Gottes unter dem Gericht steht und daß Gott seine segnende und rettende Gegenwart entzogen hat. Wo Gott Anteil gibt an seiner eigenen Sicht der Welt, da wird gegen alle Selbstsicherheit der Menschen das Gericht Gottes erkennbar.

In Hes 37 wird Hesekiel wieder durch »des Herrn Hand« (Hes 37,1) entrückt. Er sieht nun, was für keinen mehr zu übersehen war: ein zugrunde gerichtetes Volk, im Bild: ein weites Feld voller Totengebeine. In Hes 37,11 wird die Lage des Gottesvolkes als unmittelbar einsehbar, gleichsam als empirisch faßbar, vorgestellt; alle sagen, daß ihre Gebeine verdorrt sind, das Volk ohne Hoffnung bleibt und es aus mit ihnen ist. Gegen dieses (dem Tod verfallene und im Endlichen gefangene) Denken geht die Vision des Hesekiel an. Er sieht, wie das Tote wieder lebendig wird, ja, er wird daran sogar beteiligt. Gegen die Hoffnungslosigkeit des gerichteten Volkes sieht Hesekiel schon wieder die Zukunft Gottes, der sich nicht abgibt mit dem Tod seines Volkes, sondern Erneuerung schafft, wo menschliche Hoffnung längst am Ende ist. Dem entspricht dann die Verheißung der Reinigung in Hes 36, die Verheißung der Wiedervereinigung in Hes 37,15ff. und die Verheißung des neuen, guten Hirten in Hes 34. Gott tut Neues, wo es die empirische Situation seines Volkes schlechterdings nicht mehr erwarten läßt. Und er schenkt in seiner Gemeinde Menschen den Durchblick, so daß sie erkennen können, was dem Menschen sonst zu sehen verwehrt bleibt. Wichtig aber bleibt, daß dies unverfügbare und freie Gabe Gottes ist, schlechthin von uns nicht zu beanspruchen oder gar methodisch einzuplanen. Schließlich bleibt festzuhalten, daß die Gabe der Geisterunterscheidung bzw. auch das prophetische Charisma wie alle anderen Charismen nicht zur Befriedigung menschlicher Neugier oder zur Zurschaustellung des eigenen »Durchblicks« gegeben wird, sondern an den Dienst in der Gemeinde gebunden ist: »So auch ihr: da ihr euch befleißiget der geistlichen Gaben, trachtet danach, daß ihr sie reichlich habet, auf daß ihr die Gemeinde erbaut« (1 Kor 14,12). Nach allem bisher Gesagten kann dieses Trachten nur die Gestalt der Bitte haben.

Nach diesen Vorüberlegungen wird es darum gehen, die kybernetische Situation so in den Blick zu bekommen, daß sowohl der Soziologe sein Wort sagen darf, als auch der Theologe mit seiner Interpretation vorkommen soll, daß aber auch mit der Möglichkeit gerechnet werden soll, daß plötzlich Gottes Sicht unserer Volkskirche – in Gericht und Gnade – aufleuchtet.

C. Sackgassen

Vor zwei »Sackgassen« muß sich hüten, wer die kybernetische Situation erkunden will. »Mit der ›kybernetischen Situation‹ bezeichnen wir die Lage einer Gemeinde, in der ein planmäßiges Wirken für Wachstum der Gemeinde begonnen werden soll. Unter den gegenwärtigen Umständen ist dabei von den volkskirchlichen Gegebenheiten auszugehen.«[18]

I. Wider eine undankbare Theologie

»Ich danke Gott allezeit eurethalben für die Gnade Gottes, die euch gegeben ist in Christus Jesus...« (1 Kor 1,4). Mit diesen Worten beginnt das Proömium des 1. Korintherbriefes. Der Gemeinde, der Paulus einiges zu sagen haben wird über Spaltungen, Schwärmerei und Irrglauben, sagt er zunächst etwas über seinen Dank. Paulus läßt sich den Blick nicht verstellen für das Gute, das Gott in die korinthische Gemeinde hineingelegt hat. Er ist nicht auf das Negative fixiert, redet sich auch nicht dauernd ein, daß diese Gemeinde bereits am Nullpunkt angekommen ist. Das erste Wort an die Korinther ist ein an Gott gerichteter Dank. Danach geht es durchaus hart zur Sache, aber alles steht unter diesem Vorzeichen des Dankes. Damit hält sich Paulus den Blick offen für das vergangene Gute wie für das mögliche zukünftige Gute. Wer sich nur das Negative vorhält, wird vom Negativen mit Beschlag belegt und damit blind für Gottes Wege.
Darum ist von dem Guten zu reden, das wir in der Volkskirche vorfinden. Es ist zu reden von den durchaus nicht wenigen Menschen, die sich einsetzen für den missionarischen Gemeindeaufbau. Es ist zu reden von der überall aufbrechenden Frage nach der Erneuerung der Gemeinden in der Volkskirche. Wer »Gemeinde von Brüdern« sucht, wird sie finden – und wenn es nur die zwei oder drei in der Gemeinde sind, mit denen der Pfarrer um die Erneuerung der Kirche beten kann.
Steht der Dank an erster Stelle, dann ist auch von der relativen Stabilität der Volkskirche dankbar zu reden, z. B. von den Menschen, die immer noch zum Gottesdienst kommen. Dann sind auch die zu erwähnen, die nur noch ganz selten kommen oder gar nicht mehr, aber dennoch nicht austreten. Wie gut, daß sie nicht austreten! Sie bleiben doch ansprechbar, und sie finanzieren durch ihre Kirchensteuer vieles Gute in der Kirche, auch den missionarischen Gemeindeaufbau.
Ist für die Menschen zu danken, so gilt dies auch für die, die Zeit, Kraft und Geld einsetzen in der Mitarbeit. Dank ist notwendig für die haupt-, neben- und ehrenamtlichen Mitarbeiter, die vieles Handeln der Kirche erst ermöglichen.
Für eine funktionierende Verwaltung, für Häuser und Kirchen, Heime und Werke ist Dank zu sagen, auch für einen reibungslos laufenden Apparat. All das gehört zur kybernetischen Situation.[19] Fritz Schwarz hat mit Recht darauf verwiesen: »Wenn es... um missionarischen Gemeindeaufbau geht und wir anfangen, diese christliche Gemeinde bauen zu wollen, dann werden wir auch... erkennen, wie töricht es ist zu meinen, daß wir am Nullpunkt anfangen müßten. Verkündigung, Unterricht und Seelsorge, eben der ganze breite Umfang unserer Kirchlichkeit, haben oft genug Voraussetzungen geschaffen, die den Gemeindeaufbau erleichtern, wenn wir ihn gezielt und geplant wollen.«[20] Wer meint, mit dem missionarischen Gemeindeaufbau am Nullpunkt anfangen zu müssen, verkennt vor allem, daß sowohl rückwärts- wie vorwärtsgewandt mit der Verheißung Christi zu rechnen ist (Mt 16,18), und daß darum gilt: »Item docent, quod una sancta ecclesia perpetuo mansura sit.«[21]
Allerdings darf die Verheißung einer »ecclesia perpetuo mansura« nicht in eine satte, kirchliche Selbstgefälligkeit umschlagen, die unter Verweis auf die Zusage Christi alle Defizite der Kirche übersieht. Eine solche »statische Dankbarkeit«[22] führt zur »Pflege und Verwaltung volkskirchlicher Gemeinden«[23], nicht aber zum Aufbau der »Gemeinde von Brüdern«.

Eine rechte Dankbarkeit müßte »dynamische Dankbarkeit«[24] sein, die das Vorhandene gerne annimmt, um es ganz in den Dienst des missionarischen Gemeindeaufbaus zu stellen. Eine dynamische Dankbarkeit ist froh darüber, daß viele, die längst nicht mehr am Leben der Gemeinde teilnehmen, doch die Kirche als Institution nicht verlassen. Aber sie kann sich darüber nicht beruhigen, als sei damit schon das Ziel gemeindlichen Wirkens erfüllt. Sie wird nun alles daran setzen, mit diesem Pfund der Kirchenmitgliedschaft zu wuchern. Sie wird sich werbend um diese Kirchenmitglieder bemühen, um sie in die »Gemeinde von Brüdern« hineinzurufen. Sie kann nicht ruhig werden bei dem Gedanken, daß hier getaufte Menschen sind, die »ohne eigene Entscheidung, ohne lebendige Christusbeziehung, ohne Bibel, Gebet, Gemeinschaft und Zeugnis«[25], d. h. doch wohl als (Noch-) Nicht-Christen zur Volkskirche gehören. Dynamische Dankbarkeit sieht voller Hoffnung auf diese getauften Menschen, weil sie in der Taufe auch die Hoffnung auf den Glauben sieht, aber sie wird nicht ruhig darüber, bis sie zur eigenen Entscheidung, zur lebendigen Christusbeziehung, auch zur Bibel, zum Gebet, zur Gemeinschaft und zum Zeugnis, also zu dem ganz normalen Christenleben in der »Gemeinde von Brüdern« gefunden haben. Denn bei aller Dankbarkeit gilt auch das andere Wort des Paulus: »Weil wir denn wissen, daß der Herr zu fürchten ist, suchen wir Menschen zu gewinnen« (2 Kor 5,11).

II. Wider ein Verliebtsein in die Empirie

1. Die Empirie als Norm

Die großen demoskopischen Befragungen der letzten 15 Jahre haben eine Fülle von Daten über das Verhalten der Kirchenmitglieder, ihre Einstellungen, auch ihre Erwartungen in die Kirche geliefert. Im Horizont dieser beeindruckenden Fülle der Erkenntnisse ist von einer zweiten Gefahr zu sprechen. Die Kirche könnte sich in die Empirie verlieben und verlieren. Sie könnte das Vorfindliche zum Normativen erheben, die vorfindliche und empirisch ermittelte Gestalt der Volkskirche würde dann zur theologisch einzig denkbaren und sinnvollen Gestalt der Kirche überhaupt; die empirisch erhobenen Bedürfnisse der Kirchenmitglieder würden zur theologischen Norm kirchlichen Handelns.
In der VELKD-Untersuchung »Gottesdienst in einer rationalen Welt« wird diese Gefahr erkannt: »Man muß aber unterscheiden: Es ist ein Ding«, den Gottesdienst »aus den Erfordernissen der Zeit abzuleiten; dies wollten wir durch die Umfrage nicht. Und es ist ein anderes Ding, ihn auf die Realitäten der gegenwärtigen Situation zu beziehen.«[26] Damit ist genau die Grenze beschrieben zwischen der notwendigen Erforschung der kybernetischen Situation und dem Verliebtsein in die Empirie.

2. Theodosius Harnack

Theodosius Harnack hat sich in seiner Praktischen Theologie 1877 zu dieser Frage sehr instruktiv geäußert. Er forderte, daß die Praktische Theologie wohl die empirische Situation etwa einer Konfession ernstnehmen müsse, daß sie sich aber auf keinen Fall von ihr abhängig machen dürfe. »Denn die praktische Theologie ist weder bloßer Referent, noch Advocat der geltenden Praxis. Wir würden dadurch nicht bloß den Boden der Wissenschaft, sondern vor Allem den Boden unserer Kirche verlassen und uns auf den der Gesetzeskirchen verirren, die das Wesen des Christenthums in bestimmten Vorschriften und unabänderlichen Formen sehen.«[27]

Hier schaut die negative Formulierung von CA VII hervor, die für die Kirche nicht die Zeremonien als wesentlich hervorhebt, sondern nur das »consentire de doctrina«. Jegliche kirchliche Empirie ist auf die Ebene der Zeremonien gerückt, die sich wandeln können, ja wandeln müssen. Alles andere wäre ein »an sich falscher und unwissenschaftlicher, ja zugleich auch unlutherischer kirchlicher Conservativismus«.[28] Dieses Urteil wird sorgsam zu bedenken sein: Das Fixiertsein auf die Empirie der Kirche ist als unlutherischer Konservativismus einzuschätzen. Freilich soll die Praktische Theologie genau um die praktischen Verhältnisse der Kirche wissen – Harnack wäre kein Verächter der Demoskopie gewesen, hätte er sie gekannt! Doch: »...ihre Aufgabe ist es... zu verhüten, daß die Kirche nicht in die Empirie versinke und zuletzt erstarre, indem sie sich in irgendeine gegebene historische Gestalt verliebt und verliert.«[29]

Was aber bedeutet das im positiven Sinne? Hier erweist sich wieder die starke Bindung Harnacks an die Aufgabe des Gemeindeaufbaus als fruchtbar. Damit sich die Praktische Theologie nicht in die Empirie verliebt und verliert, soll sie stets »Ziel und Aufgabe der kirchlichen Selbsterbauung im Auge... behalten...« und »...Anweisung geben, die Kirche der Gegenwart so zu verstehen und zu leiten, daß sie Kirche der Zukunft auch werden könne; hat also immer die Kirche der Gegenwart zugleich auch unter dem Gesichtspunct ihrer Aufgabe in die Zukunft hinein zu fassen.«[30]

Dabei kann die praktische Theologie um des missionarischen Gemeindeaufbaus willen zu Resultaten zu kommen, die der Empirie scharf widersprechen, etwa von der biblisch-theologischen Sicht der Gemeinde und des Gemeindeaufbaus her. Dann »hat die praktische Theologie die kirchliche Praxis zu kritisieren, zu rectificiren, zu normiren.«[31]

Wie aber sieht nun die kirchliche Praxis aus?

D. Die kybernetische Situation

I. Die sichtbare Auswanderung aus der Kirche

1. Die Situation bis 1968

In der Bundesrepublik spielten die Kirchenaustritte (anders als in der Weimarer Republik oder im Dritten Reich) lange Zeit keine große Rolle. Die gesellschaftlichen Institutionen, der Staat – alle waren im Grunde kirchenfreundlich. Der Einfluß der Kirchen in der Nachkriegszeit war sehr groß. Es gab kaum nennenswerte antikirchliche Polemik; von systematischer Austrittswerbung kann erst recht keine Rede sein. So gab es zwar immer Kirchenaustritte, doch spielten sie zahlenmäßig kaum eine Rolle und konnten schon gar nicht den Bestand der Volkskirche bedrohen. Im Jahresdurchschnitt verließen zwischen 1955 und 1967 ca. 23 000 Katholiken und ca. 35 000–40 000 Protestanten ihre Kirche.[32] Aber selbst diese Zahlen müssen noch einmal relativiert werden. Die Kirchenaustritte dieser Zeit sind in nicht geringem Maße durch Mischehen bedingt. Die Kirchenaustreter traten in den meisten Fällen in die Konfession des Ehepartners ein. Austritte in die Konfessionslosigkeit waren in der katholischen Kirche die Ausnahme; in den evangelischen Kirchen allerdings immer schon etwas stärker vertreten. 1966 verließen 22 043 Katholiken ihre Kirche. Davon traten aber 15 103 in die evangelische Kirche ein. Es bleibt also ein knappes Drittel »echter« Austreter, also Austreter in die Konfessionslosigkeit. Im gleichen Jahr verließen 40 272 Protestanten ihre Kirche. Nur 8078 waren Übertreter in die katholische Kirche.[33] Doch die Zahlen machen deutlich, daß bis 1968 Kirchenaustritte in der Bundesrepublik in beiden großen Kirchen keine bedeutende Rolle spielen.[34]

2. Der Umschwung

Ab 1968 änderte sich die Situation jedoch schlagartig. Eine Entwicklung begann, die die Kirchenmitgliedschaft zu einem der meistdiskutierten Themen der 70er Jahre werden ließ und alle Kirchenleitungen intensiv beschäftigte. Der Begriff der Kirchenaustrittswelle beschreibt das Phänomen. Plötzlich und massenhaft änderte sich das Verhalten der Kirchenmitglieder. Distanz zur Kirche gab es selbstverständlich schon lange; doch genauso selbstverständlich war es, daß man Distanz nicht mit dem Kirchenaustritt verband, sondern formal Kirchenmitglied blieb.

Aus der evangelischen Kirche traten 1967 44 456 Mitglieder aus, das sind 0,15%. 1968 waren es bereits 60 807 oder 0,21%, und 1969 ist der quantitative Sprung nicht mehr zu übersehen; da traten 111 576 Protestanten (= 0,38%) aus ihrer Kirche aus. 1970 wurde ein erster Höhepunkt erreicht, als 202 823 Mitglieder der evangelischen Kirche ihren Abschied von der Kirche nahmen; das waren nun schon 0,71% aller Kirchenmitglieder. In den Jahren danach gab es einen leichten Rückgang der Austritte, bis es 1974 zum absoluten Höhepunkt der Austrittswelle kam: 216 217 Menschen kehrten der evangelischen Kirche den Rücken zu, das waren 0,79% der Mitglieder.[35] Seither sind die Zahlen leicht zurückgegangen. Ein erstes Potential der Kirchenaustreter scheint erschöpft zu sein.[36] Jedoch erreichten die Zahlen nie wieder das geringe Niveau der 60er Jahre. Die Hunderttausender-Grenze wurde nicht wieder unterschritten. 1981 traten immerhin noch 116 022 Mitglieder oder 0,4% aus. Und 1982 waren es 113 375 Mitglieder oder ebenfalls 0,4%. In den elf Jahren 1972 bis 1982 traten 1,52 Millionen Evangelische aus ihrer Kirche aus, das sind mehr, als die Badische Landeskirche insgesamt zählt. Diese neueren Zahlen werden noch dadurch ergänzt, daß die Zahl der Wiederaufnahmen leicht steigt. 1982 gab es 33 885 Wiederaufnahmen in die evangelische Kirche.[37] Dennoch, die Zahlen sind weiterhin sehr hoch. Der Bestand der evangelischen Kirche ist im Laufe der letzten 15 Jahre erheblich vermindert worden (dabei spielen die Überhänge der Sterbefälle gegenüber den Geburten allerdings auch eine große Rolle[38]). Waren 1970 noch 28,5 Millionen Menschen Mitglied der evangelischen Kirche, so waren es 1982 nur noch 25,7 Millionen. Hinzu kommen demographische Entwicklungen: die Bevölkerung der Bundesrepublik wird bis zum Jahre 2030 von 56,7 Millionen (1983) auf 40 Millionen zurückgehen; die evangelische Kirche wird dann statt 25 nur noch 13 Millionen Mitglieder haben.[39]

3. Das Profil der Kirchenaustreter

Durch die Religionssoziologie konnte man das genaue Profil der Kirchenaustreter bestimmen. Besonders Armin Kuphal hat in seiner Dissertation über die Kirchenaustritte hier entscheidende Informationen zusammengetragen.

Auffällig ist zunächst die absolute Parallelität der Entwicklung. Beide Großkirchen sind davon betroffen. Und: »Seit dem Anstieg 1968 verläuft die Bewegung der Austritte in allen Gliedkirchen ... derart synchron, daß die Kurven, die diese Bewegung darstellen, wie an einem einzigen Seil geführt erscheinen.«[40] Diese Bewegung, die alle Kirchen erfaßt hat, wird nun auch nicht mehr durch Übertritte kompensiert. Über 90% aller Austritte sind jetzt Austritte in die Konfessionslosigkeit. Ihr Wachstum ist damit überproportional hoch.[41]

Austritte sind immer besonders massiv in den großen Städten aufgetreten. Auch wenn die ländlichen Gebiete miterfaßt wurden, waren die großen Städte doch überproportional betroffen. Einige Zahlen der VELKD-Studie »Zur Entwicklung der Kirchenmitgliedschaft«[42] können dies belegen. In Hamburg etwa ist der Anteil der Protestanten an der Wohnbevölkerung zwischen 1970 und 1981 von 73,6% auf 53,1% bei insgesamt leicht rückläufiger Einwohnerzahl zurückgegangen. Die katholische Kirche blieb bei etwa 8%. Aufschlußreich sind die Zahlen derer, die zu keiner der beiden großen Kirchen gehören. Ihr Anteil an der Wohnbevölkerung stieg von 18,3 auf 39,6%. Ähnliches gilt für die anderen großen norddeutschen Städte wie Braunschweig, Hannover oder Wolfsburg. In Nürnberg sank der Anteil der Protestanten an der Wohnbevölkerung im gleichen Zeitraum von 54% auf 47,7%. Die Bevölkerung insgesamt wuchs von 473 555 auf 515 504. Auch hier blieb der Anteil der katholischen Bevölkerung mit ca. 36% etwa gleich. Die Einwohner, die zu keiner der beiden großen Kirchen gehören, konnten ihren Anteil an der Wohnbevölkerung verdoppeln: Von 8,7% auf 16,3%. Die VELKD-Studie zur Mitgliedschaft fragt: »Gehen die Landeskirchen in den größeren Städten allmählich in die Minorität?«[43]

Die zahlenmäßige Verringerung der Volkskirche wird durch andere, nicht austrittsbedingte oder mittelbar austrittsbedingte Faktoren natürlich noch unterstützt, durch den sogenannten »Pillenknick« z. B. oder durch die »stillen Verluste«, die der Kirche dadurch entstehen, daß Kinder von Ausgetretenen statistisch gar nicht mehr auftauchen.[44]

Für die großen Städte vermutet die VELKD, daß die Zahlen sogar eher noch zu günstig ausfallen und erst eine exakte Volkszählung genauere Aufschlüsse erlaubt.[45]

Achtet man auf die konfessionelle Differenzierung der Austreter, so wird deutlich, daß – wie schon immer – mehr Protestanten als Katholiken ihre Kirche verlassen. Doch wächst inzwischen der Anteil der katholischen Austreter relativ schneller als der Anteil der evangelischen Austreter. Nach einer gewissen Verzögerung hat die Austrittswelle also die katholische Kirche auch erfaßt. Zwei Details sind in diesem Zusammenhang wichtig:

1. Es treten wohl auch deshalb mehr Protestanten aus, weil mehr Protestanten in den Städten wohnen, weil mehr Protestanten im kirchenfernen Norden leben und weil Protestanten eine andere Gestalt der Kirchenbindung haben als Katholiken. Hier liegen wechselseitige Beeinflussungen vor.[46]

2. Je geringer der Anteil der Katholiken an der Wohnbevölkerung ist, desto eher zeigen sie sich austrittswillig. Katholische Kirchenmitgliedschaft ist stabil, wo »man« katholisch ist. Hingegen: Je geringer der Anteil der Protestanten an der Wohnbevölkerung ist, desto geringer ist auch ihre Austrittsneigung. Protestantische Kirchenmitgliedschaft ist stabil in der Diaspora, vor allem in den traditionell kirchlicheren süddeutschen Gebieten.[47]

Es treten mehr Männer als Frauen aus der Kirche aus, allerdings gleicht sich dies in der jüngeren Generation jetzt etwas aus.[48] Die Alterszusammensetzung der Kirchenaustreter ist sehr aufschlußreich: Die Jüngeren zwischen 18 und 40 sind stark überrepräsentiert. 1972 waren 37,6% der Austreter zwischen 18 und 30 Jahre alt. Deren Anteil an der Wohnbevölkerung betrug aber nur ca. 20%. 28,2% waren zwischen 30 und 40 Jahre alt (bei 19,2% Anteil an der Wohnbevölkerung). Etwa proportional vertreten waren nur die 40 bis 50 Jahre alten Kirchenmitglieder. Unterrepräsentiert waren die über 50 und unter 18 Jahre alten Kirchenmitglieder. Das heißt: Die Kirche verliert die Generation der jungen Eltern und der beruflich Aktiven.[49]

Beruf und Bildung sind zwei weitere wichtige Indikatoren für das Profil des Kirchenaustreters: 82% der Austreter sind erwerbstätig. Die Auskünfte sind hier jedoch recht vage. Angestellte sind weit überrepräsentiert. Schwach überrepräsentiert sind Beamte. Bauern, Arbeiter (!) und Selbständige treten relativ selten aus; Hausfrauen und Rentner am seltensten. Die geringe Austrittswilligkeit der Arbeiter überrascht. Sie wird mit einer zwar distanzierten, aber doch stabilen Kirchenmitgliedschaft der Arbeiter begründet.[50] Auf der anderen Seite sind 10–15% der Austreter Akademiker; ihr Bevölkerungsanteil liegt bei nur 4,8%. So sind z. B. 21% der deutschen Hochschullehrer konfessionslos. Auch Lehrer sind stark überrepräsentiert. Daraus lassen sich einige Schlußfolgerungen ableiten. Es sind die Gebildeten und die beruflich Mobilen und Aktiven, die die Kirche verlassen. Indem sie austreten, wird der Kirche ein erhebliches Mitarbeiterpotential entzogen; vor allem im Bereich der kirchlichen Sozialisation. Je höher die Bildung, desto größer wird die Distanz zur Kirche – bis hin zum Austritt.[51] Da viele junge Menschen aus der Kirche austreten, sind auch die Ledigen überrepräsentiert. Zuweilen treten auch nur die berufstätigen Männer aus der Kirche aus. Waren Mischehen früher oft ein Anlaß zum Austritt als Übertritt in eine andere Konfession, so sind sie heute eher ein Anlaß zum Austritt in die Konfessionslosigkeit. Im Rheinland kamen 1970 56% aller Austreter aus Mischehen, wiederum 28% aus Mischehen mit einem konfessionslosen Ehepartner. Mischehen sind ein Krisenfaktor für Kirchenmitgliedschaft.[52]

Der typische Kirchenaustreter war schon vor seinem Austritt in einer distanzierten Beziehung zur Kirche. Unter Distanzierten, d. h. am Leben der Gemeinde kaum noch oder gar nicht mehr teilnehmenden Kirchenmitgliedern, findet sich die höchste Austrittsneigung. Wer nie zur Kirche geht, denkt häufiger an Austritt als der, der oft zur Kirche geht. Es hat sich dagegen nicht beweisen lassen, daß der Kirche verbundene Mitglieder aus der Kirche austreten, weil ihnen der politische oder theologische Kurs der Kirche nicht mehr paßt. Es gab und gibt immer wieder einmal solche Austritte (meist als Übertritte in eine der evangelischen Freikirchen), aber sie sind quantitativ zu vernachlässigen.[53]

Der typische Kirchenaustreter (beachte: es werden hier nur kollektive Verhaltensweisen betrachtet; das Individuum ist nicht im Blick) ist männlich, zwischen 18 und 30 Jahre alt, Angestellter, ledig, wohnt in einer Großstadt, ist evangelisch mit einem schon seit geraumer Zeit distanzierten Verhältnis zur Kirche.

4. Gründe für die Kirchenaustrittswelle

Armin Kuphal hat die Austrittswelle durch gesamtgesellschaftliche Faktoren zu erklären versucht. Er arbeitet dabei mit dem Konstrukt der sozialen Bindung, mit der Individuen an Organisationen wie z. B. die Kirche gebunden sein können. Während Bindungen an die Kirche aus Zwang heute keine große Rolle mehr spielen und Bindungen aus Nutzen nur bei Menschen, die noch am Leben der Gemeinde teilnehmen, wirksam werden, ist vor allem die traditionelle Bindung für die Kirche relevant. Man ist eben in der Kirche, weil es immer schon so war und weil es darum auch richtig war. Es gibt überhaupt keine Handlungsalternative. Man erlernt solche traditionale Bindung im Elternhaus, übernimmt sie dann selbständig als selbstverständliche Zugehörigkeit mit einem höchstens punktuellen Teilnahmeverhalten und gibt sie an die nächste Generation im Prozeß der Sozialisation weiter. Wer traditional an die Kirche gebunden ist, könnte kaum präzise Inhalte benennen, die ihn binden, und doch ist seine Zugehörigkeit stabil. Solange sich in seiner Umwelt nichts ändert, wird er nicht aus der Kirche austreten, und wenn er sich noch so ärgert (etwa über die Kirchensteuer).[54] Bei etwa 54% der evangelischen Kirchenmitglieder muß man davon ausgehen, daß ihre Kirchenbindung vorwiegend traditionaler Art ist. Sie wurden getauft, gingen in den Kindergottesdienst, in den Religions- und Konfirmandenunterricht, ließen sich konfirmieren und kirchlich trauen, ließen auch ihre Kinder taufen, ohne aber an irgendwelchen anderen Geschehnissen im kirchlichen Bereich teilzunehmen. Und dieses Verhalten gilt als gesellschaftlich akzeptabel bzw. es ist das völlig normale Verhalten gegenüber der Kirche.[55]

Daß nun plötzlich massenhaft Menschen aus der Kirche austraten, ist nur so zu erklären, daß die traditionelle Bindung der Kirchenmitglieder einen massiven Schock in Form einer gesellschaftlichen Veränderung größten Ausmaßes erlitten hat. Kuphal spricht von der Dynamik des Traditionsabbruchs. Er sieht als das gesellschaftliche Ereignis, das in der Lage war, die Kirchenaustrittswelle in Gang zu setzen, die Studentenproteste und -unruhen 1967/69 an. Im Gefolge der »antiautoritären Bewegung« entstand ein neues Bewußtsein in der Gesellschaft, verbunden mit einem allgemeinen Unbehagen an traditionellen Institutionen und einem optimistischen Aufbruchswunsch in die bessere Zukunft. In allen Bereichen wurde der Ruf nach Reform laut; alte Institutionen, vor allem die Kirchen, gerieten unter Beschuß. Kirchenferne Intellektuelle bildeten die Avantgarde des Kirchenaustritts; die Jüngeren, Reformfreudigen, Gebildeten folgten massenhaft.[56] Das war die Initialzündung eines Prozesses mit quasi automatisch ablaufender

Dynamik. Nachdem eine ausreichend große Zahl von Menschen die traditionelle Bindung durch Austritt gekündigt hatte, setzt nun eine massenkommunikative Verstärkung ein. Das Thema Kirchenaustritt wurde medienwirksam. Damit rückte die Möglichkeit des Austritts in das Bewußtsein vieler Menschen, die vorher nie daran gedacht haben. Kommen nun verstärkende Faktoren hinzu, die einen unmittelbaren Anlaß bieten, etwa Konjunkturzuschläge bei der Lohn- und Einkommensteuer oder Debatten in der katholischen Kirche über Empfängnisverhütung, treten immer mehr Menschen aus. Ist die Bewegung erst einmal richtig in Gang gekommen, dann läuft sie auch ganz von allein weiter, so daß Kuphal endlich zu der Prognose kommt: Der Gedanke des Kirchenaustritts und der Auflösung bloß traditionaler Bindung diffundiert sich immer weiter, wird nun mitsozialisiert. Die Selbstverständlichkeit der Kirchenmitgliedschaft ist verloren und wird sich auch nicht wieder zurückerobern lassen. Trendwenden, Krisen im gesellschaftlichen Bereich mögen die Austrittswelle bremsen (wie es dann auch nach 1974 geschah im Zusammenhang mit der ersten Ölkrise), doch die latente Austrittsbereitschaft bleibt bestehen. Die Kirche muß sich darauf einstellen, immer mehr Mitglieder zu verlieren, bzw. auch immer mehr Kinder gar nicht erst durch die Taufe als Mitglieder zu erhalten.[57]

5. Zur Beurteilung der Lage

Auf die Prognose Kuphals wird noch einzugehen sein. Zur Analyse ist zunächst festzuhalten: Kuphal betont mit Recht die Interdependenz von traditionaler Kirchenbindung und gesellschaftlichen Entwicklungen. Kirchenmitgliedschaft in der Volkskirche ist in hohem Maß sozial verankert. Erschütterungen des sozialen Umfeldes wirken sich mittelbar auch auf die Kirche aus. Doch reicht diese Erklärung nicht aus. Es kommt zum Beispiel hier nicht in den Blick, warum der Hauptteil der evangelischen Kirchenmitglieder eben nur traditional an die Kirche gebunden ist. Hier muß auch davon gesprochen werden, daß die Kirche selbst an diesem Traditionsabbruch mitschuldig ist, indem sie es nicht mit letztem Einsatz darauf anlegte, durch missionarischen Gemeindeaufbau »Gemeinde von Brüdern« zu bauen, in der die Christen bruderschaftlich miteinander verbunden sind und eben nicht nur traditional. Nimmt man dies mit in den Blick, wird man etwas zurückhaltender gegenüber der Erklärung des Traditionsabbruchs bei Kuphal sein. Dessen durchaus einleuchtende Überlegungen dürfen jedenfalls nicht dazu führen, daß in den Gemeinden der Eindruck entsteht, die Kirchenaustrittswelle sei sowieso nur gesellschaftlich bedingt, also wie ein Schicksalsschlag hinzunehmen. Dann wäre sie weder schuldhaft mitverantwortet noch durch Umkehr und neuen Gehorsam, also durch missionarischen Gemeindeaufbau veränderbar. Eine solche fatalistische Einstellung wäre verhängnisvoll.
Ernst zu nehmen ist aber die Tatsache, daß der Mitgliederschwund der Volkskirche eine erhebliche Schwierigkeit darstellt. Es kann nicht nur (aber auch!) darum gehen, auf die finanziellen Probleme im Gefolge der Kirchenaustritte hinzuweisen. Hier wird im Sinne theologischer Fragestellungen zuerst davon zu sprechen sein, daß die fortschreitende »Erosion des Mitgliederbestandes«[58] eine Wegbewegung vieler getaufter Menschen von der Kirche ist. Das kann eigentlich niemanden in der »Gemeinde von Brüdern« mehr ruhig lassen: Da sind Menschen, mit denen

Gott in der Taufe eine persönliche Geschichte begonnen hat, die er zum Leben im Glauben und darum auch in der Gemeinde berufen hat und die nun der Kirche den Rücken zukehren. Es geht keineswegs um moralische Vorwürfe. Eine Kirche ohne missionarischen Gemeindeaufbau hat genug dazu beigetragen, daß diese Menschen nicht zu einer persönlichen Glaubensentscheidung, einem persönlichen reditus ad baptismum gefunden haben. Aber Trauer und Bereitschaft zur Umkehr müßte die Kirchenaustrittsbewegung bei denen auslösen, die von der Taufe und von Gottes Heilswillen etwas wissen. Es geht um Trauer, weil hier Menschen tatsächlich in einem negativen Bekenntnis ein Nein sagen zu der erfahrbaren Kirche, in, mit und unter der auch die geglaubte allein zu suchen und zu finden wäre. Und es geht um Bereitschaft zur Umkehr, damit durch missionarischen Gemeindeaufbau Menschen (nicht: für den Mitgliederbestand der Kirche zurückerobert werden) wieder Zugang finden zu dem Herrn, der ihnen in ihrer Taufe schon gnädig zugewandt ist und seiner »Gemeinde von Brüdern«.

II. Die latente Austrittsbereitschaft

»Insgesamt zeigt sich, daß der empirisch faßbare Bestand der Kirche auf einer soliden Basis ruht... Zu einer pessimistischen Prognose für die Volkskirche besteht kein Anlaß.«[59] Man fragt sich, wie die EKD-Befragung »Wie stabil ist die Kirche?« zu diesem optimistischen Urteil kommen konnte. Auf der Basis der empirischen Daten muß Skepsis gegenüber dieser beruhigenden Aussicht auf eine stabile Volkskirche angebracht sein.
Die VELKD-Studie zur Kirchenmitgliedschaft 1983[60] war erheblich zurückhaltender, schon auf dem Hintergrund der von ihr herausgearbeiteten Entwicklung der Kirchenmitgliedschaft in den großen Städten. Da heißt es im ersten Satz: »Die Zeit der fraglosen Stabilität der Volkskirche ist vorbei.«[61]
Man kann nicht umhin, dieser Einschätzung, auch im Blick auf die Entwicklung der Kirchenaustritte, zuzustimmen. Aber schon die EKD-Befragung »Wie stabil ist die Kirche?« (1972; veröffentlicht 1974) hätte auf Grund ihrer eigenen Daten zu dieser nüchternen Einschätzung kommen können bzw. kommen müssen. Die zweite EKD-Befragung »Was wird aus der Kirche?« (1982; veröffentlicht 1984) zeigt noch deutlicher die starke Tendenz zum Kirchenaustritt auf: Für 33% der Kirchenmitglieder (1972/74: 38%) käme ein Kirchenaustritt zur Zeit nicht in Frage, für weitere 27% ist er kein Thema, über das schon einmal nachgedacht worden wäre (1972/74: 29%). Bei diesen 60% (1972/74: 67%) kann man von einer relativ stabilen, zumindest stabil-traditionalen Bindung sprechen. 18% der Kirchenmitglieder (1972/74: 17%) haben schon über den Austritt nachgedacht, um ihn dann aber – zumindest vorläufig – zu verwerfen. 11% (1972/74: 10%) haben schon öfter darüber nachgedacht, sind sich aber noch nicht sicher. 11% (1972/74: 7%) werden mit großer Sicherheit austreten. Das bedeutet: 22% der Kirchenmitglieder tragen eine latente Austrittsbereitschaft in sich (1972/74: 17%). Es wäre schon fast zynisch zu sagen: Nur 22%. Ca. 4,6 Millionen Kirchenmitglieder über 14 Jahre haben demnach schon einen Fuß aus der Kirche herausgesetzt. Die Austrittswilligkeit ist zwischen 1972 und 1982 deutlich von 17% auf 22% angestiegen. Daraus folgt, daß sich die Volkskirche keineswegs »gesundgeschrumpft« hat.[62]

Für 40% ihrer Mitglieder ist die Mitgliedschaft nicht mehr selbstverständlich, sondern disponibel. Lebensnotwendig ist sie jedenfalls nicht, auch wenn zur Zeit ein Austritt nicht in Betracht kommt. Kreuzauswertungen der Austrittswilligen bestätigen das Profil der Austreter: Es sind die jungen, gebildeten, beruflich aktiven Mitglieder, die sich mit dem Gedanken des Kirchenaustritts befassen.[63] Vergleicht man die Aussagen über den Grad der Verbundenheit mit der Kirche mit denen über die Austrittswilligkeit, so stellt man eine ungefähre Kongruenz fest. Eng verbundene Mitglieder denken seltener (oder gar nicht) an Austritt, gar nicht mehr verbundene Mitglieder dagegen um so häufiger.[64]

Wichtig ist in diesem Zusammenhang ein weiteres Ergebnis der Kreuzauswertung: Der Austritt steckt an. Wer in seinem nächsten sozialen Umfeld einen oder mehrere Austreter kennt, wird stärker zum Nachdenken über die Frage des Austritts angeregt. Da bestimmte soziale Gruppen besonders viele Austreter hervorbringen (Lehrer z. B.), ist hier die »Ansteckungsgefahr« entsprechend groß. In anderen sozialen Gruppen (etwa der Arbeiterschaft) ist Mitgliedschaft trotz Distanz in der Tat kaum problematisiert. Daß dies keineswegs beruhigend ist, wird noch zu zeigen sein.[65]

Starke Hinderungsgründe gegen den Austritt sind nach wie vor in der sozialen Kontrolle (Ärger mit Verwandten, Nachbarn, Nachteile für die Kinder) und im alternativlosen kirchlichen Dienstleistungsangebot zu suchen.[66]

Ähnlich wie gegenüber den bereits Ausgetretenen gilt es, die latent Austrittswilligen von ihrer Taufe her in den Blick zu bekommen. Es ist höchstens sehr vordergründig ein theologisch legitimes oder gar ausreichendes Ziel, die Mitgliedschaft dieser Getauften zu sichern.[67] Vielmehr gilt es, ihnen werbend Jesus Christus zu bezeugen und sie in den Lebensverbund der »Gemeinde von Brüdern« einzuladen. Sinnvoll ist das allerdings nur im Gesamtkontext eines missionarischen Gemeindeaufbaus, der Räume der Aufnahme bereitstellt, glaubwürdige Zeugen in die Begegnung mit den Fernstehenden hineinsendet und den gestalteten und gelebten Glauben als attraktive Alternative ins Spiel bringt. Dies gilt gerade gegenüber den latent Austrittsbereiten, von denen die erste EKD-Umfrage zusammenfassend sagte: »Sie... bekunden eine latente oder manifeste Austrittsneigung. Trotz aller Unregelmäßigkeiten und Unwahrscheinlichkeiten, die dabei zu beobachten waren, gilt, daß diese Gruppe überwiegend auch durch Nichtteilnahme, Nichtübereinstimmung, Nichtverbundenheit, durch einen Mangel an Erwartung gegenüber der Kirche gekennzeichnet ist... Es ist nicht gelungen, sie zur persönlichen Übernahme der durch die Taufe zugeschriebenen Mitgliedschaft auf Dauer zu bewegen.«[68]

Hier muß nun in der Tat von fernstehenden Menschen in der Kirche gesprochen werden. Wenn dies Anlaß zur Sorge ist, dann nicht deshalb, weil die Machtstellung der Kirche durch den Austritt oder die Distanz dieser Mitglieder bedroht wäre. Anlaß zur Sorge muß es aber für eine Kirche, die fortwährend Kinder tauft, sein, wenn diese Taufe niemals zu einer positiven persönlichen Hinkehr zu dem Herrn führt, der ihnen in der Taufe sein Heil zuspricht. Damit der Unterschied zwischen jener Sorge (nämlich um den Bestand der Volkskirche) und dieser Sorge (nämlich um Heil oder Unheil der Getauften für Zeit und Ewigkeit) deutlich unterschieden wird, sollte man sprachlich sehr behutsam vorgehen, etwa diskriminierende Begriffe wie »Randsiedler«, »Abtrünnige« o. ä. vermeiden. Fritz und

Christian Schwarz sprechen hier von »Kandidaten des ewigen Lebens«.[69] Auch wenn dieser Begriff nicht gerade den Gepflogenheiten der Wissenschaftssprache entspricht, trifft er doch theologisch genau den Kern des Problems. Den Ernst dieses Problems wird die Volkskirche erst wieder lernen müssen. Dieser Ernst, der auch für das in den folgenden Abschnitten Ausgeführte gilt, betrifft sowohl die Gemeinden, die Pfarrer und Mitarbeiter, schließlich nicht zuletzt die Kirchenleitung als auch die getauften und fernstehenden »Kandidaten des ewigen Lebens«. Die einen betrifft er, weil das Ergebnis unseres Gemeindeaufbaus Gegenstand des Gerichtes Gottes sein wird (1 Kor 3,11–15). Die anderen betrifft er, weil ihre Distanz von der Gemeinde Jesu Christi einen höchst bedrohlichen Tatbestand signalisiert: »Wer es in ihr nicht ernst nimmt, der nimmt es überhaupt nicht ernst. Wer sich von ihr distanzierte, der würde sich eben damit vom Heil und vom Heiland distanzieren. Denn... Jesus Christus ist identisch mit dem König dieses seines Volkes, das sich auf Erden auf jenem Weg und in jener Bewegung befindet, ist anderswo als in dessen von ihm regierter Geschichte Niemandem offenbar, für Niemanden zu sprechen... Der wäre kein Heiliger, der sich dieser vorläufigen Darstellung der in Jesus Christus geschehenen Heiligung gegenüber abseits stellen und ein Heiliger für sich sein wollte. Extra ecclesiam nulla salus.«[70]

III. Differenzierte Mitgliedschaft

Es ist zunächst eine Binsenweisheit, daß auch – abgesehen von den Menschen, die bereits am Rand der Volkskirche, vielleicht kurz vor dem Austritt stehen – Mitgliedschaft in der Volkskirche keine einheitliche Gestalt mehr hat. Man muß von einer Pluralität der Mitgliedschaftsformen sprechen. Es gilt nun, dieser Pluralität nachzuspüren und sie auch mit einigen empirischen Beobachtungen zu belegen.

1. Der Gottesdienstbesuch

Wieder einmal sind die Zahlen der großen Städte die Indikatoren des Trends. Gehörten im Hamburger Bischofssprengel 1981 915 000 Menschen zur evangelischen Kirche, so lag dort der sonntägliche Gottesdienstbesuch bei nur 18 935 Teilnehmern. Interessant ist hier der Gottesdienstbesuch am Heiligabend: 186 210 Teilnehmer kamen zu den verschiedenen Heiligabend-Gottesdiensten.
In Hannover (400 732 Mitglieder 1981) kamen durchschnittlich 8827 Menschen zum Gottesdienst, in Nürnberg (234 541 Mitglieder) waren es 7997.[71]
Wichtig für den Trend sind weiterhin die Jugendlichen. 1963 gingen noch 11% aller jungen Protestanten (zwischen 16 und 29 Jahren) regelmäßig zum Gottesdienst, immerhin 33% unregelmäßig, 42% selten und 14% nie. 1980 stellte das demoskopische Institut Allensbach ganz andere Zahlen fest, die gerade im Zusammenhang mit der starken Frequentierung der letzten Kirchentage (ab Nürnberg 1979) durch Jugendliche aufschlußreich und ernüchternd sind: Nur 2% der Jugendlichen gehen regelmäßig und nur 15% unregelmäßig zum Gottesdienst. Dagegen stehen jetzt 48%, die selten, und 35%, die nie zum Gottesdienst gehen. Kreuzauswertungen in Allensbach ergaben, daß damit auch ein Indikator für die Bindung an die Kirche und die von ihr verkündigte Botschaft gegeben ist.[72]

Die EKD-Umfrage »Was wird aus der Kirche?« erbrachte ein interessantes Ergebnis. Demnach sagen 11% aller evangelischen Kirchenmitglieder von sich, sie gingen jeden oder fast jeden Sonntag zum Gottesdienst. Immerhin 7% gaben an, mehrmals oder mindestens einmal im Monat im Gottesdienst zu sein. Das bedeutet, daß ca. ein Fünftel der Kirchenmitglieder sich als regelmäßige Gottesdienstbesucher bezeichnet. 16% gehen ein paarmal im Jahr, dabei auch an normalen Sonntagen. 12% gaben an, sie gingen nur an besonderen kirchlichen Feiertagen und bei familiären Anlässen. 18% besuchen den Gottesdienst nur anläßlich von familiären Ereignissen wie Taufe, Trauung, Beerdigung. Diese zweite Gruppe könnte man als kasualorientierte Gottesdienstbesucher bezeichnen. 35% aller Kirchenmitglieder gehen nach eigener Angabe nie zum Gottesdienst.[73] Damit sind drei verschiedene Formen der Teilnahme aufgetaucht: Regelbesucher, Nichtbesucher und eine Zwischengruppe von Kirchgängern, »die das liturgische Angebot der Kirche dort und nur dort in Anspruch nimmt, wo es sich mit der bürgerlichen Existenz und ihren Bedürfnissen zeitlich und inhaltlich verschränkt und von daher eine besondere psychosoziale Relevanz hat.«[74]

Die EKD-Statistik errechnete für 1982 einen durchschnittlichen Gottesdienstbesuch von 1,4 Millionen Personen in Haupt- und Kindergottesdiensten, das sind 5,4% aller Mitglieder.[75] Nach der EKD-Umfrage müßten es jedoch 10–15% pro Sonntag sein. Ein Teil dieser Verzerrung wird sicher auf die Reduzierung auf vier Zählsonntage zurückzuführen sein. Es muß aber auch in Rechnung gestellt werden, daß sich die Befragten unter Umständen auch selbst etwas »höher« einschätzen, um sich in ein gutes Licht zu rücken.

Sowohl die EKD-Umfragen als auch die VELKD-Umfrage »Gottesdienst in einer rationalen Welt« ergaben darüber hinaus, daß die Mediengottesdienste keine »Gemeinde« haben, die über die Gottesdienstbesucher hinausgeht. Vielmehr wächst mit der Häufigkeit des Gottesdienstbesuches auch das Interesse an Radioandacht, Fernsehgottesdienst usw.[76]

Kreuzauswertungen ergeben, daß die Teilnahme am Gottesdienst und die Übereinstimmung mit den von der Kirche vertretenen Werten sich proportional zueinander verhalten: Sinkende Übereinstimmung veranlaßt zum Daheimbleiben; zunehmende Übereinstimmung motiviert zum Gottesdienstbesuch. Der Gottesdienstbesuch ist damit ein wichtiger Indikator für die Einstellung der Menschen zur Kirche.[77]

2. Übereinstimmung in der Lehre

Bereits die erste große Repräsentativerhebung zu religiösen Themen, die Emnid-Umfrage »Was glauben die Deutschen« 1967 (veröffentlicht im »Spiegel«, dann von W. Harenberg)[78] erbrachte ein deutliches Ergebnis: Die religiöse Meinung vieler Kirchenmitglieder unterscheidet sich stark von der Lehre der Kirche. Die EKD-Untersuchung »Wie stabil ist die Kirche?« hat die Frage nach der Übereinstimmung mit der kirchlichen Lehre aufgenommen und dabei höchst unterschiedliche Grade der Übereinstimmung festgestellt: Nur 6% der Befragten bekundeten volle Übereinstimmung mit den Aussagen der Kirche zu religiösen Fragen. Das sind weniger Mitglieder als in der Gruppe der regelmäßigen Kirchgänger oder im Kreis der hochverbundenen Mitglieder.[79] Immerhin 30% stimmen in vielem mit der Kirche überein, 51% nur in manchem und 12% dissentieren völlig. Bei diesen 12% ist auch das Verbundenheitsgefühl mit der Kirche schwach. Im großen und ganzen stimmen Übereinstimmung in der Lehre und Verbundenheitsgefühl mit der Kirche überein. Ähnliches gilt für die Korrespondenz von Kirchgang und Übereinstimmung in der Lehre.[80] Die Frage nach der Übereinstimmung in der Lehre wurde übrigens in der zweiten EKD-Umfrage »Was wird aus der Kirche?« gestrichen.

Anhand der »Kirchlichkeits-Skala« nach F. X. Kaufmann hat die EKD-Umfrage »Wie stabil ist die Kirche?« ein weiteres interessantes Ergebnis zu Tage gefördert: Die Zustimmung zu 10 Fragen, die Glaubenspraxis (etwa: Kirchgang) und Lehre (etwa: Glaube an Gottes Führung) betreffen, hat zwischen 1961 und 1972 spürbar nachgelassen. Die Auswertung der EKD-Umfrage betont, daß diese Skala nur mit Einschränkungen als zuverlässig betrachtet werden kann, aber doch die Rückläufigkeit kerngemeindlicher Frömmigkeit aufzeige.[81] Dem entspricht die Tatsache, daß offenbar die Übereinstimmung der meisten Kirchenmitglieder mit der Lehre ihrer Kirche äußerst beschränkt ist. Übereinstimmung betrifft am ehesten »den in der Tradition gegebenen religiösen Grundkonsens, der überall im gesellschaftlichen Leben implizit oder explizit wirksam ist.«[82] Es ist auch die Rede vom »religiös Selbstverständlichen«.[83] Hierher gehört auch die Frage, ob nicht für viele Kirchenmitglieder die Bedeutung und der Inhalt von Verkündigung und Bekenntnis undeutlich bleiben.[84]

Etwas präziser waren die Fragen der VELKD-Untersuchung »Gottesdienst in einer rationalen Welt« zu diesem Fragenkomplex. Besonders aufschlußreich ist die Frage nach der Person Jesu Christi. Hier wird an einem Punkt »Übereinstimmung« konkret. Zunächst wird weitgehend das Ergebnis der EKD-Umfrage bestätigt. Nur 24% der befragten Lutheraner sagen von sich: »Ich bin gläubiges Mitglied meiner Kirche und stehe zu ihrer Lehre.« 14% stehen zu ihrer Kirche, wünschen sich aber Änderungen. Bedeutender sind die folgenden Zahlen: 31% fühlen sich als Christen; aber die Kirche bedeutet ihnen nicht viel. 16% haben ihre eigenen Glaubensansichten und Weltanschauungen, ganz unabhängig von der christlichen Kirche. 12% meinen, sie brauchten keinen Glauben für ihre Aufgaben in unserer Welt. 8% wissen nicht recht, woran sie glauben sollen. 4% gaben keine oder eine andere Antwort.[85] Auch hier ist eine Minderheit in mehr oder weniger klarer Übereinstimmung mit der kirchlichen Lehre und eine Mehrheit in ziemlich deutlicher Abgrenzung von der kirchlichen Lehre festzustellen.

Interessant ist dann vor allem die konkrete Frage nach der persönlichen Einstellung der Befragten zu Jesus Christus. Es gab die Möglichkeit, ihn entweder als Sohn Gottes und Verkünder des bis heute gültigen Wortes Gottes oder als vorbildlichen Menschen mit bis heute bedenkenswerten Maximen oder aber als großen Religionsstifter, der uns heute allerdings nicht viel zu sagen hat, einzuschätzen. 32% der befragten Lutheraner stimmten der ersten Antwort zu: Jesus, der Sohn Gottes. Dagegen waren es 36% der Befragten, die sich eher in der zweiten Angabe wiederfanden: Jesus, der vorbildliche Mensch. 19% wählten schließlich die dritte Möglichkeit: Jesus, ein Religionsstifter der Vergangenheit. 5% fanden sich in keiner der angebotenen Antworten wieder. Kreuzauswertungen ergaben, daß regelmäßige Gottesdienstbesucher sowie Lutheraner, die in ihren Wertvorstellungen auch sonst mit der Kirche übereinstimmten, am ehesten der »orthodoxen« ersten Antwortmöglichkeit zustimmten, während sich der allgemeine Dissens gegenüber Kirche und ihren Werten auch hier niederschlägt, indem eher die zweite oder dritte Antwort gewählt wird.[86]

Ganz entsprechende Ergebnisse zeitigt die Nachfrage nach dem Glaubensbekenntnis: 54% der Befragten halten das Apostolikum nach wie vor für einen Text, den man mit gutem Gewissen bekennen kann. Hier dissentieren 30%, während 16% unentschieden blieben. Gottesdienstbesucher, die fast jeden Sonntag kamen, stimmen – erwartungsgemäß – zu 89% dem Apostolikum zu. Immerhin 69% derer, die ab und zu einen Gottesdienst besuchen, sind durchaus mit dem Glaubensbekenntnis konform. Nur 6% der regelmäßigen Gottesdienstbesucher meinen, das Credo nicht mehr mitsprechen zu können. Bei den Kirchenmitgliedern, die nie an einem Gottesdienst teilnehmen, steigt diese Zahl auf 54%.[87]

Wie gerade ethische Fragen von der Dissonanz zwischen kirchlicher Lehre und allgemeinem gesellschaftlichen Wertbewußtsein erfaßt werden, zeigt noch einmal die Allensbacher Jugenduntersuchung über die »Entfremdung zwischen Jugend und Kirche«. Das Zusammenleben von Mann und Frau ohne standesamtliche Trauung können 90% der 16–19jährigen Männer, 84% der gleichaltrigen Frauen, 75% der 20–29jährigen Männer und 78% der gleichaltrigen Frauen akzeptieren. Immerhin 63% der 20–29jährigen Männer und 67% der gleichaltrigen Frauen können sich diese Lebensform auch für sich selbst vorstellen. Bei den 16–19jährigen sind es sogar 73% der Männer und 74% der Frauen.[88]

Dem entspricht ein zusammenfassendes Urteil der Allensbacher Untersuchung: »60 Prozent der jungen Generation werten Religion als ein Relikt vergangener Zeit, überholt und nicht geeignet, bei den heutigen Problemen und Fragen Hilfestellung zu geben.«[89]

Aus diesen exemplarisch ausgewählten Befragungsergebnissen läßt sich empirisch zweierlei erheben: Zum einen ist das Mitgliedschaftsprofil im Hinblick auf die Übereinstimmung mit dem, was in der Bevölkerung als kirchliche Lehre gilt, höchst differenziert. Es gibt ähnliche Gruppierungen wie schon bei der Erhebung des Gottesdienstbesuches, mit einer großen Spannbreite von totaler Zustimmung bis zu totalem Dissens. Zum andern ist aber innerhalb dieser Spannbreite eine zunehmende Ablehnung der kirchlichen Lehre festzustellen. Der Anteil der in Glaubensfragen konformen Mitglieder darf nicht als sehr hoch angesehen werden.

3. Das Gefühl der Verbundenheit

Nach der Beobachtung des Gottesdienstbesuches und der Übereinstimmung in der Lehre wurde in den empirischen Untersuchungen besonderes Gewicht auf die Frage des Verbundenheitsgefühls gelegt. Man wollte damit vor allem in den EKD-Umfragen »Wie stabil ist die Kirche?« und »Was wird aus der Kirche?« zum Ausdruck bringen, daß aus dem Teilnahmeverhalten oder der Zustimmung zur Lehre allein noch nicht die Stabilität der Kirchenmitgliedschaft ermittelt werden kann. Hinter dieser Fragehaltung verbirgt sich schon eine Einsicht: Es gibt eine stabile Mitgliedschaft auch ohne Teilnahme und ohne Zustimmung zur kirchlichen Lehre. Sie artikuliert sich als Gefühl der Verbundenheit. 14% der Befragten fühlten sich 1982 sehr mit der evangelischen Kirche verbunden (1972/74: 12%), weitere 22% immerhin ziemlich verbunden (1972/74: 25%). Diese beiden Gruppen fassen die Auswerter zusammen als intensiv Verbundene. 32% (1972/74: 31%) fühlen sich etwas verbunden. In der Auswertung wird von »positiv-distanzierten Mitgliedern« gesprochen. Die 22% (1972/74: 20%) der Befragten, die sich kaum verbunden fühlten, werden mit den 10% (1972/74: 12%), die sich überhaupt nicht verbunden fühlten, zusammengefaßt als »Abständige«.[90]

Verbundenheit meint »eine durch Tradition und Erfahrung begründete persönliche Beziehung, ein Gefühl der Zugehörigkeit, des Einbezogenseins, das tiefer liegt als Nützlichkeitserwägungen und theoretische Zustimmung... In ihm mischen und verschränken sich vermutlich Kräfte heimatlicher Bindung, gesellschaftlichen Herkommens und eigene religiöse Erfahrungen und Entscheidungen.«[91] Auch hier erscheint wieder ein differenziertes Bild der Kirchenmitgliedschaft mit drei etwa gleich großen Gruppen. Die »intensiv Verbundenen« (36%; 1972/74: 37%) zeigen intensive Teilnahme und Mitarbeit am gemeindlichen Leben. Sie stimmen in religiösen Fragen relativ häufig überein. Zum Pfarrer haben sie eine gute Beziehung. Für die überwältigende Mehrheit kommt der Kirchenaustritt nicht in Frage, für die meisten war er nicht einmal ein bedenkenswertes Thema. Hier ist die Kerngemeinde oder die Gruppe der Kirchentreuen.[92]

Die »Abständigen« (32%) sind nach Verhalten und Einstellung das genaue Gegenstück zu den »intensiv Verbundenen«. Selbst bei kirchlichen und familiären Festen wird man sie kaum in der Kirche sehen. Mitarbeit ist ausgeschlossen. In ihrer Zustimmung zur kirchlichen Lehre gehören sie fast ausschließlich zu den Dissidenten. Austrittsneigung zeigen 67% der überhaupt nicht Verbundenen. Auffällig ist bei diesen 32%, daß sie durchaus nicht einem Gespräch mit einem Pfarrer total abgeneigt gegenüberstehen würden. Trotz aller Entkirchlichung ist es auch nicht ausgeschlossen, daß diese Mitglieder die eigenen Kinder taufen lassen. Hier stellt sich allerdings ganz energisch die Frage nach der theologischen Beurteilung: soll dieses Begehren als Stützung der Mitgliedschaft positiv aufgenommen werden, oder ist die Prognose für die christliche Erziehung des getauften Kindes so schlecht, daß ein Taufbegehren abgewiesen werden sollte?[93]

Dazwischen stehen die »etwas verbundenen« Kirchenmitglieder mit 32%. Sie vertreten sie volkskirchliche »Mittellage«. Es gibt hier einigermaßen regelmäßige Kirchgänger und solche, die nie zur Kirche gehen. Typisch für diese Gruppe ist aber die starke Orientierung an den kirchlichen und familiären Festen. Eine Bereitschaft zur Mitarbeit liegt fast nie vor. Es gibt kaum völligen Konsens, aber auch keinen völligen Dissens mit der kirchlichen Lehre. Die positiv-distanzierten Kirchenmitglieder haben eine positive Einstellung zur Person des Pfarrers. Ihre Mitgliedschaft ist stabil, Austrittsneigungen sind nicht festzustellen. Obwohl in der Teilnahme distanziert, haben sie ein positives Verhältnis zu ihrer Kirche.[94]

Kreuzauswertungen nach sozialstatistischen Merkmalen ergeben das bekannte Bild. Männer sind weniger verbunden als Frauen; Auszubildende aller Art und Angestellte neigen ebenfalls zur Distanz, das Leben in der Großstadt ist ebenso distanzfördernd wie zunehmende Bildung. Die »etwas verbundenen« Mitglieder finden sich überall. »Enger verbunden« sind oft Hausfrauen, Rentner, Landwirte. Mit dem Alter nimmt spürbar auch die Bindung ab: junge Leute sind überproportional unter den »Abständigen« vertreten: 53% der 14- bis 24jährigen Kirchenmitglieder bezeichneten sich als kaum oder überhaupt nicht verbunden. Bei den über 65jährigen sind es hingegen nur noch 15%.[95]

Die Erforschung der Verbundenheitsgrade hat das bisher erarbeitete Bild bestätigt. Die Kirchenmitgliedschaft ist stark differenziert, geradezu pluralistisch gestaltet. Drei große Gruppierungen sind sichtbar geworden: die intensiv Verbundenen, die positiv Distanzierten, die »Abständigen«. Eine kleine vierte Gruppe ist zu erwähnen: die kritisch-distanzierten Mitglieder; das sind oft jüngere, formal höher gebildete Menschen, »deren Verhältnis zur Kirche nicht so sehr durch Abstand und Indifferenz als durch Gespanntheit und Kritik gekennzeichnet ist.«[96] Auch hier soll der Trend noch angegeben werden. Immerhin 31% sehen ihr Verbundenheitsgefühl heute als schwächer an als noch vor einiger Zeit. Bei 56% ist das Verbundenheitsgefühl stabil geblieben. 13% geben an, ihre Verbundenheit mit der Kirche sei in letzter Zeit gewachsen.[97]

Damit sind eine Menge empirischer Daten zusammengetragen. Nun aber muß gemäß der theologischen Orientierung zu Beginn dieses Kapitels eine theologische Deutung dieser Daten vorgenommen werden. Sie soll sich weder der Undankbarkeit gegenüber der Kirche noch der Verliebtheit in das Empirische schuldig machen, sondern danach fragen, was diese Bemerkungen zur kybernetischen Situation nun für den missionarischen Aufbau der »Gemeinde von Brüdern« zu sagen haben. Empirische Daten und theologisches Denken (bzw. ekklesiologischer Entwurf) werden dabei aufeinander zu beziehen sein. Es wird nicht einfach die wünschenswerte Praxis aus der Dogmatik abgeleitet; es wird aber auch nicht die Dogmatik zugunsten der Empirie oder einer neuzeitlichen Philosophie wie der Kritischen Theorie ausgeblendet.

4. Modelle differenzierter Mitgliedschaft

Die Entdeckung, daß in der Volkskirche ganz unterschiedliche Formen der Mitgliedschaft gelebt werden, ist keineswegs neu. Der französische Pastoral-Soziologe Gabriel le Bras hat eine Typisierung vorgelegt, die bis heute in den unterschiedlichsten Varianten wieder aufgenommen worden ist. Er unterscheidet die Katholiken nach ihrem Teilnahmeverhalten und teilt ein in 1. Eifrige, 2. Observanten, 3. Saison-Christen und 4. Fernstehende.[98] Das »Handbuch der Praktischen Theologie« (aus der DDR) unterscheidet Kerngemeinde, Traditionsgemeinde und Randgemeinde[99], wobei gerade im Bereich der theologischen Deutung manche Fragen offen bleiben.[100] Georg Kugler und Herbert Lindner unterscheiden die »Gemeindekirche«, die den kirchlichen Normen entspricht, sowohl in ihrem Teilnahmeverhalten als auch in ihren Einstellungen, von der »Kasualkirche«, deren religiöse Bedürfnisse durch jahresrhythmische oder lebenszyklische Ereignisse geweckt werden und pfarrerorientiert sind, schließlich von den »engagierten Christen«, also kritisch-aktiven Gruppen in der Kirche mit einem durchaus uneinheitlichen Kirchenverständnis.[101] Paul Michael Zulehner[102] differenziert nach verschiedenen Stadien des Gesprächs mit der Kirche. Es gibt das auswählende Gespräch (punktuelle Gesprächsbereitschaft), das abgebrochene Gespräch und das intensivierte Gespräch (das durch pastorale Bemühung neu in Gang gebracht wurde).[103] Der Mitbegründer der Christusbruderschaft in Selbitz, Walter Hümmer, hat eine besonders griffige Differenzierung angeboten. Er unterscheidet die 3, die Brüder des Pfarrers und intensive Mitarbeiter sein wollen, die 30, die zum Mitarbeiterstamm gehören und eine intensive praxis pietatis leben, die 300, die zur Gottesdienstgemeinde gehören, die 3000, die sich volkskirchlich-distanziert verhalten.[104]

Das am stärksten differenzierende Modell, das auch nicht mehr nur vom Teilnahmeverhalten ausgeht, sondern religiöses Betroffensein allgemeiner faßt, bietet Franz-Xaver Kaufmann an. Er hat eine neunstufige Klassifizierung vorgelegt, die bei der Kerngemeinde beginnt (1), über die regelmäßigen Kirchgänger (2), die kritisch-distanzierten Randgruppen (3) und die von der Praxis einer anderen Kirche Geprägten (z. B. katholisierende Protestanten; 4) zu den religiösen Gruppierungen außerhalb der etablierten Kirchen führt (5), um dann zu den nur locker an die Kirche Gebundenen (6), den religiös inaktiven Kirchenangehörigen (7), zu den Menschen mit ichtranszendierender, aber nicht erkennbar religiöser Aktivität (8) und schließlich zu den überhaupt nicht religiösen Menschen (9) vorzustoßen.[105]

Im Rahmen dieser Arbeit kann von einer einfacheren Kategorisierung ausgegangen werden. Die Ergebnisse der EKD-Umfragen legen es nahe, von intensiv mit der Kirche verbundenen Mitgliedern (Kerngemeinde), von positiv-distanzierten Mitgliedern (Kasualgemeinde), von kritisch-distanzierten Mitgliedern (engagierte Gruppen) und von fernstehenden Mitgliedern auszugehen.

Empirisch ist diese Kategorisierung weder bestritten noch auch ernsthaft bestreitbar. Sie bestätigt den Eindruck, der auch durch die Arbeit in der Kirchengemeinde sehr schnell gewonnen werden kann. Nur: wie ist es zu dieser Differenzierung gekommen? Und vor allem: wie ist die differenzierte Mitgliedschaft im Hinblick auf die »Gemeinde von Brüdern« zu beurteilen? Die freundliche Übereinkunft der Pastoral-Soziologen und Theologen hört spätestens bei der zweiten Frage ziemlich abrupt auf!

5. Zur Genese distanzierter Kirchlichkeit

Innerhalb der empirischen Forschung herrscht weitgehende Einmütigkeit darüber, daß die Volkskirche und die mit ihr gegebene differenzierte Mitgliedschaft mit Hilfe der soziologischen Theorie von der gesellschaftlichen Differenzierung zu deuten ist. Die gesellschaftlich relevanten Funktionen (etwa: Politik, Wirtschaft, Religion) werden zu autonomen Teilsystemen. Damit verliert natürlich das Teilsystem der sozial relevanten Religion, vertreten durch die Institution »Volkskirche«, die beherrschende Stellung im Ganzen der Gesellschaft. Das bedeutet nicht nur einen Verlust von Macht und Relevanz, sondern auch eine Verschiebung. Die Kirche kann weiterhin für bestimmte Teilbereiche gesellschaftlichen Lebens allgemein als kompetent erachtet werden. Der Raum dieser Kompetenz ist im wesentlichen der Freizeitraum. Hier hat die Kirche noch Einflußchancen. Jedoch wird sich niemand mehr ganz in seinem Verhalten von der Kirche her bestimmen lassen. Die »Privatsphäre« wird autonom und nicht mehr kirchlich gesteuert verantwortet. Institutionelle Angebote im Bereich der Normen und Werte werden wohl aufgenommen, aber nur selektiv. Sie beziehen sich zumeist auf Ausnahmesituationen, auf biographisch und jahresrhythmisch bedingte Situationen.[106]

Die Rezeption der kirchlichen Normen und Werte ist nun von einem Phänomen abhängig, das G. Schmidtchen als »affektiv-kognitive Konsistenz« beschrieben hat.[107] Dieser Begriff besagt: Jeder Mensch orientiert sich in seinem Leben an bestimmten Werten, die er zumeist aus der sozialen Umwelt bezieht. Der einzelne (oder auch die Gruppe) betrachtet nun gesellschaftliche Institutionen mit der Frage, ob diese ihm bei der Verwirklichung dieser Werte im Wege stehen oder behilflich sein können. Ist das Ergebnis positiv, so entwickelt das Individuum eine positive affektive Beziehung zu der Institution, also etwa zur Kirche. Steht die betroffene Institution aber im Widerspruch zu den angesteuerten Werten, so entsteht eine Streßsituation, die der Einzelne dadurch löst, daß er sich von der Institution partiell oder total löst.[108]

Die Umfrage »Gottesdienst in einer rationalen Welt«, die von diesem Modell der affektiv-kognitiven Konsistenz ausgeht, ist zu dem Ergebnis gekommen, daß die Kirche mit den Werten, die ihre Mitglieder bei ihr vermuten, quer zu den allgemein als sinnvoll erachteten Werten steht.[109]

Der Vergleich zwischen dem Christlichen und dem zeitgemäß Guten[110] zeigt es ganz deutlich. Die Kirche gilt als kompetent für traditionelle Werte, etwa der Mitmenschlichkeit, der Aufrechterhaltung von Sitte und Ordnung, des Trostes. Die von vielen als wichtiger empfundenen Werte der persönlichen Freiheit, der (auch sexuellen) Selbstverwirklichung, des Abbaus veralteter Autoritäten, der Modernisierung der Gesellschaft werden nach Einschätzung der befragten Kirchenmitglieder von der Institution Kirche eher behindert als gefördert.[111] Vieles, was den Menschen als zeitgemäß und richtig erscheint, läßt sich ihrer Meinung nach nicht mehr mit der christlichen Tradition vermitteln. »Orientierungssysteme tendieren zur Einfachheit, zur Kongruenz. Die Menschen möchten nicht in zwei Wahrheiten leben. Dieses Gesetz sozialpsychologischer Ökonomie schreibt den Menschen, die sich in Widersprüchen verstrickt sehen, vor, jenes Deutungssystem zu verlassen und psychologisch für ungültig zu erklären, das das schwächere ist. Zweifellos ist das kirchliche Deutungssystem für die meisten das schwächere Deutungssystem.«[112] Nach dem Balance-Prinzip muß also bei affektiv-kognitivem Streß eine Reorganisation der persönlichen Werte stattfinden. Das bedeutet konkret: je nachdem, ob und wie sehr der einzelne sich diesem Streß ausgesetzt sieht, entwickelt sich seine Beziehung zur Kirche. Je größer die Inkongruenz zwischen persönlichen und kirchlichen Werten wird, desto größer auch die Spannung zur Kirche. Der Weg stetiger Auswanderung aus der Kirche, erst aus ihrem Gottesdienst, dann an ihren Rand und auch über ihn hinaus in die Konfessionslosigkeit kann damit beschritten werden. Das entstehende Vakuum wird sofort von anderen Werten und den sie tragenden Institutionen ausgefüllt. Einen freien Raum scheint es hier nicht zu geben.

Das Modell der affektiv-kognitiven Konsistenz ist ein plausibles Modell zur Erklärung der Ausdifferenzierung der Mitgliedschaft in der Institution »Kirche«. Es ist natürlich noch keine Auslegung damit mitgeliefert. Soll die Kirche diesen Zustand ändern und ihre Werte in Kongruenz mit den gesellschaftlich anerkannten Werten bringen? Oder muß es nicht vielmehr so sein, daß sie fremd bleibt gegenüber dem, was »man« gerade gesellschaftlich für relevant und erstrebenswert hält? Sind nicht erst die Werte zu prüfen, bevor sich Kirche in der einen oder anderen Richtung entscheiden könnte?

Festzuhalten ist auf jeden Fall das Faktum: Gesellschaftliche Werte und kirchliche Werte stehen in Spannung zueinander; dies fördert im allgemeinen (von einer Einschränkung wird noch zu reden sein) die Distanzierung von der Kirche. So gerät das gesellschaftliche Sub-System »Kirche« unter Druck.

Wiederum gilt, daß diese Fakten die Kirche nicht von ihrer Aufgabe dispensieren dürfen, durch missionarischen Gemeindeaufbau in theonomer Reziprozität dem Entstehen der »Gemeinde von Brüdern« zu dienen. Es geht nicht an, daß gesellschaftliche Prozesse, so ernst sie zu nehmen sind, die Ermöglichungsgrenze des missionarischen Gemeindeaufbaus bilden, als ob sie – wie die στοιχεῖα τοῦ κόσμου - letzte Mächtigkeiten darstellten.[113]
Offen ist noch immer die Frage, wie dieses allseits unbestrittene Faktum der differenzierten Kirchenmitgliedschaft, insbesondere das Faktum der partiellen Distanz[114] theologisch zu beurteilen ist.

IV. Positiv-distanzierte Kirchlichkeit

1. Charakteristika positiv-distanzierter Kirchlichkeit

Die großen demoskopischen Befragungen haben ergeben, daß dies die größte Gruppe der Kirchenmitglieder ist. Georg Kugler und Herbert Lindner vermuten, es gehörten ca. 60% aller Kirchenmitglieder zu dieser Gruppe.[115]
In den Befragungen belegt diese Gruppe bei fast allen Fragen nach Einstellungen und Verhaltensweisen das Mittelfeld der möglichen Entscheidungen. Wer zur Kirche ein positiv-distanziertes Verhältnis hat, der wird gar nicht auf die Idee kommen, sonntäglich oder zumindest ein- bis zweimal im Monat zur Kirche zu gehen. Er wird es aber für wichtig und normal halten, an den großen Feiertagen oder bei allen familiär bedingten Gottesdiensten sich in der Kirche einzufinden. Dies trug diesen Mitgliedern auch den Namen »Kasualkirche« ein.[116] Kirchlichkeit ist hier streng gesellschaftlich vermittelt. Wo kirchliches und gesellschaftliches Leben zusammenfallen, da wird Kirchlichkeit wach, als selbstverständlich und notwendig empfunden und auch praktiziert. Dies ist meistens anläßlich der großen Feste des Kirchenjahres und anläßlich persönlicher oder familiärer Wendepunkte der Fall. Ist die feierliche Begehung des Ereignisses vorüber, so ruht auch die Kirchlichkeit wieder. Man kann ohne weiteres von einer stabilen und regelmäßig wahrgenommenen Kirchlichkeit bei den positiv-distanzierten Kirchenmitgliedern sprechen.
Volkskirchliche »Mittellage«: Dies gilt auch für die Übereinstimmung mit den kirchlichen Lehren. Sie ist keineswegs vollständig, aber auch nicht völlig aufgegeben. Man stimmt in manchem zu (1972/74: 51%), d. h. in vielem eben auch nicht. Man fühlt sich als Christ, meint damit aber keineswegs die Übereinstimmung mit der christlichen Lehre im ganzen, sondern eher mit dem religiös Selbstverständlichen. Man meint z. B. nicht den Bezug zur Gemeinde, den Kirchgang oder privates Bibellesen. So wie die Kirche eben selbstverständlich zum Leben in der Gesellschaft gehört, so gehört eben auch dazu, »an etwas zu glauben«. Spannend ist dabei die Frage, an was denn geglaubt werden soll. Hier sind »Transformationsprozesse in Richtung einer allgemeinen Gesellschafts- bzw. Bürgerreligion«[117] nicht zu übersehen. Das Christliche ist in dieser Bürgerreligion wohl noch in Erinnerung, aber es ist doch sehr stark synkretistisch und moralistisch durchsetzt. U. Boos-Nünning hat versucht, den »neuen Glauben« zu charakterisieren. Ihre Darstellung ist treffend und soll darum hier wiedergegeben werden: »Zu ihr zählt

weder die Bindung an die Pfarrgemeinde, genauer die Kommunikation mit den Pfarrangehörigen und die Information über pfarrliche Belange, noch religiöses Wissen oder die Ehe- und Sexualmoral. Der Inhalt der zutreffenden Sozialform der Religiosität beschränkt sich aber nicht auf allgemeine, deistisch formulierte Aussagen, sondern ist stark durch christlich oder sogar kirchlich beeinflußte Glaubensformen geprägt. Die Hoffnung auf Gottes Hilfe, das Vertrauen auf Gott, das Sich-Geborgenfühlen in einer höheren Macht und der Glaube an einen persönlichen Gott, der direkten Einfluß auf das Leben der Menschen hat, bilden die Grundpfeiler dieses Glaubens... Der Glaube ist die individuelle Lebenshilfe, an die sich der Mensch in Verzweiflung wenden kann... Die formelle, stark sanktionierte Kirchlichkeit tritt in der Bedeutung für die Religiosität zurück... Parallel mit der Orientierung an informellen religiösen Einstellungen geht der Verlust an konkreter Bestimmtheit des Glaubens... Die institutionellen Normen werden relativiert, umgedeutet und angepaßt; was bleibt, ist eine Religion des Meinens und Fühlens, des Hilfebrauchens in schwierigen Situationen, aber keine Religion der Zustimmung und des Glaubens...«[118]

Entsprechend heißt es in der EKD-Umfrage »Was wird aus der Kirche?«: »Der Konsens mit Kirche und Christentum, die Übereinstimmung mit der ›christlichen Lehre‹, hat vorrangig einen ethisch-moralischen Sinn. Man ist darin ›christlich‹, daß man sich bemüht, ein anständiger Mensch zu sein: hilfsbereit, zuverlässig, nicht gegen sein Gewissen handelnd.«[119]

Zur volkskirchlichen Mittellage gehört auch die relativ geringe Austrittsneigung. 59% (1972/74: 66%) der »etwas verbundenen« Mitglieder der EKD sehen für sich keinerlei Austrittsproblematik.[120] Will man noch einmal das Kennzeichen positiv-distanzierter Kirchlichkeit benennen, so müssen die Kasualien genannt werden. Sie stellen nach Auffassung von »Wie stabil ist die Kirche?« heute »die am weitesten reichende Gemeinsamkeit der Evangelischen in ihrem Verhältnis zur Kirche«[121] dar.

2. Die praktisch-theologischen Konsequenzen

Hier beginnen schon die Konsequenzen. Nach Auffassung der Theologen und Soziologen, die die EKD-Umfragen ausgewertet haben, kann es nur eine Konsequenz geben: Die Kirche muß die ihr zugewiesene Kompetenz in Fragen der Lebensbegleitung akzeptieren. Sie muß aufhören, eine nur kasualkirchliche Christlichkeit zu diffamieren, sie muß ihre Strategien überprüfen, ob sie den legitimen Bedürfnissen ihrer Mitglieder gerecht wird. Die Kritik an der bürgerlichen Religiosität muß aufhören, ist sie doch nichts anderes als Ausdruck einer überlebten »emphatischen Theologie des Wortes Gottes« oder speist sich gar aus »erweckungstheologischen Voraussetzungen«.[122] Es muß ein Ende haben mit einer am Gottesdienst orientierten Kirchentheorie, die doch nur volkskirchliche Religiosität als Zerfallsprodukt verachtet. Die Relativität der Vorstellung, Kirche sei vor allem um Wort und Sakrament versammelte Gemeinde, soll endlich eingesehen werden.[123] Es wird darum mit großer Klarheit und Konsequenz von Joachim Matthes gefordert: Es »bedarf... einer Verlagerung der Handlungsprioritäten in Richtung auf die Amtshandlungen.«[124]

Es ist wohl deutlich, daß damit die Aufgabe der theologischen Deutung empirischer Daten gestellt ist. Dabei treten eine Reihe von Fragen hervor: Wie wird jemand Christ, wie bleibt jemand Christ (diese Fragen müssen nach Meinung des EKD-Ratsvorsitzenden Bischof Kruse in den nächsten Jahren mit Priorität behandelt werden)?[125] Wie verhält sich Christsein und Gemeindezugehörigkeit? Wie verbindlich ist kirchliches Veranstaltungshandeln für den einzelnen?

Zunächst sei darauf hingewiesen, daß es innerhalb der Praktischen Theologie eine starke Fraktion gibt, die sich energisch zugunsten der positiv-distanzierten Kirchlichkeit einsetzt. Ihr Plädoyer für eine pluralistische Auffächerung der möglichen Mitgliedschaftsformen geht von der allen gemeinsamen Taufe aus und fordert daraufhin im Sinne der evangelischen Freiheit eines Christenmenschen ein Selbstbestimmungsrecht für jedes getaufte Mitglied der Kirche. Es ist das Bild einer offenen Gemeinde, in der jeder seinen Platz einnimmt, wo er möchte. Eine Reduzierung auf eine bestimmte Teilnahmeform wäre gesetzlich und bedrohte das allgemeine Priestertum der Getauften. Offen und nicht exklusiv sei die Gemeinde; ihr Ort ist das Gemeinwesen, in dem sie die religiöse Funktion wahrnimmt. Wer durch seine Taufe zu dieser gemeinwesenorientierten Gemeinde gehört, verhält sich völlig normal, wenn er nur da den kirchlichen Service in Anspruch nimmt, wo er es für notwendig hält. Summa: »Religiöse Betätigung ist nach evangelischer Auffassung also an Bedürfnisse und Interessen des einzelnen gebunden und nicht an ein dem einzelnen vorgegebenes Soll irgendeiner gesellschaftlichen oder kirchlichen Autorität... Die Mitglieder möchten selbst bestimmen, was sie glauben und welche Werte sie für wichtig halten.«[126]

Gemeinde erscheint damit als Markt der Möglichkeiten. Energisch wird jede Kritik an positiv-distanzierter Kirchlichkeit als einer insuffizienten Form von Kirchenmitgliedschaft zurückgewiesen: »Getaufte und konfirmierte Mitglieder dürfen nicht aufgrund von Ausschließlichkeitsgebahren bestimmter Gemeindevorstellungen heimlich exkommuniziert werden.[127] Man wird sich fragen: Wer will das? Ist das wirklich die Alternative?

Immerhin, die Warnung ist ernstzunehmen. Es kann auf keinen Fall darum gehen, Getaufte und Konfirmierte zu exkommunizieren. Es darf gar nicht darum gehen, etwa bestimmte Formen der Versammlung oder der Mitarbeit für alle verbindlich zu machen, so daß nur der ein Christ genannt werden kann, der sich bestimmten sozialen Gestaltwerdungen von Gemeinde anschließen will. Auch kann es nicht darum gehen, Menschen zu be- oder verurteilen. Es gibt sie ja, die verborgenen Glaubensgeschichten von Menschen, die sehr weit am Rand der Kirche leben, die ohne Zugang zum Gemeindeleben bleiben, aber doch »mit Ernst Christen sein« wollen. Es gibt sie auch, die angefochtenen Christen, denen es schwerfällt, verbindlich in der Gemeinde mitzuleben, und die gerade der Stützung bedürfen. Und es gibt ja doch wirklich ganz viele, verschiedene Gestaltwerdungen der »Gemeinde von Brüdern«. Wer wollte den Reichtum der Vielfalt bestreiten? Wer wollte allen Ernstes darauf verzichten? Es fällt nicht schwer, dem zuzustimmen. Kybernetische Gesetzlichkeit ist nicht dazu angetan, Gemeinde zu bauen.

Daran liegt es nicht, wenn dem Plädoyer für eine positiv-distanzierte Kirchlichkeit nun doch scharf widersprochen werden muß. Der Widerspruch meint nicht die oben aufgezählten Möglichkeiten christlicher Existenz. Der Widerspruch gilt dem Versuch, Distanz zur »Gemeinde von Brüdern« und ihrem Gemeindeleben, wie es im ersten Teil dieser Arbeit beschrieben wurde, zum Normalfall zu erklären. Der Widerspruch richtet sich gegen eine Theologie, die die Ausnahme zur Regel erhebt und die Getauften und Konfirmierten, zu deren Anwalt sie sich vermeintlich macht, von der Erfahrung der »Gemeinde von Brüdern« dispensiert, so als ob sie ihnen damit geradezu etwas Gutes täte!

a) Volkskirchlicher Illusionismus

Hier ist in der Tat scharfer Widerspruch vonnöten. Er richtet sich zunächst gegen den volkskirchlichen Illusionismus. Immer wieder wird die Stabilität der positiv-distanzierten Kirchlichkeit hervorgehoben. Wolfgang Lück kann sogar so weit gehen, die dem Leben der Gemeinde weitgehend entfremdeten Menschen priesterlich in ihren Häusern wirken zu sehen. Angeblich »…nehmen diese Mitglieder die Tradition der an sich selbständigen Hausgemeinde wahr.«[128] Mehrfach und pointiert spricht Lück von der Hausgemeinde.[129] Wie schön wäre es, wenn es diese lebendigen Hausgemeinden gäbe! Welche ganz andere Sicht von der positiv-distanzierten Kirchlichkeit müßte man in der Tat haben, wenn die Häuser der Getauften Zellen des gelebten Glaubens wären. Allerdings fragt man sich, wie Lück zu dieser Erkenntnis kommt. Ohne platt auf die alltägliche Erfahrung in den Kirchengemeinden zu verweisen, in denen man unter den positiv-distanzierten Kirchenmitgliedern die lebendige Hausgemeinde wohl vergeblich suchen wird, muß man doch noch einmal auf die empirischen Ergebnisse zurückkommen. Nur in 37% der innerhalb der VELKD befragten Haushalte ist das Tischgebet noch eine Regel. In 42% der Haushalte entfällt es ganz.[130] 67% aller Haushalte innerhalb der VELKD hören selten oder nie einen Rundfunkgottesdienst.[131] Das aber wäre doch gerade eine Chance der Hausgemeinde, Anschluß zu bekommen an das öffentlich verkündigte Wort Gottes. 32% der Befragten in der EKD-Umfrage »Was wird aus der Kirche?« führen selten Gespräche über Glauben, Kirche oder Religion (1972/74: 29%); 31% tun es so gut wie nie (1972/74: 28%). Nur 9% kommunizieren häufig mit anderen Menschen über diese Themen (1972/74: 11%).[132] Für die meisten Mitglieder der evangelischen Kirche gehört Bibellesen keineswegs zu den Kennzeichen eines Christen. Nur 25% der Protestanten halten das Lesen der Bibel für ein unabdingbares Element christlichen Lebens. Nur der Gottesdienstbesuch wird ähnlich selten genannt (26%).[133] Woraus speist sich diese sogenannte christliche Hausgemeinde, wenn sie sowohl auf Gottesdienstbesuche als auch auf das Lesen der Bibel so gut verzichten kann? Es dürfte sich wohl um eine große Illusion handeln, der Lück (und andere) hier aufgesessen sind. Sie ist sozialpsychologisch verständlich. Wenn die Menschen schon nicht in die Kirche kommen, so leben sie doch wenigstens zu Hause in christlichen Hauszellen. Das ist beruhigend für die Vertreter der Volkskirche.

Die gesamte positive Einschätzung der positiv-distanzierten Kirchlichkeit erweist sich bei näherem Hinsehen als eine solche kirchliche Illusion. Handelt es sich um eine Kirchlichkeit ohne soziale Abstützung in Form von regelmäßigen Treffen, in Form von eingeübtem Verhalten und gestalteter Frömmigkeit, so ist die Prognose für diese Kirchlichkeit schlecht. Die dauerhafte und kontinuierliche soziale Abstützung ist für den Menschen unverzichtbar. Er strebt nach Maximierung der sozialen Abstützung.[134] Verhaltensweisen, die nicht mehr durch kontinuierliche Praxis, durch Einbindung in eine sich ähnlich verhaltende Gruppe gestützt werden, sind nur sehr mühsam aufrechtzuerhalten. Die Motivation zu einer nicht mehr abgestützten religiösen Praxis wird immer schwächer werden, bis sie erlischt. Im Klartext: Kirchlichkeit, die von der Ausnahmesituation der Wendepunkte im gesellschaftlichen und familiären Leben lebt, hat keine großen Überlebenschancen. Ihr fehlt der dauerhafte, regelmäßige Sozialbezug, die Einübung und Vertiefung. Der Trend zu einer solchen Kirchlichkeit wird ein Trend zu weiterer Distanzierung sein, bis hin zur Lösung von der Kirche. Man muß es deutlich sagen: Die Überlebenschancen solcher Kirchlichkeit sind gering, weil sie eine defiziente Form sozialer Bindung darstellt. Darum gilt: »Die meisten Deutschen haben die Kirche und deren Glaubenswahrheiten aus ihrem Leben verabschiedet. Steuerbescheide und Taufscheine sind keine Gegenbelege, überfüllte Christmetten und weiße Hochzeiten bringen keine verlorenen Söhne zurück. Sie locken wie Oper und Museum zu Ausflügen in eine fremde schöne Welt, und schön sind alle diese Welten nur, weil sie fremd sind.«[135]

b) Denunziation des normalen Gemeindelebens

Gilt der Widerspruch dem kirchlichen Illusionismus, so gilt er nun erst recht der Denunziation des normalen Gemeindelebens mit Hilfe der Empirie. Wer mehr will als positiv-distanzierte Kirchlichkeit, der bekommt schnell seinen Stempel aufgedrückt. Ihm wird etwa klar gemacht, daß bestimmte ekklesiologische Vorstellungen – etwa solche, die gemeindekirchlichen Konzeptionen verpflichtet sind – durchaus nicht erwünscht sind. Es gibt dabei verschiedene Sprechweisen, mit denen der Ablehnung solcher ekklesiologischer Konzepte Ausdruck verliehen wird. Die einfachste ist das simple Verschweigen. Nicht wenige arbeiten damit. Ein Musterbeispiel ist das Handbuch der Praktischen Theologie, in dessen Artikel über Gemeindekonzepte der missionarische Gemeindeaufbau als Konzept schlicht verschwiegen wird.[136]

Im übrigen sind es einige stereotype Wendungen, die besonders in der kirchensoziologischen Literatur Verwendung gefunden haben. Die erste lautet: »Rückläufig ist vermutlich ein ganz bestimmter Typus von kerngemeindlicher Frömmigkeit.«[137] Die Rede von den Frömmigkeitstypen kann in zwei verschiedenen Argumentationsfiguren auftauchen: Sie kann einmal dazu dienen, den Reichtum und die Vielfalt christlicher Spiritualität zum Ausdruck zu bringen; sie kann aber andererseits auch dazu dienen, bestimmte Ausdrucksweisen christlichen Glaubens schon sprachlich in ihrer Bedeutung zu relativieren. Letzteres scheint vermehrt in der Literatur der Fall zu sein. Die zurückgehende Frömmigkeit ist die am Gottesdienst und an der christlichen Hausgemeinschaft orientierte Frömmigkeit derer, die mit dem Bekenntnis der Kirche weitgehend übereinstimmen. Das ist das Ergebnis von »Wie stabil ist die Kirche?«[138] Dieses Ergebnis wird um so wichtiger, als von der Mehrheit der Protestanten gesagt werden muß, daß sie bestenfalls dem allgemeinen gesellschaftlichen Grundkonsens in religiösen Fragen zustimmen können[139], also der civil religion, wie sie oben beschrieben wurde, anhangen. Man kann zwar darauf verweisen, daß die Mehrheit der traditional gebundenen Kirchenmitglieder nicht aus leerer Konvention zur Kirche gehört, muß jedoch zugleich eingestehen: »Ausdruck intensiver Frömmigkeit ist« die Kirchenmitgliedschaft »wohl auch nicht«.[140]

Zu entsprechenden Ergebnissen kam auch die EKD-Umfrage »Was wird aus der Kirche?«. In ihrer Nachfrage nach dem Proprium christlicher Existenz stellt sie fest, daß Gottesdienstbesuch und Bibellesen keineswegs als konstitutiv für das Christ-Sein angesehen werden: »Was also ist unabdingbar für das Evangelisch-Sein? Grob gesagt: Daß man dazugehört, daß man in die evangelische Kirche aufgenommen und in ihr ›zur Schule‹ gegangen ist, sich ihre Sache auch in einem allgemeinen ethischen Sinn zu eigen gemacht hat. Im übrigen aber kann man weitgehende Selbständigkeit gegenüber der Kirche bewahren... Man ist darin ›christlich‹, daß man sich bemüht, ein anständiger Mensch zu sein: hilfsbereit, zuverlässig, nicht gegen sein Gewissen handelnd.«[141]

Im ganzen entsteht der Eindruck, daß das auch nicht so schlimm ist. Intensive Frömmigkeit ist gar nicht notwendig. Die EKD-Umfragen erscheinen eher als Rechtfertigung der positiv-distanzierten Kirchlichkeit. Ihre Basis ist stabil. Da ist das Abnehmen der kerngemeindlichen Frömmigkeit zu verschmerzen: »Die Basis der Kirche im Bewußtsein ihrer Mitglieder insgesamt wird dadurch offenkundig nicht gefährdet...«[142]

Ähnliches ließe sich durchaus auch anhand von anderen Texten nachweisen. Das Fatale an einer solchen Argumentation ist nicht etwa, daß bestimmte kerngemeindliche Verhaltensweisen wieder einmal in Mißkredit gebracht werden; das eigentlich Fatale ist die Rechtfertigung der bürgerlichen Religion zu Lasten dessen, was von Schrift und Bekenntnis her als das ganz normale Leben der »Gemeinde von Brüdern« angesehen werden muß.

Nur der Vollständigkeit halber sei noch eine zweite stereotype Wendung ergänzt, die sogar noch stärker in der kirchensoziologischen Literatur verankert ist. Wenn Kirchenmitglieder in mehr oder weniger großer Distanz vom normalen Gemeindeleben leben, dann wird von ihnen gesagt, daß »sie in ihren Teilnahmegewohnheiten, in ihrer religiösen Einstellung... etc. den Erwartungen des Systems... nicht voll entsprechen.«[143] Diese Redefigur ist soziologisch durchaus korrekt, weil der Soziologe eben nur ein kirchliches System sieht mit Erwartungen und Dienstleistungsangeboten. Fatal wird es nun aber, wenn diese Redefigur in die theologische Argumentation bruchlos überführt wird. Gliedschaft am Leib Jesu löst sich in Mitgliedschaft in einer Großorganisation auf. Dann wird z. B. die Rede von der Teilhabe am Leib Christi im Abendmahl und in der communio sanctorum, zu einer »Erwartung des Systems« herabgemindert – und das heißt doch wohl, aus ihrer Verbindlichkeit für das Nachdenken über den Gemeindeaufbau entlassen. Auch hier wird durch das Instrument der Sprache das dogmatische Bild der Kirche relativiert und das normale, ja verheißene Leben der »Gemeinde von Brüdern« seiner Bedeutung enthoben.

Der Höhepunkt aber der sprachlichen Diffamierung ist die leise Andeutung des Begriffes »Sekte«. Wer immer es wagt, die pluralistische Gestalt der Volkskirche mit einem theologischen Fragezeichen zu versehen, dem wird dieser Begriff entgegengeschleudert. Demnach macht sich sogleich verdächtig, wer von Säkularisierung und Entkirchlichung redet und wer distanzierte Mitgliedschaft in der Volkskirche nicht sogleich als Normalsituation akzeptiert, sondern darin eine missionarische Aufgabe erkennt. Diese Haltung wird in der Einleitung zu »Wie stabil ist die Kirche?« als »Barrikadentheologie« karikiert. Da werde letztlich nur der »Bekenntnis-Notstand« ausgerufen, um einer »Strategie der Abgrenzung« zu frönen. Das Schlimme daran sei, daß damit eine zweistufige Kirchenmitgliedschaft propagiert werde, die in der Lage sei, innerhalb der Volkskirche eine Aufspaltung zu bewerkstelligen und der theoretischen Polarisierung von Kirche und Gesellschaft in die Hände zu arbeiten.[144] Und dann heißt es: »Ein derartiges Selbstverständnis hat Ernst Troeltsch dem Typus der Sekte zugeschrieben.«[145]

Daran wird unter Berufung auf die Autorität von Ernst Troeltsch wohl als besonders schlimm empfunden, daß die volkskirchliche Verfassung als eher negativ bewertet wird. Dies können die Verfasser nicht nachvollziehen, zumal sie anstatt einer Erosion der Volkskirche gerade »Erscheinungen produktiver neuer Religiosität«[146] bemerkt haben, bis hin zu einem »Christentum außerhalb der Kirche«.[147] Hier aber gehen nun offensichtlich verschiedene Dinge durcheinander, ist also einige Verwirrung der Begriffe zu konstatieren. Es beginnt mit der schon stereotypen Verdächtigung und Diffamierung des Missionarischen. Sollte dies etwa einen grundsätzlichen Verzicht auf die Sendung der Gemeinde signalisieren? Oder eine Ablehnung des werbenden Zeugnisses, das Menschen für den Glauben an Jesus Christus zu gewinnen sucht? Damit stünde die Selbstaufgabe der Kirche vor der Tür. Oder wird nur abgelehnt, den missionarischen Auftrag gleichsam nach innen zu wenden, so daß die nicht-glaubenden Getauften zum Glauben an Jesus Christus eingeladen werden? Dies wiederum entspräche entweder einer schlimmen Blindheit gegenüber der volkskirchlichen Situation, wie sie sich durch die großen demoskopischen Untersuchungen zeigt, oder aber pastoraler Verantwortungslosigkeit gegenüber denen, die trotz ihrer Taufe immer noch ohne die befreiende Kraft des Evangeliums leben müssen. Dann aber wird vollends unverständlich, warum der missionarischen Bemühung eine »Strategie der Abgrenzung« vorgeworfen wird. Dies ist schlicht unredlich: Wer missionarischen Gemeindeaufbau will, will gerade keine Strategie der Abgrenzung, sondern das Herausgehen der Christen zu allen, die dem Evangelium (noch) fernstehen. Wenn »Abgrenzung« allerdings ein Defizit vieler Gemeinden an missionarischer Öffnung beschreiben soll, dann ist dieser Diagnose nur zuzustimmen. Der Dissens besteht aber wohl darin, daß in der Tat aus der Sicht des missionarischen Gemeindeaufbaus das Christsein in der Volkskirche sich nicht von selbst versteht, sondern daß angesichts der volkskirchlichen Situation sehr viele getaufte Mitglieder erst zur Begegnung mit dem Evangelium eingeladen werden müssen. Diese Einstellung wird mit Hilfe von Ernst Troeltsch dem Typus der Sekte zugeschrieben.

Ernst Troeltsch hat zwischen Kirche, Sekte und Mystik unterschieden. Er wollte damit drei Erscheinungsformen sozialer Selbstgestaltung des Christentums beschreiben, die sich z. B. durch den Grad der Verbindlichkeit ihrer Lehre oder auch durch die unterschiedliche »Strenge« gegenüber dem persönlichen Glauben ihrer Mitglieder unterscheiden. Abgesehen davon, ob die Unterscheidungen immer passend oder glücklich gewählt sind, ist zu berücksichtigen, daß Troeltsch sich hier auf der Ebene soziologischer Differenzierung und nicht etwa theologischer (Dis-)Qualifikation bewegt hat. Die Unterscheidung, die Troeltsch vorgenommen hat, besagt noch rein gar nichts über den Wahrheitsanspruch von Kirche, Sekte oder Mystik.[148] Wenn nun aber der Begriff der Sekte unvermittelt in einem Buch über die Volkskirche auftaucht, hat er eine ganz andere (und beabsichtigte?) Wirkung: Er wirkt sogleich theologisch diskriminierend. Darum ist dem Gebrauch dieses Terminus im Zusammenhang mit dem missionarischen Gemeindeaufbau schärfstens zu widersprechen, zumal es hier gerade nicht um Tendenzen der Abgrenzung, sondern um eine missionarische Öffnung der Gemeinde geht.

Auch »Was wird aus der Kirche?« kommt ohne den Vorwurf sektiererischer Umtriebe nicht aus. Denen, die die Volkskirche in einer Krise wähnen und die darum auf Vereindeutigung und Konzentration drängen, sprich auch auf missionarischen Gemeindeaufbau, wird ins Stammbuch geschrieben, ihre Gefährdung bestehe in einem elitären Verständnis von Kirchenmitgliedschaft und einer »sektenhaften Selbstabkapselung der reinen Gruppenkirche«.[149]

Die große Sorge von »Wie stabil ist die Kirche?« war die mögliche Polarisierung von Kirche und Gesellschaft. Lieber möchte man der Kirche – z. B. im Bereich der Kasualien – eine positive Funktion innerhalb der Gesellschaft zuschreiben, die die Existenz der Volkskirche als sinnvoll erscheinen läßt. Die Gefahr dieses Verfahrens ist jedoch genau jenes Verliebtsein in die Empirie, das Theodosius Harnack als »Conservatismus« ablehnt. Die empirisch festgestellten und gesellschaftlich legitimierten Funktionen der Kirche. Ebenso wird die empirisch erhobene Situation der Mitgliedschaft zur Norm erhoben. Sie ist differenziert und darf auch gar nicht anders sein. Die Abständigkeit der kirchlichen Wirklichkeit wird nicht durch Kritik und (theologisch qualifiziert gesprochen) Buße beantwortet, sondern durch die Erhebung des Faktischen zum Normativen. Dabei geht das Verliebtsein in die Empirie schnell mit einer Funktionalisierung der Kirche als sozialem Subsystem mit Zuständigkeit für religiöse Belange einher: Entscheidend für eine Gemeinde ist dann »nicht eine Gemeinschaft der Kirchengemeinde, sondern eher die Nachbarschaft, das Gemeinwesen, als dessen Funktion die Kirchengemeinde erscheint.«[150]

Bemerkenswert ist bei den hier zusammengebrachten Beispielen, daß in dem Maße, in dem der missionarische Gemeindeaufbau der diskriminierenden Redeweise verfällt, die empirisch erarbeitete differenzierte Kirchenmitgliedschaft und hier wiederum besonders die positiv-distanzierte Kirchlichkeit gerechtfertigt werden.

c) Reduktionistische Ekklesiologie

Gilt der notwendige Widerspruch dem kirchlichen Illusionismus und der Denunzierung des normalen Gemeindelebens, so trifft er schließlich auch und in demselben Sinne die Reduktions-Theologie der volkskirchlichen Mitgliedschaftsuntersuchungen »Wie stabil ist die Kirche?« (1972/74) und »Was wird aus der Kirche?« (1982/84). Es muß erstaunen, wenn nicht erschrecken, wie der Verfall »kerngemeindlicher« Frömmigkeit und der Ausverkauf der Übereinstimmung mit der kirchlichen Lehre hingenommen werden. Gefragt ist eben doch nur Stabilität der Mitgliedschaft, weniger hingegen die Klärung der Gliedschaft in der »Gemeinde von Brüdern«. Nicht daß dies nicht zu verstehen wäre angesichts der Kirchenaustrittswelle; nicht daß dies nicht wichtig wäre und Kirchenmitgliedschaft nicht zu erhalten wäre. Doch ist damit genug gesagt? Reicht der Jubel darüber aus, daß die positiv-distanzierten Kirchenmitglieder vermutlich die Kirche nicht verlassen werden?[151]

Wenn die empirischen Daten uns nicht täuschen, kann diese Frage nur verneint werden. Denn dann befindet sich die Volkskirche in der Lage, daß es eine Mehrheit von Kirchenmitgliedern gibt, die ohne eigenes Ja zu ihrem Glauben dazugehören: »Die Volkskirche kann also Zugehörigkeit zur Kirche ohne eigene Entscheidung, ohne lebendige Christusbeziehung, ohne Bibel, Gebet, Gemeinschaft und Zeugnis bedeuten.«[152] Bei einer großen Zahl von Kirchenmitgliedern ist die

Verantwortung, die die Kirche für ihre Getauften übernimmt, noch nicht zum Ziel gekommen: diese Menschen nämlich auch zum Glauben zu führen. Eine nicht im Glauben angenommene Taufe aber nutzt überhaupt nichts oder doch so wenig wie ein nicht eingelöster, wohl aber gedeckter Scheck. Mitgliedschaft ohne Christusbeziehung ist Mitgliedschaft ohne Christsein. Am Beispiel des Gottesdienstes kann dies verdeutlicht werden.

Karl Barth hat dem Gottesdienst in seinem Kapitel über die Auferbauung der christlichen Gemeinde eine wesentliche Funktion zugemessen. Im Gottesdienst geschieht das gegenseitige Dienen, durch das die Gemeinde erbaut wird. Das Hören auf das gepredigte Wort Gottes, die Mahlgemeinschaft, die Antwort durch Gebet, Lob und Bekenntnis, das sind die unverzichtbaren Bestandteile christlichen Gottesdienstes, damit aber auch christlicher Existenz und missionarischen Gemeindeaufbaus.[153] Über die Möglichkeit, ohne Gottesdienst Christ zu sein oder Gemeinde darzustellen, urteilt Karl Barth: »...die Möglichkeit eines unkirchlichen, d. h. dem gemeinsamen kirchlichen Gottesdienst sich fernhaltenden Christentums, hätte in der neutestamentlichen Gemeinde gerade nur Gegenstand höchster, verständnisloser Verwunderung sein können.«[154]

Ein Christsein ohne Gottesdienst, ein Gemeindeaufbau ohne die gottesdienstliche Versammlung der Christen, das ist schlechterdings undenkbar. Dabei ist zunächst auch tatsächlich an den sonntäglichen Hauptgottesdienst zu denken. Allerdings muß man angesichts der derzeitigen Situation der Volkskirche und besonders des Sonntagsgottesdienstes davon sprechen, daß es Ziel des Gemeindeaufbaus sein soll, dem gottesdienstlichen Treffen aller Christen wieder die zentrale Bedeutung in der Gemeinde zuzuschreiben. Das ist zur Zeit in den meisten Fällen sicher nicht der Fall. Auch wird man neben dem Hauptgottesdienst am Sonntag manche anderen gottesdienstlichen Formen sehen und anerkennen müssen, etwa Hauskreise, Mitarbeiterkreise u. a. Kriterium ist in jedem Fall, daß sich Menschen versammeln, um das Wort Gottes zu hören, miteinander Mahlgemeinschaft zu haben, zu beten und zu loben. Darauf aber kann kein Christ, kann keine Gemeinde verzichten. Davon kann man aber nicht leben, wenn man nur hin und wieder zu einer Stippvisite in den Raum der Gemeinde eintritt. Da geht nicht nur ein Frömmigkeitstyp verloren, sondern das Normale und Lebensnotwendige. Es ist eine furchtbare Verkehrung, wenn Theologie oder gar Kirche den Menschen einreden, ihre – zugegeben positive – Distanz sei auch eine Möglichkeit, Christ zu sein und am Leben der Gemeinde zu partizipieren. Noch schlimmer ist es, wenn das Normale und Lebensnotwendige diskriminiert wird, als Substituierung des Gottvertrauens durch das Vertrauen auf die Gemeinschaft.[155] Oder wenn man den im kirchlichen Sinne Frommen unwidersprochen als »einen negativen Sozialtyp«[156] bezeichnen kann. Diese Diskriminierung hat etwas Verführerisches an sich, aber auch etwas schlicht Banales. Demnach müßte sich das Gottvertrauen gerade in der Distanz zum Gemeindeleben besonders intensiv ausdrücken.

Nein, die Sache muß beim Namen genannt werden: Wer hier fernbleiben kann, wer hier lautlos gehen kann, wer hier feststellen muß, daß er in Distanz lebt zur Gemeinde, ihrer Versammlung unter Wort und Sakrament, damit wohl auch ihrem Herrn, von dem muß wohl in der Regel gelten, daß er noch nie eine Grundentscheidung für Jesus Christus, eine ganzheitliche Umkehr zu ihm und seinem Leib, der Gemeinde, erlebt hat.[157]

Es ist uns deutlich, daß damit ein ganz schwieriges Terrain beschritten wird. Die Frage, wer ein Christ ist, ist zwar auf Grund des bisher Erarbeiteten unausweichlich, aber es dürfte kaum eine Frage geben, bei der Theologen, Kirchenleitungen und kirchliche Gremien so nervös werden wie bei der Frage nach dem gelebten und gestalteten persönlichen Glauben, also nach dem Christsein. Die notwendige Frage wird in der kirchlichen und theologischen Öffentlichkeit zur verbotenen Frage. Sie wird zur verbotenen Frage, weil sie die Selbstverständlichkeit der Kirchenmitgliedschaft in Frage stellt, die selbstzufriedenen Auswertungen empirischer Untersuchungen nicht akzeptiert und die Kirche von der satten Sicherheit in bezug auf ihre Mitglieder wegruft zum missionarischen Gemeindeaufbau. Dennoch muß es ausgesprochen werden: Das Christsein der vielen Getauften ohne Christusbeziehung und gestaltete Frömmigkeit steht noch aus. Für die Gemeinde kann die Taufe ihrer Mitglieder kein Grund der Beruhigung sein, sondern nur ein Grund zu allergrößter Unruhe, daß diese Getauften den Weg zum persönlichen Glauben noch finden und nicht in Distanz verharren. Dabei geht es gerade nicht um Diskriminierung der Getauften oder gar deren Exkommunikation. Es geht vielmehr darum, daß sie zu der Freude des Evangeliums gelangen, die erheblich mehr und besser ist als das bloße periodische religiöse Erlebnis anläßlich von persönlichen oder sozialen Wendepunkten. Daß Menschen, die getauft sind, nun auch froh werden, weil sie um das Heil in Jesus Christus mit persönlicher Gewißheit wissen, daß sie die Gabe der Bruderschaft in der Gemeinde empfangen, sich einbringen lernen mit ihren Gaben, zugerüstet werden zu einem Dienst in der Welt, das ist das Ziel. Wer weniger für einen Getauften will, will entschieden zu wenig und enthält den Menschen das Beste vor. Er verkauft ihnen statt des Evangeliums nur einen Aufguß von etwas gesellschaftlich relevanter Religion mit immer geringerer Kraft.

Weil diese Aufgabe, die im Zentrum des missionarischen Gemeindeaufbaus steht, weithin sträflich vernachlässigt worden ist und in den Gemeinden die statische Dankbarkeit der Pflege und Verwaltung volkskirchlicher Gemeinden üblich ist (s. o.), ist ein Großteil der Kirchenmitglieder, gerade aus dem Kreis der positiv-distanzierten Kirchlichkeit, noch nie mit der Frage nach ihrem persönlichen Christsein konfrontiert worden. Man ist ja stets davon ausgegangen, daß alle, die irgendwie zur Kirchengemeinde gehören, auch Christen sind. Eine Analyse der Predigtpraxis anläßlich von Kasualien würde dies mit Sicherheit zutage fördern. Christsein wird immer schon vorausgesetzt. Glieder der Gemeinde muß man nicht mehr gewinnen, sie sind ja schon vorhanden, auch wenn man sie nie sieht, sie nichts oder nur wenig vom Glauben wissen und durch nichts in ihrem alltäglichen Leben erkennen lassen, daß sie zu Christus und seiner Gemeinde gehören (wenn man davon absieht, daß sie etwas unterlassen, nämlich den Austritt). Aber Christ »ist man ja«.[158] »Mit der ›Volkskirche‹ verbindet sich die Tendenz, Menschen immer schon als Christen anzusprechen und sie dadurch davon zu entlasten, eine eigene Antwort des Glaubens zu geben.«[159]

Weder die Vereinnahmung aller Kirchenmitglieder als Christen noch ihre Diskriminierung oder Exkommunikation ist der Weg des missionarischen Gemeindeaufbaus. Dieser verkündigt vielmehr das Evangelium an alle, lädt ein zur persönlichen Umkehr, schafft Räume, in denen solche Umkehr Sprache und Gestalt gewinnen kann und bietet den Menschen Heimat und Aufgabe in der »Gemeinde von Brüdern«. Deutschland ist Missionsland trotz der 90% Kirchenmitglieder in der Bevölkerung.[160] Dabei geht es nicht um die Rettung der Volkskirche und ihres Ansehens in der Gesellschaft, sondern um den Gehorsam der Gemeinde ihrem Auftraggeber gegenüber, der will, »daß allen Menschen geholfen werde und sie zur Erkenntnis der Wahrheit kommen«(1 Tim 2,4).

Dann muß es aber auch ein Ende haben mit der Illusion, daß Christsein und Kirchenmitgliedschaft sich von vorneherein und in jedem Fall decken und »für einen getauften Menschen... Unglauben einfach nur Einbildung«[161] sein kann. Dann muß alle Kraft darauf verwandt werden, Menschen (nicht: zu verkirchlichen, sondern:) »zur Erkenntnis der Wahrheit« zu helfen.[162] »Die bedingungslose gnädige Zusage Gottes in der Taufe wartet auf eine Antwort des Menschen. Denn Gottes Verheißung über dem Menschen wird allein in gläubiger Annahme Wirklichkeit.«[163]

Das Ja zur Volkskirche bedeutet damit ein Ja zum missionarischen Gemeindeaufbau, der gerade den positiv-distanzierten Kirchenmitgliedern Gottes Gutsein zuruft und sie aufruft, sich dieses Gutsein gefallen zu lassen (vgl. 2 Kor 5,18–21).

Ein Nein zum missionarischen Gemeindeaufbau in der jetzigen Situation der Volkskirche wäre ein Ja zu einer Kirche der billigen Gnade, einer Kirche ohne Nachfolge, darum aber auch ohne »die Freudigkeit der Nachfolge«.[164] Es wäre das Ja zu einer Kirche, die statt des Sünders die Sünde rechtfertigte, die fortwährend von der Nachfolge dispensierte, ohne die es die Gnade nicht gibt, die statt dessen alles beim Alten beläßt und nur damit beschäftigt ist, die bürgerliche Existenz der Menschen zu weihen und zu bestätigen.[165] Es wäre das Ja zu einer großen Illusion, zu einer unbarmherzigen Kirche der vermeintlichen Gnade, die gerade den Verzicht auf die Nachfolge und das Votum für die eigene Weltlichkeit für christlich hält. Dietrich Bonhoeffer sagt den Zusammenbruch der Kirche als Preis der zu billig erworbenen Gnade an: »Man gab die Verkündigung und Sakramente billig, man taufte, man konfirmierte, man absolvierte ein ganzes Volk, ungefragt und bedingungslos, man gab das Heiligtum aus menschlicher Liebe den Spöttern und Ungläubigen, man spendete Gnadenströme ohne Ende, aber der Ruf in die strenge Nachfolge Christi wurde seltener gehört. Wo blieben die Erkenntnisse der alten Kirche, die im Taufkatechumenat so sorgsam über der Grenze zwischen Kirche und Welt, über der teuren Gnade wachte?... Wann wurde die Welt grauenvoller und heilloser christianisiert als hier? Was sind die 3000 von Karl dem Großen am Leibe getöteten Sachsen gegenüber den Millionen getöteter Seelen heute?... Die billige Gnade war unserer evangelischen Kirche sehr unbarmherzig.«[166]

V. Eine notwendige Zwischenbemerkung

Es soll in diesem Zusammenhang nicht verschwiegen werden, daß die notwendige und auf keinen Fall verbotene Frage nach dem Christsein tatsächlich eine gefährdete Frage ist. Die Frage nach dem wahren Christen könnte unter der Hand zur Suche nach dem religiösen Virtuosen werden, der am ehesten einer elitären Vorstellung vom wahren Christen entspräche. Wer so fragt, erliegt der Versuchung der Jünger Jesu, die andere, die auch Jesus nachfolgten, dies aber anders als sie selbst taten, nicht gelten lassen wollten (Mk 9,40). Davor muß sich die Frage nach dem Christsein hüten: Daß sie nur noch den religiösen Virtuosen der einen oder anderen Schattierung als Christen anerkennt. Da drohen »der Eifergeist, der Schwarmgeist, der Richtgeist, der Zorngeist«.[167]

Wenn es nicht um den religiösen Virtuosen geht, dann geht es vielmehr um das Vorbild des Kindes, dessen Glauben Jesus als vollständigen Glauben anerkennt und den Jüngern mahnend vor Augen stellt (Mk 9,36f.). Die Frage nach dem persönlichen Christsein will nicht lauter religiöse Virtuosen produzieren, sondern zu der kindlichen Antwort des Glaubens einladen, die sich das Gutsein Gottes in Jesus Christus zusprechen und gefallen läßt. Von dieser Frage und von dieser Einladung darf nun aber tatsächlich niemand dispensiert werden.

Das Bedrohtsein der ernsten Frage nach dem Christsein wird noch in einer anderen Hinsicht deutlich. Jesus ermahnt seine Jünger mit ungewöhnlicher Strenge, »die Kleinen« nicht zu ärgern. Wer die Schwachen, Angefochtenen, Schwierigen, im Anfänglichen Lebenden, kurzum die Kleinen ärgert und ihren geringen, aber doch echten und ganzen Glauben in Zweifel zieht, der zieht das Gericht auf sich (Mk 9,42f.). Wiederum ist damit die Warnung vor dem Richtgeist impliziert.

Die Gemeinde soll um die Grenze zwischen Glauben und Unglauben wissen; sie soll an ihr auch festhalten. Wie sollte sie anders herüberrufen zum Glauben? Oft wird sie auch sehen, wo diese Grenze entlangläuft: Oft wird das positive Bekenntnis oder auch sein Gegenteil der Gemeinde zeigen, wer zur »Gemeinde der Brüder« gehört und wer nicht. Manchmal wird ihr auch der »Durchblick« Jesu Christi geschenkt, von dem schon die Rede war; aber das wird nicht immer der Fall sein. Die Gemeinde muß es gar nicht immer wissen. Sie muß aber zum Glauben einladen; dabei wird sie immer wieder darauf stoßen, daß Menschen durch das Evangelium zu der Frage kommen: Wer ist Christ? Bin ich einer? Wie kann ich es werden? Dann darf sie zur Gewißheit führen. Wichtig ist auch dabei nur, daß der angesprochene Mensch zur Gewißheit kommt. Die Gemeinde kann gelassen sein, das Wort Gottes selbst wirkt den Glauben und sorgt auch dafür, daß er sich im Bekenntnis versichtbart.

Dann aber muß die Gemeinde nicht zur verschlossenen Festung werden, wie viele Kritiker es fürchten. »Die Kirche ist keine Grenzstadt, deren Mauern Freund und Feind scheiden. Die Kirche ist eine Stadt, die auf dem Berge liegt, die alle sehen, weit hinaus in das Land. Die Kirche ist ein Leuchter, auf dem das Licht steht. Gerade die Dunkelheit ist es, in die sie hineinleuchtet... Diese Weiträumigkeit, diese Entgrenzung in den Raum hinaus, vermag die Christusgemeinde vom Felsen her, der ihre Mitte ist. Fels ist sie, unverrückbar, von härtestem Urgestein, in den Menschen, die Christus bekennen als den Gottessohn... Wo diese Mitte unverrückbar steht, bedarf die Kirche keiner Scheidewand nach außen. Hier ruht das Geheimnis der weltumfangenden Kirche. Sie kann lieben ohne Grenzen, weil sie hier gegründet... ist.«[168]

VI. Die Erosion im Zentrum

Wer die kybernetische Situation in der Volkskirche in Augenschein nimmt, wird auch feststellen müssen, daß die sogenannte Kerngemeinde keineswegs von der Erosion verschont geblieben ist. Die Bedeutung des Gottesdienstes wird geringer eingeschätzt, die Erziehung der Kinder im Glauben wird schwieriger, die persönliche Glaubenspraxis wird gestaltloser und das Familienleben entbehrt weitgehend christlicher Akzente. Man weiß auch im Kern der volkskirchlichen Gemeinde immer weniger von dem Gott der Bibel, und auch nicht mehr, wie ein Leben mit ihm aussieht. Man müßte das alles erst wieder lernen.[169] »Wir haben es aber nicht nur mit einer Emigration an die Ränder, sondern auch mit einer Erosion... in der Mitte zu tun. Der volkskirchliche Kern selbst ist bedroht.«[170] Diese Beobachtung der VELKD-Studie »Zur Entwicklung der Kirchenmitgliedschaft« hat drei bedeutsame Komponenten, die kurz dargestellt werden sollen:

1. Die Unsicherheit im Zentralen

Gerät auch in der Kerngemeinde der Gottesdienstbesuch in eine Krise, wird auch hier gestaltete Frömmigkeit, zumal in der Familie, zum Problem, dann muß man von einer Unsicherheit der Kerngemeinde im Zentralen reden. Eine allzu optimistische Einschätzung der Kerngemeinde, also der intensiv mit ihrer Kirche Verbundenen, legt sich deshalb nicht nahe.[171] 31% der Kirchenmitglieder fühlen sich heute weniger mit ihrer Kirche verbunden als noch vor einigen Jahren.[172] Reinhard Köster hatte schon 1959 bei einer empirischen Untersuchung der Kirchentreuen festgestellt, daß auch diese Gruppe durchaus nicht in allem »die von seiten der Kirche im Raum der Ortskirchengemeinde angesonnenen Normen« zu erfüllen vermag: »Die Erfüllung der Normen ist gegenwärtig selbst innerhalb des kleinen Kreises der Kirchentreuen unvollkommen. Besonders im häuslichen Raum ist eine mangelnde Erfüllung der Normen durch die Kirchentreuen festzustellen.«[173] Man muß die soziologische Sprachform konkretisierend übersetzen, um das zu verstehen: Köster hat etwa herausgefunden, daß zwei der elementaren Gestaltungsweisen christlicher Häuser, das Tischgebet und das Bibellesen in irgendeiner Gestalt (bis hin zur Lektüre des Abreißkalenders) innerhalb der Kerngemeinde nicht mehr selbstverständlich sind. Es sind nur etwa 39% der Kirchentreuen 1959 gewesen, die an der Übung des Bibellesens festhielten. Bei immerhin 68% der Kirchentreuen war das Tischgebet regelmäßige Übung.[174] Neben diesen »harten«, empirischen Daten sind im Hinblick auf die Kerngemeinde aber auch »weiche« Daten zu berücksichtigen, die z. B. im Umgang mit ehrenamtlichen Mitarbeitern in Kirchengemeinden gewonnen werden.[175] Diese Erfahrungen bestätigen weitgehend den – allerdings nicht sehr umfangreichen – empirischen Eindruck. Der normale Mitarbeiter der Kirchengemeinde ist ein in hohem Maße engagiertes Mitglied seiner Kirche. Er ist treu, aktiv und für vieles ansprechbar. Er übernimmt Aufgaben, und man kann sich darauf verlassen, daß sie gut erfüllt werden. Er investiert einen erheblichen Teil seiner Freizeit in die Mitarbeit in der Kirchengemeinde. Bei kirchlichen Veranstaltungen kann man mit ihm gewiß rechnen. Hier ist wiederum an die Warnung vor einer undankbaren Theologie zu erinnern, die das alles nicht gelten lassen will oder gar damit beschäftigt ist, solches kerngemeindliche Verhalten zu diskreditieren. Manche der Beschreibungen kerngemeindlicher Kirchenmitglieder erfüllen schon den Tatbestand diskriminierender Redeweise.[176] Doch was würde passieren, wenn die zahlreichen ehrenamtlichen Mitarbeiter ihre Mitarbeit einstellen wollten?

Doch gerade wer dankbar sein möchte für die Menschen, die regelmäßig am Leben der Gemeinde teilnehmen, und die sich für manche durchaus nicht immer attraktiven Dienste zur Verfügung stellen, wird nicht die Augen davor verschließen, daß in bezug auf die Eindeutigkeit kerngemeindlicher Kirchenmitglieder in Fragen des Glaubens und seiner Gestaltung viele Fragen offen sind.

Fritz Schwarz hat z. B. zwei einander entsprechende Beobachtungen gemacht, die die Lage vieler Menschen in der Kerngemeinde treffend wiedergeben. Er verweist darauf, daß die Botschaft von der Rechtfertigung des Gottlosen aus Gnade allein durch den Glauben zwar wieder und wieder von der Kanzel herab verkündigt wird, wieder und wieder unterrichtet und erklärt wird, aber im Bewußtsein der Kirchenmitglieder einfach nicht »ankommt«. Selbst die regelmäßigen Kirchgänger haben sich diese Zentralbotschaft der Reformation nicht für sich selbst angeeignet. Entsprechend reagieren die Menschen auf die Frage: »Sind Sie ein Christ?« höchst unsicher und zurückhaltend. Wer kann das schon genau wissen? Wer lebt schon nach einem so hohen Maßstab, daß er es wagen könnte, sich Christ zu nennen? Das leitet zu der zweiten Beobachtung über. Die Stelle der Rechtfertigungsbotschaft vertritt im Bewußtsein auch der regelmäßigen Gottesdienstbesucher ein milder Moralismus, der das Christsein vor allem in der Erfüllung bestimmter mehr oder weniger strenger ethischer Sätze beschrieben sieht.[177] Der verheerende Schaden mangelnder seelsorgerlicher Führung zum Glauben und persönlicher Vergewisserung in den fundamentalen Sätzen des Bekenntnisses wird hier bis in die innersten Kreise der Gemeinde sichtbar. Der evangelistische und katechetische Aspekt des missionarischen Gemeindeaufbaus, der in bezug auf die Fernstehenden und auch in bezug auf die positiv-distanzierten Kirchenmitglieder zu fordern war, wird nun auch nach innen zu wenden sein: auch in bezug auf viele Glieder der Kerngemeinde geht es zunächst um Führung zum oder doch Vergewisserung im Glauben und persönliche Aneignung biblisch-theologischen Wissens in Form einer elementaren Übung des Glaubens. Dabei soll nun gewiß nicht irgend jemandem der Glaube abgesprochen werden oder die schon oft arg gebeutelte Kerngemeinde nun auch noch von dieser Seite her eine »Publikumsbeschimpfung« erleben. Vielmehr ist die gute Nachricht von Gottes Gutsein jedem seelsorgerlich zuzusprechen, damit jeder an seinem Ort zum Glauben hin oder aber im Glauben wachsen kann, ganz im Sinne neutestamentlicher Gemeindeaufbau-Theologie: »...bis daß wir alle hinankommen zur Einheit des Glaubens und der Erkenntnis des Sohnes Gottes, zur Reife des Mannesalters, zum vollen Maß der Fülle Christi«.[178]

2. Die sprachlose Gemeinde

Über eine »nicht geringe Zahl der treuesten Gemeindeglieder und Gottesdienstbesucher« sagt Theo Sorg: »Eine merkwürdige Scheu hindert sie, ihren Glauben vor anderen Menschen zu verantworten. Viele Barrieren sind zu überwinden, wenn man versucht, etwa einen Besuchsdienst anzustoßen oder Gemeindeglieder zur Mitwirkung im Gottesdienst zu bewegen.«[179]

Damit ist eine zweite Komponente der Kerngemeinden-Problematik angestoßen. Das Phänomen ihrer Sprachlosigkeit ist schon länger beobachtet und auch in einigen Daten festgehalten worden. Sprachlosigkeit als Unfähigkeit, den Glauben nach außen zu vertreten, ist allerdings in den großen empirischen Untersuchungen nicht thematisiert worden. Das Glaubenszeugnis war offenbar im Zusammenhang mit der Stabilität der Mitgliedschaft nicht relevant. Allerdings geben die Daten über das Gespräch zum Thema »Glaube – Religion – Kirche« einen gewissen Aufschluß. Sie belegen, daß das Sprechen über Fragen des Glaubens nur sehr wenigen Menschen in der Kirche problemlos und selbstverständlich zugänglich ist: 9% der Befragten in der EKD-Umfrage »Was wird aus der Kirche?« gaben an, häufig in Gesprächen in der Familie, im Bekannten- und Kollegenkreis religiöse Themen anzuschneiden (1972/74: 11%). 28% kommen manchmal auf diese Fragen zu sprechen (1972/74: 31%), hingegen 32% nur selten (1972/74: 29%) und 31% so gut wie nie (1972/74: 28%).[180]

Eingeschränkt auf die Kerngemeinde hat Reinhard Köster dieselbe Frage gestellt: »Sprechen Sie manchmal mit anderen Menschen über den christlichen Glauben?«[181] Das Ergebnis war sehr aufschlußreich. Es gibt sehr wohl Gespräche über den christlichen Glauben, doch überschreiten diese nur in sehr seltenen Fällen den Raum der Familie bzw. der gleichfalls kirchentreuen Bekannten. Außerhalb dieses Kreises wurde 1959 der christliche Glaube von höchstens 19,2% der befragten Kirchentreuen vertreten. Ganz wichtig ist die Begründung, die die Befragten dafür angaben: Man findet doch nicht die richtigen Worte. Wir können das nicht, dazu ist doch der Pastor da. Nur die Hobby-Theologen unter den Kirchentreuen, so schlußfolgert R. Köster, können mit dem Fachtheologen der Gemeinde mithalten und entsprechend »qualifiziert« über den Glauben mit anderen sprechen.[182]

Geht die Sprachlosigkeit der Kerngemeinde einher mit einer Verengung des kerngemeindlichen Niveaus, ist also der Kreis der intensiv mit der Kirche Verbundenen eine »Kirche ohne Kontakte«[183], dann wird das Dilemma vollends sichtbar. J. M. Lohse hat in seiner Untersuchung festgestellt, daß die treuesten Gottesdienstbesucher untereinander weitgehend anonym bleiben und egozentrisches Erbauungsbedürfnis für sie leitend ist.[184] Die »Kirche ohne Kontakte« nach innen bleibt auch nach außen in bezug auf das Sprechen des Glaubens ohne Kontakte – im Klartext: sprachlos. Daß damit die Bezeugung des christlichen Glaubens in der Öffentlichkeit bedrohlich reduziert ist, ist die erste Folge dieses Tatbestandes. Die Klage, daß Gott in der modernen Welt nicht mehr vorkomme, hängt auf das Engste mit der mangelnden Sprachfähigkeit der Christen zusammen, die sich ja in ihrer Umgebung zu ihrem Glauben bekennen sollen, damit Gott in der modernen Welt vorkommen kann. Eine andere Folge aber betrifft die sprachlose Kerngemeinde selbst: der Glaube lebt davon, ausgesprochen und bezeugt zu werden. Bleibt er stumm, so verkümmert er, wenn er nicht sogar abstirbt. Das Sprechen-Können, wenn nicht sogar Sprechen-Müssen des Glaubens (vgl. Apg 4,20) ist darum von größter Bedeutsamkeit für Wachstum oder Minderung des Glaubens. Darum lautet die Aufgabe: Die Gemeinde sprachfähig machen!

Daß die Sprachlosigkeit der Menschen zurückweist auf eine elementare Unsicherheit in zentralen Fragen des Glaubens, soll noch einmal erwähnt werden: »Die sprachlose Gemeinde ist aktiv in der Mitarbeit, aber stumm, was ihren Glauben betrifft. Die einfachsten Sachverhalte über Bibel, Glauben, Kirche, Jesus und Gott sind unbekannt, jedenfalls können sie nicht mitgeteilt werden.«[185]

Wiederum geht es nicht darum, die Kerngemeinde zu schelten. An ihr wirken sich nur jahrhundertealte Versäumnisse in Fragen des Gemeindeaufbaus aus. Wenn immer nur der Pfarrer für kompetent gehalten wurde, zu beten oder das Wort der Schrift auszulegen, wenn es nicht im Blick war, die Gemeindeglieder zur Mündigkeit anzuleiten (und das heißt doch dazu, in Fragen des Glaubens einen »eigenen Mund« zu haben), dann darf heute die Sprachlosigkeit der Gemeinde niemanden wundern. Hier liegen Begabungen unterschiedlichster Art einfach brach. Sie liegen brach, weil Theologie und Kirche es versäumt haben, dem Gemeindeglied zum Wort zu verhelfen und ihm das Wort zu erteilen. Nur darum verstummte die Gemeinde.[186]

Wiederum ist also der missionarische Gemeindeaufbau zuerst dadurch zu kennzeichnen, daß er in eine Bewegung der Umkehr hineinführt. Es gilt einzugestehen, daß dem Mündigwerden der Christen zuwenig Aufmerksamkeit gewidmet wurde, und daß das Sprechen des Glaubens dem theologischen Fachmann vorbehalten blieb, daß schließlich dadurch die Gemeinde stumm wurde und der Welt das notwendige Zeugnis des Glaubens – trotz einer eindrucksvollen Theologie des Laientums – in vielen Bereichen vorenthalten blieb. Dann aber gilt es, entschlossen nach neuen Wegen zu suchen, die dem Christen zu Wort verhelfen.

3. Die pfarrerzentrierte Gemeinde

Damit ist bereits ein weiterer Punkt angesprochen, der für die problematische Situation der Gemeinden mitverantwortlich ist: Die Konzentration auf den Pfarrer.

Hier ist noch einmal das empirische Material von »Was wird aus der Kirche?« heranzuziehen. Die Umfrage kam zu sehr deutlichen Ergebnissen. Der Besuch des Pfarrers hat für einen sehr großen Teil der evangelischen Kirchenmitglieder nach wie vor einen sehr hohen Stellenwert: 35% der Befragten würden es begrüßen, vom Pfarrer besucht zu werden (1972/74: 32%), 32% fänden es immerhin interessant (1972/74: 30%), 30% würden – trotz indifferenter Einstellung – dem Pfarrer ein Gespräch nicht verweigern (1972/74: 33%). Nur 4% erklärten rundweg, der Pfarrer habe in ihrem Haus nichts zu suchen (1972/74: ebenfalls 4%).[187] Es ist ganz offensichtlich und zunächst auch als ganz positives Ergebnis festzuhalten: Der Pfarrer nimmt innerhalb der Gesellschaft eine ausgesprochene Ausnahmestellung ein, denn ihm stehen die meisten Türen immer noch offen. Aufschlußreich ist, daß diese Offenheit relativ unterschiedslos bei Städtern wie bei Landbewohnern, bei Jungen wie bei Alten, bei »intensiv Verbundenen« wie bei »etwas Verbundenen« gegeben ist.[188] Die positive Einstellung zum Besuch des Pfarrers ist größer als das allgemeine Verbundenheitsgefühl mit der Kirche. Allerdings ist dies alles für die meisten bloß hypothetisch: 62% der Befragten wurden noch nie besucht (1972/74: 61%). Umgekehrt gilt: Wer vom Pfarrer – möglichst in nicht zu lange zurückliegender Zeit – besucht wurde, ist erst recht bereit, den Pfarrer erneut bei sich zu empfangen.[189] Denn: 85% der Besuchten hatten von ihrem letzten Gespräch mit dem Pfarrer einen sehr guten oder doch wenigstens guten Eindruck.[190]

Weitere Eindrücke, etwa über den Bekanntheitsgrad des Pfarrers oder über die überragend positive Erinnerung an den eigenen Konfirmator, vervollständigen das Bild.[191]

Aufschlußreich ist nun aber das erheblich weitergehende Ergebnis der Umfrage-

Auswertung z. B. von »Wie stabil ist die Kirche?«. Es heißt gleich einleitend: »Zu den bemerkenswerten, in sich freilich spannungsreichen und vieldeutigen Ergebnissen der Erhebung gehört, in welch hohem Maße das Verhältnis der Mitglieder zur Kirche an den Pfarrern orientiert, durch die Pfarrer und in den Pfarrern vermittelt ist.«[192]

Aufs Ganze gesehen kommt man zu dem Ergebnis, daß in der Sicht der Mitglieder die Kirche durch die Pfarrer personell repräsentiert wird. Trotz aller Theologie des Laientums muß man feststellen: »Die Pastorenorientierung der Evangelischen ist nahezu völlig ungebrochen.«[193] Man kommt kaum umhin, diesem Ergebnis weithin zuzustimmen. Es entspricht auch dem, was jedem Beobachter offenkundig ist. Aufschlußreich ist aber, wie dieses Ergebnis zustande kam und wie es gedeutet wird.

Zum Zustandekommen ist eine kleine Bemerkung höchst wichtig, in der die Theologengruppe, die »Wie stabil ist die Kirche?« auswertete, zugeben mußte, daß nach einem möglichen Kontakt mit anderen – haupt- oder ehrenamtlichen – Mitarbeitern überhaupt nicht gefragt worden ist. Es ist natürlich nicht besonders schwer, die Pastorenorientierung beim Thema »Besuch und Gespräch« nachzuweisen, wenn nach nichts anderem gefragt wird als nach dem Besuch des Pfarrers, wenn also jedes andere Ergebnis als die Pastorenorientierung von vorneherein ausgeschlossen wird.[194] In der zweiten EKD-Umfrage »Was wird aus der Kirche?« (1982/84) wird zwar auch nach anderen kirchlichen Mitarbeitern gefragt, jedoch nimmt auch hier diese Frage nur verschwindend geringen Raum ein und bezieht sich ausschließlich auf den Bekanntheitsgrad dieser Mitarbeiter, nicht aber beispielsweise auf deren Besuch.[195]

Alles andere ergibt sich dann sehr plausibel in der Auswertung der Umfrage-Ergebnisse. Inwieweit Empirie und theologische Norm hier vermischt oder noch unterschieden werden, ist sehr schwer auszumachen, wenn es heißt: »Die Pfarrer sind die Kirche, in gewisser Weise.«[196] Und: die Zustimmung der Mitglieder zu ihrer Kirche gilt der Kirche in personaler Repräsentanz. Darum muß nach Meinung der Theologengruppe der Pfarrer als »Bürge«[197] gesehen werden, der von den Menschen in Anspruch genommen wird »als Besucher, Berater, Gesprächspartner, Begleiter, als Nachbar, als Bürge für Sinn und Wert, für gute Tradition und gute Zukunft.«[198]

Entsprechendes findet sich dann auch in modernen pastoral-theologischen Konzeptionen durchaus wieder. Die empirisch erhobene Rollenerwartung an den Pfarrer wird unter der Hand zur theologischen Norm. Vom Pfarrer wird nun auch von seiten der Theologie erwartet, daß er Bürge der oben genannten Werte und dann auch Integrator der vielen verschiedenen Ansätze, Wünsche, Aktivitäten wird; also: »Er ist Kommunikationsagent und Generalist.«[199]

Die Theologisierung des empirischen Befundes wird noch deutlicher in der Rede vom Pfarrer als dem Symbol der Einheit in der Volkskirche. Georg Kugler sagt dazu, nachdem er feststellt, daß der Gottesdienst nicht mehr das allgemein anerkannte Symbol der Einheit in der Gemeinde ist: »Im Augenblick ist das umfassende Symbol der Pfarrer, der meist in allen Bereichen gegenwärtig ist und die eigentliche Klammer im volkskirchlichen Gefüge darstellt. Insofern ist die Volkskirche notwendig pfarrerzentriert, wie immer man theologisch dazu stehen mag.«[200]

Der theologische Standpunkt wird gleichsam relativiert, weil sowieso schon klar ist, was in der Volkskirche notwendig ist. Gegen diese These ist entschieden Widerspruch einzulegen und zwar aus sehr unterschiedlichen Gründen:

Erstens ist der Pfarrer hier in unverantwortlicher Weise überfordert. Das ist nicht einmal in erster Linie im Hinblick auf seine psychischen und physischen Ressourcen gesagt, sondern im streng theologischen Sinn: Der Pfarrer taugt nicht als Symbol der Einheit, als personale Repräsentanz von Kirche. Er kann weder Christus vertreten noch die »Gemeinde der Brüder« in Person ersetzen. Er kann nicht Bürge sein für das, was er sagt und tut, er kann höchstens – das aber mit allem Ernst – Zeuge sein, der über sich hinausweist auf Christus und darum auch auf die »Gemeinde von Brüdern«.

Zweitens ist der Pfarrer dann auch im Hinblick auf seine psychischen und physischen Ressourcen auf Dauer völlig überfordert. Er ist auch von dieser Seite her gesehen nicht dazu geeignet, als eine Art pastoraler Atlas die Gemeinde oder gar die Volkskirche auf seinen Rücken zu laden. Die empirischen Befunde zur Arbeitsbelastung der Pfarrer in der Volkskirche, die in seltener Eintracht ein Jahresdurchschnittsarbeitssoll von 73 Stunden pro Woche herausgearbeitet haben, bestätigen diese Vermutung überdeutlich.[201] Rolf-Walter Becker vermutet in vielen Pfarrern hochgradig gefährdete »workaholics«.[202] Die Festschreibung der pfarrerzentrierten Gemeinde durch das Postulat einer zentralen Bürgen- oder Symbolfunktion des Pfarrers kann nur als Unbarmherzigkeit gegenüber dem Pfarrerstand interpretiert werden. Es ist kaum im Sinne der Konzeption von der »Gemeinde von Brüdern«, wenn auf einen dieser Brüder die ganze Last personaler Repräsentanz des Ganzen gelegt wird. Die von R.-W. Becker herausgestellten Fakten belegen dies eindrucksvoll: Der pastorale »workaholic« ist völlig überfordert, gehetzt, kaum noch kontaktfähig, in tiefe Konflikte mit Familie, gemeindlichen Erwartungen und persönlichen Zielsetzungen verstrickt und darum sowohl in seiner Persönlichkeit als auch in seinem Dienst stark eingeschränkt.[203] Wer nun behauptet, dies sei ja gar nicht die Absicht der Redeweise vom Pfarrer als Bürgen, muß sich fragen lassen, wie denn die zahlreichen, mit dieser Formulierung gegebenen Funktionen und Aufgaben ohne den Aufbau einer mitarbeitenden und mündigen »Gemeinde von Brüdern« anders bewältigt werden sollen als mit Hilfe eines workaholisierten Pfarrers!

Drittens ist der Pfarrer auch geistlich mit dieser Aufgabe überfordert. Auf diesen Aspekt werden wir im dritten Teil der Arbeit noch ausführlich zurückkommen müssen. Hier ist nur festzuhalten, daß die Erosion der Kirche am Pfarrerstand selbstverständlich nicht vorübergegangen ist, und daß es auch da viel Unsicherheit im Zentralen gibt, viel Angefochtenheit und bei manchem eben auch erkennbar fragwürdige Christuserkenntnis und gestörte Christusbeziehung.[204] Die Frage der Erneuerung des Pfarrerstandes, die Julius Schniewind aufgeworfen hat, ist von unverminderter Aktualität.[205]

Vom Pfarrer her ist also Widerspruch einzulegen gegen die Überdehnung seiner Rolle und gegen die Festschreibung der Zentrierung der Gemeinde auf ihn. Doch mindestens ebenso deutlich muß der Widerspruch von der Seite der Gemeinde her erfolgen. Wird die Fixierung auf den Pfarrer fortgeschrieben, muß die Gemeinde in ihrer Sprachlosigkeit bleiben. Sie darf weiterhin fleißig und aktiv sein, jedoch eher im Bereich der Handlangerdienste.[206] Wenn es um das Bezeugen des Evangeliums, um Mitverantwortung in der Leitung, um Auslegung der Schrift und Gebet geht, ist die Gemeinde nicht mehr gefragt. »Die Mehrzahl (der Kirchenmitglieder) gehört einer Bedienungskirche an, die mit der Totalrolle des Pfarrers und der Delegation der gemeindlichen Dienste an ein Heer von Hauptamtlichen zufrieden sind oder sich darunter gebeugt haben... Die meisten kirchlichen Aktivitäten sind auf den Pfarrer konzentriert. Er plant, beherrscht, organisiert und entscheidet. Die Laien sind Objekte kirchlicher Versorgung, somit ohne Auftrag und weithin tatenlos.«[207]

Es wird im missionarischen Gemeindeaufbau darum gehen, diese wahrhaft häretischen Strukturen zu verändern. Von der vierten These der Barmer Theologischen Erklärung her verbietet sich die volkskirchliche Monostruktur. Viele sind es, die am Zeugnisauftrag der Gemeinde zu beteiligen sind! Und vom Neuen Testament her wird eine Pfarrerzentrierung der Gemeinde vollends unverständlich. Wo Menschen sich zu Jesus Christus als ihrem Herrn in der Kraft des Heiligen Geistes bekennen, da werden mit großer Gewißheit auch die zahlreichen Gaben des Geistes geweckt, die zum Aufbau der Gemeinde notwendig sind. Der Träger aller Charismen ist Jesus Christus, aber keineswegs der Pfarrer. Und Christus läßt alle Glieder seines Leibes an den Charismen partizipieren. Von daher, weil »Gemeinde von Brüdern« charismatische Gemeinde ist, verbietet sich die Solostellung des Pfarrers und ist der Aufbau der mündigen und mitarbeitenden Gemeinde nicht nur geboten, sondern verheißen.[208] Innerhalb dieser charismatischen Grundstruktur der Gemeinde wird auch der Pfarrer seine Funktion finden; er wird als hauptamtlicher Theologe gewiß nicht überflüssig. Aber er wird aufhören, andere Gabenträger durch seine erdrückende Allgegenwart und Allaktivität in der Ausübung ihrer Charismen zu behindern. Aufgaben der Leitung, der Entdeckung und Förderung von Charismen, Aufgaben lehrender Verkündigung im Prozeß des missionarischen Gemeindeaufbaus werden für den Pfarrer eine neue und gewiß erfüllende Rollendeutung ermöglichen. Aber es wird keine pfarrerzentrierte, im Zentralen verstummte und bediente Gemeinde mehr geben – sie hat sich überlebt und hatte eigentlich nie ein Lebensrecht.

Allerdings ist es richtig, daß dem Pfarrer in diesem Prozeß eine »Schlüsselrolle«[209] zukommt. An ihm vorbei ist eine solche Bewegung zum missionarischen Gemeindeaufbau in den Strukturen der Volkskirche kaum möglich. »Die gegenwärtige Zentralität des Pfarramts ist der Ausgangspunkt jeder Veränderung.«[210]

Veränderung in Richtung auf die mitarbeitende, mündige Gemeinde ist eines der Ziele des »missionarischen Gemeindeaufbaus«. Dies bedeutet jedoch nicht kurzschlüssig eine Aktivierung der Kirchenmitglieder zu mehr oder minder verantwortungsvollen Diensten. Der empirische Befund legt es nahe, in einer solchen Aktivierung, wie sie unter dem Stichwort »Mitarbeiter gewinnen« gang und gäbe ist, eine Überforderung der Menschen und ein gesetzliches Konzept zu entdecken. Wir werden zu zeigen versuchen, wie sich die mündige und mitarbeitende Gemeinde ebenso wie der Pfarrer in einer neuen Rollenbeschreibung wie von selbst aus einer gemeinsamen Hinwendung von Pfarrer und Gemeinde zum Evangelium, zur frohen und frohmachenden Botschaft von Gottes Güte in Jesus Christus ergibt. In der gemeinsamen Bewegung der Umkehr, weg von allen hybriden Hoffnungen auf eigenes Tun für die Gemeinde, weg aber auch von aller Resignation hin zu Jesus Christus wird die Gemeinde erneuert. Diese Abkehr und Hinkehr ist das, was wirklich not-wendig ist in der unsicheren, sprachlosen und pfarrerzentrierten Gemeinde. Diese Umkehr, gleich ob sie zum ersten oder wiederholten Mal geschieht, ist die Hoffnung auf neues Leben, nicht aber irgendwelche Appelle, theologische Programme oder auch nur gutgemeinte Ratschläge, der Pfarrer möge ruhiger und zurückhaltender, die Gemeinde dagegen aktiver und verantwortungsbewußter werden. Appell-Theologie dieser Art verändert gar nichts.

Nur dann – dann aber gewiß – lohnt sich für alle die »Rekrutierung« des gar nicht geringen Potentials möglicher Mitarbeiter in den Gemeinden, wenn es dazu kommt, daß sich Pfarrer und Glieder der Kerngemeinde, positiv-distanzierte Kirchenmitglieder und auch ansprechbare Fernstehende gemeinsam auf diesen Weg der Umkehr machen und miteinander forschen, »ob sich's so verhielte«.[211] Dann aber wird sich die hohe Zahl potentieller Mitarbeiter, die in der EKD-Umfrage »Was wird aus der Kirche?« eine Mitarbeit in der Gemeinde als möglich bezeichnet haben, nicht nur als normative Verzerrung erweisen, sondern tatsächlich ermöglichen lassen.[212]

VII. Kirchliche Sozialisation

Mit dieser letzten empirischen Beobachtung wird noch einmal das Ganze der kybernetischen Situation sichtbar werden. Am Beispiel der kirchlichen Sozialisation läßt sich vorbildlich zeigen, wie weit die Erosion der Volkskirche fortgeschritten ist, und welche Prognose die Kirchenmitgliedschaft entgegen aller kirchlichen Illusion hat. Dabei werden auch wieder unmittelbar Aufgaben für den missionarischen Gemeindeaufbau sichtbar werden.

Daß die kirchliche Sozialisation, also das Erlernen und Einüben christlicher Einstellungen und Verhaltensweisen vor allem im Bereich der Familie, von größter Bedeutung für die spätere Einstellung zu Glauben und Gemeinde ist, läßt sich klar nachweisen. Die EKD-Umfragen »Wie stabil ist die Kirche?« und »Was wird aus der Kirche?« haben nach der religiösen Einstellung der Eltern gefragt und diese dann mit der Verbundenheit des Befragten verglichen.[213] Demnach ist die elterliche Einstellung von größter Bedeutung für die eigene Kirchenbindung: 60% der Befragten, deren Väter mit der Kirche sehr verbunden waren, bekannten sich zu einer ebenso starken Bindung (1972/74: 45%), weitere 20% fühlten sich immerhin noch ziemlich verbunden (1972/74: 27%). Mehr als zwei Drittel der Befragten, die aus einem Elternhaus mit starker Kirchenbindung kamen, fühlten sich demnach selbst wiederum stark mit der Kirche verbunden. Im allgemeinen läßt sich als Regel ausmachen: Die eigene Kirchenbindung entspricht bei knapp zwei Dritteln der Befragten jeweils der Kirchenbindung der Eltern. »Was wird aus der Kirche?« stellt fest: »Insgesamt 69% schreiben der Mutter, 60% dem Vater einen gleichen oder den nächst höheren Verbundenheitsgrad zu wie sich selbst… Einen Traditionsbruch gibt es also für die Mehrheit nicht. In der Regel versteht man sich selbst und seine eigene Einstellung zur Kirche von den aus dem Elternhaus stammenden Mustern und Modellen her; man bleibt insgesamt im Rahmen der durch diese Familienüberlieferung gesteckten Grenzen.«[214]

Natürlich gibt es auch hier individuelle Ausnahmen: Etwa den völlig von der Kirche Distanzierten, dessen Eltern intensiv mit der Kirche verbunden waren. Dies ist übrigens weit eher der Fall als das Gegenteil: Nur 4% der Befragten, deren Väter überhaupt nicht mehr mit der Kirche verbunden waren, bekannten sich zu einer sehr verbundenen Haltung gegenüber ihrer Kirche. Im allgemeinen gilt: je intensiver das Elternhaus mit der Kirche verbunden war, desto besser ist die Prognose für die Kirchenbindung der Kinder. Immerhin wird einer starken Mehrheit der Bevölkerung durch die Kindertaufe die Mitgliedschaft in einer der beiden Volkskirchen zugeschrieben. Ob aus dieser zugeschriebenen auch eine persönlich übernommene Kirchenmitgliedschaft wird, hängt in hohem Maße vom Elternhaus ab.[215] Hinzu tritt der Konfirmandenunterricht als stärkste kirchliche Sozialisationsmaßnahme, an den die meisten Kirchenmitglieder relativ positiv zurückdenken, was jedoch keine Identifikation mit den dort vermittelten Inhalten impliziert.[216]

In der VELKD-Befragung »Gottesdienst in einer rationalen Welt« ließ sich die Bedeutung der kirchlichen Sozialisation noch eindrucksvoller nachweisen, nämlich durch das Profil des sogenannten »unwahrscheinlichen Gottesdienstbesuchers«.[217] Dabei handelt es sich um Menschen, die nicht in Distanz zur Gemeinde und ihrem Leben stehen, obwohl sie wegen der Dissonanz der Werte, die von der Kirche vertreten werden, gegenüber den Werten, die ihre soziale Umwelt vertritt, eigentlich fernstehend sein müßten. Wie kommt es dazu, daß diese Kirchenmitglieder unempfindlicher zu sein scheinen für das Phänomen des kognitiv-affektiven Stresses? Die Untersuchung hat durch Kreuzauswertung herausgefunden, daß diese »unwahrscheinlichen Gottesdienstbesucher« besonders stark motiviert sind. Ihre Motivation hat vier Quellen; a) Der »unwahrscheinliche Gottesdienstbesucher« hat eine persönliche Beziehung zur Gemeinde, zum Pfarrer, zu Mitarbeitern der Gemeindearbeit. Solche Bindungen erleichtern das Aufrechterhalten der Nähe zur Gemeinde, auch wenn es in bezug auf die vertretenen Werte zum Konflikt kommt. b) Die »unwahrscheinlichen Gottesdienstbesucher« sind sichtlich öfter mit religiösen Fragen befaßt als andere Kirchenmitglieder; sie denken z. B. häufiger über den Tod nach. c) Dem entspricht, daß sie für sich nach einer transzendenten Anbindung ihres Lebens suchen. d) Vor allem aber hat der »unwahrscheinliche Gottesdienstbesucher« ein Elternhaus gehabt, in dem die kirchliche Sozialisation funktioniert hat, z. B. indem beide Elternteile regelmäßig am Gottesdienst teilnahmen und dies auch ihren Kindern vermitteln konnten.

Im Zusammenhang unserer Arbeit ist vor allem dieser Aspekt wichtig: Die funktionierende kirchliche Sozialisation ist ein »Hoffnungsfaktor« für die Anbindung der Kinder an die Gemeinde. Theologisch gesehen wird hier etwas sichtbar von dem Segen, der generationenübergreifend wirksam wird (Dtn 5,9f.). Wichtig ist aber auch die Einbindung in die Gemeinde. Glaubensüberzeugungen und ein entsprechendes Verhalten bedürfen offenbar der Verstärkung und Stützung in Primärgruppen. Ein Christsein außerhalb der Kirche hat auch von daher keine guten Aussichten. Die VELKD-Untersuchung belegt die Verbindung von persönlicher Beziehung zur Gemeinde und durchlebter kirchlicher Sozialisation.[218]

Die Allensbacher Jugenduntersuchung[219] kann für die jungen kirchennahen Katholiken sogar nachweisen, daß 66% ein sehr religiöses und weitere 26% ein ziemlich religiöses Elternhaus hatten. Die jungen kirchenfernen Katholiken hingegen hatten sehr viel schwächer religiös geprägte Elternhäuser.

Ist die Bedeutung der kirchlichen Sozialisation damit belegt, gilt es festzustellen, daß die kirchliche Sozialisation in der Volkskirche immer problematischer wird. Man muß sogar weitgehend von einem Ausfall der kirchlichen Sozialisation beim wichtigsten Sozialisationsagenten, der Familie, sprechen. Der Ausfall der kirchlichen Sozialisation hat bereits spürbare Konsequenzen in der Einstellung jugendlicher Kirchenmitglieder gezeitigt, von denen nicht angenommen werden kann, daß sie nach der Adoleszenz wieder kompensiert werden.

Gerhard Schmidtchen weist darauf hin, daß der Anteil der Protestanten, die ein sehr kirchliches Elternhaus hatten, immer mehr abnimmt. Von den heute 60jährigen (und älteren) Kirchenmitgliedern konnten noch 39% auf ein sehr kirchliches Elternhaus zurückblicken. Bei den heute 40- bis 49jährigen sind es nur noch 22%, bei den 21- bis 39jährigen nur noch gut 10% und bei den 16- bis 20jährigen Kirchenmitgliedern gar nur noch 5%. Kirchlich nicht mehr sozialisierte Kirchenmitglieder geben natürlich ihre Nicht-Sozialisation ebenso weiter wie zuvor die stark kirchlich erzogenen Menschen ihre Prägung.[220] »Die Familie, einst starker Träger der religiösen Unterweisung und der Erziehung überhaupt, fällt als Träger religiöser Sozialisation mehr und mehr aus. Damit verliert die Kirche eine ihrer stärksten Stützen für die Produktion von Erfahrungen, die später gemeinschaftsbegründend werden können.«[221] Schmidtchen dehnt den Ausfall des Sozialisationsagenten Familie über den Bereich der kirchlichen Sozialisation hinaus aus und spricht von einer nachlassenden Prägekraft der Familie auch in Fragen der Sexualethik, der Kindererziehung, der politischen Einstellung und der Stellung zum Geld.[222]

Die Wirkungen sind unmittelbar ablesbar: Es sind die jüngeren Kirchenmitglieder, die weniger Verbundenheit dokumentieren, die mit wachsender Bildung distanzierter gegenüber dem Leben der Gemeinde und skeptischer gegenüber ihrer Lehre werden. Sie sind es auch, die durchaus stärker den Alternativen zur Kindertaufe zuneigen. Neben der familiär-kirchlichen Sozialisation muß darum – bei aller positiven Reputation – auch von einem Mißlingen der unmittelbaren kirchlichen Sozialisation durch kirchliche Veranstaltungen wie Kindergottesdienst und Konfirmandenunterricht gesprochen werden.[223]

Dies alles funktioniert nach dem Schneeballsystem: Positiv-distanzierte Eltern lassen nach in der kirchlichen Sozialisation der Kinder wie ja auch im eigenen Teilnahmeverhalten. Sie erziehen damit zur Distanz, die sich immer mehr verschärft und von den Kindern wiederum an deren Kinder weitergegeben wird. Da dieser Prozeß nun schon einige Zeit abläuft, kann man die meßbaren Resultate erkennen. »Da immer weniger junge Menschen über eine religiöse Erziehung im Elternhaus berichten, ist zugleich prognostizierbar, daß mit dem Ausfall der religiösen Sozialisation im Elternhaus der Kirchenbesuch in der nächsten Generation weiter nachlassen wird. Wenn sich sonst nichts ändert, muß man in der kommenden Generation mit einer weiteren Entfernung von der Kirche rechnen.«[224]

Entsprechendes belegt die Allensbacher Jugenduntersuchung: Regelmäßiger Kirchgang ist bei den 16- bis 29jährigen Protestanten nur noch bei 2% der Befragten gegeben (1963: 11%). 48% gehen selten und 35% nie zum Gottesdienst. In der Bibel lesen außerhalb des Gottesdienstes 4% der Gesamtbevölkerung, jedoch nur 1% der jungen Protestanten häufig. 79% der jungen evangelischen Kirchenmitglieder greifen nie zur Bibel. Die Bedeutung eines festen Glaubens steht in der Hierarchie der Werte junger Menschen auf einem der letzten Plätze; es sind gerade 18–19% der 14- bis 29jährigen, die meinen, es lohne sich, für einen festen Glauben zu leben. Gute Freunde dagegen stehen mit fast 90% an der Spitze der Werte. Deutlich der eigenen Erfahrung entlehnt ist die Einschätzung eines religiösen Elternhauses. Wer selbst aus einem sehr religiösen Elternhaus stammte, hält es auch für wichtig für die eigenen Kinder (immerhin 56% antworteten in diesem Sinn). Nur 16% der befragten Jugendlichen, die aus einem nicht religiösen Elternhaus kommen, halten dieses – entgegen der eigenen Erfahrung – für bedeutsam im Hinblick auf die Erziehung der Kinder.[225]

Das Ergebnis dieses Abschnittes ist eindeutig. Am Beispiel der kirchlichen Sozialisation läßt sich sinnfällig die Erosion der Volkskirche nachweisen. Hier ist einer der empfindlichsten Punkte kirchlichen Lebens betroffen. Die nachwachsende Generation ist zwar noch zu einem Großteil getauft, bekam aber im Verlauf ihrer Erziehung kaum noch Impulse in Richtung auf ein Leben im Glauben und in der Gemeinschaft der Christen. Viele Eltern haben sich als unfähig und überfordert erwiesen, das von ihnen in der Taufe ihrer Kinder gegebene Versprechen einer christlichen Erziehung auch einzulösen.

Für den missionarischen Gemeindeaufbau, der ja in erster Linie nicht zur Erhaltung der Volkskirche angetreten ist, geht es darum, im Ernstnehmen dieser empirischen Befunde den Glauben an Jesus Christus, der in der Gemeinschaft der Schwestern und Brüder Gestalt annehmen und das ganze Leben durchdringen will, auszubreiten. Das erschreckende Defizit kirchlicher Sozialisation ist darum auch eine Ortsanweisung für den missionarischen Gemeindeaufbau. Kinder- und Jugendarbeit, Arbeit mit Tauf- und Konfirmanden-Eltern, evangelistische Bemühung um die Menschen, die im Grunde ohne tiefergehende Begegnung mit dem Evangelium geblieben sind, also stützende Maßnahmen im Bereich der kirchlichen Sozialisation und nachholende Maßnahmen im Bereich ausgebliebener kirchlicher Sozialisation werden Schwerpunkte des missionarischen Gemeindeaufbaus sein.

E. Das Ergebnis

Die Erkundung der kybernetischen Situation hat ein klares Ergebnis zu Tage gefördert. Die Zahl der Kirchenaustritte, der hohe Anteil von 22% austrittswilligen Protestanten, die gewaltige Zahl der getauften Menschen, deren Verhältnis zur Gemeinde nur als positiv-distanzierte Kirchlichkeit beschrieben werden kann, die verunsicherte und sprachlose Kerngemeinde, schließlich der Niedergang der kirchlichen Sozialisation lassen nur einen Schluß zu: Von einer stabilen Kirche, von aufgebauten Gemeinden kann keine Rede sein. Besonders wichtig ist das Problem der positiv-distanzierten Kirchlichkeit. Mit Peder Nørgaard-Højen wird man zu keinem anderen Schluß kommen können, als »daß es sich bei der großen Mehrheit der Volkskirchenchristen schlicht um getaufte Heiden handelt. Dies wird auf dem Hintergrund nicht nur des fehlenden expliziten Bekenntnisses zu Christus, sondern auf der Basis ihres gänzlich fehlenden Zugehörigkeitsverhältnisses zur Kirche evident.«[226]

Kirche in der Bundesrepublik ist nicht anders als Kirche im Prozeß fortschreitender Erosion, als Kirche auf dem Weg in die Diaspora, als Kirche in der Krise anzusehen.[227] Und doch sind da immer noch Menschen, die sich etwas von ihrer Kirche erhoffen, die in ihr bleiben und bereit sind, sie auch mit ihren Kirchensteuern zu unterstützen. Das Wort von der dynamischen Dankbarkeit für die Rest-Stabilität der Volkskirche ist hier in Erinnerung zu rufen. Die Rest-Stabilität ist Verpflichtung dazu, den Menschen auf die bestmögliche Weise zu dienen, und das heißt, für sie und mit ihnen missionarischen Gemeindeaufbau zu betreiben. Es ist wohl nur eine geringe geistliche Kraft in unseren Gemeinden vorauszusetzen, doch diese geringe geistliche Kraft reicht zum Anfangen und hat Verheißung.[228]

Dagegen steht jedoch die Tatsache, daß dieselben empirischen Daten völlig unterschiedlich interpretiert werden können. Das Votum der EKD-Umfrage »Wie stabil ist die Kirche?« lautet bei zugestandener Abnahme kerngemeindlicher Kirchlichkeit: »Zu einer pessimistischen Prognose für die Volkskirche besteht kein Anlaß.«[229] Diese Einschätzung ist Kennzeichen einer großen kirchenleitenden Illusion und von zwei verschiedenen Aspekten her auch nicht haltbar:

Erstens wurde bereits Kritik an der Auswertungspraxis der EKD-Umfrage geübt. Neben einer methodischen Kritik wurde vor allem das monotone und einseitige Interesse an der Stabilität beargwöhnt. Zeichen der Stabilität wurden sofort mit größtem Eifer hervorgekehrt, andere Daten dagegen in den Hintergrund geschoben. »Jede nur irgendwie freundliche oder nicht unfreundliche Äußerung gegenüber der Kirche wird triumphierend als Zeichen der Stabilität gewertet. Das Problem der Ambivalenz tritt nicht in Erscheinung. 85 % der Protestanten, so heißt es, wollen Mitglieder der Kirche bleiben, obwohl sich selbst nach den Ergebnissen dieser Untersuchung mehr als ein Drittel ernsthaft mit Austrittsgedanken beschäftigen.«[230]

Zweitens ist an der ekklesiologischen Position der EKD-Umfragen Kritik zu äußern. Selbst wenn man sich auf die vermutete Stabilität für einen Moment einließe, müßte man doch fragen, worin sie besteht. Sie besteht darin, daß Menschen den letzten Schritt des Kirchenaustritts nicht vollziehen. Sie besteht darin, daß es noch Kirchenmitglieder gibt, die der Kirche eine gewisse Kompetenz zur Begleitung in Krisensituationen zuschreiben. Sie besteht offenbar darin, daß die Kirche bereit ist, Volkskirche als Betreuungskirche für die Bürgerreligion zu akzeptieren. Wenn man aber nur ein wenig vom Wesen der »Gemeinde von Brüdern« verstanden hat, erscheint dieser reduktionistische Kirchenbegriff wie ein schlechtes Abziehbild von dem, was Gemeinde nach dem Neuen Testament sein darf und sein soll. Und die Menschen werden in einer Gestalt von »Christsein« bestätigt, das weit entfernt ist von der »Freudigkeit der Nachfolge«.[164]

Zugleich muß von dieser Idee der »Service-Kirche« her jede andere Vorstellung von Christsein und Kirche negativ belegt werden – einige Beispiele wurden schon gegeben, etwa die Rede von den institutionalisierten kirchlichen Verhaltenserwartungen.[231] Wer wollte solche Wortmonster schon für verbindlich erklären? Eine Kritik an der gegebenen Volkskirche wird abgewiesen, weil dann viele Mitglieder »abgeschrieben bzw. Gegenstand der Missionierung werden«.[232] Missionarische Anrede kann offenbar immer nur mit negativen Kennzeichnungen versehen werden, und aus dem werbenden Wahrheitszeugnis wird unter der Hand sogleich eine Objektivierung der angesprochenen Menschen abgeleitet. Da ist die Rede von »apologetischem und missionarischem Gehabe« naheliegend.[233] Und von daher kann es nur als Gefahr gesehen werden, wenn von einer »dogmatisch-theologischen« (!) oder gar »evangelikal geprägten« (!) »Frömmigkeitsstruktur her diese Form der Bürgerreligion lediglich als defizienter Modus von Christentum bezeichnet wird«.[234] Doch können auch solche verbalen Kraftakte die Bürgerreligion im Vergleich mit dem Evangelium und der ihm gehorsamen Gemeinde nicht attraktiver machen. Da ist »defizienter Modus« noch eine freundliche Bezeichnung dessen, was in der Bürgerreligion an Restevangelium übrig bleibt. Es ist zuwenig.

Darum weisen die empirischen Untersuchungen nicht nur auf ein Defizit im Bereich institutionalisierter kirchlicher Verhaltensweisen hin, sondern auf ein Defizit normaler christlicher und geistlicher Existenz. Und es wäre eine verhängnisvolle Verdrehung, wenn die Verheißung der »Gemeinde von Brüdern« unter der Hand zum Gesetz erklärt würde, weil sie einer, an der Pflege und Bewahrung der Volkskirche interessierten, konservativen Kirchensoziologie als störend erscheint. Es wäre eine schlimme Verirrung, wenn sich die Praktische Theologie hergäbe, auf Dauer »geistliche Aufbrüche zu diskriminieren und Glaubenslosigkeit zum christlich Normalen zu erklären«.[235] Es wäre eine große Illusion, auf eine derartige Stabilität zu hoffen. Der Optimismus der EKD-Umfrage 1974 war bereits 1984 kaum noch nachvollziehbar. Und es ist kaum zu begreifen, wieso die zweite EKD-Umfrage dem nicht Rechnung trägt, statt dessen aber weiterhin relative Stabilität der Volkskirche behauptet.[236]

Es kann daher nur darum gehen, die These von der stabilen Kirche endgültig zu verabschieden. Wer sich diesen (zweifelsohne verführerischen) Thesen verschreibt, immunisiert sich erfolgreich gegen das heute dringend Gebotene: nämlich die Erkenntnis, daß wir von aufzubauenden Gemeinden ausgehen müssen, daß wir aber von Gottes festem Entschluß, seine Gemeinde in der Welt zu bauen, herkommend mit aller Kraft dem missionarischen Gemeindeaufbau im Raum unserer Volkskirche dienen können.[237]

Der missionarische Gemeindeaufbau wird *erstens* dem Entstehen und Gestaltgewinnen des ganz normalen Christenlebens bei den vielen Getauften zu dienen trachten. Nicht die Verkirchlichung der Unkirchlichen ist das Ziel, sondern ihre Umkehr zu Jesus Christus. Und das heißt (in Form eines fundamentaltheologischen Satzes): »Als Christ oder in der Nähe des Auferstandenen leben heißt, auf Jesu Wort hören, ihm im Gebet antworten, mit der in seinem Namen sichtbar versammelten Gemeinde zusammensein, sich dazu bekennen und dies alles im Tun und Leben bewähren. Wir verstehen dies als eine theologisch mögliche Antwort auf die einfache Frage: Was ist ein Christ?«[238]

Der missionarische Gemeindeaufbau wird *zweitens* dem Entstehen und Gestaltgewinnen des ganz normalen Gemeindelebens in der Volkskirche zu dienen trachten. Nicht die Rettung der maroden Volkskirche ist das Ziel, sondern das Gestaltgewinnen der geglaubten Gemeinde Jesu Christi in der erfahrbaren Kirche. Und das heißt, daß inmitten eines Kreises sündiger Menschen Jesus Christus gegenwärtig ist in Wort und Sakrament, diese Menschen zu Schwestern und Brüdern miteinander vereint, sie dazu befähigt, in neuer Gestalt – allein und miteinander – zu leben, anderen Menschen missionarisch und diakonisch zu dienen und in das Gotteslob aller Zeiten einzustimmen.

Weil aber deutlich wurde, daß der missionarische Gemeindeaufbau etwas mit der

Umkehr der Kirche, ihrer Theologen und Pfarrer, ihrer Mitglieder und Mitarbeiter zu tun hat, sollen abschließend einige konkrete Schritte solcher Umkehr benannt werden: 1. Es soll die kybernetische Situation nüchtern zur Kenntnis genommen werden. Die Zahlen können ein Ruf zur Sache sein. 2. Weder in kirchlichem Illusionismus noch in vertrauensloser Resignation darf bei den empirischen Zahlen allein verharrt werden. 3. Vielmehr sind diese mit dem Wort der Verheißung und des Gebotes Jesu zusammenzuhalten. 4. Im Hinblick auf das Zurückbleiben vieler Getaufter und vieler Gemeinden hinter dem neutestamentlich Verheißenen ist Buße zu tun, weil es an klarer, den Weg zum Glauben und in die Gemeinde zeigender Verkündigung gemangelt hat. 5. Dann gilt es, die uns übergebene Gemeinde mit allen Getauften in ihr liebzugewinnen und ihr treu zu bleiben. 6. Es gilt aber auch, im Glauben Ziele für diese Gemeinde zu formulieren und Gott zu bitten, seine Verheißungen an dieser Gemeinde wahrzumachen. 7. Schließlich gehört es zur Umkehr, erste konkrete Schritte einer neuen Praxis des missionarischen Gemeindeaufbaus zu gehen. Kurz gesagt: »Du wolltest dich aufmachen und über Zion erbarmen; denn es ist Zeit, daß du ihm gnädig seist, und die Stunde ist gekommen – denn deine Knechte wollten gerne, daß es gebaut würde, und es jammert sie, daß es in Trümmern liegt« (Ps 102,14f.).

Zweiter Teil

Wege des Gemeindeaufbaus – die Konzepte

Erstes Kapitel
Die Bedeutung der Konzepte für den Gemeindeaufbau[1]

A. Die Ausgangslage: Konzeptionslosigkeit als Normalfall

Wenn es um die Wege des Gemeindeaufbaus geht, ist noch einmal die Definition des Gemeindeaufbaus in Erinnerung zu rufen. Da heißt es: »Gemeindeaufbau ist das Werk des erhöhten Herrn Jesus Christus, der selbst seine ›Gemeinde von Brüdern‹ zusammenruft, ihrem Leben Gestalt gibt und sie in seinem Auftrag aussendet... Von uns aus gesehen ist... Gemeindeaufbau ein planmäßiges Handeln im Auftrag Jesu Christi, mit dem Ziel, dem Zusammenkommen, Gestaltgewinnen und Gesandtwerden der ›Gemeinde von Brüdern‹ zu dienen.«[2]

Mit dieser Definition des Gemeindeaufbaus ist notwendig die Frage nach dem Konzept auf dem Plan. Sie ist wiederum streng theologisch zu formulieren: Wie ist nach dem Willen Jesu Christi auf Grund der kybernetischen Situation und mit Hilfe der Erfahrung vergangener Generationen »dem Zusammenkommen, Gestaltgewinnen und Gesandtwerden der ›Gemeinde von Brüdern‹ zu dienen«?

Man muß die Ausgangslage für diese Frage ziemlich nüchtern in Augenschein nehmen. Auch wenn das Thema »Gemeindeaufbau« in den letzten Jahren immer stärker in den Vordergrund getreten ist, ist damit zu rechnen, daß die wenigsten Pfarrer (von den Gemeinden ganz zu schweigen!) ein ausdrückliches Konzept des (gar missionarischen) Gemeindeaufbaus haben. Für viele stellt sich die Frage nach einem solchen Konzept auch gar nicht, weil sie unter der Last täglicher Verpflichtungen keinen Freiraum finden, um über Konzeptionsfragen nachzudenken. Sie leben vielmehr in dem, was sie vorfanden, als sie ihre Arbeit begannen, und werden von dieser »ererbten« Gemeindesituation voll und ganz gefordert. Und selbst wenn es Freiräume zur Reflexion über Konzepte gäbe, wäre den meisten Pfarrern und ihren Gemeinden kaum geholfen. Der theologische und kybernetische »Markt der Möglichkeiten« dürfte eher Verwirrung und Resignation hervorrufen als Mut zu neuen Anfängen und Hoffnung auf Gottes gemeindebauendes Handeln wecken. So leben die meisten Pfarrer mit ihren Gemeinden in einem »ererbten Konzept« der Gemeindearbeit. Innerhalb des »ererbten Konzeptes« wird man allerdings – etwas vereinfacht – zwei Varianten unterscheiden müssen.

I. Der morphologische Fundamentalismus[3]

Der morphologische Fundamentalismus als traditioneller Weg der Gemeindearbeit geht davon aus, daß die bestehenden Formen des gemeindlichen Lebens und die überlieferten Strukturen von Amt und Gemeinde als zeitlos verbindlich zu gelten haben. Die veränderte kybernetische Situation wird dabei weitgehend nicht zur Kenntnis genommen; jedenfalls führt sie nicht zu einer Neuorientierung der Gemeindearbeit. Im Pfarramt – als dem Gegenüber zur Gemeinde – konzentrieren sich alle wesentlichen Funktionen des Gemeindelebens. Der Gottesdienst gilt als Mittelpunkt der Gemeinde, auch wenn er nur noch 5% der Getauften erreicht. Christen sind alle Getauften, ob sie sich nun zur Versammlung der Getauften unter Wort und Sakrament halten oder nicht. Aus Sorge vor Anpassung an den »Zeitgeist« herrscht eine im ganzen eher konservative Stimmung vor.

Wer in diesen kybernetischen Bahnen denkt, ist von der Frage nach einem Konzept des Gemeindeaufbaus zunächst befreit. Er findet ja überall, wo er hinkommt, Gemeinden und Gemeindeaufbau bereits vor. Das, was immer da war, wird an die kommende Generation von Gemeindegliedern und Pfarrern weitergegeben. Diese treten nur noch in das Ererbte ein und führen es fort.

Fritz Schwarz nennt diese Einstellung prägnant die »Pflege und Verwaltung volkskirchlicher Gemeinden«.[4] Das Vorhandene wird gepflegt und der Bestand verwaltet. Gewiß wird man nicht verkennen dürfen, daß hier Gutes geschieht. Es wird gepredigt, getauft, das Abendmahl verwaltet, auch getröstet und geholfen. Dennoch, die veränderte kybernetische Situation wird durch den morphologischen Fundamentalismus nicht mehr eingeholt. Wer dennoch an ihm festhalten will, muß sich – gegen jede alltägliche Erfahrung mit der volkskirchlichen Realität – auf den Glauben an eine erbaute Gemeinde zurückziehen. Er muß den Gottesdienst auch weiterhin im empirischen Sinn für den Mittelpunkt des Gemeindelebens halten, auch wenn 95% der Getauften diesem Gottesdienst längst fernbleiben. Er muß am Christsein aller dieser Getauften festhalten, auch wenn die meisten sich selbst längst nicht mehr für Christen halten und in ihrem Leben auch nicht mehr der geringste Ausdruck christlicher Existenz auszumachen ist.[5]

II. Das additive Verfahren

Die zweite Variante – das additive Verfahren – dürfte statistisch inzwischen erheblich häufiger anzutreffen sein als der morphologische Fundamentalismus. Die additive Gemeindearbeit geht aber von denselben Voraussetzungen aus wie der morphologische Fundamentalismus. Ein Pfarrer, der additiv arbeitet, findet eine Gemeinde vor und führt in ihr – mit mehr oder weniger großem Engagement – das Ererbte fort. Allerdings gibt er sich nicht mehr damit zufrieden, treuer Sachwalter überlieferter Strukturen und Arbeitsformen zu sein. Er möchte – wie es heißt – »neue Akzente setzen«. Also fügt er an dieser oder jener Stelle je nach Interesse und Begabung etwas Neues zu dem Ererbten hinzu. So »bringt er sich selbst mit ein«. Vielleicht ermuntert er auch dieses oder jenes Gemeindeglied, sich gleichfalls mit seinen Gaben und Interessen einzubringen, um so das Leben der Gemeinde zu ergänzen.

Das Interesse, das hinter dem additiven Verfahren steht, ist aber noch in einer anderen Richtung zu entfalten. Wer additiv arbeitet, ist zugleich flexibel. Er kann auf die Anforderungen der Zeit, auf aktuelle Fragen und Bedürfnisse sehr schnell eingehen und entsprechende Angebote in der Gemeindearbeit machen. Er kann darauf hinweisen, daß in der Gemeinde neben dem traditionell Gebotenen »viel los ist«. Er kann davon ausgehen, tatsächlich auf der Höhe der Zeit zu stehen. Außerdem wird er darauf verweisen, daß er höchst unterschiedliche Menschen und Gruppen erreicht, da sein Angebot plural ist. Die Gemeinde erscheint als ein Forum unterschiedlichster Aktivitäten. Ein gutes Beispiel der additiven Arbeit ist das Aufblühen von Friedensgruppen in den Kirchengemeinden, als der NATO-Doppelbeschluß in der Bundesrepublik diskutiert wurde und die Menschen umtrieb. Das Interesse ist deutlich, Kirche soll in der modernen Welt mitsprechen können.

Nun kann es keineswegs darum gehen, eine Gemeindearbeit zu kritisieren, die »auf der Höhe der Zeit« sein möchte und sich den drängenden Problemen der modernen Gesellschaft stellen will. Wer dagegen sprechen will, müßte ja einer Gemeindearbeit das Wort reden, die sich gleichsam aus der modernen Welt zurückzöge und alles Geschehen um sich herum nicht mehr zur Kenntnis nähme.

Und auch in anderer Hinsicht ist das additive Verfahren nicht zu kritisieren. Natürlich wird jeder, der dem missionarischen Gemeindeaufbau dienen will, zunächst das Ererbte übernehmen müssen, um dann auch schrittweise Neues hinzuzufügen. Wie sollte er anders vorgehen? Er müßte ja die Gemeinde (im Bild gesprochen) erst einmal abreißen, um dann einen Neubau zu erstellen. Oder er müßte das Vorhandene sich selbst überlassen, um daneben sein eigenes Gebäude zu errichten. Allerdings müßte er sich dann der Frage stellen, ob er tatsächlich noch missionarischen Gemeindeaufbau im Sinne des Neuen Testaments und der Väter betriebe.

Die erste und wichtigste Frage lautet: Droht durch das additive Verfahren und seine Konzentration auf die »Tagesordnung der Welt« nicht die »Tagesordnung des Reiches Gottes« in Vergessenheit zu geraten, die eben auch noch andere Themen benennt und andere Fragen aufwirft? Es mag sich dabei um Fragen handeln, die gar nicht auf »der Höhe der Zeit« zu sein scheinen, z. B. die Frage, ob tatsächlich Menschen zum Glauben an Jesus Christus geführt und damit auch in die »Gemeinde von Brüdern« integriert werden. Man kann es auch anders herum sagen: Das additive Verfahren geht wie der morphologische Fundamentalismus davon aus, daß Christsein und Gemeindeaufbau immer schon vorhanden und darum vorauszusetzen sind, also ein Konzept des missionarischen Gemeindeaufbaus überflüssig ist. Nur aktivierende Maßnahmen oder problemorientierte Angebote sind noch vonnöten. Man muß nur noch »neue Akzente« setzen. Wer aber die kybernetische Situation ernst nimmt, muß diese Einstellung illusionär nennen und zur Sache, das heißt zum missionarischen Gemeindeaufbau rufen. Da werden zuallererst Getaufte zu ihrer Taufe zurückgerufen, also zur Umkehr eingeladen, und so Gemeinde gebaut. So wird es erst die Menschen geben, die aus der Kraft des Glaubens, der Liebe und der Hoffnung heraus Träger all der sinnvollen Aktivitäten sein können, die sich von der »Tagesordnung der Welt« her ergeben.

Wird hier Gemeinde gebaut oder nicht? Das ist die primäre Anfrage an das additive Verfahren. Oder werden doch nur die wenigen aktiven Menschen in der Kerngemeinde bzw. in engagierten Gruppen zu neuer Aktivität gerufen, daneben vielleicht noch ein paar im übrigen fernstehende Gemeindeglieder für eine befristete Zeit interessiert? Was wäre denn gewonnen, wenn Fernstehende eine Zeitlang auf Grund ihres Interesses an einem bestimmten Thema in den Raum der Gemeinde eintreten, vielleicht sogar zu Sympathisanten der kirchlichen Einstellung zu dieser oder jener Frage werden, um dann nach einiger Zeit die Gemeinde wieder zu verlassen, ohne zum Glauben eingeladen und zur Freude der ganzheitlichen, geschwisterlichen Existenz in der »Gemeinde von Brüdern« geführt worden zu sein? Für den vom Neuen Testament her gebotenen Aufbau der Gemeinde wäre nichts gewonnen. Das additive Verfahren ist darum nicht wegen seines Bezugs zu aktuellen Fragen und Problemen, wohl aber in bezug auf seine gemeindebauende Kraft in Frage zu stellen.

Die zweite Frage lautet: Ist Gemeinde überhaupt noch als ein Ganzes zu erkennen, wenn sie zum Forum der unterschiedlichsten und oft auch gegensätzlichen Aktivitäten wird, wenn also je nach Bedürfnis hier und da eine neue Gruppe eingerichtet oder eine neue Aktionsform geplant wird? Das additive Verfahren läßt nach der Einheit der Gemeinde fragen bzw. nach dem das Ganze des Gemeindelebens umfassenden Konzept des Gemeindeaufbaus. Es ist »viel los« in der additiven Gemeinde, aber welchen Bezug hat das ganze Geschehen zu welcher Mitte? Man kann hier den Eindruck gewinnen, daß die Gemeinde einem hektischen Forum (in der Sprache der Volkskirche: einem »Markt der Möglichkeiten«) gleicht: »...Der Kirchenchor, der Dritte-Welt-Laden und die Eutonie-Gruppe bzw. ihre Leiter haben nichts miteinander zu tun. Sie bleiben untereinander und mit der Mehrzahl der Gemeindeglieder unvermittelte Einzelinteressen ohne sichtbaren Einfluß auf die Gesamtheit der Getauften.«[6]

Schließlich muß sich das additive Verfahren fragen lassen, ob hier nicht Pfarrer und Gemeindeglieder permanent dem Aktuellen hinterherlaufen müssen, um noch flexibel und »auf der Höhe der Zeit« zu sein, ohne noch Raum zu finden, das eigene Tun zu reflektieren, eigene Fragen zu formulieren, kurzum, an ein Konzept des Gemeindeaufbaus zu denken, das endlich auch ein Ziel und einen Weg zu diesem Ziel formulieren könnte. Dazu ist Distanz notwendig, ein Freiraum zum Beten, Fragen, Nachdenken, Austausch und Hören. Gemeinden im »additiven Streß« machen aber letztlich einen etwas atemlosen und überforderten Eindruck. Das additive Verfahren muß geradezu den gestreßten und pausenlos aktiven Pfarrer und Mitarbeiter produzieren. Damit aber fehlt die Distanz, die notwendig wäre, um ein durchdachtes, eigenes und hilfreiches Wort zu den Fragen zu sagen, die den Menschen auf den Nägeln brennen. Sowohl für die Suche nach einem Konzept des Gemeindeaufbaus als auch für das Eingehen auf die Probleme der modernen Gesellschaft sind Freiräume des Betens und Hörens, des gemeinsamen Nachdenkens und Austauschens notwendig.[7]

III. Die Aufgabe

Letztlich lassen sich also der morphologische Fundamentalismus und das additive Verfahren auf dasselbe Grundübel zurückführen. Es gibt kein Konzept des Gemeindeaufbaus; es wird vielmehr lediglich das Ererbte fortgeführt bzw. hier oder da ergänzt. Selbstverständlich ist dieser Verzicht auf ein durchdachtes und theologisch verantwortliches Konzept nicht mit der Abwesenheit von Zielvorstellungen und Leitbildern zu verwechseln. Im Gegenteil! Allein, der Verzicht auf ein reflektiertes und auch der Öffentlichkeit der Gemeinde zugängliches Konzept des Gemeindeaufbaus öffnet Tür und Tor für die Herrschaft der vielen, uneinheitlichen und theologisch nicht verantworteten Zielvorstellungen und Leitbilder. Diese stehen hinter jeder Gestalt der Gemeindearbeit, auch hinter dem morphologischen Fundamentalismus und der additiven Gemeindearbeit.

Hinter beiden steht dieselbe theologische Grundhaltung. Mehr oder (meist) weniger bewußt heißt es: Wir brauchen kein Konzept des (missionarischen) Gemeindeaufbaus; denn die Gemeinde muß nicht erst noch erbaut werden, sondern ist als erbaute immer schon vorauszusetzen. Wir brauchen kein Konzept des (missionarischen) Gemeindeaufbaus, denn das Christsein der Gemeindeglieder muß uns nicht mehr Sorge bereiten. Es ist ja mit der Taufe gegeben und darum nicht erst noch zu erwecken. Diese Sätze morphologischer Fundamentalisten und additiver Gemeindemitarbeiter haben sich jedoch auf Grund der neutestamentlichen Aussagen und auf Grund des kybernetischen Befundes als illusionär erwiesen.

Daraus ergibt sich die Aufgabe dieses Teils der vorliegenden Arbeit. Es gilt, in einem Freiraum der theologischen Arbeit nach kybernetischen Entwürfen zu fragen. Gesucht wird ein Konzept des »Missionarischen Gemeindeaufbaus«, das tatsächlich intentional »dem Zusammenkommen, Gestaltgewinnen und Gesandtwerden der ›Gemeinde von Brüdern‹« zu dienen vermag. Gegenüber der Konzeptionslosigkeit, Konzeptionsfeindlichkeit, aber auch gegenüber der Herrschaft der unbewußten und theologisch nicht reflektierten Zielvorstellungen und Leitbilder gilt es zu fragen: Wie kann in der Situation der Volkskirche »Gemeinde von Brüdern« gebaut werden?

B. Was ist ein Konzept?

Meyers Enzyklopädisches Lexikon bietet gleich eine Palette der möglichen Antworten auf die Frage, was ein Konzept sei, an: z. B. das Zusammenfassen, ein Vorsatz, ein stichwortartiger Entwurf oder eine Erstfassung einer Rede oder Schrift. Unter dem Stichwort »Konzeption« heißt es weiter: geistiger oder künstlerischer Einfall, Bewußtwerden einer Grundidee, Entwurf, klar umrissene Grundvorstellung, Leitprogramm, aber auch: Eintritt der Schwangerschaft.[8]

Verschiedene Aussagen sind also mit diesem Begriff intendiert. Zunächst ist ein Konzept etwas höchst Grundsätzliches. Es geht um eine Grundvorstellung darüber, was – nun für unsere Frage übersetzt – Gemeinde ihrem Wesen nach sein und werden soll, welche Gestalt ihr eignet und was ihr aufgetragen ist. Auskunft über diese Fragen wird man von einem Konzept des Gemeindeaufbaus mit Fug und Recht erwarten dürfen.

Dann aber umschließt der Begriff der Konzeption auch etwas Ganzheitliches, im Wort schon schwingt »zusammenfassen« mit. Nicht irgendwelche partikularen Interessen, Ziele, Möglichkeiten in der Gemeinde sind hier von Belang; vielmehr geht es um die Gemeinde als ganze und ihre Erbauung.

Schließlich fragt der Begriff der Konzeption nach konkreten Entwürfen und Vorsätzen. Es sind also konkrete Schritte des Gemeindeaufbaus erfragt. Was soll im Gemeindeaufbau als einem planmäßigen und schöpferischen Prozeß getan werden, um dem Wesen, der Gestalt und dem Auftrag der Gemeinde gerecht zu werden?

Die Frage nach den Konzeptionen ist also identisch mit der Frage nach den theologischen Grundentscheidungen für den Gemeindeaufbau: Woraufhin soll die Gemeinde in der Situation der Volkskirche erbaut werden? Welche Schritte sind dazu notwendigerweise zu planen? Theologisch gesprochen ist dies die Frage nach dem Willen Gottes für seine Gemeinde. Georg Kugler spricht auch von einer theologischen Vision für die Gemeinde, die sich aber in konkrete Handlungsabläufe hinein operationalisieren lassen muß.[9] Wiederum ist also im Konzept sowohl das Grundsätzlich-Theologische wie das Schöpferisch-Planerische umschlossen. Daß für beides die Erkundung der jeweiligen Situation wichtig ist, ist durch das Kapitel über die kybernetische Situation in der Volkskirche schon verdeutlicht worden.

In dieser Arbeit soll darüber hinaus zwischen dem Konzept des Gemeindeaufbaus und dem kybernetischen Programm unterschieden werden. Das Konzept fragt nach den für den Raum der ganzen Volkskirche heute notwendigen Grundentscheidungen. Das Programm fragt danach, wie diese Grundentscheidungen in die Lebenssituation einer konkreten Gemeinde umzusetzen sind. Das Konzept interessiert sich für die Lage der Volkskirche allgemein, egal ob es sich um Großstadt- oder Dorfgemeinden, um Diaspora- oder konfessionell geschlossene Gebiete handelt. Das Programm dagegen berücksichtigt möglichst exakt die unterschiedliche Lebenssituation. Das Konzept entwirft planerisch Strategien mit großer Allgemeingültigkeit und bietet darum auch eine Fülle von Möglichkeiten des Gemeindeaufbaus an. Das Programm versucht herauszufinden, was unter den örtlichen Gegebenheiten sinnvoll und notwendig ist, welche Maßnahmen, Arbeitsformen und Aktivitäten am jeweiligen Ort aus dem Katalog der Konzepte übernommen werden sollten. Die Allgemeinheit und Allgemeingültigkeit des Konzeptes wird somit durch die Situationsgebundenheit des kybernetischen Programms entlastet. Das kybernetische Programm bewahrt das theologische Konzept des Gemeindeaufbaus vor der Gefahr der »kybernetischen Gesetzlichkeit«, die jeder Gemeinde ohne Rücksicht auf die jeweilige Situation einen Kanon von Handlungsweisen vorschreibt. Andererseits bedarf das kybernetische Programm auch des theologischen Konzeptes als einer übergreifenden theologischen Orientierung, um sich nicht in der Situationsgebundenheit zu verlieren.

Einige Aspekte des Konzept-Begriffes sollen noch kurz beleuchtet werden. Zunächst geht es um die Forderung, ein Konzept des Gemeindeaufbaus sollte integrativ sein, also das Ganze der Gemeinde umfassen. Damit ist gemeint, daß Gemeindeaufbau nicht der Pflege quasi para-gemeindlicher Gruppen in oder neben der Gemeinde dienen darf, sondern möglichst auf eine Durchdringung der ganzen Gemeinde abzielen soll. Es geht darum, für alle Getauften und mit allen Getauften »Gemeinde von Brüdern« zu bauen. Das bedeutet z. B.: Gemeindeaufbau ist noch nicht am Ziel, wenn zwar in einem einzelnen Hauskreis »Gemeinde von Brüdern« gelebt wird, aber ohne jede Wirkung auf die Masse der Getauften, auf Kasualien und auf Gottesdienstgestaltung. Gemeindeaufbau kann so beginnen, wird vielleicht sogar mit der Konzentration auf eine kleine »Zelle« in der Gemeinde beginnen müssen, doch ist die Durchdringung der gesamten Gemeinde als Ziel zu fordern.

Zum Kriterium der Integration gehört auch, daß Gemeindeaufbau nicht auf ein buntes Forum, einen »Markt der Möglichkeiten« ohne erkennbare gemeinsame Mitte aus ist. Gemeindeaufbau möchte vielmehr, bei aller Vielfalt der Menschen, der Interessen, der Aktivitäten, die es in der Gemeinde gibt, daß es zu einer erkennbaren Einheit im Glauben und Bekennen kommt. Dazu äußert sich Theodosius Harnack in seiner »Praktischen Theologie«: »Es muß dafür gesorgt werden, daß Personen und Handlungen sich nicht stören, daß kein buntes Durcheinander, sondern ein geordnetes In- und Nebeneinander stattfinde; überhaupt kommt es auf ein harmonisches Zusammenwirken der verschiedenen Factoren an.«[10]

Ferner ist in der Beschreibung des Konzept-Begriffs von Planung die Rede gewesen. Dieser Begriff hat einigen Widerstand ausgelöst, z. B. in Christian Möllers »Lehre vom Gemeindeaufbau«[10a], zumal ausdrücklich davon die Rede war, daß Gemeindeaufbau das Werk des gekreuzigten und auferstandenen Herrn selbst ist. Dennoch ist daran festzuhalten, daß der Gemeindeaufbau etwas mit menschlicher Planung zu tun hat. Eberhard Winkler und Gottfried Kretzschmar definieren Gemeindeaufbau, indem sie das Wirken Gottes und das menschliche Planen aufeinander beziehen: »Gemeindeaufbau ist das Werk des erhöhten Herrn, der seine Mitarbeiter zu planmäßigem Wirken für intensives und extensives Wachstum der Gemeinde bewegt.« Und: »Die Gemeinde folgt dem Willen ihres Herrn, indem sie sich bemüht, in planmäßig fortschreitender Arbeit Strukturen des Gemeindelebens zu entwickeln, die dem Heilshandeln Christi dienen.«[11]

Gehört zur Erarbeitung eines Gemeindeaufbau-Konzeptes also menschliche Planung, dann geht es nicht um ein eigenmächtiges Tun, sondern darum, im Hören auf Gottes Willen für den Gemeindeaufbau konkrete Schritte zu tun. Gott will Gemeinde bauen, darum sollen wir es nun auch wollen und konkrete Schritte tun. Gott will seine Gemeinde durch menschliche Mitarbeiter bauen und nicht anders.[12] Es gibt keine Alternative zum Planen: »Planung ist also das Ausarbeiten eines vorweggedachten Entwurfs, der die Hauptstadien eines Verlaufs ordnet, ›statt sie dem Zufall, dem unmittelbaren Gefühl oder dem glücklichen Einfall zu überlassen‹.«[13]

Die Notwendigkeit der Planung kann an einem Beispiel belegt werden: Die Kirchen in der Bundesrepublik sind durch den Andrang junger Theologen in das Pfarramt gezwungen, Personalplanung zu betreiben. Sie müssen bis in die 90er Jahre hinein Vorausüberlegungen anstellen, wie sie mit der großen Zahl der Theologen umgehen wollen, welche Finanzierungsmöglichkeiten sich ergeben und welche neuen Einsatzbereiche sich auftun. Es ist übrigens offensichtlich, wieviel diese Planungsaufgaben mit Konzepten des Gemeindeaufbaus zu tun haben. Hier, im personellen und finanziellen Sektor, offenbaren sich die kybernetischen Prioritäten der Kirchen oft deutlicher als in theologischen Grundsatzprogrammen zum Gemeindeaufbau.[14]

Planung ist also notwendig. Sie ist im Sinne der Grundlegung der Praktischen Theologie ein »Hoffnungshandeln«[15], das gerade nicht in Konkurrenz zu Gottes Handeln tritt, sondern ihm gehorsam entsprechen möchte. Als Hoffnungshandeln ist kybernetische Planung stets nach vorne ausgerichtet; sie will nicht das Bestehende bewahren oder längst Verlorenes (z. B. Macht) zurückerobern; sie geht vielmehr konkrete Schritte auf das Verheißene zu in der Frage, wie sich das neutestamentliche Bild der Gemeinde in der Situation der Volkskirche verwirklichen lassen kann. Somit ist kybernetische Planung an der vom Neuen Testament her auch der heutigen Gemeinde verheißenen Gestalt der Gemeinde orientiert.

C. Historische Aspekte

Da die neueren kybernetischen Konzeptionen alle miteinander auf der älteren ekklesiologischen und kybernetischen Diskussion aufruhen, ist es sinnvoll und geboten, auf diese Debatte einzugehen. Dies geschieht exemplarisch durch den Rekurs auf Friedrich Schleiermachers Beitrag zur Kybernetik und auf die Diskussion zwischen Emil Sulze und Gerhard Hilbert.

I. Friedrich Schleiermacher

F. Schleiermacher hat in seinen zahlreichen Äußerungen zur Gestalt der christlichen Gemeinde ein wesentliches Interesse immer neu zum Ausdruck gebracht. Er trat mit Vehemenz für die Freiheit der Gemeinde gegenüber einer übermächtig werdenden Staatskirche ein. Sein Begriff der »Volkskirche« ist geradezu ein konzeptioneller Gegenbegriff zur »Staatskirche«. Das von Friedrich Wilhelm III. von Preußen zwangsweise eingeführte Staatskirchentum provozierte Schleiermacher zu seinem programmatischen Volkskirchen-Begriff. Die Kirche des Volkes, das Priestertum aller Gläubigen, die Freiheit der Gewissen und die Selbständigkeit der Einzelgemeinden in Lehrfragen bestimmten 1822/23 Schleiermachers kybernetisches Denken: Volkskirche verstand er als einen freien und demokratischen Zusammenschluß von bruderschaftlichen Gemeinden.[16]
Dieser volkskirchlichen Orientierung entsprach auf der parochialen Ebene der Protest gegen den Parochie-Zwang. Angesichts der rapide anwachsenden Großstädte mit ihren unüberschaubaren Kirchengemeinden trat Schleiermacher für sogenannte Personalgemeinden ein, bei denen er in der Persönlichkeit des Predigers einen Beziehungspunkt für die Gemeindebildung sah. Die Gemeinden sollten sich vorwiegend am Prediger orientieren, der sowohl Repräsentant der Gemeinde und ihres frommen Bewußtseins als auch Organ der Kirche und des gemeinsamen religiösen Gefühls der Kirchengemeinschaft zu sein habe.[17] Diese Gestalt der freiwilligen und personal gebundenen Gemeinde entsprach natürlich ganz dem aufklärerischen Vereinsideal sowie dem romantischen Gemeinschaftsdenken in seiner Verbindung mit einem individualistischen Persönlichkeitsprinzip. Allerdings zeigte sich bei Schleiermacher bald, wie diese Prinzipien mit einer deutlichen Betonung der kirchlichen Einheit vermittelt werden konnten. Ausdruck dieser Vermittlung ist z. B. die presbyterial-synodale Kirchenordnung im Rheinland und in Westfalen (ab 1835).
Eine eigenständige Kirche des Volkes kann nur aus der Kraft lebendiger Gemeinden heraus leben. Wird nämlich die Kirche nicht mehr staatskirchlich-hierar-

chisch, sondern volkskirchlich-bruderschaftlich verstanden, dann muß die Basis lebendiger Einzelgemeinden für das Leben der Kirche als Ganze gewährleistet sein. Genau an dieser Stelle setzte Schleiermacher mit seinem Entwurf ein. Christian Möller hat für die kybernetische Orientierung Schleiermachers den Begriff der »lebendigen Circulation des religiösen Interesses« als grundlegenden Terminus herausgearbeitet.[18] Schleiermacher strebte Gemeinden an, die, frei von Herrschaft, von der gegenseitigen Mitteilung ihrer Glieder lebten. Dabei waren sicher die Herrnhuter Brüdergemeinden und die amerikanischen Freikirchen Vorbilder dieser Vorstellung. Aus diesem Grund konzentrieren sich die Vorschläge Schleiermachers zum Gemeindeaufbau auf die Bildung kleiner Haus- und Personalgemeinden mit freier Aussprache, wohl verbunden mit der Kirche, aber letztlich doch eher am Privatzimmer als an der Kirche orientiert.[19] Das Interesse an der häuslich gelebten Religion, an Geselligkeit als einem Lebensprinzip von religiöser Existenz und an der »gegenseitigen Mitteilung« blieb für Schleiermacher in allen kybernetischen Wandlungen konstant. Dies wird z. B. in der »Kurzen Darstellung des theologischen Studiums« deutlich: Für Schleiermacher war die örtliche Gemeinde »ein Inbegriff in demselben Raum lebender und zu gemeinsamer Frömmigkeit verbundener christlicher Hauswesen gleichen Bekenntnisses...«[20]

Aus der Orientierung an der Hausgemeinde folgte nicht, daß Schleiermacher gleichsam schwärmerisch Kirche, Kirchenleitung u. ä. hinter sich ließ bzw. kybernetisch vernachlässigte. Im Gegenteil: er wußte, daß die vollkommene Gleichheit aller Christen, die Abschaffung aller irdischen Ordnung und die vollkommene »lebendige Circulation« eschatologische Ziele sind, aber noch lange nicht kirchliche Realität. Darum blieb er an der Frage der Kirchenleitung interessiert, ordnete diese aber streng auf sein Ziel der lebendigen und mündigen Gemeinde hin.[21] Dies entspricht dem kybernetischen Realitätsprinzip, das nicht an der Volkskirche vorbei, sondern eben in ihr Gemeinde bauen will. Schleiermacher war durchaus klar, wie weit die reale Kirche noch von seiner Vorstellung lebendiger Gemeinden entfernt war. Er sah deutlich die vielen, die eine passive Rolle in der Gemeinde spielten, während andere die Last der kirchlichen Wirksamkeit allein zu tragen hatten. Diesen Zustand wollte Schleiermacher nicht verschleiern, sondern genau erfassen: »Der Gegensatz überwiegender Wirksamkeit und überwiegender Empfänglichkeit muß, wenn ein Kirchendienst stattfinden soll, wenigstens für bestimmte Momente übereinstimmend fixiert sein.«[22]

Schleiermacher lehnte demnach die fundamentale Ungleichheit von Priestern und Laien ab, wie sie in der katholischen Kirche gegeben ist, wußte aber doch um eine Ungleichheit in der Gemeinde, die zum einen durch unterschiedliche Bildung, zum anderen durch eine unterschiedliche Wirksamkeit des Gemeingeistes in den Gliedern der Gemeinde faktisch gegeben ist.[23] Er »fixierte« diese Unterschiede, aber nur in der Hoffnung, daß sie allmählich verschwinden sollten. Diese Hoffnung beruhte vor allem auf seinem Zutrauen in den an allen Gemeindegliedern bereits wirksamen Geist, der die »lebendige Circulation« hervorruft, fördert und zum Ziel bringt. Unterschiedliche »Wirksamkeit« und »Empfänglichkeit« sollten damit produktiv genutzt werden zur allmählichen Überwindung der Unterschiede, zur Erbauung der Gemeinde.[24] Das sieht dann etwa so aus: »...so beruht nun alle eigentliche Kirchenleitung auf einer bestimmten Gestaltung des ursprünglichen Gegensatzes zwischen den Hervorragenden und der Masse... Diese

bestimmte Gestaltung ist die zum Beruf der Ausgleichung und Förderung festgestellte Methode des Umlaufs, vermöge deren die religiöse Kraft der Hervorragenden die Masse anregt, und wiederum die Masse jene auffordert.«[25]
So werden auf Dauer alle wirken und alle auf sich wirken lassen.[26] Natürlich müssen von der Gemeinde gerade zu diesem Zweck Dienste geordnet werden. Wichtig aber ist, daß tatsächlich die Gemeinde hier das Subjekt ist. Sie delegiert, während der katholische Klerus sich selbst ergänzt. Vor allem aber soll die Delegation durch die Gemeinde nicht dazu führen, daß der Freiraum der »Laien«, selbst etwas zu tun, begrenzt wird. So viel wie möglich soll der Tätigkeit aller offenstehen.[27]
Fragt man schließlich nach den wichtigsten kybernetischen Instrumenten bei Schleiermacher, so stößt man erstens auf das öffentlich verkündigte Wort, durch das die »lebendige Circulation« der Gemeindeglieder in Übereinstimmung mit der Heiligen Schrift bleibt. Zweitens findet man die Seelenleitung, die den einzelnen nicht binden und bevormunden, wohl aber der »lebendigen Circulation« zuführen soll. Seelsorge erscheint als »Erste Hilfe«, die den einzelnen begleitet, bis er wieder selbständig in der Gemeinde mitleben und von der Verkündigung her ohne seelsorgerliche Hilfe leben kann. Drittens ist der Gottesdienst als Mitte der Gemeinde zu nennen, in dem sie Gestalt gewinnt und ihren Aufbau einübt, in dem ja das wechselseitige Geben und Empfangen, also die »lebendige Circulation«, seinen mustergültigen Ausdruck finden kann.[28]
Auf einen besonders »modernen« Vorschlag Schleiermachers sei noch hingewiesen: Für die Gestaltung des öffentlichen Gottesdienstes, für die religiöse Unterweisung der Jugend und für die Verpflegung der Dürftigen und Leidenden empfahl Schleiermacher die Einrichtung von Mitarbeiterkreisen, damit möglichst viele Gemeindeglieder an diesen Aufgaben beteiligt werden können.[29]
Schleiermacher bewegte schließlich die Frage, wie er die Gemeinden zu beurteilen habe, denen er predigte. Unverkennbar war auch zu Anfang des 19. Jahrhunderts die Problematik mehrheitlich dem Leben der Gemeinde entfremdeter Getaufter. Schleiermacher hat sich dazu sehr deutlich geäußert, und zwar in der Einleitung zum ersten Band seiner gesammelten Predigten, dem Prediger Stubenrauch in Landsberg an der Warthe gewidmet: »Andern wird freilich manches wunderlich vorkommen; zum Beispiel, daß ich immer so rede als gäbe es noch Gemeinen der Gläubigen und eine christliche Kirche; als wäre die Religion noch ein Band, welches die Christen auf eine eigenthümliche Art vereint. Es sieht allerdings nicht aus, als verhielte es sich so: aber ich sehe nicht, wie wir umhin können dies dennoch vorauszusetzen. Sollen unsere religiösen Zusammenkünfte eine Missionsanstalt sein, um die Menschen erst zu Christen zu machen: so müßten wir ohndies ganz anders zu Werke gehen.«[30]
Schleiermacher ist nüchtern genug, die Situation realistisch einzuschätzen. Eigentlich verstanden sich schon zu seiner Zeit Christsein und Gemeindesein nicht mehr von selbst. Eigentlich mußte schon Schleiermacher von nicht erbauten statt von erbauten Gemeinden ausgehen. Sogar die Frage stellte sich: Sollte man davon ausgehen, daß zuerst die Kirchenmitglieder zum Christsein eingeladen werden müssen, und müßte Kirche dann nicht gerade als Volkskirche Missionsanstalt sein? Doch die Frage stellt sich nur höchst theoretisch; sie wird sogleich im Blick auf die Kosten abgewiesen: »...so müßten wir ohndies ganz anders zu Werke gehen.«[31]
Was bleibt aber dann? Welchen Weg schlug der Kybernetiker und Prediger Schlei-

ermacher ein, wenn er zugleich die nüchterne Sicht der kirchlichen Lage und die Ablehnung der Kirche als Missionsanstalt festhalten wollte? Hören wir noch einmal Schleiermacher: »Vielleicht kommt die Sache dadurch wieder zu Stande, daß man sie voraussetzt; wenigstens giebt es nichts verderblicheres für unsere religiösen Vorträge, als das Schwanken zwischen jenen beiden Ansichten, ob wir als zu Christen reden sollen, oder als zu Nichtchristen.«[32]

Damit ist die Hauptfrage an unsere Konzeptionen der Gemeindearbeit auf dem Tisch: Zu wem wollt Ihr sprechen, zu Christen oder zu Nichtchristen?

II. Emil Sulze

Gut 50 Jahre nach Schleiermachers Tod hat der Dresdner Pfarrer Emil Sulze (1832–1914), ein neuprotestantischer Theologe, den Gemeindeaufbau zu einem überall in der Kirche diskutierten Thema gemacht.

1. Der Gemeindegedanke Emil Sulzes

Man hat Emil Sulze als den Vater des neuzeitlichen Gemeindegedankens und das Jahr 1890 als das Geburtsjahr des modernen Gemeindeaufbaus bezeichnet.[34] Tatsächlich konzentriert sich kirchliches und theologisches Denken in diesen Jahren immer stärker auf die Frage nach dem Gemeindeaufbau. 1890 hat der »Evangelisch-soziale Kongreß« eine Resolution zum Aufbau lebendiger Gemeinden verabschiedet. In demselben Jahr befaßte sich auch der liberale Protestantenverein auf dem 18. Deutschen Protestanten-Tag in Gotha mit Fragen der Gemeindezustände. Vor allem aber referierte Emil Sulze auf der vierten Hauptversammlung des Evangelischen Bundes über seine Vorstellungen von Gemeinde und Gemeindeaufbau. Er ließ dann 1891 seine programmatische Schrift »Die evangelische Gemeinde« erscheinen, der schließlich 1906 als zweites Werk »Die Reform der evangelischen Landeskirchen« folgte.

Sulze ging bei seinen Veröffentlichungen von der Situation der entkirchlichten Massen vor allem in den großen Städten aus. Wie sollte die Gemeinde der Entkirchlichung wehren, wenn es Parochien wie Dresden-Neustadt mit 60 000 Mitgliedern gab? Seelsorge und Gemeindeaufbau werden angesichts dieser Zahlen zur Farce. Sulzes Motto entspricht dem, was wiederum zwei Generationen später Hugo Schnell forderte: Die überschaubare Gemeinde.[35] Wenn das Leben der Menschen vom Evangelium her durchdrungen werden soll, dann ist die Bildung lebendiger kleiner Gemeinden eine unabdingbare Forderung. Denn Sulze sieht die Abwendung der Menschen von der Gemeinde als Grund für gesamtgesellschaftliche Krisen, die allein dem von ihm scharf abgelehnten Sozialismus zugute kommen. Die Erziehung zur Gotteskindschaft in starken Gemeinden ist notwendig, dann wird sich auch die Situation der gesamten Gesellschaft bessern. Auf ein unbewußtes Christentum wollte Sulze nicht hoffen. Diese These Richard Rothes ist für Sulze nur ein »Sonnenuntergang«.[36] Seine Gegenthese lautet: »Bessert die Kirche, so bessert ihr das Leben.«[38]

Wie aber sollte die Kirche gebessert werden? Sulze wollte bei den Riesenparochien einsetzen. Sie erschienen ihm als Haupthindernis des Gemeindeaufbaus: »Zwölftausend Menschen können unmöglich eine Gemeinde bilden, deren Mitglieder durch Liebe mit einander verbunden sind, Freud und Leid mit einander tragen und über das Heil ihrer Seelen gemeinsam wachen.«[38]

Sulze forderte darum als erstes: Entschiedene Verkleinerung der Parochien in Bezirke von höchstens 3000 bis 5000 Seelen. Für jeden Bezirk sollte ein Pfarrer zuständig sein, insbesondere für Seelsorge und Kasualien. Diese Forderung konnte Sulze gegen den erheblichen Widerstand vieler Pastoren und Gemeindeglieder durchsetzen.[39] Aber Sulzes Pläne gingen noch weiter. Er wollte auch diese erheblich kleineren Bezirke noch weiter unterteilen. Im Sinne der Mitverantwortung der Laien sollten Laien-Mitarbeiter für Unterbezirke zuständig sein, Seelsorge treiben und die Diakonie in Gang bringen. Der gegenseitige Dienst der Gemeindeglieder in Seelsorge und Diakonie sollte für die lebendigen Gemeinde sorgen, die Sulze anstrebte. Das Amt der Pfarrer sollte dadurch keineswegs überflüssig werden, aber es sollte den Dienst der Laien-Mitarbeiter unterstützen. Die Leitung der Dienste sollte in der Hand des Pfarrers bleiben. Amt und Gemeinde wurden somit aufeinander hingewiesen und aneinander gebunden. Zugleich wurde das Problem der Pfarrer-Zentrierung scharf erkannt und bekämpft: »Dann regt sich in den Gemeinden ein selbständiges Leben, das die Geistlichen nur im Gange zu erhalten und zu leiten haben. Eine über das Maß der Kraft... hinausgehende Produktivität braucht dann nicht mehr von ihnen gefordert zu werden. Ihre Arbeit wird bescheidener und doch reicher an Inhalt und Erfolg.«[40]

Für jeden Bezirk strebte Sulze die Bildung von Presbyterien an. Ferner sollten jeweils drei Mitarbeiter pro Bezirk für Seelsorge und Armenpflege zuständig sein. Diese drei sollten dann die tüchtigsten und geeignetsten Hausväter versammeln und zu weiteren Diensten zurüsten. Die Hausväter sollten in einem Hausväterverband zusammengefaßt werden.[41] Sulze sprach in diesem Zusammenhang von einer vereinsmäßigen Strukturierung der Gemeindearbeit: »Im letzten Grunde ist unser Bestreben darauf gerichtet, die kirchlichen Gemeinden in Vereine umzuwandeln, deren Mitglieder sich kennen und lieben und ihre Liebe sich durch die That, vor allem durch ernste und seelsorgerische Arbeit aneinander beweisen.«[42]

Eberhard Winkler hat darauf hingewiesen, daß es Sulze dabei nicht um eine Auflösung der Parochie ging, sondern um die Entstehung dienstfähiger Gruppen, nicht neben der Gemeinde, sondern für die volkskirchliche Gemeinde.[43] Diese Gedanken Sulzes fanden nicht die gleiche Resonanz wie seine Grundidee der überschaubaren Parochien. Immerhin wurden Sulzes Ideen auf allen kirchlichen Ebenen intensiv diskutiert. Praktische Theologen wie Martin Schian und Friedrich Niebergall schlossen sich seinem, an der empirischen Gemeinde orientierten Denken an. Die auf dem Deutschen Evangelischen Gemeindetag 1901 in Dresden gegründete »Konferenz für evangelische Gemeindearbeit« arbeitete im Sinne der Sulzeschen Konzeption.

2. Der Widerspruch Gerhard Hilberts

Freilich erntete Sulze auch erheblichen Widerspruch, z. B. von einer durch die reformatorischen Bekenntnisse geprägten Theologie, die die Gefahr einer gemeindlichen Sonderexistenz beschworen. Aus ihrer Sicht war es ausreichend, die Gemeinde durch Wort und Sakrament im Gottesdienst zu stärken, um sie dann wieder in die alltäglichen Bezüge von Familie, Arbeit, Staat und Gesellschaft und damit in die Unsichtbarkeit zu entlassen.

Ganz anders sah der Widerspruch Gerhard Hilberts aus. Hilbert setzte in seinen Überlegungen zum Gemeindeaufbau bei Martin Luthers Überlegungen zum Gemeindeaufbau in der »Deutschen Messe« an.[44] Luther befürwortete demnach zwar die Volkskirche, sah aber in ihr wohl eher die Missionsanstalt, in der die, die mit Ernst Christen sein wollen, wirken. Hilbert meinte:»Die Volkskirche ist für die Freiwilligkeitskirche der Boden, auf dem sie ruht und den sie zu bearbeiten hat; die Freiwilligkeitskirche dagegen ist das Ziel, das der Volkskirche gesetzt ist.«[45]

Von seiner Auslegung Luthers her sah Hilbert Kirche in der Spannung von solchen, die mit Ernst Christen sein wollen, und solchen, die zwar kraft ihrer Taufe dazugehören, aber nicht zu einem persönlichen Christusglauben gefunden haben.[46] Auch Hilbert wollte darum auf dem Boden der Volkskirche lebendige Gemeinde bauen. Aber er lehnte den Weg Emil Sulzes ab. Hilbert warf Sulze vor, sich einer großen Illusion hinzugeben, wenn er von der Christlichkeit der Massen ausgehe, die nur noch zu gegenseitiger Seelsorge und Diakonie zu aktivieren seien. Die Parole vom Dienst aller an allen war in Hilberts Augen entschieden zu hoch gegriffen. Hilbert erblickte darin weniger eine Rezeption des allgemeinen Priestertums als einen idealistischen Optimismus.[47]

Wenn Sulze der Macht der Sünde die Macht der sittlich-religiösen Gesamtpersönlichkeit der Gemeinde entgegenstellen wollte, so entfuhr es Hilbert: »Ich halte Sulzes Vorschläge für völlig irreführend... die Massen unseres ›Kirchenvolkes‹ haben weder den Willen noch die Fähigkeit zur Erfüllung so hoher geistlicher Aufgaben... Die Massen der volkskirchlichen Gemeinde können immer nur Objekt, nie aber Subjekt des kirchlichen Handelns sein.«[48]

Hilberts eigener Vorschlag lehnte sich dann eng an Luthers Konzept der dritten Weise des Gottesdienstes in der »Deutschen Messe« an. Er wollte in der Volkskirche lebendige Kreise derer schaffen, die mit Ernst Christen sein wollen, um von da aus die volkskirchlichen Massen zu durchdringen. Er wollte darum auch die missa fidelium von der missa catechumenorum unterscheiden. Sein Weg war der der Volksmission im »Missionsland Deutschland«. Von lebendigen Kreisen erhoffte er sich eine »Sauerteigwirkung« in der Volkskirche. Solche lebendigen Kreise hätten nach Hilberts Auffassung auch eine große Anziehungskraft für Fernstehende.[49]

3. Ergebnis und Frage

Der Streit zwischen Hilbert und Sulze läßt sich auf eine sehr klare Frage reduzieren. Ist Sulze im Recht, der von der Christlichkeit der Massen ausging, zumindest aber noch ein unbewußtes Christentum erwartete und erhoffte? Oder muß man Gerhard Hilbert folgen, der Deutschland als »Missionsland« bezeichnete und die Getauften erst zu einer persönlichen Christusbeziehung führen wollte? Wir sahen, daß auch Schleiermacher schon diese Frage als Kardinalfrage (allerdings im Bereich der Homiletik) aufgeworfen hatte. Die theologischen Grundentscheidungen der Barmer Theologischen Erklärung als Auslegung der Heiligen Schrift legen es nahe, die Situation der Volkskirche so nüchtern zu betrachten, wie Hilbert es getan hat. Darauf folgt ja keinesfalls die Preisgabe der Volkskirche. Darauf folgt aber die Notwendigkeit, in der Volkskirche »Gemeinde von Brüdern« zu bauen. Die vorzustellenden Konzepte werden sich daraufhin befragen lassen müssen, ob sie dieser Forderung gerecht werden oder sich ihr verweigern.

Aber noch etwas anderes läßt sich aus der kurzen Betrachtung dieser drei kybernetischen Entwürfe herauslesen. So unterschiedlich sie sich Gemeindeaufbau vorstellten, so einig waren sie sich in der Forschung, Kirche durch die Bildung kleiner Zellen in der Gemeinde zu erneuern. Schleiermachers Forderung, die »lebendige Circulation« zu fördern, Sulzes Vereinsgedanke und Hilberts Rezeption der »Deutschen Messe« treffen sich an diesem Punkt. Die Erneuerung der Kirche konnten sie sich alle nur so vorstellen, daß inmitten der riesigen und unüberschaubaren Volkskirche solche überschaubaren, persönlich-verbindlichen Gruppen eingerichtet würden. Wie wird dieser grundlegende Gedanke in der neueren kybernetischen Literatur aufgenommen?

D. Der Überblick über die Konzeptionen des Gemeindeaufbaus

Bevor im 3. Teil dieser Arbeit ein eigenes Konzept für den Gemeindeaufbau auf Grund der bisher getroffenen Entscheidungen dargestellt werden soll, sollen die zur Zeit virulenten Konzepte des Gemeindeaufbaus vorgestellt werden. Dabei geht es um einen knappen Überblick über die wichtigsten Überlegungen zum Gemeindeaufbau etwa seit 1950. Dieser Überblick kann angesichts der Masse des Materials natürlich nicht im Entferntesten vollständig sein; auch hier kann nur eine exemplarische, dadurch aber hoffentlich auch noch lesbare Darstellung geboten werden. Die Einteilung der Konzeptionen in drei große Richtungen seit 1950 entspricht weitgehend einer Übereinkunft in der kybernetischen Literatur. Natürlich ist eine solche Einteilung immer idealtypisch. Das bedeutet, daß sie immer vereinfachend und schematisierend ist. Ein gewisses Schubfach-Denken ist sogar naheliegend. Dennoch kann eine Darstellung der verschiedenen Konzepte nicht auf eine Einteilung in große Richtungen des Gemeindeaufbaus verzichten. Sie muß es auch nicht, denn bei aller Vereinfachung gibt es doch – wie jetzt zu zeigen ist – genügend Gemeinsamkeiten der innerhalb einer »Richtung« des Gemeindeaufbaus zusammengestellten Entwürfe und ebenfalls genügend Unterscheidungsmerkmale zu den Entwürfen der anderen Richtungen. Außerdem soll das Gesamtbild dadurch etwas differenziert werden, daß innerhalb der drei großen konzeptionellen Richtungen verschiedene Ansätze unterschieden werden. Zur Idealtypik dieser Einteilung gehört natürlich auch, daß man kaum in einer Landeskirche oder auch nur in einer Gemeinde ein Konzept des Gemeindeaufbaus in Reinkultur vorfinden wird. Unsere Unterscheidung von Gemeindeaufbau-Konzept und kybernetischem Programm läßt dies auch gar nicht als wünschenswert erscheinen. Vielmehr wird man in Gemeinden und erst recht in Landeskirchen unterschiedliche Konzepte, zuweilen auch Vermischungen von Konzepten, vorfinden.[50]

Daß man die vielen Konzepte des Gemeindeaufbaus in eine Anzahl von Hauptrichtungen einteilen muß, ist unumstritten. Es liegen eine Reihe von Vorschlägen
vor, wie man Gemeindekonzepte einteilen kann. Ein origineller Entwurf stammt
von Claus-Dieter Schulze.[51] Schulze teilt die Konzeptionen nach ihrer Beurteilung der Säkularisation ein, um einen Leitfaden im Irrgarten der Konzeptionen zu
finden. So unterscheidet er 1. *Traditionalisten,* d. h. Theologen, die die Säkularisation für einen Irrtum halten und das kirchliche Leben restaurieren wollen unter
dem Motto, die entlaufenen Herrschaftsbereiche zurückzuerobern; 2. *Avantgardisten,* die Gottes Anwesenheit in der Welt aufspüren und Jesus, dem Menschen
für andere, entsprechend nun auch uneigennützig in der Welt dienend Kirche für
andere sein wollen; 3. *Progressive,* die auch den Exodus in die Welt wagen, zugleich aber an der Sammlung der eschatologischen Heilsgemeinde interessiert bleiben; und 4. *Neo-Liberale,* die die Säkularisation akzeptieren und doch die Volkskirche in der säkularen Gesellschaft bewahren wollen als einer pluralen, diskus-
sionsbereiten und offenen Gesprächspartnerin. Schulzes Einteilung ist durchaus
plausibel. Allerdings sind die Kategorien zu mehrdeutig; besonders die Unterscheidung zwischen den »Avantgardisten« und den »Progressiven« ist mißverständlich. Die Bezeichnungen sind schon deshalb problematisch, weil sie innerhalb der Darlegungen einen Bewertungsrahmen bilden, der aber nicht offengelegt
wird. Selbstverständlich ist nach Schulzes Einschätzung der Traditionalist auf der
Verliererstraße. Und ob sich die solchermaßen Eingeteilten auch mit der jeweiligen Kategorisierung einverstanden erklären könnten, muß wohl als fraglich da-
hingestellt bleiben.[52]
Neben anderen Vorschlägen, »das Perlenspiel der Konzeptionen«[53] zu ordnen
(etwa von Günter Bormann[54] oder Christof Bäumler[55]), die zum Teil komplizierte
Unterscheidungen vorschlagen, hat sich Karl-Wilhelm Dahm um eine Einteilung
bemüht.[56] Dahm unterscheidet ebenfalls vier Gruppen. Er nennt zuerst das Konzept »*Kirche als Heilsanstalt*«. Die Kirche als Heilsanstalt sieht sich vor allem für
das Sündersein des Menschen zuständig. Sie bleibt in Distanz zu weltlichen Institutionen und zu gesellschaftlichem Engagement, weil sie für alle offen sein
möchte. Die sehr knappe Darstellung Dahms erweckt den Eindruck, daß er mit
diesem Stichwort sich eng mit dem des morphologischen Fundamentalismus berührt. Als zweites Konzept erwähnt Dahm die Kirche »als *bekennende Gemeinschaft*«. Diesem Konzept geht es um die Sammlung und Sendung derer, die mit
Ernst Christen sein wollen. Gegenüber der volkskirchlichen Praxis sind die Vertreter dieses Konzeptes kritisch eingestellt und fordern eine Verschärfung der
Normen. Das dritte Konzept hört auf das Motto »*Konversion zur Welt*« und will
sich mit Entschiedenheit den weltlichen Aufgaben der Kirche in der modernen
Gesellschaft zuwenden und sich nicht länger nur mit kirchlichen »Binnenproblemen« befassen. Das Ziel des Gemeindeaufbaus wären Dienstgruppen von Christen als »Avantgarde des göttlichen Willens für die Welt«.[57] Als letztes Konzept
benennt Dahm die »*kritische Annahme* des geschichtlich gewordenen volkskirchlichen Rahmens mit seiner komplexen Pluralität von theologischen Positionen
und gesellschaftlichen Funktionen.«[58] Vieles aus den ersten drei Konzepten wird
hier auch bejaht, allerdings sollen die religiösen Dienstleistungen, die von der Kirche als einem Service-Unternehmen erwartet werden, nicht disqualifiziert werden, wozu in den ersten drei Konzepten eine starke Tendenz besteht. Dahm weist

schließlich darauf hin, daß es diese Konzepte in der Realität natürlich nur in Mischformen gibt, und daß dem letzten der genannten Konzepte wohl ca. $^2/_3$ der Pfarrer zustimmen dürften.[59] Dahm führt diesen hohen Grad der Zustimmung auf einen wichtigen Sachverhalt zurück. Das vierte Konzept nimmt zunächst die Realität der Volkskirche und ihrer pluralen religiösen Einstellungen an, läßt dann aber auch Raum für Experimente, für engagierte Gruppen usw. Gewiß könnten viele Theologen den anderen drei Konzepten »mit Herz und Hoffnung«[60] eher zustimmen. Doch wäre der Druck, der durch die Diskrepanz von Konzept und kirchlicher Wirklichkeit entstünde, für viele unerträglich. Das Konzept kann zu einem untragbaren Druck werden, wenn es nicht gegenwärtige kirchliche Wirklichkeit mit dem Hoffnungsziel zu vermitteln vermag. Dieser Hinweis von Dahm ist für die Beurteilung der verschiedenen theologischen Konzepte äußerst wichtig. Ein Konzept, das die kirchliche Wirklichkeit einfach überspringt, ist nicht hilfreich; ich muß zunächst annehmen, was ich verändern soll. Sonst wird das Problem der Volkskirche ästhetisiert, also auf einer risikolos-harmlosen Ebene theologischer Gedankenspiele diskutiert. Andererseits darf die kirchliche Wirklichkeit nicht blind machen für das vom Neuen Testament als Verheißung (und nicht als tötendes Gesetz) Vorgegebene und darum auch Aufgegebene.

Eine weitere Übersicht über kybernetische Konzeptionen bieten auch Eberhard Winkler und Gottfried Kretzschmar im »Handbuch der Praktischen Theologie«. Ihre Einteilung ist ähnlich plausibel wie die Dahms.[61] Das in den letzten Jahren stark hervortretende Konzept der kritischen Annahme des volkskirchlichen Rahmens ist hier allerdings noch nicht im Blick. Kritisch anzumerken ist außerdem, daß Winkler und Kretzschmar die unterschiedlichen und zum Teil auch völlig gegenläufigen Konzepte alle unter dem Stichwort »Tendenzen des Gemeindeaufbaus« subsumieren können. Wohlgemerkt, sie sprechen nicht von unterschiedlichen Konzepten, sondern nur von Tendenzen innerhalb des einen, allen gemeinsamen Gemeindeaufbaus. Dieser kybernetische Drahtseilakt kann jedoch kaum gelingen. Anstatt die – im übrigen knapp und gut beschriebenen – Konzepte zu einer künstlichen Einheit zu verbinden, die es in Wirklichkeit gar nicht geben kann, müßte es doch zu einer begründeten theologischen Kritik der verschiedenen Entwürfe kommen. Dies jedoch bleibt im »Handbuch der Praktischen Theologie« leider aus.[62] Damit erscheint aber jedes Konzept als möglicher Beitrag zum Gemeindeaufbau. Auf diese Weise wird der Gemeindeaufbau nivelliert. Alles, was in der Kirche geschehen kann oder Theologen sich ausdenken, ist dann »Gemeindeaufbau«. Das Thema »Gemeindeaufbau« ist in den letzten Jahren in das kirchliche Gespräch gekommen und sogar zu einem ausgesprochenen Hoffnungswort geworden. Wenn man nun – wie im Handbuch geschehen – alles als »Gemeindeaufbau« bezeichnet, wird das Hoffnungswort »Gemeindeaufbau« ebenso zerredet wie zuvor ähnliche Hoffnungsworte (wie z. B. »Evangelisation« oder »Spiritualität«).

In den folgenden Kapiteln sollen nun die wichtigsten Konzeptionen des Gemeindeaufbaus dargestellt werden. Dabei werden drei Hauptrichtungen unterschieden werden. Zunächst geht es um das Konzept »Kirche für andere – oder: Von der Konversion zur Welt«, danach um das Konzept »Offene Kirche für alle – oder: Vom Ja zum Pluralismus«, schließlich um das Konzept »Missionarische Kirche für alle – oder: Von der Einladung zur Umkehr«.

Aus dem bisher Erörterten ergeben sich eine ganze Reihe von Fragen an jedes dieser Konzepte. Nach einer kurzen Darstellung ihrer jeweiligen Geschichte geht es darum, die kybernetischen Grundentscheidungen dieser Konzepte herauszuarbeiten, ihre Aussagen über Wesen, Gestalt und Auftrag der Kirche, ihre Beurteilung der kybernetischen Situation in der Volkskirche, ihre Strategien des Gemeindeaufbaus, und das heißt auch, ihre bevorzugten Arbeitsformen, ihre Einstellung zur Frage von Amt und Gemeinde, zum Gottesdienst, zu Taufe und Umkehr, aber auch ihre »Absagen« (wovon distanzieren sich diese Konzepte?). Auf Grund dieser Informationen über die Konzepte wird es aber auch darum gehen müssen, eine theologische Beurteilung zu wagen. Welches dieser Konzepte erscheint am ehesten geeignet, in der Situation der Volkskirche im Sinne der Verheißungen des Neuen Testamentes »Gemeinde von Brüdern« bauen zu helfen? Ein schlichtes Nebeneinanderstellen von Konzepten wäre eine bloße Reproduktion des theologischen und kirchlichen Irrgartens, aber keine Orientierungshilfe für den heute aufgegebenen Aufbau der »Gemeinde von Brüdern«.

Bei der Darstellung der drei großen konzeptionellen Richtungen des Gemeindeaufbaus wird auffallen, daß auch dem letzten Konzept »Missionarische Kirche für alle – oder: Von der Einladung zur Umkehr« breiter Raum gewidmet ist. Der Grund für diese Entscheidung soll hier sofort offengelegt werden. Dieses Konzept erfreut sich einer stetigen Nicht-Beachtung in der theologischen Literatur, so daß tatsächlich eine ausführliche Darstellung dieses durchaus differenzierten Konzeptes noch aussteht. Die vorliegende Arbeit möchte ein Versuch sein, dem Konzept »Missionarische Kirche für alle – oder: Von der Einladung zur Umkehr« den ihm gebührenden Raum der Darstellung und kritischen Rezeption zukommen zu lassen.

Zweites Kapitel

Kirche für andere – oder: Von der Konversion zur Welt[1]

A. Die ökumenische Debatte um die Struktur der missionarischen Gemeinde

I. Das Motto

In den Briefen und Aufzeichnungen Dietrich Bonhoeffers aus der Haft findet sich auch der Entwurf für eine Arbeit, die Bonhoeffer plante. Gedacht war eine Bestandsaufnahme des Christentums in einer säkularen Welt, an eine Ortsbestimmung des christlichen Glaubens in dieser Welt und an – zumindest ekklesiologische – Folgerungen.[2]

Der christliche Glaube muß über Jesus Christus sprechen. Wer war Jesus Christus? Jesus war »der Mensch für andere«, der bis zum Tod frei war von sich selbst zum »Dasein-für-andere«. Darum muß auch unser Verhältnis zu Gott ein neues Leben im »›Dasein-für-andere‹, in der Teilnahme am Sein Jesu«[3] sein. Für die Kirche ergibt sich daraus als einzige mögliche Konsequenz: »Die Kirche ist nur Kirche, wenn sie für andere da ist.«[4] Damit hatte Bonhoeffer knapp und klar die Antwort auf die Frage gegeben, wozu denn die »Gemeinde von Brüdern«, um die es in der dritten These der Barmer Theologischen Erklärung ging, da sein soll.[5]

Das Wort von der »Kirche für andere« wurde dann in der ökumenischen Debatte der fünfziger und sechziger Jahre zum entscheidenden Motto eines Gemeindekonzeptes, dem es primär darum ging, das Dasein für andere in einer säkularen Welt praxisrelevant auszulegen.

Zwei Stichworte traten dabei in den Vordergrund der Diskussion um Wesen, Gestalt und Auftrag der Gemeinde, nämlich die Begriffe »Mission« und »Struktur«. Im Nachdenken über eine Gemeinde für andere drängte es sich geradezu auf: Kirche für andere ist immer missionarische Kirche. Und, alle Strukturen der Kirche müssen auf dieses missionarische Dasein für andere ausgerichtet werden.[6]

Das Ringen um die Strukturen der missionarischen Gemeinde zwischen den beiden Vollversammlungen des Ökumenischen Rates der Kirchen in Neu Delhi (1961) und Uppsala (1968) schlug sich in zwei wichtigen Dokumentationen nieder, nämlich einmal in dem von Hans Jochen Margull herausgegebenen Arbeitsbuch »Mission als Strukturprinzip« (Genf 1965), vor allem aber dann in dem Schlußbericht der Westeuropäischen und der Nordamerikanischen Arbeitsgruppe des Referates für Fragen der Verkündigung beim Ökumenischen Rat der Kirchen (ÖRK) »Die Kirche für andere und Die Kirche für die Welt im Ringen um Strukturen missionarischer Gemeinden« (Genf 1967). Die Titel stehen hier für Programme! Wie aber kam es zu diesen Dokumenten, in denen das Konzept einer »Kirche für andere« entfaltet wird?

II. Die Geschichte

1. Ökumenische Studien über die missionarische Gemeinde von den Anfängen bis zur Vollversammlung des ÖRK in Neu Delhi 1961

Man muß weit, nämlich bis zur Ersten Weltmissionskonferenz in Edinburgh 1910 zurückgehen, denn so früh schon geschahen die ersten Weichenstellungen, etwa das immer engere Zusammenrücken der Begriffe »Kirche« und »Mission« und die Diskussion über Mission in einem streng eschatologischen, am Reich Gottes orientierten Denken.[7]

Der »Bericht der beratenden Kommission« von Evanston 1953 stellt ein wichtiges Dokument auf dem Weg nach Neu Delhi dar. Man ging in Evanston von einem weltbezogenen Missionsbegriff aus: Mission gehört zum Werk Gottes mit seiner Welt; doch wird Mission nie das Reich Gottes schaffen.[8]

Immer stärker wurde in den Jahren nach dem Zweiten Weltkrieg, aber der Sekretär des Referates für Evangelisation beim ÖRK, Johannes Christian Hoekendijk, der von der kirchenkritischen holländischen Apostolats-Theologie[9] geprägt war, in der ökumenischen Debatte wirksam und einflußreich. Wolfgang Ratzmann führt mit Recht wesentliche Entscheidungen über theologische Grundfragen im Spannungsfeld von Mission und Kirche auf den Einfluß Hoekendijks zurück.[10] Was Hoekendijk Anfang der fünfziger Jahre dachte, sprach und schrieb, schlug sich in den ökumenischen Dokumenten bis Uppsala 1968 nieder. Dies ist auch dem Studiendokument des Referates für Evangelisation für Neu Delhi unter dem Titel »Eine theologische Besinnung über die Evangelisation«, bzw. in 2. Auflage »Salz und Erde« (Genf 1959 bzw. 1963) abzuspüren. Von hier führt dann der Weg geradewegs zur Vollversammlung des ÖRK in Neu Delhi 1961, besonders zur Sektion I, »Zeugnis«.

Die entscheidenden theologischen Begriffe der Diskussion vor 1961 waren »Reich Gottes«, »Welt« und »Kirche«.

a) Das Reich Gottes

Hier war zunächst der deutsche Missionswissenschaftler Walter Freytag in der ökumenischen Debatte zu hören. Er bemühte sich um eine präzise theologische Bestimmung des Reich-Gottes-Begriffes, der für die Mission seit jeher die entscheidende Rolle gespielt hat. In einem 1950 erschienenen Aufsatz über das Thema »Vom Sinn der Weltmission«[11] grenzt sich Freytag zunächst von Verengungen des Reiches Gottes auf das Reich der einzelnen bekehrten Seelen oder auf das Reich der wachsenden Kirche ab. Er zeichnet dann in einem eigenen Entwurf Mission ein in die Grundspannung zwischen dem schon gekommenen, aber noch nicht vollendeten Reich Gottes, zwischen Weltversöhnung und Welterlösung. Mission weiß, daß das Reich schon da ist (seit Ostern!), daß der Feind also schon besiegt ist, Christus als Herr regiert. Sie weiß aber auch, daß der neue Himmel und die neue Erde noch nicht erschienen sind, und daß es auch noch Rückzugsgefechte gibt, ja sogar noch Tote geben kann. Diese Spannung zwischen Auferstehung und Wiederkunft ist nach dem Willen Gottes der Raum der Mission. Bis zur Parusie Christi geht es um Mission und d. h. werbende Verkündigung des Heils für die, die noch nicht glauben. »Die Geduld Gottes ist der Sinn dieser Endzeit. Weil sie auf das Gericht zuläuft und in ihm keiner bestehen kann, der nicht gerettet ist durch den Glauben an den, den Gott auferweckt und zum Richter gesetzt hat, ist es Gottes Barmherzigkeit und Langmut, ›daß er vorhält den Glauben jedermann‹ (Apg 17,31). Anders gesagt: Der Sinn dieser Zeit ist die Sammlung der Gemeinde, die auf den kommenden Herrn wartet.«[12]

Zunächst war Walter Freytag der führende Theologe der Ökumene, was sich zum Beispiel in den Dokumenten von Evanston niederschlägt.[13] Dann aber hat sich immer stärker J. Chr. Hoekendijk durchgesetzt, der zwar auf Freytags Theologie aufbaut, dann aber doch ganz andere Akzente setzt.

Hoekendijk (»Der Aufruf zur Evangelisation« 1950[14]) sieht Mission als ein Geschehen, das streng an die messianische Zeit gebunden ist. Die Jünger Jesu stehen in dieser messianischen Zeit, die mit der Auferstehung des Messias, des Evangelisten schlechthin, angebrochen ist und im Interium zwischen Erhöhung und Wiederkunft angesiedelt ist. Hoekendijk weiß auch um die Spannung zwischen »Schon« und »Noch nicht«, legt aber den Akzent immer stärker auf das »Schon«. Die erwartete Weltvollendung tritt immer mehr in den Hintergrund zugunsten der jetzt möglichen Mitarbeit der missionarischen Gemeinde am Werk Gottes.

Aufschlußreich ist außerdem die inhaltliche Qualifikation des Reiches Gottes, dem die Mission der Gemeinde zu dienen hat: Es geht um den Schalom! Hoekendijk sagt dazu von Mt 11,3ff. her: »Und das Ziel der Evangelisation kann nichts Geringeres sein als die Erfüllung dessen, was Israel vom Messias erhofft hatte: die Aufrichtung des Schalom. Schalom ist viel mehr als persönliches Heil! Er ist Frieden, Integrität, Gemeinschaft, Harmonie und Gerechtigkeit.«[15]

Der Schalom ist Gottes Werk, und doch ist jeder Christ und ist jede Gemeinde berufen, Mitarbeiter Gottes bei der Aufrichtung des Schalom zu werden. Diese Mitarbeit verwirklicht sich als proklamierter Schalom im Kerygma, als gelebter Schalom in der Koinonia und als demonstrierter Schalom in der Diakonia.[16]

b) Die Beurteilung der Welt

In Evanston wurde dialektisch von der Welt gelehrt; d. h. Gottes Nein zur Welt, die sich im Unglauben von ihm abwendet, steht in Spannung zu Gottes Ja zur Welt, die er liebt und am Kreuz annimmt.[17] Im ganzen erscheint die Welt als Gottes Schöpfung und als Raum des Dienstes der christlichen Gemeinde.

Geht man hingegen – wie Hoekendijk – stärker von der Gegenwart des Reiches Gottes aus, so schrumpft der Abstand zwischen Gott und der Welt auf ein Minimum. Die Welt erscheint immer weniger und bald gar nicht mehr als Raum der Sünde und des Todes, sondern als von Christus versöhnte Wirklichkeit. Mehr noch: Christus handelt in der Geschichte und ist dort auch als Wirkender erkennbar, z. B. in progressiven, sozialen Aktionen. Wolfgang Ratzmann nennt diese theologische Weichenstellung den »geschichtlichen christologischen Indikativ«.[18] Intendiert ist damit eine strenge Weltbezogenheit der Kirche und ihrer Menschen, ein unbedingter Verzicht auf alle diakonische und politische Lethargie und auf jeden Versuch einer ekklesiozentrischen Denkweise, die die Kirche und nicht die Welt im Zentrum des Interesses Gottes sieht.

c) Die Aufgabe der Kirche

Daraus folgt konsequent, daß die Kirche etwas Sekundäres im Weltplan Gottes ist, Werkzeug und Mittel, aber nicht Ziel der Wege Gottes. Darum kann auch nie die Ausbreitung der Kirche das Ziel der Mission sein; das wäre Proselytismus und Propaganda. Ziel kann nur der Schalom der Welt sein. Kirche ist das Werkzeug Gottes, der Welt das Evangelium vom angebrochenen Reich zuzurufen, mehr aber nicht. Diese Aufgabe erfüllt die Kirche durch Kerygma, Diakonia und Koinonia. Die Mission wird so zum Kriterium der Kirche. Entweder sie ist Kirche-in-Mission oder sie ist gar keine Kirche. Kirche ist damit zur Funktion von Mission geworden. Sie ereignet sich, weil und insofern sich auch Mission ereignet.[19]
Diese drei theologischen Weichenstellungen im Sinne der Apostolats-Theologie Johannes Christiaan Hoekendijks werden nun in der gemeinsamen ökumenischen Studienarbeit zwischen 1961 und 1969 im Referat für missionarische Verkündigung wirksam.

2. Mission als Strukturprinzip – Die ökumenische Studienarbeit über die missionarische Gemeinde zwischen Neu Delhi und Uppsala (1961–68)

Die Vollversammlung des ÖRK beauftragte 1961 das Referat für Verkündigung, eine ökumenische Untersuchung zur Frage der Struktur missionarischer Gemeinden vorzulegen. Dabei wurde Hans Jochen Margull zum Sekretär des Referates berufen. Margull strukturierte die jahrelange weltweite Diskussion und sorgte für die wichtige Bilanzierung des Erarbeiteten.[20] Die Arbeit des Referates wurde in kontinentalen Arbeitsgruppen geleistet, die untereinander im wesentlichen durch die in Genf publizierten Ausgaben von »Concept« kommunizierten. Nach einer Einführung durch Margull begann die Arbeit der Arbeitsgruppen im Jahr 1962. Erst 1967 sollte sie zum Abschluß kommen, um dann in Uppsala 1968 diskutiert zu werden.
Der Arbeitsstil der kontinentalen Arbeitsgruppen war sehr unterschiedlich. Die nordamerikanische Arbeitsgruppe etwa begann mit klassisch-akademischer Arbeit (Referat, Seminar, Diskussion), um dann immer mehr zur »action research« zu kommen, zur Beteiligung an Projekten der missionarischen Arbeit in der Welt, um so die notwendigen Strukturen in Erfahrung zu bringen. Man arbeitete in sogenannten »Task Groups« (z. B. Erziehungsfragen, Altenarbeit, Rassenproblem, Stadtplanung). Ein »Steering Committee« mit J. Morikawa, Th. Wieser, J. C. Hoekendijk, H. G. Cox, G. W. Weber und C. W. Williams erarbeitete schließlich den Bericht dieser Arbeitsgruppe.[21]
In der westeuropäischen Arbeitsgruppe, die für das Endergebnis sehr prägend war, blieb man bei Tagungen, Referaten und Diskussionen, bei denen u. a. G. Casalis, J. Matthes, J. C. Hoekendijk und W. Hollenweger wegweisende Vorträge hielten.
Nachdem die Ergebnisse der Studienarbeit bereits auf verschiedenen Weltkonferenzen diskutiert worden waren, wurden sie in die nächste Vollversammlung des ÖRK in Uppsala 1968 eingebracht, hier besonders in die Sektion II: »Erneuerung in der Mission«. Hier nun stand in aller Klarheit die Frage im Zentrum, wie christ-

liche Eschatologie einen fruchtbaren Beitrag zur Frage des christlichen Engagements angesichts der brennenden Probleme der Welt leisten könnte. Eine starke Strömung dieser Vollversammlung legte den Akzent immer stärker auf die Identifizierung von Mission und dem »Einsatz für eine durch sozialrevolutionäre Aktionen erreichbare ›Humanisierung‹ der Welt«.[22] Dies erweckte auf der anderen Seite den Verdacht, daß die Frage nach dem Glauben, der Wortverkündigung und der futuristischen Eschatologie an den Rand gedrückt werden sollte. Die vorliegende Studie des Referates für Verkündigung des ÖRK wurde jedenfalls nicht von allen Delegierten akzeptiert. Der Sektionsbericht, der schließlich das Auseinanderstrebende zusammenzuhalten suchte, hebt jedenfalls deutlich hervor, daß Kirche nicht auf sich selbst zurückgezogen leben darf, sondern auf jeden Fall der Mission Gottes zu dienen hat.[23] Welche Aussagen aber waren es, die in Uppsala zur (heftigen) Diskussion standen? Nach diesem Überblick über die geschichtliche Entwicklung gilt es nun, die theologischen und kybernetischen Entscheidungen, also das Konzept der »Kirche für andere« ausfindig zu machen und darzustellen:

B. Das Konzept »Kirche für andere«[24]

I. Gott ist ein missionarischer Gott

Damit ist der theologische Ort der Frage nach Mission und Gemeinde präzise benannt. Die Wortführer im ökumenischen Gespräch siedeln die Frage nach der Struktur missionarischer Gemeinde zunächst nicht bei der Ekklesiologie an, sondern in der Gotteslehre.

Hier ist nun wirklich der Angelpunkt dieses Konzeptes, ohne den die ganze Leidenschaft der Debatte nicht zu verstehen ist: Die Frage nach der missionarischen Qualität der Gemeinde ist allein deshalb so dringend, weil Gott selbst ein missionarischer Gott ist, weil Gott – und zwar er allein – das Subjekt der Mission ist. Handeln wir von Mission und Gemeinde, so handeln wir von Gottes ausdrücklichem Willen.

Gott ist ein missionarischer Gott! Er ist es nicht allein deshalb, weil er die Mission angeregt oder geboten hatte, um sich dann doch wieder in eine Zuschauerposition zu begeben. Eine solche Einstellung nennt J. C. Hoekendijk »deistisch«: Da »wird Gott als der große Erfinder und Beweger der Mission angesehen, der sich in der Zwischenzeit zurückgezogen hat und die Durchführung der Mission seinem Bodenpersonal überließ.«[25]

Nein, Gottes Sendungsökonomie meint nichts Geringeres, als daß er auf Dauer und konkurrenzlos das Subjekt der Mission bleibt. Er ist unterwegs und stets damit befaßt, Menschen zu befreien. Er ist nie ansässig wie ein Baal, sondern auf dem Weg.[26]

Gott ist ein missionarischer Gott! Das ist Ausdruck seiner Liebe und seines festen Willens, den Menschen und die Schöpfung wieder zu heilen, wieder herzustellen und zu ihrer ursprünglichen Bestimmung zu bringen (Eph 1,9f.).

Gott ist ein missionarischer Gott! Das heißt vor allem, daß er seinen Sohn sandte, den Messias als den Missionar schlechthin. Mit seiner Sendung beginnt das verheißene messianische Zeitalter als das Zeitalter der Mission. Der Auferstandene ist Herr der Mission; dies verdeutlicht der »Missionarische Indikativ«[27] in Mt 28,18.20. Ihm ist alle Gewalt gegeben im Himmel und auf Erden. Darum gilt: »Der Messias, Christus, ist das Subjekt der Evangelisation.«[28]

Gott ist ein missionarischer Gott; ist er auch allein der Herr und damit das Subjekt der Mission, so will er doch Menschen daran beteiligen und jeden Christen dazu berufen, Mitarbeiter seiner Mission zu werden. Er beteiligt damit Menschen an der Sendung Christi (Joh 20,21).

Das gilt nun auch für die Kirche. Sie wird an der Aktion des missionarischen Gottes beteiligt. Aber eben nicht mehr! Völlig ausgeschlossen ist es zu sagen: Die Kirche betreibt – neben manchem anderen – auch Mission. Oder: Die Kirche ist das Subjekt der Mission. Damit würde Gottes exklusive Rolle bei der Mission angetastet und einem üblen Ekklesiozentrismus gehuldigt. Nein, die Kirche ist nicht mehr als ein mögliches Instrument der Mission Gottes.[29] Darum muß es heißen: »Mission ist nicht eine Funktion der Kirche, sondern Kirche ist eine Funktion der Mission Gottes.«[30]

Mit anderen Worten: Gott leistet es sich, die Kirche als Instrument der Mission zu benützen. Eine andere Wahl hat die Kirche gar nicht. Entweder sie ist missionarisch oder sie ist keine Kirche mehr.

So kommt es auch in diesem ökumenischen Kontext zu einem neuen Verständnis von der Apostolizität der Kirche. Es ist nicht mehr ausreichend, in der »successio apostolica« zu stehen (römisches Verständnis) oder treu an der Lehre der Apostel festzuhalten (lutherisches Verständnis). Vielmehr ist eine Kirche nur dann als »apostolische« zu bezeichnen, wenn sie im Apostolat, also in der Sendung steht. Mehr noch: »Wir werden nicht verstehen, was die Apostel gelehrt haben, ehe wir nicht tun, was die Apostel zu tun beauftragt waren und auch taten. Nur in Mission (Apostolat) kann die Kirche authentische (›apostolische‹) Kirche sein.«[31]

Damit rückt das Missionarische als Bedingung der Apostolizität in die Nähe der nota ecclesiae![32]

Immer wieder sind die ökumenischen Studien daran interessiert, die Rolle der Kirche zu beschränken und jedem kirchlichen Triumphalismus von vornherein den Boden zu entziehen. Selbst eine Kirche-in-Mission ist davon nicht verschont, denn sie muß sich sagen lassen, daß sie auch in dieser Hinsicht keineswegs exklusiv dasteht. Gott kann sich auch ganz anderer Instrumente »extra muros ecclesiae« bedienen, um seine missionarischen Ziele zu erreichen. Er kann sich z. B. aller geschichtlichen Entwicklungen bedienen, um seine Welt und ihre Menschen zu seinem Ziel zu bringen. Kurz gesagt: er braucht die Kirche nicht. Sie soll wohl dankbar sein, daß er überhaupt willens ist, sich ihrer zu bedienen.[33]

Wenn er sich ihrer bedient, so muß sie sich streng und exklusiv am Maßstab des Messias messen lassen. An ihm kann sie sehen, was Gottes Mission ist. Darum gilt auch für die Mission das apostolische Wort: »Ein jeglicher sei gesinnt, wie Jesus Christus auch war« (Phil 2,5).

II. Gott – Welt – Kirche

Gottes Mission mag sich wohl der Kirche bedienen; aber es wäre eine verhängnisvolle Selbsttäuschung der Kirche, wenn sie annähme, damit im Zentrum des göttlichen Interesses zu stehen. Gemeinde ist auch als missionarische Gemeinde nur von sekundärem Interesse. Von dieser Grundhaltung her, die die Welt im Mittelpunkt sieht, gibt es in der ökumenischen Konzeption von der Gemeinde ein grundsätzliches Mißtrauen gegen alle Bemühungen des Gemeindeaufbaus: »Der Begriff ›Gemeindeaufbau‹ gerät... unter den Verdacht, die Gemeinde beschäftige sich mit sich selber, statt in der ›Welt Kirche für andere‹ zu sein.«[34]

Eine Kirche, die sich selbst im Mittelpunkt sähe, könnte wohl ihre Rolle mit der Formel: »Gott – Kirche – Welt« beschreiben. Damit brächte sie zum Ausdruck: Gott interessiert sich vor allem für die Kirche und möchte sie groß machen. Da es ihm um die Kirche geht, lautet die Parole dauernd: »Mehr Kirche!«[35] Die Kirche ist außerdem Gottes fester Stützpunkt gegenüber der feindlichen Welt. Nur durch die Kirche bewegt er sich auch in der Welt.[36] Die Kirche als die exklusive Gesandte Gottes macht zuweilen Vorstöße in den Raum des Unglaubens (zentrifugale Bewegung), um dann möglichst viele Menschen aus der Welt der Feindschaft gegen Gott herauszuretten in die Kirche (zentripetale Bewegung).[37] Im Bild gesprochen: Die Welt ist nichts als der Vorgarten der Kirche.[38] Die Kirche ist der Oikos, die Welt nur die Paroikie dazu.

Diesem Denken wurde in der ganzen ökumenischen Debatte auf das heftigste widersprochen. Gott ist gerade nicht zuerst an der Kirche interessiert. Was für eine aufgeblähte Ekklesiologie! Er ist zuallererst an der Welt interessiert, die er geschaffen hat (Gen 1–11), die er liebt (Joh 3,16), versöhnt (2 Kor 5,19) und wieder heil macht (Eph 1,9f.). In der Welt ist Gott am Werk, damit diese Welt wieder recht Welt, nämlich Gottes Welt werden kann.

Darum muß die richtige Formel lauten: »Gott – Welt – Kirche.«[39] Die Welt steht im Zentrum, und die Kirche ist die Paroikie zum Oikos der Welt. Sie muß exzentrisch leben, denn ihr Zentrum hat sie außerhalb ihrer selbst, in der Welt. Gott ist nicht nur in der Kirche ansässig und womöglich deren exklusives Eigentum. Die Welt ist nicht Feindesland, sondern Gottesland. Und ist Gott – keineswegs nur mit ihrer Hilfe – dabei, diese Welt wiederherzustellen, dann darf es der Kirche gerade nicht darum gehen, groß zu werden und möglichst viele Menschen zur Emigration aus der Welt hinein in die Kirche zu bewegen. Nie darf das ihr Ziel sein; vielmehr muß sie selbst in der Welt sein als »Kirche für andere«. Die Menschen aber sollen gerade in der Welt bleiben. Die richtige Frage einer Kirche, die ihren Narzißmus aufgibt[40], lautet: Was müssen wir tun, und wie muß unser Leben aussehen, damit wir Gott zu Diensten sind bei der Mission in der Welt? »Gottes missionarisches Handeln richtet sich nicht primär auf die Kirche und durch sie auf die Welt, sondern es richtet sich primär auf die von ihm geschaffene Welt, die auch als von ihm abgefallen nicht aufgehört hat, seine Welt zu sein... Die Welt ist nicht für die Kirche, sondern die Kirche ist für die Welt da« (Werner Krusche).[41]

III. Alle gehören dazu!

Die durchweg positive Sicht der Welt ist innerhalb des ökumenischen Gesprächs eindeutig theologisch oder – präziser formuliert – soteriologisch begründet. Durch das Kommen, Leiden und Auferstehen Christi hat sich die Welt qualitativ verändert; sie ist nicht mehr, was sie vorher war, auch wenn sie es selbst nicht wahrhaben will. Wer theologisch verantwortet von der Welt reden will, der muß von ihr sagen: »Seitdem ist Osterwirklichkeit in der Weltwirklichkeit, Heil in der Geschichte.«[42]

Dieser Satz hat eine Fülle von höchst praktischen Konsequenzen, deren erste jeden einzelnen Menschen betrifft und damit auch die Einschätzung jedes einzelnen Menschen in der Welt durch die Kirche. Die theologische Argumentation im Referat für Verkündigung hat sich immer mit Vehemenz gegen ein Verständnis der Menschheit gewandt, das von innen nach außen dachte, von Glaubenden zu Nicht-Glaubenden, von Geretteten zu höchst Bedrohten, von Versöhnten zu Feinden. Der theologische Grund dieser Abwehr klassisch pietistischer Aussagen ist in der Osterwirklichkeit der Welt zu suchen. Seither muß es eben auch von allen Menschen heißen: »Leiden und Auferstehung Jesu Christi sind der Exodus für alle Menschen. Jetzt ist die ganze Menschheit aus der Gefangenschaft herausgeführt und in den Bund Gottes gebracht worden. Durch die Auferstehung des Neuen Menschen, Christus Jesus, ist jeder Mensch zu einem Glied der neuen Menschheit geworden.«[43]

So formulierte es nach intensiver und wohl auch kontroverser Debatte der erweiterte Ausschuß des Referates für Verkündigung im April 1964 in Bossey. Jeder Mensch, egal ob er glaubt oder nicht, ist schon ein Glied der neuen Menschheit. Walter J. Hollenweger sagt dasselbe in einer eher klassischen, theologischen Nomenklatur: »...diejenigen extra muros sind zusammen mit denen intra muros vom gleichen Erlöser zur gleichen Erlösung erlöst, ohne daß sie die Erlösung, deren sie sich erfreuen, gedanklich kennen.«[44]

Hier wird mit aller Klarheit zum Ausdruck gebracht: Alle sind schon erlöst; allein die »intra muros ecclesiae« wissen es schon (noetischer Vorsprung), während die »extra muros ecclesiae« es erst erfahren sollen und erfahren werden. Im Sein besteht kein Unterschied (ontische Differenz), nur in der Erkenntnis. Dann ist die Kirche das Stück Welt, das bereits im Wissen um die Erlösung aller Menschen lebt. Daraus ergibt sich eine negative und eine positive Ortsbestimmung der Kirche in der Welt: »Wenn alle Menschen schon zur Neuen Menschheit in Christus gehören, wie rufen wir sie dann zur Entscheidung und zum Kommen auf?«[45]

Eine derartige missionarische Verkündigung ist ausgeschlossen. Da ist niemand mehr – womöglich unter Verweis auf das Gericht und die Gefahr, darin zum ewigen Tod verurteilt zu werden – zur Umkehr zu rufen; und bestimmt ist niemand aufzufordern, sich in die Gemeinde eingliedern zu lassen, damit er dort das allein rettende Evangelium vernehmen könnte. Ein solches Gegenüber der Kirche zur Welt ist schlicht verboten: »Sie ruft der Welt darum nicht aus dem Gegenüber zu, daß sie ohne Christus verloren sei, sondern sie ruft der übrigen Welt von vorn zu, daß sie in Christus bereits gerettet ist, und lädt sie ein zu sein, was sie durch Christus schon ist.«[46] Der Ruf: »Lasset Euch versöhnen mit Gott!« (2 Kor 5,20) gehört damit nicht mehr zum Repertoir der missionarischen Verkündigung!

Was qualifiziert dann aber die Kirche gegenüber der Welt? Es ist nur ein noetischer Unterschied: Sie weiß bereits, was allen gilt und ruft es ihnen zu. Aber es ist noch mehr. Als Avantgarde soll sich die Kirche schon jetzt der geschehenen Versöhnung entsprechend verwandeln lassen und damit der Welt demonstrieren, was der Wille Gottes mit allen Menschen ist.[47]

Diese Position hat sich in der ökumenischen Debatte durchgesetzt, auch wenn es zunächst noch andere Stimmen gab, die die Distanz zur Welt stärker herausstreichen wollten und betonten, daß die Solidarität mit der Welt darin bestünde, daß wir alle auf dem Weg zu dem einen Richter wären. Doch solche Voten (etwa von Johannes Hamel) konnten sich nicht mehr durchsetzen.[48]

So ist die Kirche nur »ein Teil der Hauptstraße«[49] und wiederum zur Solidarität mit der Welt verpflichtet. Ihre Aufgabe ist darum Präsenz in den Problemen und Nöten der Welt und nicht etwa Bekehrung von Menschen, die zwar zur Rettung berufen sind, aber ohne Glauben doch verloren wären. Etwas Eigenes haben die Christen nicht anzubieten, aber sie bieten sich selbst in der Präsenz für die Welt an.[50] Sind sie aber präsent, dann wird ihnen dort deutlich werden, was Gott von ihnen will. Sie lernen den Willen Gottes in einer konkreten Situation wiederum nicht anders als im partnerschaftlich-demütigen Dialog mit der Welt. Nicht besserwisserisch darf die Kirche auftreten, sondern offen für die Erkenntnisse der Menschen »extra muros«, von denen sie zwar nicht das Evangelium, aber doch konkrete Weisungen für weltliche Fragen erwarten kann[51], im brüderlichen Austausch, aber eher hörend als redend.

IV. Die Tagesordnung der Welt

Immer neu wird die Kirche durch die ökumenischen Theologen aufgefordert, sich ganz auf die Welt einzulassen, ja, sogar ihre Tagesordnung von der Tagesordnung der Welt bestimmen zu lassen (Walter J. Hollenweger).[52] Man weiß, daß eine solche Identifizierung mit der Welt nicht ungefährlich ist, und daß die Kirche dabei durchaus ihre Identität aufs Spiel setzt. Aber ein Verlust von Identität wäre bei weitem nicht so schlimm wie die einzige Krankheit zum Tode, die es für die Kirche noch gibt: Den Kontaktverlust mit der Welt.[53] Nicht die Bewahrung der eigenen Identität darf darum das Ziel der Gemeinde Jesu sein. Es gibt nur die eine Aufforderung: Laßt euch in die Geschichte Gottes mit seiner Welt verwickeln!

Seitdem in der Welt Heil und Osterwirklichkeit präsent sind, hat ja die Geschichte eine unumkehrbare Neuorientierung erfahren. Eine neue Richtung ist eingeschlagen; und niemand wird mehr in der Lage sein, diese Richtung wieder umzukehren. Gott ist in der Welt am Werk und wird sie wieder zurechtbringen. Die weltliche Geschichte ist damit positiv zu beurteilen. Zwar wird man nicht so weit gehen, Gott mit dem Lauf der Geschichte zu identifizieren[54]; denn man weiß immer noch, daß in allen geschichtlichen Bewegungen sowohl göttliche als auch dämonische Kräfte wirksam werden[55]; aber der Sieg Gottes in der Geschichte steht bereits fest. Gott kämpft siegreich gegen alles Böse, das sich ihm noch in den Weg stellen will. So bringt er die Geschichte zu ihrem Ziel. Ihr Ziel ist aber nicht ihr Ende, sondern ihre Vollendung, nicht der Abbruch, sondern das Hervorbrechen des Reiches Gottes in der Geschichte.[56]

Gottes Handeln in der Geschichte wird hier übrigens nicht im Sinne der Lehre von den zwei Reichen gesehen. Gott wirkt nicht durch das Gesetz im Chaos der Welt, um sie zu erhalten als Raum der allein rettenden Evangeliumsverkündigung. Gottes Handeln ist nicht in Gesetz und Evangelium zu unterscheiden; es ist vielmehr ein einheitliches Handeln, eine dauernde Transformation der Welt zum Guten, und zwar als fortschreitendes Sich-Durchsetzen Gottes gegen das Böse.[57]

Dieses Handeln Gottes in der Geschichte ist erkennbar und nicht etwa verborgen. Wie in der Geschichte Israels ist Gott auch in der heilvollen Geschichte seit Ostern erkennbar. Mit ihrem (allerdings mutigen) prophetischen Wort darf die Kirche aufzeigen, »wie und wo Gott am Werk ist in den geschichtlichen Bewegungen und gesellschaftlichen Vorgängen«.[58] Dabei entdeckt die Gemeinde Christus in der Geschichte. Sie wird sich aber darauf einstellen müssen, daß ihr Christus an ganz ungewohnten und überraschenden Orten begegnet. Sie braucht wache Aufmerksamkeit und ungeteilte Geistesgegenwart in der Welt, um nicht das erneuernde Handeln Gottes zu übersehen. Doch hat sie Kriterien in der Offenbarung, besonders im Geschick Jesu Christi, die ihr bei ihrer Entdeckung des Handelns Gottes helfen können.

Vor allem aber an drei Stellen wird sie immer wieder Gottes Handeln erwarten dürfen. 1) Wo immer für eine Humanisierung der Welt gekämpft wird, ist Gott am Werke. Jesu Menschsein hat unmitelbare Konsequenzen für die Vermenschlichung der Welt. Wo darum Menschen aufopferungsvoll für das volle Menschenrecht anderer kämpfen, da ist Gottes Wirken erkennbar. 2) Aber auch in der Säkularisierung ist niemand anders als Gott selbst das Subjekt. Die Welt wird von allen Götzen befreit, entzaubert, entmythologisiert. Sie ist das freie Auftragsfeld des Menschen, der allein Gott verantwortlich ist. »Wo Welt Welt, Sache Sache, profan profan gelassen wird und damit der freien Verfügung des Menschen offen bleibt, dort ist Christus am Werk.«[59] Säkularisierung ist allerdings etwas ganz anderes als Säkularismus, der die Bindung an Gott leugnet, damit aber die Welt sogleich wieder anderen Herren unterwirft.[60] 3) Schließlich ist Gott am Werk im Prozeß der Urbanisierung. Das Näherrücken der Menschen, die weltweite Kommunikation, Kulturaustausch und Verkehr mit Rohstoffen und Produkten, in allem wird – wenn auch schattenhaft – Gottes Neue Stadt sichtbar.[61] Wo aber immer die Kirche Gottes Hand erkennt, soll sie nicht in einer passiven Zuschauerhaltung verharren, sondern sofort und mit ganzem Einsatz mittun. Eine insulare Existenz der Kirche wäre verhängnisvoll, weil sie Gottes Tun verpassen und damit den missionarischen Auftrag der Gemeinde verleugnen würde.[62] Die Geschichte ist Gottes und darum auch ihr Aktionsfeld: »Weil die Kirche weiß, daß die Welt durch Christus irreversibel gewandelt und in beständige Wandlungen versetzt worden ist..., hat sie ihren Wandel in den Wandlungen der Welt und muß sie sich verantwortlich in die weltverändernden Entwicklungen verwickeln lassen. Diese aktive Teilnahme an den gesellschaftlichen Prozessen in der Zusammenarbeit mit Nichtchristen ist Dienst an der missio Dei und also selbst Mission.«[63]

V. Es geht um den Schalom!

Verfolgt man aufmerksam den Gang der Argumentation in den ökumenischen Studien, dann kann es niemanden mehr überraschen, wenn das Ziel der Mission nicht mehr in der Missionierung (also der Bekehrung einzelner) oder in der Gründung neuer Kirchen gesehen wird. Das wäre das alte Ziel der Mission gewesen. Klassisch formuliert ist es wiederum bei Walter Freytag: »Es wird die Gemeinde gesammelt, die den gekommenen Christus als ihren Herrn annimmt, sich in seinen Tod taufen läßt und in ihm ein neues, anderes Leben lebt.«[64]

Doch genau dies lehnt die ökumenische Missionstheologie ab. Ein solches Ziel stünde sogleich unter Ideologieverdacht, als ob es in der Mission um die Erhaltung, Wiedergewinnung oder Vergrößerung kirchlicher Macht und Größe ginge. Hoekendijk argwöhnt, man solle dann lieber von einer »schlecht getarnte(n) Rückgewinnung kirchlichen Einflusses«[65] reden. Darum ist die Schlußfolgerung eindeutig: »Mission ist nicht gleich Missionierung.«[66]

Ein anderes Ziel der Mission tut sich auf. Wiederum ist es J. Chr. Hoekendijk, der den entscheidenden Begriff in die ökumenische Debatte eingebracht hat, der sich rasch durchsetzte und das Gespräch prägte – bis heute. Es geht um den Schalom! Dann ist Mission der absichtslose Dienst der Kirche in den Strukturen und an den Orten der Welt zur Herstellung des Schalom.[67] Was aber ist der Schalom? Schalom ist ein ganzheitlicher, umfassender Begriff für das Heil, das Gott der Welt schenkt, »viel mehr als persönliches Heil.«[68] Schalom meint innerhalb dieser Ganzheitlichkeit, aber doch vor allem das heile menschliche Miteinander: »Schalom ist ein soziales Geschehen, ein Ereignis zwischenmenschlicher Beziehungen, eine Angelegenheit der Mitmenschlichkeit.«[69] Schalom ist Versöhnung der Menschen untereinander, Versöhnung mit der belebten und unbelebten Natur, Schalom ist Verwirklichung der in der Schöpfung angelegten Möglichkeiten, Schalom ist rundes, erfülltes und gelingendes Ganzsein der Menschheit.[70]

Dabei taucht immer wieder eine Bibelstelle auf, die das Entscheidende sagt, nämlich Eph 1,9f., vor allem: »...daß alle Dinge zusammengefaßt würden in Christus...« Den Schalom gibt es nur »in Christus«, d. h. aber nicht, nur in der Kirche. Gleichwohl soll die Kirche an der Herstellung des Schalom als Gottes Mitarbeiterin – neben vielen anderen – mitwirken. Die Vollendung des Schalom ist die Gabe des wiederkommenden Christus. Für die Kirche bedeutet die Mitarbeit am Schalom und der Verzicht auf Missionierung Selbstverleugnung, ja sogar Kenosis im Sinne von Phil 2,5. Sie geht den Weg ins »Inkognito«, wagt eine säkulare Frömmigkeit und riskiert es, in der Welt nicht mehr erkannt zu werden; doch das wäre keineswegs schlimm, wenn sie damit nur dem Zustandekommen des Schalom in der Welt dient.[71]

VI. Der Aufbau der Gemeinde-in-Mission
Wider die häretischen Strukturen

Erst wenn alle Absicherungen gegen eine aufgeblähte Ekklesiologie, gegen den Gemeindeaufbau als permanente Beschäftigung der Gemeinde mit sich selbst nicht nur zur Kenntnis genommen, sondern auch akzeptiert und nachvollzogen wird, darf auch vom Leben und Zusammenleben der Gemeinden selbst die Rede sein. Dabei wird man sich vor der Illusion hüten müssen, als solle nun doch noch manches zurückgenommen oder wenigstens nicht mehr ganz so ernstgenommen werden. Vielmehr geht es darum, die jetzt noch notwendigen Lebens- und Arbeitsformen einer Gemeinde-in-Mission herauszufinden.

1. Ein Hoffnungsziel

Die Gemeinde-in-Mission ist nicht darauf aus, neue Mitglieder zu rekrutieren; auch weiß sie, daß ohnedies alle Menschen bereits Glieder der neuen Menschheit Gottes sind. Dennoch darf sie erhoffen und erbitten, daß es mitten in ihrem selbstvergessenen Dienst hier oder dort zu Fragen nach dem Glauben an Christus kommt, sogar zu Entscheidungen, diesen Glauben nun auch zu wagen. Es kann – wo immer Gott das für nötig hält – zum Glauben an das Evangelium und zur Gemeinschaft im Namen Jesu kommen.[72]

Gerade dann aber muß sich die Gemeinde-in-Mission in acht nehmen, daß sie nicht in längst überwundene, alte Denkweisen zurückverfällt und nun bemüht ist, die Menschen, die dem Evangelium neu vertrauen, in ihre alten Sammlungsformen hereinzuziehen und dort zu binden. Sie darf diese Menschen nicht an sich binden, denn damit müßte sie sie der Welt entfremden, in der diese neugewonnenen Zeugen doch leben sollen. Die Gemeinschaft im Namen Jesu darf also nie den Zwang zur Emigration aus der Welt in ein bloß noch binnenkirchliches Leben und Dienen und Arbeiten nach sich ziehen. Vielmehr soll alle Gemeinschaft wieder tüchtig machen zum Dienst in der Welt.

Schließlich beraubt sich die Gemeinde-in-Mission einer Fülle neuer Möglichkeiten, wenn sie die Menschen, die zu ihr stoßen, sogleich auf ihre alten Sammlungsformen festlegt. Sie soll statt dessen diesen Menschen erlauben, ihre eigenen, vielleicht ganz neuen, ungewohnten und unerwarteten Antworten auf das Evangelium zu finden, die vielleicht ganz am Rand der Gemeinde angesiedelt sind, aber um so effektiver der Welt zu dienen vermögen.[73]

Immerhin kann die Gemeinde-in-Mission von den Menschen, die so in aller Freiheit ihre eigene Antwort auf das Evangelium geben, lernen, wie sie ihrem Leben, Zusammenleben und Dienen Gestalt geben kann. Das Nachdenken darüber ist ihr jedenfalls aufgetragen.

2. Die Strukturen der Gemeinde-in-Mission

Hier lag von Anfang an ein Schwerpunkt der ökumenischen Debatte. Ausgehend von den bisher beschriebenen theologischen Grundentscheidungen mußte neu über die Strukturen der Gemeinde, ihre Formen der Sammlung und Sendung nachgedacht werden. Eines war von vornherein klar: Ohne einen radikalen Wandel der kirchlichen Strukturen konnte es nicht zur »Kirche für andere« kommen. Die Erneuerung der Gemeinden stand und fiel tatsächlich mit dem Strukturproblem. Dabei war auch der Gegner deutlich anvisiert. Ein morphologischer Fudamentalismus, der alles beim alten lassen und überkommene Strukturen für sakrosankt erklären wollte, wäre das größte Hindernis auf dem Weg zur Gemeinde-in-Mission. Der morphologische Fundamentalismus mit seinem ungeschichtlichen

Denken war nicht in der Lage zu erkennen, daß bestimmte überkommene Strukturen, etwa die Pfarrerzentrierung der Gemeinden, fast unüberwindliche Hindernisse für die Erneuerung der Gemeinde darstellten. Ein neuer Terminus entstand in diesem Zusammenhang. Wenn die überkommenen Strukturen es tatsächlich verhindern können, daß die Gemeinde ihrer Bestimmung entspricht, der missio Dei als Handlanger zu Diensten zu stehen, dann muß man von »häretischen Strukturen« sprechen. Dann gibt es nicht nur Irrlehren, sondern auch eine Irr-Praxis, die in ihrer Wirkung freilich nicht weniger verhängnisvoll ist als die Irr-Lehre.[74] Demgegenüber forderte die ökumenische Missionstheologie von der Kirche den Mut, gegebenenfalls alles aufzugeben, wenn man dadurch nur dem Ziel einer »Kirche für andere« näherkäme.[75]

Strukturbildend ist in der Kirche stets das, was als unveräußerliches Kennzeichen zu gelten hat, also die notae ecclesiae. In den Kirchen der Reformation galten Wort und Sakrament als hinreichende notae ecclesiae (vgl. CA VII). Da Gesellschaft und Kirche im corpus christianum zusammenfielen, ist das Missionarische nicht im Blick. Dies hat sich nun geändert. Von der neuen Orientierung in der Ekklesiologie, die die Kirche ausschließlich als Funktion der missio Dei ansieht, ergibt sich konsequent, daß die Mission zur entscheidenden nota ecclesiae wird, und zwar die Mission in dem bislang skizzierten Sinn. Dann kann es etwa auch nota ecclesiae sein, »einen bestimmten Brennpunkt der Verantwortung in der Welt (zu) haben«.[76] Diese nota ecclesiae wird sich dann aber auch strukturbildend auswirken müssen. In ihr finden alle Strukturen ihr kritisches Maß.

Dem entspricht es, daß Strukturen als etwas Geschichtliches angesehen werden. Damit wird noch einmal der Widerspruch gegen jeden morphologischen Fundamentalismus zum Ausdruck gebracht. Sie werden für klar definierte und begrenzte Situationen geplant; sie werden überprüft, ob sie ihrem Zweck entsprechen oder nicht; sie werden gewandelt oder abgeschafft und durch neue ersetzt, wenn sich für den Dienst in der Welt andere Bedürfnisse ergeben. Und nur das, was für die Mission tauglich ist, darf weiter in der Gemeinde bestehen bleiben.

In einer Zusammenfassung der Studie »Mission als Strukturprinzip« für den Zentralausschuß des ÖRK (1965) werden die Kriterien für die Strukturen missionarischer Gemeinde kurz und knapp auf den Begriff gebracht: Sie müssen 1. flexibel, 2. differenziert und 3. kohärent sein. Sie müssen flexibel sein, um entsprechend den Veränderungen des menschlichen Lebens in immer wechselnden Situationen der »Kirche für andere« zu dienen. Sie müssen differenziert sein, um in komplexen Räumen gesellschaftlichen Lebens vielen Lebensbereichen, vielen sozialen und personalen Bedürfnissen gerecht zu werden. Sie müssen kohärent sein, um in aller Verschiedenheit doch die Einheit der Kirche und des Glaubens zu wahren.[77]

Vier verschiedene Schwerpunkte struktureller Reform haben sich im Gefolge dieser grundsätzlichen Erwägungen immer wieder gezeigt:

a) Die »kleinen Gemeinden«:[78] Stärkster Ausdruck des morphologischen Fundamentalismus ist das Festhalten an der Parochie als der Norm gemeindlichen Lebens. Die ökumenischen Studien weisen immer wieder darauf hin, daß die Parochie eigentlich nur noch eine Sonderform der Gemeinde Jesu darstellt, aber keineswegs mehr die allein mögliche Gemeindeform ist. Die Parochie deckt sich mit dem Wohnbereich. Solange Wohnbereich und Lebenswelt der Menschen sich deckten, war es sinnvoll, Gemeinde parochial zu strukturieren. Dies ist aber in der industriellen Gesellschaft keineswegs mehr der Fall. Die Menschen leben in erheblich größeren Zusammenhängen. Sie leben nicht mehr nur am Wohnort, sondern darüber hinaus in einer möglicherweise weit entlegenen Arbeitswelt, in einer wiederum anders gelegenen Freizeitwelt und in einer nochmals anders gelagerten Bildungswelt. Die Parochie hat keine Chance, diese verschiedenen Lebensbereiche zu umfassen. Der Mensch lebt eben nicht mehr parochial, sondern zonal bzw. regional. Dem muß die Gemeinde entsprechen. Andernfalls reduziert sie sich auf die Wohnwelt, auf einen Teil der Freizeitwelt also, oder auf die Menschen, die an den eng begrenzten Bereich der Parochie gebunden sind, d. h. Kinder, Hausfrauen, Kranke und Alte. Gewiß behält die Parochie für diese Menschen eine bleibende Aufgabe. Sie kann etwa durch einen gut gestalteten Besuchsdienst in ihrem Bereich durchaus missionarisch wirksam werden und wird keineswegs überflüssig. Unerträglich aber ist es, weiterhin von der Parochie als der Normalgestalt christlicher Gemeinde auszugehen. Das käme einer Selbstbeschneidung gleich, die alle missionarischen Intentionen zum Dienst in der Welt schon im Ansatz zum Scheitern verurteilen müßte.

In der ökumenischen Diskussion um die Struktur der missionarischen Gemeinde kam darum immer stärker der Begriff der »Kleinen Gemeinden« zum Tragen. »Kleine Gemeinden« sollen die Beschränktheit der Parochie überwinden. Sie bilden keineswegs nur »Paragemeinden« neben der Norm der Parochialgemeinde, möglicherweise dieser sogar zu- und untergeordnet. Sie bilden vielmehr selbständige und gleichberechtigte Formen christlicher Gemeinden.

»Kleine Gemeinden« sind zahlenmäßig beschränkte Gruppen von Christen, die sich – durchaus außerhalb kirchlicher Gebäude – versammeln, aus der Kraft des Evangeliums zu leben trachten, miteinander und füreinander in der Fürbitte stehen, um dann an einem Brennpunkt missionarischen Handelns in der Welt zusammenzuarbeiten. Ihre Gestalt kann die eines Hauskreises annehmen, aber auch die einer kleinen Bruderschaft oder auch einer Wohngemeinschaft. Das hängt ganz von den Bedürfnissen des missionarischen Dienstes ab. Sie leben in den von der Parochie nicht mehr (oder noch nie) erreichten Lebensbereichen, in Fabriken, Betrieben, Schulen oder Universitäten. Die Gestaltung ihrer Treffen ist höchst unterschiedlich. Sie können mehr liturgischen Charakter haben oder auch stärker thematisch orientiert sein.

Damit erfüllen die »Kleinen Gemeinden« voll und ganz das Kriterium der Flexibilität und der Differenzierung, die für die Struktur der missionarischen Gemeinden als entscheidend angesehen wurden. Ihr großer Vorteil ist es, daß sie nicht erst aus der Welt emigrieren und in eine kirchliche Kunst-Welt einziehen müssen, um Gemeinde-in-Mission zu sein. Vielmehr bleiben sie an ihrem ganz und gar weltlichen Ort, stehen in einer ganz und gar weltlichen Aufgabe, z. B. im Kampf um den Schalom in einem Industriebetrieb.

Wichtig ist aber, daß die »Kleinen Gemeinden« nicht doch wieder zu Orten frommer Selbsterbauung, kirchlicher Introvertiertheit oder gemeinsamen Sich-wohl-Fühlens werden, sondern sich auf Dauer und mit aller Kraft in ihre missionarische Aufgabe »hineinopfern«. Dann aber sind die »Kleinen Gemeinden« nicht etwa defiziente Gemeinden, die noch der parochialen oder gar pfarramtlichen Ergänzung (oder sogar Legitimierung) bedürften. Dazu heißt es programmatisch in der Studie »Mission als Strukturprinzip«: »Unter dem Heiligen Geist suchen die ›Kleinen

Gemeinden‹... betend, verkündigend und dienend in neuen Gebieten und Situationen anwesend zu sein wie die Parochialgemeinden in den bisherigen. Wir müssen sie deshalb auch als (legitime) Formen der Kirche, als Gemeinden im ekklesiologischen Sinne anerkennen. Sie haben den Anspruch auf den Empfang und die Weitergabe von Wort und Sakrament.«[79]

b) *»Zonale Strukturen«:*[80] Die »Kleinen Gemeinden« allein können jedoch das Kriterium der Kohärenz nicht erfüllen, durch das verhindert werden soll, daß die vielen Gemeinden-in-Mission völlig zusammenhanglos und ohne jede Einheit im Glauben und Bekennen nebeneinander existieren.

Wiederum ist es die Welt, die mit ihrer Tagesordnung der Kirche den Maßstab gibt. Die Welt bietet der Kirche die koordinierende Ebene an, die Zone oder Raumschaft. Die Heimat des modernen Menschen ist nicht allein die kleine Gemeinschaft, sondern auch der regionale Raum, in dem sich die Mehrzahl seiner »Welten« befinden: Wohnwelt, Arbeitswelt, Freizeitwelt, Bildungswelt und andere Infrastrukturen. Ein typisches Beispiel für eine solche Zone oder Raumschaft ist die Großstadt mit ihrem Einzugsgebiet.

So sehr nun die Parochie der Ergänzung durch die »Kleinen Gemeinden« auf der einen Seite bedarf, so sehr braucht sie andererseits auch die Ergänzung durch diese umfassendere, höhere Ebene, deren Grenze durch sorgfältige pastoralsoziologische Analyse festgelegt werden muß. Jedenfalls herrscht in der ökumenischen Struktur-Diskussion Einheit darüber, daß die Zone oder Raumschaft die grundlegende Organisationseinheit für die Gestaltung einer Kirche ist.[81]

Zwei Aufgaben hat die Raumschaft: Sie sorgt *erstens* für die Integration der zahlreichen missionarischen Dienstgruppen, Hauskreise, Bruderschaften, Parochien, Sonderpfarrämter usw. Sie unterstützt deren Dienst, indem sie die vielfältigen Aktivitäten koordiniert und Kooperation organisiert. Darüber hinaus ermöglicht sie den Erfahrungsaustausch, die Schulung und das gemeinsame Feiern auf regionaler Ebene. Außerdem gehört zu ihrer integrierenden Aufgabe das Angebot regionaler Veranstaltungen, etwa regionaler Kirchentage. Schließlich vermag sie durch ihre größere finanzielle Beweglichkeit bestimmte hochqualifizierte Dienste anzubieten, die in einer kleinen Gruppe nicht geleistet werden können, also z. B. therapeutische Dienste oder beratende Einrichtungen. Ihre Aufgabe ist es *zweitens,* auf Grund ihrer Einsicht in das Ganze der Region die Planung der missionarischen Strategie in die Hand zu nehmen. Dazu gehört wiederum eine präzise soziologische Analyse der Brennpunkte in der Region. Wo ist ein akuter Bedarf, der durch eine bereits bestehende oder erst zu gründende Dienstgruppe gedeckt werden könnte? Wo ist eine Kooperation mit anderen, auch nicht-christlichen Gruppen möglich? Das leitende Team der Raumschaft mit Vertretern der Gemeinden-in-Mission übernimmt hier planende, also auch leitende Verantwortung für das Ganze der Raumschafts-Kirche.

c) *»Gottesdienstreform«:* Dieses Stichwort kann hier nur angedeutet werden. Wesentlich ist vor allem die Einsicht, daß Mission und Gottesdienst nicht voneinander zu trennen sind.[82] Der Gottesdienst im Alltag der Welt ist der entscheidende, mit der Mission identische Gottesdienst (Röm 12,1 f.; Jak 1,27).

Von hier aus sind die liturgischen Kriterien der sonntäglichen gottesdienstlichen Versammlung zu bestimmen. Das wichtigste Kriterium ist die Integration des Missionarischen in den Gottesdienst. Der Kult darf nicht zur Fluchtburg werden, zur reinen »Sammlung« ohne »Sendung«. Ein Gottesdienst ohne »Sendung« wäre ein falscher Gottesdienst. Es wäre ein Gottesdienst nach dem Schema »Gott – Kirche – Welt«, sozusagen ein sendungsfreier Raum, in dem die Kirche dann endlich Gott für sich allein hätte.

Andererseits bleibt der gefeierte Gottesdienst für die Gemeinde-in-Mission von Bedeutung. Er ist die fröhliche Feier der großen Taten Gottes. Er erfüllt aber auch eine kritische Funktion. Er verhindert, daß die Dienstgruppen und ihre einzelnen Mitarbeiter so total in ihrer weltlichen Aufgabe aufgehen, daß sie Gott und sein Werk, seinen Willen und seine Verheißung darüber vergäßen. Der sonntägliche Gottesdienst hält die Gesandten auf dem Weg ihres sie sendenden Herrn. Er wird gefeiert in den Parochien wie in den »Kleinen Gemeinden« – mit der Gemeinschaft am Tisch des Herrn. Auch hier ist der Parochie jegliche legitimierende oder kontrollierende Funktion aus der Hand genommen.

Damit der sonntägliche Gottesdienst sendungsgemäß wird, bedarf es einer umfassenden Reform seiner Ordnung. Die Predigt muß dialogische Elemente enthalten. Im Sündenbekenntnis ist auch die Verflechtung in soziale und politische Sünde zu bekennen. Lieder und Gebete sollen einen aktuellen Bezug haben und in einer gut verständlichen Sprache verfaßt sein. Die Abkündigungen bekommen eine wesentliche und neue Rolle: in ihnen geht es nicht mehr nur um Kollekten und Veranstaltungen, sondern um gesellschaftliche Ereignisse und ihre Bedeutung für die »Kirche für andere«.

Doch war den Gottesdienstreformern innerhalb der ökumenischen Strukturstudien klar, daß damit nicht genug getan war. Neue, zusätzliche Gottesdienstformen waren zu entwickeln. Das freie Experiment (auch mit dem Risiko des Scheiterns) war zu wagen. Ohne den Ballast der liturgischen Tradition mußten nun neue, völlig auf die Sendung in die Welt ausgerichtete Agenden entstehen. Politische Nachtgebete, Jugend- und Familiengottesdienste u. a. waren zu entwerfen. Die Struktur-Studie des ÖRK hat sich hier – in der Gottesdienstreform – in den sechziger und frühen siebziger Jahren wohl am stärksten ausgewirkt.[83]

Erwähnenswert sind in diesem Zusammenhang die drei Kriterien für den Gottesdienst der missionarischen Gemeinde, die Werner Krusche vorgetragen hat. Krusche ist nicht als ein Vertreter der großen ÖRK-Linie anzusehen. In manchem hat er anders geurteilt als die ökumenischen Studien. Dennoch hat er die Grundlinie einer missionarischen Gemeinde mitvertreten. Für deren Gottesdienst gilt: Er muß *erstens* aufnahmefähig sein. Der Besuchsdienst der Gemeinde ist sinnlos, wenn der Gemeindegottesdienst nicht offen ist für Fremde. Der Fremde soll spüren, daß er erwartet wird. Dazu gehört auch, daß er sich nicht wie ein Analphabet vorkommt, wenn er an der Liturgie teilnehmen möchte. Krusche erinnert daran, daß in 1 Kor 14 der Fremde zum Kriterium der gottesdienstlichen Gestaltung erklärt wird. Der Gottesdienst soll *zweitens* ausstrahlungskräftig sein. Das Gegenteil wäre ein abstoßender Gottesdienst. Abstoßend aber ist Gemeinschaftslosigkeit. Im Gottesdienst und im ganzen Gemeindeleben soll statt dessen die Koinonia als Grundstruktur erkennbar werden. In Apg 2,47 kommen nicht zuletzt deshalb viele Menschen zur Gemeinde hinzu, weil sie über die Koinonia der Christen staunen. Der Gottesdienst soll *drittens* aussendungstüchtig sein. Er ist nicht der Raum liturgischer Betreuung der Gemeindeglieder durch den Pfarrer, er ist vielmehr der Raum der Sendung der Gemeinde(glieder) in den missionarischen Dienst hinein.

Hier agieren auch die Charismatiker, d. h. alle Gemeindeglieder, die ihre Taufe im Glauben angenommen haben. Hier wird der Dienst im Alltag der Welt angesagt.[84] Kurzum: aufnahmefähig, ausstrahlungskräftig und aussendungstüchtig soll der Gottesdienst der missionarischen Gemeinde sein.

d) *Christen im Beruf sind besser als Berufschristen.* Es ist der Laie, der berufen ist, der Missionar unserer Zeit zu sein. Das ist eine Grundaussage der ökumenischen Dokumente.[85] Der Nicht-Theologe spielt die entscheidende Rolle, wenn Mission als Dienst an den weltlichen Brennpunkten verstanden wird, und wenn der Schalom als eine im wesentlichen soziale Größe interpretiert wird. Denn die Glieder des Gottesvolkes sind die kompetenten Fachleute in ihrem Beruf, in politischen und gesellschaftlichen Organisationen. Sie haben den nötigen Horizont, um in der Gesellschaft wirklich präsent und dialogfähig zu sein. Das kann von den Theologen ohne weiteres nicht gesagt werden.

Dann aber darf nicht beim Pfarrer eingesetzt werden, etwa mit der Frage: Was könnte der Pfarrer – natürlich ohne Verlust seiner Stellung – an die Laien abgeben? Diese Frage wäre sinnlos, weil unsachlich. Es geht vielmehr darum, zu fragen: Welchen Hilfsdienst kann der Pfarrer dem Laien für seinen missionarischen Dienst bieten? Also ist nicht der Laie der Handlanger des Pfarrers für gemeindliche Hilfsdienste, sondern *der Pfarrer ist Handlanger des Laien.* Der Laie ist durch seine Taufe zum missionarischen Dienst ordiniert. Er ist Charismatiker, also vom Heiligen Geist mit einer besonderen Dienstgabe beschenkt, die er in die missionarische Aufgabe miteinbringen soll. »Wo der Laie als der eigentliche Missionar erkannt ist, muß sich nun auch die Kirche primär als Hilfsorganisation für seinen missionarischen Dienst einrichten.«[86] Damit entfällt aber die Zweiteilung in Geistliche und Laien überhaupt, insofern man Geistliche exklusiv mit Pfarrern identifiziert und Laien negativ als Nicht-Pfarrer beschreibt. Nein, alle sind Laien, nämlich Glieder des Gottesvolkes, und alle sind Geistliche, nämlich mit Heiligem Geist und geistlichen Gaben Beschenkte.

Der Pfarrer bleibt – ähnlich wie die Parochie – dennoch von Bedeutung. Seine Rolle wird aber mehr in den Hintergrund geschoben. Dies ist seiner größeren Distanz zum eigentlichen Geschehen der Mission in der Welt wegen auch angemessen. Er ist als theologischer Fachmann so etwas wie ein Ausbilder oder Mithelfer in theologischen Fragen für die Mitarbeiter der Gemeinde. Es ist eine bescheidene, wenn auch keineswegs überflüssige Rolle, die er spielen darf. Jedoch ist sogleich festzuhalten, daß er selbst als theologischer Sachverständiger auf den Sachverstand der vielen anderen angewiesen ist, die ihm Kenntnisse von der Welt vermitteln. Dem entspricht es auch, daß das Gespräch und nicht die monologische Predigt das wichtigste Medium in der gemeindlichen Kommunikation darstellt.[87]

Was bleibt, ist die Erkenntnis, daß in allen vier Schwerpunkten der Strukturreform das Prinzip der Sendung leitend geblieben ist. Egal ob es um die »Kleinen Gemeinden« oder um die »zonalen Strukturen« ging, ob es sich um die Frage des Gottesdienstes oder der Laien handelte, stets galt es, die absolute Priorität der Sendung zur Geltung zu bringen. Die alte Formel »Sammlung und Sendung« ist dazu nicht tauglich. Keineswegs gibt es neben der Sendung eine für sich verstandene, gleichwertige Sammlung. Wenn von der Sammlung (etwa im Gottesdienst) die Rede war, dann ging es um eine Sammlung auf dem Weg der Sendung und exklusiv um der besseren Sendung willen.[88]

188

Damit ist die Darstellung des Konzeptes »Kirche für andere – oder: Von der Konversion zur Welt« abgeschlossen. Nun gilt es, die Ergebnisse kurz zusammenzufassen und dieses Konzept einer theologischen Kritik an Hand der zuvor erarbeiteten Kriterien des Gemeindeaufbaus zuzuführen.

VII. Zusammenfassung

Wenn man die wesentlichen Züge des Konzeptes »Kirche für andere – oder: Von der Konversion zur Welt«, zusammenfassen will, dann ist das erste und wichtigste Ergebnis, daß die Frage nach dem Wesen der Kirche mit der nach dem Auftrag zusammenfällt. Kirche ist entweder missionarische Kirche oder überhaupt nicht Kirche. Und die Frage nach der Gestalt der Kirche ist eng damit verbunden. Alles Nachdenken über die Lebens- und Arbeitsformen der christlichen Gemeinden muß auf den missionarischen Auftrag der Gemeinde ausgerichtet sein.
Gott ist ein missionarischer Gott; Jesus Christus ist der Missionar schlechthin! Das Wesen der Gemeinde wird aus der Gotteslehre bzw. aus der Christologie abgeleitet. Dem missionarischen Gott entspricht nur eine missionarische Gemeinde. Sie kann dankbar sein, daß Gott sich ihrer bedient und sie mit in seine Sendungsökonomie einbezieht. Sie ist eine Funktion der Mission. Gott ist aber nicht primär an ihr interessiert, sondern an der Welt. Nicht: »Mehr Kirche!« kann das Motto sein, sondern nur: »Dienst in der Welt Gottes«. Weil seit Ostern Heil in der Geschichte ist, und weil Gott dauernd in der Welt am Werk ist, soll sich die Gemeinde mit prophetischem Blick auf Gottes Tun ausrichten lassen und dann engagiert und aufopferungsvoll mitarbeiten. Ziel ihrer Mitarbeit ist nicht die Bekehrung von Menschen (erlöst sind ja schon alle, auch wenn sie es nicht wissen), sondern der Schalom, das heile menschliche Miteinander in der Welt. Niemanden will die missionarische Gemeinde dazu bewegen, aus der Welt in die Gemeinde zu emigrieren. Sie selbst soll vielmehr exzentrisch in der Welt leben. Sie soll und darf den brüderlichen Dialog mit allen, auch nicht-christlichen Brüdern pflegen und daraus lernen, wie sie besser für den Schalom eintreten kann. Ihre Strukturen müssen ganz auf diese Sendung der Gemeinde ausgerichtet werden. Es sind immer Strukturen der Sammlung auf dem Weg der Sendung. Die häretischen, weil dem missionarischen Auftrag widersprechenden Strukturen muß sie abschaffen, um neuen Strukturen Platz zu schaffen; morphologischer Fundamentalismus wäre verhängnisvoll. Den flexiblen, differenzierten und kohärenten Strukturen entsprechen kleine bewegliche Dienst- und Lebensgruppen von Christen im Alltag der Welt, eine zonale Organisation der Kirche, ganz an der Sendung ausgerichtete Gottesdienste und mehr Christen im Beruf statt Berufschristen.
Das alles bedeutet: Gemeindeaufbau ist ein höchst riskantes Unternehmen. Er könnte die Gemeinde dazu verführen, sich nur noch mit sich selbst zu beschäftigen und gemeindlicher Innerlichkeit zu frönen. Damit wäre der missionarische Auftrag verraten. Andererseits bleibt Gemeindeaufbau dann sinnvoll, wenn er die Volkskirche in eine »Kirche für andere« verwandeln will, wenn er mit ganzem Ernst die Getauften in die Sendung ruft und die »häretischen« Strukturen zugunsten missionsorientierter Strukturen abschafft. Gemeindeaufbau darf sich dann nicht zunächst mit einer besseren Sammlung beschäftigen, die irgendwann einmal

zu einer besseren Sendung führen könnte. Von vornherein muß der Akzent auf der Tagesordnung der Welt und dem Ringen um den Schalom liegen.

Gemeindeaufbau im Blick auf die Volkskirche heißt: Verzicht auf überkommene Privilegien und Rechte, Verzicht auf alles, was der Sendung in die Welt widersprechen oder sich ihr hemmend in den Weg stellen könnte, also Gemeindeaufbau als radikalen Weg in die Kenosis um des missionarischen Auftrags willen, Gemeindeaufbau als Abbau der starken und mächtigen Kirche zugunsten der »Kirche für andere«. Und darum heißt Gemeindeaufbau im Blick auf die Volkskirche vor allem Kirchenreform, also Reform der häretischen und durch den morphologischen Fundamentalismus verfestigten kirchlichen Strukturen. Der Schwerpunkt des Gemeindeaufbaus als Kirchenreform liegt einmal in der Gestalt der Volkskirche, dann aber in den bereits bezeichneten Arbeits- und Lebensformen: Ergänzung der Parochie durch »Kleine Gemeinden«, Organisation der Kirche auf zonaler Ebene, Reform des Gottesdienstes um seiner Relevanz in der modernen Gesellschaft willen, ausdrückliche und auch strukturelle gesicherte Hervorhebung des Laien und damit Reduzierung der amtlichen Befugnisse in der Kirche unter dem Motto: mit Christen im Beruf als Berufschristen.

C. Theologische Beurteilung

Zur theologischen Beurteilung des Konzeptes »Kirche für andere – oder: Von der Konversion zur Welt« gehört auch ein Hinweis auf dessen Wirkungsgeschichte.

I. Zur Wirkungsgeschichte

Die kritische Rezeption des Konzeptes der »Kirche für andere« in der Diskussion des Lutherischen Weltbundes (LWB) ist hier zuerst zu erwähnen. Dabei spielt Werner Krusche eine besondere Rolle. Er war selbst intensiv in die ökumenische Debatte um die Struktur der missionarischen Gemeinde verwickelt und hat sie zugleich kritisch kommentiert. Seine Auffassung hat sich der LWB auch weitgehend zu eigen gemacht.[89]

Die Lutheraner waren lange mehr als zurückhaltend gegenüber der ökumenischen Theologie. Sie beargwöhnten den ökumenischen Entwurf, nicht zuletzt wegen einer mangelnden Unterscheidung von Gesetz und Evangelium und auch wegen der dort vertretenen Amtstheologie. Doch war auch in den lutherischen Kirchen eine Diskussion über Strukturfragen unerläßlich geworden. Die Kommission für Haushalterschaft und Evangelisation nahm sich der Fragen um die Struktur der Gemeinde an. Sie war dazu prädestiniert: die lutherische Haushalterschafts-Theologie steht dem Gedanken der »Kirche für andere« durchaus nahe, da sie die ganze Existenz des Christen im Alltag mit allen seinen Gaben als Dienst für Gott reklamiert. Sie sieht diesen Dienst auch nicht rein binnenkirchlich, sondern als Dienst am Alltag der Welt, sowohl in der Bezeugung des Evangeliums als auch im Wahrnehmen weltlicher Dienste, z. B. in politischen Verbänden und Parteien.

Ab 1964 wurde in dieser Kommission des LWB intensiv um die Fragen der Gemeinde gerungen, immer wieder auch mit Vertretern des ÖRK. 1966 in Järvenpää/Finnland und 1969 in Cartigny/Schweiz kam es zu großen Konsultationen des LWB. Dadurch wurde die Frage nach der missionarischen Gemeinde auch in die lutherischen Kirchen hineingetragen. Das entscheidende Referat Krusches in Järvenpää[90] kann als die lutherische Position zum Konzept »Kirche für andere« angesehen werden. Es ist eine in vielen Punkten positive Rezeption der ökumenischen Strukturstudien. Die Verpflichtung zum Dienst in der Welt, die Forderung nach flexiblen, differenzierten und kohärenten Strukturen, vor allem die Ablehnung einer selbstzufriedenen Kirche fanden die Zustimmung der lutherischen Kirchen. Die entscheidende Kritik aber traf die Beurteilung der Welt und von daher auch die inhaltliche Bestimmung des missionarischen Auftrags. Hier waren Krusche und die lutherischen Kirchen erheblich zurückhaltender. Die Wiederherstellung der Gemeinschaft des Menschen mit Gott muß nach Auffassung des LWB Zentrum des missionarischen Dienstes sein. Der Einsatz für das Wohl der Menschen ist nicht zu vernachlässigen, aber letztendlich hat die glaubenweckende Verkündigung doch eine sachliche, wenn auch nicht immer chronologische Priorität. Die positive Beurteilung der Welt muß von hier aus erheblich gedämpfter ausfallen. Zwar ist die Welt der Ort des Dienstes der christlichen Gemeinde; aber in ihr ist in keinem Fall – im Sinne des geschichtlichen christologischen Indikativs – der Wille Gottes ablesbar; auch wird man nicht sagen können, daß schon alle erlöst sind, ob sie nun glauben oder nicht. So bleibt die Rolle der Gemeinde-in-Mission im Blick auf die Welt doch gewichtiger. Sie trägt der Welt das Evangelium zu, das diese braucht und ohne die Kirche nicht hat; sie dient der Welt mit diesem Evangelium und ist doch zugleich schon Gottes Eigentumsvolk und somit durchaus mehr als nur Funktion der Mission Gottes.[91]

Zur Wirkungsgeschichte des Konzeptes einer »Kirche für andere« muß aber auch die praktische Auswirkung der ökumenischen Debatte in der Praxis der Kirchen, in der wissenschaftlichen Theologie, auf der Ebene der Kirchenleitungen gerechnet werden. Hier ist das bereits angesprochene Stichwort »Kirchenreform« noch einmal aufzugreifen. Eine Flut von ekklesiologischen und kybernetischen Gesamtkonzepten entsprang der ökumenischen Strukturstudie (z. B. von W. Jetter, E. Lange, G. Kugler oder W. Simpfendörfer).[92] Eine der wichtigsten Publikationen war die Reihe »Kirchenreform« (1968–1970)[93], die nach einem programmatischen Band »Die Gemeinde vor der Tagesordnung der Welt« die Brennpunkte einer Gemeinde für andere abhandelte. Gemeinde in der Siedlung, Gottesdienstreform und Kirche in der Region, um dann abschließend – gewissermaßen modellhaft – die Gemeinde Leonberg-Ramtel als »Kirche im Werden einer Dienstgruppe« vorzustellen. Paul-Gerhard Seiz, einer der Pfarrer von Ramtel, hat in seiner Abschiedspredigt, die in diesem Band veröffentlicht ist, die Koordinaten der »Kirche für andere« noch einmal benannt, wenn er z. B. sagte: »Laien sind wichtiger als Pfarrer. Ohne sie wird der Weg der Kirche in die Welt nicht gelingen.«[94] Oder: »An die anderen weist« Jesus »uns, immer nur an die anderen. Nicht die Stärkung des noch glaubenden Kerns ist die Losung in einer immer christusferneren Zeit, sondern der Einsatz für die anderen. Nicht die Sammlung und die Stärkung der wenigen, sondern die wenigen für die vielen, die Schwachen für die anderen Schwachen will er.«[95]

Darüber hinaus wurde der ökumenische Impuls in den zahlreichen kirchenreformerischen Gruppen wirksam, die sich vor allem auf den Kirchentagen der sechziger Jahre mit ihren Programmen vorstellten. Da ging es, wie zum Beispiel in der »Aktion Kirchenreform« um die Demokratisierung der Kirche, um eine Konzentration auf die Gesellschaftsdiakonie, um eine Reorganisation des Pfarramtes und um Gottesdienstreform.[96] Daneben traten auch radikalere Gruppen wie die »Celler Konferenz« in Erscheinung, der es um den Aufbau einer »sozialistischen Gesellschaft« ging, wobei die Frage nur die war, ob das mit der Kirche oder nur gegen sie möglich sein könnte.[96] Ende der sechziger Jahre wurde es immer stiller um diese Gruppen. Im ganzen effektiver war der Versuch einer Gottesdienstreform mit neuen Gottesdienstentwürfen wie dem »Politischen Nachtgebet«.[97]

Schließlich widersetzten sich auch die Landeskirchen nicht dem ökumenischen Impuls. Hier ist die Einsetzung zahlreicher landeskirchlicher Strukturausschüsse zu erwähnen. Ein Beispiel dafür ist die Überlegung der Evangelischen Kirche von Westfalen zur gegliederten Gesamtgemeinde, ein Versuch, die bestehenden Kirchenkreise im Sinne der zonalen Gemeinde umzugestalten. Die Schwerpunkte lagen hier im Strukturellen, man wollte offene und bewegliche Arbeits- und Lebensformen schaffen, die den gesellschaftlichen Lebensräumen entsprachen. Der regionale Bereich sollte gestärkt werden, die Kirche in der Region durch ein Gesamtpresbyterium geleitet werden, das wiederum von Bezirkspresbyterien in den Parochien und von Fachpresbyterien für besondere Aufgaben (z. B. Jugendarbeit) auf regionaler Ebene ergänzt werden sollte.[98]

II. Zur Beurteilung

1. Ein in der Liebe bewegter Entwurf

»Es ist ein in sich durchdachter, nach vorn orientierter, von der Unruhe der Liebe bewegter Entwurf, der eine ernsthafte theologische Überprüfung verdient.«[99] Dem Votum Werner Krusches kann nur zugestimmt werden: Mit ein paar schnell dahingesagten theologischen Richtigkeiten ist dieser Entwurf nicht zu »erledigen«. Hier ist aus einer Haltung der Buße heraus die Frage gestellt: Wie kann die Gemeinde wirklich eine Gemeinde Christi sein, die dem missionarischen Gott entspricht, anstatt in frommer, satter Selbstzufriedenheit auf der Strecke zu bleiben? Das Konzept »Kirche für andere – oder: Von der Konversion zur Welt« denkt streng theologisch und darum auftragsorientiert. Die Frage nach dem Willen Gottes ist die schlechterdings einzige mögliche und einzig legitime Frage für den, der Gemeindeaufbau anvisiert. Und das bedeutet: Eine andere als eine missionarische Orientierung ist der Gemeinde verwehrt. Dem entspricht die Sendungstheologie innerhalb der Barmer Theologischen Erklärung: »Der Auftrag der Kirche... besteht darin, an Christi Statt und also im Dienst seines eigenen Wortes und Werkes durch Predigt und Sakrament die Botschaft von der freien Gnade Gottes auszurichten an alles Volk.«[100] Dem entspricht auch die missionarische Orientierung, die der Apostel Paulus seinem Auftrag, Gemeinde zu bauen, gegeben hat, wenn er etwa in Röm 15,20 sich selbst darauf festlegt, »zu predigen, wo Christi Name nicht bekannt« ist.

Hier gibt es keinen Zweifel: Die ökumenische Diskussion hat der Gemeinde in Erinnerung gerufen, daß sie nicht dazu berufen ist, in der Pflege der eigenen Frömmigkeit, im Aufbau der eigenen Kirchlichkeit oder in der Freude an der eigenen Gemeinschaft aufzugehen. Sie ist berufen, hinauszugehen und in der Sendung Christi zu stehen, damit das Evangelium allen, den Nahen und den Fernen, zugetragen wird. Verfehlt sie diese Aufgabe, so verfehlt sie sich selbst. Sammlung ohne Sendung ist nicht nur Ungehorsam, sondern auch Illusion. Eine selbstzufriedene Gemeinde wird gerade nicht erbaut, sondern sie verfällt dem Urteil Christi.

Daraus ergeben sich auch einige Konsequenzen, die im Anschluß an die ökumenische Ekklesiologie zu treffen sind. Wenn Gemeinde tatsächlich »missionarische Gemeinde« sein soll, dann braucht sie auch »missionarische Strukturen«, und das heißt »Geh-Strukturen« und nicht nur »Komm-Strukturen«. Sie braucht Dienstgruppen von Christen in der Welt (z. B. missionarische Hauskreise), sie braucht aber auch mündige Christen im Beruf, d. h. Christen, die ihren Glauben am weltlichen Ort bezeugen können. Dann braucht die Gemeinde im Bereich der »Komm-Strukturen« aber auch aufnahmefähige Räume, in denen der »andere« erwartet wird und sich auch erwartet und gut aufgenommen weiß. Was nützt etwa der missionarische Besuchsdienst, wenn es nicht solche aufnahmefähigen Räume gibt – sowohl gottesdienstlicher Art als auch in christlichen Lebens- und Dienstgemeinschaften? Hier ist die »Gemeinde von Brüdern« aufgerufen, auch »von der Unruhe der Liebe« bewegte Strukturen zu suchen, zu planen und einzurichten, die ihrem Auftrag entsprechen. Dazu gehört sicherlich auch, daß in der »Gemeinde von Brüdern« nicht der Pfarrer im Zentrum steht, sondern der Laie (im Sinn von: Glied des Gottesvolkes!) als der Missionar des 20. Jahrhunderts.

Wenn man diese Einsichten mit den Aussagen der Barmer Theologischen Erklärung vergleicht (oder auch mit der Bau-Allegoristik bei Paulus), dann wird schnell deutlich, daß der »Gemeinde von Brüdern« hier nichts Neues mitgeteilt wird, sondern daß sie mit ernst an ihre Sendung erinnert wird. Die ökumenischen Studien sind ein Ruf zur Sache und – auch das wird man ohne Übertreibung sagen können – damit auch ein Ruf zur Umkehr.

2. Theologische Kritik

Erst von dieser positiven Rezeption aus, die den geistlichen Ernst dieser Konzeption wahrnimmt, muß nun auch Kritisches vermerkt werden, ohne das Positive damit revozieren zu wollen.

Die entscheidende Frage an die ökumenischen Dokumente ist die nach den Inhalten und Zielen der Mission. Hier scheiden sich die Geister. Wie schon bei der Erarbeitung der kybernetischen Situation deutlich wurde, werden die Theologen immer dann nervös, wenn es um die Frage des Christseins, also um die personale Dimension des Heils geht. Die Stellungnahme der ökumenischen Theologen war hier von wünschenswerter Klarheit. Mission als Missionierung ist ein Irrweg. Da soll nur der kirchliche Einflußbereich vergrößert werden. Außerdem wird Heil individualistisch verengt. Schließlich gilt schon von jedem Menschen, egal ob er es weiß oder nicht, daß er Glied der »Neuen Menschheit« ist.

Hier setzt unser Widerspruch ein: Offensichtlich soll eine gefährliche Verkürzung des Evangeliums durch eine andere, noch gefährlichere ersetzt werden. Individualismus und kirchliches Machtstreben werden scharf erfaßt; die Allversöhnung tritt an ihre Stelle. Es ist aber verhängnisvoll, wie durch diese theologische Operation dem Missionarischen die Spitze abgeschnitten wird. M. a. W.: Der starke missionarische Impetus der »Kirche für andere« wird wieder aufgehoben oder jedenfalls seiner Kraft beraubt. Mission ja, aber Missionierung, bitte nicht! Mission, ohne den Wunsch, daß Menschen durch das Evangelium von Jesus Christus zum Glauben geführt und in die eschatologische Heilsgemeinschaft der »Gemeinde von Brüdern« eingegliedert werden, bleibt im Vorletzten stecken und verweigert den Menschen den Dienst, den sie am dringendsten brauchen. Man wird darum mit dem gleichen Ernst, der die ökumenische Theologie auszeichnet, entgegnen müssen: da wird Mission letztlich doch nur dem Schein nach so energisch ins Spiel gebracht; in Wirklichkeit wird Entscheidendes eliminiert. Der verbalen Hervorhebung des Missionarischen entspricht inhaltlich eine Entkleidung der Mission von ihren dringendsten Anliegen.

Dieser Tatbestand tritt mit aller Deutlichkeit hervor, wenn die ökumenischen Dokumente mit den neutestamentlichen Aussagen über den Bau der Gemeinde konfrontiert werden. Gemeindeaufbau im Neuen Testament ist insofern missionarisch, als es ihm darum geht, die Fernstehenden für den Glauben zu gewinnen und – mit eben solcher Dringlichkeit – sie der Gemeinschaft des Glaubens, der Hausgenossenschaft in der familia Dei zuzuführen. Darin sah Paulus seine und der Gemeinde Berufung. Darum ist in 1 Kor 14 der Außenstehende Kriterium des Gottesdienstes. Er soll überführt, zum Glauben geführt und in die Gemeinde eingeführt werden. Er ist nicht so hoch geachtet, damit er wieder genauso gehen kann, wie er kam. Und das alles sollte nicht geschehen, um der Gemeinde Macht zu verschaffen. Nein, es sollte geschehen, weil es Gottes Willen entsprach – zum Heil der Betroffenen.

Umgekehrt gibt es keine neutestamentliche Aussage, die den Menschen das Heil ohne Umkehr, ohne persönlichen Glauben, ohne Einbeziehung in den Leib Christi zuspräche. Im Neuen Testament wäre nur ein unverständiges Kopfschütteln zu erwarten, wollte jemand vom Heil und nicht zugleich von der geheilten Gottesbeziehung sprechen. Dann könnte das abgebrochene Gespräch mit Gott abgebrochen bleiben, der Gehorsam Gott gegenüber dürfte weiter unterbleiben, und das bislang verwehrte Lob gegenüber dem Schöpfer und Herrn des Lebens könnte weiter auf sich warten lassen. Es wäre ein »nacktes« Heil ohne jede Relevanz für die von der Sünde zerstörte Gottesbeziehung. Was für eine blasse und unkonkrete Angelegenheit! Hier legt sich der Verdacht nahe, daß man nur recht schnell – ohne den »Umweg« über die Umkehr und die Zugehörigkeit zur Hausgenossenschaft Gottes – zu den sozialethischen Konsequenzen des Heils kommen möchte.

Des Heils? Hier wird im Blick auf die Menschen doch wohl anders gesprochen werden müssen. So gewiß es ist, daß Gottes Buch des Lebens größer ist und anders aussieht als unser Taufregister; so gewiß ist es auch, daß ohne Umkehr, also ohne Glauben niemand im eschatologischen Gericht Gottes gerettet werden kann. Das Erschreckende der »billigen Gnade« wird hier deutlich: »Billige Gnade« ist unbarmherzige Gnade. Sie »erspart« den Menschen die Nachfolge und liefert sie damit dem Gericht aus. Das ist das Gnadenlose einer Mission ohne Missionierung. Sie verfehlt ihr Ziel. Im Neuen Testament werden gewiß alle Menschen schon unter dem Blickwinkel der sie geschehenen Versöhnung gesehen. Aber gerade darum werden sie mit allem Ernst zur Freude der Buße gerufen – und auch zur Eingliederung in die Gemeinde (Apg 2,36.38!). Man müßte schon den Apostel Paulus in seinem Tun kräftig perhorreszieren, wollte man Mission als Missionierung in Mißkredit bringen (1 Kor 9,19 ff.). »Daß Menschen zum Glauben kommen und sich taufen lassen, ist im Neuen Testament Grund zu jubelnder Freude, daß Menschen im Unglauben bleiben, ist für die neutestamentlichen Zeugen etwas Schreckliches, unfaßbar Trauriges; denn an der Stellung zu Christus entscheidet sich Lebensgewinn oder Lebensverlust im eschatologischen – und also nicht nur das Jetzt, sondern alle Zukunft einbegreifenden – Sinne.«[101]

Dieser Gedanke war aus zwei Gründen so ausführlich zu behandeln: *Erstens* stellt er den zentralen Angriffspunkt gegen das ökumenische Konzept von der »Kirche für andere« dar, von dem her sich alle folgenden Punkte ableiten. Die Stellung zur Soteriologie entscheidet über die Gestaltung der kybernetischen Konzepte. Das wird hier mit aller Klarheit deutlich. *Zweitens* muß dem Beobachter eine gesamtkirchliche und gesamttheologische Tendenz zur Verharmlosung der Versöhnungsfrage auffallen. Entgegen der Orientierung des Neuen Testaments wird die Dringlichkeit, Menschen zum persönlichen Glauben zu führen und in die Gemeinde einzugliedern, pragmatisch vernachläßigt. Diese Tendenz tauchte bereits im Zusammenhang der pastoralsoziologischen Analysen der kirchlichen Wirklichkeit auf. Hier erscheint sie – unter völlig anderen Vorzeichen – zum zweiten Mal. Offenbar ist damit ein generelles Problem der Volkskirche benannt. Gemeindeaufbau (und darum eben: missionarischer Gemeindeaufbau) kann nicht an der Notwendigkeit vorbeisehen, den Menschen das Angebot der Nachfolge in ihre Lebenswirklichkeit hinein anzusagen und sie einzuladen, zur »familia Dei« hinzuzustoßen. Missionarischer Gemeindeaufbau legt darauf den Hauptakzent, ohne zugleich die Sorge um das zeitliche Wohl des einzelnen oder der Gesellschaft für unwesentlich zu erklären.

Damit ist bereits ein zweites Stichwort angesprochen. Immer wieder taucht der Begriff des »Schalom« in der ökumenischen Debatte auf. Schalom als heiles menschliches Miteinander ist die Gabe Gottes und der Inhalt der Mission schlechthin. Schalom ist das dem Heil des Menschen (das vorausgesetzt werden kann) entsprechende Wohl. Heil und Wohl geraten in nächste Nähe zueinander. Der Mission wird dadurch aufgetragen, sich nicht allein – mittels der Verkündigung – um die Verkündigung des Evangeliums zu mühen, sondern ebenso – durch diakonia und koinonia im weitesten Sinn – für das Wohl der Menschen zu kämpfen. Was das im einzelnen ist, kann erst in der Situation entschieden werden, im demütigen Dialog mit allen Menschenbrüdern. »Mission als Weitergabe des Evangeliums zielt auf das ewige Heilsein und Mission in der Gestalt des Dienstes auf das zeitliche Wohlsein des Menschen, beide zusammen also auf den Schalom, in dem des Menschen Heil und des Menschen Wohl beieinander sind und der endgültig und vollständig erst in der Auferstehung der Toten Gestalt gewinnt.«[102]

Niemand wird widersprechen: Missionarische Gemeinde wird dem ganzen Menschen dienen wollen, und sie wird dabei auch nicht die sozialen Strukturen außer acht lassen, in denen dieser Mensch lebt, und die ihn mit bestimmen. Die zweite Barmer These spricht vom frohen und dankbaren Dienst der »Gemeinde von Brüdern« an den Geschöpfen Gottes.

In der ökumenischen Missionstheologie besteht jedoch die Gefahr, die notwen-

dige Zusammengehörigkeit von Heil und Wohl in eine praktikable Gleichzeitig-
keit zu verwandeln. Demnach ist das Heil ja schon vorauszusetzen, so daß nun alle
Kraft dem Wohl gelten muß. Daß dadurch die Wiederherstellung der Gottesge-
meinschaft zum Adiaphoron wird, wurde bereits herausgearbeitet. Aber es ergeben sich auch Probleme im Hinblick auf die Eschatologie. Erst in der Auferstehung der Toten werden Heil und Wohl wirklich endgültig und vollständig beieinander sein. Bis dahin wird es – bei allem notwendigen Einsatz in daikonia und koinonia – durchaus Defizite am Wohl geben. Es gibt Menschen, die in dieser Zeit
Schalom als Heil empfangen, ohne es schon als Wohl zu erfahren. Auch bleibt bis
zur Parusie (und das heißt: bis zum eschatologischen Gericht) das Heil konstitutiv
(und damit das Wohl konsekutiv!). Das Gleichnis von den zehn Aussätzigen (Lk
17,11–19) macht diesen Zusammenhang deutlich: Jesus kümmert sich um das leib-
liche Wohl der Kranken – er heilt sie. Das bleibt auch allen Kranken. Einer kehrt
um und beugt sich vor Jesus; mit ihm (und nur mit ihm) kommt Jesus zu seinem
endgültigen Ziel. Da ist die Gemeinschaft mit Gott wiederhergestellt. Diese Geschichte zeigt es: Es gibt eine sachliche, theologische Priorität des Heils vor dem
Wohl (auch da, wo das Wohl schon geschenkt wird). Sie zeigt aber auch: Das Ringen um das Wohl ist sinnvoll in der missionarischen Gemeinde; die sachliche Priorität des Heils führt nicht zur Vernachlässigung des Wohls. Die sachliche Priorität
des Heils bedeutet keineswegs in jedem Fall auch eine chronologische Priorität für
das Handeln der Gemeinde. Diesen differenzierten Zusammenhängen wird die
ökumenische Studie nicht immer gerecht. Sie verlegt sich ganz auf den Kampf um
das Wohl der Menschen.

Von diesen Bedenken her wird auch die These vom Heil in der Geschichte nüchterner beurteilt werden müssen. Dies kann hier nur sehr knapp behandelt werden.[103] Zum einen wird der Wirklichkeit des Bösen in der Geschichte bis zur Parusie noch Rechnung zu tragen sein. Bis zur Auferstehung der Toten ist das Böse
noch wirklich, aber nicht mehr ewig. Die Existenz des Bösen wird in den ökumenischen Studien zuweilen unterschätzt.[104] Zum anderen wird sich der Glaube
nicht auf die Sprache der Geschichte mit deren vermeintlichem Heil verlassen. Die
Sprache der Geschichte offenbart eben auch ganz anderes. Sie offenbart auch
Auschwitz und Hiroschima. Der Glaube kann sich auf sie nicht verlassen, er muß
es aber auch nicht; er verläßt sich auf die Offenbarung Gottes in Christus, wie sie
in der Heiligen Schrift bezeugt ist. Anderen »Offenbarungen« gegenüber ist der
Glaube eher skeptisch. Vor allem aber wird er sich davor hüten, voreilig geschichtliche Entwicklungen und Bewegungen mit einer Offenbarung des schalom-wir-
kenden Handelns Gottes zu identifizieren. Zu oft erwies sich dies im nachhinein
als grauenvoller Irrtum – deutsche Theologen wissen davon mehr als ein Lied zu
singen. Dann aber wird der Anspruch der missionarischen Gemeinde tatsächlich
kleiner, mit einem oft strapazierten Wort der Ökumene, »demütiger«: sie wird –
erneuert aus der Kraft des Evangeliums – in der Welt mittun, wo sachgerechte,
vernünftige und der Erhaltung der Schöpfung dienliche Entscheidungen zu treffen
sind. Sie wird diese aber nicht mit Offenbarungen Gottes verwechseln.

Wird nach alledem der Blick auf die Welt etwas nüchterner, so wird die Rolle der
Gemeinde in der Welt tatsächlich auch eine andere. Sie hat der Welt nun allerdings
wirklich etwas Lebensnotwendiges zu sagen, das diese ohne die Verkündigung der
Kirche tatsächlich nicht wüßte. Sie dient der Welt mit dem Evangelium von Jesus

Christus. Sie tut dies vor allem durch die Verkündigung, aber sie tut es auch nicht ohne das Zeugnis von diakonia und koinonia. Mit dieser veränderten Blickweise wird aber die Dringlichkeit missionarischer Gemeinden nicht geringer. Allerdings ist die ökumenische Konzeption noch einmal kritisch zu begutachten. Sie sendet die Gemeinde in die Welt und verbietet ihr, sich zunächst der eigenen Erbauung, der Sammlung zu widmen. Sie möchte – mit Recht! – verhindern, daß die Gemeinde letztlich doch in der Sammlung steckenbleibt und damit ihren Auftrag verleugnet.

Dabei vernachlässigt die ökumenische Konzeption aber die kybernetische Situation. Sie sendet, ohne genau hinzusehen, wen sie da eigentlich sendet. Ihr schwebt eine Gemeinde vor Augen, die sich kämpferisch und aufopferungsvoll im missionarischen Dienst verzehrt. Wie aber sehen unsere volkskirchlichen Gemeinden aus? Es sind, wie bereits gezeigt wurde, Gemeinden im Prozeß fortwährender Erosion. Es sind Gemeinden mit vielen Getauften, die nie das ihnen zugeeignete Heil sich auch angeeignet haben. Es sind Gemeinden ohne Struktur des gemeinsamen Lebens. Es sind Gemeinden mit einer sehr kleinen geistlichen Kraft. Es sind Gemeinden, deren Mitglieder oft weit an den Rand der Kirche hinausgetrieben sind. Die Gemeinden dieser Volkskirche sind weit entfernt von einer missionarischen »Kirche für andere«. Daran aber müßte das Konzept der Ökumene scheitern: Nicht erbaute Gemeinden lassen sich nicht in den missionarischen Dienst schicken. Sie nehmen – wenn überhaupt noch! – das Dienstleistungsprogramm der Betreuungskirche wahr, hüten sich aber davor, sich von der Kirche überhaupt irgendwo hinschicken zu lassen. Und das ist nicht ein Problem ihrer mangelnden Beweglichkeit. Das ist ein Problem fehlenden normalen geistlichen Lebens und fehlender normaler geistlicher Gemeinschaft. Wer die Gemeinden dieser Volkskirche ohne intensive gemeindebauende Arbeit in den missionarischen Dienst schicken will, erlebt für sich selbst, wie seine Hoffnungen enttäuscht werden, und im Blick auf die Gutwilligen, wie sie unter dem neuen Gesetz zusammenbrechen werden. Nicht erbaute Gemeinden können keine Gemeinden für andere sein. Hier steht in der Tat die Sammlung vor der Sendung; hier heißt die Formel in der Tat: Gott – Gemeindeaufbau – Welt. Alles andere ist Illusion.

Darum muß gerade im Interesse der Sendung und gerade im Gehorsam gegenüber dem missionarischen Gott die Sendung zuerst nach innen gewendet werden und alle Kraft in den Aufbau der »Gemeinde von Brüdern« investiert werden, die dann allererst – nun aber auch mit ganzem Ernst! – in der Lage ist, für Gott in der Welt zu tun, was nötig ist im Dienst am Schalom. Wer »Kirche für andere« will, muß in der Tat zunächst das ganz normale Christenleben und das ganz normale Gemeindeleben fördern. Dies entspricht auch dem auffälligen Prae, das der Aufbau der Gemeinde innerhalb der paulinischen Briefe hat. Unerbaute Gemeinden sind kraftlose Gemeinden in der Welt. Wer jedoch diesen notwendigen Schritt auslassen will, muß sich auf die wenigen elitären Gruppen zurückziehen, die willens und in der Lage sind, sich für die Welt aufzuopfern.

Schließlich ist auch die Rolle der Gemeinde Jesu Gott gegenüber noch weitgehender zu bestimmen, als dies in der ökumenischen Debatte geschehen ist. Gemeinde ist nicht nur eine Funktion der Mission Gottes. Sie ist gewiß auch dies, aber sie ist auch mehr. Sie möchte möglichst viele Menschen gewinnen, damit diese auch zur Hausgenossenschaft Gottes gehören. Als Ort der Sammlung der vielen ist Gemeinde Jesu auch Ziel und nicht nur Mittel Gottes. Denn in der Gemeinde ist Gott mit Menschen zum Ziel gekommen. Sie haben sich rufen lassen und sind Teil der eschatologischen Heilsgemeinschaft geworden. »In ihr, der für alle offenen, schafft und sammelt sich Gott sein Eigentumsvolk, die neue Menschheit (Eph 5,25 ff.; Tit 2,14; 1 Petr 2,9).«[105]

Im Neuen Testament wird mit vielen Bildern auch die Selbstzwecklichkeit der Gemeinde Jesu hervorgehoben. Sie ist z. B. bestimmt, die Braut Jesu Christi zu sein (Eph 5,25–32). Dann aber hat ihr Leben und Zusammenleben auch einen eigenen Sinn, der aber nicht voll in der missionarischen Aufgabe aufgehen kann. Es ist das Leben und Zusammenleben der Kinder Gottes in der Hausgenossenschaft mit Gott und miteinander. Es ist damit – in aller Schwachheit und Sünde – der Teil der Welt, in dem vor Gott und nach Gottes Willen gelebt wird, und in dem Gott das Lob zuteil wird, das ihm in der übrigen Welt (noch) verweigert wird.[106] Die Gemeinde als Ort des Lobes Gottes ist in den ökumenischen Studien fast gar nicht im Blick. Daran wird noch einmal deutlich, wie sehr die Frage der wiederhergestellten Gottesbeziehung hier aus dem Blick geraten ist. Die drei oft zitierten Lebensweisen der Gemeinde (martyria, diakonia und koinonia) bedürfen darum dringend der Ergänzung durch die leiturgia, durch die die Gemeinde erst zu ihrem letzten Ziel kommt, lobend Gottes große Taten zu preisen.

Damit ist die kritische Rezeption des ökumenischen Konzeptes zu ihrem Ende gekommen. Der geistliche Ernst dieser theologischen Entwürfe ist beachtlich; hier ist nichts zurückzunehmen. Allerdings wird die missionarische Gemeinde nicht Wirklichkeit werden können, wenn es nicht zum missionarischen Gemeindeaufbau in der Volkskirche kommt. Und die Situation der Welt ist nüchterner zu sehen. Darum wird es erste Aufgabe der »Gemeinde von Brüdern« sein, allen das Angebot des Evangeliums zuzutragen, damit sie glauben lernen, zur Gemeinschaft des Heils hinzustoßen, dort zum missionarischen Dienst ertüchtigt werden und mit ihrer ganzen Existenz ein Lob Gottes werden.

Drittes Kapitel

Offene Kirche für alle – oder: Vom Ja zum Pluralismus[1]

A. Einführung

Konzepte, die sich um Offenheit für alle bemühen und darum ein Ja zum Pluralismus sprechen, kommen selbst aus den unterschiedlichsten kirchlichen und theologischen Gruppierungen; sie haben selbst Teil an dem Pluralismus, dessen Existenz sie verteidigen. Mit den beiden Stichworten »Offenheit« und »Pluralismus« ist bereits die Gemeinsamkeit der drei verschiedenen Konzept-Varianten genannt, die in diesem Kapitel vorgestellt werden sollen. Vergleicht man sie aufmerksam miteinander, wird man erhebliche Unterschiede in einzelnen Entscheidungen feststellen; und doch sind sie sich in einer Grundüberzeugung einig: Wir wollen Kirche als Volkskirche, und das heißt als offene und vielschichtige Kirche. In der Sprache der Ökumene könnte man es so formulieren: Wir wünschen uns eine Volkskirche der versöhnten Verschiedenheit.

Der Hintergrund dieser Konzeption ist in den großen empirischen Umfragen zum Thema der Kirchenmitgliedschaft zu suchen. Für eine offene und plurale, wenn nicht pluralistische Volkskirche plädieren vorwiegend die Theologen und Kirchenführer, die die Kirche als Volkskirche für stabil halten. Man wird es, ohne bösartig zu werden, aber auch genau andersherum sagen können: Untersuchungen wie »Wie stabil ist die Kirche?« und »Was wird aus der Kirche?« sind von der Konzeption einer offenen und pluralen Volkskirche her entworfen worden.

Die Hauptakzente dieses Konzeptes sind schnell zusammengetragen. Einigkeit besteht darin, daß an der Volkskirche unbedingt festzuhalten sei. Sie hat sich nach Auffassung dieser Theologen bewährt und ist allen Unkenrufen zum Trotz stabil geblieben, d. h. die Mehrzahl der Mitglieder denkt nicht an Austritt und beansprucht den Service der Volkskirche, insbesondere die Amtshandlungen. Dieser Befund wird in kybernetische Entscheidungen umgesetzt: Weil das so ist, soll es auch so bleiben. Es gilt, die Mitgliedschaft zu stabilisieren (hier beginnen allerdings schon die Unterschiede!) und das unterschiedliche Mitgliedschaftsverhalten zu akzeptieren. In theologischer Sprache heißt das: Jeder Getaufte kann und soll selbst entscheiden, wann und wie er von seiner Mitgliedschaft in der Volkskirche Gebrauch macht. Einigkeit besteht auch darin, daß keine bestimmte Form der Kirchenmitgliedschaft verbindlich gemacht werden darf. Der Anspruch einzelner Gruppen in der Volkskirche kann immer nur partikular sein. Es darf und es soll ganz verschiedene »Frömmigkeitsstile« in der für alle offenen Volkskirche geben, ohne daß der eine das Recht hätte, dem anderen »das Christsein abzusprechen«. Es soll gewährleistet sein, daß jeder Getaufte Raum in der Volkskirche hat. Dementsprechend besteht auch Einigkeit darin, daß die unterschiedlichen Bedürfnisse der Mitglieder ernstzunehmen sind. Unterschiedlich sind aber die Auffassungen darüber, wie das geschieht, und ob es über die Befriedigung religiöser Bedürfnisse hinaus legitim ist, dem Kirchenmitglied nachzugehen, etwa um seine Bindung an die Gemeinde zu intensivieren. Einigkeit besteht auch darin, daß der Pfarrer innerhalb einer für alle offenen Volkskirche eine zentrale Rolle spielt. In ihm begegnet die Kirche personal; er ist für viele Kirchenmitglieder, die sonst keinen Kontakt zur Gemeinde haben, der einzig mögliche und der einzig erwünschte Ansprechpartner.

Damit ist der Bereich der Einigkeit beschrieben. Das Gemeinsame erscheint uns groß genug, um die verschiedenen Vorstellungen von der christlichen Gemeinde, die hier zu referieren sind, unter dem einen Dach der Konzeption »Offene Kirche für alle – oder: Vom Ja zum Pluralismus« zu vereinigen. Dieses Gemeinsame beschreibt Karl Dienst so: Es geht um »... die Tendenz zur kritischen Annahme des geschichtlich gewordenen volkskirchlichen Rahmens mit seiner komplexen Pluralität von theologischen Positionen und gesellschaftlichen Funktionen.«[2]

Innerhalb dieser gemeinsamen Grundentscheidung sollen aber drei Varianten unterschieden werden, nämlich *erstens* »die funktionale Theorie bzw. die Kirche der religiösen Dienstleistungen« *zweitens* »das polyzentrische Konzept bzw. die konziliare Gemeinde« und *drittens* »die missionarische Doppelstrategie als kybernetischer Vorschlag der VELKD«. Das Reizvolle dieser Zusammenstellung ist, daß in diesen drei Varianten durchaus große Sympathien für die anderen beiden großen Konzepte laut werden können. In einer konziliaren Gemeinde kann z. B. die ökumenische Konzeption einer »Kirche für andere« favorisiert werden. Nicht wenige Vertreter der konziliaren Variante kommen ursprünglich aus dem Einflußbereich der ökumenischen Studien, versuchen jetzt aber, den starken missionarischen Impuls der Strukturdebatte mit der differenzierten Wirklichkeit der Volkskirche zu vermitteln (etwa Georg Kugler). Und im Bereich der »missionarischen Doppelstrategie« ist die Sympathie für die »Missionarische Gemeinde für alle – oder: Von der Einladung zur Umkehr« groß. Allein: Die Gemeinde-Experten, die die »missionarische Doppelstrategie« erarbeiteten, sahen sich auch der Volkskirche stark verpflichtet und kamen deshalb zu etwas anderen Schlußfolgerungen als die Vertreter des letztgenannten Konzeptes. Diese Anmerkungen sind notwendig, um zum einen zu verdeutlichen, wie sehr die Grenzen zwischen den Konzeptionen fließend sind, das Idealtypische also auch zu Vereinfachungen zwingt. Zum anderen ist es wichtig, nicht allzu schnell Freund und Feind mit den Grenzen der Konzeptionen zu identifizieren, sondern in der komplexen (und komplizierten) Konzeptionsdebatte sorgsam auf den Beitrag jeder Konzeption zu achten.

B. Die funktionale Theorie
oder: Die Kirche der religiösen Dienstleistungen[3]

I. Der wissenschaftstheoretische Hintergrund

Im Hintergrund der funktionalen Theorie steht ein soziologischer Entwurf, die sogenannte »strukturell-funktionale Theorie«, die unter dem Einfluß von H.

Spencer und E. Durkheim vor allem von den beiden amerikanischen Soziologen R. K. Merton und T. Parsons Mitte des 20. Jahrhunderts entwickelt wurde.[4] In jüngerer Zeit und im Bezug auf die Rolle der Religion in einer »strukturell-funktionalen Theorie« sind vor allem Niklas Luhmann und der Theologe Karl-Wilhelm Dahm hervorgetreten.

Dahm bemängelt, daß in der wissenschaftlichen Theologie des 20. Jahrhunderts unter dem Einfluß der Dialektischen Theologie das kirchliche Handeln immer vom Auftrag (also von Bibel und Dogma her) verstanden worden ist, ohne daß dabei die soziale Funktionalität der Kirche ausreichend berücksichtigt worden wäre. Seiner Meinung nach »ist ... darauf hinzuweisen, daß die Kirche nicht ausreichend zu erfassen und zu verstehen ist, wenn man sie als eine gesellschaftlich prinzipiell nicht ableitbare Größe eigener Art, als prinzipielles Gegenüber zur Gesellschaft, als erratischen Block im gesellschaftlichen Leben ansieht und sie ... aus ihrer komplexen Verflechtung in die Gesellschaft isoliert.«[5] Dahm möchte darum den Spieß umdrehen: »energisch und vielleicht etwas einseitig«[6] will er bei der gesellschaftlichen Verflechtung der Volkskirche einsetzen und von da aus eine Theorie kirchlichen Handelns, also das, was wir ein Konzept nennen, entwerfen. Dabei betont Dahm, daß er nicht auf die theologische Reflexion verzichten und ein rein soziologisches Modell vorstellen will.[7]

Der Schlüssel zur Beobachtung der gesellschaftlichen Verflechtung der Kirche ist der Begriff der »Funktion«. Dabei wird danach gefragt, welche Aufgabe eine Insitution z. B. im Leben des einzelnen oder der Gesellschaft zu erfüllen hat. Der Funktionsbegriff wahrt die Interdependenz der Kirche mit den anderen gesellschaftlichen Institutionen. Kirche erscheint nicht als ein erratischer Block, sondern als ein Aufgabenträger unter anderen und eingebunden in das gesellschaftliche Ganze.[8] Dabei wird die Frage nach den Aufgaben empirisch gestellt. Welche tatsächlichen Aufgaben werden im Rahmen der Gesellschaft der Kirche zugeschrieben? Es geht also um die Frage, welche Kompetenzen der Kirche in der Gesellschaft zugetraut und zugemutet werden.

Dahinter steht wiederum die Vorstellung einer differenzierten Gesellschaft. Die moderne Gesellschaft ist ein Gesamtsystem aus vielen, uneinheitlichen Teilsystemen, z. B. Wirtschaft, Recht, Bildung, Verwaltung, Sozialwesen. Jedes dieser Teilsysteme erfüllt bestimmte Funktionen, damit das Gesamtsystem in der Balance bleibt und »funktionieren« kann.[9] Eines der Teilsysteme der Gesellschaft ist die Religion. In der »strukturell-funktionalen Theorie« wird der Begriff der Religion positiv aufgenommen. Religion leistet einen bleibenden, wichtigen Beitrag zum Funktionieren des Systems, hat also eine Funktion.

Zu fragen ist, »welche Aufgaben dann die Religion im Leben des einzelnen Menschen erfüllt und welche Aufgabe sie im Leben der menschlichen Gemeinschaft wahrnimmt.«[10] Wiederum in Anschluß an Luhmann[11] formuliert Dahm es so: Religion bezieht sich »auf jenen Komplex menschlicher Wirklichkeit ..., der mit Daseinsinterpretation, mit ›normativer Integration‹, mit ›Konstruktion von Sinnwelten‹ oder kurz mit ›Sinnsystem‹ umschrieben wird ... Religion wurde Jahrtausende hindurch auf diejenigen Verhaltensorientierungen bezogen, vermittels derer das Individuum sowohl seine Alltagsprobleme in Beruf und Familie als auch die Probleme extremer Lebenssituationen (Katastrophen, Krankheit, Tod) zu bewältigen suchte.«[12]

In bezug auf die Volkskirche ist es die christliche Religion, die diese Funktion in der Gesellschaft der Bundesrepublik zu erfüllen hat. Von dieser Einbindung in die Gesellschaft und der damit gegebenen Funktionalität ausgehend, will Dahm seine Theorie kirchlichen Handelns entwerfen. Vorausgesetzt ist damit übrigens auch eine Einschränkung der Säkularisierung in der Gesellschaft. Zwar hat die Kirche als sozial relevante Trägerin von Religion Funktionen eingebüßt, aber es sind ihr doch – im Bereich der »Sinnsysteme« – Funktionen geblieben. Wenn die Frage akut wird, »was die Welt im Innersten zusammenhält«, dann ist die Kirche immer noch gefragt.

Kirche (bzw. Religion) erscheint in diesem Modell als eine Funktion der Gesellschaft. Im verkleinerten Maßstab der Parochie bedeuten das: Die Ortsgemeinde erscheint als Funktion des Gemeinwesens. Der Pfarrer ist dann der für die sozial relevante Religion notwendige Beamte.[13] Ganz ähnlich hieß es auch in der Untersuchung »Wie stabil ist die Kirche?«: Man will »die alte Volkskirche, in der die religiösen Aspekte des menschlichen Zusammenlebens organisatorisch verankert sind.«[14]

Dahm erweitert aber in seiner Darstellung die Vorstellung der Kirche als des religiösen Aspektes der Gesellschaft um ein weiteres – und man muß sagen spannungsvolles – Element. Der »strukturell-funktionalen Theorie« wird vorgeworfen, sie verfestige den status quo, weil sie nur am reibungslosen Funktionieren der Gesellschaft interessiert sei; ihr eigne also ein prinzipieller Konservativismus. Sozialer Wandel sei nicht vorgesehen![15]

Um diesem Vorwurf zu entgehen, erweitert Dahm den theoretischen Rahmen seiner Darstellung mit Hilfe der »Kritischen Theorie« unter Bezugnahme auf Max Horkheimer. Gegenüber jedem bloß positivistischen Denken will Dahm die Geschichtlichkeit und damit Veränderbarkeit jedes Systems einbeziehen. Religion als Funktion der Gesellschaft hätte demnach nicht nur dem reibungslosen Funktionieren des Gesamtsystems zu dienen, sondern auch auf ein besseres Funktionieren abzuzielen.[16] Voraussetzung dieser ungewöhnlichen Zusammenstellung von »strukturell-funktionaler Theorie« und »Kritischer Theorie« ist der Gedanke, daß das Gesamtsystem sein Optimum noch nicht erreicht hat.[17]

II. Die Funktion der Volkskirche in der Gesellschaft

1. Die empirische Ausgangslage

Die funktionale Theorie geht von der Tatsache aus, daß immerhin etwa 90% der Bürger »so etwas wie Kirche«[18] wollen. Damit ist jedoch keineswegs ein Interesse an theologischen Fragen, Glaubensinhalten oder konventionell kirchlichen Veranstaltungen (wie Gottesdienst oder Bibelstunde) angezeigt. Das sind die Interessen der kleinen Kerngemeinde. Die Erwartungen dieser großen Mehrheit der Kirchenmitglieder sind anderer Art; dem kirchlichen Glaubenssystem stehen sie indifferent bis ablehnend gegenüber. Sie erwarten vielmehr eine stabilisierende und sozial relevante Religion. An den entscheidenden Stellen des Lebensbogens möchten sie die Hilfe der Kirche in Anspruch nehmen. Das ist die Funktion, die die Mehrheit der Mitglieder der Kirche zuweist. Sie drückt sich aus in bestimmten kirchlichen Handlungsfeldern: Amtshandlungen (an erster Stelle!), Seelsorge, Diakonie und Unterrichtung der Jugend. Wichtig ist dabei, daß diese Funktionszuschreibung und die mit ihr verbundenen Handlungsfelder nicht mit der Vorstellung gekoppelt sind, hier käme eine Gemeinde mit zahlreichen (Laien-) Mitarbeitern zum Zuge. Die Erwartung der Mitglieder richtet sich vielmehr an den Pfarrer als persönlichen Repräsentanten der Religion.[19]

Ein am Auftrag orientiertes theologisches Denken müßte daraus eventuell die Folgerung ableiten, daß diesen Erwartungen kritisch zu begegnen sei. Ein auftragsorientierter, d. h. missionarischer Gemeindeaufbau würde angesichts dieser Situation davon sprechen, Deutschland, ja die deutsche Volkskirche sei als Missionsland zu betrachten.[20] Eine solche Betrachtung ist jedoch ausgeschlossen, wenn man von einer funktionalen Betrachtungsweise ausgehen will. Im Blick auf eine 90%ige Kirchenmitgliedschaft von Missionsland zu sprechen, erscheint z. B. Wolfgang Lück absurd. Die Erwartungen dieser stabilen Mitglieder sind aufzunehmen und anzunehmen. Sie sind als sinnvolle Funktionszuweisungen zu interpretieren, ohne die eine Kirche in der Gesellschaft keine relevante Rolle mehr spielen kann. Innerhalb dieses Gedankenganges kann es nur dem arroganten Machtstreben einer (kerngemeindlichen oder auftragstheologischen) Minderheit entspringen, von einer Missionssituation zu sprechen.[21]

2. Wesen und Auftrag der Gemeinde

Der Grundzug der funktionalen Theorie Dahms lautet: Den volkskirchlichen Rahmen mit seinen religiösen Implikationen annehmen! Der Pfarrer, der »auftragsorientiert« denkt, aber volkskirchlicher Beamter ist, muß die von ihm geforderte religiöse Dienstleistung mit schlechtem Gewissen (und entsprechend lustlos) vollziehen; oder er muß die Situation missionarisch ge- bzw. mißbrauchen. Demgegenüber möchte Dahm dem Pfarrer dazu verhelfen, die religiösen Dienstleistungen als sinnvolle Funktionszuweisung zu akzeptieren und in seine Berufsrolle zu integrieren. Die Parochie ist nun einmal als Verwaltungs- und Versorgungseinheit der Kleinverteiler für öffentliche Religion. Der Pfarrer ist Spezialist für religiöse Fragen, das Mitglied ist Klient. Ganz konsequent wird in der funktionalen Theorie der Gedanke der Dienstleistung zu Ende gedacht: Es liegt in der Tradition der Parochie, Anstaltscharakter zu haben. Sie dient »am Ort der Versorgung auf dem Gebiet ›Religion‹, wie die Rentenanstalt der finanziellen Versorgung im Alter dient. Mitgliedschaft in einer Versorgungsanstalt bedingt nun aber kaum mehr als die regelmäßige Zahlung der Beiträge, die Inanspruchnahme der Leistungen, bzw. die Garantie dafür, daß diese Leistungen zu gegebener Zeit in Anspruch genommen werden können.«[22]

Damit wird der »Klient« natürlich entlastet. Mehr als ein korrektes Mitgliedschaftsverhalten darf von ihm nicht erwartet werden. Die Kirche wird als Versorgungsanstalt gesellschaftlich begründet. Als Gemeinschaft oder Dienstgruppe bzw. als »Gemeinde von Brüdern« kommt Gemeinde nicht in den Blick.

Man könnte auch den Pfarrer mit dem Arzt vergleichen, der im Falle der Erkrankung für die nötige medizinische Dienstleistung sorgt; entsprechendes leistet der Pfarrer im religiösen Bereich. Doch ist der Vergleich mit dem Arzt noch in anderer Hinsicht aufschlußreich. Es ist gut, daß der Arzt erreichbar ist; aber es ist besser, wenn man ihn nicht braucht. Mit dem Terminus der »Hintergrundserfüllung«[23] kann ein interessanter Sachverhalt beschrieben werden. So wie man den Arzt präsent wissen will, ohne ihn regelmäßig besuchen zu wollen, so will man auch den Pfarrer. Er repräsentiert, was eigentlich als gut und böse gelten sollte; aber man möchte sich nicht dauernd damit beschäftigen und schon gar nicht in allen Entscheidungen davon abhängig sein. Wenn es aber notwendig wird, ist man froh, die Beziehung aktualisieren zu können.

Auf die Spitze getrieben wird der Entwurf der Dienstleistungskirche, wenn nicht einmal mehr das korrekte Mitgliedschaftsverhalten erwartet wird und der Kirchenaustritt relativiert wird. So etwa geschieht es in einem Aufsatz von Hans Wulf: »Ich meine, daß die Menge der sogenannten Ausgetretenen weiterhin zur Kirche zu rechnen ist. Man darf ihnen darum auch nicht die Amtshandlungen oder Sakramente verwehren. Das heißt freilich nicht, daß sie diese umsonst haben sollten. Wir brauchen eine Alternative zur Kirchensteuer. Wer z. B. die Feier einer Silberhochzeit begehrt oder auch sein Kind taufen lassen will, soll dafür eine Gebühr zahlen, die etwa dem Kirchensteuerbetrag eines halben oder auch ganzen Jahres entspricht. Das wird nicht billig werden, muß es auch nicht. Vereine halten es oft ähnlich.«[24] Hier ist der Gedanke der »Servicekirche« (zu erhöhten Preisen!) konsequent zu Ende gedacht.

Wann aber wird es notwendig, bzw. welche Funktionen werden nun im einzelnen der durch den Pfarrer repräsentierten Kirche als gesellschaftlich relevanter Religion zugemutet?

»Wir meinen erstens einen ›Funktionsbereich der Darstellung und Vermittlung von grundlegenden Werten‹.«[25] Gemeint ist der Bereich der Sinnfragen, der Lebens- und Verhaltensorientierung. Was soll eigentlich unter uns als gut, und was soll als böse gelten? Das Kirchenmitglied denkt hier vor allem an die Geltung der Zehn Gebote, damit es »nicht drunter und drüber geht!« Die Rolle der Kirche in diesem Bereich darf nicht überschätzt werden. Andere Sozialisationsagenten wirken erheblich stärker auf das Normengefüge ein als die Kirche, z. B. Familie und Schule. Außerdem läßt auch die Reputation kirchlicher Werte nach. Manches gilt als hinterwäldlerisch. Wenn etwa die Katholische Kirche erneut gegen alle künstlichen Verhütungsmittel angeht, wird die Reaktion der meisten Kirchenmitglieder ein unverständiges Kopfschütteln sein, mehr nicht! In der Friedensdebatte könnte der Ruf der Kirche in der Vermittlung von Werten wieder etwas besser gelitten sein. Überhaupt darf man wiederum die Rolle der Kirche nicht unterschätzen. Auch wenn andere Werte im Alltag das Leben der Kirchenmitglieder bestimmen, meinen doch viele, daß »eigentlich« das gelte, was von der Kirche vertreten wird. Es ist ein typisches Beispiel für »Hintergrundserfüllung«: auch wenn man selbst die kirchlichen Normen und Sinnangebote im Alltag vernachlässigt, legt man doch Wert auf sie. Dies wird schnell daran deutlich, daß die Kinder zum Konfirmandenunterricht geschickt werden, damit ihnen diese Werte und Sinnangebote vermittelt werden.[26]

»Wir meinen zweitens einen Funktionsbereich der helfenden, vor allem emotionalen Begleitung in Krisensituationen und an den Knotenpunkten des Lebens.«[27] Hier ist die »Nachfrage« der Kirchenmitglieder expansiv. Akute Krisen sind zu verarbeiten: Trauer, Krankheit, Konflikte, Versagen; auch Geburt gehört hierher. Eingeschränkte Lebensmöglichkeiten wie Alter, Gebrechlichkeit oder Einsamkeit sind zu bewältigen. Hier wird die personale Zuwendung durch den Pfarrer als Seelsorger gesucht. Der andere Bereich beschreibt die öffentliche Legitimation und Begehung der entscheidenden Knotenpunkte des Lebens: Pubertät, Eheschließung, Elternschaft, Ablösung der Kinder, Verwitwung. Dies sind in allen menschlichen Gesellschaften entscheidende Stationen, die durch religiöse »rites de passage« begangen, gefeiert, legitimiert und emotional tragbar gemacht werden. In einer Gesellschaft, in der die Geborgenheit durch andere soziale Größen wie die Familie abnimmt, nimmt das Bedürfnis nach emotionaler Zuwendung an diesen Krisen- und Knotenpunkten des Lebens zu. Der Bedarf an kirchlichem Service steigt.[28]

Aus diesen beiden Funktionsbereichen ergeben sich konkrete Aufgaben. Spräche man in der funktionalen Theorie von Gemeindeaufbau, so hieße dies: Der Pfarrer hat ein entsprechendes Angebot für die Kirchenmitglieder bereitzustellen. Schwerpunkte seiner Arbeit sind Unterricht (Wert- und Sinnvermittlung), Seelsorge, Diakonie und Kasualien (Begleitung). Dafür ist er entsprechend auszubilden.

Die Funktionszuweisung durch die gesellschaftliche Mehrheit der Kirchenmitglieder besonders im zweiten Bereich ist beeindruckend. Es gibt sozusagen keine relevante Konkurrenz. Hier zuständig zu sein, ist nicht bloß ein ungedeckter Anspruch der Kirche, sondern durchaus die Auffassung der Kirchenmitglieder. Der Grund ist einfach. Zum einen kennt man es nicht anders. Eine Alternative stellt sich gar nicht. Die Plausibilitätsstruktur kirchlicher Dienstleistungen in diesem Bereich ist durch Jahrhunderte der Gewöhnung gewachsen. Zum anderen ist die parochiale Gliederung der Volkskirche Garant einer flächendeckenden Versorgung. Die Kirche verfügt über den notwendigen »Kleinverteilungsapparat« für ihre Dienstleistungen, den kein Mitbewerber aufbieten könnte.[29] Daß das so bleibt, ist aber davon abhängig, ob die Dienstleistungen der Kirche auf Dauer den Erwartungen der Mitglieder zu entspechen vermögen. Sonst entsteht eine funktionale Frustration. Man war nicht zufrieden mit der Beerdigungsansprache des Pfarrers; sein Konfirmandenunterricht war nicht gelungen. Daraus ergibt sich ein Imperativ. Die Pfarrer müssen kompetent sein und sich mit ganzer Kraft auf diese Arbeitsbereiche konzentrieren.[30]

Dieser Funktionszuweisung will die funktionale Theorie entsprechen. Sie verweigert sich einer Differenztheologie – gemeint ist die Theologie des Wortes Gottes, vor allem bei Karl Barth –, die den Gegensatz von religiösen Erwartungen der Menschen und Evangelium erst produziert (!). Im Sinne der Korrelationstheorie Paul Tillichs möchte man die Erwartungen der Menschen positiv aufnehmen. Anders als auf dem Feld der religiösen Bedürfnisse läßt sich das Evangelium ehedem nicht zur Sprache bringen. Wir erreichen die Menschen gerade hier, aber auch zumeist nur hier.[31]

Dahm bemüht die reformatorische Abendmahlsformel und sieht das Evangelium, das in, mit und unter den religiösen Funktionen in der Öffentlichkeit laut wird. Daß sich kirchliche Praxis darauf einläßt, hat mit der Inkarnation des Wortes Gottes zu tun.[32] Oder ganz praktisch ausgedrückt: Die Amtshandlung öffnet dem Pfarrer die Tür zu Menschen, die sonst gar nicht daran dächten, Kontakt mit der Gemeinde aufzunehmen.

Damit ist gewiß erreicht, »ein Stück der kirchlichen Wirklichkeit richtig zu erfassen«.[33] Immerhin will Dahm mehr erreichen. Er begnügt sich nicht mit einem effizienten Vollzug der gewünschten Dienstleistungen; er fragt weiter, »ob sie dem Menschen helfen, ihr Leben im Sinne der in Jesus offenbarten menschenfreundlichen Liebe Gottes zu gestalten und zu bewältigen«.[34] Dabei denkt er allerdings nicht an die Vermittlung der oft »dürftigen oder... einseitigen Lehrstücke aus Bibel, Katechismus, Gesangbuch und Kirchengeschichte«.[35] Er denkt vielmehr an eine dialogische Reformulierung des Evangeliums, nicht als kirchliche Indoktrination, sondern als kommunikative Aufarbeitung der religiösen Erwartungen z. B. in partnerschaftlich strukturierten Kleingruppen.[36] Diese Kleingruppen mit ihrem offenen Kommunikationsprozeß treten als wichtigstes Arbeitsinstrument zu den oben aufgezählten Arbeitsformen der Gemeinde hinzu. Hier wie bei den Kasualien geht es um eine kompetente Begleitung, die sich dem anderen »in einer aufrichtigen, gleichsam emotional-solidarischen Weise«[37] zuwendet.

Die funktionale Theorie sieht also eine Gemeinde vor sich, deren Aufgabe im Lehren und Helfen besteht. Sie arbeitet – im wesentlichen vertreten durch den Pfarrer – im Bereich der religiösen Dienstleistungen. Sie grenzt sich nicht von den religiösen Erwartungen der Mitglieder ab, sondern ist bemüht, die Rolle als religiöse Funktion im gesellschaftlichen Gesamtsystem gut und kompentent zu erfüllen. Am Rand dieser Überlegungen taucht auch die – nicht mehr so klar formulierte – Möglichkeit auf, den Bereich der religiösen Erwartungen zu überschreiten und in offener Kommunikation der Emanzipation der Menschen dienstbar zu werden. Wie ist dieser kybernetische Entwurf theologisch zu beurteilen?

III. Theologische Kritik

1. Die funktionale Theorie wehrt sich gegen eine Kirche, die in der modernen Gesellschaft – wie ein erratischer Block – beziehungslos und für sich selbst dahinlebt. Eine Kirche, deren Lehren und Leben »belanglos und folgenlos«[38] bliebe, lebensfern und für die Menschen in einer modernen Gesellschaft irrelevant, hätte keinen Anspruch darauf, länger im gesellschaftlichen System als wichtige Kraft ernstgenommen zu werden. Das ist das erste Anliegen der funktionalen Theorie: Sie ist angetreten, den Relevanzbeweis für die Kirche in der modernen Gesellschaft zu liefern.

Zum anderen wehrt sich die funktionale Theorie gegen Bemühungen des Gemeindeaufbaus bzw. der Kirchenreform, die kirchlichen Strukturen zu verwandeln, ohne die Realität der Kirche in der Gesellschaft wahr- und anzunehmen. Da man nur verändern kann, was man angenommen hat, gibt es keine Reform am Bestehenden vorbei. Es gilt, das Bestehende, also z. B. die religiösen Erwartungen an die Dienstleistungskirche, nicht zu verdrängen oder zu übersehen, sondern sie anzunehmen. Erst in der Annahme ist auch Kritik möglich. Dieser Weg ist natürlich erheblich mühsamer als der Weg flotter Konzepte, die ohne Rücksicht auf Bestehendes die neue Gemeinde auf die »grüne Wiese« setzen.

Beide Anliegen lassen sich unter dem Stichwort »Realitätsprinzip« zusammenfassen: Die vorhandene Kirche in ihrer Relevanz für die vorhandene Gesellschaft ernstnehmen! Hier ist der Ansatz der funktionalen Theorie positiv zu würdigen. Wer wollte auch ernsthaft die Alternative wählen? Wer wollte eine für die Gesellschaft bedeutungslose Kirche? Wer wollte wirklich eine Strategie des Gemeindeaufbaus ohne Realitätsprinzip? Das hieße letztlich, Luftschlösser bauen. Allerdings stellen sich hier auch sofort Fragen. Die erste lautet: Wann spricht die Kirche in einer für die Gesellschaft relevanten Art und Weise? Muß man nicht vom Ewigen reden, um wirklich aktuell zu sein (Simone Weil)? Und die zweite lautet: Wo endet das Realitätsprinzip und wo beginnt die kybernetische Hoffnungslosigkeit, die das Bestehende festschreibt und nicht mit der erneuernden Kraft des Heiligen Geistes rechnet? Hier setzt die Kritik an der funktionalen Theorie ein.

Auffällig ist übrigens, daß sich das Konzept der »Kirche für andere« (Kirche als *Funktion* der Mission Gottes) und das Konzept der »Offenen Kirche für alle« (Kirche als *Funktion* der Gesellschaft) an einer Stelle – bei aller theologischen Gegensätzlichkeit! – treffen: Beide sind darauf aus, der Kirche zu einer in der modernen Welt relevanten Rolle zu verhelfen. Hier geschieht es unter dem Aspekt positiv gewürdigter Religion, dort geschieht es unter dem Aspekt tätigen Einsatzes für die Welt. Beide sind jedenfalls an der Tagesordnung der Welt orientiert.

2. Der konservative Grundzug der »strukturell-funktionalen Theorie« ist bereits aufgefallen. Auch bei Dahm schlägt diese Tendenz voll durch, auch wenn er versichert, mittels der »Kritischen Theorie« auch innovatorische Elemente aufzunehmen. Letztlich aber bleibt doch alles beim alten: Die Kirche akzeptiert die ihr von der Gesellschaft zugetragenen Funktionen. Die bestehende Kirche wird stabilisiert und gerechtfertigt. Daß die zentralen Inhalte christlichen Glaubens von der Mehrheit der Kirchenmitglieder keineswegs persönlich rezipiert werden, wird zwar festgestellt, dieser Tatbestand muß aber offensichtlich auch nicht abgestellt werden. Daß die Kirche im schroffen Gegensatz zum Neuen Testament pfarrerzentriert lebt, ist kein Anlaß zur Kritik oder gar zur Erneuerung. Es wird an der empirischen Kirche festgehalten. Sie wird immer nur re-produziert, nicht aber verändert. Das Realitätsprinzip schlägt um in eine Theologie des status quo. Solange die Kirche noch in der Gesellschaft als religiöses Teilsystem akzeptiert wird, ergibt sich offenbar auch kein Anlaß zu Innovation bzw. Gemeindeaufbau. In einem stabilen Gesamtsystem erfüllt jeder seine Funktionen, und das ist gut und genug. Eine kritische Befragung findet nicht statt; sie könnte auch nur das problemlose Funktionieren stören. Hans-Eckehard Bahr bemerkt dazu kritisch (»Kontingenz im Koffer…«), daß die funktionale Theorie »…den Bestand des gegebenen Systems sozial-diakonisch abstützt und legitimatorisch symbolisch umkleidet. Systemtranszendierende Impulse gelten als gefährlich dysfunktional… Religion als bestandssichernde Ideologie – diese mögliche Funktion eines pervertiert volkskirchlichen Deutungssystems könnte kaum ungenierter behauptet werden… Gegen die Macht der Reproduktion des Lebens in den großen Systemen kann eine Religion, die bloß als eines ihrer Subsysteme zugelassen wird, keine kritische Autonomie mehr gewinnen. Eine solche Religion macht vielmehr den gesellschaftlichen Zustand gegen seine eigenen Möglichkeiten systemtranszendierender Erneuerung vollends immun.«[39]

3. Es ist indessen mehr als fraglich, ob eine solche Kirche (nicht einmal: das Recht, sondern) Chancen hat zu überleben. Der empirische Befund der letzten 20 Jahre macht eigentlich deutlich: Die »Servicekirche« hat auch nicht mehr die Kraft, die Menschen zu binden und zu halten. Selbst die minimalen Regeln der Mitgliedschaft werden nicht mehr selbstverständlich vollzogen. Die Mitgliedschaft selbst

ist disponibel geworden. Offenbar ist die Kirche, die nichts anderes ist als eine Funktion der Gesellschaft, nicht so stark und relevant, daß eine Mitgliedschaft auf Dauer plausibel bliebe. Der sinkende Zuspruch der Öffentlichkeit und die wachsende Konkurrenz durch Therapeuten oder auch Selbsthilfegruppen auf allen gesellschaftlichen Ebenen lassen die Hoffnung auf eine stabile, alte Volkskirche, die sich für den religiösen Sektor verantwortlich weiß, als höchst trügerisch erscheinen. Wenn Kirche nicht mehr und nicht Besseres zu bieten hat, wird sie (mit Recht!) sterben müssen.

4. Kirche als religiöser Aspekt der Gesellschaft. Da lautet das Motto: Man steht und stellt zur Verfügung! Der fachkundige Berater für religiöse Fragen steht zur Verfügung, wenn er gewünscht wird. Sonst hält er sich diskret im Hintergrund, denn – funktional-theoretisch gebildet – weiß er, daß er nur zur Hintergrundserfüllung dient. Als Zeuge eines nach vorne drängenden Evangeliums kommt er nicht in den Blick. Die Gemeinde erscheint erst gar nicht; sie ist nicht relevant. Aber was wird hier den Menschen zur Verfügung gestellt? Wird ihnen das gegeben, was sie mit Fug und Recht von der Kirche als der Zeugin des rettenden Evangeliums von Jesus Christus erwarten dürfen? Werden die Menschen in ihren Erwartungen besser verstanden, als sie sich selbst verstehen, weil ihre Erwartung transzendiert wird im Hinblick auf das Evangelium, das sie dringend brauchen, dringender als irgend etwas anderes zum Leben und zum Sterben, dringender bestimmt als kraftlose religiöse Betreuung? Oder tritt an die Stelle der unseligen Verbindung von Thron und Altar hier die Verbindung von Gesellschaft und Kirche und beschneidet der Kirche ihren Dienst, läßt sie nicht mehr sagen, was sie zu sagen hätte, wenn es dummerweise gerade nicht opportun oder gesellschaftlich relevant wäre? »Ist... mit der Erhebung dessen, was die Mitglieder einer Gesellschaft der eigenen Meinung nach zu brauchen behaupten, auch schon darüber entschieden, was die Kirche mit ihrer Arbeit ihnen schuldig ist? Der funktionalen Theorie... liegt unausgesprochen ein Konvergenzschema zugrunde, nach welchem Bedürfnisse aus der Gesellschaft und die Intention des Evangeliums am Funktionspunkt zusammentreffen.«[40]

Innerhalb einer solchen Konvergenz ist über das Wort, das den Menschen gesagt werden darf, schon längst entschieden. Völlig sinnlos erschiene es, etwa mit der Frage der persönlichen Christus-Beziehung bzw. mit dem, was wir normales Christen- oder Gemeindeleben nannten, den Fragehorizont der Gesellschaft zu überbieten.

Manfred Josuttis hat in einer scharfen Kritik der funktionalen Theorie auf den eklatanten Unterschied dieses Konzeptes zu einer am Kreuz Jesu orientierten Denkweise hingewiesen: »Das Kreuz Jesu ist der Ort, an dem sich Gottes solidarische Nähe gegenüber dem leidenden Menschen manifestiert. Das Kreuz Jesu ist aber auch der Ort, an dem Gott die menschlichen Erlösungsträume und Heilserwartungen...« – und das heißt: des Menschen Religion! – »...enttäuscht und zerstört. Das Evangelium vom Heil Gottes am Kreuz Jesu entzieht sich einer funktionalen Verwertung, da es eine simple Ableitung der Hilfe aus der Hilfsbedürftigkeit nicht erlaubt, obwohl es zugleich allen Hilfsbedürftigen die entscheidende Hilfe zu bringen behauptet. Die Hilfe Gottes, die der Mann am Kreuz repräsentiert, enttäuscht alle Erwartungen und widerspricht allen Erfahrungen... Das Evangelium widersetzt sich einer funktionalen Verwertung, indem es bestreitet, daß der

Mensch braucht, was er zu brauchen wähnt, und indem es mit dem Kreuz etwas bietet, was schlechterdings unbrauchbar ist.«[41]
Dem ist nichts hinzuzufügen!
5. Eine Kirche, die nur vorübergehende religiöse Bedürfnisse mit vorübergehenden religiösen Angeboten befriedigt, schafft sich – in der merkantilen Sprache der funktionalen Theorie – nur »Laufkundschaft«, aber sie baut keine Gemeinde. Sie bleibt reagierende Kirche, die nur so lange Menschen bedient, wie diese Bedürfnisse äußern. Sie verzichtet darauf, »Gemeinde von Brüdern« zu bauen und sie den Menschen als ganzheitlichen Lebensraum einer eschatologischen Lebens- und Dienstgemeinschaft anzubieten. Es soll zwar nicht bestritten werden, daß die Kirche ihren Text immer nur in einem Kontext sprechen kann, daß also der Pfarrer trauen, beerdigen, trösten soll und damit notwendigerweise in Berührung mit religiösen Erwartungen kommt. Hier ist das Dahmsche Realitätsprinzip wichtig. Aber es ist nicht genug, dabei stehenzubleiben und auf den Bau der Gemeinde zu verzichten. In der »Gemeinde von Brüdern« geht man nicht wieder, wenn ein momentanes Bedürfnis abgeklungen ist. Da ist ein Ort, an dem man gerne bleibt, denn man weiß sich von den Schwestern und Brüdern getragen und ist ihnen zugleich verpflichtet. Doch zu solchen Gedanken ist in der funktionalen Theorie kein Platz; denn sie bleibt im Empirischen stecken und bekommt die »Gemeinde von Brüdern« als Verheißung inmitten der religiösen Bedürfnisse und kirchlichen Dienstleistungen gar nicht in den Blick.[42] Die Aufgabe des missionarischen Gemeindeaufbaus aber ist es, in der Wahrnehmung der religiösen Bedürfnisse und im Annehmen der volkskirchlichen Erwartungen zugleich nach Wegen zu suchen, den Menschen mehr zu geben, als sie zu brauchen meinen und ihnen den Raum der im Glauben gelebten Bruderschaft Christi wichtig zu machen. Nur so wird das Evangelium nicht durch religiöse Dienstleistungen einer Kirche neutralisiert, die »absegnet, anstatt wirklich dem Segen Gottes zu dienen.«[43]
6. Zusammenfassend muß bei aller Anerkennung des Dahmschen Realitätsprinzips doch gesagt werden, daß mit einer funktionalen Theorie der Aufbau der »Gemeinde von Brüdern« eher verhindert als gefördert wird. Die Service-Kirche bleibt weit hinter dem zurück, was im Neuen Testament verheißen ist. Ob eine solche Kirche es wert ist, Bestand zu haben, darf schon eigentlich nicht einmal mehr als fraglich gelten.[44]

C. Das polyzentrische Konzept
oder: Die konziliare Gemeinde

I. Der Hintergrund

Mit den Begriffen »Polyzentrismus« und »Konziliarität« ist das Entscheidende über dieses Konzept gesagt: Statt eines klar fixierten (darum aber auch unbeweglichen) konzeptuellen Mittelpunktes der Gemeinde viele verschiedene, situative Handlungsschwerpunkte. Und statt eines wie immer auch gearteten Ausschließlichkeitsanspruchs einer einzelnen theologischen Position in der Gemeinde (bzw.

in der Volkskirche als ganzer) fruchtbare Vielfalt, gegenseitige Anerkennung und stetiges Miteinander- und Voneinanderlernen. Das polyzentrische und konziliare Konzept ist der ernste Versuch, das Unterschiedliche, ja Gegensätzliche in der Volkskirche beieinander zu halten, mehr noch, es auch füreinander zu öffnen. Es bleibt nicht bei unversöhnlichen Gegensätzen oder radikal-exklusiven Vorstellungen stehen, sondern will ins Gespräch bringen, die Vielfalt in der Einheit des Glaubens achten lehren, um so eine für alle offene und möglichst auch für alle hilfreiche Volkskirche zu ermöglichen. Wenn es ein Konzept der Gemeindearbeit gibt, das der Volkskirche als pluraler und offener Kirche entsprechen möchte, dann ist es gewiß das Konzept der Konziliarität. Hier ist volkskirchliche Denk-, Arbeits- und Lebensweise konsequent zu Ende gedacht.

Die Vertreter der polyzentrischen Konzeption, etwa Wolfgang Lück oder Georg Kugler[45], argumentieren immer wieder von der großen kirchensoziologischen Befragung »Wie stabil ist die Kirche?« her. Die enge theologische Verbindung zwischen dieser Umfrage und entsprechenden kybernetischen Konzepten ist ja schon früher aufgefallen.[46]

Nachdem diese erste EKD-Umfrage großes Gewicht auf die Kasualien als die größte Gemeinsamkeit der Protestanten gelegt hat[47], überrascht es nicht, wenn eines der wichtigsten Bücher über konziliares Denken ein Werk über Kasualien ist. Herbert Lindner und Georg Kugler sehen in ihrem Buch »Trauung und Taufe« den gültigen Ausdruck ihrer kybernetischen Vorstellungen.[47] Hintergrund dieser Entscheidung ist das »Realitätsprinzip«, das schon in der funktionalen Theorie als konzeptionsbildend erschien. Eine Praxistheorie über die Gemeinde ohne den entschiedenen Rekurs auf empirisches Material erschiene als äußerst problematisch und wenig verheißungsvoll, gleichsam als eine »nackte« Konzeption ohne Realitätsbezug. Statt dessen wollen die Verfasser bei der empirisch erhobenen Situation der Volkskirche einsetzen, diese bejahen und von da aus konzeptionelle Vorstellungen über die weitere Entwicklung der Volkskirche ermitteln. Das aber bedingt die Konzentration auf die Kasualien. Angesichts der großen Reputation der Kasualien bei den Kirchenmitgliedern ist es nur konsequent, hier einen neuen Arbeitsschwerpunkt zu sehen und rund um die Kasualien die Entwicklung der Gemeinde zu planen. Gleichzeitig will man auf diese Weise von der bloß kerngemeindlichen Orientierung der Gemeindearbeit wegkommen, um auch die anderen, nicht kerngemeindlich organisierten Kirchenmitglieder einzubeziehen. Diese aber finden sich vorwiegend aus Anlaß von Kasualien in der Gemeinde ein. Andererseits bedeutet der Ansatz bei den Kasualien nicht eine völlige Fixierung auf diesen Arbeitsbereich. Das wäre ja nur eine neue Variante des Monozentrismus, den man vermeiden will, da er den vielfältigen Bedürfnissen und Erwartungen der Kirchenmitglieder nicht gerecht wird. Polyzentrismus bedeutet ja gerade die Schwerpunktverlagerung der Gemeindearbeit von einem auf mehrere Arbeitsfelder. Dabei kommt allerdings den Kasualien eine erheblich größere kybernetische Bedeutung zu als bisher, eben weil sie die größte Gemeinsamkeit der Protestanten darstellen.[48]

II. Die Analyse der volkskirchlichen Situation

Empirisch erscheint die Kirchengemeinde als ein höchst plurales Gebilde im Widerstreit verschiedener, zuweilen gegensätzlicher Auffassungen von christlicher und gemeindlicher Existenz. Unterschiedlichste Partizipationsweisen stehen mehr oder weniger unverbunden nebeneinander. Die Volkskirche erscheint als Ergebnis eines langen geschichtlichen Prozesses der Differenzierung. Man kann sie mit einem Dom vergleichen, der in einer langen und komplizierten Baugeschichte entstand. Viele Generationen haben ihren eigenen Beitrag zu diesem Bauwerk geleistet. Höchst individuelle Vorstellungen konnten sich dabei verwirklichen. Auch die Baustoffe differierten, je nachdem, was einer Epoche zur Verfügung stand. Am Ende stand ein Gebäude da, das vielen Menschen Raum bot und bietet. Nur darf man keine stilistische Einheitlichkeit erwarten. Im Gegenteil, Eigenart und Reiz eines solchen Baues bestehen oft darin, daß man die verschiedenen Baustile, Materialien usw. noch gut erkennen kann.

Etwa in diesem Sinn hat Wolfgang Lück eine *historische* Deutung der pluralen Volkskirche vorgelegt.[49] Volkskirche ist seiner Auffassung nach das Ergebnis eines langen Differenzierungsprozesses des Christentums etwa seit der Aufklärung. Lück zeichnet diesen Prozeß nach. Zur Zeit des Allgemeinen Preußischen Landrechts um 1794 stand die Parochie im Mittelpunkt. Aber sie war keineswegs der Ort der christlichen Gemeinschaft; das blieb den autonomen christlichen Familien als Hausgemeinschaften vorbehalten. Parochie und Pfarramt hatten eine andere, präzise umschriebene Aufgabe in der staatskirchlich orientierten Gesellschaft. Sie waren zuständig für die öffentliche Vermittlung christlicher Religion, vor allem in Gottesdienst und Unterricht, aber auch anläßlich der als öffentlich relevant erscheinenden Krisen- und Knotenpunkte des Lebens (also anläßlich kasueller Situationen). Die Parochie war eine staatskirchliche Verwaltungs- und Versorgungseinheit, zuständig für die Verchristlichung der Gesellschaft. Die Kirchenvorsteher sollten in dieser Organisation nichts anderes tun, als für das reibungslose Funktionieren des kirchlichen Lebens sorgen. Sie verwalteten die Finanzen, organisierten die Wahlen usw. Kirche als öffentliche Körperschaft mochte u. U. auch noch für diakonische Aufgaben im Bereich des Gemeinwesens zuständig sein, derer sich niemand sonst annahm. Jedenfalls unterschied man streng zwischen geistlichem (Pfarr-) und weltlichem (Vorsteher-)Amt.

Neben dieser – auf Öffentlichkeit ausgerichteten – Parochie sieht Lück, der übrigens die Rolle des Pietismus in dieser Geschichte des sich differenzierenden Christentums als rein marginal beschreibt[50], vor allem die Rolle des Pfarrhauses als bedeutsam an. Es hat die Funktion, in glaubwürdiger Weise auf der Ebene der Nachbarschaft ein Modell christlicher Lebensweise darzustellen, das anderen zum Vorbild werden kann.

Im Verlauf des 19. Jahrhunderts treten neue Größen zu Parochie, Pfarrhaus und christlicher Familie hinzu. Lück nennt hier vor allem neben dem Aufkommen des Gemeindehauses und der Gemeindehelferin das Vereinswesen. Die Vereine sahen zunächst ihre Aufgabe darin, sich der Nöte im Bereich der Parochie anzunehmen, waren also ursprünglich Hilfsvereine. Ihre Tätigkeit erstreckte sich auf diakonische (gegen die Verelendung) und missionarische (gegen die Entchristlichung) Ziele. Die Bedeutung dieser zumeist als freie Werke organisierten Vereine wuchs mit der Zeit. Im Gemeinde-Konzept Emil Sulzes nimmt der Vereinsgedanke eine zentrale Stellung ein. Er wollte die unüberschaubaren Riesenparochien um die Jahrhundertwende in überschaubare vereinskirchliche Einheiten untergliedern. Das Vereinswesen wurde jedenfalls zu einem bedeutenden Faktor des Protestantismus. Als stark von Laienarbeit getragene Werke standen sie der verfaßten Kirche nicht selten kritisch gegenüber. Ihr Gewicht wuchs nach 1918 (in einer Schwächeperiode der verfaßten Kirche), bis sie 1933 »gleichgeschaltet« wurden. Damit begann ihre »Verkirchlichung«. Nur innerhalb der Landeskirchen konnten sie überleben. Innerhalb der Kirche bildeten sie aber so etwas wie den harten Kern, gerade im Kirchenkampf. Seither stellen vereinskirchlich orientierte Christen die aktiv mitarbeitende Kerngemeinde.[49]

Wolfgang Lück zieht mehrere Konsequenzen aus seiner historischen Analyse. *Erstens* ist differenzierte Kirchenmitgliedschaft nicht der Ausdruck defizienten Christseins, sondern Produkt langer geschichtlicher Differenzierung in verschiedene Frömmigkeitstypen. Es gibt demnach eine »durch den Pfarrer zusammengehaltene Pluralität der Kirchengemeinde, die durch Addition verschiedener Elemente im Lauf der Geschichte entstanden ist«.[51] Diejenigen Christen, die vorwiegend am öffentlichen Gottesdienst bzw. an der öffentlich-kirchlichen Legitimation sozial relevanter Ereignisse wie Geburt, Hochzeit oder Tod interessiert sind, können sich auf die alte Parochie berufen, wie sie sich im Allgemeinen Preußischen Landrecht niederschlug. Dasselbe gilt auch für diejenigen Kirchenmitglieder, die den kirchlich-karitativen Service z. B. der Kindergärten begehren, ohne im übrigen an kirchlicher Lehre oder Gemeinschaft interessiert zu sein. Auf der anderen Seite stehen die sogenannten vereinskirchlichen Christen, die Hilfe für andere gewähren oder solche Hilfe empfangen wollen. Sie können sich auf den Strom der kirchlichen Hilfsvereine beziehen. Jede der verschiedenen Mitgliedschaftsformen in der Volkskirche hat ihre eigene geschichtliche Wurzel.

Zweitens geht Lück von einer ursprünglichen Gleichberechtigung aller verschiedenen Partizipationsweisen aus. Wer nur die öffentliche Vertretung christlicher Religion begehrte, nicht aber so etwas wie Gemeinschaft, der habe eben den Schwerpunkt seiner christlichen Existenz auf die autonome christliche Hausgemeinschaft gelegt. Die Kirchengemeinde war so für alle offen. Jeder konnte auf seine Façon christlich leben. Ein Absolutheitsanspruch einer bestimmten christlichen Existenzweise war nicht erwünscht. Pfarramt, öffentliche Körperschaft und Pfarrhaus sowie das Vereinswesen repräsentierten miteinander die für alle offene Kirchengemeinde ohne irgendeine Über- oder Unterordnung.

Drittens sei dieses Modell der pluralen und polyzentrischen Gemeinde erst dadurch problematisiert worden, daß das vereinskirchliche dominant wurde. Vereinskirchliche Christen mit ihrem Wunsch nach Gemeinschaft und Mitarbeit wurden zum Maß für alle anderen. Daran mußte die Einheit der Kirchengemeinde zerbrechen. Nur noch die sogenannte Kerngemeinde konnte als vollgültige Gestalt christlicher Existenz gelten. Alles andere mußte als defizitär erscheinen; es galt, alle in die Kerngemeinde zu integrieren – das wäre dann lebendige Gemeinde.[52] »Mit der ›Eingemeindung‹ der Vereine und ihrer Deklarierung zur ›wahren‹ Kirche, zerbrach die Einheit der Kirchengemeinde… Was vorher noch auf dem Boden der für alle offenen Kirchengemeinde relativ unverbunden und in einem offenen Pluralismus nebeneinander existieren konnte, wurde jetzt durch den ›inneren‹ Kreis deutlich voneinander abgegrenzt.«[53]

Lücks historische Analyse ist natürlich im Sinne eines theologischen Urteils zu verstehen. Die plurale und für alle offene Kirchengemeinde ist nicht nur das seiner Ansicht nach Ursprüngliche, sondern auch das kybernetisch Verbindliche. Dem exklusiven Anspruch des Vereinskirchlichen, also jeder Gestalt von Gemeinschafts-Christentum steht er, wie schon mehrfach deutlich wurde[54], skeptisch bis ablehnend gegenüber.

Neben der historischen Ableitung der Pluralität steht die soziographische. Dies ist der Weg der großen Kirchenumfragen, auf die sich Verfasser wie Herbert Lindner und Georg Kugler immer wieder berufen. Sie beschreiben präzise das Phänomen des Pluralismus in der Volkskirche bis hin zur Struktur differenzierter Mitgliedschaft. Neben den ganz fernstehenden Kirchenmitgliedern, die jedes Teilnahmeverhalten aufgekündigt haben, ohne auszutreten, werden die drei uns bereits bekannten Gruppierungen immer wieder genannt:

Erstens sind die Glieder der Gemeindekirche zu nennen. Das sind jene intensiv mit der Kirche verbundenen Mitglieder. Verkündigung und Gottesdienst sind die entscheidenden Stichworte für diese traditionellen Kirchenmitglieder. Ihre Mitgliedschaft ist stabil. Sie entstammen eher der Mittelschicht, sind eher weiblich, eher älter.[55]

Dann ist *zweitens* die Rede von der großen Mehrheit der kasualkirchlich eingestellten Kirchenmitglieder. Diese positiv-distanzierten Mitglieder kommunizieren nicht wochenrhythmisch, sondern lebens- und jahreszyklisch mit dem Leben der Kirche. Bei großen Festen (Erntedank, Heiligabend) oder an bestimmten, oft krisenhaft erlebten biographischen Wendepunkten erwacht bei ihnen das Bedürfnis nach befristeter religiöser und d. h. hier kirchlicher Begleitung. Dabei sehen sie im Pfarrer den einzig bekannten und darum auch einzig denkbaren Ansprechpartner; der Pfarrer wird zum Repräsentanten und Bürgen der Kirche und der von ihr vertretenen Werte. Die Mitgliedschaft der positiv-distanzierten Angehörigen der Kirche ist nur relativ stabil; von einer profilierten Frömmigkeit kann keine Rede sein. Diese Form der Mitgliedschaft ist sozial anerkannt, schon deshalb, weil sie den Normalfall darstellt.[56]

Schließlich ist *drittens* von kritisch-distanzierten Mitgliedern in engagierten Gruppen zu sprechen. Hier verbinden sich einerseits eine intensive persönliche Entscheidung für den christlichen Glauben und ein entsprechendes Engagement und andererseits eine oft heftige Kritik an der volkskirchlichen Institution. Bewußtes Christsein mit starker Prägung des Alltags ist für diese Mitglieder wichtig. Hier sind die jüngeren und oft höhergebildeten Christen zu finden. Die persönliche Frömmigkeit und das daraus erwachsende Engagement sind allerdings oft stark selektiv. Das wird schon darin deutlich, daß weitergehende Gemeinsamkeiten dieser Form von Mitgliedschaft nicht feststellbar sind. Ihre Auswahl-Spiritualität, ihre Gestaltung der Mitarbeit und des meist intensiven Gemeinschaftslebens und ihre Kritik an der Volkskirche sind stark divergierend. Der Spannungsbogen reicht von pietistisch-evangelikalen über hochkirchlich-liturgische und friedensbewegt-ökologische bis hin zu revolutionär-basisgemeindlichen Tendenzen.[57]

III. Die Strategie des polyzentrischen und konziliaren Konzeptes

1. Grundentscheidungen

»Ist die bisher gegebene Analyse auch nur annähernd richtig, dann ergibt sich die Frage, wie die plurale Struktur einer volkskirchlichen Gemeinde theologisch gedeutet werden soll. Die Diskussion um die Volkskirche setzt hier grundsätzlich ein. Gemeindeleitung ohne eine theologische Vorentscheidung ist somit heute nicht mehr denkbar.«[58] Ein Konzept als »operationalisierbare theologische Zielvorstellung«[59] muß hier Stellung beziehen. Die Antwort ist eindeutig. Das konziliare und polyzentrische Konzept sagt ein klares Ja zur Volkskirche mit ihrer differenzierten Mitgliedschaftsstruktur. Die empirische Kirche wird als Handlungsfeld angenommen. Dies geschieht nicht nur zähneknirschend, weil Theologen und Pfarrer sich nicht um Brot und Arbeit bringen wollen, sondern im grundsätzlichen theologischen Einvernehmen. Volkskirche erscheint auch und gerade in ihrer Pluralität als ein sinnvolles Gebilde.

Zwar mit Vorbehalt, aber doch entschieden – »vermutlich auf einige Zeit«[60] – identifiziert sich Georg Kugler mit den grundsätzlichen Auskünften der Rummelsberger VELKD-Generalsynode von 1974: »Sie (die Volkskirche) ist die Gestalt der Kirche, die nach unserer Erkenntnis gegenwärtig am besten der gesellschaftlichen Situation und dem Auftrag der Kirche, die Botschaft von der Rechtfertigung des Gottlosen allen Menschen zu verkündigen, entspricht. Von einer Theologie der Inkarnation her kann auch ihre Ambivalenz bejaht werden. Sie ist gleichzeitig Geschöpf des Wortes und gesellschaftliche Ausprägung menschlicher Religiosität... Angesichts der bestehenden Vielgestalt der Volkskirche ergibt sich die Frage nach der Identität dieser Kirche. Diese liegt im Zentrum ihres Glaubens, der Rechtfertigung des Gottlosen. Ausgehend von dieser Rechtfertigung sehen wir nicht Abgrenzung, sondern Öffnung als Konsequenz. So verständlich der Ruf nach abgrenzbarer und sichtbarer Einheitlichkeit ist, so bedeutet er doch gleichzeitig die Infragestellung der Volkskirche, da diese Einheitlichkeit am ehesten in kleinen Gesinnungskirchen (...) darstellbar ist. So gehört Pluralität, wenn man darunter die ›Identität der Weite‹ der Rechtfertigungsbotschaft versteht, zur Gestalt der Volkskirche.«[61]

Zur Begründung des volkskirchlichen Pluralismus wird immer wieder in diesem kurzen Dokument die Rechtfertigungsbotschaft als Zentrum des reformatorisch ausgelegten biblischen Evangeliums bemüht. Alle sollen davon erreicht werden, darum muß Kirche für alle offen sein und sich nicht selbst in die Mauern eigener Frömmigkeit zurückziehen. Mehr noch: Gerade weil man an der Volkskirche in bezug auf die Partizipation ihrer Mitglieder manches kritisieren könnte, wird ein entscheidender Aspekt der Rechtfertigungsbotschaft deutlich! Keine Form menschlicher Frömmigkeit, kein Gemeinschaftsverhalten kann über das Heil des Menschen entscheiden. Die Verteidiger der Volkskirche betonen: Hier ist keine Kirche, die auf die sichtbare Gläubigkeit ihrer Mitglieder bauen könnte. Was als Schwäche der Volkskirche erscheinen könnte, ist gerade ihre Stärke. Das Angewiesensein auf das allein rettende Evangelium und die Freiheit von allen Werken, die jedem Getauften zugeeignet ist, werden unübersehbar demonstriert. Die Institution der Freiheit bezeugt in ihrer Weite, daß kein Werk des Glaubens, keine

Übung der Frömmigkeit und kein Einsatz der Mitarbeiter über das Heil entscheiden. Dafür bezahlt man gerne den Preis mangelnder Eindeutigkeit und mangelnder Einheitlichkeit. Die in der Taufe begründete unmittelbare Christusbeziehung entzieht sich jeder menschlichen Beurteilung (so die EKD-Studie »Christsein gestalten«).[62]

Das Ja zur pluralen Volkskirche ist darum auch kein zögerndes oder vorübergehendes, auch kein taktisches Ja, das die volkskirchliche Situation nur als ein Durchgangsstadium zu besseren Gestaltungsformen der Kirche ansähe oder in ihr ein missionarisches Potential erblickte, aus der sich die eigentliche Kirche der Entschiedenen immer wieder speist. Die Vertreter dieser Konzeption sind vielmehr recht zufrieden mit dieser ihrer Kirche und sehen in der differenzierten Mitgliedschaft kein Zeichen der Auflösung, sondern der Vielfalt.

Dem Ja zur Volkskirche entspricht auf der anderen Seite eine klare Absage an alle monozentrischen Gemeindekonzepte. Monozentrisch wäre sowohl eine Zielperspektive von Gemeindearbeit, die alle Mitglieder der Volkskirche für die Gemeindekirche gewinnen wollte, als auch der Versuch, Kirche nur noch als Funktion von Gesellschaft zu verstehen, zuständig für die helfende Begleitung anläßlich der großen biographischen Lebenswenden. Immer, wenn sich einer der an sich legitimen Arbeitsschwerpunkte volkskirchlicher Gemeinden in den Mittelpunkt rücken und die anderen aufsaugen will, setzt der Widerspruch des Polyzentrismus ein. Jede Form der differenzierten Mitgliedschaft hat ein Recht in der für alle offenen Volkskirche; aber keine darf sich selbst absolut setzen. Wer intensiv und kontinuierlich in der Gemeinde mitleben möchte, hat ein Recht dazu. Aber er kann nicht verlangen, daß ein anderer Christ, der nur den kirchlichen Service in Anspruch nehmen möchte und sein Kind in den evangelischen Kindergarten schickt, genauso empfindet. Entsprechendes gilt für die Gemeindeleitung. Sie muß allen Formen christlicher und gemeindlicher Existenz gleiches Recht und gleiche Aufmerksamkeit zukommen lassen. Darin spiegelt sich die Freiheit der Christenmenschen bzw. das allgemeine Priestertum der Getauften wider. Da werden keine Zensuren für gute oder weniger gute Christen verteilt. Da werden Kasualien nicht als missionarische Gelegenheit mißbraucht. Da kann jeder Getaufte über die ihm gemäße Gestaltung seiner christlichen Existenz entscheiden. Die EKD-Studie »Christsein gestalten« stellt fest: »Wenn aber keiner über die Wahrheit verfügt, ist damit zu rechnen, daß jeder nur ein Stück von ihr vertritt. Es geht ... um das Zusammentragen der Stücke, der particulae veri, um die Versöhnung von Wahrheitselementen, wie sie unterschiedliche Menschen in verschiedenen Lebenszusammenhängen entdecken und vertreten.«[63]

Keine Gruppierung darf von der anderen disqualifiziert und heimlich exkommuniziert werden. Keiner darf vom anderen sagen, seine Art des Christseins sei nur defizitär. Gemeindeleitung achtet darauf, daß es statt dessen konziliar zugehen, wohl im Streit um die Wahrheit, aber doch verbindlich, tolerant, lernbereit und gesprächsfähig. Das wäre dem Interpretationsmodell des Leibes Christi in der paulinischen Theologie gemäß: »Dadurch ist es möglich, die pluralen Erscheinungsformen der Volkskirche als Vielfalt und nicht als Auflösung theologisch zu interpretieren.«[64]

Auch wenn es im polyzentrischen Konzept nicht möglich ist, einen Handlungsschwerpunkt mit Ausschließlichkeitsanspruch in den Mittelpunkt zu stellen, so

kann es doch auf Grund einer konkreten gemeindlichen Situation notwendig sein, zumindest befristet Prioritäten zu setzen. Georg Kugler und Herbert Lindner sehen derzeit die Notwendigkeit, den kasualkirchlich orientierten Gemeindegliedern mehr Aufmerksamkeit zukommen zu lassen, da hier ein deutliches Defizit liege, begründet durch die Tatsache, daß stets nur das gemeindekirchliche Element als vollgültige Weise christlicher Existenz anerkannt wurde: »Blickt man auf den Arbeitsaufwand des Pfarrers, so wird man allerdings an deutliche Streichungen im Kerngemeindebereich denken müssen. Es ist freilich eine Frage der Optik. Drei Pfarrer können in einer Parochie von 8000 Gemeindegliedern sich der Gottesdienstgemeinde, der Kreise und einigen Aktivitäten um sie herum annehmen. Sie werden dann vermutlich zu dritt mit... etwa 500 Menschen arbeiten. Sie könnten aber auch davon ausgehen, daß in ihrem Gemeindebereich etwa 5000 Menschen leben, die ein irgendwie geartetes Verhältnis zur Kirche haben, das sich bei akuten Anlässen, vor allem den Amtshandlungen, aktualisiert. Geht man von hier aus, werden vermutlich ganz andere Gewichte in der Gemeindearbeit verteilt.«[65]
Im ganzen aber gilt das Prinzip der Gleichberechtigung der verschiedenen Partizipationsweisen. Da aber jeder einzelnen Gestalt der Kirchenmitgliedschaft ein Konzept der Gemeindearbeit entspricht, also z. B. den engagierten Gruppen das Konzept der »Kirche für andere« oder den Kasualchristen die funktionale Theorie, ist für das Verhältnis der Konzeptionen der Begriff der Komplementarität geprägt worden.[66] Die Konzepte entsprechen verschiedenen Orten in der volkskirchlichen Wirklichkeit. Das polyzentrische und konziliare Konzept will nun auch diese anderen Konzepte »versöhnen«. Das Gegensätzliche, Widersprüchliche soll zusammengeführt werden. Komplementarität bedeutet: Jedes Konzept akzeptiert die Gegenwart des anderen. Jedes Konzept weiß, daß es selbst nötig ist und zugleich das andere, gerade auch das gegensätzliche braucht. Basisgemeinschaften sind z. B. notwendig, damit das Kasualchristentum nicht als Religion ohne Entscheidung ohne den fruchtbaren Einspruch des Evangeliums bleibt. Basisgemeinschaften ihrerseits bleiben durch die Anwesenheit der Kasualchristen vor dem Abrutschen in die Sektiererei bewahrt.[67]
Hier – im Bereich theologischer Grundsatzentscheidungen – wird immer wieder auf die Taufe als Begründung der Vielfalt verwiesen. Die allen gemeinsame Taufe und das aus der Taufe heraus begründete allgemeine Priestertum der Getauften macht die individuelle Wahl der eigenen Nähe oder Ferne zum Leben der Gemeinde bzw. der christlichen Existenzweise möglich. Wer die Taufe ernstnimmt, muß auch die Freiheit jedes Christenmenschen ernst nehmen: »Religiöse Betätigung ist nach evangelischer Auffassung also an Bedürfnissen und Interessen des einzelnen gebunden und nicht an ein dem einzelnen vorgegebenes Soll irgendeiner gesellschaftlichen oder kirchlichen Autorität... Die Mitglieder möchten selbst bestimmen, was sie glauben und welche Werte sie für wichtig halten.«[68]
Wolfgang Lück hat als Konsequenz aus diesen konzeptionellen Grundentscheidungen das Modell der in verschiedene Fachbereiche aufgegliederten Gemeinde entwickelt. Lück spricht von einer additiven Kirchengemeinde.[69] Da gibt es einen Fachbereich »Kirchengemeinde«, zuständig für die Ebene des Gemeinwesens (z. B. durch die Kindergartenarbeit). Dann gibt es den Fachbereich »Familie«, in dem es vorwiegend um Amtshandlungen, Familienberatung und Konfirmandenunterricht geht, also um die Orientierung am Lebenszyklus der Menschen. An

dritter Stelle steht der *Fachbereich »Tradition«*. Meinungsbildung, Glaubensvertiefung, Gemeinschaft sind Stichworte für diesen Fachbereich. Dies geschieht in Formen der Erwachsenenbildung, der theologischen Ausbildung sowie christlicher Gesprächskreise. Der Pfarrer ist als Bürge gefragt. Viertens ist ein *Fachbereich »Selbsthilfe«* zu nennen, der deutlich an die alten kirchlichen Hilfsvereine anschließt. Der Akzent liegt hier auf der Gemeinschaft untereinander und auf der Vertiefung des persönlichen Glaubens. Erst im fünften *Fachbreich »Projekte«* kommt es zur Wendung nach außen. Ekklesiologisch ist hier die »Gemeinde für andere« beheimatet. Aktionen sind zu planen und durchzuführen. Das System der Fachbereiche ist die kybernetische Reaktion auf die bejahte differenzierte Mitgliedschaft: ein differenziertes kirchliches Angebot, mit je eigenen Organisationsformen, Teams, finanziellen, räumlichen und personellen Mitteln.[70]

Wenn man nun »die grundsätzliche Gleichberechtigung unterschiedlicher Formen von Kirche«[71] voraussetzt, stellt sich die Frage nach der Verklammerung dieser Formen und Fachbereiche. Das Einheitssymbol der konziliaren und polyzentrischen Gemeinde ist der Pfarrer. »Im Augenblick ist das umfassende Symbol der Pfarrer, der meist in allen Bereichen gegenwärtig ist und die eigentliche Klammer im volkskirchlichen Gefüge darstellt. Insofern ist die Volkskirche notwendig pfarrerzentriert, wie immer man theologisch dazu stehen mag.«[72] Diese Aussage muß nicht in einem offenen Gegensatz zu einem wie auch immer gearteten allgemeinen Priestertum der Glaubenden stehen. Das Pfarramt gilt vielmehr als ein integratives Amt, als eine Funktion der Einheit. Dem entsprechen auch die empirischen Daten, daß die meisten Kirchenmitglieder die Pfarrer als Kirche in personaler Repräsentanz ansehen. Dieses Faktum der Pfarrerzentrierung wird allerdings in der konziliaren Denkweise doch zur Norm: »Die Integrationsaufgabe des Pfarrers bedeutet, daß der Pfarrer allen Mitgliedern gerecht werden muß. Die Mitglieder erwarten, daß der Pfarrer sie in ihrer jeweiligen Position unterstützt und sich in dem Sektor der Kirchengemeinde voll einsetzt, an dem man selbst interessiert ist. Der Pfarrer muß zudem die Kommunikation zwischen den verschiedenen Gruppierungen der Mitglieder und Aktivitäten der Kirchengemeinde herstellen. Er ist Kommunikationsagent und Generalist.«[73]

Neben dem Pfarrer, der in seiner integrativen Funktion unersetzbar zu sein scheint, treten dann aber auch Versuche konziliarer Gemeindeleitung. Im Modell der Fachbereiche etwa werden Laien mit der Leitung von ganzen Arbeitszweigen der Kirchengemeinde betraut. Georg Kugler hat ein ebenfalls konziliares Leitungsmodell entwickelt, in dem Gemeindeleitung durch das Zusammenspiel von Pfarrern, Kirchenvorstand, Hauptamtlichen und Vertretern verschiedener Dienstgruppen in einem Leitungsteam organisiert wird.[74] In diesem Leitungsteam sollen »alle Aktivitäten der Gemeinde, die zusammenarbeiten möchten«[75], vertreten sein. Pfarrerzentrierung und verantwortliche, auch leitende Mitarbeit von Laien in der Gemeinde sollen sich also nicht ausschließen. Die Einsicht in die neutestamentliche Charismenlehre wird vielmehr in Richtung auf mehr selbstverantwortliche Mitarbeit in der Gemeinde umgesetzt. Angesichts der starken Belastung vieler Menschen durch Beruf und Familie und entgegen allen Versuchen, Menschen auf Dauer an sich zu binden, wird der Akzent aber auf befristete Möglichkeiten der Mitarbeit gelegt.[76] Nur am Rande kann hier erwähnt werden, daß für das Zusammenspiel von haupt-, neben- und ehrenamtlichen Mitarbeitern, für die

Entwicklung effektiver Strukturen der Kirchengemeinde, für Konfliktregelung, Konzeptionsfindung und Kontrolle Methoden der modernen säkularen Organisationsentwicklung fruchtbar gemacht werden sollen. In der Gestalt der Gemeindeberatung werden moderne Führungstechniken, Wege der Konfliktberatung u. a. in die Arbeit der Kirchengemeinde eingebracht. Oft wird der Dienst eines professionellen Gemeindeberaters für eine befristete Zeit in Anspruch genommen, der als von außen Kommender nüchterner bei der Analyse der gemeindlichen Situation mithelfen kann, auch als neutraler Ansprechpartner in Konflikten zur Verfügung stehen und der Gemeinde bei ihrer weiteren Entwicklung gute Dienste leisten kann.[77]

2. Das Ziel

Angesichts der auch im Bereich des konziliaren und polyzentrischen Konzeptes wahrgenommenen Erosion der Volkskirche kann es aber nicht ausreichen, den Ist-Zustand festzustellen und zu bewahren. Die Volkskirche bröckelt ab. Die in ihrer positiv-distanzierten Haltung hier gewürdigten Mitglieder haben sich auf den langen Marsch aus der Institution gemacht. Das Globalziel muß also neben der Akzeptanz verschiedener Frömmigkeitsstile und Mitgliedschaftsformen auch Wege der Konsolidierung und – wenn möglich – Vertiefung der Mitgliedschaft aufzeigen. Mit dem Stichwort »Lebendige Volkskirche« ist ein Versuch in dieser Richtung gemacht worden: »Verlebendigung der Volkskirche in Richtung auf mehr bewußte Mitgliedschaft bei gleichzeitigem Offenhalten dieser Kirche als plurales System« ist das Ziel.[78]

Es soll also nicht der alte »missionarische« Weg eingeschlagen werden, der möglichst alle Getauften in den Bereich der Kerngemeinde hineinholen möchte. Statt dessen soll eine Gratwanderung versucht werden. Die Mitgliedschaft der vielen einzelnen soll stabilisiert werden, ja, ihr Glaube soll vertieft werden, aber die Offenheit und Differenziertheit der Volkskirche soll nicht aufgelöst werden. Der kasualkirchlich orientierte Getaufte soll nicht zum kerngemeindlich orientierten Mitglied werden, aber er soll an seinem Ort besser begleitet werden, damit er seine Mitgliedschaft in der Kirche als sinnvoll erfährt und in seiner Situation sein Christsein bewähren kann.

»So zeichnet sich eine dreifache Strategie ab: Verlebendigung der Gemeindekirche durch Neugestaltung ihrer Kreise und ihres Gottesdienstes. Pflege der Kasualien durch neue, situationsgerechte Handlungen, die in ein Netz von vorbereitender und nachgehender Seelsorge und Beratung eingebettet sind. Bemühungen um die ›engagierten Christen‹, die in zunehmend kritische Distanz zur Volkskirche treten, um deren Erkenntnisse und Erfahrungen für die gesamte Kirche fruchtbar zu machen.«[79]

3. Die »Bausteine«

Aufgrund einer genauen Gemeindeanalyse (u. U. als aktivierende Befragung, die die Betroffenen an der Analyse und damit auch an den Konsequenzen beteiligt) werden die neuen Arbeitsschwerpunkte (Prioritäten) und die entsprechenden »Bausteine« festgelegt.

In bezug auf die Kerngemeinde heißt das Ziel: »Verlebendigung der Gemeindekir-che«. Auch wenn es sinnvoll ist, der Kasualgemeinde mehr Aufmerksamkeit zu schenken, soll doch das Potential der Gemeindekirche nicht vernachlässigt wer-den. Die Bemühungen setzen bei der von den Gliedern der Kerngemeinde als zen-tral empfundenen Veranstaltung ein: dem sonntäglichen Gottesdienst. »Zweite Programme« wie Familien- oder Jugendgottesdienst sollen sowohl den Kreis der Gottesdienstbesucher erweitern als auch die Gottesdienste lebendiger gestalten helfen. Predigtvorbereitungs- oder Predigtnachbesprechungskreise sollen die Christen ermutigen, über den Glauben zu sprechen und als »Experten des Le-bens« die Predigt zu ergänzen. Als Ziel steht die Dialogfähigkeit der ganzen Ge-meinde im Hintergrund. Zum Bereich »Verlebendigung der Gemeindekirche« ge-hören auch die Bemühungen um eine erneuerte Abendmahlsfrömmigkeit, z. B. durch »Feierabendmahle«. Schließlich ist im Bereich der Gruppenarbeit die ver-stärkte Arbeit mit Zielgruppen wie jungen Ehepaaren, Taufeltern, Konfirmanden-eltern und Trauernden zu nennen. Lebensrelevant und dialogisch soll der Glaube bezeugt werden. Dabei besteht die Hoffnung, daß Glieder der Kerngemeinde für die Mitarbeit und für Leitungsaufgaben in der Gemeinde gewonnen werden kön-nen.[80]

Im bezug auf die Kasualkirche heißt das Ziel: »Pflege der Kasualien«. Ähnlich wie zu den Themen »Familiengottesdienst«[81] und »Feierabendmahl«[82] sind auch zu den Kasualien im Bereich des konziliaren und polyzentrischen Konzeptes zahlrei-che Bücher erschienen. Ihr Grundtenor lautet: Die Gemeinde (besonders der Pfarrer) muß es lernen, die angesichts der großen biographischen Wendepunkte und der jährlichen Festzeiten auftretende religiöse Problematik ernstzunehmen. Sie darf nicht gleich von defizitärem Christsein sprechen oder gar zum Kasual-streik aufrufen.[83] Statt dessen soll sie den erbetenen Dienst (d. h. die Amtshand-lungen und Festgottesdienste) guten Gewissens tun. Die krisenhaft erlebten Über-gänge von einem Lebensraum in den anderen (z. B. bei der Trauung) rufen nach qualifizierter seelsorgerlicher Begleitung. Besonders wichtig ist den Kasualchri-sten dabei das (gottesdienstliche) Ritual. Auch das sollte der Pfarrer ernstnehmen, auch wenn er sich in der Rolle des »Zeremonienmeisters« nicht gerade wohl fühlt. Das Ritual hilft den Menschen, die schwierigen Übergänge zu bewältigen. Ein Ri-tual ist ein geregelter Handlungsablauf (man weiß, wie man sich benehmen muß!), der symbolische Kommunikation erlaubt (die Lebenswende bleibt nicht unklar, sondern erfährt eine – positive! – Deutung) und damit die einzelnen emotional sta-bilisiert und zur Integration sozialer Gruppen beiträgt.[84] Das Ritual wiederholt stereotyp Alltägliches (z. B. Brotbrechen) mit hohem symbolischen Inhalt. Der Pfarrer ist dabei tatsächlich ein Zeremonienmeister. Aber sein Tun kann auch als diakonische und seelsorgerliche Hilfestellung verstanden werden. Er verleiht ei-nem Geschehen Sprache, gibt einer Feier einen angemessenen Rahmen und hilft Menschen, die schwierigen Lebenswenden zu bewältigen. Ist das etwa nichts? Wer hier vorschnell von Baals-Dienst redet und sich im Gefolge differenztheolo-gischen Denkens distanzieren möchte, läßt die Getauften allein, wo sie die Hilfe der Kirche begehren. Vertreter der konziliaren Denkweise sind hier konzilianter. Sie gehen nicht von einem differenztheologischen Denken aus, sondern sehen das Problem eher im Sinne der Korrelation. Religiöse Bedürfnisse gilt es demnach ernst zu nehmen, weil sie die Chance der Anknüpfung in sich bergen. Georg Kugler und Herbert Lindner verweisen auf die Heilung der blutflüssigen Frau in Mk 5,21 ff. Sie meinen, daß protestantische Kerygmatiker diese Frau wegen ihres offenkundig magischen Denkens weggeschickt hätten. Jesus aber hat sie bei sich behalten, und sie ist gesund geworden. Jesus vertraute – so Kugler und Lindner – darauf, daß auch einer diffusen Religiosität die Augen aufgehen können. Er sah hinter dem magischen Denken schon den rettenden Glauben.[85] In diesem Sinn wird die polyzentrische und konziliare Gemeinde sich der Kasualien annehmen. Sie wird sich der diakonischen und seelsorgerlichen Begleitung nicht entziehen, sondern sie so gut wie möglich vollziehen. Sie wird nicht versuchen, diese Christen in die Kerngemeinde zu ziehen. Aber sie wird ihr Ziel der Stabilisierung von Kirchenmitgliedschaft und der Vertiefung des Glaubens verfolgen, indem sie die Kasualien »streckt«. Sie möchte effektiv helfen und weiß doch, daß dies in so kurzer Zeit nicht möglich ist. Das punktuelle Ritual muß darum durch eine Reihe von expressiven Handlungen und Begegnungen erweitert werden. Diese Streckung muß aber im kritischen Zeitraum des erwachten religiösen Bedürfnisses geschehen. Besuche, Gespräche, das Überbringen einer kleinen Schrift, der Nachbesuch, die Einladung in eine zeitlich befristete Gruppe, etwa von Taufeltern vor einem Taufsonntag, Wochenendfreizeiten, u. U. auch Hauskreise können die punktuelle Begleitung anläßlich einer Amtshandlung erweitern und – hoffentlich – auch effektiver gestalten. Notwendig ist in jedem Fall die ungeteilte Zuwendung durch den Pfarrer. Oft wird es dabei bleiben: Die Kasualchristen treten wieder aus dem Bereich der Gemeinde in den Alltag zurück. Aber es ist dann vielleicht doch gelungen, eine Beziehung aufzubauen, die im Krisenfall schnell wieder aktualisiert werden kann.[86] Entscheidend aber ist die theologische Grundentscheidung: Auch Kasualchristentum ist eine legitime »Ausprägung der Frömmigkeit«.[87]

Schließlich lautet das Ziel in bezug auf die kritisch-distanzierte Gruppierung: sie sollen im Bereich der Volkskirche gehalten werden, damit ihre spezifische Spiritualität für die anderen Bereiche fruchtbar werden kann. Wenn es möglich wird, diese Christen, denen zunächst ein Freiraum innerhalb der Parochie zu gewähren ist, einzubeziehen in die Mitarbeit, kann dies von großer Wirkung für das Ganze der Gemeinde sein: Dienste im Bereich des Gemeinwesens, Mitarbeit in öffentlichen Initiativen, aber auch intensive diakonische Einsätze werden möglich.[88]

IV. Zusammenfassung

Das Ja zur Volkskirche ist der entscheidende Grundzug dieses Konzeptes. Es möchte die Türen der Kirche weit offenhalten. Alle Getauften sollen hier ihr Heimatrecht haben, jeder auf seine Weise. Ganz unterschiedliche Formen der Frömmigkeit, der Mitarbeit, der Kommunikation sollen in der Volkskirche als einem großen Markt der Möglichkeiten sich darstellen dürfen. Keiner ist allein im Besitz der Wahrheit. Keiner darf einen Alleinvertretungsanspruch äußern. Keiner darf dem anderen das Christsein absprechen.

Von der »Kirche für andere« unterscheidet dieses Konzept sich durch sein Realitätsprinzip. Für positiv-distanzierte Mitglieder wäre in der »Kirche für andere« kein Raum. Konziliare Theologen werfen der ökumenischen Theologie vor, zu wenig Rücksicht auf die Volkskirche zu nehmen und die Menschen gesetzlich zu überfordern.[87] Sie nehmen aber das ökumenische Konzept in sich auf. Seinem absoluten Anspruch entkleidet findet es Raum in den engagierten Gruppen der kritisch-distanzierten Kirchenmitglieder.

Von der funktionalen Theorie unterscheidet sich die konziliare und polyzentrische Konzeption ebenso entschieden: beklagt sie bei der ökumenischen Theologie den Mangel an Realismus, so ist es hier der Mangel an Theologie, der auf die Kritik der volkskirchlich orientierten Pfarrer und Theologen trifft. Daß die Kirche eine wichtige Funktion in der Gesellschaft erfüllt, wird nicht bestritten. Wohl aber kann damit die Ekklesiologie nicht allein ausgefüllt werden. Ein Defizit an Theologie droht die Kirche an die Gesellschaft zu ketten, anstatt sie sinnvoll auf die Gesellschaft zu beziehen. Darum wird auch die Pluralität der Kirche energisch von der Theologie her, von der zentralen Botschaft der Rechtfertigung und von der Taufe und dem daraus erwachsenden Priestertum aller Getauften abgeleitet. Außerdem wird auch hier jedem Auswahl-Prinzip gewehrt. Es bleibt in der konziliaren Konzeption eben auch Raum für die gemeindekirchlich orientierten Christen. Das Anliegen der funktionalen Theorie, die gesellschaftliche Relevanz der Kirche herauszuarbeiten und in diesem Zusammenhang auch die Kasualien ganz anders zu gewichten als bisher, wird von der konziliaren Konzeption mitgetragen. Es findet hier Raum – wiederum jedes absoluten Anspruchs entkleidet – im Rahmen der Kasualkirche.[90]

Diese Rückbeziehung des konziliaren und polyzentrischen Konzeptes auf die ökumenische Theorie von der »Kirche für andere« und auf die funktionale Theorie konnte vielleicht am präzisesten das Anliegen dieser kybernetischen Denkweise enthüllen. Gegenüber jeder aggressiven monozentrischen Auffassung will man hier die Türen weit öffnen für das Miteinander verschiedener Frömmigkeitsstile, theologischer Konzeptionen, Partizipationsweisen, Formen der Mitarbeit und der Gemeinschaft. Es geht um das entschiedene Ja zum Pluralismus. »Ein konziliares Verständnis der Kirche... schließt Christen verschiedenen Glaubens zusammen; es ist ›Einheit im Konflikt‹, Gemeinschaft auch im offenen Streit um die Wahrheit, die von uns immer nur in ihrer jeweiligen geschichtlichen Gestalt gelebt, geglaubt und übermittelt werden kann. Es setzt daher die grundsätzliche Gleichberechtigung unterschiedlicher Formen von Kirche voraus.«[91]

V. Theologische Kritik

1. Wer konziliar denkt, will keinen Schönheitspreis für eine geschlossene kybernetische Position gewinnen. Er möchte vielmehr höchst pragmatisch den Zusammenhalt der Volkskirche theologisch reflektieren und in der Praxis auch ermöglichen helfen.[92] Dieses eine Interesse beherrscht das vorgestellte Konzept: Es möchte ein Ja zur ganzen Volkskirche sprechen und damit ein Nein zu einer auf bestimmte Gruppierungen und deren theologisches Proprium reduzierten Gesinnungskirche. Es möchte ein Ja zu allen Getauften sprechen und damit ein Nein zu jedem Versuch, Kirche auf die besonders Frommen oder besonders Aktiven zu reduzieren. Es möchte ein Ja zur real existierenden Volkskirche sprechen und damit ein Nein zu allen ekklesiologischen Traumbildern, die ein zwar schönes, aber doch unwirkliches Bild von der Kirche zeichnen. Das Ja zur real existierenden

Volkskirche geht aus von der theologischen Einsicht, daß es die geglaubte Kirche immer in, mit und unter den geschichtlichen und damit auch oft fragwürdigen Gestalten der erfahrenen Kirche geben kann. Jeder ekklesiologische Doketismus wird hier mit Vehemenz abgelehnt. Damit ist Verbindliches und Gültiges für jedes kybernetische Konzept ausgesprochen. Denn auch für alle Versuche des missionarischen Gemeindeaufbaus in der Volkskirche muß gelten, daß die Weite und Offenheit des Evangeliums nicht eingeengt wird; denn das Evangelium drängt zu allen Menschen, nicht nur zu den besonders Religiösen. Diese Offenheit, die sich mit dem Ernstnehmen der Taufe aller Kirchenmitglieder verbindet, ist ebenso sehr unüberholbares Kriterium der kybernetischen Konzeptionen wie das Ernstnehmen der geschichtlichen Realität. In ihr, und nicht an ihr vorbei, muß Gemeinde gebaut werden. Alles andere wäre schöne, aber letztlich wirklichkeitsfremde und darum auch harmlose Träumerei. Das Realitätsprinzip der funktionalen Theorie und des konziliar-polyzentrischen Konzeptes ist z. B. im Blick auf die Pfarrerzentrierung ernst zu nehmen. Wer ohne Rücksicht auf die Realität der Pfarrerzentrierung Gemeinde in der Volkskirche bauen will, wird die Erfahrung machen müssen, daß er sich zwar theologisch im Recht wissen darf, wenn er vom allgemeinen Priestertum der Glaubenden ausgeht, daß er damit aber die Pfarrerzentrierung nicht aufheben kann. Die Pfarrerzentrierung muß angenommen werden, wenn sie überwunden werden soll. Sie läßt sich nicht durch konzeptionelle Zauberformeln aus der Volkskirche herausreden.

2. Nach der positiven Würdigung muß aber auch einiges an kritischen Einwänden und Rückfragen laut werden. Von der neutestamentlich bezeugten und verheißenen Gestalt der »Gemeinde von Brüdern« her kann das konziliar-polyzentrische Konzept letztlich doch nicht überzeugen. Kritik an dieser kybernetischen Vorstellung ruft genau das hervor, was zuvor auch Anlaß zum Lob war: Die positive Einschätzung der real existierenden Volkskirche. Das Ja zur Volkskirche droht hier umzuschlagen in eine Volkskirchenideologie. Der Unterschied ist fein, aber entscheidend. Das Ja zur Volkskirche ist im Sinne der bereits beschriebenen »dynamischen Dankbarkeit«[93] froh über den Bestand dieser Form von Kirche und nutzt die damit eröffneten Möglichkeiten mit Entschiedenheit für den Aufbau der »Gemeinde von Brüdern«. Sein Interesse an der Volkskirche ist mittelbar. Sein Ziel ist die geglaubte Gemeinde in der erfahrenen Kirche. Anders denkt der ideologische Vertreter der Volkskirche. Die Spannung von geglaubter und erfahrener Kirche spielt für ihn keine (praxisrelevante) Rolle mehr: sie tendiert gegen Null. Er ist an der Existenz der Volkskirche unmittelbar interessiert. Nichts darf den Bestand der Volkskirche gefährden; denn die Volkskirche ist bereits die Gestalt der Kirche, die er erreichen möchte. Sie wird zum Wert an sich. Die vielbeschworenen Chancen der Volkskirche werden immer wieder aufgerufen, aber sie werden nicht dazu genutzt, »Gemeinde von Brüdern« in der Volkskirche zu bauen. Der Grund ist einfach: Würde man die »Chancen der Volkskirche« in diesem Sinne nutzen, wäre die Volkskirche u. U. selbst in ihrem Bestand gefährdet. Das oberste Axiom des ideologischen Vertreters der Volkskirche ist es aber, daß genau das nicht passieren darf. Die Volkskirche zu bewahren um der Volkskirche willen, das ist die Strategie dieser Ideologie. Was die Volkskirche gefährdet, muß von vornherein als theologisch nicht seriös ausgeschieden werden: »So verständlich der Ruf nach abgrenzbarer und sichtbarer Einheitlichkeit ist, so bedeutet er doch gleichzeitig die

Infragestellung der Volkskirche...«[94] Und die ist verboten! Das ist die Kehrseite der kybernetischen Grundentscheidung, ein ungeteiltes Ja zur Volkskirche zu sprechen. Die ideologische Verteidigung der Volkskirche kann innerhalb der konziliaren und polyzentrischen Konzeption ganz verschiedene Argumentationsfiguren aufrufen. Einige wenige sollen jetzt durchgespielt werden.

Das *erste Argument:* Volkskirche ist pluralistische Kirche. Sie wird den vielfältigen Frömmigkeitsstilen und Erwartungen ihrer Mitglieder gerecht, indem sie ein vielfältiges Angebot macht und jeden exklusiven Anspruch ablehnt. Sie entspricht damit der neutestamentlichen Vielfalt der Gemeinde; sie entspricht auch dem paulinischen Bild vom Leib mit seinen vielen verschiedenen Gliedern, das jedem Monismus widerstreitet. So heißt es etwa bei Wolfgang Lück über die Möglichkeiten von Kirche: »Die Kirchengemeinde müßte... nicht eine Gestalt von Kirche repräsentieren, sondern könnte die verschiedenen Gestalten anbieten.«[95]

Dagegen erscheint die Forderung, durch missionarischen Gemeindeaufbau dem Zusammenkommen, Gestaltgewinnen und Gesandtwerden der »Gemeinde von Brüdern« zu dienen, wie die Option für eine bestimmte Vorstellung von Kirche, für so etwas wie ein normales Christenleben und ein normales Gemeindeleben. Das aber wäre eine Gefährdung des Pluralismus und damit der Volkskirche. Wenn auch alle anderen Dogmen als relativ erscheinen, so wird ein neues Dogma aufgestellt: das Dogma des prinzipiellen Pluralismus' in der Kirche. Man kann über alles streiten, solange der Pluralismus nicht angetastet wird: »Gegenüber dem Monopol eines dogmatischen Ansatzes, der den Pluralismus in Kirche und Theologie als Auflösung der Substanz beklagt, muß zunächst die Vielfalt der Konzepte der Gemeindearbeit als Bedingung der Möglichkeit einer für ihre soziale Umwelt und ihre gegenwärtigen Probleme offenen Praxis der Kirchengemeinde erkannt werden.«[96] Hier droht die Vielfalt ohne einigende Mitte, die völlige Relativierung als absolute Norm.

Pluralismus als Beweglichkeit, um in wechselnden Situationen mit wechselnden Konzepten reagieren zu können, ist gewiß sinnvoll und notwendig, solange in diesem Pluralismus die Einheit des Glaubens und Bekennens gewahrt bleibt und der Pluralismus eine Funktion der Mission ist und nicht zum prinzipiellen Pluralismus verkommt. Der prinzipielle Pluralismus muß um der Erhaltung der Volkskirche willen die Wahrheitsfrage pragmatisch verharmlosen und jedes Nein gegen eine theologische oder kirchliche Position streng unterbinden, da es das mühsame Gleichgewicht der verschiedenen Positionen in der als Selbstzweck anerkannten Volkskirche gefährdete. Die im Neuen Testament gebotene und auch mit Mut und Klarheit gehandhabte discretio spirituum hat in diesem Modell des Pluralismus keinen Platz mehr. Das Musterbeispiel für diesen Tatbestand ist der Kirchentag, dessen Vertreter sich gegenüber der Aufgabe der discretio spirituum verwahrten, indem sie auf ihre Funktion als »Ermöglichungsgremium« verwiesen (EKD-Konsultation »Evangelische Spiritualität«, Springe 1983).[97] Ein »Ermöglichungsgremium« kann natürlich nicht mehr an Hand von theologischen Kriterien beurteilen, ob eine kirchliche oder theologische Äußerung sich im Rahmen des reformatorisch ausgelegten Evangeliums bewegt oder nicht. Sie kann nur noch die verschiedenen, auch die sich eigentlich gegenseitig ausschließenden Positionen miteinander koordinieren. Das Ergebnis ist eine sich pluralistisch im Sinne von nicht mehr eindeutig darstellende Kirche.

Im Neuen Testament ist der Sachverhalt eben doch ganz anders. Bei aller Vielgestaltigkeit und Unterschiedlichkeit wird an der Einheit des Glaubens festgehalten (vgl. Gal 2 und Apg 15). Der biblische Kanon ist Ausdruck der Vielfalt in der Einheit. In ihm demonstriert sich auch die scharfe, gemeinsame Abwehr der die Einheit der Kirche gefährdenden Irrlehre (Gal 1; 1 Joh 4; 1 Kor 15; die Pastoralbriefe im ganzen).

Die Arnoldshainer Konferenz hat sich in einem Votum zum Pluralismus ganz ähnlich geäußert. Pluralismus ist eine Chance, wenn er sich als Vielfalt in der Einheit zu erkennen gibt. Er vermag dann tatsächlich das rettende Evangelium von Jesus Christus in wechselnden Situationen flexibel zur Geltung zu bringen. Ein totaler Relativismus aber gefährdet die Vollmacht der Kirche. Wenn jedes Nein abgelehnt wird, sind die Grenzen des Pluralismus erreicht.[98] »Wo alte, zentrale Aussagen christlicher Theologie übergangen, in ihrer Substanz umgedeutet und entleert oder nur oberflächlich interpretiert und rezipiert werden, liegt die Vermutung nahe, die Grenze des Pluralismus sei überschritten.«[99]

Pluralismus als die Addition des Unvereinbaren ist ein zu hoher Preis für die Volkskirche. Wo kein Konsens mehr über das Evangelium von Jesus Christus, über das Wesen der Kirche als »Gemeinde von Brüdern«, über das normale Christen- und Gemeindeleben möglich ist, ist die Kirchengemeinschaft im Grunde nur noch ein künstliches Produkt kirchenleitender Anstrengung. Einigkeit im Fundamentalen ist nötig: »Wenn wir im Fundamentalen einig wären, könnten wir plural sein, ohne uns beständig zu verletzen.«[100] Dann wäre Pluralismus tatsächlich bereichernd. Gibt es aber keine Einigkeit über die »Regeln der durch das Evangelium eröffneten Kommunikation«, wie sie sich etwa in der Barmer Theologischen Erklärung darbieten, wird der Erhalt der Volkskirche sinnlos. Der Preis ist zu hoch. Der Weg ins Getto wäre einer solchen Volkskirche gegenüber vorzuziehen. Es ist besser, im Getto zu leben (provokativ gesagt: als Sekte) und dem Evangelium treu zu sein, als eine starke, große und mitgliederreiche Volkskirche ohne Evangelium zu sein.

Es mag schlicht und geradezu naiv klingen, ist aber doch darum nicht weniger wahr, was Fritz Schwarz dazu im ersten Band »Überschaubare Gemeinde« schreibt: »An diesem einfachen Evangelium vorbei wollen wir nicht Kirche sein… Wenn es mit dem einfachen Evangelium nicht gelingt, dann müssen wir als Kirche eben ins Ghetto hinein und müssen unsere gesellschaftliche Stellung verlieren. Auch im Ghetto kann man mit dem einfachen Evangelium sehr wohl leben und sich seines Heilandes freuen… Unter allen Umständen aber Kirche im gesellschaftlichen Glanz sein zu wollen am einfachen Evangelium vorbei, das erscheint mir als Verrat am Evangelium.«[101]

Das *zweite Argument:* Der Kirchensteuerzahler als theologisches Argument. Diese – manche Pfarrer angesichts ihres durch Kirchensteuermittel reich gedeckten Frühstückstisches ansprechende – Argumentation begegnet immer häufiger. Sie erhebt den Kirchensteuerzahler unter Absehung von dessen Stellung zu Gemeinde und Glaube zum theologischen Kriterium. Der Aufbau der »Gemeinde von Brüdern«, der Ruf zum Glauben als Ruf zur Tauferneuerung, die Einladung, Gemeinschaft von Schwestern und Brüdern zu erleben und mitzugestalten, die Berufung zum Dienst der Gemeinde und der einzelnen in der Welt, all das wird in dieser Argumentationsfigur dem Kalkül von Angebot und Nachfrage unterworfen. Entscheidend für die theologische Legitimität wird der Wunsch des Kunden. Volkskirche ist dann eine die Wünsche vieler unterschiedlicher Kunden befriedigende Organisation. Missionarischer Gemeindeaufbau ist ein nicht marktgerechtes Verhalten, weil er den Wünschen der Kunden nicht entspricht: »Die Krux ist nur, daß es noch viele Mitglieder gibt, die sich nicht in dieses Schema (des Gemeindeaufbaus; d. Verf.) einpassen wollen.« Und zur Gemeindekirche: »Die Mehrheit der Mitglieder aber will sie nicht als einzige Form von Kirche und Kirchengemeinde.«[102] Oder für den Pfarrer: »Die Integrationsaufgabe des Pfarrers bedeutet, daß der Pfarrer allen Mitgliedern gerecht werden muß.« Und: »Religiöse Betätigung ist nach evangelischer Auffassung also an Bedürfnisse und Interessen des Einzelnen gebunden und nicht an ein dem Einzelnen vorgegebenes Soll irgendeiner gesellschaftlichen oder kirchlichen Autorität… Die Mitglieder möchten selbst bestimmen, was sie glauben und welche Werte sie für wichtig halten.«[103]

Diese Einschätzung der Wünsche getaufter Kirchenmitglieder läßt die Frage nach der persönlichen Christusbeziehung nicht mehr zu. Von einer unausgesprochenen Taufwiedergeburtslehre her, die die automatische Wirkung des Sakramentes proklamiert und sich der Sorge um die persönliche Annahme der Taufe im Glauben enthoben sieht, verbietet sich jede missionarische Bemühung um die positiv-distanzierten Kirchenmitglieder. Hier muß nur an das Kapitel über die kybernetische Situation erinnert werden. Es ist verhängnisvoll, die Getauften entweder abschätzig als Karteileichen oder vereinnahmend als wiedergeborene Christen anzusehen. Es ist verhängnisvoll, weil damit den vielen zwar getauften, der Kraft und Freude des Evangeliums aber dennoch fernstehenden Mitgliedern der Volkskirche das Entscheidende vorenthalten bleibt, und das unter dem Bemühen, gerade ihnen, den Kirchenmitgliedern, gerecht werden zu wollen. Taufwiedergeburtslehre erweist sich hier als trügerische Medizin der Volkskirche. Sie ist in Wahrheit ein Schlafmittel gegen den notwendigen missionarischen Gemeindeaufbau. Der Beleg dafür ist einfach. Wer in den Konzepten der konziliaren und polyzentrischen Theologien nach einem gezielten Programm sucht, wie dem Glauben entfremdete Getaufte zum Glauben geführt, im Glauben gehalten und zur Gemeinschaft der Glaubenden hinzugebracht werden können, wird enttäuscht. Hier ist Fehlanzeige. Die Führung zum persönlichen Glauben als pastorale Aufgabe der »Gemeinde von Brüdern« ist kein Thema. Die Frage danach, wer ein Christ ist, ist eine verbotene Frage. Der Glaube verflüchtigt sich zu einer unmittelbaren Christusbeziehung, die ungreifbar bleibt, für die es auch keine Kriterien gibt, und die darum auch ungewiß bleibt. Die Tendenz der Volkskirche, alle schon als Christen anzusprechen, die das EKU-Votum zur Barmer Theologischen Erklärung monierte, wird hier konzeptionell verfestigt.[104] Von der Verlorenheit des Menschen in einem letzten eschatologischen Sinn wird nicht mehr gesprochen. Dieses Thema wäre für die »Kunden der Volkskirche« zu ungemütlich. Statt dessen werden alle als Christen vereinnahmt.[105] Selbst der sogenannte »Kasualchrist«, für den das Ritual »eine ritualisierte Gestalt der Familienfeier darstellt, in der sich der Familienverband als solcher aktualisieren kann«[106], der sich also selbst feiernde Mensch, wird zum Christen erhoben. Wer dagegen von Umkehr und Glauben spricht, macht sich schnell der Gesetzlichkeit schuldig, weil er einem Getauften »das Christsein abspricht«. Gewiß gibt es hier viel pharisäische Gesetzlichkeit und menschliche Vorverurteilung; doch vermag dieser schlimme Mißbrauch nicht die Sorge um das

Heil der getauften und damit der Gemeinde anvertrauten Menschen für überflüssig erklären.

Das *dritte Argument:* Die Volkskirche ist offen – die sogenannte Gemeindekirche ist dagegen (im Sinne einer Sekte) verschlossen. Die Volkskirche ist zu erhalten, weil sie einer Pluralität von Gemeinde- und Frömmigkeitstypen Raum schenkt und so für alle offen ist. Die Gemeindekirche ist dagegen eine »geschlossene Gesellschaft«, offen nur für einen sozial wie »religiös« festgelegten Typus der Kirchenmitglieder, der nur eine Minderheit der Getauften umfaßt.[107] Nur die Volkskirche kann wirklich für alle offen sein. Nun ist tatsächlich das Kriterium der Offenheit von größter Bedeutung, da sich das Evangelium nicht einsperren und einengen läßt, sondern zu allen Menschen drängt. Daß aber die »Gemeinde von Brüdern« in dem oben beschriebenen Sinn nicht offen sei, muß als reine Schutzbehauptung der an ihrer Selbsterhaltung interessierten Volkskirche abgewiesen werden. Die dritte und die sechste These der Barmer Theologischen Erklärung legen gerade die »Gemeinde von Brüdern« auf ihren Auftrag gegenüber allen Menschen fest. Und alle Vorstellungen des missionarischen Gemeindeaufbaus sind davon geprägt, daß sie energisch die Gettoisierung der »Gemeinde von Brüdern« im Sinne einer beschaulichen Selbstgenügsamkeit ablehnen und statt dessen die Zuwendung der Christen zu allen Menschen in missionarischem und diakonischem Dienst fordern. Offenbar ist der Begriff der Offenheit unterschiedlich gebraucht. Offenheit im Sinne des missionarischen Gemeindeaufbaus läßt sich mit den Gottesdienst-Kriterien Werner Krusches beschreiben. Offenheit in diesem Sinn meint *erstens* Aufnahmefähigkeit, *zweitens* Ausstrahlungskraft und *drittens* Aussendungstüchtigkeit.[108] Es ist die Offenheit von 1 Kor 14, die den Außenstehenden zum gottesdienstlichen und kybernetischen Kriterium erhebt, damit er für den Glauben und die Gemeinschaft der Christen gewonnen werden kann.

Offenheit im ideologisch-volkskirchlichen Sinn ist etwas anderes. Sie ist im Grunde nur ein anderer Begriff für die unterschiedslose Anerkennung aller verschiedenen Frömmigkeitsstile, theologischen Schulen und kirchenpolitischen Ansätze. Sie ist damit Äquivalent des ungebremsten Pluralismus. Offenheit meint hier ein Plädoyer für eine freundliche Kirche, die jeden nach seiner Façon leben läßt. Die offene Kirche freut sich über jeden, der sich zu einer Stippvisite sehen läßt, entläßt ihn aber ebenso freundlich wieder, wenn sein religiöses Bedürfnis wieder abklingt. Offene Kirche ist Kirche der differenzierten Mitgliedschaft, die das Fernstehen von Gottesdienst und Gemeindeleben freundlich als Normalfall akzeptiert, aus der Erkenntnis heraus, daß die Vorstellung einer um Wort und Sakrament versammelten »Gemeinde von Brüdern« sowieso nur ein historisch relatives Theologumenon darstellt.[109] Den Kasualchristen läßt sie wieder ziehen und sieht darin auch nichts, was Anlaß zur Trauer oder doch wenigstens zur Nachdenklichkeit geben könnte. Das Anormale (im Sinne ekklesiologischer Grundentscheidungen des Neuen Testaments) wird zum wohlgelittenen Normalfall stilisiert. Das Normale hingegen muß sich der Verdächtigung der Gesetzlichkeit ausgesetzt sehen. Das normale Christen- und Gemeindeleben wird zum Luxus erklärt, auf den der Getaufte eben auch verzichten kann, ohne daß dies zu großem Kummer in der Volkskirche führen würde.

Das grenzenlose Ja zur Volkskirche verleiht dieser eine theologische Dignität, die nicht zu rechtfertigen ist. Der »missionarische Gemeindeaufbau« spricht auch ein deutliches Ja zur Volkskirche. Er nimmt dankbar zur Kenntnis, daß er noch immer für einen großen Teil der Bevölkerung in die Pflicht genommen ist. Er nutzt entschieden die Chancen der offenen Türen, die sich dem volkskirchlichen Pfarrer heute bieten. Er ist froh über die Präsenz der Kirche in vielen gesellschaftlichen Bereichen und über den Kleinverteilungsapparat der flächendeckenden Parochien.

Der missionarische Gemeindeaufbau wendet auch das mehrfach genannte Realitätsprinzip an. Er wendet es aber auch gegenüber der Zukunft der Volkskirche an. Er weiß, daß die Volkskirche im Sterben liegt. Er sieht die zunehmende Erosion an den Rändern und im Zentrum. Da kommt keine schadenfrohe Besserwisserei auf; denn gerade wer missionarischen Gemeindeaufbau will, weiß um die Beschwernis des unfreiwilligen Gettos. Doch stürzt der Niedergang der Volkskirche die Vertreter eines missionarischen Gemeindeaufbaus auch nicht in Verzweiflung. Konstantin stirbt hier, aber doch nicht Christus! »Gemeinde von Brüdern« steht unter der großen Verheißung Christi, daß »die Pforten der Hölle« sie nicht überwinden sollen (Mt 16,18, aufgenommen in CA VII). Es ist ein sekundäres Problem, ob dies in der Gestalt der Volkskirche geschieht oder in irgendeiner anderen geschichtlichen Verleiblichung. Nur wer bruchlos Volkskirche und »Gemeinde von Brüdern« identifiziert hat, ist mit der sterbenden Volkskirche am Ende. Der missionarische Gemeindeaufbau aber hat stets die Chancen der Volkskirche genutzt (und nicht nur von ihnen geredet), lebendige Zellen des Glaubens geschaffen, die nicht mit der Volkskirche zusammenbrechen werden, und wird darum überleben.[110]

Aber noch ist es nicht soweit. Noch hat die Volkskirche trotz allem einen relativ festen Bestand. Das ist Chance und Verpflichtung zum missionarischen Gemeindeaufbau. Es ist nicht Aufgabe der Theologen, das Ende der Volkskirche herbeizureden oder auch nur herbeizuwünschen zugunsten einer angeblich reineren Form von Kirche. Gott wird Bestand oder Untergang der Volkskirche selbst beschließen. So oder so wird Kirche aber offene Kirche, die den Menschen und ihren Lebensfragen zugewandt ist, sein müssen. Gerade als Diaspora-Kirche müßte sie offene und offensive Kirche sein. Gerade wenn sie nicht mehr »Kirche des Volkes« wäre, müßte sie »Kirche für das Volk und Kirche mitten im Volk« sein. So oder so, in der Volkskirche oder – nach schmerzhaften Prozessen – in der Diasporakirche, müßte sie Kirche des missionarischen Gemeindeaufbaus sein.[111]

Ein volkskirchliches Realitätsprinzip ist darum nicht die Stilisierung der Volkskirche zum theologischen Wert an sich, sondern der entschiedene Einsatz für den missionarischen Gemeindeaufbau, der im Blick auf Gottes Verheißungen die Zukunft der »Gemeinde von Brüdern« für höchst realistisch hält.

D. Die missionarische Doppelstrategie[112]

I. Einführung

Synoden haben sich seit der ersten großen Kirchenaustrittswelle immer wieder mit der Frage der Kirchenmitgliedschaft oder der Zukunft der Volkskirche befaßt. Die VELKD-Generalsynode 1974 in Rummelsberg wurde bereits im vorangegangenen Abschnitt erwähnt. Besonders aber hat sich die Freiburger EKD-Synode von 1975 dieser Thematik angenommen. Der Streit um die Kirche zwischen Auftrag und Erwartung ist auf dieser Synode engagiert ausgetragen worden. Auf Grund der empirischen Erhebungen war die Frage unausweichlich geworden, ob Volkskirche noch eine Zukunft hat oder nicht, und was die Volkskirche tun kann, um nicht endgültig der äußeren und inneren Erosion anheimzufallen.[113] EKU, EKD und VELKD gaben in den folgenden Jahren Schriften heraus, Voten ihrer theologischen Ausschüsse und theologische Traktate zum Thema »Volkskirche«. In einer kleineren Studie der EKD unter dem Titel »Kirchenaustritte als Herausforderung an kirchenleitendes Handeln« wurde eine neue Strategie proklamiert: die missionarische Versorgungskirche. Gegenüber der Versuchung, Kirche einem Prozeß des »Gesundschrumpfens« zu überlassen, plädierte die EKD für einen intensiven Versuch, die Kirchenmitgliedschaft der noch nicht ausgetretenen Protestanten zu stabilisieren und die Gewinnung von Menschen für den Glauben an die Botschaft von Gottes Liebe zugleich zu betreiben. Damit war bereits so etwas wie eine Doppelstrategie auf dem Plan: sowohl Stabilisierung als auch Missionierung.[114] Allein schon die Aufrechterhaltung der Mitgliedschaft ist ein sinnvolles Ziel.[115] Zugleich aber muß gegenüber der Gefahr einer Kirche der civil religion die religiöse Erwartung der Protestanten in die Krisis des Evangeliums geführt werden, damit der Ruf zur Umkehr ausgerichtet werden kann.

Mitte der siebziger Jahre geschieht demnach etwas Neues in der Diskussion um die Volkskirche. Im Gefolge der Synoden, die sich mit der Zukunft der Volkskirche befassen, entstehen nun kirchenamtliche oder doch wenigstens kirchenoffiziöse kybernetische Entwürfe wie die missionarische Versorgungskirche. Außerdem tauchen in diesen Vorschlägen einer neuen volkskirchlichen Strategie nun auch Elemente des missionarischen Gemeindeaufbaus auf. Es kann jetzt von einer »missionarischen« Versorgungskirche gesprochen werden. Dieser Begriff konnte sich jedoch wegen seiner inneren Unklarheit nicht durchsetzen. Auch durfte man nicht erwarten, daß nun der missionarische Gemeindeaufbau mit Priorität gefördert werden sollte. Aber es ist doch bemerkenswert, daß Elemente des missionarischen Gemeindeaufbaus rezipiert und positiv gewürdigt werden konnten. In dem Traktat über »Kirchenaustritte als Herausforderung an kirchenleitendes Handeln« heißt es z. B. zum Thema »Evangelisation«: »Die traditionelle Form der Evangelisation ist oft kritisiert worden. Doch sollte man dabei nicht vergessen, daß viele Menschen durch evangelistische oder volksmissionarische Veranstaltungen zum Glauben gekommen und lebendige Glieder der Gemeinde geworden sind.«[116] Offen ist also davon die Rede, daß Menschen zum Glauben kommen und dadurch zu lebendigen Gliedern der Gemeinde werden, was sie offenbar vorher nicht gewesen sind. Daß so etwas wie »Zum-Glauben-Kommen« notwendig und möglich ist, findet hier selbstverständliche Zustimmung. Dieses Beispiel zeigt, wie in die volkskirchliche kybernetische Diskussion auch die Stimme des missionarischen Gemeindeaufbaus Eingang gefunden hat.

In diesem Zusammenhang der kirchlichen, vor allem synodalen und kirchenleitenden Beschäftigung mit Fragen der Volkskirche und der kybernetischen Konzeptionen steht auch die »missionarische Doppelstrategie«.

II. Beschlüsse und Leitlinien

Der Ausschuß für Fragen des gemeindlichen Lebens der VELKD wurde bereits 1981 – d. h. nach Abschluß des missionarischen Jahres 1980 – beauftragt, die volkskirchliche Situation zu sichten und dabei besondere Aufmerksamkeit für die Lage in den großen Städten wie Hamburg, Nürnberg und München aufzubringen. Aufgrund dieser Erforschung der »kybernetischen Situation« sollte der Ausschuß dann »Vorschläge für Aufgabenschwerpunkte«[117] machen, also ein kybernetisches Konzept vorlegen. Die Generalsynode der VELKD in Wolfenbüttel 1981 bat den Ausschuß um einen Bericht über die Situation der Volkskirche, verbunden mit einem Beschlußvorschlag.

Ein Jahr später lag der Bericht vor. Die Generalsynode der VELKD in Bückeburg 1982 wurde über die Entwicklung der Kirchenmitgliedschaft in den lutherischen Gliedkirchen informiert. Der Tenor dieses Berichtes war eindeutig. Der Trend zur Distanzierung von der Kirche seit Ende der sechziger Jahre konnte nicht gebremst werden. Im Zuge eines tiefgreifenden Traditionsabbruchs ist die Volkskirche einem Prozeß der doppelten Erosion ausgesetzt: an den Rändern und im Zentrum. Der Beschlußvorschlag des Ausschusses formuliert die strategische Stoßrichtung, die aufgrund dieser kybernetischen Situation sinnvoll erscheint: »Die Synode nimmt den Bericht des Ausschusses für Fragen des gemeindlichen Lebens zustimmend zur Kenntnis und empfiehlt als einen Schwerpunkt kirchlicher Arbeit in den kommenden Jahren, Kirchenmitgliedschaft zu stabilisieren und neue Motivation zur Kirchenmitgliedschaft zu wecken.«[118] Zur Stabilisierung der Mitgliedschaft bzw. zur Schaffung neuer Motivation zur Mitgliedschaft wurde das neue Konzept der »missionarischen Doppelstrategie« in Bückeburg 1982 vorgestellt.

Die Generalsynode der VELKD stimmte dem Beschlußvorschlag seines Gemeindeausschusses zu und beschloß weiterhin (am 30. 10. 1982): »Die Kirchenleitung wird gebeten, den Ausschuß mit der Weiterarbeit an Modellen im Sinne der im Bericht entfalteten ›Doppelstrategie‹ zu beauftragen. Die Kirchenleitungen der Gliedkirchen werden gebeten, den erforderlichen Beratungs- und Informationsprozeß in geeigneter Weise in Gang zu setzen und dem Ausschuß für Fragen des gemeindlichen Lebens Erfahrungen oder Zwischenergebnisse zuzuleiten. Der Kirchenleitung der VELKD sowie der Generalsynode soll regelmäßig über die weitere Entwicklung berichtet werden.«[119] Diesem Beschluß entsprach die Kirchenleitung der VELKD am 19. 11. 1982, indem der Ausschuß mit der weiteren Arbeit an der »missionarischen Doppelstrategie« beauftragt wurde.

III. Zur Analyse der kybernetischen Situation

Die »missionarische Doppelstrategie« wurde dann auf mehreren Wegen publiziert. Zum einen durch ein Heft in der Reihe »Texte aus der VELKD« (Heft 21): »Zur Entwicklung von Kirchenmitgliedschaft – Aspekte einer missionarischen Doppelstrategie«[120] im Januar 1983; zum anderen wenig später in einem für die allgemeine Kirchenöffentlichkeit gedachten und von Gotthard Preiser (Neuendettelsau) formulierten »volkstümlichen« Entwurf: »Aspekte einer missionarischen Doppelstrategie« (April 1983). Inzwischen haben Karin Lorenz und Horst Reller Modelle der missionarischen Doppelstrategie in ihrem Buch »Alternative: Glauben« zusammengetragen.

Die verschiedenen Veröffentlichungen zur »missionarischen Doppelstrategie« gehen von einer gründlichen Analyse der kybernetischen Situation aus. Geradezu programmatisch ist die Nüchternheit der Bestandsaufnahme. Anders als die beiden großen EKD-Umfragen beurteilt die »missionarische Doppelstrategie« die Situation der Volkskirche mit einer gehörigen Portion Skepsis. Der erste Satz lautet: »Die Zeit der fraglosen Stabilität der Volkskirche ist vorbei.«[121] Entsprechend nüchtern werden die empirischen Daten auf den Tisch gelegt. Die großen Kirchenaustrittszahlen seit 1969, die 17% (1972/74) bzw. 22% (1982/84)[122], die mit dem Gedanken an einen Kirchenaustritt spielen, der Rückgang des Protestantismus in den großen Städten werden unumwunden zugegeben. Auf der anderen Seite wird auch eine neue Intensität kirchlichen Lebens konstatiert: Wachsende Zahlen bei Abendmahlsfeiern, bessere Ergebnisse bei »Brot für die Welt« und generell bei Spenden und Kollekten.[123] Doch im ganzen muß mit einer fortschreitenden Erosion der Volkskirche gerechnet werden. Schon die Folgen der Kirchenaustritte müssen nüchtern ins Auge gefaßt werden: Verminderte Kirchensteuereinnahmen, Reduzierung des evangelischen Anteils an der Bevölkerung, in der Konsequenz auch Rückgang der Taufen, da die Ausgetretenen ihre Kinder nicht taufen lassen. Durch den Geburtenrückgang werden diese Tendenzen noch verschärft.[124]

Es bleibt jedoch nicht bei diesen statistisch erhobenen Zahlen. Die Erosion betrifft ebenso das Zentrum. Der Trend zum Traditionsabbruch in der Gesellschaft läßt auch die Kirche nicht unberührt. Bis in ihre innersten Kreise hinein ist diese Tendenz, alte Traditionen zu verlassen, aufweisbar. »Diese Erosion im Inneren zeigt sich zum Beispiel in der geringeren Einschätzung des Gottesdienstes, einem weitgehenden Ausfall religiöser Kindererziehung, einer schwindenden Glaubenspraxis, einem Familienleben ohne christliche Akzente. Vom Gott der Bibel weiß man weniger. In der säkularen Welt ist das ›Umgehen mit Gott‹, wie es traditionell durch Bibel, Gebet, Gemeinschaft usw. geschah, fast zu etwas Fremdem geworden, das man erst wieder neu lernen müßte – bis in die Mitte der christlichen Gemeinden hinein.«[125]

Von volkskirchlichem Illusionismus ist in der »missionarischen Doppelstrategie« nichts zu spüren. Vielmehr wird die Herausforderung der erodierenden Volkskirche angenommen und geistlich-theologisch durchdrungen. Dies geschieht, indem die Negativbilanz der Kirche nicht kunstvoll verschleiert wird. Statt dessen wird sie als Ruf zur Sache verstanden. »Die jetzige Situation kann auch als Herausforderung und Angebot Gottes an die Christen verstanden werden.«[126]

230

Nicht daß die Not an sich schon offenbar mache, was zu tun sei, wird daraus gefolgert. Dieser fatalen Folgerung entgeht die »missionarische Doppelstrategie«. Die Not kann höchstens zur Besinnung rufen; sie kann aber nicht offenbaren, was der Kirche jetzt aufgetragen ist. Es gilt vielmehr, sich im Sinne einer hörbereiten Praktischen Theologie[127] erinnern zu lassen an das, was der Kirche vom Neuen Testament her verheißen und geboten ist. Dann darf die Kirche »... die augenblickliche Zeit als Gnadenzeit zur gemeinsamen Besinnung auf ihre Sendung in die Welt und auf ihren Auftrag in der Gegenwart nutzen und dabei dankbar und kritisch die personellen und finanziellen Möglichkeiten bedenken.«[128]
Die Analyse der volkskirchlichen Situation führt die »missionarische Doppelstrategie« allerdings ebenso wie zuvor die funktionale Theorie und das konziliar-polyzentrische Konzept zu einem Ja zur Volkskirche. Es wird nicht der Weg des Gesundschrumpfens befürwortet; die Preisgabe der Volkskirche erscheint nicht als sinnvolle kybernetische Alternative. Die Vorzüge der Volkskirche (Einladungscharakter für alle; flächendeckend präsente Kirche, Offenheit und gesellschaftliche Relevanz) werden genauso bedacht wie ihre Gefährdungen (Unverbindlichkeit, Distanz, dehnbare Mitgliedschaft).[129]

IV. Traditionen

Die »missionarische Doppelstrategie« lehnt sich ausdrücklich an die kybernetischen Traditionen der siebziger Jahre an. Die großen demoskopischen Umfragen der EKD und der VELKD werden aufgenommen, ebenso die Erfahrungen des »Missionarischen Jahres« 1980. Besondere Aufmerksamkeit ist den verschiedenen Jugendbefragungen gewidmet worden, der Untersuchung »Jugend und Kirche« des Allensbacher Institutes 1982, der empirischen Untersuchung über Beziehungen und Einstellungen junger Menschen zur Kirche von Andreas Feige (im Gebiet der Braunschweigischen Landeskirche; ebenfalls 1982) und der großen dreibändigen SHELL-Studie von 1981. Die Ergebnisse dieser Untersuchungen tragen zum nüchternen Einschätzen der volkskirchlichen Lage entscheidend bei, da sich die Erosion der Volkskirche durch den Traditionsabbruch innerhalb der Gesellschaft nirgends so plausibel machen läßt wie in der Einschätzung von Kirche und Glauben durch die Jugend. Es überrascht nur, daß angesichts der starken Rezeption der Jugendbefragungen im »strategischen« Bereich der »missionarischen Doppelstrategie« keine Entsprechung zu finden ist. Vielleicht hätte es den Rahmen der Darstellung gesprengt; so aber muß man nach wie vor auf kybernetische Konzepte warten, die ausdrücklich die Jugendarbeit zu einem kybernetischen Schwerpunktgebiet erklären und auch in der Lage sind, theologische und didaktische Modelle vorzutragen, die das Versprechen, die Jugend in den Gemeindeaufbau einzubeziehen, auch einlösen können.[130]
Neben dieser eigentlich nicht besonders überraschenden Anbindung an die Kirchendemoskopie ist eine andere Tradition für die »missionarische Doppelstrategie« um so bemerkenswerter. Die Modelle für den Gemeindeaufbau sind nicht mehr nur auf den deutschsprachigen Raum beschränkt. Vielmehr wird entschieden der »ökumenische Reichtum« in Anspruch genommen. Die neuen Formen der missionarischen Arbeit, die in den letzten Jahren in den USA entstanden sind,

werden erstmals bewußt rezipiert und in den volkskirchlichen Bereich transferiert. Eine solche positive Aufnahme missionarischer Projekte aus den USA hat es bislang nur im freikirchlichen und im »charismatisch-pfingstlerischen« Raum gegeben. Die starke Betonung des missionarischen Auftrags, die hohe Verantwortung des Laien, die intensive Arbeit mit Gruppen, der zum Teil hohe Aufwand an Zeit, Kraft und Geld werden als strukturbildende Elemente des Gemeindeaufbaus übernommen. Als Beispiele können der Evangelical Outreach der Lutheran Church of America (das Word-and-Witness-Programm) und das Caring-Community-Programm der American Lutheran Church genannt werden.[131] Ausgehend von einer Krise der lutherischen Kirchen in den USA zwischen 1969 und 1975, in der sowohl Mitgliedschaft als auch Gottesdienstbesuch eine steile Abwärtsbewegung erlebten, wurden diese missionarischen Konzepte des Gemeindeaufbaus entwickelt. Der Evangelical Outreach der LCA wollte der Abwärtsbewegung begegnen, indem die Laien zum Zeugnis zugerüstet werden sollten, um dann die Fernstehenden zu erreichen und – wenn möglich – zu gewinnen. Zurüstung zum Zeugnis, Bekennen des Glaubens, Eingliederung der neuen Mitglieder in die Gemeinde – das sind die Hauptziele des Evangelical Outreach. Aus wachsenden Gemeinden wurden dann sogenannte »pastor evangelists« bestellt, die 30 Tage im Jahr vom Dienst befreit werden, um in anderen Gemeinden Programme des Evangelical Outreach mitzutragen. Hauptelement des Evangelical Outreach aber ist das »Word- and Witness-Programm«. Es geht von der grundlegenden Erfahrung aus, daß nicht große evangelistische Veranstaltungen die Fernstehenden ansprechen und gewinnen können, sondern eher Gruppen mit intensiven persönlichen Kontakten, in denen Laien als Zeugen des Evangeliums wirken. Die Eintrittsschwelle ist mit Absicht anspruchsvoll. Jeder Teilnehmer verpflichtet sich, an 52 Sitzungen teilzunehmen, in denen es vorwiegend darum geht, die biblische Botschaft kennenzulernen und auf das alltägliche Leben beziehen zu können. In den Gruppen (ca. 10 Teilnehmer) geht es also um das biblische Wort (WORD) und um die Kommunikation über den Glauben (WITNESS).[132] Ganz ähnlich arbeitet auch das Caring-Community-Programm der ALC. Das Erlebnis intensiver persönlicher Gemeinschaft wird in Gruppen mit der Erschließung der wesentlichen Elemente des christlichen Gottesdienstes verknüpft.[133]

Die Darstellung dieser beiden amerikanischen Vorbilder der »missionarischen Doppelstrategie« war notwendig, um den Schwerpunkt dieses Konzeptes zu verdeutlichen. Angesichts der Erosion der Volkskirche werden Vorbilder gesucht, wie innerhalb der volkskirchlichen Situation durch Vermittlung der biblischen Botschaft und durch intensive Gemeinschaftserfahrungen Gemeinde gebaut werden kann.

V. Grundentscheidungen
oder: Was ist eine »missionarische Doppelstrategie?«

1. Die Aufgabe

Zunächst wird eine konkrete, operationalisierbare Zielangabe formuliert. Dabei wird der volkskirchliche Rahmen der Kirchenmitgliedschaft bewußt akzeptiert.

Dementsprechend lauten die Aufgaben einer »missionarischen Doppelstrategie«:

Erstens: »die Bedeutung von Kirchenmitgliedschaft als geistliche Teilnahme am Evangelium und als Zugehörigkeit zu einer Gemeinschaft von Getauften, die zum Glauben gerufen sind, zu betonen und verständlich zu machen.«

Zweitens: »die Kirchenmitgliedschaft gesellschaftlich und persönlich zu stabilisieren.«

Drittens: »neue Motivation für Kirchenmitgliedschaft zu wecken.«

Viertens: »Bewußtseinsbildung und Zurüstung für diese Aufgaben bei Pfarrern und kirchlichen Mitarbeitern zu betreiben.«

Fünftens: »neben der Kirchensteuer andere Formen von Beiträgen und Spenden zu erhalten bzw. zu entwickeln.«

Sechstens: »neue Formen von neben- und ehrenamtlichem Dienst in der Kirche zu gestalten und zu fördern.«[134]

Diese Sätze erinnern stark an die o. g. EKD-Studie: Es ist an sich schon sinnvoll, Kirchenmitgliedschaft zu stabilisieren; es ist an sich schon unsinnig, Kirchenmitgliedschaft dem Verfall zu überlassen. Darum sollen Bemühungen anerkannt werden, die auch den positiv-distanzierten und fernstehenden Evangelischen ihre Mitgliedschaft weiterhin sinnvoll erscheinen lassen, selbst wenn sie nicht über den Status positiver Distanz bzw. den Status des Fernstehens ohne vollzogenen Kirchenaustritt hinauszuführen. Darüber hinaus soll aber Kirchenmitgliedschaft neu motiviert werden; Berufung zum Glauben und zur Gemeinschaft der Getauften soll in ihr sichtbar und praktizierbar werden. Beide Aspekte des Umgangs mit Mitgliedschaft werden nun mit einer starken Betonung der haupt- und ehrenamtlichen Mitarbeit verbunden. Die Mitarbeiter sollen Bewußtseinsbildung und Zurüstung erfahren; auch neue Formen des Dienstes werden gesucht. Schließlich – und dies ist sehr nüchtern – wird der Bestand der Volkskirche finanziell zu sichern sein, immer mehr durch Alternativen bzw. Ergänzungen zur Kirchensteuer.

Ganz entsprechend hat die Synode in Bückeburg beschlossen, als einen Schwerpunkt kirchlicher Arbeit in den kommenden Jahren zu empfehlen, »Kirchenmitgliedschaft zu stabilisieren und neue Motivationen zur Kirchenmitgliedschaft zu wecken«.[135] Um dieses Ziel zu erreichen, müssen klare Prioritäten in der gemeindlichen Arbeit beschlossen werden – mit allen Konsequenzen. Der Entschluß zu Prioritäten trägt als negative Seite immer auch den Entschluß zu Posterioritäten mit sich. Das ist gewiß in einer mühsam ausbalancierten und darum konfliktscheuen Volkskirche ein »heißes Eisen«. Von Prioritäten läßt es sich so lange gut reden, wie man niemandem wehtut, der von den Posterioritäten betroffen wäre. Genau das müßte aber in Kauf genommen werden, wenn das Hauptziel kirchlicher Arbeit tatsächlich darin gesehen werden soll, »Menschen zur Begegnung mit dem Evangelium und zu einer bewußt bejahten Mitgliedschaft in der Kirche zu gewinnen.«[136]

Die Aufgabe ist noch weiter zu präzisieren. Die empirischen Kirchenuntersuchungen haben den hohen Stellenwert der kirchlichen Sozialisation für die Mitgliedschaft in der Volkskirche herausgearbeitet.[137] In der VELKD-Befragung »Gottesdienst in einer rationalen Welt« wurde die Bedeutung der kirchlichen Sozialisation mit dem Begriff des »unwahrscheinlichen Kirchenbesuchers« verdeutlicht.[138] Die Beziehung des »unwahrscheinlichen Gottesdienstbesuchers« zur Kir-

che wird dadurch stabilisiert, daß er ein kirchliches Elternhaus besaß, Bindungen an die Kirchengemeinde hat, die über den Gottesdienst hinausgehen und stärker mit religiösen Fragen beschäftigt ist. Die besondere Rolle der kirchlichen Sozialisation ist dabei deutlich hervorgetreten. Genauso aber haben die kirchensoziologischen Erhebungen das – zumindest partielle – Scheitern der kirchlichen Sozialisation, besonders in den Familien, herausgestellt. Elternhaus, Schule und auch Kirche vermögen nicht mehr in ausreichender Weise für eine gelungene kirchliche »Grundevangelisation« zu sorgen. Die »missionarische Doppelstrategie« präzisiert vor diesem Hintergrund ihre Aufgabe, Kirchenmitgliedschaft zu stabilisieren und neue Motivationen für Kirchenmitgliedschaft zu schaffen. Sie will die kirchliche »Grundevangelisation« stützen: also Kindertaufe, Religions- und Konfirmandenunterricht sowie Gottesdienst. Und sie will diese Grundevangelisation mit ihrer Doppelstrategie unterstützen, vor allem durch eine religiöse Nachsozialisation im Erwachsenenbereich. So gut es geht, soll das Versäumte nachgeholt werden.[139]
Die Doppelstrategie ist also der Versuch, der kirchlichen »Grundevangelisation« durch flankierende Maßnahmen von zwei Seiten her zu Hilfe zu kommen.
Das Besondere aber ist nun der Versuch, zwei verschiedene Stoßrichtungen kirchlicher Arbeit zu einer Doppelstrategie zu vereinen: Die verdichtende und die öffnende Arbeit. Mit diesem Begriffspaar sollen traditionelle kybernetische Begriffspaare wie »extensive und intensive Arbeit« aufgenommen werden. Das neue Begriffspaar Verdichtung und Öffnung erinnert »an einen Zwei-Takt-Motor, bei dem im Spiel von Verdichtung und Öffnung als zwei Takten Bewegung entsteht und Energie frei wird.«[140]
Wie aber soll das Evangelium als Bringe-Schuld durch die Doppelstrategie den Menschen zugetragen werden?

2. Öffnung

Öffnende Arbeit ist zunächst vor allem öffentliche Arbeit: »Mit öffnenden Arbeitsformen ist die öffentliche Präsenz des Evangeliums in der Gesellschaft in verschiedenen Formen gemeint.«[141] Die Gesellschaft soll auf die Relevanz des Evangeliums hin angesprochen werden. Dies kann aber nur so geschehen, daß sich Kirchen und Christen in das alltägliche, gesellschaftliche Geschehen hineinverwickeln lassen und dort das Evangelium zur Sprache und so ins Spiel bringen. Die »missionarische Doppelstrategie« erinnert in diesem Zusammenhang ausdrücklich an die Theologie der altkirchlichen Apologeten, die die Vernünftigkeit (und damit Relevanz) des christlichen Glaubens im Streit mit konkurrierenden Auffassungen in der Welt zur Geltung bringen wollten.[142] Öffnende Arbeit bedeutet: Es »ist das öffentliche Zeugnis des Evangeliums zu verstärken, wie es durch Medien, durch volkskirchliche Traditionen oder durch die Citykirchen vermittelt werden kann.«[143]
Das Kennzeichen öffnender Arbeit ist Weite. Die Öffentlichkeit wird gesucht. Das weltliche Thema gibt den Ton an. Die Eintrittschwellen werden möglichst gering gehalten. Man fühlt sich dem publice docere (CA XIV) verpflichtet. Man möchte möglichst vielen Menschen adäquate Angebote machen, damit sie an ihrem Ort das Evangelium zu hören bekommen. Man nutzt gerne die volkskirchlichen Traditionen, die biographischen Wendepunkte, die jahresrhythmischen Ge-

legenheiten vom Muttertag bis zum Sylvestergottesdienst. Man bietet punktuelle Kontakte mit der Kirche an – ohne den Anspruch großer Verbindlichkeit. Kirche stellt sich als offene und weite Kirche dar. Und sie stellt sich als »gleichzeitige« Kirche dar, die in der Öffentlichkeit, in den alten und neuen Medien mitspricht. Man hofft auf die Fermentwirkung des Evangeliums in der Gesellschaft. Und man hofft, auf diese Weise Sympathisanten zu gewinnen, die sich in ihrer Kirchenmitgliedschaft bestätigt sehen und darum auch in ihr stabilisiert werden.[144] Vieles, was zur funktionalen Theorie oder auch zur konziliaren und polyzentrischen Konzeption gesagt wurde, gehört in diesen Bereich der öffnenden Arbeit. Mit diesem Bein steht die »missionarische Doppelstrategie« fest im Bereich der Konzeption »Offene Kirche für alle – oder: Vom Ja zum Pluralismus«.

3. Verdichtung

Die verdichtende Arbeit möchte verdeutlichen, daß der Glaube etwas »persönlich Empfangenes und Anvertrautes« ist, etwas, das »in einer öffentlichen Gemeinschaft der Glaubenden Gestalt werden« will.[145] Der verdichtenden Arbeit geht es also um den persönlichen Glauben und um die Gemeinschaft der Glaubenden. Hier ist besonders der durch die Erosion gefährdete volkskirchliche Kern im Blick. Persönliche Glaubensvertiefung, religiöse Nachsozialisation und Formen intensiver Gemeinschaft zielen aber auch auf eine wachsende Sprachfähigkeit der Glaubenden. Gemeindeaufbau darf sich nicht auf den Kreis der Frommen reduzieren lassen. Vielmehr drängt auch hier alles nach draußen, oder anders gesagt: steht die Sammlung im Dienst der Sendung. »›Um den Glauben zu erlangen‹ (CA V), bedarf es nicht nur des Verkündigungsdienstes, sondern auch der Gemeinschaft, ›in der‹ solche Verkündigung geschieht und Menschen bewegt (CA VII).«[146]
Es geht der verdichtenden Arbeit um die Gestaltwerdung des Glaubens, um die Einbindung in die Gemeinschaft des Glaubens und um die Befähigung zum Aussprechen des Glaubens. Besonders Eltern und Erwachsenen gilt diese Bemühung, da hier die – auch für die Zukunft im Hinblick auf die Erziehung der Kinder – entscheidenden Defizite vorliegen. Der Grundzug der verdichtenden Arbeit ist »katechetisch«. Lernprogramme über Grundfragen des Glaubens stehen im Mittelpunkt der Bemühungen. Dabei steht nicht nur die intellektuelle Wissensvermittlung auf dem Programm, sondern mindestens ebenbürtig die Einübung von elementarer Spiritualität in geistlicher Gemeinschaft. Es wird durchaus etwas verlangt. Ein zwar befristeter, aber doch deutlicher Anspruch auf Verbindlichkeit ist mit diesen verdichtenden Arbeitsformen verbunden. Die Teilnehmer eines Glaubenskurses verpflichten sich z. B. für zwei Jahre zu regelmäßiger persönlicher Erarbeitung biblischer Texte und zu regelmäßigen Gruppengesprächen. Horst Reller formuliert es programmatisch: »Neu ist auch der Anspruch an Zeit, Kraft und Geld bei denen, die sich auf diese Arbeitsform einlassen. Weil es aber darum geht, die Christen in der Diaspora-Situation diasporafester zu machen, ist eine Veränderung der gegenwärtigen Lage billiger nicht zu haben.«[147]
Die Hoffnung, die mit der verdichtenden Arbeit verbunden ist, liegt in der Erwartung, durch diese intensiven Programme, die eine kleine Zahl hochmotivierter Menschen erreichen, dann auch indirekt die Fernstehenden zu erreichen. Nicht

mehr durch direkte kirchliche Evangelisation, sondern über die zugerüsteten Christen, die als Freunde, Nachbarn oder Kollegen ihr Zeugnis des Glaubens im weltlichen Kontext zu sagen verstehen. Es soll mit dem Laien als dem Missionar des 20. Jahrhunderts ernst gemacht werden. Über die bloße Proklamation des allgemeinen Priestertums hinaus werden konkrete Maßnahmen angeboten, wie der sprachlose und verunsicherte Laie tatsächlich zu einem Missionar in seiner Umwelt werden kann. Damit sind entscheidende Anliegen des missionarischen Gemeindeaufbaus aufgenommen. Mit diesem Bein steht die »missionarische Doppelstrategie« fest im Bereich der Konzeption »Missionarische Kirche für alle – oder: Von der Einladung zur Umkehr«. Sie erweist sich damit als ein Grenzgänger zwischen den Konzeptionen.

4. Öffnung und Verdichtung

Nun wäre dieses Konzept der Doppelstrategie noch nicht vollständig begriffen, wenn man ein reines Nebeneinander von Strategien proklamieren wollte. Hier ist Öffnung, dort ist Verdichtung. Beides lebt dann schiedlich-friedlich nebeneinander. Zur »missionarischen Doppelstrategie« wird dieses Konzept erst dadurch, daß die beiden »Stoßrichtungen« der gemeindlichen Arbeit aufeinander bezogen werden. Jede für sich ist kein ausreichendes Konzept für den Gemeindeaufbau in den achtziger Jahren. Der Gemeindeaufbau braucht beide – darum geht es um Komplementarität der beiden Aspekte »Öffnung« und »Verdichtung«.[148] Das Bild des Zwei-Takt-Motors hat diese Interdependenz der Aspekte schon herausgestellt: Nur im Zusammenspiel der beiden Takte kann der Motor Bewegung freisetzen.

Die »missionarische Doppelstrategie« möchte versuchen, unterschiedliche volkskirchliche Aktivitäten, von der Arbeit mit Glaubenskursen oder Bibelstudienkursen auf der einen Seite bis hin zur City-Kirchen-Arbeit auf der anderen Seite, auf ein Ziel hin zu verpflichten. Es kann nicht darum gehen, daß nun jeder alles macht. Es kann auch nicht darum gehen, daß jeder sein Proprium aufgibt und statt dessen sich an andere anpaßt. Es soll vielmehr darum gehen, daß alle auf das Ziel hinarbeiten, Kirchenmitgliedschaft zu stabilisieren und neue Motivationen für Kirchenmitgliedschaft zu schaffen. Daß die Menschen in der Kirche bleiben und dort mit dem rettenden Evangelium Jesu Christi in eine lebendige Kommunikation geraten, das soll aller Ziel sein. Zugleich soll aber jeder seine Arbeit möglichst gut machen, im Wissen, daß sein Beitrag wichtig ist, aber auch im Wissen, daß der Beitrag des anderen ebenso wichtig ist. »Beide Formen – verdichtende wie öffnende – gehören komplementär zusammen. Sie werden in ihrer Wirkung dann zu demselben Ziele führen, wenn sie ihren Auftrag und Auftraggeber im Blick halten. Man kann insofern von einer komplementären Doppelstrategie sprechen, die sich zwar in ihren Äußerungen nicht immer auf einen Nenner bringen läßt, die aber doch auf ein Ziel schaut.«[149]

Damit ist formuliert, was zum einen als kritisches Prinzip einen hemmungslosen Pluralismus verhindern soll (der Blick auf den einen Auftrag und den einen Auftraggeber), und was zum anderen das durchaus Unterschiedliche, ja gelegentlich Gegensätzliche zusammenhalten soll (etwa: Getrennt marschieren, vereint schlagen!).

Doppelstrategie ist demnach nicht das unverbundene Nebeneinander des Nicht-Vereinbaren. Doppelstrategie ist vielmehr – hier ganz dem konziliaren Denken verwandt – die gemeinsame Bemühung, auf unterschiedlichen Wegen ein Ziel zu erreichen. Dazu gehört das intensive Gespräch, die Fähigkeit, voneinander zu lernen, und das Bemühen, miteinander Wege zu suchen, die das eine Ziel zu verwirklichen helfen. Wie das im einzelnen aussieht, kann nie im voraus entschieden werden. Es geht statt dessen um Planung und Konzeptionsfindung in einem (institutionalisierten) Prozeß.

Schließlich muß zur differenzierten Beurteilung der »missionarischen Doppelstrategie« noch nachgetragen werden, daß auch die Begriffe »Öffnung« und »Verdichtung« etwas Idealtypisches an sich haben. In der Wirklichkeit stellen sich die Arbeitsformen niemals so »chemisch rein« dar, wie dies vielleicht nach der Darstellung der beiden »Stoßrichtungen« erwartet werden könnte. Vielmehr vermischen sie sich. Öffnende Arbeitsformen erlauben zuweilen durchaus auch verdichtende Elemente – und umgekehrt.

Wer sich auf die »missionarische Doppelstrategie« einläßt, tut gut daran, mit langfristigen Projekten zu rechnen. Denn: »Geistliche Strategien brauchen Zeit ... Mit schnellen Erfolgen kann nicht gerechnet werden. Ein Pfarrer braucht vielleicht 5 Jahre, um das Vertrauen in seiner Gemeinde zu gewinnen, das ihm ein tieferes Wirken ermöglicht. Wie lange dauert es, bis aus Kindertaufe, Erziehung im Elternhaus, Lernen im Religionsunterricht und Konfirmandenunterricht etwas Tragfähiges herangewachsen ist? Dauert es 10 Jahre oder 20 Jahre oder gar 30 Jahre?«[150]

VI. Die Bausteine

1. Öffnung

In den Papieren über die »missionarische Doppelstrategie« findet sich eine Fülle von Modellen. Das ist neu gegenüber den bisher vorgestellten Konzeptionen. Bisher war der Ertrag für eine konkrete Praxis eher dürr, wenn man von dem an Hand der Kasualien entwickelten Konzept Georg Kuglers und Herbert Lindners einmal absieht. In der »missionarischen Doppelstrategie« werden hingegen aus dem Bereich der EKD und aus der Ökumene vielfältige Modelle des Gemeindeaufbaus vorgestellt. Sie gleichen den Bausteinen, die zur Errichtung eines Gebäudes notwendig sind.

Die lebens- und jahresrhythmischen Gelegenheiten zur Partizipation werden besonders hervorgehoben. Unter dem Stichwort »Erneuertes Kirchenjahr« werden z. B. Vorschläge zur Gestaltung des Buß- und Bettages, des Muttertages, der Osternacht gemacht. Hilfen zur Gestaltung der Adventszeit (Stichwort »häusliche Adventsfeier«) kommen ebenso vor wie eine Wiederentdeckung der Passionszeit als Fastenzeit. Zur lebensgeschichtlichen Begleitung (also anläßlich der biographischen Wendepunkte) werden Modelle vorgeführt, die zur Streckung der Kasualien und damit zur intensivierten Kontaktaufnahme führen sollen.

Der Hauptakzent unter dem Stichwort »Öffnung« gilt aber der Arbeit der Citykirchen. Sie gelten als »Potential von unschätzbarem Wert«.[151] Sie symbolisieren die Religion in der Stadt; die »Eintrittsschwelle« ist eher gering. In der »missionarischen Doppelstrategie« werden Modelle vorgestellt, wie Citykirchen genutzt werden können. Eines der Beispiele ist die Nürnberger St. Lorenz-Kirche, mitten in der Nürnberger Fußgängerzone gelegen. Diese Kirche wird vom Fußgänger- und Touristenverkehr umflutet. Wie können die Menschen in Kontakt mit dem Evangelium gebracht werden? Der »Lorenzer Laden« mit einer kommunitätsähnlichen Dienstgruppe versucht es mit Gottesdiensten und Glaubenskursen, mit Straßeneinsätzen, einem kleinen Café und Dritte-Welt-Laden und ähnlichen Aktivitäten. Daneben stehen die Kommentar-Gottesdienste in der Lorenz-Kirche, die das Zeitgeschehen kritisch aus christlicher Sicht beleuchten wollen. Dazu kommen ein breitgefächertes kirchenmusikalisches und gottesdienstliches Programm mit seelsorgerlichen Aussprachemöglichkeiten und die Kooperation mit den anderen City-Kirchen. Jede City-Kirche sucht ihr besonderes geistliches Profil.[152]

Diese Beispiele sind nur eine Auswahl aus dem Katalog der öffnenden Maßnahmen. Sie verdeutlichen die Kennzeichen dieser Arbeit: Öffentlichkeit, Situationsbezogenheit und niedrige Eintrittsschwelle.

2. Verdichtung

Der Katalog der verdichtenden Maßnahmen ist noch umfangreicher. Hier werden die ökumenischen Erfahrungen vielfach eingebracht. Neben den bereits erwähnten amerikanischen Projekten ist es vor allem das katholische, ursprünglich in Spanien beheimatete Projekt des »Cursillo« (kleiner Kurs). Der »Cursillo« ist ein etwa dreitägiger Intensivkurs, der die wesentlichen Glaubensaussagen verstehbar und erlebbar machen möchte. Eine kleine Gruppe von Laien und Priestern versucht, das Evangelium in Gemeinschaft zu vermitteln. Ziel ist ein Neuanfang im Glauben. Der 4. (»ewige«) Tag ist das Entscheidende: Das Weiterleben der Cursillistas im Alltag, in kleinen geistlichen Zellen. Inzwischen gibt es in Deutschland evangelische »Cursillos« (etwa initiiert durch Otto Diehn in Hamburg seit 1980): Nachdenken über den Glauben, Einüben des geistlichen Lebens, Elementarisierung der Glaubensaussagen, evangelische Prozessionen, Leitung durch Laien usw. sind die Hauptelemente des evangelischen »Cursillo«.[153]

Ein anderes Modell verdichtender Arbeit ist der ursprünglich in den USA beheimatete Bethel-Bibelstudienkurs (ALC). Wöchentlich treffen sich Mitglieder einer verbindlichen Kleingruppe und sprechen über biblische Texte, die sie zuvor mit Hilfe gut aufbereiteter Arbeitsmaterialien daheim vorbereitet haben. Der Kurs dauert zwei Jahre (je ein Jahr für das Alte und für das Neue Testament). Der Pfarrer leitet, nachdem er selbst eine Schulung mitgemacht hat, die Kursgruppe. Über die Württembergische Kirche ist der Bethel-Bibelstudienkurs auch in Deutschland verbreitet worden.[154]

Die Zahl der Beispiele und Modelle ließe sich fortsetzen. Hier ging es nur darum, beispielhaft die Intentionen der verdichtenden Arbeit aufzuzeigen. Die Charakteristika der verdichtenden Arbeit sind klar herausgetreten: In der Gemeinschaft einer zumindest für eine gewisse Dauer verbindlichen Gruppe werden elementare Einsichten des christlichen Glaubens besprochen und elementare Vollzüge christlicher Spiritualität eingeübt. Das ökumenische Erbe wird dabei sehr ernst genommen.

VII. Theologische Würdigung

1. Die »missionarische Doppelstrategie« ist ein Grenzgänger zwischen den Konzeptionen. Darum wurde sie auch hier auf der Grenze zwischen der volkskirchlich-pluralistischen und der missionarischen Strategie vorgestellt. Die Betonung der »Doppel«-Strategie und der Komplementarität verschiedener theologischer und kybernetischer Ansätze ließ es angeraten sein, die »missionarische Doppelstrategie« trotzdem innerhalb dieses und nicht erst im nächsten Kapitel zu behandeln.

Doch ist es geboten, sehr sorgfältig hinzusehen und das Neue dieser Konzeption zu würdigen. Es ist etwas sehr Aufregendes passiert. Innerhalb der »missionarischen Doppelstrategie« kann unbefangen von »missionarischen Aktivitäten« gesprochen werden. Es erscheint wieder als ein sinnvolles Ziel, sich mit relativ wenigen Menschen zu beschäftigen, die durch intensive Arbeit in Gruppen in biblischen Grundfragen gebildet und in elementarer Spiritualität eingeübt werden sollen. Das ganz normale Christen- und Gemeindeleben wird hier nicht wie in zahlreichen anderen Konzepten zum überflüssigen Luxus erklärt. Der Fernstehende wird auch nicht in seiner Distanz zu Gemeinde, Gottesdienst und Spiritualität belassen; statt dessen werden Überlegungen angestellt, wie er nicht nur in seiner Mitgliedschaft stabilisiert werden kann, sondern auch in einer ihn angehenden Weise vom Evangelium erreicht werden kann. Man darf sich nicht durch die soziologisch-technokratische Sprache (Mitgliedschaft stabilisieren und neue Motivationen für Mitgliedschaft schaffen!) irritieren lassen. Der »missionarischen Doppelstrategie« ist die Bemühung abzuspüren, inmitten der Volkskirche doch Raum zu schaffen für den Aufbau der »Gemeinde von Brüdern«.

An die Stelle der Denunziation des Missionarischen tritt die freundliche Rezeption des missionarischen Gemeindeaufbaus. Das wird vor allem durch die Beispielsammlung der verdichtenden Arbeit deutlich. Da kann offen von Hauskreisarbeit, von Bibelkursen, Grundkursen des Glaubens und ähnlichem gesprochen werden. Und sogar das sehr eindeutige Programm »Überschaubare Gemeinde« (z. B. Kirchenkreis Herne in der Westfälischen Kirche) wird wohlwollend zitiert. Das ist innerhalb volkskirchlicher Konzeptionsfindung nichts Alltägliches. Würde sich die positive Einstellung der »missionarischen Doppelstrategie« zu Elementen des missionarischen Gemeindeaufbaus in weiten Teilen unserer Volkskirche durchsetzen können, dann wäre in der Tat ein wichtiger Schritt getan. Dann könnte offen über notwendige Kurskorrekturen der Volkskirche gesprochen werden, ohne daß sich alles missionarische Bemühen sofort schwersten Angriffen und/oder sublimsten Verdächtigungen ausgesetzt sähe.

Nicht zuletzt die nüchterne Einschätzung der volkskirchlichen Situation dürfte mitverantwortlich sein für die offene Einstellung der »missionarischen Doppelstrategie« gegenüber den Elementen der »verdichtenden Arbeit«. Hier wird nichts verschleiert, sondern – von kirchenoffizieller Seite! – die Krise der Volkskirche offen eingestanden. Damit fällt eine wichtige Entscheidung. Die großen demoskopischen Untersuchungen »Wie stabil ist die Kirche?« (1974) und »Was wird aus der Kirche?« (1984) neigten dazu, die Lage der Volkskirche schmeichelhafter darzustellen, als es die von ihnen selbst erhobenen Ziffern eigentlich erlauben. Die neuere Studie »Was wird aus der Kirche?« muß eingestehen, daß etwa 22% der Kirchenmitglieder mit Austrittsgedanken beschäftigt sind.[155] Zugleich aber wird die Einschätzung der volkskirchlichen Situation durch »kleinkirchliche Konzepte« (der Diminutiv steht wohl für Konzepte aus dem Bereich der »Kirche für andere« und aus dem Bereich der »missionarischen Kirche für alle«) als Übertreibung und grobe Verallgemeinerung abgetan. Die Krise der Volkskirche darf nicht eingestanden werden.[156] Das ist hier anders, und es ist gut so. Nur wenn Synoden, landeskirchliche Arbeitsgruppen und ähnliche Institutionen die Lage der Volkskirche nüchtern in den Blick bekommen, kann die Krise auch als Chance erscheinen, oder – wie es in der »missionarischen Doppelstrategie« heißt – als Ruf zur Sache.[157]

Positiv zu würdigen ist die Bemühung, zahlreiche unterschiedliche Modelle (oder »Bausteine«) des Gemeindeaufbaus zusammenzutragen und zu dokumentieren. Entgegen jeder Tendenz zur Provinzialisierung werden Beispiele aus der Ökumene dargestellt und in unsere volkskirchlichen Verhältnisse transferiert. Der Kanon der Modelle bietet einen großen Reichtum an Erfahrung und Phantasie an; dabei liegt ein – heimliches? – Schwergewicht auf der verdichtenden Arbeit. Durch die Fülle der Modelle scheint so etwas wie ein Grundmodell durch. Die Liste der Modelle ist mehr als eine Addition wahllos herausgegriffener Vorzeigegemeinden. Vielmehr wird ein verheißungsvoller Weg gezeigt, der angesichts der Erosion der Volkskirche begangen werden kann. Um das Ziel der religiösen Nachsozialisation der Erwachsenen zu erreichen, brauchen wir intensive Gemeinschaften von Getauften, die sich für eine befristete Wegstrecke zum verbindlichen Mitmachen bereit erklären. Mit diesen Kirchenmitgliedern sollen die wichtigsten Aussagen des christlichen Glaubens besprochen werden. Doch darf es dabei nicht zu einer intellektualistischen Engführung kommen. Was gelehrt wird, soll auch erlebbar sein. Darum gehört die Einübung einer elementaren Spiritualität zu diesem Grundmodell. Nur am Rande sei vermerkt, daß die Arbeit mit diesem Grundmodell natürlich sehr viel Zeit und Kraft kostet. Dazu gehört dann die Einsicht, daß nicht alles Tun der Gemeinde im allgemeinen und der Pfarrer im besonderen schon missionarisch ist, sondern daß neue Veranstaltungsformen notwendig werden.

2. Wenn einige kritische Anfragen zu äußern sind, sollen mögliche Gefährdungen aufgezeigt werden, die zu einem weiteren Gespräch mit der »missionarischen Doppelstrategie« führen können.

Die Anfragen betreffen die Begriffe »Öffnung« und »Verdichtung«. Hier ist keineswegs alles so klar und eindeutig, wie man es sich wünschte, und wie es auch wegen der konzeptionellen Verwirrung innerhalb der Praktischen Theologie dringend notwendig wäre.

Die Grundthese leuchtet ein: Öffnung und Verdichtung gehören komplementär zusammen. Sie dürfen bei aller Unterschiedlichkeit der Arbeitsformen nicht voneinander isoliert werden. Keines der beiden darf sich selbst absolut setzen. Die Öffnung dient dem Ganzen durch ihre »Präsenzevangelisation«: Das Evangelium wird durch öffentliche Verkündigung im öffentlichen Bewußtsein gehalten. Niedrige Eintrittsschwellen ermöglichen vielen Menschen den Zutritt zur Kirche. Die »Verdichtung« führt die Arbeit fort; sie begleitet die Menschen zum lebendigen Glauben in Gemeinschaft und rüstet sie zu neuem Zeugnis aus. »Öffnung« und »Verdichtung« sind aufeinander bezogen wie die beiden Takte des Zwei-Takt-Motors, der nur im Zusammenspiel beider Takte Bewegung freisetzen kann. Beide arbeiten einander zu.

Läßt sich diese Theorie in der Volkskirche realisieren? Arbeiten sich die »öffnenden« und die »verdichtenden« Elemente zu? Wollen sie sich überhaupt zuarbeiten? Hier taucht eine ernste Schwierigkeit auf. Die meisten Modelle sind entweder öffnender oder verdichtender Art. Was aber bedeutet das für die kybernetische Theorie und die »missionarische Doppelstrategie«, wenn die einen nur öffnen und die anderen nur verdichten und beide davon überzeugt sind, daß ihr Tun ausreichend sei und das der anderen nicht mehr bedürfe?

Da nun tatsächlich in der volkskirchlichen Wirklichkeit das Zusammenspiel der vorgeführten Modelle keineswegs funktioniert, müßte eine »Sicherung« in dieses Konzept eingebaut werden, und zwar an der alles entscheidenden Schaltstelle zwischen »Öffnung« und »Verdichtung«. Es müßte nämlich die Bereitschaft bestehen, von der öffnenden zur verdichtenden Arbeit weiterzuführen. Konkret: Es müßte »Korridore« geben zwischen diesen beiden unverbundenen Räumen. Wie führt man Menschen, die in einem Kirchenkonzert sitzen, weiter zum Cursillo? Oder: Wie kann dem positiv-distanzierten Kirchenchristen, der (beim Stichwort »erneuertes Kirchenjahr«) im Gottesdienst am Buß- und Bettag sitzt, das normale Christenleben so wichtig gemacht werden, daß er sich einem befristeten Glaubenskurs anschließt?

Die Frage nach den »Korridoren« zwischen »Öffnung« und »Verdichtung« ist in der Tat die Nagelprobe für die »missionarische Doppelstrategie«. Nur wenn es sie gibt, kann davon die Rede sein, daß tatsächlich alle verschiedenen Arbeitsformen dem einen Ziel, etwa dem Aufbau der »Gemeinde von Brüdern« dienen, jede mit ihrem besonderen Charisma.

Fehlen diese »Korridore« aber, dann müssen eine Reihe von Fragen gestellt werden: Fehlen sie, weil das Konzept noch nicht ausgereift genug ist? Oder fehlen sie, weil die unterschiedlichen Modelle gar nicht daran denken, sich komplementär aufeinander beziehen zu lassen? In der Tat hat der Beobachter noch etwas Mühe, sich vorzustellen, daß sich die – zu gegensätzlichen Konzeptionen zählenden – Modelle so schiedlich-friedlich aufeinander beziehen lassen, wie sich das die kirchenleitende Strategie der VELKD vorstellt. Der Streit um die Wahrheit sowohl des Evangeliums als auch der angemessenen kybernetischen Strategie und der damit verbundene volkskirchliche Pluralismus lassen kaum Hoffnung aufkommen, daß es zu einem gemeinsamen Arbeiten für den Aufbau der »Gemeinde von Brüdern« kommt.

Dann aber bliebe alles beim alten: Dort wird nur immerzu geöffnet; die Tore der Kirchen stehen sperrangelweit offen, aber niemand müht sich darum, daß die Menschen auch zu einer fröhlichen Annahme des ihnen in der Taufe zugeeigneten Heils und zur Eingliederung in das ganzheitliche Zusammenleben der Schwestern und Brüder geführt werden. Und selbst wenn die Frage der persönlichen Christusbeziehung aufkäme, wüßte man nicht, wie man Menschen zur Umkehr und damit zur Freude am Evangelium führen könnte. »Die Praktische Theologie treibt Mißbrauch mit Luther, wenn sie Pfarrer ausbildet ohne apostolischen Eifer, aber wohl geübt, alle Türen zu öffnen, nur nicht die zum Himmelreich.«[158]

Und auf der anderen Seite würde nur noch verdichtet. In der Tat wäre auch die »Verdichtung«, für sich genommen, in Gefahr. Sie könnte zufrieden sein mit den wenigen, die da und obendrein fromm sind, und sie könnte darüber ihren Auftrag vergessen, das Evangelium allen Menschen zuzutragen.

Aus der »missionarischen Doppelstrategie« würde dann Makulatur. Sie hätte einen schönen Traum vom gemeinsamen Ziel der Auferbauung der »Gemeinde von Brüdern« geträumt. Doch es bliebe alles unwirklich. Nicht, daß dann gar nichts durch die »missionarische Doppelstrategie« bewirkt würde. Es wird einiges geschehen: Vielleicht läßt sich wirklich durch kirchliche Sympathiewerbung Kirchenmitgliedschaft stabilisieren oder wenigstens der Auszug aus der Kirche etwas verzögern. Vielleicht ließe sich wenigstens auf dem Papier zusammenhalten, was in der Realität längst auseinanderbricht. Dann aber wäre die »missionarische Doppelstrategie« nichts anderes als eine kirchenleitende Maßnahme zur Stabilisierung der maroden Volkskirche, eine Art »Selbsterhaltungsprogramm der pluralistischen Institution«. Es wäre schade um die »missionarische Doppelstrategie«.
Dabei bieten verschiedene Modelle, die in den VELKD-Papieren vorgestellt werden, Lösungen an, die diese Aporie vermeiden helfen: Etwa die »öffnende« Arbeit des Lorenzer Ladens in Nürnberg oder die »verdichtende« Arbeit der »Überschaubaren Gemeinde« in Herne. In beiden Arbeitsformen geht es um den missionarischen Gemeindeaufbau. Beide wollen sowohl Christen in einer ganzheitlichen Gemeinschaft leben und zusammenleben lassen (intensiver Aspekt) als auch das Evangelium möglichst vielen Menschen zutragen, die es bislang nicht hören und aufnehmen konnten. »Öffnung« und »Verdichtung« fallen hier naturgemäß zusammen. In der Arbeit des Lorenzer Ladens etwa sind die Glaubenskurse und Hauskreise ebenso wichtig wie die Arbeit in der Fußgängerzone, im Café oder im Dritte-Welt-Laden. Mehr noch: Beides verschränkt sich. Die Mitglieder der Hauskreise sind Mitarbeiter der »öffnenden« Aktivitäten; die im Café oder bei Gottesdiensten in alternativer Gestaltung angesprochenen Menschen werden – mit Erfolg! – in die Glaubenskurse eingeladen. Hier sind die »Korridore« da. Man würde nur auf Unverständnis stoßen, wollte man hier die einen »öffnend« und die anderen »verdichtend« arbeiten lassen. Hin und her, in einem lebendigen Wechselspiel kommen »Öffnung« und »Verdichtung« zusammen im missionarischen Gemeindeaufbau.
Damit ist eine Richtung deutlich geworden, in die sich die »missionarische Doppelstrategie« weiterentwickeln müßte, wollte sie ihrem eigenen Anspruch gerecht werden. Entweder müßte sie aufzeigen, welche »Korridore« zwischen »Öffnung« und »Verdichtung« geschaffen werden können, oder sie müßte sich eindeutiger in Richtung auf den missionarischen Gemeindeaufbau festlegen lassen. Da werden die Begriffe »Öffnung« und »Verdichtung« in jeweils *einem* Modell koordiniert. Es leuchtet allerdings dann auch nicht mehr ein, warum der Lorenzer Laden zur öffnenden und die »Überschaubare Gemeinde« zur verdichtenden Arbeit gezählt wird. Der Preis für diese Verdeutlichung wäre allerdings eine Abnahme der volkskirchlichen Konsensfähigkeit der »missionarischen Doppelstrategie«. Kurzum, sie dürfte den Konflikt nicht scheuen. Sie müßte es riskieren, daß der volkskirchliche Pluralismus durch ihren Beitrag nicht gestützt, sondern geschwächt würde. Dafür aber könnte sie wirklich dem Aufbau der »Gemeinde von Brüdern« dienen – nicht nur auf dem Papier. Das ist unbequemer, aber wirkungsvoller. Das Austarieren der Volkskirche bzw. der Versuch, das Unvereinbare und Auseinanderstrebende zusammenzuhalten, hat keine Zukunft mehr. Eine solche Doppelstrategie hat Jürgen Moltmann bereits 1976 beschrieben und kritisiert: »Die verschiedenen Ansätze der Kirchenreform... werden oft in einer Art Doppelstrategie... kombi-

niert. Durch vertiefte Glaubensbildung, durch Gemeinschaftsbildung und soziale Praxis werden in den Parochien Kerngruppen aufgebaut. Gegenüber den Randsiedlern der Kirche sind sie zu einer starken Identifizierung mit der Kirche bereit. Man erwartet von diesen Kerngemeinden und Kerngruppen, daß sie die volkskirchlichen Gemeinden wieder beleben und zugleich auch Verbindungswege der Kirche zur Gesamtgesellschaft neu bahnen. Zugleich aber hält man an der alten Volkskirche fest, weil sie für das ganze Volk offen ist und auch passive Glieder, Randsiedler und Festtagschristen einschließt...« Moltmann kritisiert die »Unentschiedenheit jener Doppelstrategie..., weil jener bemühten Komplementarität die Richtung, die Intention und die Tendenz fehlt.« Das Ziel kann nach Moltmann nur sein, die versammelte Gemeinde zu bauen: »Die Ekklesia aber ist ihrer Bestimmung und ihrem Wesen nach die Gemeinde, die sich versammelt.«[159] In diesem Sinne wäre eine »missionarische Doppelstrategie« fortzubilden. Doppelstrategie als wechselseitige Neutralisierung der mühsam zusammengehaltenen Konzepte wäre ohne Verheißung und Vollmacht. Denn eine neutralisierte Kirche sitzt fest und kommt nicht von der Stelle. Solange nicht der Mut gefunden wird, dem Proporz den Abschied zu geben und konzeptionelle Schwerpunkte zu setzen, d. h. Prioritäten, die Posterioritäten einschließen, bleibt die Volkskirche auch mit Doppelstrategien immobil.

Viertes Kapitel

Die missionarische Gemeinde für alle –
oder: Von der Einladung zur Umkehr

A. Statt einer Einführung: exemplarische Zugänge zum missionarischen Gemeindeaufbau[1]

I. Die Spandauer Thesen von 1958

Die Frage nach dem Aufbau lebendiger Gemeinden bewegte bereits in den fünfziger Jahren die lutherischen Kirchen Deutschlands. Die damalige Diskussion war eng verbunden mit dem aus den nordamerikanischen und skandinavischen Kirchen stammenden Begriff der »Haushalterschaft« nach 1 Petr 4,10.[2] Der Gottesdienst der Ortsgemeinde ist das Zentrum des Gemeindeaufbaus. Dort erfährt der Christ seine Zurüstung zu dem im Sinne des allgemeinen Priestertums der Gläubigen verstandenen Dienst in Kirche und Welt. Alle seine Gaben sollen zum Einsatz kommen. Der entscheidende Dienst des Laien geschieht durch das freiwillige und fröhliche Opfer an Zeit, Kraft, Geld und Begabung für die zahlreichen Dienste der Gemeinde. Entscheidend aber ist in unserem Zusammenhang, daß bereits hier die Frage nach den Fernstehenden gestellt wurde und Antworten im Sinne des missionarischen Gemeindeaufbaus gegeben wurden. Dies geschah unter dem Stichwort »Volksmission«.

Die lutherische Generalsynode 1958 in Berlin-Spandau befaßte sich ausführlich mit der Frage des missionarischen Gemeindeaufbaus und verabschiedete dann am 6. Mai 1958 die 22 »Spandauer Thesen« über die »Missionierende Kirche«.[3]

Im Blick auf den Streit um die Konzeptionen des Gemeindeaufbaus heute ist es schon erstaunlich, daß sich die Generalsynode 1958 auf ein Konzept der missionierenden Kirche einigen konnte, deren Leitbild »die missionarisch ausgerichtete, in allen ihren Gliedern tätige, überschaubare und gegliederte Gemeinde«[4] war. Einige Grundzüge der Spandauer Thesen sollen nun vorgestellt werden. An ihnen kann verdeutlicht werden, worum es in der missionarischen Gemeinde für alle geht.

1. Der Auftrag

Die Spandauer Thesen stimmen mit der ökumenischen Debatte über die Strukturen der missionarischen Gemeinde an einem Punkt überein: wenn Gemeinde tatsächlich Gemeinde Jesu Christi sein und bleiben will, dann kann sie sich der Sendung durch ihren Herrn Jesus Christus nicht entziehen. Sie steht in der missio Dei, oder sie hört auf, Gemeinde Jesu Christi zu sein.

Das auftragsorientierte Denken ist das erste Kennzeichen des missionarischen Gemeindeaufbaus. Es geht aus von der Identität des Evangeliums und damit von der Identität des sendenden Herrn der Gemeinde, der seine Gemeinde zwischen Himmelfahrt und Parusie beauftragt hat, allen Menschen die Botschaft von der Menschenfreundlichkeit Gottes auszurichten.[5]

244

2. Die getauften, aber entfremdeten Glieder der Gemeinde

Mit diesem Stichwort ist die Stoßrichtung der Spandauer Thesen angegeben. Mit diesem Stichwort ist aber auch die Eintracht mit der ökumenischen Struktur-Debatte an ihre Grenze gekommen. Die nüchterne Bestandsaufnahme lautet: Viele Getaufte finden nie zu einem persönlichen Glauben; sie bleiben auch dem Leben der Gemeinde fern. Aber nicht nur die Fernstehenden sind betroffen. Kirche ist immer aufs neue bedroht von Sattheit, Lauheit und geistlichem Tod (4. These). Darum ist Volksmission notwendig. Volksmission oder auch Innere Mission ist das Pendant zur Äußeren Mission. Arbeitet diese unter Ungetauften in fremden Ländern, so hat jene in unserem Land unter den Getauften ihr Werk, die dem Glauben und der Gemeinde fernstehen (3. These).[6] Innere und Äußere Mission kennen jedoch nur ein Ziel. Sie sollen »die Menschen zum Glauben und zum Handeln aus Glauben... führen«.[7] Aufschlußreich ist die Verbindung dieser im strengen Sinne missionarischen Zielsetzung mit lutherischer Tauftheologie. Die Geschichte Gottes mit den entfremdeten Gliedern der Gemeinde beginnt nicht erst mit der Volksmission: »Die Volksmission hat nicht den rechten Ansatz, wenn sie das, was Gott in seiner Gnade in der Taufe getan hat, außer acht läßt oder entwertet. Im Unterschied zur Heidenmission geht die Volksmission von der Taufe aus und nimmt die mit der Taufe übernommene Verantwortung der Kirche für die Getauften wahr.«[8]
Damit ist ein höchst fruchtbares Spannungsfeld aufgezeigt. Es geht um Gottes Handeln in der Taufe, um die höchst bedrohliche Lage der Getauften, die sich dem in der Taufe geschenkten Heil gegenüber gleichgültig oder ablehnend verhalten, und um die Verantwortung der taufenden Kirche für diese Getauften. Kurz und knapp heißt es, »die lauen, toten Glieder« seien »zu erwecken«.[9] Dies geschieht, indem Volksmission »dem Entfremdeten neu Trost und Freude der Taufe deutlich machen, ihm die Rechtfertigung des Sünders allein durch den Glauben anbieten und ihn in die Gemeinde zurückholen« soll (12. These).[10]

3. Die mitarbeitende Gemeinde

Die Orientierung an der Haushalterschaft macht eine pfarrerzentrierte Konzeption von vornherein undenkbar. Dementsprechend legen die Spandauer Thesen großen Wert auf das Zeugnis der mitarbeitenden Gemeinde: »Träger der Volksmission ist die Gemeinde in der Gesamtheit ihrer tätigen Glieder« (14. These).[11] Volksmission geschieht demnach im Kontext der von Christus begabten und gesandten Gemeinde. Sie geht von ihr aus, soll zu ihr hinführen und ist nur in organischer Verbundenheit mit ihrem Gottesdienst denkbar.[12] Der missionarische Auftrag der Gemeinde kann weder an die Pfarrerschaft noch an volksmissionarische Experten oder Ämter delegiert werden. Vielmehr sind alle Gemeindeglieder aufgerufen, das Evangelium in Wort und Tat den fernstehenden Getauften zu bezeugen. Darüber hinaus ist eine Umgewichtung der Gemeindearbeit erforderlich, die den Pfarrer von vielem entbindet, dafür den charismatisch begabten Gemeindegliedern mehr Verantwortung (und Arbeit) zumutet und zutraut.[13] Die Aufgabe der Pfarrer wird in der Begleitung und Zurüstung der mitarbeitenden Gemeinde gesehen (14. These).[14] Nur so können die praktischen Vorschläge der Spandauer

Thesen in die Wirklichkeit umgesetzt werden, nur so können wirklich die Straßen und Plätze, Wohnungen und Gasthäuser, Fabriken, Geschäfte und Büros Orte volksmissionarischen Dienstes werden.[15] Volksmission ist ja nicht auf evangelistische Vorträge zu beschränken. Das ganze Leben der missionierenden Kirche soll vielmehr volksmissionarisch wirksam werden – mit Hilfe der mitarbeitenden Gemeinde.

4. Strukturelle Vorschläge

Die Spandauer Thesen bleiben nicht bei allgemeinen theologischen Erörterungen stehen, sondern machen auch konkrete Vorschläge, die die Struktur kirchlichen Lebens und Dienstes betreffen. Dabei geht es z. B. um die Aufgliederung der Massengemeinden in überschaubare Gemeinden, um die Verantwortung der Landeskirchen für die kybernetische Gesamtkonzeption oder um die notwendige volksmissionarische Ausbildung des Pfarrernachwuchses in der zweiten Ausbildungsphase.[16] Im Blick auf die Visitationspraxis raten die Spandauer Thesen: Visitation müßte Ermutigung zum missionarischen Gemeindeaufbau sein.[17]

5. Würdigung

Die Spandauer Thesen decken einige entscheidende Kennzeichen des missionarischen Gemeindeaufbaus auf. Die ekklesiologische Nüchternheit dieses lutherischen Dokumentes ist dabei an erster Stelle zu nennen. Im Unterschied zu manchen späteren Dokumenten wußte die Generalsynode 1958 offenbar etwas davon, daß Kirche immer mit dem Krankheitserreger der Unkirche in ihrer eigenen Mitte rechnen muß. Kirche erscheint als semper reformanda et evangelicanda: »Wer sich mit der Stelle des Küsters einer gebauten Kirche zufriedengibt, hat bereits verloren; aber wer in seinem Herzen das Bild einer noch zu bauenden Kirche trägt, hat schon gewonnen.«[18]
Neben dieser ekklesiologischen Nüchternheit steht aber eine eindeutige Orientierung an der missio Dei. Dies ist im Blick auf den missionarischen Gemeindeaufbau festzuhalten. Gott möchte durch das Zeugnis der gesamten charismatisch begabten Gemeinde die getauften, aber entfremdeten Menschen zum Glauben und darum auch in die Gemeinde führen.

II. »Wie wird die Kirche neu?«

Man wird die Wirkung der Spandauer Thesen dennoch nüchtern in Augenschein nehmen müssen. Nach einigen Jahren wurde es still um den missionarischen Gemeindeaufbau. Andere Themen beherrschten das theologische und kirchliche Gespräch. Daß in der Mitte der siebziger Jahre das Gespräch über den missionarischen Gemeindeaufbau neu aufkam, war nicht zuletzt das Verdienst des Württembergischen Prälaten Theo Sorg, der Anfang 1977 sein Buch »Wie wird die Kirche neu?« veröffentlichte. Die Grundlinien dieses Buches tauchten in mehr oder minder veränderter Form in etlichen Veröffentlichungen zum missionarischen Gemeindeaufbau der folgenden Jahre immer wieder auf.

1. Die kritische Bejahung der Volkskirche als Raum des missionarischen Gemeindeaufbaus

Für Th. Sorg steht außer Frage, daß »die Volkskirche… sich fundamental von dem unterscheidet, was uns im Neuen Testament als Gemeinde begegnet«.[19] Mit der Volkskirche, wie sie sich uns darstellt, ist eine Mitgliedschaft vieler Getaufter ohne eigene Entscheidung zum Glauben verbunden. Dennoch will Sorg nicht das Ende der Volkskirche herbeisehnen, sondern entschieden die zahlreichen Kontaktchancen der Volkskirche nutzen. Volkskirche soll »…die Gesamtheit eines Volkes innerlich erreichen und alle Glieder eines Volkes zu Jesus rufen«.[20] Wiederum ist mit dieser Sicht der Volkskirche eine profilierte Tauftheologie verbunden. Sorg wehrt sich gegen eine Taufwiedergeburtslehre, die nicht mehr nach dem persönlichen Glauben der Getauften und ihrer Bindung an die Gemeinde fragt. Er sieht aber zugleich die Getauften als Menschen unter der promissio Dei an, denen die Einladung zum Glauben um jeden Preis zugetragen werden muß.[21]

2. Pfarrerschaft und allgemeines Priestertum

In einer pfarrerzentrierten Volkskirche ist missionarischer Gemeindeaufbau am ehesten mit der Hilfe der Pfarrer denkbar. Dann aber ist die geistliche Erneuerung des Pfarrerstandes eine wesentliche Voraussetzung für den Gestaltwandel der Gemeinde. Hier muß eine Neuorientierung auf Jesus Christus, den Bauherrn der Gemeinde, und auf seine Baupläne beginnen.[22]
Noch stärkeres Gewicht legt Sorg allerdings auf die Wiederentdeckung der Gemeinde als charismatischer Wirklichkeit. Alle Getauften sind mit Gaben beschenkt, die zum Aufbau der Gemeinde unverzichtbar sind. Deshalb kann der Gemeindeaufbau nur mit einer entschiedenen Durchsetzung des allgemeinen Priestertums der Gläubigen einhergehen, wenn er nicht die pfarrerzentrierte Volkskirche festschreiben will.[23]

3. Die Väter

Neuere Konzeptionen des missionarischen Gemeindeaufbaus stehen in einer langen Geschichte des Nachdenkens über die geistliche Erneuerung der Gemeinde. Darum ist beim missionarischen Gemeindeaufbau immer wieder die Rede von den »Vätern«. Vor allem Martin Luther (»Deutsche Messe«) und Philipp Jacob Spener (»Pia Desideria«) werden immer wieder als Kronzeugen aufgerufen. Bei Sorg ist besonders der Bezug auf Speners Reformprogramm gut erkennbar.
Dieser Bezug auf Spener wird vielleicht gar nicht zuerst durch direkte Hinweise und Zitate deutlich. Vielmehr spiegelt sich in Sorgs Gedanken die theologische und geistliche Prägung des Spener'schen Reformprogramms wider. Wie Spener will Sorg die Situation seiner Kirche illusionslos und nüchtern betrachten. Das allein würde jedoch nicht ausreichen, zumal Kirchenkritik in allen möglichen Varianten üblich ist. Hinzu kommt aber der feste Blick auf Gottes Verheißungen, verbunden mit der Zuversicht, Gott wolle und werde in dieser Zeit seine Kirche erneuern. Dieser doppelte Blick auf die Kirche, nüchtern in der Analyse und zuversichtlich auf Grund der Verheißungen Gottes, zeichnete Speners Reformpro-

gramm aus und findet sich auch in Theo Sorgs Überlegungen zur geistlichen Erneuerung der Volkskirche wieder.[24]

Darüber hinaus greift Th. Sorg die konkreten Reformthesen Speners auf. Spener wollte die persönliche Lektüre der Bibel und die öffentliche Predigt ergänzen und zu diesem Zweck sogenannte »collegia pietatis« einrichten. Diese »collegia« – fest eingebunden in Amt und Gemeinde – sollten Räume schaffen, in denen Christen die ganze Bibel miteinander lesen könnten, um sich dann unter Anleitung des Pfarrers über das Gehörte auszutauschen. Spener nennt dies die alte apostolische Art der gemeindlichen Versammlungen (nach 1 Kor 14): »Wo zu gewissen zeiten unterschiedliche auß dem Predigtampt... oder doch unter dirigirung deß Predigers andere mehrere auß der Gemeinde, welche von Gott mit ziemlicher erkantnuß begabet, oder in derselben zu zunehmen begierig sind, zusammen kämen, die Heilige Schrifft vor sich nehmen, darauß offentlich lesen und über jegliche stelle derselben von dem einfältigen verstand, und was in jeglichem zu allerhand unser erbauung dienlich wäre, brüderlich sich unterredeten...«[25]

Davon erhofft sich Spener geistliches Wachstum in der Gemeinde: »Je reichlicher also das Wort unter uns wohnen wird, je mehr werden wir glaubens und dessen früchte zuwegen bringen.«[26]

Dieser Vorschlag Speners wird von Sorg ausführlich zitiert und neben Luthers entsprechenden Vorschlag zur Versammlung derer, die mit Ernst Christen sein wollen, gestellt.[27] Nicht nur das Element der Gemeinschaft und der Hauszelle wird hier als konstitutiv für den missionarischen Gemeindeaufbau erkennbar. Es wird vor allem deutlich, daß jede Gemeindeaufbaubewegung zugleich Bibellesebewegung war und ist. Missionarischer Gemeindeaufbau möchte möglichst viele Gemeindeglieder sowohl zum persönlichen Lesen wie auch zum gemeinschaftlichen Besprechen der Bibel anleiten.

Auch die anderen programmatischen Vorschläge Speners finden bei Sorg ihren Widerhall. Besonders deutlich wird dies im Blick auf das allgemeine Priestertum, dem Spener breiten Raum widmet und das Sorg als eine Grundbedingung der geistlichen Erneuerung der Kirche herausgestellt hat.[28]

Wer die Konzeption der missionarischen Gemeinde für alle recht verstehen will, darf diese geschichtlichen Wurzeln nicht übersehen. Missionarischer Gemeindeaufbau steht in einer Überlieferungsgeschichte des kybernetischen Nachdenkens, die mit dem Pietismus eng verbunden ist. Es ließe sich ein breiter Strom theologischen Arbeitens über den Aufbau der Gemeinde nachweisen, der den Grundgedanken Speners und des Pietismus verpflichtet hat. Nicht immer war es ein kirchliches und akademisch-theologisches Nachdenken über den Gemeindeaufbau, das in diesen Bahnen verlaufen konnte. Oft emigrierte der missionarische Gemeindeaufbau in die freien Werke der Kirche oder auch in Gruppen am Rande der Kirche, zuweilen auch aus ihr heraus in neue, freikirchliche Gemeinschaften.[29] Um so wichtiger ist es, wenn heute immer mehr Theologen und Pfarrer die Frage des Aufbaus lebendiger Gemeinden innerhalb der Volkskirche bedenken und dabei auch den Anschluß an Speners Programm nicht scheuen.[30]

248

4. Missionarischer Gottesdienst

Theo Sorg möchte die Chancen der Volkskirche zum missionarischen Gemeindeaufbau nutzen. Dies beginnt beim Gottesdienst. Der Gestaltung des Gottesdienstes widmet Sorg besondere Aufmerksamkeit. Neben anderem proklamiert er dabei auch die Notwendigkeit der missionarischen Verkündigung im Gottesdienst.
Er will keineswegs den Gottesdienst zur sonntäglichen Evangelisation reduzieren,
aber er sieht doch die evangelistische Dimension des Gottesdienstes in der Volkskirche: »Es muß immer wieder mit Ernst davon gesprochen werden, daß ohne
Umkehr (Mark 1,15), ohne die neue Geburt von oben her (Joh 3,3) kein Mensch
in Gottes Reich kommen kann... So gehört gerade in die gottesdienstliche Verkündigung innerhalb unserer volkskirchlichen Situation immer, wenn es der Text
zuläßt, das Wort von der persönlichen Glaubensentscheidung des einzelnen;
ebenso die Einladung, das von Gott durch Jesus Christus für uns Geschaffene, in
der Taufe uns Zugesprochene und Geschenkte durch ein persönliches Ja des Glaubens anzunehmen.«[31]
Sorg weist aber auch darauf hin, daß es allein mit einer missionarischen Verkündigung im Gottesdienst nicht getan ist. Vielmehr ist dann auch die Gestaltung des
ganzen Gottesdienstes unter dem Aspekt des missionarischen Gemeindeaufbaus
zu bedenken: ist der Gottesdienst als ganzer einladend? Kommen die vielen Gaben der Gemeindeglieder zum Zug? Werden Fremde angemessen begrüßt und
aufgenommen? Wer aber den Gottesdienst unter dem Aspekt des missionarischen
Gemeindeaufbaus gestaltet, wird erleben, wie er zu zahlreichen, vertieften seelsorgerlichen Kontakten kommt. Das im Gottesdienst verkündigte Evangelium fordert heraus zur Rückfrage und Aussprache. Es kommt nicht leer zurück
(Jes 55,11).[32]
Auch in dieser kybernetischen Strategie spiegeln sich Gedanken Speners und des
Pietismus wider. Missionarische Verkündigung und seelsorgerliches Gespräch
waren immer im Blickfeld einer geistlichen Gemeindeerneuerung im Sinne des
Pietismus. Spener selbst forderte: »Das vornehmste aber achte ich dieses zu seyn,
weil ja unser gantzes Christenthum bestehet in dem innern oder neuen menschen,
dessen Seele der Glaube und seine würckungen die früchten deß lebens sind: Daß
dann die Predigten insgesampt dahin gerichtet solten werden.«[33]

5. Das Gesamtkonzept

Die einzelnen Elemente missionarischer Gemeindearbeit bilden aber für sich allein noch nicht unbedingt auch ein Konzept des missionarischen Gemeindeaufbaus. Es kommt darauf an, daß die verschiedenen Elemente auch zusammenstim-
men und organisch miteinander verbunden sind. Ein solches *Gesamtkonzept* wird
bei Sorg deutlich: *Er geht aus* von der geistlichen Erneuerung des Pfarrers, der angesichts der Misere der Volkskirche neue Hoffnung im Blick auf seine Gemeinde
bekommt und nach den Bauplänen des Neuen Testamentes Gemeinde bauen
möchte.[34] Der *zweite Schritt* ist die Suche nach den Menschen in der Gemeinde,
die dieses Anliegen mit dem Pfarrer teilen. So entsteht ein »kleiner geistlicher
Brückenkopf« in der Gemeinde, die Urzelle einer Mitarbeitergemeinschaft.[35] Der
dritte Schritt ist die missionarische Gestaltung des sonntäglichen Gottesdienstes,

verbunden mit der Bemühung, die zahlreichen Gesprächskontakte in der Gemeinde seelsorgerlich zu nutzen. Gottesdienst und Seelsorge werden elementarisiert und sollen den Getauften zum Glauben helfen.[36] Der *vierte Schritt* ist die »Durchgliederung der ganzen Gemeinde mit kleinen Zellen (Hausgemeinden) von bruderschaftlich-missionarischer Struktur.«[37] In diesen Zellen geht es um Arbeit an der Bibel, Austausch und gegenseitige Seelsorge, praktische Hilfestellung im Alltag, erste Schritte der Mitarbeit und nicht zuletzt um das gemeinsame Gebet.[38] Ein *fünfter Schritt* dürfte dann die Einrichtung eines Mitarbeiterkreises sein, in dem die Mitarbeiter für ihre Dienste zugerüstet werden können.[39] Ziel ist dann der *sechste Schritt:* Die Durchdringung der ganzen Gemeinde, die missionarische Breitenarbeit. Gemeinde, die in der beschriebenen Weise zusammenlebt, strahlt aus und zieht andere an. Laien, die so zugerüstet werden, werden fähig zum missionarischen Kontakt im Alltag der Welt.[40] Im ganzen wird innerhalb dieses Konzeptes ein Zweitakt der Gemeindearbeit deutlich. Dies ist der einfachste Nenner, auf den sich das Buch von Theo Sorg bringen läßt: »Missionarischer Gemeindeaufbau in der Volkskirche müßte sich folgerichtig in zwei Schwerpunkten vollziehen: – Bruderschaftliche Sammlung und Zurüstung derer, die mit Ernst Christen sind. Und mit ihnen zusammen – missionarische Breitenarbeit innerhalb des corpus mixtum der volkskirchlichen Gemeinde.«[41]

III. Der Dialog zwischen Christian Möller und Johannes Hansen

Als der Praktische Theologe Christian Möller bei einer Evangelisation in Wuppertal-Gemarke (1977) mitarbeitete, traf er auf den westfälischen Evangelisten Johannes Hansen. Zwischen beiden entspann sich ein ausführlicher Briefwechsel, der grundsätzliche Fragen von Evangelisation, Taufverständnis und Gemeindeaufbau zum Inhalt hatte. Dieser Briefwechsel wurde dann 1980 im Neukirchener Verlag veröffentlicht. Ein kurzer Einblick in die beiden Positionen dieses Gesprächs macht deutlich, welche Frage im Kontext des missionarischen Gemeindeaufbaus am heftigsten umstritten ist. Dabei ist in jedem Fall positiv zu vermerken, daß es überhaupt zu einem offenen und verständnisvollen Dialog zwischen Evangelisation und akademischer Theologie kommen konnte. Dies ist sicherlich noch die Ausnahme.[42]

1. Das Votum Christian Möllers

Der ganze Dialog zwischen Möller und Hansen ist von gegenseitiger kritischer Sympathie getragen. Plakative Vorwürfe und undifferenzierte Kritik haben hier ebensowenig Platz gefunden wie uralte Vorurteile von Hochschul-Theologen gegenüber der Evangelisation oder von Evangelisten gegenüber der Hochschul-Theologie.
Möller geht von einer homiletischen Analyse der evangelistischen Ansprachen Hansens aus. Er stellt fest: Nach der Verlesung eines biblischen Textes wird zunächst durch eine Geschichte oder ein drastisches Bild die Verlorenheit und Schuldverfallenheit des Menschen ohne Gott geschildert (Stichwort: lex accusans). Es folgt – ausführlich und in werbender Sprache – die Darstellung des Evan-

geliums, der Gnade und Liebe Gottes in Jesus Christus. Schließlich wird der Hörer in einem letzten Teil zur Entscheidung für Christus, zur Umkehr also aufgerufen (Stichwort: nova lex evangelii). Möller würdigt diese theologisch verantwortete Abfolge, schlägt aber seinerseits eine Umgewichtung vor. Er möchte – dem Aufbau des Römerbriefes folgend – lieber von der Liebe Gottes ausgehen (Evangelium), dann erst der Darstellung der Sünde Raum geben (Gesetz), um in einem dritten Teil das Evangelium als Zuspruch der Vergebung und als Weckruf in die Christusnachfolge laut werden zu lassen.[43]

Hier geht es nicht nur um ein homiletisches Problem; hier wird vielmehr eine grundsätzliche Frage laut. Möller wehrt sich gegen den evangelistischen Entscheidungsruf. Er mahnt an, daß sich der Glaube nicht auf die eigene Entscheidung gründen darf, wenn er nicht von Ungewissem leben will. Gewiß ist die Taufe, nicht aber die persönliche Entscheidung des einzelnen. Zudem steht hinter dem evangelistischen Entscheidungsruf oft der Wahn des freien Willens in Heilsfragen. Wer sich dagegen auf die Taufe verläßt, verläßt sich auf das allem menschlichen Entscheiden vorausgehende Heilshandeln Gottes. Wenn in der Evangelisation überhaupt zu etwas gerufen werden darf, dann zur Taufe. Der evangelistische Ruf müßte ein »Weckruf zur Entscheidung für die Taufe« sein.[44] Möller sieht die Evangelisation unter dem Aspekt des »reditus ad baptismum«. Bekehrung ist »Umkehr und Rückkehr zur Taufe«[45] oder »Tauferneuerung«[46]: »Deshalb weckt mich die Evangelisation mit ihrem Weckruf aus allen Herrschaftsräumen wieder auf und kehrt mich zu dem Herrn um, auf dessen Namen ich getauft worden bin… Es gibt also Vorbilder, die einem helfen können, sowohl im Gottesdienst wie in der Evangelisation wieder Freude an der Taufe zu machen und zu jener Tauferneuerung zu kommen, in der der Getaufte aus seinem Tiefschlaf wieder aufwacht und der Glaube Gewißheit gewinnt.«[47]

Ist es von dieser tauforientierten Evangelisationstheorie nicht nur konsequent, wenn im ganzen die Bedeutung der Evangelisation ein wenig geringer eingeschätzt wird als z. B. bei Johannes Hansen? Evangelisation ist dann nur eine Aufgabe der Gemeinde neben anderen. Möller will keineswegs der Evangelisation ein Mauerblümchendasein zuweisen, aber er ruft auf zur Unterscheidung der Gaben: Nichts sei schlimmer als ein »missionarischer Brei«. Dann muß alles – bis hin zum Tischtennisspielen in der Gemeinde – eine »evangelistisch-missionarische Dimension bekommen«.[48] Damit die Gemeinde nicht in missionarischen Streß versetzt wird, soll statt dessen Evangelisation als eher punktuelle, vom kairos her bestimmte prophetische Rede verstanden werden, als gezielter Weckruf an die Getauften eben.[49] So kann es dann heißen: »Die gottesdienstliche Predigt ist das Standbein der Kirche, die evangelistische Rede das Spielbein.«[50]

Möllers Thesen bringen einen entscheidenden theologischen Zusammenhang zur Sprache. Der missionarische Gemeindeaufbau, dem es mit Priorität um Evangelisation geht, muß Rechenschaft darüber ablegen, wie er es mit der Taufe hält. Er muß deutlich machen können, wie das Heilshandeln Gottes in der Taufe und der Ruf zum Glauben in der Evangelisation zusammenhängen, so daß weder jenes zuvorkommende Handeln Gottes geleugnet noch dieser Ruf in die Nachfolge verzichtbar wird. Möller hat einen Vorschlag zu dieser Frage gemacht. Es geht um den Weckruf der Gemeinde an die Getauften im Tiefschlaf. Das Gewicht liegt bei Möller auf der Taufe. Evangelisation behaftet den Glauben bei seiner Geschichte, indem sie ihn zum »reditus ad baptismum« ermutigt. Der Glaube aber beginnt mit der Taufe und nicht erst mit der persönlichen Entscheidung.[51]

2. Das Votum Johannes Hansens

Hansen hat sich ausführlich auf das Gespräch über Taufe und Glaubensentscheidung eingelassen. Er läßt sich zunächst auch auf die Vorordnung des Evangeliums vor dem Gesetz ein. Gottes Handeln steht am Anfang. Das Evangelium von der Liebe Gottes ist in der Evangelisation ausführlich darzulegen. Warum sollte aber dann nicht auch zu ersten oder neuen Schritten des Glaubens aufgerufen werden? Die Bibel ist doch voll von solchen Rufen. Warum sollte das Wort nicht Antwort erbitten? Evangelistische Entscheidungsrufe können nicht von vornherein theologisch disqualifiziert werden.[52]
Dies gilt auch im Blick auf die Taufe. Gott handelt in der Taufe am Menschen. Damit ist nicht automatisch auch der Glaube als persönliche Christusbeziehung des Getauften mitgesetzt. Vielmehr ist zum Glauben einzuladen. Es ist das Evangelium selbst, das diesen Ruf zum Glauben laut werden läßt und Antwort erbittet, mehr noch, Antwort selbst erst ermöglicht.[53] Dann aber kann unmöglich die Bitte um die Antwort des Menschen in der Verkündigung unterbleiben. Hansen versichert ausdrücklich, daß das zustimmende »Ja« des Menschen nicht etwa erst einen das Heil begründenden Akt des Menschen darstellt, sondern allein die durch das Evangelium hervorgerufene, notwendige Annahme des Heils.[54]
Was bedeutet dies nun im Blick auf den missionarischen Gemeindeaufbau in der Volkskirche? Hansen ist keineswegs gewillt, Menschen zu verunsichern, die sich aufgrund des Rufes zum Glauben erstmals oder erneut ihrer Taufe vergewissern. Warum auch?[55]
Andererseits will Hansen die volkskirchliche Situation nicht außer acht lassen. Die fortschreitende Säkularisation hat eben auch bewirkt, daß viele Getaufte fast nichts mehr vom Glauben wissen und erst recht keine Gewißheit des Heils haben. Und eine Beziehung zu ihrer Taufe ist schon gar nicht auszumachen: »Für die meisten unserer entfremdeten ›Kirchenmitglieder‹ ist ihre Taufe nicht einmal mehr ein gedanklicher Sachverhalt, geschweige denn eine geistliche Basis für den Glauben.«[56]
Die Säkularisation bedeutet innerhalb der Volkskirche, daß viele Menschen in ihrem Leben noch keine »existentielle Beziehung zu Christus und dem Evangelium erlebten«.[57]
Darum kann aber evangelistische Verkündigung kaum bei der Taufe einsetzen. Sie muß viel elementarer beginnen: Beim Bußruf Jesu zum Beispiel! Sie muß Erstverkündigung des Evangeliums sein. Undenkbar wäre es, nun jeden Text des Evangeliums erst durch die Tür der Taufe hindurch zu interpretieren.[58]
Hinter diesen Äußerungen scheint nun auch der Grundkonflikt zwischen Hansen und Möller hervor. Möller sprach vom Weckruf und vom Tiefschlaf. Hier setzt Hansens energischer Widerspruch ein: Taufe ohne Glaube hilft letztlich doch nicht zum Heil. Wer dann aber alle Getauften als Glaubende betrachtet, droht nun seinerseits Gesetz und Evangelium zu vertauschen und die Getauften permanent zu überfordern. Er spricht sie so an, als ob sie eine persönliche Christusbeziehung hätten, ohne daß dies der Fall ist. Dementsprechend droht er die Taufe zu einer

magischen Handlung zu degradieren. Hansen stellt fest: »Die eigentliche ›Heils-not‹ unserer noch nicht glaubenden Mitmenschen ist doch nicht nur ihre ›Taufver-gessenheit‹, und sie sollen auch nicht nur aus dem entsprechenden ›Tiefschlaf‹ er-weckt werden. Das Evangelium will sie aus dem Tode erwecken, und das geschieht durch die Macht des auferstandenen Herrn, der im Wort der Verkündigung han-deln will.«[59]

Dann aber bekommt Evangelisation im missionarischem Gemeindeaufbau eine ganz andere Dringlichkeit als bei Möller. Selbstverständlich geht es nicht um eine Ausdehnung evangelistischer Sonderveranstaltungen der Gemeinde. Das sind be-sondere Höhepunkte im Leben einer Gemeinde (»kontingente Evangelisation«). Es geht vielmehr um »permanente Evangelisation« im Sinne eines evangelistischen Lebensstils. Alle Bereiche des gemeindlichen Lebens sollen evangelistische Quali-tät bekommen und dazu beitragen, daß Menschen zu einer persönlichen Christus-beziehung im Lebensbereich der Gemeinde geführt werden.[60] Dann bekommt auch der Gottesdienst – wie bei Theo Sorg – eine evangelistische Dimension: »Die gottesdienstliche Predigt hat meines Erachtens evangelistischen Charakter, wenn sie Menschen konkret in die Nachfolge Christi ruft und sich dabei nicht scheut, auch ganz schlichte Wegweisung für erste und neue Schritte des Glaubens anzu-bieten.«[61]

B. Die Gemeindewachstums-Bewegung (Church Growth)[62]

Daß sich Konzepte des Gemeindeaufbaus aus missionswissenschaftlichen Überle-gungen herleiten, ist nichts Ungewöhnliches. So hat etwa der Dresdener Afrika-Missionar Bruno Gutmann (1876–1966) schon 1925 mit seinem Buch »Gemeinde-aufbau aus dem Evangelium« versucht, die Erkenntnisse seiner missionarischen Tätigkeit für den Gemeindeaufbau in Deutschland fruchtbar zu machen. Gut-manns Denken war sehr stark am Gedanken der Gliedschaft orientiert. Gegen den Individualismus des Menschen (und auch des christlichen Menschen) betonte er die Zugehörigkeit zur Familie, Sippe und Volk bzw. Gemeinde. Gemeindeaufbau soll dementsprechend nicht christliche Einzelgänger hervorbringen. Die vorgege-benen sozialen Strukturen sollen erhalten bleiben, und die Bekehrten sollen ler-nen, in ihren alten Strukturen nun als Christen zu leben.[63]

Auch Christian Keysser (1877–1961) bemühte sich darum, seine Erfahrungen in der Mission in kybernetische Überlegungen umzusetzen. Er hielt seine Gedanken in dem Buch »Eine Papuagemeinde« fest. Auch Keysser wollte nicht die Bekeh-rung von Individuen als Ziel der Mission ansehen. Ihm ging es ebenso wie Gut-mann darum, daß ganze Dörfer zu einem lebendigen Glauben an Christus kom-men sollten. So sollte es auch möglich sein, in den Gemeindeversammlungen das gesamte Leben des Dorfes, seine geistlichen wie weltlichen Belange, zu bespre-chen und zu klären.[64]

Ähnliche Überlegungen finden sich auch in der amerikanischen Church-Growth-Bewegung, von der nun zu berichten ist.[65]

I. Die Geschichte der Church-Growth-Bewegung

1. Mission und Gemeindewachstum

Donald McGavran ist der Nestor der Church-Growth-Bewegung. Er war zunächst lange Jahre Missionar in seinem Geburtsland Indien (1937–1954). Ab 1954 war er für missions-wissenschaftliche Forschungen freigestellt worden. Er untersuchte in den folgenden Jahren vor allem die Frage, warum und unter welchen Bedingungen Kirchen wachsen oder stagnieren. 1955 erschien ein erstes Buch zu dieser Frage: »Bridges of God«. Die gesamte Church-Growth-Bewegung ist ohne den Einfluß McGavrans nicht zu denken. 1960 wurde er dazu berufen, ein »Institute of Church Growth« am Northwest Christian College in Eugene/Oregon zu gründen. In die Zeit in Eugene (1960–1965) fällt die Iberville-Tagung des Ökumenischen Rates der Kirchen (1963), auf der McGavran erstmals seine kybernetische und missions-wissenschaftliche Konzeption vor einem bedeutenden internationalen Gremium vorstellen konnte. 1965 zog McGavran mit seinem Institut weiter; er gründete die »School of World Mission« am Fuller Theological Seminary in Pasadena/California. Bis 1971 stand McGavran diesem Institut vor. 1970 erschien das wohl bis heute grundlegende Buch über Church Growth: »Understanding Church Growth« (1980 in zweiter, überarbeiteter Auflage publiziert). C. Peter Wagner und Win Arn wurden McGavrans wichtigste Mitarbeiter. Der ehemalige Bolivien-Missionar Wagner arbeitet heute als Professor an der »School of World Mission«. Win Arn ist Präsident und Direktor des »Institute for American Church Growth«. Nach wie vor jedoch ist der greise Donald McGavran die bestimmende Gestalt der Church-Growth-Bewegung in aller Welt.[66]

2. Die Gemeindewachstums-Bewegung in Deutschland

Seit einigen Jahren, spätestens jedoch seit dem Nürnberger Kirchentag 1979, ist die Church-Growth-Bewegung als Gemeindewachstums-Bewegung auch in Deutschland bekannt geworden, ohne daß sie schon Gegenstand wissenschaftlicher Erforschung geworden wäre. Dies mag daran liegen, daß die Aktivitäten der Gemeindewachstums-Bewegung in unserem Land noch relativ jung und unbekannt sind; es mag auch darin begründet sein, daß es bislang kaum zufriedenstellende Literatur über Theologie und Praxis der Church-Growth-Bewegung in deutscher Sprache gibt. So sind etwa von Donald McGavran außer einem schmalen Band nur zwei kürzere Aufsätze in deutscher Sprache greifbar.[67]
Seit 1979 arbeitete unter der Leitung des Württembergischen Unternehmers Jörg Knoblauch ein »Arbeitskreis für Gemeindeaufbau« an Fragen des Gemeindeaufbaus. Dieser Arbeitskreis, zu dem auch eine Reihe von Gemeindpfarrern gehören, möchte die Gedanken der Church-Growth-Bewegung in die Situation der Volkskirche tranferieren. Knoblauch bietet vor allem Sonderflugreisen in die USA oder nach England an. »Multiplikatoren des Gemeindeaufbaus« sollen durch diese Reisen wachsende Gemeinden und führende Church-Growth-Experten in aller Welt kennenlernen und deren Erfolgsprinzipien in die volkskirchliche Landschaft übersetzen. So wird etwa das »Institute for American Church Growth« in Pasadena besucht oder die – auch durch die Medien bekannt gewordene – Garden

Grove Community Church von P. Robert Schuller in Los Angeles. Am 12. 12. 1985 wurde schließlich die AGGA (Arbeitsgemeinschaft für Gemeindeaufbau) unter dem Vorsitz von Bernd Schlottoff gegründet. Sie ist ein Forum verschiedener Gruppierungen des missionarischen Gemeindeaufbaus. Auch Vertreter der geistlichen Gemeindeerneuerung sind an der AGGA beteiligt.[68]

Seit 1979 werden die Gedanken der Gemeindewachstums-Bewegung in Deutschland durch die Zeitschrift »Gemeindewachstum« (zunächst unter dem Namen »Dynamische Gemeinde«, vier Hefte pro Jahr) verbreitet. »Gemeindewachstum« ist keine im engeren Sinne wissenschaftliche Publikation. »Gemeindewachstum« ist viel eher eine »Illustrierte« des missionarischen Gemeindeaufbaus. Dazu gehört die Vorstellung einer missionarisch arbeitenden landeskirchlichen Gemeinde. Stets geht es um die Frage, wie aus erodierenden volkskirchlichen Parochien lebendige, wachsende Gemeinden mit missionarischer Ausstrahlung werden konnten. So wurde bereits zweimal über die evangelische St.-Matthäus-Gemeinde in Bremen berichtet. Das Wachstum dieser Gemeinde begann 1961 mit einer Evangelisation. Seither steigt die Anzahl der Gottesdienstbesucher, obwohl die Parochie immer mehr Kirchenmitglieder einbüßt. Inzwischen besuchen 600 Gemeindeglieder den Gottesdienst, sind weit über 20 Hauskreise entstanden und wird intensiv, u. a. durch Hausbesuche, missionarisch gearbeitet. Der Pfarrer dieser Gemeinde will Gemeindeaufbau in der Kraft des Heiligen Geistes und in enger Bindung an die Aussagen der Apostelgeschichte betreiben. Streng unterschieden wird zwischen Mitgliedern der Parochie und wiedergeborenen Christen.[69] Dieses Beispiel ist typisch sowohl für die Zeitschrift »Gemeindewachstum« als auch für die kybernetischen Vorstellungen der Gemeindewachstums-Bewegung. Daneben werden in »Gemeindewachstum« vor allem kürzere Aufsätze über Fragen des missionarischen Gemeindeaufbaus, Literaturhinweise, Interviews mit Experten für Gemeindewachstum, Adressen von missionarischen Gruppen und Gemeinden sowie Veranstaltungshinweise veröffentlicht.

Seit 1980 arbeitet in Gießen ein »Institut für Gemeindeaufbau« unter der Leitung des Amerikaners Roger Bosch, eines Absolventen der »School of World Mission« und ehemaligen Assistenten von C. Peter Wagner.[70] Dieses Institut bietet vorwiegend Seminare zu Fragen des missionarischen Gemeindeaufbaus an. So gibt es z. B. Seminare über Hauskreis-Arbeit, Gebet, Charismen oder über das Gespräch über den Glauben. Vor allem aber wird ein Gemeindewachstums-Seminar angeboten, vorwiegend für Pfarrer und andere leitende Mitarbeiter in der Gemeinde. Mit großem didaktischem und methodischem Aufwand sollen die kybernetischen Grundgedanken der Gemeindewachstums-Bewegung in die volkskirchliche Gemeindesituation transferiert werden. Das Gemeindewachstums-Seminar will über eine Analyse der gemeindlichen Situation nach Wegen des Wachstums fragen: Wie kann eine Gemeinde im Sinne des Neuen Testamentes qualitativ, organisch und quantitativ wachsen?[71] Die Seminare am Institut werden ergänzt durch das Angebot der Gemeindeberatung in der Kirchengemeinde selbst.

Zur deutschen Gemeindewachstums-Bewegung gehört auch die Arbeit des Herner Pfarrers Bernd Schlottoff. Er hat das amerikanische Programm »Evangelism Explosion« von D. J. Kennedy (Presbyterian Church of Florida) für deutsche Verhältnisse übersetzt und bearbeitet. Evangelisation geschieht dabei durch die ganze Gemeinde. Die Gemeindeglieder werden zum missionarischen Besuchsdienst angeleitet. Dies wird zur Hauptaufgabe des Pfarrers. Dabei ist es von größter Bedeutung, daß der missionarische Besuchsdienst nicht isoliert gesehen wird. Die gesamte Gemeindearbeit, vor allem der Gottesdienst als Mitte des gemeindlichen Lebens, soll sich an der missionarischen Grundrichtung der Gemeinde orientieren. Seit einigen Jahren bietet Bernd Schlottoff mit anderen Gemeindewachstums-Theologen zusammen Studienkollegs für Gemeindewachstum in Herne an. Pfarrer und Mitarbeiter werden angeleitet, missionarische Gespräche zu führen. Dies geschieht in Form von Seminaren und – learning by doing! – in Gestalt eines Besuchsdienstpraktikums.[72]

Zu erwähnen ist darüber hinaus »Mut zur Gemeinde«, eine aus dem Schweizer CVJM hervorgegangene Gruppe, die durch Wochenendveranstaltungen in Kirchengemeinden missionarische Impulse, u. a. zur Gründung von Hauskreisen geben möchte sowie die »Arbeitsgemeinschaft für Gemeindebibelunterricht« (Herbert Masuch), der es um eine Durchdringung der Gemeinde mit Bibelgruppen nach dem Vorbild amerikanischer Sonntagsschulen geht.[73] Schließlich ist das sogenannte »Kolosser 2,7-Programm« der »Navigatoren« zu erwähnen. Die »Navigatoren« sind eine aus Amerika stammende Bewegung, die seit ca. 30 Jahren auch in Deutschland arbeitet. Ihr Schwerpunkt liegt auf der Schulung und Zurüstung von Christen zum christlichen Leben im Alltag und zum missionarischen Dienst. Dies geschieht durch 6 Kurse mit je 12 Lektionen zu Grundfragen des Glaubens in festen Hauskreisen von 8 bis 10 Teilnehmern. In diesen zwei Jahren »Jüngerschafts-Schulung« soll durch die Arbeit an der Bibel eine geistliche Persönlichkeitsbildung stattfinden.[74]

II. Theologische Grundlagen der Gemeindewachstums-Bewegung

1. Missionswissenschaftliche Grundüberlegungen bei Donald McGavran

a) Die evangelikale Dogmatik

McGavran und seine Schüler bieten in ihren Veröffentlichungen keine ausgeführten dogmatischen Darlegungen an. Damit ist aber bereits eine theologische Grundentscheidung der Church-Growth-Bewegung benannt. Statt einer ausführlichen ekklesiologischen oder missionstheologischen Positionsbeschreibung bietet McGavran nur einige wenige evangelikale Basissätze an. Er möchte damit erreichen, daß möglichst viele Konfessionen und Denominationen sich seinem Konzept anschließen können, ohne ihre eigene dogmatische Herkunft dabei zu verleugnen. Nur die wenigen evangelikalen Basissätze bedürfen der Zustimmung. McGavran selbst schreibt: »Erstes Kennzeichen« der Gemeindewachstums-Bewegung: »Der christliche Glaube ist die Universalreligion, die Bibel ist Gottes definitive Offenbarung seines Willens für die Menschen, und Jesus Christus ist Gott und alleiniger Erlöser.«[75]

»Wir glauben, daß die Bibel ein wesentlicher Teil und eine zuverlässige Aufzeichnung der Selbstoffenbarung Gottes ist. Alle Bücher des Alten und des Neuen Testamentes, von Gott inspiriert, sind das geschriebene Wort Gottes, die einzige unfehlbare Grundlage für Glauben und Handeln.«[76]

Eine andere Quelle neben der Bibel wird damit ebenso abgelehnt wie eine Gleichstellung der christlichen mit anderen Religionen. Die Sohnschaft Jesu impliziert, daß nur er der Erlöser der Menschen sein kann. Dialog mit anderen Religionen als Weg der Wahrheitsfindung wird scharf abgelehnt. Diese Basissätze sind das dogmatische Minimum für eine Bewegung, die die Mission in das Zentrum ihrer Bemühungen gestellt hat.

Anfang 1985 trafen sich deutsche und amerikanische Gemeindewachstums-Experten zu einer Konsultation über Fragen des missionarischen Gemeindeaufbaus. In einem Bericht über diese Konsultation wird auf diese Minimalisierungs-Strategie McGavrans noch einmal hingewiesen: »McGavran warnte insbesondere vor dogmatischen Streitigkeiten, die vom wesentlichen Auftrag der Christen ablenken könnten, Gemeinde Jesu Christi zu bauen. Am ›Fuller Theological Seminary‹ in Pasadena, an dem Prof. McGavran arbeitet, habe man eine ›Theologie des kleinsten gemeinsamen Nenners‹ entwickelt, um in Ländern und mit Gruppierungen unterschiedlichster Tradition und konfessioneller Prägung Gemeindeaufbau betreiben zu können.«[77]

b) Der evangelistische Grundauftrag

Diese Minimal-Dogmatik schließt die Konzentration der Gemeindewachstums-Bewegung auf eine Hauptaufgabe ein: Es geht um Evangelisation. Evangelisation ist notwendig, mehr noch, sie ist geboten, weil Menschen ohne Jesus Christus für Zeit und Ewigkeit verloren sind. Im Hören auf die Sendungsworte Jesu in Mt 28,16–20 und Mk 16,16 wird Evangelisation als Grundauftrag innerhalb des Gemeindeaufbaus offenbar. Angesichts der theologischen Sprachverwirrung präzisiert McGavran die Rede von der Evangelisation und spricht deutlicher von »conversion evangelism«, von auf Bekehrung zielender Evangelisation.[78]

Er definiert: »Mit dem Begriff ›Evangelisation‹ meine ich die Verkündigung von Jesus Christus als Herrn und Erlöser und das Überzeugen der Menschheit, seine Jünger und verantwortliche Mitglieder seiner Kirche zu werden.«[79]

Dieser evangelistische Grundauftrag hat Priorität, auch vor Aufgaben der Philanthropie. McGavran ist weit davon entfernt, soziale Fürsorge etwa zu diskriminieren. Er beschreibt nur die sachliche Priorität der Sorge um das ewige Heil vor der Sorge um das zeitliche Wohl der Menschen. Er kann an anderer Stelle z. B. auf den indischen Missionar John Clough hinweisen, der zunächst für Christen und Heiden aus der Gruppe der »Unberührbaren« in Südindien Arbeit besorgte, indem er ein Kanalbauprojekt organisierte. Clough hat in dieser Zeit niemanden getauft. Er wollte nicht, daß irgend jemand um des Brotes willen Christ würde. Erst einige Zeit später taufte er etwa 9000 Menschen in dieser Region (1878).[80] »The question of priorities cannot be avoided... But as a rule, the multiplying of cells of reborn Christians continues to have the higher priority... Our social causes will not triumph, unless we have great numbers of committed Christians.«[81]

Die Priorität der Sorge um das ewige Wohl des Menschen hängt also mit der Hoffnung zusammen, daß gerade bibellesende und betende Gruppen von Christen ein enormes Potential sozialer Veränderung darstellen.[81]

Zu den Besonderheiten der Gemeindewachstums-Bewegung gehört auch ihre weltweite Orientierung. Auch der evangelistische Grundauftrag wird weltweit gesehen. McGavran wird nicht müde, auf die gut drei Milliarden Menschen zu verweisen, die Christus noch nicht kennen und ohne ihn verloren sind. Enorme evangelistische Anstrengungen eurikanischer (= europäischer und amerikanischer) sowie latafrikasischer (= latein-amerikanischer, afrikanischer und asiatischer) Missionare sind notwendig, um das Anliegen der Weltevangelisation vorwärts zu treiben.[83] »Unter Weltevangelisation verstehe ich das Weitertragen der Evangelisation über die sprachlichen, kulturellen und geographischen Grenzen.«[84]

Der evangelistische Grundauftrag ist aber noch zu präzisieren. Eine bloße Proklamation des Evangeliums reicht nicht aus. Sie entspräche einer Theologie des Suchens. Gott will das Verlorene aber suchen und finden. Darum ist eine Theologie des Findens notwendig. Sie will Menschen bis zu einer persönlichen Glaubensentscheidung führen und sie dann auch in die Gemeinde der Glaubenden integrieren. Dort sollen sie weiter »gepflegt« und selbst dienstfähig werden: »When existing Christians, marching obediently under the Lord's command and filled with His compassion, fold the wanderers and feed the flock, then churches multiply.«[85] McGavran beschreibt einen »evangelistischen Kreislauf«: Menschen kommen durch das evangelistische Zeugnis zum Glauben und zur Gemeinde; sie emigrieren aber nicht aus der »Welt«, sondern führen nun ihrerseits durch ihr evangelistisches Zeugnis andere Menschen zum Glauben. Dies verlangt aber: »...they must become incarnate in the ignorant, filthy, and sinful villages and cities of the real world.«[86]

Hans Kasdorf faßt diesen Punkt treffend zusammen: »Gemeindewachstum heißt einfach: Verkündigung und Bekehrung zu Gott, Integration der Neubekehrten in die Glaubensgemeinschaft und Verdoppelung der Glaubensgemeinden.«[87]

c) Das verheißene Wachstum

Eine Theologie des Findens ist nicht skeptisch. Sie rechnet im Glauben an Gott mit realem und meßbarem Wachstum der Gemeinde. »Gemeinde kann und soll nach Gottes Willen wachsen.«[88] So beherrscht ein zuversichtlicher Grundton die Gemeindewachstums-Literatur; diese Zuversicht wird durch zahlreiche Berichte von wachsenden Gemeinden in aller Welt, vor allem aber in Korea und USA, noch verstärkt.[89] Eine besondere Rolle spielt dabei auch die Apostelgeschichte. Ihre Zahlenangaben werden im Sinne einer Gemeindewachstumsstatistik ausgelegt.[90] Darum geht es mit Nachdruck um ein zählbares Wachsen der Gemeinde. Es geht um mehr Gottesdienstbesucher, mehr Mitglieder, mehr Mitarbeiter. Allerdings wäre es eine vorschnelle und auch oberflächliche Beurteilung, wollte man behaupten, die Gemeindewachstums-Bewegung sei nur an diesem quantitativen Wachstum interessiert. Vielmehr wird ebenso auf das qualitative Wachstum hingewiesen, also auf die vertiefte persönliche Christusbeziehung der Gläubigen, und auf das organische Wachstum, also auf die vertiefte geschwisterliche Beziehung der Christen untereinander.[91] In diesem Zusammenhang ist dann auch die Rede vom quantitativen Wachstum, das in einer Vervielfachung von Gläubigen und von Gemeinden besteht. Neue Gemeinden sind also ebenso im Blick wie neue Mitglieder für alte Gemeinden. »Kurz, die Evangelisation ist dann vollendet, wenn in jeder der unübersehbar vielen Nachbarschaften der Menschheit eine glaubende, gehorsame Gemeinde lebt.«[92]

d) Die Strategie der »homogenious units«

McGavran sieht die Welt als ein kompliziertes und unübersehbares Mosaik. Die einzelnen Mosaikteilchen unterscheiden sich voneinander durch unterschiedliche Rassen, Sprachen, Kulturen oder soziale Schichten. Sie sind voneinander durch unsichtbare, gleichwohl harte Wände getrennt. Die christliche Mission vermag diese Grenzen in der Regel nicht zu überspringen. Eine Gemeinde kann demnach auch nur einem Mosaikstückchen entsprechen. So kommt es, daß in einem Land mit vielen verschiedenen Mosaiksteinchen der christliche Glaube nur in sehr wenigen Mosaiksteinchen vertreten ist, während die anderen vom Evangelium nicht erreicht werden. McGavran verweist dabei immer wieder auf seine indischen Erfahrungen. Nur in wenigen Kasten konnte der Glaube Fuß fassen; er konnte aber nicht die Grenzen der Kasten überspringen.[93]
Für den missionarischen Gemeindeaufbau bedeutet dies: Er muß zunächst, etwa auch in der bundesrepublikanischen Gesellschaft, die Mosaikteilchen erkennen und sich fragen, welche Mosaikteilchen bislang nicht erreicht wurden. Die Mosaikteilchen können auch als »homogenious units« bezeichnet werden. Homogenious units (homogene Gruppen) sind Teile einer Gesellschaft, in denen alle Mitglieder wichtige Lebensbereiche gemeinsam haben. In einer homogenen Gruppe herrscht ein »Wir-Gefühl«.[94] Missionarischer Gemeindeaufbau muß illusionslos einsehen: »Die Menschen möchten Christen werden, ohne erst Schranken zu überwinden«[95], und das heißt innerhalb ihrer homogenen Gruppe. Die missionarische Gemeinde muß sich darum bemühen, den christlichen Glauben in die Kultur jedes Mosaikstückes zu tranferieren. Dies geht nur, wenn Missionare in der Lage sind, in andere homogenious units einzuziehen, sich kulturell dort einzuleben und neue Gemeinden zu gründen, die der jeweiligen homogenen Gruppe entsprechen. Es wäre sinnlos, Menschen dazu bewegen zu wollen, ihren kulturellen Kontext zu verlassen, um in einem anderen kulturellen Kontext Christ zu werden und sich gemeindlich zu binden. »Even if they were to believe on Jesus Christ and be welcomed in that congregation, converts from these and other ethnic units would not feel at home.«[96]
Ralph Winter, ein Schüler McGavrans, hat für die verschiedenen Formen der Evangelisation Kurzbegriffe geschaffen. Er spricht von E_0-Evangelisation, wenn Menschen gleicher Kultur und Sprache erreicht werden, die bereits einer Gemeinde angehören, aber nicht partizipieren. E_1-Evangelisation richtete sich dann an Menschen gleicher Kultur und Sprache, die noch keiner Gemeinde angehören. E_0- und E_1-Evangelisationen bleiben wichtig; doch sie überschreiten nicht die Grenzen der homogenious units. Für unseren Zusammenhang ist wichtig, daß die Bemühung um Fernstehende nicht nur E_0- und E_1-Evangelisation darstellt. Sie betrifft auch E_2-Evangelisation, also die Bemühung um Menschen einer ähnlichen Kultur und Sprache, die dem Glauben fernstehen bzw. Menschen in einer benachbarten homogenen Gruppe. Für »mittelklassenorientierte« Gemeinden der Volkskirche wäre die Evangelisation unter Arbeitern E_2-Evangelisation, also bereits die Überschreitung der Grenzen von homogenious units. Im Blick auf die Gebildeten, die jüngeren Großstädter und viele andere ließe sich Ähnliches sagen. E_3-Evangelisation ist am schwierigsten: Sie versucht Menschen mit einer fremden Kultur und Sprache zu erreichen, etwa im Sinne äußerer Mission. Die Strategie der

homogenious units sucht nun Missionare, die sich einer fremden oder zumindest benachbarten Kultur und Sprache anpassen könnten, um dort das Evangelium zu bezeugen und eine »homogenious-unit-church« zu gründen, die den Eigenheiten der jeweiligen homogenen Gruppen gerecht würde.[97]
Die Grenzüberschreitung soll nun aber nicht ziellos geschehen. Hier taucht ein neues Stichwort auf: »Concentrate on the responsive!«[98] Gottes Geist bereitet immer wieder einmal bestimmte homogenious units auf das Evangelium vor. Dies soll die missionarische Gemeinde sehen und sich mit ihrem missionarischen Dienst darauf konzentrieren. Sie soll genau beachten, wer zu welcher Zeit für das Evangelium offen ist: »Empfängliche Gesellschaftsgruppen, empfängliche Teile des riesigen Mosaiks der Menschheit müssen evangelisiert werden. Sie sind eine hohe Priorität.«[99] »The Church won the winnible - while they could be won.«[100]
Dabei denkt McGavran und seine Schule nicht so sehr an die Bekehrung einzelner, sondern an die Bekehrung einer ganzen Einheit. Er versteht Mt 28,18–20 wörtlich und möchte darum Völker zu Jüngern machen und nicht Individuen allein. Ähnlich wie Gutmann und Keysser denkt er von der sozialen Einheit her. Möglichst ein ganzer Organismus, wenigstens also eine Familie, eine Sippe sollte zum Glauben geführt werden: »Die Aufgabe ist nicht erledigt, wenn ein paar tausend einzelne Menschen Christen geworden sind. Nein, wir müssen weiterarbeiten, bis das ganze Ethnos, die ganze Gesellschaftsschicht, Christ geworden ist und dessen Art zu denken, zu arbeiten und das Produkt ihrer Arbeit zu verteilen, christlich geworden ist.«[101]
Das wäre optimales Gemeindewachstum, »wenn sich ganze Völkerstämme oder ethnische und homogene Völkergruppen zu Christus bekehren«[102]. Dabei geht es nicht um Christianisierung der Massen ohne persönliche Entscheidung der einzelnen. Hans Kasdorf spricht von einer »multi-individuellen Bekehrung«.[103]

e) Die Gemeindeanalyse

»God wants countable lost persons found.«[104] In der Gemeindewachstums-Bewegung werden Daten und Zahlen sehr ernst genommen. Die Methoden der Demoskopie werden als Hilfsmittel des missionarischen Gemeindeaufbaus hoch geschätzt. Sie verhelfen der Gemeinde zu einem klaren Blick auf die kybernetische Situation. »All thinking about the Church should be done against the graph of growth, because when done without exact knowledge of how the Church has and has not grown, it is likely to find itself in error.«[105]
Nicht nur die Wachstumskurve einer Gemeinde, die Zunahme oder der Verlust an Mitgliedern, zählt, sondern auch die Situationsanalyse: die soziologische oder anthropologische Feldstudie, die den Raum beschreibt, in dem sich das Gemeindewachstum ereignen soll.[106]
In der Gemeindewachstums-Bewegung wird gemessen. Wie viele Menschen sind da? Wie viele sind seit einem Jahr, seit zwei Jahren, seit 10 Jahren hinzugekommen? In welchen Gesellschaftsschichten ist Gemeinde präsent? Welche Methoden haben sich als tauglich erwiesen, welche nicht? In welcher Umgebung lebt die Gemeinde, welchen kulturellen Hintergrund hat sie zu beachten? Doch all diese Feldstudien stehen im Dienst des Gemeindewachstums; denn letztlich geht es darum, möglichst viele Menschen für Jesus Christus zu gewinnen.
Man kennt in der Gemeindewachstums-Bewegung das Problem, daß jede Konfes-

sion bzw. Denomination einen anderen Maßstab anlegt: Zählt die Mitgliedschaft? Zählen die Bekehrten? Und wenn die Bekehrten zählen, woran erkenne ich einen bekehrten Menschen? Oder zählen die Gottesdienstbesucher? »Der Hirte muß seine Schafe zählen, um festzustellen, daß eines fehlt. Natürlich muß das Berechnen mit dem nötigen Feingefühl gegenüber unwägbaren Werten erfolgen. Aber Kirchen bestehen aus Mitgliedern, die man zählen kann, und dabei ist es nichts besonders Religiöses, wenn man sie nicht zählt.«[107] An anderer Stelle präzisiert McGavran das Maß, mit dem er messen möchte: »Fortunately there is such an entity – the baptized responsible membership.«[108]

Hans Kasdorf wiederum schlägt folgende »Maßeinheit« vor: Wir beschreiben »ein Gemeindemitglied als ein Kind Gottes, das sich aus freiem Willen bekehrt hat, auf seinen Glauben an Christus im Namen des dreieinigen Gottes getauft wurde, sich einer örtlichen Glaubensgemeinschaft angeschlossen hat und an deren Wohl und Leiden von Herzen teilnimmt.«[109]

Über die Wissenschaftlichkeit dieser Begriffe wird noch zu sprechen sein, zumal die Gemeindewachstums-Bewegung ja empirische Forschung in einem exakten Sinn betreiben möchte und für ihre Forschungsergebnisse eben diese wissenschaftliche Exaktheit auch in Anspruch nimmt.

Natürlich kennen die Vertreter der Gemeindewachstums-Bewegung auch die kritischen Anfragen, die den Umgang mit Zahlen und Statistiken betreffen. Eine Anfrage lautet zum Beispiel: Darf eine christliche Gemeinde überhaupt eine Wachstumsstatistik erstellen, nachdem David für dasselbe Unterfangen so hart von Gott bestraft wurde (1 Chr 21)? Doch kann diese Frage, die sich ja auch auf die EKD-Mitgliedschaftsuntersuchungen beziehen könnte, keinen Gemeindewachstums-Statistiker irritieren. Er verweist auf Num 1,17–19 und auf Num 26,1–4. David hat demnach zu seiner eigenen Verherrlichung die Stärke Israels erhoben, während Moses in der Wüste dies auf Grund des Gebotes Gottes tat. Wenn in der Gemeindewachstums-Bewegung Wachstumsstatistik betrieben wird, so geschieht das unter dem Aspekt von Diagnose und Therapie. Wie der Arzt zunächst den kranken Leib untersucht, bevor er eine angemessene Therapie verordnen kann, so will der Gemeindewachstums-Vertreter zunächst auch den Leib Christi, die Gemeinde, untersuchen, bevor er weitere Maßnahmen des Gemeindeaufbaus empfiehlt.[110]

Vergil Gerber hat ein kleines Handbuch veröffentlicht, mit dessen Hilfe die »Wissenschaft der diagnostischen Bewertung von Evangelisation und Gemeindebau«[111] in Gemeinden betrieben werden soll. Gerber möchte die »Anzahl der Gläubiggewordenen… in präzisen Zahlen« angeben,[112] denn: »Besser als alles andere bestimmt die quantitative Anzahl der Mitglieder die Qualität… der Gemeinde.«[113]

Gerber empfiehlt Mitgliedschafts- und Wachstumsstatistiken. Das Wachstum der Gemeinden ist in Kurvenblättern festzuhalten und zu analysieren. Die Wachstumsrate in absoluten Zahlen und in Prozentzahlen ist zu differenzieren: Wachstum durch Umzüge usw. kann nicht als echtes Wachstum gelten. Auch die Bekehrung und Taufe von Kindern, deren Eltern zur Gemeinde gehören (biologisches Wachstum genannt), ist eher eine Selbstverständlichkeit als ein echtes Wachstum. Wachstum im eigentlichen Sinn ist das Wachstum durch Bekehrung Außenstehender, die sich der Gemeinde anschließen.[114] Letztlich aber geht es darum, möglichst viele Menschen für Christus zu gewinnen: »Does not the biblical evidence rather indicate that in the sight of the God who finds numbers of the redeemed are important?«[115]

2. Der Transfer in die volkskirchliche Situation

Ganz offensichtlich ist das Denken der Gemeindewachstums-Bewegung zunächst an der freikirchlichen Situation orientiert. Die wichtigste Aufgabe, die z. B. das Institut für Gemeindeaufbau in Gießen leisten müßte, ist der Transfer der Gemeindewachstums-Strategie in die volkskirchliche Landschaft. Dies wird mit einigem Eifer versucht. Die Grundentscheidungen Donald McGavrans werden dabei relativ bruchlos in die deutsche Situation übertragen. Angesichts der Erosion der Volkskirche wird Evangelisation in jeder nur denkbaren Gestalt mit Priorität gefordert. Diesen Ansatz teilt die deutsche Gemeindewachstums-Bewegung mit der Geistlichen Gemeindeerneuerungs-Bewegung und der »Überschaubaren Gemeinde«, so daß die zahlreichen Querkontakte zwischen diesen Ansätzen des missionarischen Gemeindeaufbaus niemanden überraschen können. Hier sollen nun beispielhaft die Kennzeichen einer wachsenden Gemeinde vorgestellt werden. In sehr unterschiedlichen Zusammenstellungen werden meistens zehn Kennzeichen einer gesunden, und das heißt wachsenden Gemeinde genannt:[116]

Das *erste* Kennzeichen ist die Analyse. Wie der Arzt zunächst die Krankheit des Patienten feststellt, so muß zunächst der Zustand der Gemeinde analysiert und beschrieben werden. Das Gemeindewachstums-Seminar des Gießener Gemeindeaufbau-Institutes versucht, volkskirchliche Gemeinden daraufhin zu befragen, ob sie in ihrem Umfeld und mit ihren besonderen Möglichkeiten ihrem missionarischen Auftrag gerecht wird. Neben einer Feldstudie, die sich ein genaues Bild über die empirische Außenseite der Gemeinde zu verschaffen sucht, wird auch nach »countable lost persons«[104] gefragt. Dies geschieht exemplarisch, indem zunächst nach den Gottesdienstbesuchern, dann nach den Konfirmanden, die eine erkennbare Entscheidung für Christus getroffen haben, gefragt wird. Eine wichtige Frage zielt schließlich auf die konkreten missionarischen und diakonischen Bemühungen der Gemeinde.[117]

Das *zweite* Kennzeichen ist die Einmütigkeit. Auf Grund der Analyse soll ja im Glauben geplant und gearbeitet werden. In der Gemeindewachstums-Bewegung wird entschieden darauf Wert gelegt, daß bereits in der Planung um Einmütigkeit in der Gemeinde gerungen wird.

Positive Leitung wird in der Regel als *drittes* Kennzeichen angegeben. Der Dienst des Pfarrers ist der Dienst der Leitung: Er soll der Gemeinde Perspektiven für ihre Zukunft (d. h.: ihr Wachstum) vermitteln und zugleich die Gemeindeglieder für den missionarischen Gemeindeaufbau zurüsten.

Wichtig ist auch das *vierte* Kennzeichen: lebendige Gottesdienste. Es gilt, sehr viel Liebe und Phantasie in die Gestaltung der Gottesdienste zu investieren. Jeder soll sich wohlfühlen können. Viele sollen einen eigenen Beitrag zur Gestaltung des Gottesdienstes liefern. Anbetung und Hingabe markieren die Zielrichtung des Gottesdienstes.

Als Entsprechung zum Gottesdienst werden *fünftens* die kleinen Zellen genannt. Die deutsche Gemeindewachstums-Bewegung ist auch Hauskreis-Bewegung. Die Einrichtung von Hauskreisen oder Gebetszellen wird immer wieder gefordert:

dort kann sowohl die Beziehung zu Christus als auch die Beziehung zu den Mitchristen wachsen.[118]

Die Entdeckung der Charismen und ihre Einübung (learning by doing) ist das *sechste* Kennzeichen. Der »schlafende Riese«, das Laientum, soll zum Dienst erweckt werden.[119] Ganz verschiedene Dienste müssen in der Gemeinde getan werden: Jeder soll sein besonderes Charisma entdecken und einüben können. Wichtig ist aber für alle das persönliche Bezeugen des Evangeliums, die persönliche Evangelisation: »The Church expects every Christian – house wife, peasant, carpenter, mechanic, truck driver or teacher – to do personal evangelism.«[120]

Als *siebtes* Kennzeichen wird das erwartungsvolle und konkrete Gebet erwähnt. Wachsende Gemeinden sind stets betende Gemeinden.

Evangelisation und Mission werden als *achtes* Kennzeichen erwähnt. »Sie sind die Eckpfeiler der Ortsgemeinde. Sie sind nicht Möglichkeiten unter anderen, sondern haben Priorität.«[121]

Dies wird aber ergänzt durch das *neunte* Kennzeichen: Soziales Engagement. Psychische und soziale Bedürfnisse der Menschen sollen keineswegs ausgeklammert werden; vielmehr müssen auch hier Anteilnahme und praktische Hilfeleistung durch die wachsende Gemeinde gegeben werden.

Interessant ist das *zehnte* und letzte Kennzeichen: Gute äußere Bedingungen. »Kirche als Gemeinschaft der Glaubenden braucht Kirchengebäude, die möglichst funktionsgerecht, gut erreichbar, einladend etc. sein sollten.«[122]

III. Theologische Würdigung

Gemeindewachstum »ist diejenige Wissenschaft, die das Pflanzen, die Vermehrung, das Funktionieren und die Gesundheit christlicher Kirchen untersucht, und zwar insbesondere, wie sie Gottes Auftrag, alle Völker zu Jüngern zu machen (Mt 28,19f), erfüllen. GW strebt danach, die ewigen theologischen Grundsätze des Wortes Gottes, die die Ausweitung der Kirche betreffen, mit den besten Einsichten gegenwärtiger Sozial- und Verhaltenswissenschaften zu kombinieren. Als Ausgangspunkt verwendet GW die durch McGavran geleistete fundierte Arbeit.«[123]

1. Der Transfer in die Volkskirche

Wer sich ein Urteil über die deutsche Gemeindewachstums-Bewegung bilden will, muß bedenken, daß zum einen innerhalb dieser Bewegung sehr verschiedene Ausprägungen Raum finden und daß zum anderen die Gedanken des Gemeindewachstums noch immer im Fluß sind. Dies gilt vor allem für das Problem des Transfers der ursprünglichen Church-Growth-Theologie Donald McGavrans und seiner Mitarbeiter in die Verhältnisse der Volkskirche in den achtziger Jahren. Dieser Prozeß der Adaption ist keineswegs schon beendet oder auch nur zur vollen Zufriedenheit durchgeführt. Immerhin wird an diesen Fragen z. B. im Institut für Gemeindeaufbau in Gießen intensiv gearbeitet.

Zu bemängeln ist in diesem Zusammenhang auch die ungenügende literarische Basis der Gemeindewachstums-Forschung in Deutschland. Texte von Donald

McGavran sind in deutscher Sprache kaum zu bekommen. Die Aufsätze und Bücher, die zur Zeit greifbar sind, sind zu einem erheblichen Teil noch »unübersetzt«, d. h.: in ihnen ist der notwendige inhaltliche Übersetzungsprozeß noch nicht ausreichend geleistet.

Das Problem der »Übersetzung« wird ganz besonders deutlich, wenn es um missionarische Besuchsdienste geht. Hierzu liegen die beiden Bücher von D. J. Kennedy (in der Bearbeitung durch Bernd Schlottoff) und H. Masuch (mit einem Bericht über die Besuchsdienstarbeit von Jack Hyles) vor.[124] Beide mögen amerikanischer Mentalität und amerikanischem Geschmack entsprechen; in unserem Kontext wirken sie ausgesprochen ärgerlich. So erfreulich der Grundgedanke ist, daß ehrenamtliche Mitarbeiter Besuche bei Fernstehenden machen, um ihnen in elementarer und werbender Form das Evangelium nahezubringen, so unerfreulich und wenig dem Evangelium entsprechend ist die Beschreibung dieser Besuche in den beiden genannten Büchern. So empfiehlt Kennedy, bei einem ersten Besuch nach einer gewissen Kennenlernzeit folgende Fragen zu stellen, die die Bezeugung des Evangeliums begleiten sollen: »Haben Sie in Ihrem Leben schon die Gewißheit erlangt, daß Sie in den Himmel kommen, wenn Sie heute nacht sterben müßten? Angenommen, Sie müßten heute nacht sterben und stünden vor Gott, und er würde Sie fragen: ›Warum soll ich dich in den Himmel lassen?‹ Was würden Sie antworten?«[125]

Das Gespräch mit den besuchten Menschen bekommt so etwas Schematisches; das Evangelium wird als Summe von wahren Sätzen verkauft. Die Begegnung erscheint eher als Verkaufsgespräch denn als personale Begegnung, in der ein Zeuge Jesu Christi dem Nächsten in sein Leben hinein die gute Nachricht vermittelt. Dieser Eindruck verstärkt sich, wenn es heißt: »Es macht keinen Unterschied, ob man einen Kühlschrank verkauft oder ob man die Menschen dahin zu überzeugen versucht, daß sie einen neuen Gedanken oder eine neue Philosophie annehmen.«[126] So wundert es auch nicht, daß es um eine Darlegung geht, »die in zehn Minuten gegeben werden kann; die mit den beiden Fragen beginnt und mit der Frage zur Übergabe an Jesus Christus endet.«[127]

Es wäre schade, wenn der gute Grundgedanke des missionarischen Besuchsdienstes unter diesen »theologischen Unfällen« zu leiden hätte. Ganz anders sieht es in dem von Christian Schwarz übersetzten Buch »Gemeindeaufbau – Liebe in Aktion« (W. u. C. Arn) aus. Hier geht es um den »Oikos-Faktor«: jeder Christ soll sich um liebevolle Kontakte in seinem sozialen Umfeld bemühen, in denen dann auch, wenn sich die Gelegenheit bietet, das Evangelium bezeugt und zur Gemeinde eingeladen werden kann.[127a]

»Eine leicht einzusehende, jedoch nicht leicht zu berücksichtigende Tatsache ist der Unterschied zwischen der amerikanischen Gesellschaft und ihrem kirchlichen Leben und den europäischen bzw. deutschen (kirchlichen) Verhältnissen. Wörtliche Übersetzungen amerikanisch gedachter und englisch geschriebener Bücher helfen hier wenig. Die Übersetzungsarbeit muß auch nach der inhaltlichen Seite hin geschehen.«[128]

2. Der wissenschaftliche Anspruch

Gemeindewachstum möchte sowohl seriöse wissenschaftliche Theologie betreiben als auch seriöse Wissenschaft vom Menschen. Dieser Anspruch wird zumindest nicht immer erfüllt. In theologischen Fragen ist vielleicht noch mehr die Minimal-Dogmatik zu hinterfragen als der durchgängig festzustellende Fundamentalismus. Gemeindewachstum möchte möglichst vielen konfessionellen Positionen eine Identifikation mit seinen Grundgedanken ermöglichen und verzichtet daher auf präzise dogmatische Erörterungen. Daß die dogmatischen Fragestellungen sich auf Dauer nicht ausblenden lassen, ist jedem, der mit Gemeindeaufbau beschäftigt ist, fraglos deutlich. Darüber hinaus dringt aber auch in die vermeintlich dogmenfreie Gemeindewachstums-Theologie dogmatisches Denken ein, und zwar unkontrolliert: z. B., wenn Hans Kasdorf »Kirchenmitgliedschaft« von einer Entscheidung des freien Willens für Christus her definiert. Dies ist eminent dogmatisch und extrem unreformatorisch. Eine kontrollierte dogmatische Reflexion dieser Fragen kann der Gemeindewachstums-Bewegung auf Dauer nicht erspart werden.[129]

Ähnliches gilt für den Umgang mit den Sozialwissenschaften. Es ist eine begrüßenswerte Entscheidung der Gemeindewachstums-Theologen, sich die Dienste sozialwissenschaftlicher Forschung zunutze zu machen. Allerdings wird die Gemeindewachstums-Forschung diesem Anspruch nicht immer gerecht. Empirische Analysen der kybernetischen Situation von Kirchengemeinden müßten z. B. genauer definieren, welches Kriterium bei der Messung von Kirchenmitgliedschaft zugrunde gelegt werden soll. Es muß begründet entschieden werden, ob von Gottesdienstbesuchern, Getauften oder Mitarbeitern ausgegangen werden soll. Außerdem darf empirisch Meßbares (wie z. B. Gottesdienstbesuchszahlen) mit kaum Meßbarem (wie etwa der Anzahl wahrhaft Bekehrter) nicht vermischt werden.

3. Umkehr und Zeit

Wenn das Evangelium in 10 Minuten dargelegt werden kann, stellt sich die Frage, welchen Stellenwert Entscheidungen für Jesus Christus haben können, die innerhalb dieser Zeit getroffen werden. Was kann ein Mensch innerhalb dieser Zeit tatsächlich über das Evangelium erfahren? Welche Tiefe kann eine Lebensentscheidung (um nichts Geringeres geht es ja!) haben, für die kaum mehr Zeit zur Verfügung steht als für den Erwerb eines Zeitschriften-Abonnements an der Haustür? Der biblische Ernst der Buße kann hier kaum zur Geltung gebracht werden. Natürlich ist der Hinweis auf das 10-Minuten-Programm Kennedys mit anderen Arbeitsmethoden in der Gemeindewachstums-Bewegung zu vergleichen. Der Gesamteindruck wird dann auch relativiert werden müssen. Es bleibt aber der Eindruck einer gewissen Oberflächlichkeit und Kurzatmigkeit. Kommt eine drängerische und manipulative Gesprächsführung hinzu, wie dies bei dem Besuchsdienstprogramm von Jack Hyles der Fall ist, gerät die missionarische Arbeit auf gefährliche Bahnen: »Vergeuden Sie nicht Ihre Zeit, indem Sie auf seine Fragen eingehen, sonst wird er die Führung der Unterhaltung an sich reißen. Sie führen das Gespräch. Sie haben den Ball. Bleiben Sie beim Thema... Es gibt verschiedene Wege, dies zu tun, aber Sie müssen unbedingt versuchen, ihn zum Beten zu bringen... ›Da wir nun gerade im Gebet sind, Herr Müller, wollen Sie Gott nicht um Vergebung bitten und ihm sagen, daß Sie errettet werden möchten?‹ ... Achten Sie darauf: Sie hören mitten in Ihrem eigenen Gebet auf und führen ihn dahin, daß auch er betet.«[130]

Dies sind böse Entgleisungen; doch es ist wichtig zu wissen, daß dies Randerscheinungen in der Gemeindewachstums-Bewegung sind. Sie zu verhindern und auszuräumen, ist ganz im Sinne des Nestors von Church Growth, Donald McGavran: »Die beste Methode, um Gemeindewachstum zu verhindern, ist es die Entscheidung zur Nachfolge Christi billig und bedeutungslos zu machen.«[131]

4. Ekklesiologische Probleme

Daß gesunde Kirche stets auch (quantitativ) wachsende Kirche ist, gehört zu den Grundaussagen der Gemeindewachstums-Bewegung. Dies entspricht durchaus etwa den Aussagen der Apostelgeschichte, und eine fleißig ihre Mitglieder zählende Volkskirche tut gut daran, hier nicht allzu eilfertig die Nase zu rümpfen. Aufmerksamkeit aber muß es erregen, wenn »zahlenmäßiges Wachsen einen fast absoluten Rang erhält.«[132] Gerade in der Apostelgeschichte geht es primär um die treue Bezeugung des Gekreuzigten als des Auferstandenen. Dann erst wird – im nachhinein! – festgestellt, daß Gott wiederum Menschen zur Gemeinde hinzugefügt hat (vgl. z. B. Apg. 2,36–47). Nirgends ist hingegen das zahlenmäßige Wachstum unmittelbar intendiert. Hier ist eine leichte Kurskorrektur notwendig. Gemeinde Jesu Christi hat vor allem anderen dem Evangelium treu zu bleiben. Sie wird erleben müssen, wie sich Menschen dann auch wieder von ihr lösen. Nach der ersten auflodernden Jesus-Begeisterung der Menschen in Jerusalem folgte bald das »Kreuzige ihn!« (Lk 19,37 f. und 23,21). Doch gerade dies kann Wachstum der Gemeinde bedeuten: Im Sinne eines tieferen Eindringens in das Evangelium und im Sinne eines Zusammenwachsens derer, die dem Evangelium treu bleiben. Wer dem quantitativen Wachstum Priorität gibt, ist schnell in der Gefahr, das Evangelium pragmatisch den Wünschen der Menschen anzupassen, mithin das Evangelium und die Menschen zu verraten. Das Ergebnis solchen Strebens nach Wachstum ist dann auch nicht tatsächlich quantitatives Wachstum, sondern ungesunde Aufblähung der Gemeinde. Wo Wachstum hingegen nicht unmittelbar intendiert wird, sondern als Frucht der Verkündigung empfangen wird, wird die Gemeinde erfahren, wie Gott Menschen zu ihr hinführt und wie sie tatsächlich zunimmt.

Offen ist in diesem Zusammenhang immer noch die Frage, was eigentlich quantitatives Wachstum ist. In Freiwilligkeitskirchen ist das leichter. Hier kann man die zählen, die sich zum Glauben und dann auch zur Mitgliedschaft entscheiden. Das Zählen entpuppt sich angesichts dieser Frage als äußerst schwieriges Geschäft. Zählt man nur die mitarbeitenden Christen, fallen alle die unter den Tisch, die mit Ernst Christen sein wollen, aber nicht (mehr) mitarbeiten können, z. B. weil Alter und Krankheit dies verhindern. Zählt man alle Mitglieder, so erhält man ein höchst unpräzises Ergebnis. Gemeinden können ja wachsen, auch wenn sie an eingeschriebenen und Steuern zahlenden Mitgliedern abnehmen. Will man Bekehrte zählen, gerät man vollends in Schwierigkeiten. Menschen auf dem Weg fallen hier ebenso weg wie fröhliche Christen, die aber kein Bekehrungserlebnis vorweisen können. Daß sich auch Bekehrungen nach einiger Zeit als unecht erweisen können, kommt erschwerend hinzu. Das Zählen führt von einer Verlegenheit zur anderen. Zählbar ist doch allenfalls das, was vom Glauben her sichtbar wird: etwa die Teilnahme am Gottesdienst, an einem Hauskreis, etwa die Mitarbeit an einem Gemeindeprojekt oder die Teilnahme an einem Krankenabendmahl. Hier wird sich das Wachsen einer Gemeinde auch auswirken und sichtbar werden. Wenn hier Wachstum auftritt, darf es auch registriert werden, damit Dank und Lob laut werden können. Wer immer aber anfängt zu zählen, muß um die Vorläufigkeit und Unschärfe seines Unterfangens wissen, wenn er nicht Urteile vorwegnehmen will, die der Gemeinde verwehrt sind.

Andererseits wird im Sinne der Gemeindewachstums-Bewegung auch festzustellen sein, daß Gemeinde sich nicht über Wachstum hinwegsetzen kann und permanente Minderung zum Maßstab erheben darf. Wachstum, auch quantitativer Art, ist verheißen und möglich, weil Gott in der Tat immer mehr Menschen für seine Herrschaft gewinnen will. Darum sei jedenfalls nicht vorschnell widersprochen, wenn Donald McGavran feststellt: »The numerical approach is essential to understand church growth.«[133]

5. Homogenious units und Gal 3,28

Das Eingehen auf Zielgruppen innerhalb des missionarischen Gemeindeaufbaus kann mit der These von den homogenen Gruppen mustergültig vorgeführt werden: Welche Gruppen von Menschen werden bislang nicht vom Evangelium erreicht? Ist unsere Gemeinde eine Gemeinde der Mittelschicht? Gibt es eventuell offene Türen bei einer bislang nicht erreichten Gruppe in unserer Gemeinde (z. B. bei Arbeitern, arbeitslosen Jugendlichen usw.)?

Andererseits darf die These von den homogenen Gruppen nicht uneingeschränkt aufgenommen werden. Es ist nicht möglich und nicht einmal wünschenswert, für jede homogene Gruppe nun auch eine eigene Gemeinde oder auch nur einen exakt ausgegrenzten Gemeindebereich zu schaffen. Gemeinde Jesu Christi ist nicht die Verfestigung menschlicher, gesellschaftlicher Kastenordnungen. Am Beispiel wird dies deutlich: Es ist gut und sinnvoll, Gottesdienstmodelle zu entwickeln, die besonders für junge Menschen geeignet sind. Wer wollte das bestreiten? Einer theologischen Katastrophe aber käme es gleich, die Jugend gleichsam aus der Gemeinde auszugrenzen und ihr eine vollständige eigene Gemeinde zu bieten. Noch deutlicher wird dies, wenn statt der Differenzierung nach dem Alter Differenzierungen nach sozialen, kulturellen oder gar rassischen Kriterien ins Spiel gebracht würden. Hier droht kybernetische Apartheids-Politik. Der gute Gedanke der homogenen Gruppen sollte nicht durch solche, dem biblischen Zeugnis (Gal 3,28) widersprechende Gedankengebäude in Mißkredit gebracht werden.[134]

6. Gemeindewachstums-Chancen

Die kritischen Anfragen an die Gemeindewachstums-Bewegung betreffen im wesentlichen Gefährdungen dieses Konzeptes, die innerhalb der Bewegung auch registriert und diskutiert werden. Darum ist eine kritische Würdigung der Thesen McGavrans und seiner Schule als kritische Begleitung und Diskussionsbeitrag zu verstehen. Es geht jedenfalls nicht um eine prinzipielle Diskriminierung dieses Konzeptes. Zu deutlich entspricht nämlich die Gemeindewachstums-Bewegung der Forderung nach missionarischem Gemeindeaufbau in der Volkskirche. Darum steht am Ende dieser theologischen Würdigung ein prinzipielles Ja zu den Grundentscheidungen der Gemeindewachstums-Bewegung.

Zwei Sätze sind es vor allem, die mit der in dieser Arbeit vorgestellten Konzeption des missionarischen Gemeindeaufbaus übereinstimmen: »Church Growth is faithfulness to God.«[135] Damit wird deutlich, daß missionarischer Gemeindeaufbau nicht technokratisch erzwungen werden kann. Die Gemeinde bleibt darauf angewiesen, daß Gott sie aufbaut und ihr Wachstum in jeder Hinsicht schenkt. Die Gemeinde darf aber eben dies auch mit Zuversicht erwarten. Etwas von dieser Grenze und von dieser Zuversicht wird in der Schule Donald McGavrans sichtbar.

Zum anderen: »Evangelization intends the redemption of individuals and the multiplication of Christ's churches. Concern for evangelism and church growth is an essential part of the Christian Faith and an irreplaceable part of the work of the Church.«[136] Damit wird deutlich: Wer heute dem Aufbau der »Gemeinde von Brüdern« dienen will, wird Evangelisation mit Priorität und in mancherlei Gestalt fördern. Und er wird den engen Zusammenhang zwischen Evangelisation und Gemeindeaufbau nicht aus dem Auge verlieren. Er wird vielmehr die Dringlichkeit der Evangelisation bedenken, weil Gott will, daß allen Menschen geholfen wird und sie zur Erkenntnis der Wahrheit kommen (1 Tim 2,4).

C. Die Geistliche Gemeinde-Erneuerung in der evangelischen Kirche (GGE)[137]

I. Erfahrungen mit dem Heiligen Geist[138]

Ein Bericht, der für viele stehen könnte: Ein katholischer Priester erhält die Einladung zu einer Tagung über die charismatische Erneuerung der Gemeinde. Er überlegt sich ernsthaft, ob er nicht an dieser Tagung teilnehmen sollte, denn er ist offen für Erneuerungsbestrebungen in seiner Kirche. Es handelt sich um einen fleißigen Priester. Mit ganzem Einsatz geht er in der Gemeindearbeit auf; nur gelegentlich ahnt er, daß sein ganzer Dienst »Menschenwerk« ist und daß er mehr auf seine hingebungsvolle Arbeit als auf Gottes Verheißungen traut. Je mehr sich dieser Gedanke bei ihm einnistet, desto ratloser und unglücklicher wird er. Schließlich macht er sich tatsächlich auf und fährt zu dem Kongreß. Er erlebt eine dichte, geistliche Atmosphäre und erkennt verborgene Verkehrtheiten in seinen besten Bemühungen. Zunächst scheint er daran zu zerbrechen; endlich aber beginnt er, alles Gott zu bekennen und anzuvertrauen. Wieder daheim in seiner Pfarrei muß er aber feststellen, daß nichts besser wird. Er beschließt, zu einem zweiten Kongreß zu fahren. Dort legt er eine Generalbeichte ab. »Im anschließenden Gottesdienst war es dann soweit: Ich trat vor die anderen hin, um mein Taufversprechen zu erneuern, bat um die Weiheerneuerung und um die Fülle des Heiligen

Geistes, auch um die Gabe der Leitung und der Unterscheidung der Geister. Ich öffnete mich Gott voll und ganz und bat um die Fülle, die er geben wollte. Ich verzichtete bewußt auf meine eigenen Vorstellungen.«[139]
Zunächst ereignet sich gar nichts. Der Priester bleibt in drückender Sündenerkenntnis gefangen. Erst einen Tag später löst sich der Druck nach einem Gottesdienst auf. Er erkennt: Ich darf leben und Gott loben. Nun aber bricht es los: »Um Mitternacht ging ich auf mein Zimmer. Da merkte ich plötzlich, daß mein Inneres überflutet war. Eine nie gekannte Liebe, Freude, Fülle nahm mich in Beschlag… All das kam nicht aus mir selber… Ich begann, Gott zu loben und zu danken wie nie in meinem Leben… Die fühlbare Nähe Gottes nahm zu, ergriff mich zunehmend bis ins tiefste Wesen, bis in die letzten Fasern des Körpers… Es drängte mich, Gott zu loben, aber bald fehlten die Worte…«[140]
Schließlich bittet er um die Gabe des Sprachengebets, fährt wieder nach Hause und arbeitet von da mit nie gekannter Leichtigkeit und Freude aus der Kraft seiner Gotteserfahrung heraus. Er erfährt sein persönliches geistliches Leben in ungeahnter Tiefe. Bald bricht die Frage in ihm auf, wie er der Erneuerung seiner Gemeinde dienen kann.
Am Ende dieser Überlegungen steht der Entschluß, ein Gemeinde-Seminar der charismatischen Erneuerung, die »Einübung in die christliche Grunderfahrung« (Heribert Mühlen) durchzuführen. Aus der Stille heraus beruft er 15 Gemeindeglieder und arbeitet mit ihnen diesen Elementarkurs des christlichen Glaubens durch.[141] Sein Ziel ist der Aufbau einer tragfähigen Kerngruppe in der Gemeinde, mit deren Hilfe er das Ziel der Erneuerung der Gesamtgemeinde ansteuern will. Es kommen intensive seelsorgerliche Kontakte zustande. Einer nach dem anderen erlebt in diesem Kurs seine persönliche Tauf- und Firmerneuerung.
Einige Zeit später wird ein zweites Einführungsseminar angeboten. Die Teilnehmer des ersten Seminars sind wieder dabei, jetzt aber als Helfer und Mitarbeiter. Weitere Seminare schließen sich an. Immer wieder kommt es zu persönlichen Entscheidungen für Christus, oft in Gebetsgottesdiensten und unter Handauflegung. Auch Heilungen geschehen. Allmählich werden auch Auswirkungen auf die Gemeinde als ganze sichtbar. Bei Hausbesuchen wird das Gespräch über den Glauben möglich, die Beichtgespräche nehmen wieder zu. Im Zentrum steht nun eine Gebetsgruppe mit ca. 70 Teilnehmern. Und ein Gemeindeglied stellt fest: »›Wir pflegen das geistliche Gespräch, wir lesen mit Freude die Bibel, wir beten miteinander, wir helfen einander, wir werden von Tag zu Tag neu, unser Leben ist anders geworden.‹«[142]
Der Pfarrgemeinderat kommt einmütig zu der Entscheidung, die Gemeindearbeit schwerpunktmäßig missionarisch auszurichten.
Dieser Bericht über einen katholischen Priester und die Erneuerung seiner Gemeinde ist typisch für das, was in der katholischen und evangelischen Geistlichen Gemeinde-Erneuerung geschieht. Zunächst: es geschieht in den Kirchen. Niemand wird aus seiner Kirche in eine neue, nun charismatische Kirche geführt. Und es beginnt mit der geistlichen Erneuerung einzelner (oft sind es die Pfarrer). Ein tiefer Einschnitt in der Biographie wird erlebt, d. h. es kommt zu ausdrücklichen Bekehrungserfahrungen, die aber auf die kirchliche Sozialisation bezogen bleiben. So wird von der Erneuerung des Taufversprechens oder von Firm- bzw. Konfirmationserneuerung gesprochen, zuweilen auch von der Erneuerung der besonde-

ren Lebensberufung, also etwa von der Weihe- oder Ordinationserneuerung. Das Erlebte wirkt sich in der Gemeinde aus; es steckt an. Immer wieder verläuft dieser »Ansteckungsprozeß« über Einführungsseminare und Gebetsgruppen mit eigenen Gebetsgottesdiensten. Elementare Inhalte des christlichen Glaubens werden lebensnah vorgestellt und erlebbar gemacht. Der Gebetsgottesdienst ist das entscheidende Element geistlicher Erneuerung. Er ist Ort prophetischer Verkündigung und Lehre, aber auch Ort der Anbetung. Er ist nicht zuletzt der Raum persönlicher Erneuerung und Segenserfahrung. Jeder kann nach vorne kommen und sich im Blick auf seine besondere Lebenslage unter Handauflegung segnen lassen. Die (katholische und evangelische) Geistliche Gemeinde-Erneuerung ist Teil eines weltweiten charismatischen Aufbruchs. Dieser Aufbruch ist nun historisch und theologisch einzuordnen.

II. Aus der Geschichte des charismatischen Aufbruchs[143]

»Durch die Kirchen der Welt geht seit Anfang der sechziger Jahre eine geistliche Erneuerungsbewegung von einem Ausmaße, wie es bisher in der Geschichte der christlichen Kirche nicht bezeugt ist.«[144] Drei verschiedene Strömungen des weltweiten charismatischen Aufbruchs sind zu unterscheiden.

1. Die klassische Pfingstbewegung

Der neue charismatische Aufbruch ist nicht ohne den Hintergrund der Heiligungs- und Pfingstbewegung im 19. und beginnenden 20. Jahrhundert zu verstehen. Im Anschluß an John Wesley (1703–1791) glaubten zahlreiche Christen an die Lehre von der christlichen Vollkommenheit. Zwei verschiedene Stufen christlichen Lebens sind demnach zu unterscheiden. Auf der ersten Stufe steht der wiedergeborene Christ. Er darf sich seines Heils gewiß sein, aber er hat noch nicht die Fülle des Heiligen Geistes empfangen. Erst die Taufe im Heiligen Geist als zweites, datierbares Erlebnis nach der Bekehrung hebt den Christen auf die zweite Stufe. Hier erst beginnt der Dienst für Christus in der Kraft des Geistes. Hier wird christliche Vollkommenheit möglich: das Freiwerden von allen erkannten und freiwilligen Sünden.[145] Wesley beschrieb seine eigene Erfahrung vom 24. Mai 1738 als den »zweiten Segen«: »Am Abend ging ich sehr unwillig zu einer Versammlung..., wo jemand Luthers Vorwort zum Römerbrief vorlas. Ungefähr um 20.45 Uhr, während er die Veränderung beschrieb, die Gott im Herzen durch den Glauben an Christus wirkt, fühlte ich mein Herz erwärmt. Ich fühlte, daß ich mich Christus und ihm allein für meine Erlösung wirklich anvertraute, und die Sicherheit wurde mir gegeben, daß er meine Sünden, wirklich auch meine Sünden weggenommen und mich vom Gesetz der Sünde und des Todes erlöst hatte.«[146]
Der amerikanische Erweckungsprediger Charles G. Finney (1792–1875) propagierte den »zweiten Segen« unter der Bezeichnung »Geistestaufe«. Der Fabrikant Robert P. Smith (1827–1898) brachte diese Gedanken 1874/75 zuerst nach England und dann auch nach Deutschland. Hier fand die neue Lehre sofort Unterstützung. Die Vertreter der deutschen Erweckungs- und Gemeinschaftsbewegung (z. B. Theodor Jellinghaus und Jonathan Paul) schlossen sich dem Gedanken vom

zweistufigen Heilsweg an. Jellinghaus z. B. lehrte: »Der Gerechtfertigte besitzt noch nicht das volle Heil in Christus. Dies erlangt er erst, wenn zur Rechtfertigung als zweite selbständige Gabe die Heiligung hinzukommt.«[147] Jonathan Paul vertrat sogar eine ausgeführte »Lehre vom reinen Herzen«.[148] Der Evangelist Reuben A. Torrey verkündete perfektionistische Gedanken auf der Blankenburger Allianzkonferenz 1905 und predigte über die Bedingungen zur Erlangung der Geistestaufe. Kurzum: um die Jahrhundertwende herrschte in vielen Kreisen des deutschen Pietismus eine erwartungsvolle, fast erhitzte Atmosphäre. Viele erhofften sich eine neue Erweckungszeit und Segnungen des Heiligen Geistes; manche sprachen von einem »zweiten Pfingsten«, das bevorstünde.[149]

Etwa zur gleichen Zeit begann das Zeitalter der Pfingstbewegung in Amerika. In seiner Bibelschule in Topeka war der Bibelschullehrer Charles F. Parham mit seinen Schülern zu dem Ergebnis gekommen, daß die Gabe des Sprachengebetes ein sicherer Ausweis für den Empfang der Geistestaufe sei. Am 1.1.1901 legte er einer Schülerin, Agnes Oznam, die Hände auf. Und sie begann, in Sprachen zu beten. Viele wurden daraufhin erfaßt und im Geist getauft.[150]

Ähnliches ereignete sich im April 1906 in der Azusan Street Mission in Los Angeles. Der schwarze Prediger W. J. Seymour predigte die Geistestaufe. Nach ausgedehnten Gebetsversammlungen kam es bei zahlreichen Menschen zu ekstatischen Zuständen: »Den Gipfel der Ekstase bildete das Zungenreden... Das Zungenreden wurde oft von eigenartigen konvulsischen Erscheinungen, wie plötzliches Niederwerfen, Zittern des Körpers, krampfhafte Zuckungen, Schüttelfrost u. a. begleitet. Die Taufe mit dem Heiligen Geist und das damit verbundene Reden in Zungen wurde durch Handauflegung und Gebet vermittelt...«[151]

Wie ein Lauffeuer verbreiteten sich die Nachrichten von der neuen »Zungenbewegung«. Überall wurden Menschen davon angesteckt. Über Schweden und Norwegen erreichte die Bewegung noch im Jahre 1906 Deutschland. Im Juni 1907 evangelisierten zwei norwegische »Zungenrednerinnen« in Hamburg und Kassel. Sie predigten über die Geistestaufe und die Notwendigkeit des Sprachengebetes.[152] In den Versammlungen kam es zu immer stärkeren ekstatischen und tumultartigen Erscheinungen. Männer und Frauen wälzten sich am Boden, stießen Schreie und Halleluja-Rufe aus, beteten gleichzeitig in Sprachen und redeten prophetisch in der ersten Person Gottes: Ich, der Herr, sage euch... Es kam zu Straßenaufläufen; und auf Bitten der Polizei mußten die Versammlungen abgebrochen werden. Dies war die Wende im Verhältnis des deutschen Pietismus zur neuen »Zungenbewegung«. Die kritischen Stimmen mehrten sich, auch Sympathisanten distanzierten sich wieder von der neuen Lehre. Auf der anderen Seite bildeten sich eigene Pfingstgemeinschaften. Die Gemeinschaftsbewegung verabschiedete schließlich 1909 jene berühmte »Berliner Erklärung«, die die Pfingstbewegung als Bewegung von unten, als dämonisch und nahezu spiritistisch verurteilte. Zumeist ist im Blick auf die »Berliner Erklärung« nur die deutliche Abgrenzung von der Pfingstbewegung erwähnt worden. Die »Berliner Erklärung« ist aber auch ein Dokument der Umkehr. Die Theologen der Gemeinschaftsbewegung bekennen, daß sie einer perfektionistischen Irrlehre aufgesessen waren, die die Christen in zwei Kategorien einteilte und sie allmählich von der Rechtfertigungsgnade unabhängig machen sollte. Die »Berliner Erklärung« ist sowohl ein Dokument der kritischen Abgrenzung wie der gemeinsamen Umkehr.[153]

Die Wirkungsgeschichte der »Berliner Erklärung« ist bekannt: Die Pfingstgemeinschaften organisierten sich fortan in eigenen Kirchen. Die Gemeinschaftsbewegung und der deutsche Pietismus stehen bis heute allen Erscheinungen (wie
z. B. dem Sprachengebet, der prophetischen Rede oder der Heilungsgabe) äußerst
kritisch gegenüber. Und das Gespräch zwischen beiden Bewegungen blieb trotz
mancher Bemühungen bis heute gestört.[154]

Die wesentlichen Lehraussagen der Pfingstbewegung sind bereits in der Beschreibung ihrer Geschichte hervorgetreten. Mit dem Pietismus lehren die Pfingstler die
Notwendigkeit der persönlichen Bekehrung. Der Bekehrte soll sich dann aber
nach der Geistestaufe als der zweiten Stufe des Christseins ausstrecken. Die Geistestaufe selbst ist der personale Einzug des Heiligen Geistes in einen Bekehrten.
Fortan wohnt der Geist in dem Christen. Der sichere und notwendige Nachweis
der Geistestaufe ist das Sprachengebet. Doch der Geistgetaufte empfängt darüber
hinaus andere Gaben des Geistes, die dem Gabenkatalog von 1 Kor 12,8–10 entsprechen. Besonders bedeutsam sind die Gabe der Prophetie und die Gabe der
Heilung. Viele Pfingstler lehren, die Geistestaufe sei heilsnotwendig. Ein hoher
Emotionspegel, ekstatische Erscheinungen und eine Neigung zum Perfektionis-
mus vervollständigen die Charakteristika pfingstlerischer Gruppierungen.[155]

Die Zwei-Stufen-Lehre ist aus biblischer Sicht unhaltbar. Sie teilt die Gemeinde in
zwei Gruppen, die Durchschnitts-Christen und die Vollkommenen. Damit spal-
tet sie die Gemeinde. Außerdem neigt pfingstlerische Dogmatik dazu, die Geistge-
tauften auch über die bloße Rechtfertigung hinauszuheben und damit das Kreuz
zu überholen. Wer im Heiligen Geist getauft ist, ist nicht mehr in gleicher Weise
von der Rechtfertigung des Sünders aus Gnaden allein abhängig wie der normale
Christ. Hinzu kommt eine starke Fixierung auf das Außerordentliche. Auch hier
droht das Kreuz in Vergessenheit zu geraten.

Andererseits erinnern die Pfingstgemeinschaften die Kirche daran, den Heiligen
Geist und seine Gaben wieder ernst zu nehmen. Und auch mit der dogmatischen
Kritik der Pfingstbewegung wird man differenziert umgehen müssen. Zum einen
gibt es in den Pfingstgemeinschaften offenkundige Christusnachfolge mit einer
Konsequenz und Fröhlichkeit, die niemanden unbeeindruckt entläßt. Zum anderen sind die im »Forum freikirchlicher Pfingstgemeinden« zusammengeschlosse-
nen Pfingstkirchen keine einheitliche Größe. Sie suchen – in ihrem eigenen Prozeß
der Verkirchlichung – den Dialog mit den Kirchen und Freikirchen. Der Mülhei-
mer Christliche Gemeinschaftsverband z. B. hat sich längst von der Zwei-Stufen-
Theorie gelöst und zur Freikirche weiterentwickelt.[156]

2. Die Neo-Pfingstler

Neo-pfingstlerische Gruppen entstanden im Zusammenhang des großen charismatischen Aufbruchs nach 1960. Sie vertreten die pfingstlerische Lehre, gehören
aber nicht zu den klassischen Pfingstkirchen und gründen in der Regel auch keine
neuen Kirchen. Ihr Ziel ist es, pfingstlerische Frömmigkeit und Lehre in die bestehenden Kirchen hineinzutragen. Sie verstehen sich selbst als »helfender Arm der
Kirche«. Ihre Strategie besteht darin, Mitglieder der bestehenden Kirchen zu erreichen, diese zur Geistestaufe zu führen, um sie in ihre Gemeinden als Missionare
pfingstlerischer Lehre und Frömmigkeit zurückzusenden. Typische neo-pfingst-

lerische Werke sind das Christliche Zentrum Berlin (V. Spitzer), die Frauengruppe »Women's Aglow Fellowship«, die »Geschäftsleute des vollen Evangeliums Internationale Vereinigung«, Jugend mit einer Mission und einige Christliche Zentren in Nordrhein-Westfalen (Wuppertal z. B.)[157]

Zwei Zitate aus Publikationen neo-pfingstlerischer Gruppen verdeutlichen sowohl Theologie als auch Strategie dieser Werke: Zunächst aus einem Faltblatt der Frauengruppe »Women's Aglow Fellowship«, die sich seit 1967 in aller Welt verbreitet, ein Hinweis auf die pfingstlerische Dogmatik: »Wir glauben, daß Gott jeden Gläubigen in den Heiligen Geist taufen will mit dem Erweis des Sprachenbetens. Wir glauben und erfahren unter uns die Manifestation der Geistesgaben und das Sichtbarwerden der Frucht des Heiligen Geistes... Wir glauben, daß die Erlösung durch Jesus Christus Heilung für Geist, Seele und Leib einschließt.«[158]

Schließlich ein Hinweis auf die missionarische Strategie aus einer lehrmäßigen Erörterung der »Geschäftsleute des vollen Evangeliums«: »Durch Natur und Bestimmung sind wir ein dienender Arm der ganzen Kirche. Wir dienen allen Gemeinden, indem deren Glieder, durch christliche Gemeinschaft bereichert, aufgerüttelt und inspiriert werden zu einem größeren christlichen Dienst. An allen Orten ist eine Grundlage der an das volle Evangelium Gläubigen zu schaffen.«[159] Im Blick auf den missionarischen Gemeindeaufbau bilden die genannten Gruppen eher ein Konfliktpotential. Wer von den Tagungen und Rüstzeiten solcher Gruppen frisch inspiriert in die Gemeinden zurückkehrt, dort aber nur Mittelmäßigkeit oder doch – gemessen an dem Erlebten – christliche Alltäglichkeit erlebt, wird sich schwertun. Oft kommt es zu Streit und Spaltung. Beides ist aber nicht das Werk des Heiligen Geistes, der die Gemeinde eint und nicht zertrennt.

3. Die Geistliche Gemeinde-Erneuerung

Die Anfänge der Geistlichen Gemeinde-Erneuerung sind in dem charismatischen Aufbruch zu suchen, der ca. 1960 in den USA begann und sich seither in aller Welt (und in allen Konfessionen) verbreitet. Der Ursprung dieser Erneuerung liegt in der Sehnsucht nach echtem geistlichem Leben (an Stelle eines vertrockneten, einseitig intellektuellen Christentums), in der Sehnsucht nach echter Gemeinschaft (an Stelle der Pastorenkirche) und in der Sehnsucht nach Erfahrungen mit der Kraft des Heiligen Geistes (an Stelle einer rechtgläubigen, aber kraftlosen Verkündigung).

Es begann in Van Nuys/California: Der episkopale Pfarrer Dennis Bennett erlebt im November 1959 unter Handauflegung die Geistestaufe, verbunden mit der Gabe des Sprachengebets. Am 3. April 1960 predigt er über seine Erfahrungen in seiner Gemeinde. Daraufhin erleben ca. 700 Gemeindeglieder eine pfingstliche Erweckung. Bennett steht theologisch der klassischen Pfingstbewegung sehr nahe. Dies muß auch für einen größeren Teil der amerikanischen charismatischen Erneuerungs-Bewegung gesagt werden.[160]

Fast gleichzeitig erlebt die Gemeinde des lutherischen Pfarrers Larry Christenson in San Pedro/California eine charismatische Erweckung. Christenson vertritt bis heute den kleineren, an reformatorischer Lehre orientierten Teil der amerikanischen charismatischen Erneuerungs-Bewegung.

Eben diesem Larry Christenson begegnete der deutsche Pfarrer und Volksmissionar Arnold Bittlinger im Jahre 1962 auf seiner Studienreise durch die USA. Beeindruckt von der Lebendigkeit charismatisch erweckter Gemeinden in den USA, trug Bittlinger diesen Impuls nach Deutschland. Er lud Christenson zu einer Tagung mit Pfarrern und Mitarbeitern nach Enkenbach in der Pfalz ein (1963). Viele der anfangs skeptischen Teilnehmer dieser Tagung wurden für den charismatischen Aufbruch gewonnen.[161]

Etwa gleichzeitig entstand auch in der katholischen Kirche eine zahlenmäßig sehr starke charismatische Bewegung. Auch hier liegen die Anfänge in den USA: an der katholischen Duquesne University in Pittsburgh im Jahre 1967. Studenten und Dozenten suchten Wege aus der geistigen Krise Amerikas. Beeindruckt von dem Pfingstprediger David Wilkerson (»Das Kreuz und die Messerhelden«) ging es ihnen um eine Vertiefung des Glaubens und der Gemeinschaft. Am 13. 1. 1967 ereignete sich eine Erweckung, zahlreiche Studenten und Dozenten erlebten eine tiefgreifende Erneuerung ihres Glaubens: »Dieses Erlebnis wurde für sie zu einem neuen Pfingsten.«[162] Sie verspürten eine vertiefte Liebe zur Bibel, eine neue Bereitschaft zum Dienen, eine größere Hinwendung zu ihrer Kirche. Die Bewegung breitete sich rasch aus und erreichte bald die katholische University Notre Dame in South Bend/Indiana, und von dort aus ganz Nordamerika. Seit 1969 finden in South Bend große charismatische Kongresse statt, inzwischen mit mehr als 25 000 Teilnehmern. Neben diesen Kongressen sind vor allem die örtlichen Gebetsgruppen wichtig, in denen die charismatisch erweckten Christen zusammenkommen, ohne sich deshalb aus dem Leben ihrer Parochien zurückzuziehen.[163]

Für die evangelische und katholische Geistliche Gemeinde-Erneuerung war eine wichtige Station die Gründung eines Lebenszentrums für die Einheit der Christen auf Schloß Craheim im fränkischen Wetzhausen 1968. Ein katholischer Pater (Eugen Mederlet OFM), zwei evangelische Pfarrer (R. F. Edel und Arnold Bittlinger), zwei Baptisten (W. Becker und S. Großmann) und eine methodistische Schwesternschaft lebten und arbeiteten hier einige Jahre gemeinsam. Auch wenn es dieses kommunitäre Zusammenleben heute nur noch in eingeschränkter Form gibt, ist Schloß Craheim für die Geistliche Gemeinde-Erneuerung ein wichtiges Zentrum geblieben.[164]

Von Anfang an konnte sich die charismatische Erneuerungs-Bewegung einer vorsichtigen, aber im ganzen ermutigenden Zustimmung der kirchenleitenden Gremien erfreuen. Dies belegt die Mitarbeit des belgischen Primas, Léon Kardinal Suenens, in der katholischen Geistlichen Gemeinde-Erneuerung. Er ist neben dem Paderborner Dogmatiker Heribert Mühlen Wortführer der katholischen Gemeinde-Erneuerung. Von besonderer Bedeutung ist das wohlwollende Votum von Papst Paul VI. (Pfingstmontag 1975). Auch der Ökumenische Rat hat sich zum charismatischen Aufbruch zustimmend geäußert. Im Bereich der evangelischen Kirche ist das Gutachten der Bischofskonferenz der VELKD vom Mai 1976 erwähnenswert: »Mit Aufmerksamkeit und Hoffnung blicken wir auf die charismatische Erneuerung zahlreicher christlicher Gemeinden in der Welt. Viele Menschen hungern nach Gemeinschaft und nach einem neuen Geist, ohne daß sie schon einen Weg dahin sehen. Hier zeigt sich..., daß der ganze Mensch mit seinem Denken, Fühlen und Handeln von Gott in Anspruch genommen ist. Nur um den Preis der Verfehlung seines Lebenssinns kann er sich diesem Anspruch entziehen. Darum bitten wir Gott, er möge das Werk der Erneuerung seiner Kirche mit ihren Gemein-

den auch in den charismatischen Bewegungen und durch sie vorantreiben.«[165]
Das vorsichtig-positive Votum der Bischofskonferenz betont die ganzheitliche
Spiritualität der charismatischen Bewegung. Zugleich weist es auf die Gefahren
hin: Es ermahnt z. B. zur Unterscheidung der Geister, die nur durch eine feste
Verankerung im Wort der Bibel möglich wird.[166]
Die evangelische Geistliche Gemeinde-Erneuerung verfügt seit 1976 über ein
Leistungsgremium, den sogenannten theologischen Koordinierungsausschuß.
Verschiedene evangelische Pfarrer arbeiten hier mit. In Würzburg hat dieser Aus-
schuß im Jahre 1976 die theologischen Leitlinien der Bewegung ausgearbeitet.[167]
Ein Kernsatz dieser Leitlinien lautet: »Die Charismatische Gemeinde-Erneue-
rung ist eine geistliche Erweckungsbewegung innerhalb der Kirche.«[168]
Damit ist das Spannungsfeld aufgezeigt, in dem man sich bewegt. Erweckungsbe-
wegung will man sein, aber in der Kirche, nicht neben oder gar außerhalb von ihr.
Wiederum: in der Kirche will man bleiben, mitleben und mitarbeiten, aber durchaus provokativ im Sinne einer Erweckungsbewegung. Die theologischen Leitlinien sollen beschreiben, wie das Leben in diesem Spannungsfeld gestaltet wird.
Geistlich erneuerte Menschen sollen mit ihren Charismen zum Aufbau lebendiger
Gemeinden beitragen. Eine Rangordnung der Charismen wird ebenso abgelehnt
wie die pfingstlerische Zwei-Stufen-Theorie. Verneint wird auch jeder Enthusias-
mus: Das Praktizieren neutestamentlicher Charismen ist Zeichen einer erneuerten
Schöpfung, nicht aber ein übernatürliches, gar ekstatisches Geschehen. Die Zielbestimmung der Erneuerungs- und Erweckungsbewegung wird im letzten Satz
der theologischen Leitlinien deutlich: »Ihr Ziel ist die charismatische erneuerte
Kirche, die eine eigene charismatische Bewegung überflüssig macht.«[169]
Inzwischen wurde immer deutlicher, wie mißverständlich der Begriff der »Charismatischen Gemeinde-Erneuerung« ist. Er müßte dem Wortsinn nach auf die Erneuerung der Kirche durch die Wiederbelebung und Praktizierung der im Neuen
Testament erwähnten Geistesgaben schließen lassen. Gemeint ist aber etwas anderes, nämlich die Erneuerung der Kirche in der Kraft des Heiligen Geistes, der neben anderem auch Charismen hervorbringt. Darum spricht man seit 1984 nur
noch von Geistlicher Gemeinde-Erneuerung (GGE).[170]
Wolfram Kopfermann, der Leiter des Koordinierungsausschusses, weist darauf
hin, daß die Geistliche Gemeinde-Erneuerung ihren von Gott zugewiesenen Platz
in der verfaßten evangelischen Kirche sieht. Dies geschieht nicht aus taktischem
Kalkül, sondern aus theologischer Einsicht: Gott sagt ja zu dieser Kirche trotz aller Schuld und Verirrung. Und es geschieht auf der Ebene der Ortsgemeinde. Der
charismatisch erneuerte Christ soll sich nicht in seine charismatischen Gebetszellen zurückziehen, sondern sich zu tätiger Mitarbeit in der Ortsgemeinde und zu
erwartungsvollem Gebet für ihre Erneuerung aufgerufen wissen. Dabei geht es
aber nie um die Wahrung des Status quo, sondern immer um den Aufbau lebendiger und missionarisch verantwortlicher Gemeinden.[171]
So fest die Geistliche Gemeinde-Erneuerung in die eigene Kirche eingebunden
sein will, so ernst nimmt sie aber auch zahlreiche Querverbindungen, besonders
zur katholischen Geistlichen Gemeinde-Erneuerung. Ökumenische Gebetsgruppen sowie gelegentliche gemeinsame Kongresse verdeutlichen diese Verbindung.
Gemeinsam wird auch die Zeitschrift »Erneuerung in Kirche und Gesellschaft«
herausgegeben. Gewiß spielt dabei die gemeinsame Einsicht in die Notwendigkeit

des missionarischen Gemeindeaufbaus eine große Rolle. Auch die allgemeine Anerkennung Heribert Mühlens muß hier genannt werden. Ökumenische Gemeinsamkeit bedeutet in der Geistlichen Gemeinde-Erneuerung nicht Verlust der konfessionellen Identität. So wird bei aller Gemeinsamkeit der Lehr-Dissens nicht überspielt. Auch wird auf die gemeinsame Feier des Abendmahls verzichtet; das Leiden unter der Trennung der Kirchen soll ausgehalten werden. Es gibt nur getrennte Eucharistie-Feiern in gemeinsamen Gottesdiensten.[172]

Neben den Querkontakten zur Geistlichen Gemeinde-Erneuerung in der DDR, wo sich der charismatische Aufbruch in einem anderen gesellschaftlichen Kontext gleichwohl zahlenmäßig erheblich stärker vollzieht als in der Bundesrepublik,[173] sind die Kontakte zur Pfingstbewegung zu erwähnen. Auch wenn die Geistliche Gemeinde-Erneuerung zunächst unabhängig von der Pfingstbewegung entstanden ist und im Unterschied zu ihr in der verfaßten evangelischen Kirche geblieben ist, sind geschichtliche Zusammenhänge unbestreitbar. Die Pfingstbewegung hat ein ambivalentes Verhältnis zur Geistlichen Erneuerungs-Bewegung: Sie begrüßt den charismatischen Aufbruch und die Wiederentdeckung der neutestamentlichen Charismen, aber sie tut sich schwer, das Verbleiben in der »maroden« Volkskirche zu verstehen. Wolfram Kopfermann möchte die Pfingstkirchen vor volkskirchlicher Verurteilung schützen; für ihn sind Pfingstler weder Sektierer noch Schwärmer. Trotz aller Unterschiede sieht er in ihnen wichtige Gesprächspartner. Immerhin waren sie es, die jahrzehntelang die Frage nach dem Heiligen Geist wach gehalten haben.[174]

Kompliziert ist das Verhältnis der Geistlichen Gemeinde-Erneuerung zu den evangelikalen Gruppierungen, vor allem zur Bekenntnisbewegung »Kein anderes Evangelium«. Sicherlich gibt es zahlreiche Gemeinsamkeiten: Beide Bewegungen betonen die Notwendigkeit einer persönlichen Glaubensentscheidung und beziehen sich auf die Bibel als das Wort Gottes. Mehr noch: die Einübung in eine persönliche und gemeinsame praxis pietatis, die Betonung des Missionsauftrages gerade in der Volkskirche, nicht zuletzt die Ermutigung zum persönlichen Zeugnis des Christen im Alltag verbinden Geistliche Gemeinde-Erneuerung und Bekenntnisbewegung. Gewiß ist an vielen Stellen auch ein offenes Gespräch möglich geworden. In der DDR ist Gemeinschaft und Zusammenarbeit sogar eher die Regel als die Ausnahme. Davon kann in der Bundesrepublik jedoch noch nicht die Rede sein. Die Bekenntnisbewegung tut sich äußerst schwer mit diesem neuerlichen charismatischen Aufbruch. Die Verwundungen durch die Ereignisse zwischen 1905 und 1909 sind immer noch nicht geheilt. Manche Führer der Bekenntnisbewegung erkennen in dem Geist der Geistlichen Gemeinde-Erneuerung den »Schwarmgeist« von unten wieder, den sie in der Pfingstbewegung am Werke sahen. Kontakte zur Pfingstbewegung innerhalb des weltweiten charismatischen Aufbruchs verstärken diesen Verdacht. Vor allem die Sehnsucht nach charismatischen Erlebnissen und Wunderkräften wird kritisiert. Hinter den Sprachengebeten wird eher ein dämonischer als der Geist Gottes vermutet. Dabei verweist mancher Kritiker auf Selbstenthüllungen der Geister, die im Sprachengebet wirksam waren und sich bei genauer Prüfung als dämonische Geister selbst offenbaren mußten. »Ergebnis: Der Schwarmgeist der Pfingstbewegung als Wurzel der ›Charismatischen Bewegung‹«[175]

So kann die Geistliche Erneuerungs-Bewegung nur als Werkzeug von Verfüh-

rungsmächten gelten: »Nachdem der erste Vorstoß des Schwarmgeistes um die Jahrhundertwende durch die ›Berliner Erklärung‹ (1909) vorübergehend zurückgedrängt werden konnte, handelt es sich bei dem ›Charismatischen Aufbruch‹ seit 1960 um den erneuten Versuch desselben Schwarmgeistes, in den Raum der Kirche bis in den Pietismus hinein einzudringen.«[176]
Wolfram Kopfermann spricht in seiner Entgegnung von einem »langlebigen Dämon«, der sich – wie eine Infektion – über Generationen hinweg von einer Bewegung auf die andere überträgt. Er weist – natürlich! – den Vorwurf zurück, denn Dämonen wohnen in Menschen, nicht aber in Bewegungen. Im einzelnen bemüht er sich darum, die theologischen Argumente der Bekenntnisbewegung zu entkräften. Die Geistliche Gemeinde-Erneuerung lehrt demnach keine Zwei-Stufen-Theorie, auch wenn mancher Christ das Erfülltwerden mit dem Heiligen Geist subjektiv zu einem anderen Zeitpunkt erlebt als die Bekehrung. Zur Selbstentlarvung der Sprachenbeter beruft sich Kopfermann auf Paulus, der an keiner Stelle Sprachengebet und Dämonie in einen Zusammenhang bringt. Daß in der Geistlichen Gemeinde-Erneuerung das Wort der Bibel geringgeachtet werde, ist seiner Ansicht nach unzutreffend, auch wenn prophetische Rede als gegenwärtige Rede Gottes ernst genommen werde.[177] Im ganzen wird an Kopfermanns Entgegnung das theologische Selbstbewußtsein der Geistlichen Gemeinde-Erneuerung sichtbar: Es heißt einerseits: »Die geistliche Erneuerung unserer Kirche – u. a. durch die Charismatische Bewegung – läßt sich nicht aufhalten, weil sie Gottes Werk ist.«[178] Und an anderer Stelle wird mit einem »Seitenhieb« gegen den kirchlichen Pietismus betont, »...daß die Gruppen des westdeutschen Pietismus hier und da... steril und kraftlos geworden sind und darum Ausschau halten nach einer dynamischeren Gestalt geistlichen Lebens. Der geistliche Weg der Christenheit in der Bundesrepublik wird jedenfalls wesentlich mit davon abhängen, ob sich der westdeutsche Pietismus dem Wirken des Heiligen Geistes in allen seinen Dimensionen auf eine neue und unbefangene Weise öffnen wird.«[179]
Dies ist weniger aggressiv formuliert, aber nicht minder klar als die Erklärung der Bekenntnisbewegung zuvor. Gleichwohl heißt es auch: »Es ginge heute darum, daß wir größte Deutlichkeit in der sachlichen Erwiderung mit warmer Herzlichkeit und Brüderlichkeit... verbinden.«[180]

III. Gemeindeaufbau aus der Sicht der Geistlichen Gemeinde-Erneuerungsbewegung

1. Das ekklesiologische Leitbild

In seiner Zwischenbilanz über die Geistliche Gemeinde-Erneuerung nennt Wolfram Kopfermann sechs Kennzeichen einer im Sinne des Neuen Testamentes erneuerten Kirche.[181]
Es geht *erstens* um eine gewisse Kirche. Die Kirche leidet heute unter einem »Defizit an Gewißheit« und spricht die »Sprache der Verunsicherten.«[182] Eine geistlich erneuerte Kirche hingegen kann mit der ruhigen Gewißheit der neutestamentlichen Gemeinde auftreten. Sie weiß gewiß und unzweideutig, was sie zu sagen hat, wenn es um die Inhalte des Glaubens und der Verkündigung geht.

Die gewisse Kirche wird *zweitens* bekennende Kirche sein. Sie hat die Freiheit zum öffentlichen Christusbekenntnis (Apg 1,8; 4,31). Im Bekenntnis »äußert« sich ihre innere Gewißheit.

Gewißheit und Bekenntnis sind wiederum davon abhängig, daß die erneuerte Kirche *drittens* hörende Kirche ist. Sie ist angewiesen auf das Wort des guten Hirten (Joh 10,27). Sie erwartet es sowohl im Hören auf die Bibel als auch im Hören auf prophetisches Reden in der Kirche selbst.

Die hörende Kirche wird *viertens* antwortende, also betende Kirche sein. Betende Menschen werden mit dem Heiligen Geist erfüllt (Apg 13,1–3 u. a.). Nach Röm 8,26f. ist alles christliche Beten geistgewirkt – oder es ist nicht christlich. Gebet verdeutlicht: Im Aufbau der christlichen Gemeinde erwarten wir alles von Gott. Geistliche Prozesse sind nicht machbar! Zum christlichen Beten gehört – damals wie heute – das Sprachengebet.

Im Gegensatz zur pfarrerzentrierten Volkskirche ist die erneuerte Kirche *fünftens* eine Kirche geistlicher Laien. Allerdings helfen hier keine Appelle an die menschliche Bereitwilligkeit weiter; die persönliche Geisterneuerung erst schafft geistliche Laien. »Aber so gewiß erst die Geisterfahrung aus gutwilligen und begabten Menschen Charismatiker, also Christen macht, so gewiß werden wir keine geistlich mitarbeitende Gemeinde ohne diese Grunderfahrung gewinnen.«[183] Wo es aber zur Geisterneuerung kommt, werden auch die zum Aufbau lebendiger Gemeinden notwendigen Geistesgaben freigesetzt.

Oft muß der Strukturwandel der Gemeinde von den Pfarrern ausgehen. Gegen sie ist kaum eine Erneuerung der Gemeinde möglich. Erleben aber Pfarrer an sich selbst die Geisterneuerung, wird der Weg frei zum missionarischen Gemeindeaufbau. Die Pfarrerzentrierung nimmt ab, und der urchristliche Ämterorganismus kann sich Stück um Stück durchsetzen.

Schließlich ist *sechstens* die erneuerte Kirche eine heilende Kirche. Die Heilungen stehen als Zeichen der Gottesherrschaft im Zentrum des Wirkens Jesu. Der Heilungsdienst Jesu wurde von der urchristlichen Gemeinde fortgesetzt. Und gerade Paulus belegt, daß Christen mit Heilungen rechnen. Erst nach dreimaligem Bitten akzeptierte er seine Krankheit als gottgewollt (2 Kor 12,7ff.). Die Erwartung und Erfahrung der Krankenheilung durch Gebet wird in der erneuerten Kirche wieder zum Normalfall. Der heilende Christus macht umfassend heil. Durch den Kontakt zu dem amerikanischen Theologen John Wimber wird der Zusammenhang von Heilungen und vollmächtiger Evangelisation immer mehr betont.

2. Geisterneuerung als zentrales Geschehen im missionarischen Gemeindeaufbau

Die Geistliche Gemeinde-Erneuerung hat sich von Anfang an gegen die pfingstlerische Zwei-Stufen-Dogmatik abgegrenzt. Jeder Christ ist Charismatiker, oder er ist kein Christ (Röm 8,9). Ein zweites Durchbruchserlebnis ist nicht notwendig. Entsprechend wird auch das Sprachengebet nicht als notwendiger Beweis für die Begabung mit dem Heiligen Geist angesehen.[184] Allerdings kann es sein, daß Christen die subjektive Erfahrung der Erfüllung mit dem Heiligen Geist in mehreren Stationen erleben, weil sie sich immer tiefer für die Kraft des Geistes öffnen. Dies ist aber von der pfingstlerischen Lehre zu unterscheiden und entspricht der Bitte von Eph 5,18: »Werdet voll Geistes«![185]

Der in der Pfingstbewegung übliche Begriff der Geistestaufe wird darum auch im allgemeinen in der Geistlichen Gemeinde-Erneuerung vermieden. Unter »Geistestaufe« wäre allenfalls das Christwerden selbst zu verstehen, da im Neuen Testament der Empfang des Heiligen Geistes und die Annahme des endzeitlichen Heils identisch sind (Mk 1,8; Apg 11,16–18 u. a.).[186]

Da der Begriff jedoch falsche Assoziationen erwecken könnte, wird er kaum noch aufgegriffen oder doch entscheidend uminterpretiert, so daß er entweder synonym für »Wiedergeburt, Bekehrung« gebraucht wird oder im Sinne der tieferen persönlichen Öffnung für den bereits empfangenen Heiligen Geist. Dann ist die Geistestaufe ein »Bewußtwerden der Innewohnung des Heiligen Geistes und eine Weckung der charismatischen Kräfte, die seit der Wiedergeburt geschenkt sind und nun – häufig in einer Art Durchbruchserlebnis – zur Funktion kommen.«[187]

Üblich dagegen ist der Begriff der Geisterneuerung.[188] Die Geisterneuerung umfaßt mehrere Aspekte. Zunächst den Aspekt der persönlichen Umkehr als Auslieferung des ganzen Lebens an Gott; diese Umkehr ist ein einmaliger, lebenswendender Akt (Hebr 6,4–6). Ein zweiter Aspekt ist die Erneuerung des Taufversprechens, nicht selten in einer persönlichen Beichte. Mit dieser Überlegung soll die Geisterneuerung an die Taufe angeschlossen werden. Der Katholik Herbert Schneider schreibt dazu: Geisterneuerung ist »...nicht eine zweite Heilserfahrung, sondern das Lebendigwerden der Taufgnade...«[189]

Zur Erneuerung des Taufversprechens gehört auch die Erneuerung des Firmbzw. Konfirmationsversprechens. Ein dritter Aspekt ist die Öffnung für die Kraft des Heiligen Geistes und seine Gaben. Die drei Aspekte der Geisterneuerung gehören sachlich unlösbar zusammen, auch wenn sie unter Umständen biographisch als Nacheinander erlebt werden.[190]

Besonders intensiv hat sich Heribert Mühlen zur Frage der Geisterneuerung geäußert. Im Neuen Testament ist Umkehr gefordert und ermöglicht durch den Umkehrruf Jesu (Mk 1,15). Umkehr ist die Ganzhingabe im Glauben durch Jesus Christus an Gott. Sie hat einen lebensgeschichtlichen Anfang, auch wenn dieser nicht immer wie ein Bekehrungserlebnis datierbar ist. Mühlen sieht besonders deutlich die volkskirchliche Gefahr: Die persönliche Umkehrentscheidung kann ausbleiben. Das ist das Problem der Kirche nach der konstantinischen Wende: Taufe ohne Geisterneuerung. Die Erosion der Volkskirche demonstriert die Konsequenzen in aller Deutlichkeit. Die Kirche ist darum verpflichtet, den Getauften eine persönliche Glaubensentscheidung zu ermöglichen. Eine solche Entscheidung kann durchaus aus der Taufgnade heraus erwachsen. Dazu aber sind kybernetische Maßnahmen im Sinne eines Erwachsenenkatechumenats notwendig. Glaubenskurse wie die »Einübung in die christliche Grunderfahrung«[191] sollen zur Erneuerung des Taufversprechens führen. Aus der einmaligen Geisterneuerung wächst dann die tägliche Umkehr heraus. Die erste Umkehrentscheidung gibt dem Ganzen des Lebens eine neue Richtung und einen neuen Inhalt.[192]

In diesem Zusammenhang steht auch die »missionarische Liturgie«. Bekehrung oder Geisterneuerung ist ein personaler, aber kein individualistischer Vorgang. Mit der Geisterneuerung geht automatisch auch die Zuordnung zum Leib Christi, zur Gemeinde, einher. Darum spielt die »missionarische Liturgie« in der kleinen Gebetsgruppe bzw. im Einführungskurs eine große Rolle. Dabei wird die Anwesenheit des Heiligen Geistes nicht an den anderen Menschen vorbei, sondern durch sie hindurch empfangen. Mühlen spricht von der sozialen Gotteserfahrung. Im Blick auf das Geschehen der Geisterneuerung bedeutet das: sie geschieht nicht unbedingt im »stillen Kämmerlein«, sondern vorwiegend in der »missionarischen Liturgie«. Durch die Glaubens- und Einführungskurse bzw. durch das Leben der kleinen Gebetsgruppen werden Menschen bereit, ihr Tauf- und Konfirmationsversprechen zu erneuern. Dies kann nun vor der versammelten Gemeinschaft geschehen, in der sogenannten Umkehrliturgie. Zur Umkehrliturgie gehört »das persönliche Bekenntnis des einzelnen zur göttlichen Dreieinigkeit als Annahme der von Gott angebotenen Wir-du-Begegnung (vgl. Joh 14,23) sowie ein liturgisches Zeichen, in welchem die kirchliche Dimension dieses Geschehens zum Ausdruck kommt. Das ist seit ältester Zeit die Handauflegung.«[194] Dies kann so aussehen: Kniend öffnet sich der betroffene Mensch im Gebet für Gott. Anwesende Christen begleiten diesen Schritt mit Fürbitte und Dank. Einige treten hinzu und beten unter Handauflegung für den Knienden. Wolfram Kopfermann macht dabei nochmals den biographischen und theologischen Ort dieses Geschehens deutlich: »Wir verstehen diese Lebensübergabe an Jesus Christus als Feier des Taufgedächtnisses bzw. als den Vollzug persönlicher Umkehr für Menschen, die bisher noch nicht getauft sind...«[195]

3. Das Einführungsseminar

Das Einführungsseminar ist einer der Grundbausteine im missionarischen Gemeindeaufbau der Geistlichen Gemeinde-Erneuerung. Es kann entweder als viertägiger, überregionaler Kurs angeboten werden oder auch als Seminar auf Gemeindeebene. Im letzteren Fall findet es während 7 bis 12 aufeinanderfolgenden Wochen jeweils an einem Abend der Woche statt. Theologische Vorträge, Gruppenarbeit, persönliche Zeugnisse, das Angebot zur Einzelseelsorge und das gemeinsame Feiern von Gottesdiensten wechseln einander als Elemente des Einführungsseminars ab. Alles ist an der Frage orientiert: »wie kommt es zur spirituellen Erneuerung in meinem Leben?«[196] Es wird Wert darauf gelegt, daß Einführungsseminare keine theologischen Tagungen sind, sondern eher mit Exerzitien verglichen werden könnten. Hinzu kommt, daß sich die Teilnehmer des Seminars zwischen den einzelnen Abenden mit ausgewählten Bibelstellen, Meditationstexten oder formulierten Existenzfragen beschäftigen. Oft beginnen die Einführungsseminare mit leicht zugänglichen Fragen wie der Sinnproblematik, um dann immer mehr zur Mitte des Evangeliums vorzustoßen. Wichtig ist der Zusammenklang der verschiedenen Elemente des Einführungsseminars: Das Miteinander einer relativ überschaubaren Gruppe, die Elementarinformation über den christlichen Glauben, die den meisten Getauften fehlt, die Möglichkeit zur offenen Aussprache, aber auch die Einübung schlichter Vollzüge des Glaubens (Gebet, Lesen der Bibel, Beichte, Gottesdienst). Wichtig ist auch, daß die Einführungsseminare zeitlich befristet sind und niemanden überfordern. Für viele Menschen ist eine zeitlich unbefristete Gruppe von vorneherein nicht erschwinglich. Abschluß des Einführungsseminars ist ein Gottesdienst, der die Möglichkeit gibt, dem Entschluß zur Lebensübergabe an Christus in der Umkehrliturgie einen leibhaften Ausdruck zu verleihen.
Das Einführungsseminar kann ergänzt werden durch Vertiefungsseminare, die

weiterführende Hilfen zu einem geistlichen Leben im Alltag der Gemeinde und der Welt bieten wollen. In Normalfall wird sich derjenige, der an einem Einführungsseminar teilgenommen hat und entweder eine persönliche Geisterneuerung erlebt hat oder doch weiteres Interesse zeigt, einem Hauskreis oder einer Gebetsgruppe der Geistlichen Gemeinde-Erneuerung anschließen, aber auch in einer erneuerten Weise der eigenen Kirchengemeinde zur Verfügung stehen. Für Mitarbeiter, Pfarrer und andere Hauptamtliche bieten sich Gemeindeaufbau-Seminare an. Das Gemeindeaufbau-Seminar »widmet sich der Frage, wie heute planmäßiger geistlicher Gemeinde-Aufbau im Rahmen der Großkirche erfolgen kann.«[197] Für das Ganze der Geistlichen Gemeinde-Erneuerung sind die überregionalen Kongresse bedeutsam, die eine Art Forum des charismatischen Aufbruchs auf nationaler Ebene darstellen, also sowohl den Austausch unter den verschiedenen Gruppierungen innerhalb der charismatischen Bewegung ermöglichen als auch eine gewisse Öffentlichkeitswirkung haben.

4. Der Gottesdienst

Immer wieder ist von der Bedeutung des Gottesdienstes die Rede, z. B. als Abschluß des Einführungsseminars. Damit kann durchaus auch die Neuentdeckung und der tiefere innere Nachvollzug des traditionellen, liturgisch gebundenen Gottesdienstes gemeint sein. Geistliche Erneuerung muß hier nicht mit dem Verlust des Ererbten einhergehen.

Zumeist aber ist an den Gottesdienst nach dem Vorbild von 1 Kor 14,26 gedacht, dessen Ablauf nicht von vornherein feststeht. Jeder kann das einbringen, was ihm als Gabe gegeben wird. Da ist Raum für spontanes Gebet, für Lob und Anbetung, für neue Lieder und Chorusse, die von den Teilnehmern angestimmt werden, auch für prophetisches Reden und Sprachengebet, sofern ein Interpret anwesend ist. Solche Gottesdienste dauern – ohne Ermüdung! – zwei Stunden und länger. Es ist kein Gottesdienst, den »ein Pfarrer hält«, sondern ein Gottesdienst, den eine mündige und begabte Gemeinde feiert.

Ein Mißverständnis möchte die Geistliche Gemeinde-Erneuerung dabei abwehren. Diese Gottesdienste haben nichts Chaotisches oder Enthusiastisches an sich. Alles soll geordnet und in Frieden geschehen. Die spektakulären Gaben wie Sprachengebet, Prophetie, Vision o. ä. sollen dabei nur die Farbtupfer darstellen. Der Leiter des Gottesdienstes achtet auf den roten Faden der Beiträge, unterbricht auch Ungeistliches und ermutigt zur Teilnahme.[198]

Die traditionellen Elemente des Gottesdienstes müssen im charismatischen Gottesdienst nach 1 Kor 14 nicht zu kurz kommen. So ist stets genügend Raum für Verkündigung und Lehre sowie für die Feier des Abendmahls.

Drei wichtige Elemente des charismatischen Gottesdienstes seien noch erwähnt: Zum einen die prophetische Rede. Sie soll die Gemeinde erbauen, vor allem durch seelsorgerliche Worte, Ausblick in die Zukunft oder konkrete Weisungen für das Leben der Gemeinde (vgl. 1 Kor 14). Prophetische Rede äußert sich entweder auf Grund von Visionen oder Auditionen. Oft spricht der prophetisch Redende in der ersten Person Gottes: »Ich, der Herr, …« Prophetische Rede ist in jedem Fall von der Gemeinde am Maßstab der Bibel zu prüfen.[199]

Ein zweites Element ist das Sprachensingen. Spontane Gesänge in jeder Form gehören seit jeher zu charismatischen Gottesdiensten. Es sind meistens sehr einfache Melodien und Texte, bei denen oft nur einzelne Zeilen variiert werden. Besonders zu erwähnen ist aber das Singen in Sprachen: »Ein solches Singen im Geist, das in der Regel aus dem gemeinsamen Beten heraus erwächst... klingt wie ein unendlich vielstimmiger, leicht schwebender harmonischer Akkord, der gleichzeitig Einheit und Vielfalt zum Ausdruck bringt.«[200]

Ein drittes Element ist die Segnung. In den meisten charismatischen Gottesdiensten gibt es eine Phase, während derer einzelne nach vorne treten können. Sie sagen mit wenigen Worten, für welche Lebenssituationen sie gesegnet werden wollen (z. B. Krankheit, Krisen, Glaubensprobleme). Dann treten einige andere herbei und beten segnend unter Handauflegung für die betroffenen Mitchristen.

Im Blick auf diese Segnungen ist ein Phänomen aufgetaucht, das bereits zahlreiche kontroverse Debatten ausgelöst hat. Es handelt sich um das »Umfallen im Gebet«, das »Ruhen im Geist«. Es trat z. B. bei Segnungsgottesdiensten mit der Amerikanerin Kim Collins auf. Während sie Menschen die Hand auflegte, fielen diese plötzlich brettförmig nach hinten und wurden von bereitstehenden Fängern aufgefangen. Die Umstände dieses Phänomens sind sehr verschieden. Es kann sich ereignen, während der Betroffene sitzt, steht oder kniet. Es kann sehr kurz andauern, aber auch Stunden währen. Es kann willentlich und erbeten geschehen, aber auch gegen den eigenen Willen. Die Betroffenen beschrieben jedenfalls ihre Erfahrung als beglückend. Als »Früchte« werden eine spürbare Intensivierung ihres geistlichen Lebens oder der Empfang neuer Charismen, gelegentlich auch die Aufdeckung bisher verborgener Sünden bezeugt. Die Beurteilung des Phänomens ist auch in der Geistlichen Gemeinde-Erneuerung heftig umstritten. Wolfram Kopfermann hat das »Umfallen im Gebet« verteidigt, während Kardinal Suenens davor gewarnt hat.[201]

Charismatische Gottesdienste haben ihren Platz bei Kongressen und Tagungen, Einführungs- und Vertiefungsseminaren, aber auch in charismatischen Gebetsgruppen. In manchen Orten (Hamburg z. B.) werden charismatische Gottesdienste regelmäßig sonntags abends gefeiert. Hier bildet sich dann eine Personalgemeinde um einen charismatisch erneuerten Pfarrer.

5. Charismatische Mitarbeiterschaft

Gemeindeaufbau im Sinne der Geistlichen Gemeinde-Erneuerung ist auch der Versuch, die Pfarrerzentrierung der Volkskirche zu überwinden. Wer die Geisterneuerung erlebt hat, ist nun auch Charismatiker. »Der Heilige Geist wohnt in ihm und will bei ihm sichtbar werden zur Auferbauung der Gemeinde und zum Dienst in der Welt.«[202] Charismatiker sind alle, die durch Taufe und Glauben wiedergeboren sind.[203] Mit dieser Definition geht allerdings einher, daß die Identifikation von Getauften und Christen fallengelassen werden muß. Wo das Geschehen der Geisterneuerung noch nicht stattgefunden hat, sollte von Christsein nicht gesprochen werden.[204]

Charismatiker aber sind Menschen, die sich nicht in den privaten Genuß ihrer charismatischen Erfahrungen zurückziehen können; ihre Gaben sollen ja dem Aufbau der Gemeinde ebenso zugute kommen wie dem Dienst in der Welt. Wo Gnadengaben im neutestamentlichen Sinn, also als Dienstgaben zum Aufbau des Leibes Christi (1 Kor 12) empfangen werden, da wird auch charismatische Mitarbeiterschaft erwachsen. Es bildet sich in der Regel ein Mitarbeiterkreis, der geistliche Verantwortung für das Leben und den Dienst der Gemeinde übernehmen kann.[205]

Mitarbeiterschaft wird dann alle Bereiche der Gemeindearbeit einbeziehen. Vielleicht beginnt sie damit, daß ein Teilnehmer des Einführungsseminars bei späteren Einführungsseminaren als Helfer mitwirkt. Vielleicht werden auch Aufgaben bei der Gestaltung der Gottesdienste übernommen. Oder es werden Dienste in der traditionellen Gemeindearbeit mitgetragen. Hier sind keine Grenzen gesetzt. Wenn jemand z. B. die Gabe der Leitung hat, dann wird er in der erneuerten Gemeinde gewiß auch am Leitungsdienst beteiligt werden, auch wenn er nicht ordinierter Pfarrer ist.[206]

In der Mitarbeiterschaft sollen die Charismen der Gemeindeglieder zum Tragen kommen. Die Geistliche Gemeinde-Erneuerung bemüht sich darum, den Begriff des Charismas von falschen Vorstellungen und Befürchtungen zu befreien. So wird der Vorwurf des Enthusiastischen abgewehrt. Auch wird jede Rangordnung der Charismen abgelehnt: die aufsehenerregenden Gaben sind nicht wertvoller als die eher unauffälligen Gaben (z. B. die Gabe der Kassenführung). In der Regel wird auch auf die Unterscheidung von natürlichen und übernatürlichen Gaben verzichtet. Nicht der supranaturale Charakter macht nämlich das Charisma aus, sondern der Dienstcharakter: »Unter Charisma verstehen wir jede gottgegebene Fähigkeit, sofern sie durch den Geist Jesu Christi der Selbstverfügung entrissen und in den Dienst der Gemeinde gestellt worden ist.«[207] Oder: »Ein Charisma ist eine natürliche Begabung, die durch Gottes Geist belebt und überhöht wird für den Dienst am Nächsten.«[208]

Auf der anderen Seite werden die in 1 Kor 12,8–10 aufgeführten Charismen ohne jede Scheu oder Befangenheit im Raum der Geistlichen Gemeinde-Erneuerung erbeten, empfangen und praktiziert. Auch die spektakulären Gaben werden nicht ausgeblendet. So haben Sprachengebet, Heilungsgabe und prophetische Rede ihren legitimen Platz im Leben der charismatisch erneuerten Gemeinde. Selbst im Neuen Testament noch nicht bezeugte und in der Gemeinde bislang nicht bekannte Gnadengaben dürfen erbeten werden, wenn dies dem Aufbau der Gemeinde dient (z. B. das »Ruhen im Geist«) Dabei wird von der Inkongruenz der neutestamentlichen Charismen-Kataloge ausgegangen. Es gab zwar Charismen, die fast in jeder Gemeinde vorkamen; aber darüber hinaus gab es in Rom offenbar noch andere Gnadengaben als in Korinth. Jede Gemeinde empfängt die Gaben, die gerade für ihren Aufbau notwendig sind. So kann es sein, daß auch heute die in 1 Kor 12,8–10 erwähnten Gaben praktiziert werden, daß aber darüber hinaus ganz neue und überraschende Begabungen in der Gemeinde erwachsen. Gott kann dabei bislang blockierte natürliche Begabungen freisetzen, er kann aber auch völlig neue Begabungen schaffen.[209]

In der Geistlichen Gemeinde-Erneuerung sollen dann auch alle Gaben des Geistes in gleicher Weise ernst genommen werden: die Gaben des Wortes genauso wie die Gaben der Tat, Gaben der außerordentlichen Kraftwirkung ebenso wie die Gaben der diakonischen Leitung, Gaben des nüchternen, theologischen Forschens ebenso wie Gaben des Sprachengebets oder Sprachengesangs. Ohne diese grundsätzliche Gleichwertigkeit der Charismen sogleich wieder in Frage stellen zu wollen, soll doch auf einige Gaben besonders hingewiesen werden, da sie zum eigentümlichen Profil der Geistlichen Gemeinde-Erneuerung gehören:

Da ist zunächst die Gabe der Seelsorge. Dem Ratsuchenden soll durch Zuspruch und Ermahnung hindurch die Gegenwart des heilenden Christus für seine besondere Lebenssituation gewiß gemacht werden.[210] Als Charisma erscheint die Seelsorge nicht zuletzt durch die Gabe der diagnostischen Prophetie bzw. der seelsorgerlichen Treffsicherheit.[211] Ein besonders wichtiges Instrument der Seelsorge ist die Einzelbeichte. Einen besonderen Stellenwert hat auch das Gebet um innere Heilung. Dieses Gebet ist nicht denkbar ohne Erfahrung aus dem Bereich der Psychoanalyse. Bei der inneren Heilung geht es um weit zurückliegende und tiefsitzende seelische Verletzungen (z. B. Kindheitstraumata). Im Gebet um innere Heilung werden sie unter Handauflegung und Gebet offenbar. Der Seelsorger bittet dabei den heilenden Christus um Heilung der Erfahrungen und Erinnerungen. Oft werden uralte Verkrampfungen gelöst; u. U. wird es auch möglich, Menschen, gegen die ein mehr oder weniger bewußter Groll bestand, zu vergeben, um so zu einem Neuanfang, auch zur Heilung von Beziehungen, frei zu werden.[212]

Dem Gebet um die innere Heilung korrespondiert die Bitte um Heilung äußerer Krankheiten. Oft hängt beides unlöslich miteinander zusammen. Die Heilungen Jesu gelten nicht als versunkene Mirakel einer anderen Zeit; sie werden vielmehr als Verheißungen aufgefaßt. Die Heilungsvollmacht Jesu gilt auch für die heutige Gemeinde. Menschen, für die unter Handauflegung gebetet wurde, erfuhren Linderung ihrer Beschwerden, manche sogar Heilung, andere wenigstens Kraft, ihre Krankheit zu tragen. Daß das Gebet um Heilung nicht in Konkurrenz zur ärztlichen Hilfe gesehen wird, ist für die Geistliche Gemeinde-Erneuerung ebenso selbstverständlich wie das Wissen darum, daß nicht alle geheilt werden. So wird auch – anders als bei den sogenannten Heilungspfingstlern – kein zwingender Zusammenhang von Glaube und Heilung gesehen. Auch Glaubende können krank werden und sogar bleiben; es ist keine Widerlegung der persönlichen Christusbeziehung, wenn ein Glaubender nicht geheilt wird. Vielleicht ist es aber dieser Bezug auf den ganzen Menschen, auf sein Heil wie auf sein leibliches und soziales Wohl, der die Geistliche Gemeinde-Erneuerung für viele so attraktiv erscheinen läßt. Wo Heilungen das Heil Jesu demonstrieren, da werden mehr Menschen leichter für den Glauben gewonnen; so sieht es z. B. John Wimber. Der Aspekt der Heilung führt dann auch weiter zur »Heilung« gesellschaftlicher und politischer Zustände. Die charismatische Gemeinde übernimmt Verantwortung in der Gesellschaft im Sinne der Proexistenz für die Welt.[213]

Schließlich ist auf eine Gabe hinzuweisen, bei der die meisten Außenstehenden die größten Schwierigkeiten haben. Es geht um die Gabe des Sprachengebets, das üblicherweise als Zungenrede bezeichnet wird. Die Assoziationen derer, die diese Gabe nicht haben, sind klar. Sie denken an ein unverständliches und ekstatisches Gestammel und haben dabei oft eher abstoßende Bilder vor Augen. In der Geistlichen Gemeinde-Erneuerung wird die Gabe der Sprachen unbefangen praktiziert. Zugleich ist man bemüht, das falsche Verstehen dieser Gabe aus der Welt zu räumen. Das Sprachengebet ist nichts Ekstatisches. Es überkommt den Beter auch nicht wie ein »Anfall«, gegen den er sich nicht wehren kann. Vielmehr betet der Sprachenbeter nur dann und nur solange in Sprachen, wie er es will.[214] Sprachengebet ist Anbetung und Lob Gottes in einer nicht erlernten Sprache. Es kann sich dabei um eine bekannte Sprache handeln (Xenoglossia) oder auch um eine nicht bekannte Sprache. Wichtig ist jedoch: Es handelt sich phänomenologisch um Sprache, auch wenn diese u. U. mit keiner der erforschten menschlichen Sprachen zu identifizieren ist. Sprachengebet ist Spracherweiterung. Es ist ein nicht mehr vom Verstand produziertes und kontrolliertes Beten, das aus der Tiefe des Herzens kommt. Die Sperrmechanismen des Bewußtseins sind ausgeschaltet. So ist das Sprachengebet phänomenologisch eine natürliche Begabung, psychologisch das Hörbarmachen der inneren Sprache des Unbewußten und linguistisch ein Sprechen, das sich aus dem lautlichen Steinbruch menschlicher Sprache speist, der dem differenzierten Erwachsenen in der Regel nicht mehr verfügbar ist.[215] Das Sprachengebet soll dem Beten des Heiligen Geistes Raum geben (Röm 8,27). Im Gemeindeaufbau hat es eine – allerdings untergeordnete – Funktion: Zum einen beim Geschehen der Geisterneuerung (ohne daraus wiederum einen gesetzlichen Zusammenhang von Geisterneuerung und Sprachengebet konstruieren zu wollen), zum anderen bei der persönlichen Erbauung im Gebet. In der gottesdienstlichen Versammlung hat es nur Raum, wenn jemand anwesend ist, der die korrespondierende Begabung der Interpretation besitzt. Interpretation (1 Kor 14,27) ist nicht Übersetzung. Weder der Sprachenbeter selbst noch der Interpret können in vernünftiger Sprache aussagen, was in Sprachen gebetet wurde. Interpretation meint vielmehr ein intuitives Einfühlungsvermögen des Interpreten in das Gebetete, das zum Aussprechen des Sagbaren in der Muttersprache führt. Auch dies wird als Gabe des Geistes betrachtet. In der Geistlichen Gemeinde-Erneuerung spielt das Sprachengebet keine primäre Rolle – sie ist keine »Glossolalie-Bewegung«. Arnold Bittlinger weist aber auch darauf hin, daß es ohne die Glossolalie keine charismatische Erneuerung gäbe.[216]

IV. Theologische Würdigung

Einige wenige Schlaglichter müssen genügen. Es geht ja darum, nach der Bedeutung der Geistlichen Gemeinde-Erneuerung für das Vorhaben des missionarischen Gemeindeaufbaus in der Volkskirche zu fragen.
Hier wird sicherlich zunächst der grundsätzliche Konsens festzuhalten sein. Die Geistliche Gemeinde-Erneuerung antwortet auf die kybernetische Situation mit einem Konzept der Gemeinde-Erneuerung, das zwar ein anderes Vokabular benutzt, der Sache nach aber die gleichen Ziele verfolgt, wie die anderen Konzeptionen des missionarischen Gemeindeaufbaus. Es geht ihr um die Behebung der größten Not der Volkskirche. Die vielen nicht-glaubenden Getauften sollen zu einer persönlichen Christusbeziehung und darum in die »Gemeinde von Brüdern« geführt werden. Dabei gerät die Taufe nicht aus dem Blick. Es wird keine geistliche Nullpunkt-Erfahrung simuliert; vielmehr wird der Getaufte bei seiner Geschichte behaftet, zu der als unverrückbares Datum eben die Taufe gehört. Geisterneuerung ist auf das Heilshandeln Gottes in der Taufe bezogen, indem sie als die durch Gottes Geist ermöglichte, menschliche Antwort auf die Taufe interpretiert wird. Damit beschreitet die Geistliche Gemeinde-Erneuerung jenen schmalen Weg, der zwischen einer ungeistlichen Geschichtslosigkeit des Glaubens und einer ebenso ungeistlichen Selbstberuhigung der Volkskirche hindurchführt.

Auch im methodischen Bereich hat die Geistliche Gemeinde-Erneuerung Wichtiges erarbeitet. Sie lebt ja vom Wechsel zwischen der Arbeit mit überschaubaren Gruppen (z. B. im Einführungsseminar) und dem gottesdienstlichen Leben der Gemeinde. Dieser Wechsel verschiedener Lebens- und Arbeitsformen wird den Grundbedürfnissen des missionarischen Gemeindeaufbaus am ehesten gerecht: In der kleinen Gruppe ist Raum zur elementaren Glaubenskunde, zum Austausch und zur Einübung der christlichen Spiritualität; im Gottesdienst ist der Raum zur öffentlichen Verkündigung des Evangeliums, zur Mahlfeier des Gottesvolkes und zur gemeinsamen Anbetung Gottes. Beides gehört zusammen, beides entspricht auch unmittelbaren anthropologischen Bedürfnissen.

Daß im Leben der Geistlichen Gemeinde-Erneuerung der ganze Mensch in den Blick gerät, ist ebenfalls positiv zu würdigen. Dies wird am Verständnis der Charismen deutlich. Das körperliche und seelische Heilwerden des Menschen wird ebenso in den Raum des Glaubens integriert wie die Verantwortung für gesellschaftliche und politische Prozesse. Christus erscheint als der Heiland, der diejenigen, die durch Taufe und Glauben Glieder seines Leibes wurden, umfassend heilen möchte und sie als Werkzeuge seines heilenden Handelns in der Welt gebrauchen will.

Außerdem wird in der Geistlichen Gemeinde-Erneuerung die charismatische Grundstruktur der Gemeinde ernst genommen. An die Stelle der pfarrerzentrierten Ortskirche soll die mitarbeitende Gemeinde treten. Die Geisterneuerung ermöglicht diesen Gestaltwandel der Gemeinde, ohne daß Menschen geistlich überfordert werden. Die vielen Gaben, die Gott der Gemeinde schenkt, kommen endlich zum Zuge; auf diese Weise wird der Aktionsradius der »Gemeinde von Brüdern« erheblich ausgeweitet.

Auch wenn der selbstgewählte Titel einer »Erweckungsbewegung« zu hoch gegriffen sein dürfte, wird man die Geistliche Gemeinde-Erneuerung doch als »Erinnerungsbewegung« bezeichnen dürfen. Sie bringt der Kirche wesentliche geistliche Grundeinsichten und kybernetische Grundentscheidungen in Erinnerung, die sie nicht ohne Schaden hinter sich lassen wird. Zudem ist der Kritik eine wichtige Grenze gesetzt, wenn »vielen Menschen eine tiefere Liebe zu Jesus Christus geschenkt« wird, »die dazu befähigt, kontinuierlicher im Hören auf die Impulse des Heiligen Geistes zu leben, eine größere Liebe zur Bibel, durch die das Bibellesen etwas vom trockenen Muß verliert und zu einer echten Herzenssache wird, oder eine unmittelbare Liebe zur Kirche und zur eigenen Ortsgemeinde, die befähigt, trotz mancher Kritik verantwortlich mitzuarbeiten.«[217]

Solche »Früchte« machen eine totale Verurteilung der Geistlichen Gemeinde-Erneuerung, wie sie etwa in Teilen der Bekenntnisbewegung üblich ist, doch problematisch. Gleichwohl werden auch kritische Fragen an den charismatischen Aufbruch gestellt werden müssen. Es geht um Gefährdungen, die in Teilen der Erneuerungsbewegung bereits gesehen und diskutiert werden. Die weitere Entwicklung der Geistlichen Gemeinde-Erneuerung wird wesentlich davon abhängen, wie die zur Diskussion stehenden Fragen beantwortet werden.

Das Grundproblem kann am Beispiel des »Ruhens im Geist« verdeutlicht werden. Es zeigt sich auch an anderen Stellen, an dieser jedoch besonders deutlich. Das Phänomen ist selbst in der Erneuerungsbewegung umstritten: Wolfram Kopfermann verweist auf Bibelstellen, in denen der Geist ähnliche, den Leib betreffende

Wirkungen zeitigt (z. B. Apg 9,4), und auf den geistlichen Gewinn, den die Betroffenen aus diesem Widerfahrnis gezogen haben. Er erwähnt eine vertiefte Liebe zu Christus, die Übereignung neuer Charismen oder auch die Erkenntnis bislang verborgener Sünden.[218]

Die Gegner, vor allem Kardinal Suenens, sprechen von parapsychologischen bzw. allgemein-religiösen Phänomenen und warnen vor einer überhitzten Emotionalität und einer Überbetonung des Supranaturalen. Selbst Befürworter des Umfallens beim Gebet glauben, daß nur etwa 5 % der Fälle geistgewirkt seien, 90 % seien hingegen rein psychisch, weitere 5 % gar dämonisch bedingt.[219] Man sollte auf keinen Fall jedes Umfallen beim Gebet als »Ruhen im Geist« bezeichnen und damit a priori als Geistesgabe qualifizieren. Das Phänomen ist doch zumindest mehrdeutig. Vielmehr sollte kritisch geprüft werden, ob es dem Handeln des Heiligen Geistes entspricht, Menschen brettartig auf den Boden zu werfen. Die angeführten Bibelstellen wie Apg 9,4 können auch anders interpretiert werden. Wenn der Heilige Geist im Neuen Testament Menschen schon zu Boden wirft, dann finden sie sich in der Haltung des Proskynese wieder, nicht aber in den Armen bereitstehender »Fänger«. Die erwähnten Früchte des Umfallens beim Gebet sind nach reformatorischer Auffassung Wirkungen von Wort und Sakrament im Raum der Gemeinde. Man muß sich nicht erst spektakulär auf den Boden werfen lassen, um geistlichen Gewinn zu erlangen.

Offenbar steht aber hinter der erregten Diskussion über das »Umfallen beim Gebet« eine grundsätzliche Kontroverse in der Geistlichen Gemeinde-Erneuerung. Viele sehen nämlich die Gefahr des Rückfalls in pfingstlerische Denkmuster, wenn auch die pfingstlerische Dogmatik abgetan wurde. Der Unterschied zwischen pfingstlerischem und reformatorischem Denken liegt in der grundverschiedenen Gewichtung der Begriffe »Erfahrung« und »Begegnung«. Die »Gemeindefähigkeit« der Geistlichen Gemeinde-Erneuerung wird nicht zuletzt davon abhängen, ob sie weiterhin Geisterneuerung als personales Geschehen, also als Ich-Du-Begegnung lehrt, oder ob sie bei der Geisterneuerung das Erleben des Außerordentlichen in den Vordergrund rückt. Für reformatorisch geprägtes Denken kann Geisterneuerung nur verstanden werden als eine Begegnung mit dem auferstandenen Christus, vermittelt durch Wort und Sakrament in der »Gemeinde von Brüdern«. Besondere Erlebnisse und Emotionen sind hier höchst zweitrangig. Wird nun in der Geistlichen Gemeinde-Erneuerung in pfingstlerischer Manier dem Erleben des Außerordentlichen größerer Wert beigemessen als der personalen Begegnung mit Christus, drohen schwerwiegende Konsequenzen. Das ist die Grundfrage: Tritt die Begegnung mit Christus und den Brüdern zurück hinter die charismatische Erfahrung (z. B. im Sprachengebet, in der Inneren Heilung, beim Umfallen im Gebet)?

Einige Beispiele verdeutlichen die Konsequenzen. Die Gewißheit des Glaubens beruht nach reformatorischer Auffassung darauf, daß der Christ sich trotz aller anfechtenden Erfahrungen auf das zuverlässige verbum externum verlassen darf (1 Joh 5,11–13). Die Begegnung mit Christus ist hier also wesensmäßig worthafter Natur. Der religiöse Mensch hingegen möchte mehr. Er will Gott unmittelbar als übernatürliche Kraft erleben. Er will im Schauen und nicht im Glauben leben, und darum sucht er handfeste Erfahrungen mit der Macht Gottes, die das einfältige Hören auf das Wort der Verheißung überbieten. Er kann dann seine Gewißheit auf Erlebtes gründen: auf Gefühle bei der Segnung, auf ein »Umfallen im Gebet«, auf die Gabe des Sprachengebetes oder auf die erfahrene Heilung. Weil er dies als besonders stärkend erlebt, wird er immer wieder unmittelbar die besondere Erfahrung suchen, d. h. das Charisma um des Charismas willen erstreben. Er wird sich damit aber dem allein eindeutigen Reden Christi durch das verbum externum Zug um Zug entwöhnen. Das Charisma schenkt ihm Heilsgewißheit. Wenn er nichts Besonderes mehr erlebt, geht es ihm schlecht. Der Heilige Geist aber verherrlicht am liebsten den Jesus-Namen, der in der Verkündigung des Wortes ausgerufen wird.

An einer anderen Stelle werden die Konsequenzen noch deutlicher. Nach reformatorischer Auffassung weiß sich der Glaube an die Schwestern und Brüder gewiesen. Alle, die zum Leib Christi gehören, sind Charismatiker, denn sie sind ja Glaubende (Röm 6,23; 8,9), Betende (Röm 8,15), Bekennende (1 Kor 12,3), die in der Heiligung leben (Gal 5,22; 1 Kor 3,16). Dies sind die Grundbegabungen des Heiligen Geistes. Alles weitere ist der Gemeinde zu ihrer Erbauung hinzugegeben, je nach Situation und Bedürfnis (1 Kor 12,8–11; 27–31; Röm 12,3–8). Der Heilige Geist gibt hier sehr unterschiedliche Gaben. Gewiß aber ist: Die ganze Gemeinde ist die charismatische Bewegung. Ihr ganzer Reichtum ist die Gnadengabe des ewigen Lebens in Jesus Christus, ihrem Herrn (Röm 6,23). Der religiöse Mensch kann das nicht verstehen. Er möchte das Besondere genießen, Wunder sehen und erhebende Erfahrungen machen. Darum sucht er die Gleichgesinnten. Eine Ameisenspur zieht sich zu den großen charismatischen Predigern und zu den Kongressen des charismatischen Aufbruchs. Wieder daheim wird die charismatische Gebetsgruppe zur geistlichen Heimat. Die In-Group der besonderen »Charismatiker« hebt sich ja wohltuend ab von der armen »Gemeinde von Brüdern«, in der es soviele Gaben nicht gibt. Dabei könnten die Schwestern und Brüder doch auch alle Gaben haben, wenn sie nur wollten. Sollte nicht jeder Christ in Sprachen beten? Die Zwei-Stufen-Dogmatik ist zwar offiziell abgetan; aber heimlich lebt sie wieder auf. Dem westdeutschen Pietismus muß man z. B. vorhalten, er müsse sich allererst »dem Wirken des Heiligen Geistes in allen seinen Dimensionen auf eine neue und unbefangene Weise öffnen«.[220] Gewiß, viel geistliche Lauheit ist zu beklagen! Dennoch stärkt der Heilige Geist die Liebe zu den Schwestern und Brüdern und verhilft dazu, die Originalität jedes Christen wahr- und ernst zu nehmen, versetzt ihn aber nicht in einen »geistlichen Leistungsdruck«, der ihm suggeriert, ihm fehle etwas, wenn er bestimmte Charismen nicht praktiziere. Dann aber ist die normale »Gemeinde von Brüdern« der Ort, in den sich der Christ gerufen weiß; charismatische Gebets-Gruppe und charismatischer Kongreß sind dankbar anzunehmende Ausnahmesituationen. Der Heilige Geist will am liebsten in den Dienst an und mit den schwachen Schwestern und Brüdern einweisen (1 Kor 12,12–26).

»Gewißheit« und »Gemeinschaft« weisen auf eine Grundproblematik der Verschiebung von der »Begegnung« auf die »Erfahrung« hin: Es ist die theologia gloriae als Grundübel. Dies ist kein pauschaler Vorwurf gegen die Geistliche Gemeinde-Erneuerung; vielmehr soll nur eine Gefahr aufgezeigt werden, der jeder charismatische Aufbruch erliegen kann. Siegfried Großmann schreibt dazu selbst: »Die charismatischen Aufbrüche standen immer in der Gefahr, die triumphierende Gemeinde in den Vordergrund zu rücken und den Gedanken an die unvollkommene und leidende Gemeinde zu verdrängen.«[221] Der Heilige Geist ist stets auch der Geist des gekreuzigten Jesus. Der Ruf zu Jesus ist der Ruf in die Kreuzesnachfolge. Die Gemeinde wird stets die Züge ihres gekreuzigten Herrn tragen. Das ist für alte und neue »Griechen« eine Torheit, da sie nach Weisheit fragen. Das ist für Fromme ein Ärgernis, die Zeichen und Wunder fordern (1 Kor 1). Gemeinde aber entsteht unter dem Kreuz. Sie wächst, wo Menschen sich ihre Schuld vergeben lassen (z. B. in der Beichte) und als Gäste des Gekreuzigten im Mahl vereint werden. Darum darf sich geistliche Erfahrung nicht am Kreuz vorbeimogeln wollen. Das biblisch verstandene Charisma führt nicht am Kreuz vorbei; denn es ist ja für den Dienst an der unvollkommenen Gemeinde des Gekreuzigten bestimmt. Dann aber kann sogar das Martyrium als Charisma interpretiert werden, als Leidensgemeinschaft mit dem gekreuzigten Herrn (2 Kor 4,7–18).

Die weitere Entwicklung der Geistlichen Gemeinde-Erneuerung ist mit Spannung zu verfolgen. Es ist nur zu hoffen, daß sich reformatorisches Denken und Lehren durchsetzen und einen Rückfall in pfingstlerische Denkmuster verhindern kann. Die »Gemeindefähigkeit« der Geistlichen Gemeinde-Erneuerung wird davon wesentlich abhängen.

D. Überschaubare Gemeinde[222]

Als Abschluß dieses Kapitels soll das Herner Programm »Überschaubare Gemeinde« in seinen Grundzügen vorgestellt werden.[223] Dieses Programm stellt in mancherlei Hinsicht eine Besonderheit in der theologischen und kirchlichen Landschaft dar. Im Unterschied zur Gemeindewachstums-Bewegung und zur Geistlichen Gemeinde-Erneuerung liegt hier ein zunächst regional begrenztes Programm vor, an dem sich etwa die Hälfte der Kirchengemeinden des westfälischen Kirchenkreises Herne beteiligen. Unterstützt von Herner Pfarrern und von seinem Sohn Christian hat Fritz Schwarz, der 1985 verstorbene Superintendent dieses Kirchenkreises, für die Veröffentlichung seines kybernetischen Programms gesorgt. Durch zahlreiche Vorträge, u. a. vor Pfarr-Konferenzen und beim Kirchentag, wurde die öffentliche Wirkung der »Überschaubaren Gemeinde« noch verstärkt. Wie auch immer man die Gedanken von Fritz Schwarz und seinen Freunden beurteilen will: Sie haben durch ihre Veröffentlichungen und Vorträge dafür gesorgt, daß über missionarischen Gemeindeaufbau nachgedacht und diskutiert wird. Die große Wirkung des Herner Programmes hat gewiß auch etwas damit zu tun, daß die Publikationen aus der Praxis zahlreicher Herner Gemeinden herausgewachsen sind.[224] Hier ist Praktische Theologie tatsächlich »Theorie zwischen Praxis und Praxis.«[225] Hinzu kommt die im Raum »seriöser« wissenschaftlicher Theologie gewiß ungewohnte, feuilletonistische Sprache der verschiedenen Autoren aus Herne, die auch dem theologischen Laien das Verstehen ermöglicht. Fritz und Christian A. Schwarz veröffentlichten im Jahre 1984 eine »Theologie des Gemeindeaufbaus«; das Herner Autoren-Duo spricht bescheiden von einem »Versuch«. Gleichwohl können sie für sich in Anspruch nehmen, die erste deutschsprachige Theologie des Gemeindeaufbaus vorgelegt zu haben.[226]

I. Die Theologie des Gemeindeaufbaus

1. Einige ekklesiologische und kybernetische Grundentscheidungen

a) Was ist Gemeinde?

»Ist der Gemeindebegriff unklar, so wird ›Gemeindeaufbau‹ schon vom Ansatz her eine völlig nebulöse Größe.«[227] Vom neutestamentlichen Begriff der Ekklesia her soll die theologische Norm des Gemeindebegriffs abgeleitet werden. Dabei kann nicht übersehen werden, daß die neutestamentlichen Aussagen über die Ekklesia zum einen geschichtlich bedingt und zum anderen in sich höchst unterschiedlich geprägt sind. Gleichwohl gibt es einige Konstanten, also elementare und konstitutive Aussagen über das Wesen der Ekklesia zu allen Zeiten und an allen Orten. Überall werden Glaube, Gemeinschaft und Dienst als Kennzeichen der Ekklesia angeführt. In dieser Trias ist darum auch ein kritischer Maßstab für den Aufbau lebendiger Gemeinden in der volkskirchlichen Situation zu sehen.[228] Man kann darum definieren: »Ekklesia ist eine personale Gemeinschaft mit Jesus und mit Schwestern und Brüdern, deren Glaube in der Liebe tätig wird.«[229] Dem entspricht auch die Beschreibung christlicher Existenz: »Nach dem Zeugnis des Neuens Testamentes ist ein Mensch Christ, der ein persönliches Verhältnis zu Jesus und zu Schwestern und Brüdern hat, deren Glaube in der Liebe tätig wird.«[230]

b) Was ist Gemeindeaufbau?

Nur von diesem klaren bruderschaftlichen Gemeindebegriff her läßt sich auch Gemeindeaufbau beschreiben. Gemeindeaufbau kann dann nicht mehr der Name für alles sein, was in der Kirche unter diesem Etikett geschieht. Gemeindeaufbau ist vielmehr ein Handeln, »das auf das Ereignis- und Gestaltwerden von Ekklesia zielt.«[231] Dann aber muß der Begriff »Gemeindeaufbau« durch kein erläuterndes Adjektiv ergänzt werden; selbst der Begriff »missionarischer Gemeindeaufbau« ist überflüssig, weil tautologisch. Ein un- oder gar antimissionarischer Gemeindeaufbau wäre ein Widerspruch in sich selbst.
Gemeindeaufbau kann nur Gottes Werk sein; Menschen können die Ekklesia nicht herstellen. Das darf jedoch niemals zum Alibi für kybernetische Trägheit werden. Gott will seine Gemeinde mit Menschen bauen. Das ist sein erklärter Wille. Wenn wir auch wollen, was Gott will, dann steht unser Planen und Organisieren, unser Handeln und Bauen nicht im Widerspruch zu Gottes gemeindebauendem Wirken. Glaube hat jedenfalls nichts mit »konzeptionslosem Herumwursteln«[233] zu tun.[234] Vielmehr zeigt sich in unserm planvollen Arbeiten unsere Übereinstimmung mit Gottes Willen.[235]

c) Kircheninstitution und Ekklesia[236]

Der Kirchenbegriff der Herner »Theologie des Gemeindeaufbaus« trägt stark bruderschaftliche Züge. Die Gemeinschaft mit Jesus Christus und mit den Schwestern und Brüdern steht im Mittelpunkt. Im Sinne der dritten Barmer These gehört zur »Gemeinde von Brüdern« jedoch auch ein institutionelles Element. Beide Aspekte ekklesiologischen Denkens wollen sinnvoll aufeinander bezogen werden.
Fritz und Christian A. Schwarz berufen sich in dieser Frage vor allem auf Emil

Brunner, aber auch auf Helmut Gollwitzer und Hans-Joachim Kraus: »Wenngleich wir nicht alle Prämissen des Brunnerschen Kirchenbegriffs nachvollziehen konnten, schärfte uns seine Schrift ›Das Mißverständnis der Kirche‹ doch das Problembewußtsein dafür, daß Gemeinde Jesu Christi nicht mit der Kircheninstitution identifiziert werden darf.«[237]

Demgegenüber grenzen sich die beiden Herner Autoren von Theologen ab, die im siebten Artikel der Confessio Augustana eine ausreichende Definition der Kirche erblicken. CA VII beschreibt zwar die Grundbedingungen, die eine Kirche erfüllen muß, um dem Entstehen der Ekklesia zu dienen, verzichtet aber darauf, die leiblich-lokale Bruderschaft selbst als nota ecclesiae festzuschreiben. Auf diese Weise wird zwar das »extra nos« der Ekklesia hervorgehoben, nicht jedoch die Früchte, die es hervorbringen will.[238]

Vor allem aber plädiert die »Theologie des Gemeindeaufbaus« für eine konsequente Unterscheidung von Ekklesia und Institution. Beide dürfen auf keinen Fall miteinander identifiziert werden.[239] Ja, die Unterscheidung von leiblich-lokaler Bruderschaft und kirchlicher Institution wird zur Nagelprobe für die Ernsthaftigkeit kybernetischen Denkens. Wer wirklich Gemeindeaufbau betreiben will, kann sich dieser Unterscheidung nicht entziehen.

Die Institution der Kirche ist nicht Ekklesia und kann es auch niemals werden. Und die Ekklesia ist keine Institution, sondern der »Organismus des Christus, durch den Heiligen Geist erhalten, durch den Heiligen Geist mit mannigfachen Gaben beschenkt, der sie befähigt, den Dienst des Christus in dieser Welt zu tun.«[240]

Andererseits lebt die Ekklesia immer in institutionellen Räumen, auch wenn sie selbst nie mit diesen Räumen verwechselt werden darf. Sie bedarf der Ordnung und Strukturen, der Gebäude und Finanzen. Wer dies bestreiten wollte, müßte die Ekklesia als civitas platonica in das Reich der Geister verweisen. An dieser Stelle folgen Fritz und Christian A. Schwarz den Gedanken Emil Brunners nicht. Brunner hatte im Anschluß an Rudolph Sohm den prinzipiellen Gegensatz von Geist und Recht bzw. von Institution und Ekklesia behauptet.[241] Er konnte allerdings nicht plausibel erklären, wieso die von ihm arg inkriminierte kirchliche Institution dann doch unaufgebbar sei und dem Werden der Ekklesia dienen solle.[242] Die beiden Herner Theologen verzichten von vornherein darauf, einen reinen Gegensatz von Institution und Ekklesia zu konstruieren. Sie wahren bei aller Unterscheidung den Zusammenhang der beiden Größen. Die kirchliche Institution kann und soll dem Werden der Ekklesia dienen. Dies tut sie aber gerade nicht, wenn sie sich mit der Ekklesia identifiziert. Die Identifikation behindert vielmehr den Aufbau der Ekklesia.[243] Dies geschieht z. B., wenn sich die Institution Kirche als Heilsanstalt aufspielt, die sich durch die Erfindung des Amtes für das Heil ihrer Mitglieder unentbehrlich macht.[244]

Dabei hat die Institution tatsächlich Bedeutendes für den Gemeindeaufbau zu bieten, ist doch die Ekklesia an Dauer und Wiederholung interessiert. Dafür garantiert allein ein institutioneller Rahmen. Die Institution macht es möglich, Ekklesia zu bauen, ohne erst organisatorisch am Nullpunkt zu beginnen. Räume, Mitarbeiter und finanzielle Möglichkeiten stehen schon bereit. Die volkskirchliche Institution bietet der Ekklesia sogar ein vorzügliches missionarisches Forum; denn durch die Mitgliedschaft in der Volkskirche sind Millionen von Menschen da, die ansprechbar sind. Türen stehen offen, Mitglieder können eingeladen werden, auch Glieder der Ekklesia zu werden. Schließlich ermöglicht die Institution eine Liebesarbeit auf Dauer. Sie dient der Ekklesia als Transmissionsriemen für ihr gesellschaftliches Engagement. Andernfalls müßte jede diakonische Tätigkeit zusammenbrechen, wenn der Glaube der Ekklesia einmal nachläßt. So garantiert die Institution für Dauer und Wiederholung. Das kann sie auch dann noch leisten, wenn keine Ekklesia mehr in ihr lebt. Selbstverständlich ist es nicht wünschenswert, daß in einer Institution die Gemeinschaft der Christen fehlt, die mit Jesus Christus und darum auch untereinander verbunden sind.[245]

Kirchliche Ordnung und Verwaltung funktionieren auch ohne das Wirken des Heiligen Geistes. Das kann von der Ekklesia nicht gesagt werden. Darum kann die kirchliche Institution niemals die Ekklesia ersetzen. Ebenso kann der Glaube nicht durch das Dogma ersetzt werden. Die Parochie kann nicht an die Stelle der Gemeinschaft der Schwestern und Brüder treten. Das kirchliche Amt kann auf keinen Fall das allgemeine Priestertum der Gläubigen ersetzen. Institution und Ekklesia müssen unterschieden, wenn auch nicht getrennt werden.[246]

Die Stoßrichtung dieser Grundentscheidung wird an zwei Beispielen deutlich: Erstens wird die Mitgliedschaft in der Institution Volkskirche durch die Institution Kindertaufe gesichert. Diese Mitgliedschaft in der Volkskirche ist jedoch streng von der Gliedschaft am Leibe Christi zu unterscheiden. Nur eine hybride Volkskirche kann sich des Instruments der Taufwiedergeburtslehre bedienen, um ihre Grenzen zu überschreiten und sich zur Ekklesia aufzuwerfen. In einer entarteten Volkskirche kann man als Getaufter auch ohne Beziehung zu Jesus Christus und zu den Schwestern und Brüdern Christ sein. Die Grenze mitten in der Institution zwischen den vocati und den vere credentes wird verwischt – zum Schaden der Getauften! Die heilvoll beunruhigende Frage nach dem persönlichen Glauben muß nicht mehr, ja darf nicht mehr gestellt werden.[247] Ähnliches gilt zweitens im Blick auf Überlegungen zur Zukunft der Volkskirche. Die institutionellen Räume, in denen die Ekklesia existiert, können wechseln. Die Ekklesia ist nicht darauf angewiesen, in einer Volkskirche zu leben. Die Verheißung von Mt 16,18 gilt auch nur der Ekklesia: sie wird bleiben, die Volkskirche hingegen kann untergehen. Die Bewahrung der Volkskirche als unmittelbares Ziel des Gemeindeaufbaus hingegen kann nur der verfolgen, der die Institution mit der Ekklesia identifiziert. Gemeindeaufbau soll statt dessen dem Ereignis- und Gestaltwerden der Ekklesia dienen und nicht der Stabilisierung der Volkskirche.[248]

Wer angemessen mit der Institution umgehen will, darf nicht mehr von ihr erwarten, als sie zu leisten imstande ist. Sie kann bestenfalls dem Ereignis- und Gestaltwerden der Ekklesia dienen. Es ist z. B. unsinnig, ein bekennendes Kirchenrecht zu postulieren, wenn es doch um eine Ekklesia der bekennenden Christen geht. Folgt daraus eine »innerkirchliche Zwei-Reiche-Lehre«? Keineswegs, denn der Zweck des Gemeindeaufbaus duldet keine Eigengesetzlichkeit der Institution.[249] Wo sich aber kirchliche Institutionen dem Aufbau der Ekklesia widersetzen, können sie nur mit Widerstand und Ungehorsam aus den Reihen der Ekklesia rechnen.[250]

d) Die Beurteilung der volkskirchlichen Situation

Aus der Unterscheidung von Ekklesia und Institution resultiert keine unreflek-

tierte Ablehnung der Volkskirche. Fritz Schwarz hat schon im ersten Band »Überschaubare Gemeinde« von seiner Dankbarkeit für die unübersehbaren missionarischen Chancen der Volkskirche gesprochen.[251] Er hat aber auch eine träge und selbstgefällige Dankbarkeit für die Volkskirche abgelehnt, die bei einer befriedigenden Bestandsaufnahme stehenbleibt und den Spielraum der Kirche nicht für den Aufbau der Ekklesia nutzt. Die falsche Dankbarkeit deutet die Situation der Volkskirche falsch und geht davon aus, daß »die Gemeinde nicht erst gebaut werden muß, weil sie schon vorhanden ist. Glieder der Gemeinde müssen nicht erst gewonnen werden, weil sie durch die Taufe bereits Glieder der Gemeinde sind.«[252]
Eine nüchterne empirische Untersuchung widerlegt diesen Irrglauben einer falschen Dankbarkeit. Fritz Schwarz trug zahlreiche Beobachtungen zur kybernetischen Situation zusammen[253] und kam zu dem Ergebnis, daß Deutschland Missionsland ist und eigentlich immer war, da die Menschen in diesem Land allenfalls christianisiert, nie jedoch missioniert wurden.[254] »Missionarischer Gemeindeaufbau muß davon ausgehen, daß Glieder der Gemeinde erst gewonnen werden müssen, weil sie durch die Taufe allein noch lange nicht Glieder der Gemeinde sind… Missionarischer Gemeindeaufbau muß auch davon ausgehen, daß die Gemeinde erst einmal gebaut werden muß.«[255]

2. Evangelisation und Ekklesia

Die Ekklesia bedarf der permanenten Evangelisation. Nur durch die werbende Bezeugung des Evangeliums von Jesus Christus werden Menschen in den Bereich der Ekklesia hineingezogen. Ekklesia wird durch Evangelisation zusammengerufen. Und Ekklesia wird sogleich wieder selbst zum Subjekt erneuter Evangelisation, »die auf die Bekehrung zu Jesus und gleichzeitig auf Hinwendung zu Schwestern und Brüdern zielt«.[256] Nicht die Taufe, sondern die Evangelisation ist das Grund- und Urdatum der Ekklesia.[257]
Fritz und Christian A. Schwarz legen großen Wert darauf, Evangelisation nicht einseitig als bloße Redeveranstaltung zu verstehen. Evangelisation lebt nicht einmal primär von der überragenden Redekunst eines Evangelisten. Die evangelistische Kraft der Ekklesia liegt vielmehr in ihrem ganzheitlichen Lebensvollzug begründet. Verkündigung und Leben der Ekklesia sind nicht voneinander zu lösen, und oft ist es der Eindruck vom Leben und Zusammenleben der Christen, der evangelistisch wirkt und Menschen für die Ekklesia gewinnt.[258] »In der Genesis des Gläubigwerdens spielt der Eindruck vom Leben der Gläubigen eine entscheidende Rolle. Man nähert sich der Gemeinde, weil man von ihrer ›Kraft angezogen‹ wird.«[259]
Für das Programm »Überschaubare Gemeinde« ist das sogenannte »einfache Evangelium« von entscheidender Bedeutung. Evangelisation will durch ganzheitliche, aber auch elementare Bezeugung des Evangeliums Glauben wecken. Gegenüber der – notwendigerweise – komplizierten Theologie ist bei der Evangelisation die einfache und jedermann zugängliche frohe Botschaft gefragt. Es kommt darauf an, in wenigen Sätzen das Zentrum des christlichen Glaubens treffend zum Ausdruck zu bringen. Das »einfache Evangelium« ist ein Versuch einer solchen »Kurzformel des Glaubens«:[260] »Da ist Jesus, wie ihn uns die Heilige Schrift be-

zeugt. Er hat für uns gelebt. Für uns ist er gestorben und auferstanden. Jesus ist die letzte, verbindliche Liebeserklärung Gottes an uns Menschen. Gott hat alles für uns getan. Jetzt sind wir dran.

Der Mensch ist Sünder. Vergebung der Sünden kann von uns nicht verdient werden. Sie ist Geschenk. Ein Geschenk kann nur angenommen werden. Wer dieses Geschenk annimmt und Jesus konkurrenzlos wichtig in seinem Leben werden läßt, der ist Christ geworden.

Der Christ wird sich zusammenschließen mit den Menschen, denen Jesus ebenfalls konkurrenzlos wichtig ist. In dieser Gemeinschaft der Schwestern und Brüder im gemeinsamen Hören und Beten, Feiern und Arbeiten wird er es im Leben und im Sterben darauf ankommen lassen können. Er steht auf festem Grund: Gott liebt mich. Gott liebt die Gemeinde. Gott liebt die Welt.«[261]

Evangelisation der Ekklesia zielt vor allem, aber nicht ausschließlich auf bislang fernstehende Menschen; auch die Glieder der Ekklesia bedürfen der Evangelisation. Sie benötigen die Erinnerung an den Grund ihres Glaubens und Lebens. Sie brauchen aber auch die Überwindung ihres eigenen Unglaubens, Halbglaubens oder Aberglaubens, den sie auch als Bekehrte in die Ekklesia importieren. Die Ekklesia wird also durch Evangelisation zusammengebracht und zusammengehalten. Dies geschieht in besonderen Veranstaltungen, aber auch im sonntäglichen Gottesdienst. Permanente Evangelisation ist eine nota ecclesiae.[262]

3. Die ganzheitliche christliche Gemeinschaft

Gehört die Gemeinschaft mit den Schwestern und Brüdern ebenso konstitutiv zur Definition der Ekklesia wie die Gemeinschaft mit Jesus Christus, so muß sich das in einem kybernetischen Programm niederschlagen. Im Sinne der »sozialen Gotteserfahrung« geschieht dies auch in der »Überschaubaren Gemeinde«.[263] Gegenüber einem intellektualistischen Glaubensverständnis betonen Fritz und Christian Schwarz ihr ganzheitliches Denken: Glaube an Jesus Christus ist undenkbar ohne die Gemeinschaft mit den anderen, die Jesus Christus auch geliebt und erwählt hat.[264] Dann aber gehört die Bruderschaft der Christen zu den notae ecclesiae. Wie aber lebt die leiblich-lokale Bruderschaft der Ekklesia? »Ganzheitliche christliche Gemeinschaft ist Gemeinschaft im Hören und Beten, Feiern und Arbeiten.«[265]

Diese vier Aspekte ganzheitlichen Zusammenlebens gehören unbedingt zusammen: Es kann keine christliche Gemeinschaft nur im Hören leben und das Arbeiten anderen überlassen. Genausowenig kann die arbeitende Gemeinschaft das Beten delegieren oder das Feiern für überflüssig erklären. Hören und Beten, Feiern und Arbeiten bilden nur gemeinsam das Grundgerüst christlicher Gemeinschaft.[266]

Gemeinschaft im Hören ist vor allem gemeinsames Hören auf Gottes Wort. Solches Hören kann nicht ausschließlich auf das Hören der Predigt abgestellt sein. Vielmehr geschieht es im unbefangenen, gemeinsamen Umgang mit dem Wort der Bibel. Es geht um den lebendigen Austausch über das, was das Wort der Bibel im einzelnen hervorruft. Das Hören auf Gottes Wort impliziert also das Hören auf die Schwestern und Brüder.[267]

Gemeinschaft im Beten ist nicht bloß für einen sogenannten pietistischen Frömmigkeitsstil relevant, so daß alle anderen davon dispensiert wären. Aus dem Gedankenaustausch erwachsen wie von selbst Lob und Dank, Schuldbekenntnis, Bitte und Fürbitte. Behutsam wird die Gebetsgemeinschaft eingeübt. Über schlechte Erfahrungen mit dieser Gestalt des gemeinsamen Gebets wird gesprochen. Gebetsgemeinschaft ist Ausdruck des allgemeinen Priestertums; die Christen lassen so nicht länger die Amtsträger stellvertretend für alle anderen beten.[268] Gemeinschaft im Feiern hilft der Ekklesia, nicht in verbissener Arbeitswut aufzugehen. Die Ekklesia lebt von der Freude an ihrem Herrn, ihr Leben ist Geschenk und nicht Leistung; das wird im gemeinsamen Feiern deutlich. Gemeinschaft im Feiern schließt auch Grillparties und Sommerfeste ein, kann sich aber nicht darin erschöpfen. Es ist ja nicht das Feiern einer sich selbst feiernden Gemeinschaft. Höhepunkte des Feierns sind darum das gemeinsame Abendmahl und festliche Gottesdienste.[269]

Die Gemeinschaft im Hören, Beten und Feiern bliebe unvollständig und die Ekklesia verkäme zur introvertierten Sondergemeinschaft, wenn nicht auch die Gemeinschaft im Arbeiten hinzukäme. Dabei denken Fritz und Christian A. Schwarz zuerst an die Mitarbeit beim Programm »Überschaubare Gemeinde«, also z. B. im missionarischen Besuchsdienst. Das Leben der Ekklesia wird schal und leer, wenn es nicht zum entschiedenen Einsatz für andere kommt. Dazu gehört auch das Nachdenken über einen neuen, einfachen Lebensstil und über den politischen Gehorsam. Erste konkrete Schritte sozialen und politischen Engagements sind zu wagen. Wo Ekklesia entsteht, da wird die Sorge um das Wohl der Menschen ganz ernst genommen. Viele gute soziale und politische Programme müssen aber scheitern, weil sie ohne die lebendige Gemeinschaft der Schwestern und Brüder schlechterdings undurchführbar bleiben.[270]

Das intensive Nachdenken über die ganzheitliche christliche Gemeinschaft unter dem Aspekt des allgemeinen Priestertums läßt auch nach der Rolle der Pfarrer in der »Überschaubaren Gemeinde« fragen. Welche Rolle kann die Institution Pfarramt spielen, abgesehen von der Leitung der Institution Parochie? Den Pfarrern wird in der Tat eine neue positive Rolle zugewiesen: der Aufbau der Ekklesia ist auch für das Pfarramt eine neue Chance und ein hoffnungsvoller Ausweg aus der allgemein bejammerten Krise der Pfarrerschaft angesichts der abbröckelnden Kirchlichkeit. Dieser Ausweg hat aber etwas zu tun mit der Glaubensnot vieler Pfarrer: »Unsere eigene Glaubenslosigkeit und unsere eigene Freudlosigkeit und unsere eigene Gebetslosigkeit...« machen den Beruf des Pfarrers heute so schwierig.[271]

Die Erneuerung des Pfarrerstandes geht einher mit der Erneuerung der Freude am einfachen Evangelium. Inspiriert von dieser Freude finden Pfarrer zu einer Erneuerung ihres Tauf- und Ordinationsversprechens. Aus dieser Erneuerung heraus erwachsen dann auch konkrete Schritte, die das Pfarramt in den Dienst der Ekklesia stellen. Der Pfarrer wird seine Hauptaufgabe fortan darin sehen, mit allen anderen Christen gemeinsam Botschafter Christi in der Welt zu sein und »zu bezeugen, daß Gott und Jesus, Vergebung und Auferstehung keine Chiffren sind, sondern eine Lebensmächtigkeit erschließen, für die es sich zu leben und zu sterben lohnt.«[272] Dann aber ist der Pfarrer immer mehr Bruder unter Brüdern, nicht mehr einsames Gegenüber. Bis sich diese neue Konstellation in der Gemeinde durchsetzt, ist allerdings ein weiter Weg zu gehen. Pfarrer, die im Sinne des Herner Programms arbeiten, werden ihre Zentralstellung in der Parochie dazu nutzen, auf das Ziel der bruderschaftlichen Gemeindeleitung hinzuarbeiten. So wird aus-gerechnet der Pfarrer zum Motor einer Entwicklung, die der Pfarrerzentrierung ein Ende bereiten will. Im Blick auf diese Entwicklung haben Fritz und Christian A. Schwarz eine griffige Formulierung gefunden: »Im Gemeindeaufbau gilt der Grundsatz: Der Pfarrer für die Ekklesia, die Ekklesia für die Parochie.«[273] Die Pfarrer dienen der Ekklesia z. B. durch die Zurüstung von Mitarbeitern zum Dienst. Durch die mitarbeitenden Christen geschieht dann die missionarisch-dia-konische Durchdringung der Parochie, z. B. durch den Besuchsdienst.

Wenn die wissenschaftliche Theologie sinnvoll arbeiten wollte, müßte sie sich auf die Bedürfnisse des Gemeindeaufbaus einstellen. Bislang kann keine Rede davon sein, daß Studenten in ihrer universitären Ausbildung auf den Aufbau der Ekklesia in der Parochie vorbereitet würden. Welcher Theologiestudent lernt schon in sei-nem Studium, wie er Menschen zu einer persönlichen Christusbeziehung führen kann, wie er Hauskreisleiter zurüsten sollte oder welche Schritte beim Aufbau ei-nes Mitarbeiterkreises zu bedenken wären? In der ersten und zweiten Ausbil-dungsphase müßten diese kybernetischen Themen mit Nachdruck verhandelt werden.[274]

4. Gedanken über den Heiligen Geist

»Ohne Gemeindeaufbau ist für die Kirche der Heilige Geist entbehrlich.«[275] Wer nur an der Pflege und Verwaltung volkskirchlicher Gemeinden interessiert ist, kann gut auf den Heiligen Geist verzichten. Daran ändert auch eine korrekte Dog-matik nichts. Die Institution Kirche funktioniert wie andere große Institutionen auch ohne den Heiligen Geist. Erst wenn damit begonnen wird, Ekklesia zu bauen, wird die Geistvergessenheit zur Not. Dann lernen wir, um den Geist zu bitten, weil es unmöglich ist, ohne die Kraft des Heiligen Geistes Gemeinde zu bauen. Ohne den Heiligen Geist findet kein Mensch zur Gemeinschaft mit Jesus Christus und mit den Schwestern und Brüdern. Ohne den Heiligen Geist bleibt kein Christ im Glauben standhaft. Ohne den Heiligen Geist gibt es kein Wachs-tum der Gemeinde. Ohne den Heiligen Geist gibt es auch keine Einheit der Ge-meinde. Ohne den Heiligen Geist muß der christliche Dienst auf der Strecke blei-ben. Wer Ekklesia bauen will, ist auf den Heiligen Geist angewiesen und lernt dann auch, um den Geist zu bitten.[276]

Wer aber ist der Heilige Geist? Er ist als der Geist Jesu Christi der Geist der Selbst-weggabe (nicht der Selbstaufgabe). Jesus opferte sein Leben im Geist der Selbst-weggabe in die Welt hinein. Auch wenn dies nicht gerade gängigen Bedürfnissen entspricht: Gemeindeaufbau ist undenkbar ohne den Geist der Selbstweggabe. Wer Gemeindeaufbau mit möglichst geringem Einsatz anstrebt, wird daran schei-tern; denn »Missionarischer Gemeindeaufbau kostet Blut, Schweiß und Trä-nen.«[277]

Daran müßten wir ohne den Heiligen Geist scheitern. Selbstweggabe in der Kraft des Heiligen Geistes aber überfordert niemanden, sie ist zuallererst die Chance, Sünde wegzugeben, die uns an einem befreiten Leben im Dienst Jesu Christi hin-dern will. Selbstweggabe meint zuerst das Abladen aller Lasten, und dann erst meint sie auch eine neue Belastbarkeit. In der Kraft des Heiligen Geistes werden Menschen fähig, ihre Gaben in den Aufbau der Ekklesia zu investieren.[278]

II. Die Praxis der »Überschaubaren Gemeinde«

1. Am Anfang war ein Pfarrer

»Die Regel muß sein, daß der Pfarrer die ersten mutigen Schritte hin zur lebendigen Gemeinde geht.«[279] Dies ist zwar keineswegs der Idealfall, aber es entspricht nüchterner Beurteilung der volkskirchlichen Situation, daß eine Erneuerung der Gemeinde am Pfarrer vorbei wohl kaum in Gang gebracht werden kann. Darum allein liegt die Verantwortung für die ersten Schritte beim Pfarrer. Gleichwohl soll dieser Anfang schon die Züge der bruderschaftlich ausgerichteten Ekklesia tragen. Ein Pfarrer, dem es um die Erneuerung seiner Gemeinde geht, soll sich einen anderen, ortsfremden Pfarrer als Begleiter und Berater suchen. Im Zusammensein mit dem ortsfremden Mitarbeiter kann bruderschaftliches Leben im Hören, Beten, Feiern und Arbeiten eingeübt werden. Der begleitende Pfarrer – er sollte in Fragen des Gemeindeaufbaus erfahren sein – leistet den Dienst eines kybernetischen Supervisors. Mit ihm zusammen wird die Situation der Gemeinde analysiert, mit ihm zusammen werden auch erste konkrete Schritte geplant, durchgeführt und kontrolliert. Es wäre aber ein grobes Mißverständnis, in dieser Gemeinschaft zweier Pfarrer etwas Exklusives zu erblicken; was hier beginnt, soll vielmehr zu einem späteren Zeitpunkt das Lebensprinzip der ganzen Gemeinde werden.[280]

2. Das Gespräch mit den Kirchenvorstehern

Einen zweiten Schritt muß der Pfarrer gleich am Anfang tun: er muß das Gespräch mit dem Kirchenvorstand (Presbyterium) und den Mitarbeitern suchen. In aller Geduld wird er dabei seine Ziele offenlegen. Es kann nicht sinnvoll sein, an dieser Stelle Unklarheiten entstehen zu lassen. Der Pfarrer muß verdeutlichen, daß der Aufbau der Ekklesia von Gott geboten ist, und daß er darum nicht bereit sein wird, von seinem Vorhaben des Gemeindeaufbaus abzurücken. Dabei sind sehr unterschiedliche Reaktionen zu erwarten, sie reichen von schroffer Ablehnung über wohlwollende Neutralität bis hin zur Bereitschaft mitzuarbeiten. Konflikte werden nicht ausbleiben können und müssen durchgestanden werden.[281]

3. Die Suche nach Mitarbeitern

Zunächst sollen die vorhandenen Mitarbeiter für den Gemeindeaufbau gewonnen werden. Das Programm »Überschaubare Gemeinde« überspringt nicht einfach das geschichtlich Gewachsene: mit denen, die jetzt schon mit erheblichem Einsatz mithelfen, soll begonnen werden. Das wird nicht einfach sein: Kirchlichkeit kann eine für den lebendigen Glauben immunisierende Wirkung haben. Oft wird es darum gehen, solchen Mitarbeitern erst selbst den Weg zum persönlichen Glauben zu ebnen.[282]

4. Der Offene Abend

Mit den vorhandenen Mitarbeitern werden die ersten Offenen Abende (Lord's Parties) geplant. Die Offenen Abende gehören zu den wichtigsten »kybernetischen Bausteinen« des Herner Programms. Der Gemeindesaal wird festlich geschmückt. Auf den Tischen stehen Blumen und Kerzen. Ein kleines kaltes Büfett ist vorbereitet. Nach einer herzlichen Begrüßung eröffnen häufig christliche Liedermacher den Offenen Abend. Zwischen ihren Liedern lassen sie schon das Evangelium von Jesus Christus in kurzen Erfahrungsberichten anklingen. Daran schließt sich eine etwa halbstündige Verkündigung des »einfachen Evangeliums« an. Damit ist der Abend aber noch nicht beendet. Es gibt ja etwas zu essen und zu trinken – und viel Gesprächsstoff. Oft bleiben die Gäste noch zu langen Gesprächen über den Glauben im Gemeindehaus. Dabei geht es um die grundlegende Entscheidung: Wie kann der einzelne zu einer persönlichen Christusbeziehung finden? Anfangs liegt die Verantwortung für solche Gespräche beim Pfarrer und beim ortsfremden Supervisor, der eventuell einige Mitarbeiter aus seiner Gemeinde mitbringt. Eine Variante der Offenen Abende sind die »Abende unter der Stehlampe«. Im Stil einer christlichen Talkshow werden – auf einem Sofa unter einer Stehlampe – Christen über ihre Erfahrungen mit dem Glauben interviewt. Es handelt sich dabei um Christen, die im öffentlichen Leben an irgendeiner Stelle Verantwortung tragen.[283]

Am Anfang gibt es viel Arbeit für den Pfarrer, besonders bei der Vorbereitung der Offenen Abende. Vielleicht finden sich noch keine Mitarbeiter, die bereit sind, in der Gemeinde Einladungen zu verteilen. So kann es sein, daß der Pfarrer eine ganze Reihe sehr kurzer Hausbesuche machen muß, um möglichst viele Mitglieder der Parochie zum Offenen Abend einzuladen. Die Ergebnisse sind ermutigend! Zu den Offenen Abenden in Herne kommen im Durchschnitt zwischen 130 und 170 Personen.[284]

Wer sich auf diese Arbeit einläßt, muß auch die Konsequenzen einkalkulieren. Einige Menschen finden zu einem persönlichen Glauben, andere werden »erweckt« und bedürfen nun der seelsorgerlichen Begleitung.[285]

5. Der Mitarbeiterkreis

»Ein Mitarbeiterkreis als geistliche Gemeinschaft im Hören und Beten, im Feiern und Arbeiten ist unerläßliche Voraussetzung für den missionarischen Gemeindeaufbau.«[286] Fritz Schwarz und Rainer Sudbrack berichten, daß in einer Gemeinde 30 Menschen durch die ersten Offenen Abende für einen neuen Mitarbeiterkreis gewonnen werden konnten. Es handelte sich sowohl um bereits aktive Mitarbeiter als auch um Menschen, die erst durch die Offenen Abende wieder Kontakt zur Gemeinde bekommen hatten. Nun ist der Begriff Mitarbeiterkreis mißverständlich: Zunächst ist dieser Kreis, der sich monatlich trifft, ein Gesprächskreis. Es geht noch längst nicht darum, die Mitarbeiter »an die Arbeit zu stellen«. Es geht vielmehr darum, Grundfragen des Glaubens zu besprechen. Immer noch spielen der Pfarrer und der ortsfremde Amtsbruder die zentralen Rollen. Ein fragend-entwickelndes Lehrgespräch (»Schulespielen«) dient der Erörterung des »einfachen Evangeliums« im Mitarbeiterkreis. Die Einübung in das gemeinsame Lesen der Bibel und in die Gemeinschaft des Betens kommt ebenso hinzu wie das gemeinsame Essen und Feiern.[287]

6. Der monatliche Kontakt zwischen dem Pfarrer und dem Mitarbeiter

Daß Gemeindeaufbau gerade am Anfang alles andere als ein Pfarrer-Entlastungs-programm ist, wird an diesem »kybernetischen Baustein« besonders deutlich; denn einmal im Monat soll der Pfarrer den persönlichen Kontakt zu jedem Mitarbeiter suchen. Das ist ein sehr hoher Anspruch. Die beiden Herner Pfarrer Fritz Schwarz und Rainer Sudbrack betonen allerdings, daß diese Kontakte nicht nur Anstrengung und Arbeit mit sich bringen, sondern eben auch die Chance zur Gemeinschaft unter Schwestern und Brüdern. Es geht jedenfalls um persönliche Begleitung der Mitarbeiter. Das seelsorgliche Gespräch mit Mitarbeitern wird zu einem neuen Arbeitsschwerpunkt des Pfarrers, der sich auf den Aufbau der Ekklesia inmitten der Parochie einläßt. Kybernetisch ausgedrückt verwirklicht sich hier einer der Grundsätze des missionarischen Gemeindeaufbaus in der Volkskirche: »Der Pfarrer für die Mitarbeiter – die Mitarbeiter für die Gemeinde.«[288]
Jedenfalls erwachsen der Gemeinde auf diese Weise belastbare, mündige Mitarbeiter. Will man Gemeindeaufbau einmal unter dem Aspekt der Entlastung von Pfarrern sehen, so wird hier ein Weg sichtbar, der zu einer spürbaren Minderung der Belastung von Pfarrern führen kann.

7. Die überschaubare Gemeinde

»Die Mitarbeiter sind wichtig, weil nur mit ihrer Hilfe alle Menschen einer Gemeinde in unseren Blick gelangen und dann auch mit dem Evangelium erreicht werden können. Genau das muß Ziel eines missionarischen Gemeindeaufbaus sein.«[289] Hinter dem Begriff »Überschaubare Gemeinde« verbirgt sich ein Versuch, mit Hilfe der Mitarbeiter alle Mitglieder einer Parochie zu erreichen, also in der Tat eine »missionarische Versorgungskirche«.[290] Dabei wird in einem persönlichen Gespräch mit dem einzelnen Mitarbeiter ein kleiner Bezirk der Parochie ausgegrenzt. Eine Faustregel besagt, daß dieser Bezirk höchstens 100 Mitglieder der Parochie umfassen und von ein bis zwei Mitarbeitern betreut werden sollte. Die Mitarbeiter sind für diesen Gemeindebezirk von nun an verantwortlich. Damit ist die Hoffnung auf eine überschaubare Gemeinde verbunden, die flächendeckend in zahlreiche Kleinbezirke aufgeteilt ist. Das ist allerdings ein Fernziel, das wohl kaum in einer der Herner Gemeinden schon erreicht ist. Neben den klassischen Möglichkeiten zur Mitarbeit in der Gemeinde ist die Arbeit in den Kleinbezirken ein Schwerpunkt des Herner Programms. Mitarbeit in den Kleinbezirken meint vor allem den Besuchsdienst.
Der Pfarrer stellt den Gemeindegliedern mit einem Rundbrief den Bezirksmitarbeiter vor. Dadurch wird dieser Mitarbeiter für seine Besuche legitimiert. In besonderen Fällen ist natürlich immer noch der Besuch des Pfarrers erwünscht. Diesem Wunsch wird dann auch entgegengekommen. Vielleicht machen Pfarrer und Mitarbeiter am Anfang gemeinsam Besuche, bis der Mitarbeiter in der Lage ist, für seinen Kleinbezirk selbständig verantwortlich zu sein. Schulung und Zurüstung der Mitarbeiter geschieht ja außerdem im Mitarbeiterkreis. Hat der Dienst in den Kleinbezirken erst einmal begonnen, erweist sich diese Struktur des Mitarbeiterkreises als dringend erforderlich und auch hilfreich.[291]
Der Besuchsdienst in den Kleinbezirken geschieht in vier Etappen. Bei diesen

Etappen wird deutlich, wie das Herner Programm die Kontaktmöglichkeiten der Volkskirche auszunutzen weiß.

a) Wir machen auf die Gemeinde aufmerksam

Während dieser ersten Phase geht es darum, Kontakte mit den Menschen im Kleinbezirk aufzubauen. Die bescheidene Zielvorgabe der ersten Etappe hilft auch den zumeist recht unerfahrenen Mitarbeitern bei der Überwindung der Hemmschwellen. Anlässe, die den Besuch erleichtern, werden ausgenutzt; die Mitarbeiter bringen den Katechumenen ihres Kleinbezirks eine Bibel. Nach Taufen statten sie den jungen Familien einen Besuch ab und überreichen ein Kindergebetbuch. Vielleicht begleiten sie den Pfarrer auch bei Kasualgesprächen innerhalb ihres Kleinbezirks. Jubiläen und Geburtstage bieten weitere Gelegenheiten zu kurzen Besuchen, die zum Aufbau persönlicher Beziehungen wichtig sind. Regelmäßig aber überreicht der Bezirksmitarbeiter den Gemeindebrief, der ca. fünf- oder sechsmal im Jahr erscheint. Der Gemeindebrief verbindet eine knappe, lebensnahe Bibelauslegung mit sorgfältig edierten Veranstaltungshinweisen und dem kurzen Votum eines Mitarbeiters. Der Gemeindebrief soll persönlich überreicht und darum möglichst nicht einfach in den Briefkasten gesteckt werden. Es ist viel gewonnen, wenn während dieser ersten Phase zuweilen ein kurzes Gespräch mit dem Mitarbeiter möglich ist. Gelegentlich erkennt ein Mitarbeiter auf Grund seiner Besuche auch schon akute Notsituationen, in denen z. B. die diakonische oder seelsorgliche Hilfe der Gemeinde erforderlich wird.[292]

b) Wir laden zur Gemeinde ein

Der Radius der Gemeinde wird durch die Besuche der Mitarbeiter erheblich ausgeweitet. Im zweiten Stadium geht es nun um die Einladung zur Gemeinde. Wenn besuchte Mitglieder der Parochie Interesse signalisieren, werden sie in eine Kartei aufgenommen und erhalten etwa alle sechs bis acht Wochen einen Informationsbrief mit Hilfen zum persönlichen Bibelstudium, Veranstaltungshinweise und Informationen zu einem geistlich-theologischen Thema. Die Empfänger des Informationsbriefes sind Menschen, die gezielt zu missionarischen Veranstaltungen eingeladen werden sollen.

Zur Gemeinde einladen meint sicherlich zunächst die Einladung zum Gottesdienst und zu allen Gruppen in der Gemeinde. Hier brauchen die Mitarbeiter sehr viel Geduld. Oft ist wenig an unmittelbaren »Erfolgen« zu sehen. Eine offene, herzliche Atmosphäre in einem sorgfältig gestalteten Gottesdienst gehört selbstverständlich dazu. Schließlich sollten auch die einladenden Mitarbeiter selbst in dem Gottesdienst anzutreffen sein, zu dem sie eingeladen haben.[293]

c) Wir machen auf Jesus aufmerksam

Da es nicht primär um die Verkirchlichung der Getauften geht, sondern um die Einladung, Glied der Ekklesia zu werden, darf diese dritte Etappe nicht auf Dauer ausbleiben. Hier wird ein kritischer Punkt des Programms erreicht, denn jetzt geht es um das persönliche Zeugnis des Mitarbeiters gegenüber den Menschen in den Kleinbezirken. Ein erster Schritt in diese Richtung ist die Einladung zum Offenen Abend. Jeder Mitarbeiter kann gezielt zwei oder drei Menschen aus seinem Kleinbezirk zu einem Offenen Abend einladen. Die Verkündigung während der

Offenen Abende hilft dem Mitarbeiter und »seinen« Gästen beim Einstieg in das Gespräch über den Glauben.

Aber auch bei Hausbesuchen kann es nun zu direkten Glaubensgesprächen kommen. Auch seelsorgerliche Anliegen werden laut und rufen nach dem persönlichen Zeugnis des Mitarbeiters. Es ist von entscheidender Bedeutung, daß die Mitarbeiter gelernt und geübt haben, von ihrem Glauben mit schlichten und knappen Worten zu berichten. Das Gespräch über das persönliche Zeugnis muß im Mitarbeiterkreis geführt werden. Im Kontakt mit Menschen, die Offenheit für den Glauben signalisieren, geht es um ein geduldiges und taktvolles Nachgehen, aber auch um den Dienst der Fürbitte. Die Einladung in einen Hauskreis kann eine entscheidende Hilfe darstellen.[294]

d) Wir laden zu Jesus ein

Es wurde schon in der theologischen Grundlegung deutlich, daß es in der »Überschaubaren Gemeinde« letztlich darum geht, die angesprochenen Menschen einzuladen, in eine persönliche Beziehung zu Jesus Christus und darum auch zu den Schwestern und Brüdern einzutreten. Dann erst kommt missionarischer Besuchsdienst zu seinem Ziel. Suchenden Menschen können Bibellesehilfen und Cassetten mit geistlichen Ansprachen überreicht werden. Die Mitarbeiter brauchen sehr viel Feinfühligkeit in der Begleitung dieser Menschen. Oft hilft denen, die einen Anfang im Glauben machen möchten, ein vorformuliertes Gebet der Lebensübergabe an Jesus Christus, das sie mit einem Mitarbeiter besprechen und gemeinsam beten können.[295]

III. Theologische Würdigung

Fritz und Christian A. Schwarz haben sich mit gutem Recht gegen eine »Gloriole der Erweckung« im Blick auf die Situation im Kirchenkreis Herne gewehrt.[296] Das Beste, was man zu dem Programm »Überschaubare Gemeinde« sagen kann, ist die Feststellung, daß hier nichts Exotisches, sondern das christlich Normale geschieht. Und die Bedeutung der »Überschaubaren Gemeinde« ist in dieser Richtung zu suchen. Gemeindeaufbau ist zum theologisch und kirchlich relevanten Thema geworden. Aus der Praxis eines Kirchenkreises heraus wird ein praktikables Modell kybernetischen Handelns erkennbar, das den Anforderungen des missionarischen Gemeindeaufbaus unter den Bedingungen der Volkskirche gerecht wird. Die Zustimmung zu den Gedanken, die Fritz Schwarz und seine Freunde vorgetragen haben, wird im folgenden, dritten Hauptteil der Arbeit deutlich hervortreten.

Aufschlußreich ist die Reaktion der kirchlichen und theologischen Öffentlichkeit auf das Herner Programm. Es lassen sich drei Phasen unterscheiden: zuerst ist eine Phase der Neugierde festzustellen. Als ungefähr im Jahr 1979 die Thesen des Herner Superintendenten einem größeren Publikum bekannt wurden, gab es ein allgemeines Aufmerken. Seither wird in ganz Deutschland über die »Überschaubare Gemeinde« gesprochen. Zunächst geschah dies mit unverhohlener Sympathie; eine Phase der Adaption folgte, in der es fast modisch war, Fritz Schwarz zu Pfarrkonferenzen einzuladen und über seine Thesen zu diskutieren. Inzwischen ist jedoch eine dritte Phase eingetreten, die Phase der erwachenden Ablehnung und der Angriffe gegen das Herner Programm. Zunächst darf das niemanden verwundern. Wer so deutlich – und gelegentlich so schnodderig – über die Situation der Kirche redet und Worte wie Bekehrung, Freude an Jesus, Evangelisation oder Gebetsgemeinschaft ungehemmt in den Mund nimmt, darf nicht mit lauter Zustimmung rechnen. Der Streit ist unvermeidbar.

An manchen Stellen jedoch ist der Streit auch auf Ungeschicklichkeiten und überhöhte Ansprüche zurückzuführen. Dies wird an der Auseinandersetzung zwischen Fritz Schwarz und Horst Reller deutlich: Fritz Schwarz hat die VELKD-Doppelstrategie pauschal verworfen und sogar den Vorwurf der Häresie aufgebracht. Der theologische Streit um die missionarische Doppelstrategie ist gewiß zu führen. Dabei wird man jedoch bei allen ekklesiologischen Differenzen auch in Herne aufmerksam verfolgen müssen, an welchen Stellen in der VELKD bzw. in der EKD Versuche unternommen werden, dem missionarischen Gemeindeaufbau Raum zu verschaffen. Dies ist offensichtlich Horst Rellers Anliegen. Deshalb hat die missionarische Doppelstrategie bei aller Kritik in dieser Arbeit doch einen anderen Stellenwert bekommen als in der »Theologie des Gemeindeaufbaus«.[297]

Die flotte Wortwahl der Verfasser aus Herne ist gewiß positiv zu beurteilen. Sie verwehrt sich der wissenschaftlichen »Zungenrede« und macht die Überlegungen zum Gemeindeaufbau einem größeren Publikum zugänglich. Gelegentlich scheint jedoch ein satirischer Stil die theologische Auseinandersetzung abzukürzen bzw. gar nicht erst zuzulassen. Ein Musterbeispiel dafür ist der Umgang mit der Hermeneutik der Bergpredigt: Im Handumdrehen finden sich alle die auf der Bank der Narren wieder, die wegen der Unterscheidung der beiden Reiche eine unmittelbare Adaption der Gebote in der Bergpredigt für den politischen Raum als problematisch empfinden.[298]

Erheblich schwieriger ist die Auseinandersetzung um die Unterscheidung von Ekklesia und Institution. Festzuhalten ist, daß Fritz und Christian A. Schwarz nicht der Brunnerschen These von der prinzipiellen Unverträglichkeit von Institution und Ekklesia gefolgt sind. Ihre Position ist erheblich differenzierter. Es ist auch fraglos richtig, daß eine Unterscheidung von Institution und Ekklesia notwendig ist. Der einlinige Kirchenbegriff z. B. Werner Elerts führt zu erheblichen Aporien. Wo Kirchenmitgliedschaft bruchlos mit der Gliedschaft am Leibe Christi identifiziert wird, droht die Gnade zur billigen Schleuderware zu verkommen. Brunner und Elert lösen die Fundamentaldialektik von empirischer und geglaubter Gemeinde auf. Beide Wege erweisen sich als Irrwege. Bei Brunner droht der Spiritualismus und Doketismus einer leiblosen Gemeinde, bei Elert der Institutionalismus, der die persönliche Beziehung der Getauften zu Jesus Christus und zu den Schwestern und Brüdern nicht deutlich genug in den Kirchenbegriff zu integrieren vermag.[299]

Wie aber ist die bereits angesprochene Fundamentaldialektik von Institution und Ekklesia zu verstehen? Tendiert sie mehr zur Identifikation oder tendiert sie eher zur Scheidung der beiden Aspekte von Kirche? Welche Konsequenzen erwachsen daraus?

Die Barmer Theologische Erklärung hält in ihrer dritten These an der spannungsvollen Einheit von Institutionalität und Sozialität der Kirche fest. Beides gehört zu der einen »Gemeinde von Brüdern«. Institution und Ekklesia sind weder kongruente noch exzentrische Kreise; im Bild zweier konzentrischer Kreise läßt sich ihre Beziehung am besten verdeutlichen. In, mit und unter der Institution lebt die Ekklesia. Auch den Schatz der Ekklesia haben wir nur in irdenen Gefäßen. Der institutionelle Aspekt der Ekklesia garantiert, daß sich die Gemeinde Jesu Christi tatsächlich in Christus und seinem Handeln durch Wort und Sakrament gründet. Sie gründet sich nicht in der Gemeinschaft gleichgesinnter, frommer Menschen. Die Grundinstitutionen (Stiftungen) der Kirche, also Wort und Sakrament (CA VII) rufen die Ekklesia ins Dasein. Insofern gehört die Institutionalität zum Wesen der Ekklesia. Der soziale Aspekt der Ekklesia garantiert, daß nicht etwa ein steiler ekklesiologischer Sakramentalismus den persönlichen, sichtbar werdenden Glauben für überflüssig erklärt und an der Gemeinschaft der Schwestern und Brüder kein Interesse mehr zeigt. Allein in der unauflösbaren Dialektik von Institutionalität und Sozialität bleibt der Kirchenbegriff vor Schwärmereien in der einen oder anderen Richtung bewahrt. Dabei kann es sein, daß zuzeiten der eine, zuzeiten der andere Aspekt stärker zu betonen ist, je nachdem, aus welcher Richtung Gefährdungen des Kirchenbegriffes kommen. Fritz und Christian A. Schwarz haben sich vehement gegen die Gefahr des Institutionalismus ausgesprochen und darum bei der Unterscheidung von Institution und Ekklesia eine Tendenz zur Scheidung der beiden Aspekte an den Tag gelegt. Die Gefahr dieser Sichtweise kann am Beispiel der Institution Taufe verdeutlicht werden. In der »Theologie des Gemeindeaufbaus« gilt: Evangelisation ist das Grunddatum der Ekklesia, nicht die Taufe! Dies ist zu verstehen angesichts der Gefahr einer Taufwiedergeburtslehre, die den Getauften von einer persönlichen Aneignung des ihm zugeeigneten Heils dispensiert. Aber muß deshalb die Taufe in ihrer Bedeutung herabgesetzt werden? Die Taufe vermittelt doch mehr als nur die Mitgliedschaft in der Institution. Hier handelt doch Christus an einem Menschen und eröffnet eine Geschichte, auf die der Getaufte angesprochen und festgelegt werden kann. Der Getaufte steht nicht auf neutralem Boden, er ist nicht bloß Mitglied einer religiösen Institution. In sein Leben hat vielmehr Gott handelnd eingegriffen und hat ihn zum Glauben und zum Leben in der Ekklesia berufen. Die Taufe ist promissio, die von der fides ergriffen wird. Gott wartet auf das kleine Ja des Getauften, mit dem dieser auf sein großes Ja antwortet. So gehört die Taufe hinein in die Dialektik von Institution und Ekklesia; sie kann nicht in den Bereich der Äußerlichkeiten abgeschoben werden. Wo Institution und Ekklesia chemisch getrennt werden sollen, droht die Ekklesiologie umzukippen, die Gemeinde muß sich dann doch im Gemeinschaftsgefühl bzw. im frommen Selbstbewußtsein ihrer Glieder gründen, weil nur noch geringschätzig über die Taufe gesprochen werden kann.

An manchen Stellen tendieren Fritz und Christian A. Schwarz dazu, Institution und Ekklesia aus ihrer Fundamentaldialektik herauslösen und in ein schiedlich-friedliches Nebeneinander zu versetzen. Sie neigen dann dazu, von zwei exzentrischen Kreisen auszugehen. Ein kybernetisches Extra-Calvinistikum wird sichtbar. Hier wäre eine sorgfältige dogmatische Klärung vonnöten, wie sie im Rahmen dieser Arbeit nicht geleistet werden kann. Aber auch abgesehen von noch ausstehenden dogmatischen Klärungen sollte die Bedeutung dieser Frage nicht so hoch eingeschätzt werden, wie dies in der »Theologie des Gemeindeaufbaus« geschieht. Auch wer die Unterscheidung zwischen Ekklesia und Institution im Sinne der dritten Barmer These als Fundamentaldialektik beschreibt, kommt zu ähnlichen kybernetischen Schlußfolgerungen wie Fritz und Christian A. Schwarz. Immerhin bezieht sich auch das Herner Programm ganz auf den Dienst an den Getauften, spricht Menschen an, die als Mitglieder der Parochie in den Kleinbezirken leben. Nur am Rande taucht die Gefahr einer Auflösung der Spannung von Institution und Ekklesia auf. Da droht dann die Erbauung einer Meta-Gemeinde neben der verfaßten Kirche. Wo z. B. die katholische und die evangelische Kirche als bloße Institutionen erscheinen, kann Ökumene auch so aussehen, daß das Leiden an der Spaltung der Kirchen nicht durchgehalten wird. Dann kann so hemdsärmelig von der Interkommunion gesprochen werden, wie dies in der »Theologie des Gemeindeaufbaus« geschieht. Die Institution Kirche wird dann aber getrennt von der Ekklesia, die Ekklesia steht in einem gesonderten Raum neben der Institution. Das bedeutet im Blick auf die Ökumene: es entsteht so etwas wie eine dritte Konfession der Ekklesia. In der Fundamentaldialektik von Institution und Ekklesia geht es aber darum, auch die Zugehörigkeit zu einer konfessionell verfaßten Kirche in die Berufung zum Glauben und zur »Gemeinde von Brüdern« zu integrieren.[300]

Andere Beispiele zeigen eine Tendenz in Richtung auf die Scheidung von Institution und Ekklesia: Die Geschichte der Kirche erscheint als Ketzergeschichte, in der keine positiven Aspekte in Sicht kommen.[301] Die Stabilisierung der Volkskirche erscheint nur noch unter negativen Aspekten als quasi gemeindeaufbauhindernd.[302]

Hier dürfen jedoch keine Mißverständnisse aufkommen: die Positionen, die von Fritz und Christian A. Schwarz bezogen werden, sind sehr gut zu verstehen auf dem Hintergrund der Gefahr eines einlinigen Kirchenverständnisses, das treffend als Volkskirchen-Ideologie bezeichnet werden muß. Dennoch muß ekklesiologisches Denken stets auch die Gefahr des Spiritualismus im Auge behalten. Dies geht am besten mit Hilfe der Fundamentaldialektik von Institution und Ekklesia in der »Gemeinde von Brüdern«, wie sie in der Barmer Theologischen Erklärung festgehalten wird.

Festzuhalten ist, daß »mit dem Gemeindeaufbau nicht solange gewartet werden kann, bis alle ekklesiologischen Fragen gelöst sind.«[303]

Dritter Teil

Die Praxis des Missionarischen Gemeindeaufbaus in der Volkskirche

Erstes Kapitel
Die drei kybernetischen Grundentscheidungen[1]

A. Die Rede von den kybernetischen Grundentscheidungen[2]

I. Missionarischer Gemeindeaufbau

Mit der Erörterung der drei kybernetischen Grundentscheidungen beginnt die Darlegung eines eigenen Konzeptes des missionarischen Gemeindeaufbaus. Damit sollen die Schlußfolgerungen aus dem bisher Erarbeiteten gezogen werden. Die Frage lautet: wie kann missionarischer Gemeindeaufbau in der Volkskirche praktisch aussehen? Oder, strenger theologisch formuliert: Wie will Jesus Christus durch menschliche Mitarbeiter unter den Bedingungen dieser Volkskirche seine »Gemeinde von Brüdern« zusammenrufen, ihrem Leben Gestalt geben und sie in die Welt aussenden? Welches planmäßige und verheißungsorientierte Handeln ist hier gefordert?[3]

Mit den kybernetischen Grundentscheidungen soll der Versuch unternommen werden, das Konzept des missionarischen Gemeindeaufbaus in der Volkskirche praxistheoretisch zu entfalten und es zugleich auf einen knappen, gleichwohl umfassenden und allgemeingültigen Nenner zu bringen. Die drei kybernetischen Grundentscheidungen bieten eine Art »Basisformel« für den missionarischen Gemeindeaufbau.

II. Vorüberlegungen

1. Gemeindeaufbau kostet etwas!

Die Grundentscheidungen beschreiben den Preis des missionarischen Gemeindeaufbaus. Er kostet etwas. Ohne den Mut zu diesen drei Grundentscheidungen ist missionarischer Gemeindeaufbau undenkbar. Es gilt, ihnen zuzustimmen und die notwendigen Konsequenzen in der gemeindlichen Praxis daraus zu ziehen. Es kann jedenfalls in der Regel nicht einfach so weitergehen wie bisher. Die drei kybernetischen Grundentscheidungen beschreiben die Richtung der Neuorientierung. Die beste Ausbildung, der größte Einsatz und die ausgeklügeltsten Methoden könnten diese Grundentscheidungen nicht ersetzen.[4] Mit der Allgemeinheit dieser Formulierungen ist auch die Allgemeingültigkeit der drei Grundentscheidungen mit gemeint: Sie gelten im Bereich der ganzen Volkskirche, wie sie sich zur Zeit darstellt.

2. Zielgruppen

Die drei Grundentscheidungen verweisen uns auf drei Gruppen von Menschen, die an neuralgischen Punkten innerhalb der Volkskirche leben. Diesen drei Menschengruppen weisen auch die pastoralsoziologischen Erhebungen über die Volkskirche zentrale Bedeutung innerhalb der Konzeptionsfindung des Gemeindeaufbaus zu. Es sind die Pfarrer, die Mitglieder der sogenannten Kerngemeinde und die Fernstehenden. An diesen drei Punkten innerhalb der Volkskirche muß geistliche Erneuerung bzw. missionarischer Gemeindeaufbau einsetzen. Sie stellen die drei primären Zielgruppen im missionarischen Gemeindeaufbau dar.

Die drei kybernetischen Grundentscheidungen beschreiben aber im Grunde für jede der drei Zielgruppen nur das eine, das nottut (Lk 10,42). Sie fragen danach, wie die einzelnen Menschen in diesen drei Zielgruppen mit dem Einen, der alle Not wendet, zusammengebracht werden können. Missionarischer Gemeindeaufbau – entfaltet durch die Grundentscheidungen – möchte jeder dieser Menschengruppen an ihrem Ort und in ihrer Situation zu einer Christusbegegnung und einer personalen Christusbeziehung verhelfen. Jede dieser Grundentscheidungen fragt nach diesem »Letzten« im Sinne Bonhoeffers, nach der im Glauben angenommenen Rechtfertigung des Sünders aus Gnade allein. An ihr vorbei ist Gemeindeaufbau ein ebenso hoffnungs- wie sinnloses Unterfangen. Ihr will der Gemeindeaufbau mit aller Kraft dienen.

Was es aber inhaltlich bedeutet, zu einer personalen Christusbeziehung zu finden, beschreibt Dietrich Bonhoeffer so: »Der Mensch... wird inne, daß ein Gott ist, der ihn liebt und annimmt, daß ein Bruder neben ihm steht, den Gott liebt wie ihn selbst, daß eine Zukunft ist bei dem dreieinigen Gott mit seiner Gemeinde. Er glaubt, er liebt, er hofft... Das Leben erkennt sich ausgespannt und gehalten von einem Grund der Ewigkeit zum anderen, von der Erwählung vor der Zeit der Welt bis zum ewigen Heil, es erkennt sich als Glied einer Gemeinde und einer Schöpfung, die das Lob des dreieinigen Gottes singt. Dies alles geschieht, wenn Christus zu den Menschen tritt... Der Grund... ist das Leben, Sterben und Auferstehen des Herrn Jesus Christus. Ohne diesen Grund ist ein Leben vor Gott ungerechtfertigt. Es ist dem Tod und der Verdammnis preisgegeben. Auf Leben, Sterben und Auferstehen Jesu Christi hin leben, ist Rechtfertigung eines Lebens vor Gott. Glaube aber heißt, diesen Grund finden, halten; in ihm Anker werfen und so von ihm gehalten werden... Glaube heißt gefangen sein von dem Blick Jesu Christi, nichts mehr sehen als ihn, herausgerissen sein aus der Gefangenschaft im eigenen Ich, befreit sein durch Jesus Christus. Glauben ist ein Geschehenlassen und erst in ihm ein Tun...«[5]

Entscheidend ist also die Tatsache, daß es zuallererst um Menschen und deren personale Christusbeziehung und nicht zuerst um bestimmte Strategien oder Methoden des Gemeindeaufbaus geht. Damit soll keineswegs behauptet werden, die Strukturen der Gemeinde bzw. die Methoden des Gemeindeaufbaus seien unbedeutend. Dies stünde ja im Widerspruch zur dritten These der Barmer Theologischen Erklärung, die auch die Ordnung der Gemeinde für zeugnisfähig und zeugnisverpflichtet erklärt. Außerdem entsteht die personale Christusbeziehung der Pfarrer, Kerngemeindechristen und Fernstehenden kaum anders als vermittelt durch Gemeindestrukturen und Gemeindeaufbaumethoden. Wenn es aber primär um die Menschen und nicht um Strukturen und Methoden geht, so soll damit zum Ausdruck gebracht werden, daß der personalen Christusbeziehung der Menschen eine Bedeutung zukommt, die niemals von gemeindlichen Strukturen oder Gemeindeaufbaumethoden ausgesagt werden könnte, und daß es viele unterschiedliche Wege gibt, auf denen strukturell und methodisch dieses Ziel, das die Grundentscheidungen beschreiben, angestrebt werden kann.

Damit ist sowohl der Konzeptionslosigkeit gewehrt (das Ziel ist eindeutig!) als auch eine kybernetische Gesetzlichkeit verhindert (der missionarische Gemeindeaufbau wird nicht auf bestimmte Strukturen und Methoden festgeschrieben; hier ist viel Freiheit für die besonderen Charismen einer Gemeinde!).

Wer den drei Grundentscheidungen folgt, wird nicht darauf festgelegt, sich einem bestimmten Programm zu verschreiben: Er ist vielmehr mit anderen auf den Weg gebracht und zur Suche nach den ihm und seiner Gemeinde gemäßen Strukturen und Methoden ermutigt. Diese Haltung der Freiheit innerhalb einer fundamentalen Einheit entspricht der neutestamentlichen Pluralität, in der der Aufbau einer personalen Christusbeziehung und das Zusammenkommen einer »Gemeinde von Brüdern« als gemeinsames Ziel nicht mit einer methodischen Gesetzlichkeit oder strukturellen Verfestigung einhergeht. Theodosius Harnack hat bereits vor gut 100 Jahren diese Entdeckung auf den Gemeindeaufbau bezogen; er stellt fest: Ziel der Erbauung ist »ein festes, lebendiges Band... zwischen dem persönlichen Glauben und dem der Kirche, d. h. zwischen... Wort Gottes, Zeugniss der Kirche und Glaubenserfahrung des Einzelnen.« Für die Organisation von Kirche und Gemeinde hingegen »gibt uns die Schrift nicht Formen, sondern nur Normen.«[6]

Ein weiterer Zeuge für die Vorrangigkeit der personalen Christusbeziehung und der damit implizierten Bindung an die »Gemeinde von Brüdern« ist Ferdinand Klostermann, der Nestor der katholischen Lehre vom Gemeindeaufbau. Er stellt in seinem Hauptwerk »Gemeinde – Kirche der Zukunft« fest: Strukturen sind »nicht das Wichtigste. Sie sind Hilfen. Die christliche Umkehr, daß geglaubt, gehofft und geliebt wird, ist wichtiger, als es Strukturprobleme sind, und hängt auch nicht unmittelbar von deren Lösung ab.«[7]

3. Prioritäten und Posterioritäten

Grundentscheidungen bleiben nicht im luftleeren Raum: sie ziehen Konsequenzen im Handlungsbereich nach sich, wenn sie nicht bloß intellektuell-theologische Gedankenspielereien und somit l'art pour l'art gewesen sind. Wer den drei kybernetischen Grundentscheidungen zustimmen kann, wird in Zukunft klare Prioritäten in seiner Gemeindearbeit bestimmen müssen, die im Gefälle des zuvor Entschiedenen liegen. Das kostet Mut. Von Prioritäten darf man nämlich in einer konfliktscheuen Volkskirche nur so lange sprechen, wie man damit niemandem weh tut, sprich: solange man nicht mit der Forderung nach Prioritäten die Festsetzung von Posterioritäten verbindet. Grundentscheidungen, wie sie hier vorgestellt und vorgeschlagen werden, tun aber weh. Sie beschreiben, wofür in Zukunft mehr Kraft, Zeit und Geld zu investieren wäre, und stellen damit auch vor die zweifellos unangenehme Notwendigkeit, festzulegen, wofür entsprechend weniger Kraft, Zeit und Geld dasein kann, ja, was unter Umständen sogar ganz sterben muß. Deshalb kostet es Mut, den kybernetischen Grundentscheidungen zuzustimmen.

Konfliktfähigkeit gehört zu den notwendigen Eigenschaften für die, die missionarischen Gemeindeaufbau betreiben wollen. Ohne den Mut zu eindeutigen Prioritäten im Bereich des missionarischen Gemeindeaufbaus kommt es jedenfalls nicht zu den tragfähigen, belastbaren mitarbeitenden »Gemeinden von Brüdern«, die manchem durchaus berechtigten Anliegen gerecht werden können, das jetzt unter Umständen (noch) zurückstehen muß.[8] Solange es jedoch diese »Gemeinde von Brüdern« in der Volkskirche nur in geringer Zahl gibt, ist für den Aufbau dieser Gemeinden, also für die drei kybernetischen Grundentscheidungen, Priorität zu verlangen, und das heißt auch Posteriorität für manches andere an sich durchaus legitime Anliegen. »Solange Christen eine Mangelerscheinung sind, müssen wir dem missionarischen Gemeindeaufbau unbedingte Priorität zuerkennen. Nur so wird es uns an der Basis wieder gelingen, Menschen zu gewinnen, die zum lebendigen Glauben gefunden haben, um in der verpflichtenden Gemeinschaft mit anderen Christen zu leben, so im Glauben zu wachsen und dem Evangelium in unserer Welt konkrete Gestalt zu verleihen. Gerade jene Christen müßten am missionarischen Gemeindeaufbau interessiert sein, die so viel von der weltweiten Verantwortung zu reden wissen. Tatsächlich, es geht um die weltweite Verantwortung, und das heute in einer noch nie geahnten Radikalität. Aber wo sind die radikalen Christen?«[9]

In einem Satz: Missionarischer Gemeindeaufbau impliziert eindeutige Prioritäten im Bereich der drei kybernetischen Grundentscheidungen um den Preis eindeutiger Posterioritäten in anderen Bereichen gemeindlicher Arbeit, die aber von Gemeinde zu Gemeinde differieren dürften.

4. Das »Einmaleins« des Gemeindeaufbaus

Dem kritischen Beobachter mögen die kybernetischen Grundentscheidungen sehr schlicht erscheinen. Vielleicht erwartet sich mancher erheblich komplexere Systeme kybernetischen Denkens. Die Grundentscheidungen erscheinen wie das kleine Einmaleins des Gemeindeaufbaus. Das ist zweifelsohne richtig. Aber die Situation der Volkskirche, wie sie hier in den Blick geraten ist, erfordert eben nichts anderes als das kleine Einmaleins des Gemeindeaufbaus, d. h. elementare Auskunft darüber, wie inmitten einer erodierenden Volkskirche der Aufbau der »Gemeinde von Brüdern« möglich wird, also auch überhaupt erst beginnen kann. In der volkskirchlichen Situation geht es um das »einfache Evangelium«, um die elementare Kunst des Gemeindeaufbaus, also um »Milch« und nicht um »feste Speise« (Hebr 5,12). Die schlichten Grundentscheidungen aber weisen in die neue Richtung: auf den Aufbau der »Gemeinde von Brüdern« hin, also auf das normale Christen- und Gemeindeleben.

III. Die drei kybernetischen Grundentscheidungen

Es geht im missionarischen Gemeindeaufbau *erstens* um die geistliche Erneuerung und kybernetische Ausbildung des Pfarrerstandes.

Es geht im missionarischen Gemeindeaufbau *zweitens* darum, solche Gemeindeglieder, die sich schon zum Leben der Gemeinde halten, entweder im Glauben zu vergewissern oder allererst zum Glauben zu führen, um dann auch ihre Charismen für die Mitarbeit zu entdecken.

Es geht im missionarischen Gemeindeaufbau *drittens* darum, auch die fernstehenden Gemeindeglieder zur Umkehr einzuladen und in das Leben der »Gemeinde von Brüdern« einzugliedern.

Diese drei Grundentscheidungen sind nun nacheinander zu entfalten. Ihre Reihenfolge wird sich noch als plausibel erweisen; sie ist naheliegend, wenn auch nicht zwingend. Der Weg kann von der ersten zur dritten Grundentscheidung führen, aber er muß es nicht.

B. Die erste Grundentscheidung

Die geistliche Erneuerung und kybernetische Ausbildung des Pfarrerstandes[10]

I. Die Situation

Die Formulierung dieser Grundentscheidung könnte den Verdacht erwecken, es ginge um die Konservierung eines geradezu barocken Gemeindebildes, das etwa durch die bekannte Formel »Hirt und Herde« charakterisiert werden könnte. Warum sonst setzt dieses Konzept ausgerechnet beim Pfarrer ein? Soll damit die volkskirchliche Pfarrerzentrierung weiter stabilisiert werden?

Es wird recht schnell deutlich werden, daß es keineswegs um ein solches – theologisch äußerst bedenkliches – Unterfangen gehen kann. Allerdings ist der Ansatz dieses Konzeptes beim Pfarrer mit Bedacht gewählt. Ausgangspunkt eines Konzeptes für den missionarischen Gemeindeaufbau in und nicht neben der Volkskirche kann nur das Faktum der Pfarrerzentrierung sein. Die Pfarrerzentrierung der Volkskirche ist bereits im empirischen Teil dieser Arbeit evident geworden. Es kann hier darauf verwiesen werden.[11] Alltägliche Erfahrung von Gemeindegliedern und Pfarrern sowie empirische Untersuchungen lassen keinen anderen Schluß zu: die Volkskirche ist Pfarrerskirche. Gerade die positiv-distanzierten Kirchenmitglieder sehen im Pfarrer das einzig denkbare und darum auch einzig wünschenswerte Gegenüber, wenn sie mit der Kirche Kontakt aufnehmen. Für sie ist kein anderer Eindruck vorstellbar als dieser: »Wenn die Kirche handelt, dann geschieht das durch den Pfarrer.«[12] Selbst das im Grunde theologisch katastrophale Votum, daß die Pfarrer »die Kirche in personaler Repräsentanz« darstellen,[13] ist – im Blick auf die Volkskirche – empirisch kaum zu widerlegen.

Es fällt zunächst gewiß schwer, diesen Tatbestand anzunehmen, da er der Dogmatik und dadurch auch dem Gewissen vieler Pfarrer und Theologen widerspricht. Sie wissen es ja eigentlich besser, daß Gemeinde als »Gemeinde von Brüdern« unmöglich eine Pfarrerskirche sein kann. Sie wissen von der neutestamentlichen Verheißung der charismatischen Gemeinde, in der alle mit ihren Gaben unter der Leitung des Heiligen Geistes am Gemeindeaufbau teilhaben. Darum halten sie fest an der theologisch so unanfechtbaren Theorie von dem allgemeinen Priestertum der Glaubenden, auch wenn diese Auffassung »sich faktisch in der Gemeindewirklichkeit unserer Tage zunehmend als fromme Fiktion erweist.«[14]

Der bayerische Landesbischof Johannes Hanselmann hat in einer kritischen Studie über die EKD-Umfrage »Wie stabil ist die Kirche?« das klare Fazit dieser Situation gezogen: »Die Konzentration der Erwartungshaltung an die Kirche in der Person des Pfarrers deutet auf eine nahezu völlige Fehlanzeige im Blick auf die reformatorische Erkenntnis vom ›Priestertum aller Gläubigen.‹«[15]
Rudolf Bohren hat diese Situation bissig, aber treffend mit einem Orchester verglichen: der Pfarrer dirigiert; er spielt aber auch die erste Geige. Darüber hinaus singt er solo. Die Gemeinde stellt nur den Chor – zur musikalischen Untermalung. Einige wenige, besonders begabte Laien dürfen zuweilen Triangel spielen. Und es sollen sogar schon einige Ausnahmeerscheinungen zum Umblättern der Noten zugelassen worden sein.[16]

II. Zementierung der Pfarrerskirche?

Die Pfarrerzentrierung sitzt fest in unseren Köpfen. Sie sitzt fest in den Köpfen der Gemeindeglieder. Die Alltagserfahrung zeigt: viele Gemeindeglieder empfänden es als eine ernste Zurücksetzung, anläßlich ihres Geburtstages nicht vom Pfarrer, sondern »nur« von einem ehrenamtlichen Mitarbeiter der Gemeinde besucht zu werden. Eine in Jahrhunderten gewachsene Konsumhaltung ist gerade im Bereich der Kerngemeinde festzustellen. Alles wird vom Pfarrer erwartet: er soll ein hörfähiger und geduldiger Seelsorger sein und möglichst viele Besuche machen. Er soll ein pädagogisch kompetenter Lehrer der Konfirmanden sein, der es zugleich versteht, ihr Vertrauen zu gewinnen. Er soll ein gleichermaßen zeitgemäßer wie biblisch verwurzelter Prediger sein. Er soll in Verwaltungs- und Baufragen Kenntnisse haben und ein glänzender Organisator der Gemeindeveranstaltungen sein. Geübt und gewandt in der Gesprächsführung weiß er ebenso gut mit dem Kirchenvorstand umzugehen wie mit Behörden, Vereinen, Chören usw. Die Liste ließe sich beliebig fortsetzen.[17]
Pfarrerzentrierung sitzt fest in unseren Köpfen, auch in den Köpfen der Pfarrer. Eine merkwürdige Ambivalenz kann feststellen, wer sich mit dem Phänomen der Arbeitsüberlastung bei Pfarrern befaßt. Zum einen ist die Klage über die statistisch erhobene 73-Stunden-Woche im ganzen volkskirchlichen Land verbreitet. Zum anderen aber scheinen nicht wenige Pfarrer gleichzeitig die übergroße Last festzuhalten, weil sie froh darüber sind, gebraucht zu werden und daraus ihr Selbstwertgefühl beziehen.[18]
Die Pfarrerzentrierung sitzt fest in unseren Köpfen, nicht zuletzt in den Köpfen mancher Theologiestudenten. So geschah es bei einem Vortrag über den missionarischen Gemeindeaufbau, daß die anwesenden lutherischen Studenten zwar das Gesagte im allgemeinen freundlich aufnahmen, jedoch im Blick auf die Pfarrerzentrierung energisch Widerspruch einlegten: Sie sahen durch die kritische Einstellung des Vortragenden zur Pfarrerskirche die rechte Amtstheologie bedroht. Sie forderten darum energisch, den Pfarrer als den – nun wörtlich: – »Stellvertreter Christi« in seiner Bedeutung für den Gemeindeaufbau nicht herabzusetzen.
Die Pfarrerzentrierung sitzt schließlich auch in den Köpfen mancher Theologen fest – es werden offensichtlich mehr! –, die uns nun belehren wollen, es könne und dürfe in der Volkskirche auch gar nicht anders als pfarrerzentriert zugehen. Aus

dem Faktum »Der Pfarrer ist die Zentralfigur der evangelischen Kirche und damit auch der Kirchengemeinde«[19] wird unter der Hand die theologische Norm. Dabei gehen der theologische Pluralismus und die Pfarrerskirche eine notwendige Verbindung ein: »Der Pfarrer hat die Aufgabe der Integration. Er muß in seiner Person vereinen, was sonst auseinanderstrebt.« »Meine [!] Kirchengemeinde bietet ein Bild der Vielfalt. Ohne einen ›Einmann-Betrieb‹ zu wollen, habe ich als Pfarrer weiterhin die Integration der verschiedenen Aktivitäten zu leisten.« D. h.: »Die Integrationsaufgabe des Pfarrers bedeutet, daß der Pfarrer allen Mitgliedern gerecht werden muß. Die Mitglieder erwarten, daß der Pfarrer sie in ihrer jeweiligen Position unterstützt und sich in dem Sektor der Kirchengemeinde voll einsetzt, an dem man selbst interessiert ist. Der Pfarrer muß zudem die Kommunikation zwischen den verschiedenen Gruppierungen der Mitglieder und Aktivitäten der Kirchengemeinde herstellen. Er ist Kommunikationsagent und Generalist.«[20]
Ähnliches wird man feststellen, wenn man von der neuen Konzentration auf die Kasualien ausgeht. Auch hier rückt notwendigerweise der Pfarrer ins Zentrum. Er ist es ja, der – durchaus seinem Auftrag gemäß – tauft, konfirmiert, traut und beerdigt.
Die volkskirchlich orientierten Theologen, die so an der Festschreibung der Pfarrerskirche arbeiten, haben ein durchaus lobenswertes Ansinnen: sie sehen, wie von einem theologischen Auftragsdenken bzw. einer differenztheologischen Sichtweise her sowohl die zentrale Rolle des Pfarrers als auch die Kasualien zum schweren Problem für den Pfarrer werden. Er muß ja Amtshandlungen vornehmen, er muß mit seiner zentralen Position umgehen lernen. Darum wollen diese Theologen dem Pfarrer zu einem guten Gewissen und zur Annahme seiner Rolle verhelfen[21], zumal sie mit Recht auf die Verunsicherung des Pfarrers in seinem Beruf hinweisen, die durch die schwindende Bedeutung der Kirche in der Gesellschaft, durch Arbeitsüberlastung und mangelnde Erfolgserlebnisse, durch berufliche Einsamkeit und zuweilen auch menschliche Isolation bedingt ist.[22]
Doch ist damit nicht viel gewonnen: aus der Sicht des missionarisch orientierten Gemeindeaufbaus hilft es den Pfarrern und Gemeinden ebensowenig, die Pfarrerzentrierung zu zementieren, wie sie durch an sich unanfechtbare Lehrsätze vom allgemeinen Priestertum aus der Volkskirche herauszaubern zu wollen. Die Pfarrerzentrierung muß vielmehr als Krankheitssymptom der Volkskirche zuerst wahr- und dann auch angenommen werden, bevor sie wirksam bekämpft werden kann.
Daß Pfarrerzentrierung ein nicht zu beschönigendes Krankheitssymptom ist, läßt sich schnell am Beispiel der Hausbesuche nachweisen. Die empirischen Untersuchungen beweisen eine erstaunliche Offenheit der Evangelischen für den Besuch des Pfarrers. Dem Pfarrer stehen die Türen nach wie vor offen. Auf der anderen Seite steht – ebenso empirisch erwiesen – die Tatsache, daß für die meisten Evangelischen der Besuch des Pfarrers als mögliches Problem nicht existiert: sie wurden noch nie besucht. Der Pfarrer ist in keiner Weise in der Lage, die notwendigen Hausbesuche durchzuführen. Er muß sich auf das Notwendigste beschränken, auf die Besuche bei Altengeburtstagen und bei schwer kranken Gemeindegliedern. Das ist schon viel wert, wenn er an diesen beiden Stellen präsent ist. Aber für den Gemeindeaufbau ergibt sich ein schlimmes Defizit: Besuche bei Neuzugezogenen, bei Konfirmandeneltern, Wiederholungsbesuche bei Taufeltern nach einem

Jahr oder ähnliche gezielte Besuchsaktionen kann er nicht bewältigen, obwohl diese Gemeindeglieder den Besuch des Pfarrers begrüßen würden und durchaus für ein Gespräch über den Glauben zu gewinnen wären. Der Schluß daraus kann nicht lauten: Es wäre aber gut, wenn er es bewältigen könnte. Der Schluß muß vielmehr lauten: In der Pfarrerskirche kann eine Durchdringung der Gemeinde mit Besuchen nicht gelingen. Ihre Widersinnigkeit erweist sich hier, denn nur eine Gemeinde von Schwestern und Brüdern kann die Parochie mit ihren Tausenden von Gemeindegliedern durchdringen. Und Erfahrungen belegen, daß die Arbeit eines missionarischen Besuchsdienstes auch von den pfarrerzentrierten Gemeindegliedern auf Dauer akzeptiert wird, wenn ihnen diese Arbeit plausibel gemacht werden kann, indem der Besuchsdienst gut geschult wird und auch gute Arbeit tut.[23]

Die Pfarrerzentrierung ist ein Krankheitssymptom der Volkskirche. Es ist theologisch unverantwortlich, sie zementieren zu wollen. Sie ist gegen Gottes Willen. Gott will Gemeinden von Schwestern und Brüdern, in denen alle Glieder Gaben haben, die sie in das Leben und den Dienst der Gemeinde einbringen. Gott will sie, und darum verheißt er sie. Nur da wäre die Entlastung des Pfarrers denkbar.

III. Der Pfarrer als Motor des missionarischen Gemeindeaufbaus

Damit gerät der Pfarrer aber in die Zwickmühle: Er darf nun weder die Pfarrerskirche beschönigen und zementieren, noch darf er sie leugnen und sich mit einem fiktiven allgemeinen Priestertum zufriedengeben. Wie kommt er aus dieser Zwickmühle heraus? Er kommt nur so heraus, daß er die faktische Pfarrerzentrierung annimmt. Er kann nur bekämpfen und überwinden, was er annimmt. »Nur wer sich auf den mühsamen Weg einer Veränderung begibt, dessen Stationen kritische Annahme und (vorwiegend in kleinen Gruppen) organisierte Lern- und Verarbeitungsprozesse heißen, – nur der trägt der Realität der Bedingungen von Kirchenreform Rechnung.«[24] Natürlich gibt es auch von anderen Gemeindegliedern angestoßene Erneuerungsprozesse in den Gemeinden. Aber diese Erneuerungsprozesse haben mit erheblichen Widerwärtigkeiten zu kämpfen, wenn sie den Pfarrer gegen sich gestellt sehen. Widerstände und Verdächtigungen machen dann die Erneuerung der Gemeinde schwierig; allenfalls können Erneuerungsprozesse in Hauskreisen gedeihen.[25] Die alles beherrschende Stellung des Pfarrers läßt kaum Veränderungen an seiner Person vorbei zu.

Georg Kugler hat diesen Tatbestand im Blick auf die Erneuerung der Gemeinde durch das neu entdeckte Sakrament des Altars in der Gestalt des Feierabendmahls auf den Begriff gebracht: »Ein wesentliches Problem liegt in der fast lückenlosen Pfarrerorientierung der Gemeindearbeit. Der Pfarrer ist die Schlüsselfigur für Erneuerungsprozesse. Ohne ihn ist es äußerst schwierig, Erfahrungen zu tranformieren.«[26]

Der Pfarrer ist die Schlüsselperson. Das bedeutet auf der positiven Seite auch, daß er die besten Möglichkeiten hat, Veränderungsprozesse in Gang zu bringen. Von seiner Ausbildung, seiner Hauptamtlichkeit und seinem »Apparat« her kann er Einfluß nehmen, seine hohe Reputation ins Spiel bringen und damit Neues in Bewegung bringen. »Die gegenwärtige Zentralität des Pfarramts ist der Ausgangs-

punkt jeder Veränderung in diese oder jene Richtung. Denn als Multiplikatoren braucht man die Pfarrer offenkundig für jedes Modell der Kirchenreform, auch für ein solches, das die pastorale Orientierung schließlich aufheben soll.«[27]
Damit ist die Richtung angezeigt: Der Pfarrer hat die Chancen, selbst zum Motor einer Entwicklung zu werden, an deren Ende auch die Aufhebung der Pfarrerzentrierung möglich wird. Das ist der Grund, warum dieses Konzept des missionarischen Gemeindeaufbaus beim Pfarrer einsetzt.

Missionarischer Gemeindeaufbau in der Volkskirche wird darum in der Regel mit einer Initiative des Pfarrers beginnen. Fritz und Christian Schwarz haben es so gesagt: »Der Pfarrer muß ... Initiative ergreifen, muß aktiv und zielbewußt daran arbeiten, daß eine mündige Gemeinde entsteht. Nach Jahrhunderten der Pfarrervorherrschaft muß er der Motor für eine Bewegung in die andere Richtung sein.«[28]
Das setzt voraus, daß der Pfarrer selbst missionarischen Gemeindeaufbau bejaht. Er muß ihn entschieden wollen, d. h. auch, daß er bereit sein muß, die entstehende Mehrarbeit auf sich zu nehmen, auch die aus dem Neuansatz der Gemeindearbeit erwachsenden Konflikte zu tragen und das Neue u. U. auf längere Sicht mit nur wenigen anderen Christen durchzutragen. Der Beginn des missionarischen Gemeindeaufbaus setzt eine solche mutige Entscheidung durch den Pfarrer voraus. Er muß die ersten, nicht einfachen Schritte machen. Er wird seinen Kollegen und den Kirchenvorstehern das Neue in Geduld und Klarheit darlegen müssen, nicht in kleinen Portionen, sondern deutlich-eindeutig.[29] Er wird sich auf die Suche machen müssen nach Mitarbeitern, mehr noch nach Schwestern und Brüdern, die ihn und das Neue in der Gemeinde durchtragen. Und schon beginnt die Pfarrerzentrierung Löcher zu bekommen. Wer einen solchen Anfang macht, braucht Schwestern und Brüder!

Voraussetzungslos kann der Pfarrer nicht mit dem Neuen des missionarischen Gemeindeaufbaus beginnen. Es ist höchst aufschlußreich, daß die »Erklärung zur praktischen Arbeit der Bekenntnissynode der Deutschen Evangelischen Kirche« 1934 ihre Erörterungen über den Gemeindeaufbau mit einem Abschnitt über die geistliche Erneuerung des Pfarrerstandes eröffnet.[30] Die Erneuerung der Gemeinde beginnt beim Pfarrer selbst. Der Pfarrer als möglicher Motor des missionarischen Gemeindeaufbaus ist selbst nach seiner Christusbeziehung und seinem Verhältnis zu den Brüdern gefragt.

IV. Die geistliche Erneuerung des Pfarrerstandes

Es ist nun zu entfalten, was es bedeutet, daß »die Erneuerung des Pfarrerstandes eine der wesentlichen Voraussetzungen für den Gestaltwandel der Gemeinde«[31] ist. Gemeindeaufbau als das Werk des erhöhten Christus ruft nach Menschen, die sich von Christus zu diesem Werk in Dienst nehmen lassen. Es ist nicht ausreichend, im Blick auf den missionarischen Gemeindeaufbau eine Art »Methodentraining« zu betreiben. Die erste Frage, von der die Vollmacht zum Aufbau der »Gemeinde von Brüdern« schlechthin abhängig ist, ist die nach der Beziehung der Gemeindebauer zum Herrn des Gemeindeaufbaus. »Für jeden, der missionarischen Gemeindeaufbau will, stellt sich zuerst die Frage nach seinem eigenen Bewegtsein. Er muß die Frage beantworten, wovon er denn eigentlich fasziniert ist.

Jedes andere Fasziniertsein als das von Jesus, dem Freudenmeister, scheint mir dabei unzureichend zu sein.«[32] Daß sich die Frage der persönlichen Christusbeziehung für jeden, der missionarischen Gemeindeaufbau will, stellt, bedeutet, daß sie sich für alle Christen stellt, daß sie sich damit aber auch für den Pfarrer stellt, für ihn vielleicht sogar in besonders dringlicher Weise, wenn er Motor des missionarischen Gemeindeaufbaus werden soll.

Sie stellt sich zunächst aber jedem Christen. Julius Schniewind hat in seinem berühmten Essay über die geistliche Erneuerung des Pfarrerstandes gleich mit seiner ersten These deutlich gemacht, daß die Erneuerung des Pfarrerstandes nichts andereres als ein Sonderfall des christlichen Allgemeinfalls ist. Es geht nicht um ein pharisäisches Urteil über den Glaubensstand der Pfarrerschaft nach dem Motto »die hätten es eben besonders nötig.« Vielmehr hat es das Christsein mit täglicher Erneuerung zu tun; das wissen wir seit Luthers erster These. Davon sind nun aber die Pfarrer gewiß nicht ausgenommen.[33]

Diese Vorbemerkung war notwendig, um die hier zu verhandelnde Fragestellung ins rechte Licht zu rücken. Das Postulat einer geistlichen Erneuerung gilt jedem Christen und darum auch jedem Pfarrer. Man wird dann aber auch im Blick auf die Pfarrer festhalten müssen, daß sie nicht davor gefeit sind, genau die Probleme des persönlichen Glaubens an sich zu erleben und zu erleiden, die jeden anderen Christen auch betreffen können. Daß auch die Pfarrer nur im Blick auf die Rechtfertigung des Sünders aus Gnade allein leben können, erscheint vielleicht als theologische Binsenweisheit. Doch konkurriert diese Binsenweisheit mit einer gewissen Scheu, im Blick auf die Berufschristen mit Anfechtungen des Glaubens oder gar Glaubenslosigkeiten zu rechnen. Die Frage nach der geistlichen Erneuerung des Pfarrerstandes rückt dagegen auch in dieser Hinsicht den Pfarrer ins normale christliche Glied ein: »Die Persönlichkeitsstruktur von uns Pfarrern ist so versuchlich wie die eines jeden anderen Menschen. Auch unser Glaube kann abschlaffen. Unsere Freude am Herrn und in dem Herrn kann sich verflüchtigen. Es kann uns passieren, daß wir das Wort Gottes nur noch in Ausübung unseres Amtes in die Finger nehmen, um seine Botschaften an andere Menschen zu richten, ohne sie auf uns selbst zu beziehen. Wir sind nicht davor gefeit, der Gebetslosigkeit zu erliegen, um gewissermaßen nur noch professionell zu beten«.[34]

So sagt es ein Betroffener, ein Superintendent, in einer etwas saloppen, aber doch wohl treffenden Ausdrucksweise. Daß der Glaube der Pfarrer gefährdet ist wie der Glaube jedes Christen, und daß wir gerade bei uns Berufschristen mit pathologischen Zuständen des geistlichen Lebens, wie Fritz Schwarz sie beschrieben hat, rechnen müssen, ist der geistliche Hintergrund dieser ersten Grundentscheidung.

Manfred Seitz bringt diesen Tatbestand im Blick auf die erodierende Volkskirche noch einmal auf den Nenner: »Der volkskirchlichen Situation, die mindestens teilweise durch formale Zugehörigkeit zur Kirche charakterisiert werden kann, korrespondiert auf berufstheologischer Seite zumindest partiell eine theologische Existenz mit fragwürdiger Christuserkenntnis und gestörtem Christusverhältnis.«[35]

Allerdings ist es nun nicht hinreichend, vom Pfarrer nur als von einem Sonderfall des christlichen Allgemeinfalls zu sprechen. Die Frage nach der geistlichen Erneuerung stellt sich ihm noch einmal in einer anderen, in einer besonders dringli-

chen Weise, wenn er angesichts der Pfarrerskirche aufgerufen ist, Motor des missionarischen Gemeindeaufbaus zu werden. Es ist eine Sache, daß der Pfarrer als Christ der täglichen Erneuerung des Glaubens bedarf. Es ist eine andere – vielleicht noch ernstere – Sache, daß er ihrer als Gemeindebauer bedarf. Gerade weil missionarischer Gemeindeaufbau nicht in methodischen Fertigkeiten aufgeht, sondern ein Werk des erhöhten Herrn durch ihm gehorchende Menschen ist, hängt sehr viel davon ab, daß der Pfarrer diesem Geschehen nicht durch eine gestörte Christusbeziehung im Weg steht. Wer dem Grundgeschehen des missionarischen Gemeindeaufbaus dienen will, daß nämlich Getaufte ihrer Taufe froh werden, weil sie eine persönliche Beziehung zu Christus gewonnen haben, darf und muß selbst in der Beziehung zu Christus gegründet und verwurzelt sein. Es geht um das Geheimnis der Vollmacht im missionarischen Gemeindeaufbau: »Glaubenweckende Verkündigung meint immer zuerst den, der verkündigt. Nur ein von Jesus Christus Ergriffener, der sich selbst zuerst von Gottes Wort richten und aufrichten läßt, kann in Wahrheit Bote des Evangeliums sein.«[36]
Damit ist das Problem erst vollständig erfaßt. Es geht um die Vollmacht, die der Pfarrer braucht, wenn er sich an die Spitze der missionarischen Erneuerung seiner Gemeinde stellen (lassen) will. Es ist im übrigen auch schnell einsichtig, daß der Pfarrer nicht etwas vermitteln kann, was er nicht zuerst für sich selbst gelten läßt. Wie soll er in seiner Gemeinde Formen elementarer Spiritualität vermitteln, wenn er nicht selbst zu einer gestalteten Frömmigkeit gefunden hat?
Was aber ist nun im Blick auf den Pfarrerstand die geistliche Erneuerung? Sie kann als Bewegung der Buße beschrieben werden. »Buße ist Umkehr zu Gott.«[37] Was Julius Schniewind so lapidar auf den Begriff bringt, ist die die gesamte biblische Verkündigung durchziehende, werbende Aufforderung, das Alte, die Sünde, die Götzen, die eigene Gerechtigkeit hinter sich zu lassen, um sich erstmals oder wieder (und das heißt: täglich neu) dem einen wahren Gott zuzuwenden. Buße ist die Anerkennung des Urteils Gottes über mein, des Christen und des Pfarrers Leben. Sie ist dann aber auch die Annahme eines neuen Urteils, das Gott mir in Jesus Christus zukommen läßt, weil Jesus gekommen ist, die Sünder zu retten und nicht, sie zu verderben (Lk 19,10). »Deshalb ist Jesu Bußruf Freudenbotschaft.«[38] Wer könnte, ja, wer wollte sich da als Christ ausnehmen und behaupten, er brauche solche Buße nicht oder nicht mehr? Und welcher Pfarrer könnte, ja wollte im Blick auf sein Christenleben und im Blick auf seine Gemeindeleitung sagen, er bedürfe solcher Umkehr nicht oder nicht mehr? Wer müßte nicht auch sein (zumindest partielles) Scheitern im Blick auf die Frage des Gemeindeaufbaus zugestehen? Die Barmer Theologische Erklärung jedenfalls nimmt an, daß auch in der »Gemeinde von Brüdern« nichts anderes als die »Kirche der begnadigten Sünder« existiert, also die Schar derer, die in der Bewegung der Umkehr zu Jesus Christus leben und somit »allein von seinem Trost und von seiner Weisung in Erwartung seiner Erscheinung.«[39]
Wie missionarischer Gemeindeaufbau und persönliche geistliche Erneuerung der Gemeindebauer miteinander verbunden sind, verdeutlicht als biblisches Grundmuster die Geschichte von der Bekehrung des Hauptmanns Kornelius in Apg 10 f. Oder sollte man von einer Bekehrung des Apostels Petrus sprechen? Zumindest geht es um dessen geistliche Erneuerung: Bevor der römische Hauptmann zum Glauben an Christus findet und mit ihm eine ganze Gruppe von Menschen zu ei-

ner persönlichen Christusbeziehung geführt wird, geschieht etwas mit Petrus. Durch eine Vision wird er auf seine Aufgabe vorbereitet. Es kostet einige Mühe, ihn davon zu überzeugen, daß auch richtig ist, was er tun soll. Erst nach dreimaliger Aufforderung beginnt er, seine neue evangelistische Rolle zu begreifen. Er selbst, eine der »Säulen« in der Urgemeinde (Gal 1f.), muß erst Entscheidendes über das Evangelium lernen. Er darf es neu erfassen als ein Evangelium, das zu allen Menschen hindrängt, auch zu den Heiden. Alte Vorstellungen muß er hinter sich lassen. Doch dabei eröffnet sich ihm das Evangelium völlig neu und in einer befreienden Weise. Aus dieser »geistlichen Erneuerung« heraus, die weitaus breiter geschildert wird als die Bekehrung des Kornelius, bezieht Petrus auch die Kraft, den drohenden Konflikt mit den Aposteln und Brüdern in Judäa durchzustehen. Petrus saß an einer Schaltstelle. Gott wollte ihn gebrauchen, um seine Gemeinde zu bauen. Damit dies auch geschehen konnte, wurde zuerst der Apostel selbst in die Bewegung der Umkehr geführt.

»Wer geistliches Leben will, muß bereit sein, Gottes Werk der Erneuerung zuerst an sich selbst geschehen zu lassen, das Werk, das uns zunächst ins Sterben führt.«[40]

Aus dieser Erneuerung heraus erwachsen die für den Gemeindeaufbau notwendigen »theologischen Tugenden«.

Es erwächst erneut oder vielleicht auch erstmals der Glaube. Der Glaube erscheint in 1 Kor 12,9 als ein Charisma. Es kann hier kaum der Glaube gemeint sein, der das Heil ergreift. Der Glaube als Charisma ist wohl eher der Glaube, der mit Gottes Eingreifen im Leben der Gemeinde rechnet, der also darauf vertraut, daß Gott seine Gemeinde erneuern will. Der Glaube als Charisma ist Gewißheit über das, was Gott tun will. Solcher Glaube äußert sich als Zuspruch in Richtung auf die Gemeinde, insbesondere auf die Mitarbeiter. Und er äußert sich als anhaltendes und erwartungsvolles Gebet um das Verheißene, um die »Gemeinde von Brüdern«. Er äußert sich nicht zuerst in geschäftiger Aktivität, denn: »Die Wichtigkeit des Betens ist für die neutestamentliche Kirche darin begründet, daß alle wirklich helfenden, heilbringenden, entscheidenden Taten von Gott erwartet werden.«[41]

Es erwächst erneut oder vielleicht auch erstmals die Liebe, nicht in einem sentimentalen Sinn, sondern im sachlichen Sinn von 1 Kor 13. Die Liebe als Erfüllung des ersten Gebotes äußert sich als Kraft zur Hingabe. Sie treibt dazu, mit ganzem Einsatz zu wollen, was Gott will. Sie macht dem missionarischen Gemeindeaufbau Beine. Sie bewegt den Pfarrer zu den ersten mutigen Schritten auf die Erneuerung der Gemeinde zu. Liebe als Hingabe ist unerläßlich, da der missionarische Gemeindeaufbau in der Volkskirche kein Entlastungsprogramm ist. Gerade am Anfang wird der Pfarrer besonders gefordert sein. Ein Programm des Gemeindeaufbaus ohne den Geist der Hingabe an diese Aufgabe wäre illusionär. Die Kraft zur Hingabe erwächst aber aus der Freude am Evangelium, wohl kaum dagegen aus täglichen Kraftakten des Pfarrers.

Schließlich erwächst aus der geistlichen Erneuerung die Hoffnung. Hoffnung ist die der Verheißung gegenüber angemessene Haltung. Die Hoffnung nimmt wahr, daß Gott sich nicht abfindet mit dem Zustand der Kirche. Die Hoffnung erblickt in der neutestamentlich verbürgten und in Barmen erneut bezeugten »Gemeinde von Brüdern« kein Gesetz, sondern das Verheißene, um das der Glaube bitten darf, und auf das die Liebe Schritte zutun darf. So verhindert die Hoffnung, daß wir uns im Empirischen verlieren. Hoffnung äußert sich darin, daß der Gemeindeaufbau langen Atem bekommt und nicht in der ersten Durststrecke steckenbleibt.

In der geistlichen Erneuerung wird dagegen keineswegs die Rechtfertigungsbotschaft in bedenklicher Weise überboten, so daß mit »erneuerten Heiligen« die ideale Gemeinde gebaut würde. Vielmehr legt das Motto der geistlichen Erneuerung die Rechtfertigungsbotschaft auf die Aufgabe des missionarischen Gemeindeaufbaus hin aus: Pfarrer sollen durch eine erneute Hinwendung zum Evangelium erfahren, wie Gott mit ihnen, den vielleicht schwachen und gewiß sündigen Menschen, Gemeinde bauen will. Darum formulierten die theologischen Leitlinien der Charismatischen (jetzt: Geistlichen) Gemeindeerneuerung theologisch wohlbegründet, daß Gemeindeerneuerung geschehe, »wo Menschen ihre Hilflosigkeit und Leere vor Gott eingestehen und darum alles von Gott und seiner konkreten Weisung und Gabe erwarten. Nur dieses Eingeständnis kann... die Voraussetzung für einen geistlichen Aufbruch und für das konkrete Wirken des Heiligen Geistes schaffen (2 Kor 12,9 f.).«[42]

V. Spiritualität, Bruderschaft und Zeitökonomie

1. Das Problem

Zum Eingeständnis der Hilflosigkeit gehört auch das Zugeständnis, daß die geistliche Erneuerung des Pfarrerstandes nicht von Synoden beschlossen oder durch Programme in Szene gesetzt werden kann. Geistliche Erneuerung ist nicht machbar; sie kann nur erbeten werden. Sie gehört zu Gottes und nicht der Menschen Praxis. Wir können sie gewiß nicht herstellen, aber wir können uns auf sie einstellen. Wir können uns an Orten einstellen, an denen vom Neuen Testament her Erneuerung und Glaubenswachstum verheißen sind. Wer geistliche Erneuerung will, wird solche Orte aufsuchen, die ihn in Verbindung mit dem Evangelium bringen.

Dazu ist eine Auskunft Luthers aus den Schmalkaldischen Artikeln bedeutsam (III/4). Im Artikel »Vom Evangelio«[43] schildert Luther, wie dem einen Evangelium eine Vielfalt von Gestalten entspricht. Das Evangelium hat zwar nur ein Amt (es hilft gegen die Sünde), aber es hat nicht nur einen Weg zu den Menschen. Luther möchte herausarbeiten, daß der Schuldverfallenheit auf der Seite des Menschen ein großes Aufgebot zur Rettung von Gottes Seite her entspricht. Eine Engführung der Kommunikationswege Gottes ist abzuweisen. Darum benennt Luther fünf »Kanäle«, auf denen das eine Evangelium zu den Menschen kommen will: Es kommt durch das Wort (hier vor allem durch die Predigt); es kommt durch Taufe, Abendmahl und Beichte. Es kommt schließlich auch per mutuum colloquium et consolationem fratrum. So wird das Evangelium nicht sparsam ausgeteilt, es bahnt sich vielmehr den Weg zu uns auf breiter Front. In der Mitte stehen liturgische Vollzüge, die Sakramente Taufe, Abendmahl und Beichte. Der erste und fünfte »Kanal« des Evangeliums ist ausführlicher vorgestellt. Als erste und wohl vornehmste Weise des Evangeliums wird das mündlich Wort genannt; dadurch läuft das Vergebungswort um die ganze Welt (2 Thess 3,1). Besonders interessant ist die fünfte Weise: per mutuum colloquium et consolationem fratrum, d. h., da wo Brüder (und Schwestern) beieinander sind (Mt 18,20), miteinander sprechen und sich trösten, gewiß in strenger Bindung an die vier ersten Weisen des Evangeliums, da ist das Evangelium auch gegenwärtig. In »Seelsorge und Bruderschaft«[44] ist auch ein Ort gegeben, an dem geistliche Erneuerung erwartet werden darf, weil sich der Heilige Geist in freier, aber treuer Bindung an diese Gestaltformen als erneuernde Kraft erweisen will.

Solche Orte wird der Pfarrer aufsuchen, ohne jede Verzweckung. Er wird sie aufsuchen und nichts anderes erwarten und erhoffen, als daß ihm dort Christus begegne, seinen Glauben erneuere und ihn wiederum in die Arbeit des missionarischen Gemeindeaufbaus entsende, d. h. bevollmächtige.

2. Julius Schniewind

Julius Schniewind geht von einer Aporie aus. Er sieht, daß der Verkünder des Wortes immer zuerst Hörer des Wortes sein muß, wenn er nicht sein Amt aufs Spiel setzen will. Er sieht zugleich, daß im Pfarrerstand solches geistliches Wissen gering geworden ist: »Nur in dem Maß, wie wir Hörer des Wortes sind, sind wir Verkünder. Es gilt allen Christen, daß ›das Wort ins Herz nehmen‹ glauben heißt und daß es dann auch Bekenntnis des Mundes ist (Röm 10,8–10) ...«[45] »Wir reden aber von der geistlichen Erneuerung des Pfarrerstandes konkret, nämlich aus der bestimmten Not heraus, daß die eigentlich geistlichen Anliegen des Dienstes am Wort uns weithin fremd geworden, ja fremd geblieben sind.«[46]

Auch Theologen, so klagt Schniewind, denken säkular, vom Irdischen und Diesseitigen her. Wir denken zuerst an den Arzt, den Psychoanalytiker, den Soziologen, die äußere Sicherung unserer Existenz, aber nicht an Gott.[47] Das Motto von der Bekehrung der Pastoren (so der Berliner Superintendent Braun im 19. Jahrhundert) setzt Schniewind um in die Forderung einer Umkehr der Pfarrer zu strenger theologischer Arbeit, zum Wort. Hier, in der Hinwendung zum Lesen der Heiligen Schrift, wird der Grundartikel der evangelischen Kirche, mit der sie steht und fällt, aufleuchten: »Theologie macht Sünder«. Das ruft nach der Rechtfertigung des Sünders aus Gnade. So werden Pfarrer in die Buße geführt und auf den gekreuzigten Christus geworfen.[48] »So betrieben, ist die theologische Arbeit nichts anderes als die Zuwendung zur Absolution.«[49]

In seiner 16. These sagt Schniewind konkret, wie er sich die Gestaltung des geistlichen Lebens im Pfarrhaus denkt; eine Erneuerung des persönlichen Gebetes ist das erste Anliegen. »Das einsame Gebet des Pfarrers ist das Herzstück unseres Amtes.«[50] Schniewind erinnert an das zweistündige tägliche Gebet Luthers. Solches Beten erwächst aus dem »Lauschen aufs Wort«.[51] Er möchte gerne die Pfarrer ermutigen, im Glauben an Gott diese tägliche Zeit trotz aller Überlastung im Amt zu wagen. Dabei legt er besonderes Gewicht auf die Fürbitte für die Menschen in der Gemeinde, für die Kirche und ihre Diener, für die ganze Weite der Welt. Aber er weist auch auf das »Armenrecht« des Christen, das formulierte Gebet hin als eine Hilfe zum Beten.[52] Das zweite Anliegen Schniewinds betrifft die Erneuerung der Bruderschaft. Ohne gesetzliche Vorschriften machen zu wollen, erinnert er an die alte kirchliche Einrichtung des Confessionarius, des Bruders, der von Zeit zu

Zeit zu seelsorgerlichem Gespräch, brüderlichem Austausch und zur Beichte ins Pfarrhaus kam. Eine Wiederentdeckung solcher bruderschaftlicher Kontakte steht als Aufgabe im Raum, wenn es wirklich um geistliche Erneuerung geht. Über die Beziehung zweier Brüder hinaus geht – in Anlehnung an die consolatio fratrum bei Luther – der Gedanke an gemeinsame theologische Arbeit und gemeinsames Gebet von Pfarrern, etwa in den Konventen.[53] Wir bleiben auf dieser Spur, die Julius Schniewind zeigt, es geht um die Erneuerung des Gebetes und die Erneuerung der Bruderschaft.

3. Aufgabe und Verlegenheit

»Deshalb ist die Frage nach dem geistlichen Aufbau einer Gemeinde zuerst und zunächst eine sehr persönliche Frage an alle Mitarbeiter in der Gemeinde nach ihrem geistlichen Leben, nach ihrer Bereitschaft, auf das Wort des Bauherrn zu achten und nach seinen Bauplänen zu arbeiten. Konkret gefragt: Beachten wir die Grundregel, daß der Sendung die Sammlung vorausgehen muß, daß vor dem Ausgeben das Einnehmen und vor der Expansion die Konzentration kommt? Man übertritt dieses Grundgesetz geistlichen Lebens nicht ungestraft.«[54]

Zu dieser Einsicht mag sich mancher noch verstehen können. Gleichwohl ist die Frage nach dem »geistlichen Leben«, nach der gestalteten Frömmigkeit eine protestantische Verlegenheit. Eine theologia ascetica ist uns Protestanten verlorengegangen. In der pastoralen Ausbildung spielt die Einweisung in die geistliche Schriftlesung, in das Gebet oder in die Beichte keine Rolle. In der wissenschaftlichen Theologie hätte eine solche Anweisung schnell den Geruch des Unwissenschaftlichen und Unseriösen. Hier steht Dietrich Bonhoeffers »Gemeinsames Leben« allein auf weiter Flur. Und was nie eingeübt wurde, kann in der Regel auch nicht gelebt werden. Der Ausfall aszetischer Ausbildung im Studium und in den Predigerseminaren setzt sich fort in einer Verlegenheit des Pfarramtes: in der Gestaltlosigkeit des persönlichen Glaubens unter dem Druck der täglichen Verpflichtungen. Angesichts der Notwendigkeit des missionarischen Gemeindeaufbaus und der dazu entscheidend wichtigen geistlichen Erneuerung des Pfarrerstandes kann man jedoch nicht bei dieser Verlegenheit stehenbleiben. Denn: »Wie... können wir Pfarrer sein, ohne daß ein geistlich geformter Glaube unser Leben prägt?«[55]

Die Fortsetzung dieser Frage lautet: Wie können wir die Gemeinde in das geistliche Leben eines Christen einweisen, wenn wir unsere eigene Not mit der Spiritualität nicht bewältigen?

Daß es hier keine gesetzlichen Regelungen gibt, ist eine Binsenweisheit. Aber auf die Suche begeben müßte sich jeder Pfarrer, wie er in seiner Lebensgestaltung Freiräume für die normale Existenz eines Christen, für die Grundelemente der christlichen Spiritualität schaffen kann. Gott will eine Beziehung zu uns haben, zu der er unsere Zustimmung erbittet. Das bedeutet in einfachsten Worten: Hören und Beten. Gott will uns mit Schwestern und Brüdern verbinden. Das bedeutet: Zusammenkommen. Daraus erwachsen Konsequenzen: Bekennen und Tun. »Dies also wäre das sich Durchhaltende, wären die Mandate, wäre das Unentbehrliche! Formulieren wir es in merkbaren Stichworten: Hören, Beten, Zusammensein, Bekennen und Tun.«[56] Wo diese Mandate als das Unentbehrliche erkannt werden und in die tägliche Lebenspraxis aufgenommen werden, kann sich die Begegnung mit dem Evangelium realisieren. Da ist Hoffnung auf geistliche Erneuerung. So steht am Anfang des missionarischen Gemeindeaufbaus nicht ein Tun des Pfarrers, sondern eine Hinwendung des Pfarrers zum Evangelium. Wie diese Hinwendung beim einzelnen Gestalt annehmen kann, wäre Sache einer einsamen und gemeinsamen Spurensuche in der Geschichte der Kirche, in der eigenen Biographie, im Gespräch mit dem Ehepartner und/oder mit anderen Christen. Nicht ein Soll ist hier zu erfüllen; es geht tatsächlich nicht um ein erneutes Mehr an Leistung, sondern um die (Wieder-)Entdeckung der Freude am Evangelium: »Für dich gegeben, heißt das Evangelium. Von mir genommen, heißt der Glaube. Hier bin ich, heißt die Frömmigkeit.«[57]

4. Der Raum zur Rollendeutung

Die allgemeinen Aussagen über das geistliche Leben des Pfarrers erfahren aber eine weitere Zuspitzung im Blick auf den Gemeindeaufbau. Zur Not des Pfarramtes gehört die Vielzahl von Anforderungen. Überlastung ist ein Kennzeichen des Pfarrerberufes. Viele Pfarrer reagieren unwirsch auf die Zumutung des missionarischen Gemeindeaufbaus, weil sie zusätzliche Mühe und Belastung ahnen. Empirische Untersuchungen in Württemberg und Berlin haben erschreckende Ergebnisse zutage gefördert. Günther Bormann und Sigrid Bormann-Heischkeil haben über die »Theorie und Praxis kirchlicher Organisation« in Württemberg gearbeitet.[58] Sie ließen württembergische Pfarrer ein Zeittagebuch führen, um die durchschnittliche Wochenarbeitszeit dieser Pfarrer zu erkunden. Im Jahresdurchschnitt arbeiten diese Pfarrer (nach eigener Angabe) ca. 73 Stunden pro Woche bzw. 10,4 Stunden pro Tag. In der Beurteilung dieser Daten war man sich einig: Die Zahlen sind kaum übertrieben. Aufschlußreich waren vor allem die Informationen über die festgelegten Dienste (Gottesdienste, Unterricht, Sitzungen), die mit den notwendigen Vorbereitungen und Wegzeiten allein 40 bis 50 Stunden in der Woche ausmachen und die Möglichkeiten einer kreativen Arbeit in der Gemeinde bzw. von Neuanfängen im missionarischen Gemeindeaufbau entscheidend einengen und das Aufstöhnen vieler Pfarrer beim Stichwort »missionarischer Gemeindeaufbau« verständlich machen.[59] »Ein Pfarrer ist... durch seine festgelegten Dienste weitgehend ausgelastet, vor allem dann, wenn er sich noch Zeit für gründliche Vorbereitungen nimmt. Sein Spielraum zur Verwirklichung besonderer Zielvorstellungen von Gemeindearbeit und zu einer freien, durch persönliche geistlich-theologische Grundüberzeugungen gesteuerten Amtsführung und Arbeitsgestaltung ist im Vergleich zu früheren Jahrhunderten deutlich enger geworden.«[60]
Gleichsam als Kontrolluntersuchung mag die Befragung, die Dietrich Goldschmidt und Yorick Spiegel (u. a.) in Berlin durchführten, dienen. Sie haben 1963/64 Berliner Pfarrerinnen und Pfarrer interviewt und sind dabei auf ebenfalls 73 Stunden wöchentlicher Arbeit gestoßen. Auch in Berlin waren davon allein 50 Stunden durch festgelegte Dienste verbucht.[61]
Die Konflikte, die sich aus dieser Arbeitsbelastung ergeben, sind sattsam bekannt: Es sind Konflikte mit der Familie, die in Permanenz zu kurz kommt. Es sind Konflikte mit den Anforderungen aus der Gemeinde, die längst noch nicht alle erfüllt

wurden. Zur enttäuschten Familie und zur enttäuschten Gemeinde tritt der enttäuschte Pfarrer selbst, der sich kaum mehr in der Lage sieht, sein Amt so zu führen, wie er es aufgrund theologischer Überzeugung gerne täte, und der im persönlichen Bereich »Entzugserscheinungen« an sich beobachtet, hervorgerufen durch Defizite im geistlichen Leben wie in der theologischen Arbeit, in Bezug auf Kreativität wie auf zwischenmenschliche Beziehungen.[62]

Rolf-Walter Becker sieht die Hauptgefahr dieser Überlastung im Verlust des Priesterlichen. Das Priesterliche ist eine unauffällige und stille Dimension des pastoralen Dienstes. Es vollzieht sich in der Fürbitte, im Eintreten für Menschen vor Gott und im Dasein für diese Menschen, in der persönlichen Zuwendung ohne Zeitdruck, im Besuch, in der Seelsorge. Da das Priesterliche sich nicht als Pflichttermin im Kalender niederschlägt und kein festgelegter Dienst ist, dessen Ausfall sofort bemerkt würde, kann es im Alltag des Pfarrers leise und unbemerkt ausfallen.[63]

Daß die Dauerüberlastung gesundheitliche Spätfolgen zeitigt, ist hier nur zu erwähnen und wäre sinnvoller Gegenstand einer medizinisch-pastoraltheologischen Untersuchung.

Die Ursachen dieser Überlastung des Pfarramtes sind gewiß auch in Organisationsproblemen des Pfarramtes zu suchen, etwa in einer mangelnden »Management-Ausbildung« des Pfarrers. Hintergründiger gesehen, hängt der Streß des Pfarramtes aber mit der Pfarrerzentrierung der Volkskirche zusammen. Solange die versorgte Gemeinde nicht zur sorgenden Gemeinde wird, kann sich hier wenig ändern. Missionarischer Gemeindeaufbau tut not, der als Ziel die mündige Gemeinde von Schwestern und Brüdern vor Augen hat, auch wenn dies zunächst vom Pfarrer Mehrarbeit erfordert. Wie kann der Pfarrer damit fertig werden?

Die Soziologie beschreibt das Zustandekommen einer Rolle etwa so: Die Fülle der von außen an den Pfarrer herantretenden Erwartungen konstituiert seine Rolle. Die Anforderungen sind oft mit Sanktionen versehen. Der Pfarrer muß sich darauf einstellen, er muß entscheiden, ob er dem Erwartungsdruck nachgibt oder nicht. »Eine... soziale Rolle ist... als integrierte Gesamtheit der bekannten und generell anerkannten, durch soziale Kontrolle in beträchtlichem Maße verpflichtend gemachten Verhaltenserwartungen der positionskonstitutiven Beziehungspartner zu kennzeichnen, die an den Inhaber einer sozialen Position herangetragen werden. Wir wollen diese Verhaltenserwartungen etwas genauer... bezeichnen...: als ›Rollenzumutung‹.«[64] Der Pfarrer – ehedem oft persönlichkeitsbedingt in der Gefahr, seinen Verantwortungs- und Zuständigkeitsbereich zu überdehnen – muß sich gegenüber der Rollenzumutung verhalten. Ist er außerstande, bestimmten Zumutungen zu widerstehen, so wird er auf Dauer der Belastung seiner Rolle nicht gewachsen sein.

Gerhard Wurzbacher fordert einen Deutungsraum für den Träger einer Rolle, in dem die Zumutung geprüft und über die Reaktion entschieden werden kann. In der Möglichkeit eines solchen Rollendeutungsraumes sieht Wurzbacher den »genuine(n) Entfaltungsraum der Freiheit, des Personalen innerhalb des Sozialen; hier liegt der Entfaltungsraum der Urteilsfähigkeit wie des Wertbewußtseins als eines unentbehrlichen Maßstabes zur Betätigung der schöpferisch-menschlichen Fähigkeit zu abweichendem Verhalten, zu Nonkonformismus, zur Erfindung, zur Änderung wie Bewältigung seiner Umwelt.«[65]

Hier ist im Feld der Soziologie ausgesprochen, was nun auf den Bereich des missionarischen Gemeindeaufbaus zu übertragen ist. Der Pfarrer braucht einen Raum der Rollendeutung. Er braucht ihn, um nicht für alles zuständig zu sein und damit sich selbst und das allgemeine Priestertum der Glaubenden zu ruinieren. Er braucht diesen Raum der Rollendeutung, um nicht aus Werken die Rechtfertigung zu suchen, die nur der Glaube empfängt. In einem Raum der Stille und Zurückgezogenheit kann er erneut erfahren, daß auch er nicht aus den Werken seiner pfarramtlichen Aktivitäten gerecht wird. Er braucht den Raum zur Rollendeutung, um neu zu hören, daß Gott die Erneuerung der Gemeinde will und welche Schritte dazu nötig sind. In diesem Freiraum – man könnte auch von einem Spielraum sprechen – fallen Entscheidungen: Was muß fortgesetzt werden? Wo kann ich an einer Stelle in der Gemeindearbeit Neues beginnen? Wo sollen Veranstaltungen, Verpflichtungen oder Kreise nur noch reduziert oder gar nicht mehr weitergeführt werden?

Wie sieht dieser Raum aber aus? Welche Gestaltungsmöglichkeiten findet der Pfarrer, der – vom Theologen belehrt – nach »einer glaubwürdigen Gestalt des Sichverlassens«[66] und – vom Soziologen belehrt – nach einem Raum zur Rollendeutung sucht, beides unter der Frage nach dem missionarischen Gemeindeaufbau?

5. Spiritualität, Bruderschaft und Zeitökonomie

Die Verbindung dieser drei Begriffe mutet auf den ersten Blick geradezu abenteuerlich an, ist aber auf den zweiten Blick genau das Not-Wendende. Auf die Verbindung dieser Begriffe konzentriert sich ebenso die Notwendigkeit einer geistlichen Erneuerung auf dem Wege einer erneuerten Spiritualität wie die Frage nach einem Raum zur Rollendeutung. Es reicht nicht aus, nur von Gebet und Bruderschaft zu sprechen, wenn der Pfarrer kaum mit der alltäglichen Arbeit zurechtkommt. Es reicht aber auch nicht aus, nur von Zeitmanagement zu sprechen, die Entscheidungen über die Zeitplanung müssen von theologischen und kybernetischen Kriterien her und das heißt im Gebet gefällt werden.

Der Ephorus des Predigerseminars der Evangelischen Kirche von Westfalen, Rolf-Walter Becker, gibt in seinem Buch »Leben mit Terminen« eine Reihe von Ratschlägen:

a) Der Sabbat

Rudolf Bohren hat in seiner Predigtlehre eine bloße »Arbeitstherapie« zur Heilung der Predigt abgelehnt. Er sagt: »Angesichts der allgemeinen Übermüdung des Pfarrerstandes wird man… nicht mit der Frage beginnen nach dem, was die Prediger tun müssen, vielmehr mit der Frage, was sie nicht tun müssen. Wer Prediger werden will, muß mit dem Sabbat anfangen, mit Ruhe, mit einer Zeit, die Gott heiligt. Weil wir uns nicht selbst erlösen können, beginnt das Predigen mit einem Nicht-Tun, und der Dienst der Versöhnung geht aus von einer Feier.«[67]

Die Ermutigung zu einer sonntäglichen Existenz kann vom Prediger auf den Gemeindebauer übertragen werden. Der Mut zum regelmäßigen Sabbat ist ein erster Schritt zu einer erneuerten Spiritualität und zu einem Raum der Rollendeutung. Der feste wöchentliche Ruhetag als wöchentliche Arbeitsniederlegung nach Gottes Willen bricht die Allgegenwart und Allzuständigkeit des Pfarrers auf, abgesehen davon, daß sie schlicht dem Gebot Gottes entspricht, das dem Pfarrer nicht weniger als dem Gemeindeglied gilt, dem der Pfarrer dieses Gebot predigt. So ist Rolf-Walter Beckers erster Ratschlag zu verstehen: »Versuchen Sie doch einmal, ganz strikt und konsequent Ihren Sabbat, den festen wöchentlichen Ruhetag, einzuhalten. Und lassen Sie sich, vor allem in der ersten Zeit des ›Einübens‹, möglichst durch nichts und niemanden von der Verwirklichung dieses Vorsatzes abbringen!«[68]

Von der Heiligung des Sabbats her gewinnt das Leben gottesdienstliche Qualität, der Sabbat ist Ausdruck der Rechtfertigung aus Gnade. Er ist Freiraum zum Hören und Beten, zum Feiern und Spielen. Und er ist der »Tag der Beziehungen« zu Gott, dann aber auch zur Familie, zu Freunden, zu Schwestern und Brüdern. Bekker geht in diesem Zusammenhang so weit, nicht die Montage als Pastorensonntage zu benennen, die Ausdruck einer gegenrhythmischen Lebensweise der Pfarrer sind, sondern den Sonntag als Sabbat festzuhalten und dafür eine familieneigene Gestalt zu erfinden.[69]

b) Beten und Planen

Schon in Dietrich Bonhoeffers »Gemeinsames Leben« findet sich ein kleines Biblicum über den Morgen als die ausgesonderte Zeit für Gott: Ps 5,4; 88,14; 57,8 f.; 119,147 usw.[70] Der Morgen ist für die Menschen der Heiligen Schrift die Zeit des Gebets. Hier fallen die Entscheidungen für den Tag. Der Morgen ist das Steuerruder des Tages (Augustinus). Hier kann der Tag auf Gott, seinen Zuspruch für mich und seinen Anspruch an mich, ausgerichtet werden. Tagesplanung und Schriftmeditation, das Setzen von Prioritäten und das Gebet haben hier ihren Raum. Die Zeit der Stille am Morgen, so umkämpft sie sein mag, bietet den notwendigen Raum zur Rollendeutung: Betend und reflektierend kann der Pfarrer Entscheidungen treffen, wo er Erwartungen erfüllen und wo er sich Ansprüchen verweigern muß, wenn er sein Ziel des missionarischen Gemeindeaufbaus im Auge behalten will. Die Zeit der Stille am Morgen ist aber auch der Raum, in dem der Pfarrer sich selbst als von Gott geliebten und zur Erbauung der Gemeinde gesandten Menschen erfahren kann und von daher Mut und Zuversicht bekommt zum Werk des Gemeindeaufbaus. Rolf-Walter Becker verweist auf den engen Zusammenhang von Planung und Fürbitte. Die Menschen, die zu besuchen sind, denen der Pfarrer im Laufe des Tages begegnen wird, werden vor Gott gebracht. Hier erwächst die Zuversicht für die Begegnung mit diesen Menschen. »Die stille Zeit am Morgen mit Schriftmeditation und Gebet, mit Fürbitte und Planung des Tages kann so zur wichtigsten ›Arbeit‹ meines ganzen Tages werden!«[71]

c) Gewissenserforschung und Zeitinventur

Der stillen Zeit am Morgen mit dem Ausblick auf den Tag entspricht eine Zeit der Stille am Ende des Tages. Die Stationen eines Tages können vor Gott noch einmal bedacht werden. Es ist Zeit zum Dank, aber auch zur Klage und Fürbitte, zum Wegsprechen des Belastenden. Die Arbeit des Tages kann geprüft werden, auch der Umgang mit der Zeit. Becker empfiehlt das Führen eines Zeittagebuches, in das jeder Zeitabschnitt und jede Tätigkeit eingetragen werden und das der abendlichen Stille zugrunde liegen kann. Da werden die Schwerpunkte des Tagewerks und des Pfarramtes sichtbar. Da ist dann auch der Raum zur Beichte im Gebet.[72]

d) Besondere Zeiten

Über diese regelmäßigen Räume der Stille, des Hörens, Betens, Planens und Denkens hinaus sind besondere Räume hilfreich, in denen eine Bilanz des Handelns im missionarischen Gemeindeaufbau möglich wird. Hier ist etwa der »Wüstentag« zu nennen, ein freier Tag im Vierteljahr zur Lebensrevision, zur Bilanzierung der eigenen Arbeit, vielleicht abgeschlossen mit einer Beichte bei einem anderen Christen (es muß kein Pfarrer sein!) und der konkreten Segnung für die nächste Zeit. Eine andere Möglichkeit besteht in »Einkehrfreizeiten«, einmal jährlich, ebenfalls zur Lebensrevision und zur neuen Ausrichtung auf Gott.[73]

e) »Per mutuum colloquium et consolationem fratrum«

Einsam wird ein Pfarrer kaum mit der Aufgabe des missionarischen Gemeindeaufbaus fertig werden, auch nicht mit der Gestaltung einer pastoralen Spiritualität. Der einsame Amtsträger im Pfarramt braucht Schwestern und Brüder. Auf dieser Primärebene durchbricht er exemplarisch die Pfarrerskirche. Anstatt der Gemeinde ausschließlich als Amtsträger gegenüberzustehen, entdeckt er sich mehr und mehr als einen der Schwestern und Brüder bedürftigen Christen. Die stützende Gemeinschaft durch signifikante Menschen des sozialen Umfeldes ist eine conditio sine qua non für den Gemeindeaufbau.

Dies ist auf ganz unterschiedlichen Ebenen zu realisieren. Rolf-Walter Becker verweist zuerst auf den hauptpriesterlichen Dienst der Pfarrfamilie.[74] Dieses Thema ist durchaus heikel: Verletzungen durch negative Erfahrungen werden manchen zurückschrecken lassen. Doch ist es gut, wenn Pfarrersehepaare wieder über das gemeinsame Gebet sprechen lernen, es vielleicht in einer liturgisch gebundenen Form wieder einüben. Die liturgische Bindung bewahrt den theologisch versierten Pfarrer (oder die theologisch versierte Pfarrerin) davor, in der gemeinsamen Stille nur den Lehrmeister des Ehepartners zu spielen. Vielleicht gelingt es zuerst nicht, die Kinder mit in die Zeit des Gebetes einzubeziehen. Dennoch ist es gut, wenn die Kinder wissen, daß ihre Eltern miteinander beten, auch wenn sie selbst nicht daran teilnehmen. Für die Ehepartner aber kann es zu einer höchst spannenden Entdeckungsreise in bisher unbekannte »Gegenden« des Zusammenlebens werden, wenn sie an diesem Punkte erste, vielleicht zaghafte Versuche wagen.

Ein anderer, noch unmittelbarer auf den missionarischen Gemeindeaufbau bezogener Aspekt des mutuum colloquium ist die Suche nach den – vielleicht wenigen – geistlich denkenden Menschen in der Gemeinde, denen es auch um missionarischen Gemeindeaufbau geht. Es gibt sie in fast jeder Gemeinde. Diese Gemeindeglieder gilt es brüderlich anzunehmen und zu einer Zelle des missionarischen Gemeindeaufbaus zu versammeln. Hier ist der Ort des Gebetes um die Erneuerung der Gemeinde (nach dem biblischen Grundmuster von Ps 102,14f.) In dieser vielleicht sehr kleinen und menschlich gesehen schwachen Zelle können erste Schritte des missionarischen Gemeindeaufbaus getan werden. Und schon hat die Pfarrerzentrierung erste Risse bekommen. Ein »geistlicher Brückenkopf«[75] ist entstanden.

Eine dritte Ebene des mutuum colloquium bildet der kybernetische Supervisor. Die Einrichtung des Supervisors auf allen Ebenen der Seelsorge-Ausbildung ist auf die Ebene des missionarischen Gemeindeaufbaus zu übertragen. Georg Kug-

326

ler[76] sprach bereits von einem Praxisberater, der nicht zur Gemeinde gehört, sondern für eine befristete Zeit von außen hinzustößt, die Lage der Gemeinde nüchtern sehen hilft, erste Schritte mitgeht und die Initiatoren des missionarischen Gemeindeaufbaus kybernetisch berät. Eine besondere Rolle spielt der Begleiter (meist ein Pfarrer einer anderen Gemeinde) im Konzept »Überschaubare Gemeinde« in Herne. Die Rolle des ortsfremden Pfarrers wird hier nicht rein technisch-kybernetisch verstanden, sondern stärker bruderschaftlich. Das persönliche Gespräch über den Glauben, das in der missionarischen Begegnung mit Gemeindegliedern und Fernstehenden entscheidend ist, wird in der Begegnung der beiden Pfarrer eingeübt. Bruderschaftliche Existenz hat hier ihren Ort. Der ortsfremde Pfarrer beobachtet kritisch und solidarisch die ersten Schritte im Gemeindeaufbau.[77]

Eine letzte Ebene ist die Bruderschaft mehrerer Pfarrer, die sich zusammentun, um geistliches Leben einzuüben und den missionarischen Gemeindeaufbau zu beraten. Die Pfarrkonvente werden in der Regel diese Aufgabe nicht erfüllen können. Freiwillige und informelle Zusammenschlüsse von Pfarrern müssen diese Funktionen vertreten. Communio als Anteilhabe an den Heilsgütern und an den »Heilsmenschen«[78] wird heute von vielen Pfarrern gesucht. Der kommunitäre Gedanke unter den Pfarrern blüht offensichtlich auf. Ein Beispiel für diese Zusammenschlüsse von Pfarrern ist die katholische Priesterbruderschaft der Kleinen Brüder Jesu. Die Mitglieder verpflichten sich zu einem monatlichen Wüstentag im Pfarrhaus eines benachbarten Pfarrers. Dieser Tag gestaltet sich durch die Abfolge von Ruhen, Gehen, Lesen, Studieren und Beten. Vierwöchentlich oder vierteljährlich trifft sich die Priestergruppe zu Eucharistie, brüderlichem Austausch und geselligem Beisammensein. Evangelische Modelle müßten hier die Familien miteinbeziehen. Jährlich nimmt die Gruppe an Exerzitien teil.[79]

Damit sind Elemente beschrieben worden, die dem Pfarrer sowohl zu einem Raum der Rollendeutung wie auch zu neuen Zugängen zum Evangelium verhelfen wollen. In ihnen beginnt der missionarische Gemeindeaufbau. Zum einen wird die einsame Rolle des Pfarrers im Zentrum der Gemeinde bereits punktuell durchbrochen. Zum anderen besteht berechtigte Hoffnung darauf, daß dem Pfarrer in diesen Räumen geistliche Erneuerung widerfährt, die ihn zur Arbeit am missionarischen Gemeindeaufbau befähigt und ihm hilft, seine neue Rolle in der Gemeinde zu finden.

VI. Die kybernetische Ausbildung

Die kybernetischen Konsequenzen, die die Barmer Bekenntnissynode 1934 aus der Barmer Theologischen Erklärung zog, fordern im Blick auf den Pfarrer ernste theologische Schulung, eine »planmäßige Ausbildung für den Dienst in der Gemeinde.«[80] Man wird der theologischen Ausbildung an Hochschulen und Predigerseminaren kaum zubilligen können, daß sie dem Anspruch der bekennenden Kirche gerecht werden und die zukünftigen Pfarrer ausreichend für den missionarischen Gemeindeaufbau im Rahmen der Volkskirche vorbereiten. Allerdings darf dies niemanden überraschen. Wer nicht von der Notwendigkeit des missionarischen Gemeindeaufbaus überzeugt ist, kann selbstverständlich auch nicht dafür ausbilden. Entsprechend kritisch wird die theologische Ausbildung von der Seite der Gemeindeaufbau-Experten beurteilt. C. P. Wagner etwa urteilt, daß die Studenten kaum das lernen, was sie nachmals in der Gemeinde tatsächlich brauchen.[81] Und Wolfram Kopfermann stellt fest: »Von Seiten der praktischen Theologie an den Universitäten West-Deutschlands liegen zu diesem Thema z. Zt. kaum Anregungen oder gar Konzepte vor.«[82]

Es ist unmöglich, diese Frage hier vollständig zu bearbeiten. Immerhin erscheinen doch einige Defizite der theologischen Ausbildung. Das Fach Kybernetik war lange Jahre wegen seiner Beschränkung auf kirchenleitende und kirchenrechtliche Fragen für die Studenten uninteressant. Kybernetik als Wissenschaft vom missionarischen Gemeindeaufbau könnte dagegen eine Lücke in der pastoralen Bildung der zukünftigen Pfarrer füllen. Es bedarf dringend einer Erneuerung der theologia ascetica, also einer Hinführung der Studenten und Vikare zur gestalteten Weise des Glaubens, zur geistlichen Schriftlesung und zum Gebet. Die intellektualistische Verengung theologischer Ausbildung verhindert diese notwendigen Elemente pastoraler Bildung bisher. Hier soll nicht einer Diskriminierung des Wissenschaftlichen in der theologischen Ausbildung das Wort geredet werden. Aber im Sinne des 2. Vatikanischen Konzils soll eine Ergänzung der wissenschaftlichen Ausbildung durch die Hinführung zur Spiritualität gefordert werden. Neben die notwendige wissenschaftliche, historisch-kritische Exegese etwa soll eine Einführung in die Meditation des Bibelwortes, die zweckfreie, persönliche und unmittelbare Begegnung mit biblischen Texten erfolgen.[83] Ein weiteres Defizit betrifft die Kenntnis von Konzepten des Gemeindeaufbaus. Welche Zielvorstellungen für die Zukunft der Volkskirche gibt es? Wie kann missionarischer Gemeindeaufbau Gestalt gewinnen? Schon in der universitären, sicher aber in der Predigerseminar-Ausbildung muß auch über Techniken des missionarischen Gemeindeaufbau gesprochen werden: Wie baue ich einen Mitarbeiterkreis auf? Wie sieht eine dem Aufbau mündiger Gemeinden gemäße Gemeindeleitung aus? Welches Instrumentarium benötige ich zur Analyse der gemeindlichen Situation? Wie sind Hauskreise zu selbständiger Arbeit anzuleiten? Wie gestaltet man einen Glaubenskurs?

Die Problematik der theologischen Ausbildung versucht auch der Herner Superintendent Fritz Schwarz zu verdeutlichen, wenn er von einem Gespräch mit dem Ephorus eines Predigerseminars berichtet. Dieser »schaute ein wenig unverständlich drein, als ich ihn fragte, ob er den Vikaren denn missionarische Seelsorge beibringe. Er wollte wissen, was das denn wohl sei, und als ich ihm sagte: ›Wie führe ich Menschen zu Jesus?‹, da wußte er nicht genau, ob ich ihn nicht auf den Arm nehmen wollte.«[84]

Das Stichwort »missionarische Seelsorge« dürfte die meisten theologischen Ausbilder (noch) verunsichern. Daß aber angesichts der kybernetischen Situation der Volkskirche die pastorale Fähigkeit, dem Glauben und der Gemeinde entfremdete Menschen in einer seelsorgerlichen Begegnung zum Glauben an Christus (zurück-)zuführen, von größter Bedeutung ist, ist bislang noch nicht im Blick der theologischen Ausbildung.

An der Theologischen Fakultät in Erlangen wird am Institut für Praktische Theologie unter Leitung von Prof. Dr. Manfred Seitz seit einigen Jahren der Versuch unternommen, wissenschaftliche praktisch-theologische Ausbildung mit den Bedürfnissen des missionarischen Gemeindeaufbaus zu vermitteln. Auch hier ist noch vieles im Erprobungsstadium. Dennoch liegen bedenkenswerte Ansätze vor.

Ein Beispiel dafür ist die Seelsorgeausbildung. Angesichts des theologischen Defizits der herkömmlichen Seelsorgeausbildung wurde in Erlangen ein »Studium Spirituale« entwickelt. Die Erkenntnisse der neueren Seelsorgebewegung (CPE) werden dabei nicht geringgeschätzt. Vielmehr steht auch im Studium Spirituale ein klinisches Praktikum am Anfang. Zu diesem Praktikum werden die Studenten aber während einer Einführungstagung ordentlich berufen, d. h., sie erhalten eine befristete Vocatio. Das Praktikum umfaßt Klinikbesuche, Gesprächsprotokolle (Verbatims) und einen gruppengebundenen Austausch über die Erfahrungen, die die Studenten im Krankenhaus machen. An dieses klinische Praktikum schließt sich ein theologisches Hauptseminar an. Hier sollen vor allem die theologischen Grundlagen der Seelsorge erarbeitet werden; die Seelsorge Luthers wird ebenso betrachtet wie exemplarische Seelsorgeerfahrungen in der Bibel. Das völlig Neue am Studium Spirituale aber ist ein Oberseminar »Geistliche Schriftlesung und Meditation«. Ausbildung zur Seelsorge ist Bildung zum Seelsorger. Die Bildung zum Seelsorger geschieht aber im Raum des Gebets. Aus dem Leben mit dem Wort Christi erwächst die Seelsorge im Namen Christi. Das Oberseminar führt ein in Bibellesen und Beten als Grundvollzüge des geistlichen Lebens. Nach einem halben Semester werden die Teilnehmer dieses Oberseminars in »Lebenswort-Gruppen« entlassen. Diese Gruppen bleiben für weitere 1 1/2 Semester zusammen. Sie einigen sich auf eine minimale Verbindlichkeit persönlichen und gemeinsamen spirituellen Lebens. In ihren Treffen geht es vorwiegend darum, biblische Worte miteinander zu bedenken und gemeinsames Gebet einzuüben. Damit wird dem Fehlen einer aszetischen Theologie in bescheidenem Maße entgegengewirkt, mit dem Ziel einer ganzheitlichen und spirituellen Ausbildung zum Seelsorger. Weitere Elemente dieser Ausbildung sind eine Übung über logotherapeutische und theologische Texte, ein Abschlußbericht sowie ein Abschlußkolloquium.

Ein zweites Beispiel soll noch erwähnt werden: Im Sommersemester 1983 fand in Erlangen ein Hauptseminar zur Frage des missionarischen Gemeindeaufbaus statt. Die Themen dieses Seminars verfolgten den Weg des missionarischen Gemeindeaufbaus von der Analyse der gemeindlichen Situation bis zur Frage einer angemessenen Gemeindeaufbau-Methodik.

Zunächst galt es, eine kurze Anleitung zur Gemeindeanalyse zu vermitteln. Die Erkundung der Gemeindesituation als erster Schritt dient dem Realitätsprinzip des Gemeindeaufbaus. Einige pastoralsoziologische Methoden wurden vorgestellt. In Gruppen erarbeiteten die Studenten einen Fragenkatalog für eine eigene Gemeindeerkundung. Anschließend hospitierte jede Gruppe in einer Erlanger Gemeinde. Die Gruppen führten Gespräche mit den Pfarrern, den Mitarbeitern, verschiedenen Gemeindegliedern. Sie machten einen Rundgang durch die Gemeinde, um die äußeren Bedingungen des Gemeindelebens möglichst exakt zu erfassen. Sie lernten auch die verschiedenen Arbeitsformen kennen. Sie erfragten in der Gemeinde virulente Konzeptionen für den Gemeindeaufbau. So trugen sie eine Fülle von Daten zusammen, die sie in Berichte über die besuchte Gemeinde einarbeiteten. Sie konnten – in bescheidenem Maße – an ihrem künftigen Arbeitsplatz »Gemeinde« empirische Forschung betreiben.

Das theologische Gespräch im Seminar galt dann der Nachfrage nach dem Gemeindeaufbau im Neuen Testament. Jeder Student schrieb einen Essay über den Gemeindeaufbau nach einem neutestamentlichen Buch. Zur theologischen Arbeit gehörte auch die Frage nach der Notwendigkeit missionarischen Gemeindeaufbaus in der Volkskirche.

Nach der Gemeindeerkundung und der theologischen Arbeit war Zeit für den ersten Seminar-Studientag. Dieser war ganz einem kybernetischen Planspiel gewidmet. Den Studenten wurde eine exakte Gemeindebeschreibung vorgegeben. Sie sollten nun in Kleingruppen von drei bis vier »Pfarrern« versuchen, sich auf ein Konzept des Gemeindeaufbaus für die beschriebene Gemeindesituation zu einigen. Dazu waren nicht nur Zielangaben zu formulieren, sondern auch ein Personalplan zu erstellen (nach Maßgabe eines realistischen finanziellen Spielraumes), Kooperationsmodelle zu beschreiben, Zeitbudgets zu erarbeiten und geeignete Arbeitsformen vorzustellen. Jede Gruppe führte dann ein intensives Auswertungsgespräch mit den wissenschaftlichen Mitarbeitern des Seminars.

In einer vierten Arbeitseinheit wurden Konzeptionen der Gemeindearbeit vorgestellt und kritisch beleuchtet. Jeder Student schrieb in dieser Seminarphase einen Essay über eine der auch in dieser Arbeit vorgestellten Konzeptionen.

Die letzte größere Seminareinheit diente der Besprechung der drei kybernetischen Grundentscheidungen und einiger »Bausteine« des missionarischen Gemeindeaufbaus. Für die erste Grundentscheidung »Pfarrer« stand noch einmal ein Studientag in einem Erlanger Gemeindehaus zur Verfügung. Das gemeinsame Leben (Mahlzeiten, Singen, Spaziergang) ergänzte das gemeinsame wissenschaftliche Arbeiten. Ganzheitliches Lernen und Gemeinschaft sollten ermöglicht werden. In Rollenspielen wurde die Pfarrerzentrierung deutlich gemacht und nach Wegen aus dieser theologischen Aporie gesucht. Im Blick auf die Kerngemeinde ging es um eine theologische Erarbeitung der »Laien-Frage« und um die Einrichtung eines Mitarbeiterkreises. Im Blick auf Fernstehende wurden missionarische Arbeitsformen vorgestellt, etwa der Cursillo oder die Hauskreisarbeit. Bewährte Modelle des missionarischen Gemeindeaufbaus wurden in kurzen Referaten zur Diskussion gestellt, so etwa der »Offene Abend« in Stuttgart und die »Überschaubare Gemeinde« in Herne.

Am Ende des Seminars ging es um eine Standortbestimmung für die angehenden Pfarrer. Welche Perspektiven konnte der einzelne für seine künftige Arbeit in der Gemeinde gewinnen?

Die Arbeit mit Rollenspielen, kurzen Arbeitspapieren, Kleingruppen, Podien, die beiden Studientage, die kurzen Ausarbeitungen zur Sache (Essays), die Nähe zur Gemeinde, das Abendgebet, das vor jeder Seminarsitzung angeboten wurde: all das war im Blick auf ganzheitliches Lernen bedeutsam. So sollte kybernetische Ausbildung aussehen: wissenschaftliche Arbeit in der Nähe des Praxisfeldes, unter Einschluß von gemeinsamem Leben und einer elementaren praxis pietatis.[85]

Die Nähe zum Praxisfeld kann natürlich noch besser durch Gemeindepraktika gewonnen werden. Wenn diese Gemeindepraktika dann auch noch Pfarrhauspraktika sind, kann ein wertvoller Hintergrund für ein kybernetisch orientiertes Studieren gewonnen werden. Es wird dann aber auch notwendig sein, die Theoriebegleitung der Praktika, die von den Landeskirchen vorgeschrieben wird, auf die Fragen des Gemeindeaufbaus zu konzentrieren. Optimal wären Praktika in Gemeinden, die sich mit ganzer Kraft dem missionarischen Gemeindeaufbau widmen. Es kann hier nur am Rande erwähnt werden, daß aus Sicht der kybernetischen Ausbildung ein einjähriges Vorpraktikum für Theologiestudenten mehr als nur ein Ausweg aus der »Pfarrerschwemme« der achtziger und neunziger Jahre wäre. Ein Jahr lang die Gemeinde als künftiges Arbeitsfeld kennenzulernen, die volkskirchliche Situation durchaus auch zu erleiden und vielleicht auch Wege des missionarischen Gemeindeaufbaus zu beobachten oder selbst zu versuchen, könnte den Blick für das Studium schärfen (bzw. manchen davon abhalten, dieses Studium zu beginnen, der merkt, daß er dieser Aufgabe nicht gewachsen ist). Leider ist der Gedanke an das Vorpraktikum, das in einigen Landeskirchen seit kurzem erwogen wird, schon unter »Ideologieverdacht«: als ob es nur darum ginge, den Nachwuchs noch etwas länger von der wohlbezahlten Pfarre fernzuhalten.

Ein letztes Ausbildungsbeispiel ist das Herner Studienkolleg für Gemeindewachstum unter der Leitung von Pfr. Bernd Schlottoff. Seit einigen Jahren lädt B. Schlottoff Pfarrer mit Laien gemeinsam zu einer einwöchigen Fortbildungstagung nach Herne ein. Etwa 25 bis 40 Personen nehmen an diesen Studienkollegs teil. Neben der Einweisung in die Theologie und Methodik des missionarischen Gemeindeaufbaus in Herne und neben dem gemeinsamen Leben der Teilnehmer (täglicher Gottesdienst mit Abendmahl) ist die praktische Einweisung in den missionarischen Besuchsdienst das Hauptelement dieser kybernetischen Ausbildung. Es geht darum, daß die Pfarrer und Laien lernen, wie Hausbesuche zum Gespräch über den Glauben genutzt werden können und wie dabei »missionarische Seelsorge« geübt werden kann. Diese Ausbildung geschieht nicht nur theoretisch, sondern auch praktisch: Mit »Trainern« gehen die Teilnehmer in die Häuser von Gemeindegliedern und versuchen, das Erlernte in der Praxis zu bewähren. Das Defizit der akademischen Theologenausbildung im Hinblick auf diese »missionarische Seelsorge« macht Pfarrer und Laien zu gleichermaßen lernbedürftigen Teilnehmern. Das Hauptinteresse der Studienkollegs liegt auf dieser Einübung. Daß die »missionarische Seelsorge« am Beispiel des Besuchsdienstes geübt wird, ist eher zweitrangig, die ganze Gemeindearbeit soll vom missionarischen Gespräch geprägt werden und auf den Gottesdienst zulaufen. Der Besuchsdienst ist dabei nur ein – wenn auch wichtiger – Baustein.[86] Die Arbeit des Studienkollegs hat sich inzwischen ausgeweitet, Kurse für Vikare, freikirchliche Pastoren und Mitarbeiter usw. kommen hinzu. Überlegungen, eine »Lebensschule« in Herne zu begründen, in der Laien aus Gemeinden in ganz Deutschland ein Jahr lang mitleben und in den missionarischen Gemeindeaufbau eingewiesen werden können, werden inzwischen auch angestellt. Kybernetische Ausbildung setzt demnach in Herne nicht nur beim Pfarrer an. Auch in der Frage der Ausbildung wird die Pfarrerzentrierung durchbrochen.[87] »...um Studenten und Pfarrer in ihre oikodomische Aufgabe einzuweisen, ist die Wiederaufnahme und Umgestaltung der praktisch-theologischen Disziplin der ›Kybernetik‹ erforderlich. Sie könnte als Lehre von der pastoralen Gemeindeleitung und vom missionarischen Gemeindeaufbau als ›Pastoral-Kybernetik‹ neue Bedeutung erlangen.«[88]

VII. Die neue Rolle

1. Der Anfang

Wenn in einer Kirchengemeinde ein (neuer) Anfang mit dem missionarischen Gemeindeaufbau gewagt wird, hängt viel davon ab, daß sich der Pfarrer voll und ganz dafür einsetzt. Denn: »The pastor, of course, is not the only factor for growth in a local church, but he is probably the most important one.«[89]

Das Paradoxon, das im Anfangsstadium des missionarischen Gemeindeaufbaus auszuhalten ist, lautet: Gerade um einer Verwandlung der Gemeinde in Richtung auf mündige Mitarbeiterschaft hin zu dienen, muß am Anfang in einer pfarrerzentrierten Kirche die Initiative vom Pfarrer ausgehen. Sie wird dann erst im Laufe der Zeit abgelöst durch die Schwestern und Brüder, die dem Pfarrer im Prozeß der οἰκοδομή erwachsen.

Am Anfang ist in allen Projekten der Pfarrer gefordert. In der »Überschaubaren Gemeinde« geht von ihm der Anstoß zu einem Mitarbeiterkreis aus. Er verteilt die ersten Einladungen zu missionarischen Lord's Parties. Er leitet und lehrt im Mitarbeiterkreis. Er hält den monatlichen Kontakt zu den Mitarbeitern. Da ist missionarischer Gemeindeaufbau wahrlich kein Pfarrerentlastungsprogramm.[90]

Das Ziel aber ist eine verwandelte und erneuerte Rolle des Pfarrers. Diese neue Rolle müßte in der Gemeinde Raum geben für die Vielfalt der Gaben und Dienste. Sie müßte aber auch dem Pfarrer helfen, von einer entfremdenden, weil überfrachteten Rolle zu einer sinnvollen, weil umgrenzten Rolle zu finden. Dabei ist von vornherein einer theologischen Tendenz zu wehren, das Amt nur negativ zu beschreiben. Dies ist ebenso sinnlos und wenig hilfreich wie die rein negative Beschreibung des Laien als des Nicht-Theologen oder gar Nicht-Geistlichen. Vielmehr ist nach einer positiven Beschreibung des besonderen Amtes in der Gemeinde und seiner Funktion zu fragen.

2. Das Amt

Hier ist natürlich nicht der Raum, um eine vollständige Amtstheologie darzustellen und den geschichtlichen wie ökumenischen Verwicklungen einer solchen Theologie gerecht zu werden. Vielmehr ist im Spannungsfeld von Amt, Charisma und Gemeinde nach einer Ortsbestimmung für den Pfarrer zu suchen, die dem missionarischen Gemeindeaufbau Raum gibt.[91]

Vom Neuen Testament her wird man sehr weit ausgreifen müssen. Jeder Christ, jeder also, der Jesus Christus als den Herrn bekennt (1 Kor 12,1–3), ist ein Geistlicher, also ein mit dem Heiligen Geist Begabter. Unter der Wirkung des Heiligen Geistes aber treten Dienstgaben auf, Charismen, die von der außergewöhnlichen Erscheinung des Sprachengebets bis hin zur alltäglichen Dienstleistung reichen. Voraussetzung ist allein das Bekenntnis zu Jesus Christus, der Dienstcharakter der Gabe zur Erbauung der Gemeinde und die Liebe als Kriterium aller Charismen. Paulus macht bei aller Einheit des Ursprungs und des Zieles der Charismen deutlich, daß es eine Fülle unterschiedlicher Begabungen in der Gemeinde gibt, die alle zu ihrer Erbauung in der Liebe dienstbar werden sollen. Hier ist kein Raum für ein Monopol des Pfarrers. Worin aber besteht dann die Berufung des Pfarrers?

In der ökumenischen Amtsdebatte zeigt sich ein erstaunlicher Konsens in dieser Frage. Dabei wird die Rolle der Amtsträger in der Gemeinde nicht thetisch, sondern dialektisch beschrieben: nach rechts und links abgrenzend: »Das theologisch entscheidende Kriterium für das rechte Verständnis des kirchlichen Amtes liegt… darin, ob man das Amt sowohl als Größe innerhalb der Gemeinschaft der Glaubenden versteht wie als Größe, welche der Gemeinde auch gegenübersteht und ein Zeichen der unverfügbaren Vorgegebenheit des Heils darstellt.«[92]

Diese Konvergenzdefinition will sowohl ein steiles Amtsverständnis, das das geschichtliche Pfarramt in ein radikales Gegenüber zur Gemeinde versetzt, wie auch eine Auflösung des Amtes in einer bloßen Delegationstheorie abwehren.

Dann aber kann die Funktion der Institution »Pfarramt« nur noch in zwei Sätzen beschrieben werden, die das Spannungsfeld beschreiben, in dem sich der Pfarrer bewegen muß und dem er nicht entrinnen kann noch darf.

Der erste Satz: Der Pfarrer ist ein Laie, ein Glied des Gottesvolkes, durch Taufe und Glaube ordiniert zum allgemeinen Priestertum. Wie jeder andere Christ hat der Pfarrer die Aufgabe, Christus an seinem Ort zu bezeugen (2 Kor 5,18). In einer pfarrerzentrierten Kirche hat es allerdings besondere Bedeutung, den Pfarrer und die Gemeinde daran zu erinnern, daß auch die Pfarrer zum Miteinander aller Christen gehören.

Der zweite Satz: Zugleich aber sind die Pfarrer in ein Gegenüber zur Gemeinde gestellt. Sie sind dazu (von Gott und darum auch ordentlich durch die Gemeinde) berufen, die Funktionen der Apostel fortzuführen. »Sie wurden öffentlich, regelmäßig und lebensdauernd mit der Sorge für die Anwesenheit des Evangeliums in der Welt betraut. Deshalb leiten sie den Gottesdienst, verwalten die Sakramente und üben Seelsorge. In ihrem Dienst soll… das gemeinsame Zeugnis der ganzen Kirche erscheinen und das Trostamt sozusagen immer erreichbar sein.«[93] Als Gegenüber zur Gemeinde repräsentieren sie die Vorgegebenheit und Einheit des Evangeliums. Damit dienen sie der Vergewisserung des Evangeliums und der Sakramente; diese sind nicht nur Äußerungen einzelner Individuen, sondern der ganzen Gemeinde von ihrem Herrn übergeben. Für diese Vorgegebenheit und Einheit steht das Pfarramt als geschichtliches Amtstum in symbolhafter Weise ein. Zeichen dieser Funktion ist die Ordination (CA XIV). Die besondere Gefährdung des Pfarramtes liegt darin, im Gegenüber aufzugehen und das Miteinander zu vergessen. Dann aber kommt es zu einem Herrschaftsanspruch, der dem Dienstcharakter der Charismen widerspricht. Gegen diese besondere Bedrohung des Pfarramtes wendet sich auch die vierte These der Barmer Theologischen Erklärung: Unter Berufung auf Mt 20,25f. heißt es dort: »Die verschiedenen Ämter in der Kirche begründen keine Herrschaft der einen über die anderen, sondern die Ausübung des der ganzen Gemeinde anvertrauten und befohlenen Dienstes.«[94]

Dann aber ist ein weiterer Gedanke in das oben beschriebene Spannungsfeld von Miteinander und Gegenüber einzuzeichnen. Das Amt als Gegenüber garantiert zwar die Vorgegebenheit und Einheit des Evangeliums, damit auch seine Zuverlässigkeit, aber es tritt nicht in Konkurrenz zur Vielfalt der Charismen. Es erscheint vielmehr selbst als ein Charisma, eingebunden in die Vielfalt der Gemeinde. Es ist darum auch nicht exklusiv zu verstehen, sondern inklusiv, d. h., es darf nicht die vielen Begabungen behindern, sondern soll ihnen dienen, damit sie zur Entfaltung kommen. Daß der Pfarrer als eine geschichtlich bedingte Variante des der ganzen Gemeinde aufgetragenen Dienstes der Versöhnung für die Verkündigung in der Gemeinde und durch die Gemeinde eine Letztverantwortung hat (= Gegenüber), kann dann nicht bedeuten, daß nicht auch andere Charismatiker des Wortes in der Gemeinde und in der Welt das Wort ergreifen und Christus bezeugen (= Miteinander).

3. Der Dienst der Leitung

These: Im Spannungsfeld von Miteinander und Gegenüber wird der Pfarrer im missionarischen Gemeindeaufbau – eingebunden in den Kreis der Ältesten – am Dienst der Leitung beteiligt.[95]

Das Charisma der Leitung taucht in den paulinischen Charismenlisten auf (z. B. 1 Kor 12,28). Dabei ist aber zu bedenken, daß diese Funktion im wesentlichen vom Apostel selbst übernommen wurde.

Leitung wird in jeder menschlichen Gruppe wahrgenommen, ungeleitete Gruppen gibt es nicht. Es ist immer nur zu fragen, ob die Leitungsprozesse bewußt und durchsichtig gemacht werden oder ob sie informell, damit aber auch unkontrollierbar ablaufen. Es gehört zur Struktur der »Gemeinde von Brüdern«, an die Stelle ungeordneter und unkontrollierbarer Leitung geordnete Leitungsfunktionen zu setzen. Auch rein soziologisch erscheint die geordnete Leitung als Letztverantwortung in einer Gruppe sinnvoll.[96]

Im Blick auf die Gefährdungen der menschlichen Leitung schlechthin und der pfarramtlichen Leitung im besonderen ist auf den Dienstcharakter der Leitungsfunktionen im Neuen Testament hinzuweisen. Das Leitungsamt ist keine Herrschaft. Es ist ein Dienst an den Schwestern und Brüdern. Dieser Dienst hat sich an der Grundordnung des Neuen Testaments zu orientieren, wie sie etwa in Phil 2,5 festgehalten ist. Alles Leiten ist nur eine Variante des Diakonates als des Grundamtes im Neuen Testament, das an dem Dienen Christi für uns zu orientieren ist. Leitungsverantwortung gehört zum Hirtenamt der Pfarrer. Aber als Hirtenamt ist es orientiert am Werk des guten Hirten (Joh 10), dessen Hilfs-Hirten die Pfarrer im günstigsten Fall sind. Wer nicht die Bereitschaft mitbringt, in der Nachfolge des guten Hirten zu dienen, ist ungeeignet für das Leitungsamt in der Gemeinde.

a) Verbi divini minister

Schon nach CA V ist das Predigtamt von entscheidender Bedeutung für die Gemeinde. Durch das Predigtamt werden das Evangelium und die Sakramente gegeben.[97] So aber wird in recht verstandener Weise die Gemeinde geleitet, non vi, sed verbo. »Der Pfarrer ist ein theologisch besonders qualifiziertes Gemeindeglied mit dem Auftrag, das Wort Gottes in einer bestimmten Gemeinde durch Verkündigung, Seelsorge, Unterricht und persönliches Zeugnis des Wortes und der Tat weiterzugeben. In Zusammenarbeit mit anderen Dienstträgern arbeitet er stimulierend und koordinierend am Gemeindeaufbau mit und nimmt insofern eine Leitungstätigkeit in der Gemeinde wahr.«[98]

Durch die Verkündigung, nicht nur im nach Agende I gestalteten Gottesdienst, nimmt der Pfarrer seine Leitungsfunktion wahr. Hier wird am klarsten deutlich, inwieweit der Pfarrer nicht nur Gemeindeglied ist, auch nicht nur »theologisch besonders qualifiziertes Gemeindeglied.«[98] Hier ist er vielmehr kraft seiner Funktion Gegenüber der Gemeinde, weil und insofern er das Gegenüber des Wortes Gottes zur Gemeinde und in der Öffentlichkeit (CA XIV) symbolisiert. Er bezeugt dieses Wort Gottes und leitet gerade so die Gemeinde, daß er zum Diener des Wortes wird, durch das kein anderer als der Heilige Geist die Gemeinde leitet. Verkündigung des Evangeliums ist damit die vornehmste Leitungstätigkeit des Pfarrers.

Das bedeutet nicht, daß alle Christen von der Bezeugung des Evangeliums ausgenommen sind. Es gibt zahlreiche Verkündigungsgaben und mindestens ebensoviele Verkündigungsaufgaben. Die Aufgabe des Pfarrers ist es aber, zum einen die Kontinuität des apostolischen Zeugnisses in der Gemeinde zu sichern und damit gemeindeleitend die Letztverantwortung für die Identität der Bezeugung Jesu Christi in der Gemeinde und durch die Gemeinde zu tragen.[99] Wer aber in der Gemeinde das Charisma der verbalen Bezeugung Jesu Christi hat, soll es auch leben, er soll und darf sich damit am Predigtamt orientieren. Das gemeindeleitende Predigtamt soll dem Laien helfen, das Wort zu ergreifen; es soll ihm keineswegs den Mund verbieten. Aus vollmächtiger Verkündigung erwächst immer auch mündige Zeugenschaft im Bereich des allgemeinen Priestertums der Glaubenden.

Gemeindeleitende Verkündigung im missionarischen Gemeindeaufbau wird zunächst elementare und werbende Bezeugung des Evangeliums sein. Sie wird zum Glauben und darum auch zur Gemeinde rufen, innerhalb der volkskirchlichen Gemeinden also evangelistische Qualität haben. Sie wird aber auch Gottes Verheißung für das Leben der Gemeinde zur Sprache bringen und die Hoffnung auf eine erneuerte »Gemeinde von Brüdern« unter den Christen wecken. So hat sie neben der evangelistischen auch kybernetische Qualität.

b) Die Charismen entdecken

»Im besonderen ist es Aufgabe des Amtsträgers, die Charismen, die der Geist in so reichem Ausmaß in den Gemeinden ausschüttet, mit einem eigenen ›geistlichen Instinkt‹ zu suchen, zu wecken und zu pflegen...«[100]

Hier wird die vielleicht für den missionarischen Gemeindeaufbau entscheidende Leitungsaufgabe in den Blick gerückt: Ferdinand Klostermann erinnert an die mit Eph 4,11 f. bereits bekannt gewordene Funktion der Amtsträger im Gemeindeaufbau. Sie sollen gar nicht selbst und unmittelbar die Erbauung der Gemeinde betreiben. Vielmehr sollen sie die Christen, die bezeichnenderweise Heilige genannt werden, zurüsten, damit diese das Werk des Dienstes zur Erbauung der Gemeinde tun können. Leitung wird hier als Dienst der Stimulierung und Koordination deutlich. Dieser Leitungsbegriff ist weit davon entfernt, einer Pfarrerzentrierung das Wort zu reden. Der Pfarrer als Leiter tritt gleichsam ins zweite Glied zurück, sieht seine Aufgabe im Gemeindeaufbau merkwürdig indirekt und setzt alles daran, bei den Christen, die er zusammenruft, Charismen zu entdecken. Die ganze Würde der Amtsträger liegt dann darin, zu entdecken, was Gott an Gaben geschenkt hat, diese Gaben zu pflegen und zu fördern, um ihren Trägern Mut zu machen, sich dienend in der Gemeinde, aber auch in der Welt mit ihren Gaben einzusetzen. Wohlgemerkt, die Charismen sind nicht Derivate des Amtes. Sie sind Gaben des Geistes. Der Pfarrer hat nicht zu entscheiden, ob er die Gaben fördern will. Das Charisma ist vom Geist »gesetzt« (Eph 4.11). Die Amtsträger werden die Gaben auch prüfen müssen, aber sie werden nicht entscheiden dürfen, ob ihnen eine als echt erkannte Gnadengabe sinnvoll und notwendig erscheint oder nicht. Sie sind nicht Herren, sondern Mitarbeiter zur Freude (2 Kor 1,24) der Christen. Die Praxis dieser theologischen Grundentscheidung bedeutet: Der Pfarrer wird zum Ausbilder. Im Mitarbeiterkreis der Gemeinde wird er seine Leitungsfunktion am deutlichsten verwirklichen. Hier ist ein Raum, in dem die Gaben der Christen sichtbar werden und dann auch geschult und eingesetzt werden können. Johann Heinrich Wichern formuliert die Aufgabe des Pfarrers: »Das Pfarramt ist recht eigentlich die Stelle, von der aus jene aufbauenden Kräfte geweckt und gepflegt, von der aus sie aber auch geleitet und in das Leben der Gemeinde nach der von Gott gewollten Regel eingeordnet und einverleibt werden sollen.«[101]

Lehrhafte Verkündigung und Anleitung zur Mitarbeit (nicht: zur Hilfsarbeit) sind die Instrumente, mit denen der Pfarrer im Mitarbeiterkreis gemeindeleitend dem Dienst der Christen in Gemeinde und Welt dient. Da werden z. B. auch Charismen der Leitung sichtbar. Wo der Pfarrer Leitungsgaben sieht, wird er zum Leiten anleiten und dann auch Verantwortung übertragen, etwa für die Leitung eines Hauskreises. Oder es werden diakonische Gaben deutlich: Gaben der Gesprächsführung, Gaben im Umgang mit Geld, Gaben der Organisation, Gaben der Hilfeleistung im kleinen oder großen Maßstab. Diese Gaben sollen zur Entfaltung kommen. Daß dadurch der Pfarrer entlastet wird, ist nur ein Nebenprodukt. Das ist allenfalls im Blick auf die Beendigung der Pfarrerzentrierung von Bedeutung.

Die Stimulierung und Koordination der charismatischen Mitarbeiterschaft ist das zweite Element des gemeindeleitenden Dienstes. Es kann mit Sätzen aus dem Pfarrerdienstgesetz der VELKD zusammengefaßt werden: »Der Pfarrer soll sich mit der Gemeinde darum bemühen, die in ihr vorhandenen Gaben zu finden, Gemeindeglieder zur Mitarbeit zu gewinnen und zuzurüsten, damit sich ihr Dienst in rechtem Zusammenwirken mit dem der Kirchenältesten und der übrigen Mitarbeiter zum Aufbau der Gemeinde frei entfalten kann.« »Mit ihnen gemeinsam soll der Pfarrer dafür sorgen, daß in der Gemeinde der missionarische Wille und die ökumenische Verantwortung geweckt und daß Liebestätigkeit und christliche Haushalterschaft sowie die kirchlichen Werke gefördert werden.«[102]

c) Der Einheit dienen

Das Pfarramt als Amt der Einheit ist in zahlreichen theologischen Dokumenten zu finden. Es erscheint oft als Klammer für den innergemeindlichen Pluralismus.[103] Im missionarischen Gemeindeaufbau ist das Amt der Einheit anders verstanden. In Anlehnung an das ministerium verbi divini ist das Amt der Einheit zunächst an die Sakramentsverwaltung gebunden: »Der Dienst der geistlichen Leitung der Gemeinde ist in seinem Zentrum immer auch Dienst an der Einheit... Von solcher Verantwortung für die Einheit her wäre es speziell zu begründen, daß der Träger des besonderen Amtes auch den kirchlichen Auftrag der Verwaltung für die Sakramente Taufe und Abendmahl hat, die ja in besonderem Maße Vollzüge kirchlicher Einheit sind.«[104]

Darüber hinaus wird der Pfarrer in seiner Leitungsfunktion die Vielfalt der Charismen in der Gemeinde zur Einheit der einen Gemeinde Jesu zusammenführen. An einem konkreten Beispiel kann diese Aufgabe deutlich werden: In einer Gemeinde, die sich um den missionarischen Gemeindeaufbau bemüht, entstehen zahlreiche Hauskreise. Nicht alle Kreise sind in gleichem Maße in das Leben der

336

Gesamtgemeinde integriert. Der Pfarrer bemüht sich nun um die Integration der verschiedenen Kreise, er versammelt die Leiter der Hauskreise zu gemeinsamen Treffen und arbeitet mit ihnen an Fragen der Hauskreisarbeit. Er besucht die verschiedenen Kreise und hält personal deren Kontakt zur Gesamtgemeinde wach. Er wird auch nicht müde, die Hauskreise – mit Geduld! – zum Gottesdienst der Gemeinde als dem gestalteten Treffen aller Christen in der Gemeinde einzuladen. Dabei wird er auch die Gaben der Hauskreise nutzen und mit ihnen gemeinsam, vielleicht reihum, den Gottesdienst gestalten.

Zum Dienst an der Einheit gehört aber auch Konfliktfähigkeit. Gegen ein romantisches Bild vom Gemeindeaufbau ist sofort einzuwenden, daß es missionarischen Gemeindeaufbau nur um den Preis harter Konflikte geben kann. Sie werden nicht zuletzt den Pfarrer selbst treffen. Sie werden vor allem aus dem Inneren der Gemeinde kommen, keineswegs nur von »draußen«. Wo Getaufte zum Glauben finden und sich zu verbindlicher Gemeinschaft unter Wort und Sakrament zusammenschließen, kommen Verdächtigungen und Mißgunst auf. Aber auch unter den verschiedenen Gruppen und Mitarbeitern wird es zu Konflikten kommen. In all diesen Fällen braucht der Pfarrer Konfliktfähigkeit. Er wird es aushalten müssen, nicht mehr die ungeteilten Sympathien aller Kirchenmitglieder zu besitzen. Er wird es lernen müssen, um des missionarischen Gemeindeaufbaus willen sich Ansprüchen zu verwehren, denen lange Zeit klaglos nachgegeben wurde. Er wird geistliche Zellen nach außen hin schützen müssen. Er wird schlichten und ausgleichen müssen. Dazu bedarf er dringend der tragenden Gemeinschaft von Schwestern und Brüdern. Er wird aber auch Konfliktbewältigungsmethoden der modernen Humanwissenschaften nicht verachten dürfen. In allem wird es ihm jedoch darum gehen, ohne Profilverlust möglichst viele zu gewinnen.

C. P. Wagner faßt diese Leitungsfunktion des Pfarrers sehr schön zusammen: »The best pastor is not one who relieves members of their responsibilities, but one who makes sure each member has a responsibility and is working hard at it. The pastor is one of many members of the body. He is not the head (that is reserved for Jesus), but he may be something like the nervous system which carries messages from the head to the various members of the body and makes sure the members are working together in harmony.«[105]

d) Der Pfarrer als Spiritual

Die Pfarrer sind »im Grunde die Spirituale der Gemeinde.«[106] Hier kann nicht die ganze Problematik der Suche nach einer evangelischen Spiritualität ausgebreitet werden. In schlichten Worten geht es darum, daß Gemeindeglieder zu einer einfachen und im Alltag der Industriegesellschaft lebbaren Gestalt des geistlichen Lebens finden. Die Frömmigkeit, die sich um die gemeinsamen Mahlzeiten und den gegliederten Tag der Familie herum strukturierte, hat es heute schwer. Der Rhythmus der technisch-industriellen Welt zerstört den gemeinsamen Tag und dessen gleichmäßigen Ablauf. Das kann nicht bedeuten, daß Christen nun ohne ein »Instrumentarium des täglichen Gebets«[107] auskommen müssen. Es ist die gemeindeleitende Aufgabe der Pfarrer, in Gottesdiensten, Seelsorge und Gruppen einfachste Angebote gestalteten Glaubens zu vermitteln und einzuüben. Daß hierzu ein Verwurzeltsein in einer eigenen Gestalt des spirituellen Lebens unabdingbar ist, wurde bereits entfaltet. Hier soll nur die Aufgabe benannt werden: es geht darum, die Gemeindeglieder zum täglichen Gebet (etwa: Psalmwort, Bibelwort, Gebet) und zum gemeinschaftlichen Gebet zu ermutigen und anzuleiten. Wie immer geht es bei der Leitung darum, daß die »Geleiteten« selbständig und ihrerseits wiederum zu Leitern und Multiplikatoren werden.[108]

e) Der Pfarrer als Zeuge

Daß der Pfarrer in seiner Leitungsfunktion stark in den Hintergrund tritt, damit die Schwestern und Brüder als die eigentlichen Zeugen in Aktion treten können, darf nicht bedeuten, daß sich der Pfarrer nun zurückziehen darf und nur noch »coach of the team«[109] sein sollte. Gewiß ist es die Hauptaufgabe der Pfarrer, die Christen zum Dienst zuzurüsten. Gewiß sind die Christen im Beruf näher an ihren Zeitgenossen und können fachkundiger Christus bezeugen als die »Berufschristen«. Dennoch wäre es eine künstliche Verkürzung der Lebensperspektive oder (im schlimmeren Fall) eine Rechtfertigung der Selbstisolation von Pfarrern, wenn man die Amtsträger davon entlastet, auch selbst Zeugen Christi im Alltag der Welt zu sein. Der Pfarrer ist auch Gemeindeglied, und er ist »Botschafter seines Herrn in dieser Welt«.[110] Wie wollte er andere zum Zeugnis anleiten, wenn er selbst den Zeugendienst verweigerte? Im Bereich der Hausbesuche, auch in der Begleitung von Fernstehenden im Zusammenhang von Amtshandlungen hat der Pfarrer zahlreiche Kontakte mit Menschen, die dem Glauben und der Gemeinde entfremdet sind. Hier ist der Ort, wo er selbst auch als Zeuge aufgerufen ist. Dies wird immer nur punktuell möglich sein. Die Frage könnte aber lauten (im Sinne Rolf-Walter Beckers Rede von dem priesterlichen Dienst): Für welche dem Glauben fernstehenden Menschen tritt der Pfarrer im Gebet ein? Welchen Menschen geht er durch Besuche nach?

f) Das Ziel

Durch die leitende Funktion des Pfarrers im missionarischen Gemeindeaufbau wird sich auf Dauer die Struktur der Gemeinde ändern. Da erwachsen dem Pfarrer mündige Schwestern und Brüder. Da wird die Gemeinde Tag für Tag etwas weniger pfarrerzentriert sein. Man wird allerdings dazu einen langen Atem haben müssen. Die Formel, auf die sich die Bemühungen um das Miteinander von Pfarrern, Mitarbeitern und Gemeinde bringen läßt, lautet: »Der Pfarrer für die Mitarbeiter – die Mitarbeiter für die Gemeinde.«[111] Diese Formel gibt am klarsten die Intention dieses Abschnitts und der ersten kybernetischen Grundentscheidung wieder. Sie entspricht auch am klarsten dem biblischen Grundmuster für das Miteinander und Gegenüber von Pfarrern und Gemeinden in Eph 4,11 f.

C. Die zweite Grundentscheidung[11]

Die Laien

I. Der Anspruch

Zu den Wesensbestimmungen der christlichen Gemeinde gehört von Anfang an das allgemeine Priesterum der Gläubigen. Dies wird besonders deutlich in 1 Petr 2,5 und 9: »Und bauet auch ihr euch als lebendige Steine zum geistlichen Hause und zur heiligen Priesterschaft, zu opfern geistliche Opfer, die Gott angenehm sind durch Jesus Christus... Ihr aber seid das auserwählte Geschlecht, das königliche Priestertum, das heilige Volk, das Volk des Eigentums, daß ihr verkündigen sollt die Wohltaten des, der euch berufen hat von der Finsternis zu seinem wunderbaren Licht...«

Es geht in dieser Rede von dem Stein und den Steinen, von Christus und den Christen um den Aufbau der Gemeinde. In deutlicher Taufterminologie (Finsternis – Licht) wird von allen, die zu Christus gehören, gesagt, daß sie zum königlichen Priestertum gehören. Hier wurzelt die Rede vom allgemeinen Priestertum der Glaubenden. Alle Christen sind lebendige Steine des Gottesbaues und darum auch Repräsentanten dessen, der vor allen anderen der lebendige Stein ist. »Als geistliches Priestertum bringen sie das gottwohlgefällige Opfer, welches in der Erbauung der Gemeinde besteht. Konkret vollzieht sich das so, daß sie verkündigen die Machttaten dessen, der uns aus der Finsternis zu seinem wunderbaren Licht berufen hat.«[113] Bekommen alle Christen in der Taufe Anteil an der Charis, so bekommen sie auch alle Charismen als Individuationen der Charis. Diese Charismen sollen zum Aufbau der Gemeinde dienen. Als Begabte treten sie heraus und dienen in der Welt als geistliche Priesterschaft. Dabei kommt es dem 1. Petrusbrief offenbar darauf an, das »Amtliche« dieses Tuns zu betonen. »Wo man die Machttaten des Christus proklamiert, befindet man sich in konkretem Gegenüber zur Welt, und zwar in offizieller Mission.«[114]

Die Reformatoren haben das allgemeine Priestertum mit besonderem Nachdruck vertreten. In einer Philippika gegen die Anmaßungen des sogenannten geistlichen Standes (An den christlichen Adel deutscher Nation) stellt Luther kategorisch fest: »Dan alle Christen sein warhafftig geystlichs stands, unnd ist unter yhn kein unterscheyd, denn des ampts halben allein...« Und: »Dem nach... werden wir allesampt durch die tauff zu priestern geweyhet...« Und: »Dan was ausz der tauff krochen ist, das mag sich rumen, das es schon priester, Bischoff und Bapst geweyhet sey, ob wol nit einem yglichen zympt, solch ampt zu uben.«[115]

Luther arbeitet hier polemisch die fundamentale Gleichheit aller Christen heraus und bestreitet den qualitativen Unterschied zwischen einem geistlichen und einem weltlichen Stand. Alle Christen sind Priester und dienen Gott an ihrem Ort. Daß es dennoch Ämter in der Gemeinde gibt und keineswegs alle predigen und Sakramente reichen, steht auf einem anderen Blatt. Das hat viel mit der Ordnung der Gemeinde zu tun: Ihr als ganzer sind Wort und Sakrament gegeben, darum ordnet sie unter sich die Predigt des Evangeliums (publice) und die Verwaltung der Sakramente.[116] Gerade weil alle priesterliche Dienste tun, müssen die Dienste geordnet und verteilt werden. Doch gefährdet die Ordnung der Dienste nicht das allgemeine Priestertum der Glaubenden, das auch bei Luther aus der Taufe erwächst:

»Darumb geburt einem yglichen Christen, das er sich des glaubens annehm, zuvorstehen und vorfechten, und alle yrtumb zu vordammen.«[117]
Allerdings hat bereits Hendrik Kraemer gefragt, ob diese umwälzenden Erkenntnisse in der Lebenspraxis der reformatorischen Gemeinden angemessen zum Zuge gekommen sind oder nicht. Er verneint diese Frage im Blick auf das schnell aufkommende, alles beherrschende Pfarramt: »Und doch muß man um der Wahrheit willen aussprechen, daß weder diese neue Auffassung von der Kirche noch diese entschiedene Ehrenrettung der Laien jemals herrschend geworden ist... Bis zum heutigen Tage spielt er (der Grundsatz des allgemeinen Priestertums) eher die Rolle einer Fahne als die eines energiespendenden, lebenswichtigen Grundsatzes.«[118]
Hendrik Kraemers »Theologie des Laientums« (erschienen in Deutschland 1959) weist auf eine weitere Station der theologischen Beschäftigung mit dem Laientum hin. Die ökumenische Theologie hat in ihrer Frage nach den Strukturen der missionarischen Gemeinde emphatisch die Rolle des Laien als des Missionars des 20. Jahrhunderts herausgearbeitet.[119] Kirche ist Sendung. Sie hat mit allem, was sie ist und hat, der Welt zu dienen. Dieses Apostolat ist allen Christen verpflichtend aufgegeben. Im Blick auf die Vernachlässigung der Laien in der Geschichte der christlichen Gemeinde formuliert Kraemer die Hoffnung, »daß die Laien, die ihre wahre Berufung in der Kirche und in der Welt entdeckt haben, sich herausstellen werden als das größte Potential der missionarischen Kirche...«[120]
Die Laien werden hier keineswegs als Nicht-Theologen oder Nicht-Amtsträger verstanden, sondern im biblischen Sinn: sie sind das Volk Gottes, von Gott in die Welt gesandt, um ihn zu bezeugen.[121]
Aufschlußreich ist wiederum Kraemers nüchterne Beurteilung der kirchlichen Wirklichkeit. Ähnlich wie im Blick auf Luther sieht Kraemer auch für die Gegenwart die Diskrepanz zwischen dem theologisch unanfechtbaren allgemeinen Priestertum der Glaubenden und der tatsächlichen Stellung der Laien. Er sieht auch, daß viele Getaufte dem Glauben und der Sendung der Gemeinde indifferent gegenüberstehen und darum auch untüchtig sind zur missio Dei[122], und das mitten unter den treuen Gemeindegliedern. Da im Sinne der ökumenischen Missionstheologie die Gemeinde eine Art Hilfsstruktur der Laienschaft darstellt, muß in der Gemeinde Gemeindeaufbau als Weg zur mündigen Laienschaft in Gang gebracht werden, in »Reue und Demut«.[123] »Der indirekte Weg über den wirklich gemeinsamen Aufbau und das gemeinsame Zeugnis und den gemeinsamen Dienst und die Schaffung echter geistlicher Zellen inmitten der Wüste des modernen Lebens sind die einzig möglichen Wege zur wahren Gemeinschaft.«[124]
Der Begriff der geistlichen Zelle klingt hier an, der in diesem Abschnitt noch zum Tragen kommen wird.
Von größter ökumenischer Bedeutung war es, daß das Zweite Vatikanische Konzil die Bedeutung der Laien, des Volkes Gottes, nachdrücklich herausgestellt hat. Exemplarisch sei hier auf die Kirchenkonstitution »Lumen gentium« verwiesen. Zwar bleibt es bei einer wesensmäßigen Unterschiedenheit des gemeinsamen Priestertums der Getauften vom Priestertum des Dienstes, dem hierarchischen Priestertum, doch werden beide jetzt stärker verklammert und das Gewicht des gemeinsamen Priestertums gestärkt.[125] Dies wird schon allein »redaktionsgeschichtlich« deutlich: Das Kapitel über das Volk Gottes folgt dem Kapitel über das Mysterium der Kirche und ist dem Kapitel über das hierarchische Priestertum vorge-

ordnet. Im vierten Kapitel der Kirchenkonstitution (»Die Laien«) wird die Funktion des gemeinsamen Priestertums der Getauften deutlicher bestimmt, der Weltcharakter des Laiendienstes wird herausgestellt. »In der Verwaltung und gottgemäßen Regelung der zeitlichen Dinge das Reich Gottes zu suchen«[126], ist die Berufung der Laien, die dabei als Sauerteig zur Heiligung der Welt beitragen.
Im Blick auf die Kirche wird festgehalten: Hier besteht eine fundamentale Gleichheit hinsichtlich der Gliedschaft am Leib Christi, eine große Vielfalt der Dienste, vor allem aber doch »…unter allen eine wahre Gleichheit in der allen Gläubigen gemeinsamen Würde und Tätigkeit zum Aufbau des Leibes Christi«.[127]
Unter Berufung auf Augustinus werden die Amtsträger der Kirche eng an die Gemeinschaft aller Christen angeschlossen, ohne daß ihr Amt dadurch eingeebnet würde: »Wo mich erschreckt, was ich für euch bin, da tröstet mich, was ich mit euch bin. Für euch bin ich Bischof, mit euch bin ich Christ.«[128]
Die große Hoffnung des Konzils war es, daß die Laien durch ihr Bekenntnis mit Wort und Tat in der Welt eine besondere Wirksamkeit erlangen: »…zur Evangelisation der Welt«.[129]
Wir fassen zusammen:
1. Das allgemeine Priestertum wurzelt in der Taufe.
2. Die Individuation der Taufgnade in den Charismen ist das Rüstzeug der Getauften für den »amtlichen Dienst« des allgemeinen Priestertums.
3. Alle Christen sind gerufen, in der Welt Christus zu bezeugen.
4. Dadurch wird die Rolle des Amtes in der Gemeinde neu bestimmt, aber nicht überflüssig.
5. Die Wirkungsgeschichte des allgemeinen Priestertums lehrt: Wir sind weit von seiner Verwirklichung entfernt.
6. Mündiges Laientum oder allgemeines Priestertum bedarf der geistlichen Erneuerung in geistlichen Zellen.
7. Wo das allgemeine Priestertum erwächst, besteht mehr Hoffnung auf die »Evangelisation der Welt«.[129]
Nach dieser Ouvertüre gilt es, sich der Ergebnisse empirischer Forschung zu erinnern:

II. Eine liegengebliebene Aufgabe der Reformation

Auf das Problem der Pfarrerzentrierung ist bereits ausführlich hingewiesen worden. Die Kehrseite der Pfarrerskirche ist die Behinderung des allgemeinen Priestertums. Ein gegenwärtiger Aspekt dieser Behinderung ist die zunehmende Professionalisierung der Gemeinde. Anstatt die Charismen der Getauften zu entdecken und zu fördern und damit dem Dienst der vielen zu dienen, fördert die Volkskirche das Spezialistentum hauptamtlicher Mitarbeiter, an der Spitze natürlich wiederum der Pfarrer. Entgegen der theologischen Einsicht in das allgemeine Priestertum gilt in vielen Bereichen der spezialisierte Hauptamtliche mehr als der »laienhaft« arbeitende ehrenamtliche Mitarbeiter. In der Seelsorge oder auch in der Diakonie schreitet die Professionalisierung fort, während die Ausbildung der Gemeinde zum Dienst der Seelsorge oder der Diakonie stiefmütterlich behandelt wird. Ähnliches läßt sich am Beispiel der Lektoren und Prädikanten zeigen: Hier ist zu befürchten, daß dieser in einer Zeit des Pfarrermangels begehrte Dienst nun in einer Zeit der mehr als ausreichenden »Versorgung« der Gemeinden mit Pfarrern nicht mehr die gleiche Wertschätzung erwarten darf. Es wäre allerdings verhängnisvoll, wenn aus der leitenden Funktion des Pfarrers (verbi divini minister) wiederum eine exklusive Rolle würde, die den Dienst des ehrenamtlichen Mitarbeiters zum Notnagel degradierte. Hier ist seit der Reformation die Praxis der Kirche ihrer theologischen Einsicht noch nicht nachgewachsen. Sollte gar die böse Anekdote, die der Katholik Yves Congar erzählt, in Maßen auch im protestantischen Raum zutreffen? »Ein Taufbewerber fragte einen katholischen Geistlichen nach der Stellung des Laien in seiner Kirche. Die Stellung des Laien in unserer Kirche, erwiderte der Priester, ist eine zweifache: er kniet vor dem Altar, das ist seine erste Stellung; er sitzt unter der Kanzel, das ist seine zweite Stellung... Seine dritte vergaß man zu nennen: Er greift nach seinem Geldbeutel«[130]

Allerdings sieht für den Bereich der Volkskirche, wie sie sich heute darstellt, die Frage nach dem allgemeinen Priestertum noch einmal anders aus. Wir rekapitulieren kurz die Ergebnisse der empirischen Erhebungen: Der Kern der Gemeinde, also die Menschen, die sich treu zum Leben der Gemeinde halten, ist inzwischen von den Erosionen der Volkskirche erfaßt. Es werden immer weniger Getaufte, denen der Gottesdienst wichtig genug ist, so daß sie regelmäßig mitfeiern. Auch im Bereich der Kerngemeinde fällt die praxis pietatis oft aus und in der Konsequenz dann auch die Hinführung der nachwachsenden Gemeinde zum persönlichen Glauben. Das Wissen um elementare biblische Zusammenhänge ist im Schwinden. Fragt man so manchen Kirchentreuen, ja Mitarbeiter, ob er Christ sei und was das für ihn bedeute, so provoziert man vielfach (freilich nicht immer) eher Verlegenheit als eine klare Antwort.[131] Der Mangel an Gewißheit schlägt sich unmittelbar nieder in einer Mutlosigkeit, den Glauben anderen gegenüber zu vertreten. Kaum einer sieht sich in der Lage, den Glauben an Christus zu artikulieren. Diese Grundentscheidung soll nun gerade nicht – in fataler Fortsetzung des Umgangs mit dem allgemeinen Priestertum – die Kirchentreuen und Mitarbeiter diffamieren oder sich einer gerade modischen Beschimpfung der Kirchentreuen anzuschließen. Schon gar nicht kann es um das pharisäische Urteil über den vielfach schwachen und angefochtenen Glauben einzelner gehen. Allerdings geht es um die nüchterne Wahrnehmung der kybernetischen Situation, in der diese Grundentscheidung steht. Und da wird man sagen müssen, daß sehr viele Getaufte darunter leiden, daß sie nur christianisiert, aber nie evangelisiert wurden.[132] M. a. W., bei vielen Getauften dürfte es noch nie zu einer bewußten persönlichen Aneignung des ihnen in der Taufe zugeeigneten Christusheils gekommen sein. Trotz und in aller Nähe zur Kirche fanden sie nicht die Nähe einer persönlichen Christusbeziehung, die ihr Leben durchformt hätte. Und nicht wenige wissen oder ahnen es doch und leiden darunter. Wenn diese Einschätzung unserer kybernetischen Situation aber zutreffend ist, dann muß das allgemeine Priestertum zur Fiktion verkommen. Oder – was u. U. noch schlimmer ist – aus der Sicht der Getauften muß das normale Leben und der Dienst des Laien in der Welt wie ein hartes und unerfüllbares Gesetz erscheinen. Die theologisch entscheidende Reihenfolge von Indikativ und Imperativ wird verkehrt, damit werden zugleich Gesetz und Evangelium vermischt, wenn dem allgemeinem Priestertum der Glaubenden nicht die Hinführung zum persönlichen Glauben vorausgeht.

Wo diese persönliche Hinführung zum Glauben fehlt, muß das allgemeine Priestertum als Fiktion aufrechterhalten werden, da niemand es in seiner theologischen Stimmigkeit ernsthaft anzweifeln würde. Das führt zu den für viele enttäuschenden Erfahrungen mit der Mitarbeiterschaft in der volkskirchlichen Gemeinde. Sie ließe sich etwa am Beispiel der gerade konfirmierten Jugendlichen zeigen, die vom Pfarrer für eine Mitarbeit in der Gemeinde gewonnen werden. Oft engagieren sie sich dann auch mit viel Eifer in dem ihnen zugewiesenen Arbeitsbereich. Es kommt jedoch in der Regel nicht dazu, daß über ihre Christusbeziehung weiter nachgedacht würde. Schon gar nicht ist mit gezielten Programmen zur Weckung oder Vertiefung des Glaubens der jungen Mitarbeiter zu rechnen. Zwar findet Mitarbeiterschulung statt, die durchaus Wichtiges vermittelt, aber nicht elementar genug einsetzt bei der Frage der persönlichen Christusbeziehung, der gestalteten Glaubenspraxis, der Einweisung in das Leben der »Gemeinde von Brüdern«. Wiederum erscheint das volkskirchliche Grundübel: »Das Christsein versteht sich von selbst. Über das Christwerden und das Christbleiben macht man sich daher kaum Gedanken und entzieht sich gerade an dieser Stelle der seelsorgerlichen Verantwortung. Damit entfällt aber für den Mitarbeiter die entscheidende Motivation. Seine Mitarbeit versandet mit dem frühlingshaften Erwachen der ersten Liebe oder mit einer Schulkrise.«[133] Das Gefühl, vom Pfarrer »hervorgehoben« und darum dem Pfarrer »verpflichtet« zu sein, läßt sehr schnell nach, wenn Mitarbeit als Arbeit offenbar wird, eine angemessene »Pflege« der Mitarbeiter aber ausbleibt.

Ein zweites Beispiel für diese Situation ist auf der Ebene der Kirchenvorsteher zu finden. Es ist keine Frage, daß hier oft ein Höchstmaß an Einsatz und auch persönlichem Opfer an Zeit, Kraft und Geld vorliegt. Die Kirchenvorsteher erfüllen zumeist wichtige Aufgaben, vor allem im Bereich der Verwaltung, des Bauwesens, der Organisation. Wer wollte dafür nicht dankbar sein? Es soll auch nicht verschwiegen werden, daß in den Kirchenvorständen oft Christen sitzen, die sofort bereit wären, sich im missionarischen Gemeindeaufbau zu engagieren, wenn sie nur gefragt würden. Ein negatives Urteil über die Kirchenvorstände in unserer Kirche fällt u. U. sehr schnell auf den Kritiker zurück. Hat er sich überhaupt genug um den Kirchenvorstand bemüht, mit ihm gehört und gebetet, gefeiert und gearbeitet? Oder hat er letztlich den Kirchenvorstand nur als Gremium verstanden, in dem zwar über die neue Orgel und die Reparatur des Pfarrhausdaches, nicht aber über die Freude am Evangelium gesprochen werden kann? Dann aber darf sich keiner wundern, wenn auch auf der Ebene der Kirchenvorsteher theologische Richtigkeiten den persönlichen Glauben ersetzen, wenn ein freies Gebet eine unüberwindliche Hürde darstellt oder wenn das Gespräch über die eigene Christusbeziehung stockt, während die Beratung des Etats zu lebhaften Auseinandersetzungen führt.[134]

Aus diesen Beobachtungen, die sich beliebig fortsetzen ließen, ist eine pastoraltheologische Konsequenz zu ziehen, die eng mit der zweiten kybernetischen Grundentscheidung zusammenhängt: Das allgemeine Priestertum darf nicht als gegeben vorausgesetzt werden, aber es darf als verheißen erhofft werden. Dann aber sind konkrete Schritte zu tun, die den Getauften dazu helfen, ihre Taufe im Glauben anzunehmen und mit ihr auch das allgemeine Priestertum.

Die kybernetischen Konsequenzen sind nun zu entfalten. Nach allem bisher Gesagten steht fest, daß es nicht um ein pharisäisches Richten oder um die Vorwegnahme eschatologischer Urteile geht, daß es nicht um datierbare Bekehrungserlebnisse als Kriterium für die Echtheit des Glaubens geht, sondern um die Führung zur Gewißheit des Glaubens bzw. um die Begleitung auf dem Weg der Umkehr.

III. Taufe und Tauferneuerung

Es ist bereits angeklungen, daß die Frage nach der Bedeutung der Taufe ein neuralgischer Punkt in der Diskussion von Konzepten des missionarischen Gemeindeaufbaus ist. An der Tauffrage muß sich die theologische Dignität einer kybernetischen Konzeption erweisen.

1. Die Positionen

Auf der einen Seite wird die Taufe streng sakramentstheologisch auf das Christsein der Getauften hin ausgelegt. Hier kann u. U. die Frage nach der persönlichen Christusbeziehung zur verbotenen Frage werden. Wer getauft ist, ist Christ. Diese Kernaussage wird auch dann festgehalten, wenn von einer christlichen Lebensgestalt nichts mehr zu sehen ist. Dann heißt es: nur Gott kennt seine Heiligen. Die Aporie dieser Position ist deutlich, sie gerät schnell in die Nähe eines magischen Sakramentsverständnisses und verschweigt den reformatorischen Widerspruch gegen eine Wirksamkeit der Sakramente ohne den Glauben. Dann aber muß z. B. evangelistische Verkündigung, die zur Umkehr ruft, äußerst befremdlich erscheinen: »Ich bin den ganzen Abend das Gefühl nicht losgeworden, als meinten unsere Gäste, sie seien die ersten Christen, die in unser Dorf kommen und uns alle bekehren müssen. Dabei sind wir doch alle getauft. Unser Dorf hat seit 600 Jahren eine Pfarrstelle. Was meine 40 Vorgänger und was ich bisher hier alles gearbeitet habe, ist doch nicht einfach Luft.«[135]
Diese Einschätzung einer Gemeindeevangelisation ist höchst aufschlußreich. Der (wahrscheinlich nicht unberechtigten) Abwehr der pauschalen geistlichen Disqualifikation durch den Evangelisten wird nun eine ebenso pauschale Auskunft entgegengesetzt: »Dabei sind wir doch alle getauft.«[135] Der recursus ad baptismum, vom Verfasser durchaus mit Recht gegen die Infragestellung des Christseins der ganzen Gemeinde für sich in Anspruch genommen, wird auf alle Getauften bezogen. Alle sind getauft, also sind auch alle Christen, zumal es schon seit 600 Jahren eine Pfarrstelle gibt.
Die andere Position setzt nun genau an dieser Stelle ein und negiert die Verbindung von Säuglingstaufe und Christsein. Sie verweist darauf, daß in der Zeit des Urchristentums Taufe und Umkehr zusammenfielen als die »totale Ganzhingabe im Glauben durch Jesus Christus an den Vater« mit einem »lebensgeschichtlichen Anfang«.[136] Die konstantinische Wende brachte die Identifizierung von Bürgersein und Christsein. Die Taufe wurde für beides gleichermaßen wichtig; in der Folgezeit ging der Aspekt der persönlichen Umkehr und des Glaubens immer mehr verloren. Damit ging aber Entscheidendes verloren, die unklare Mitgliedschaft vieler Getaufter in der Volkskirche ohne eigene Entscheidung ist auch eine Frucht dieser Entwicklung.[137] Daraus ergeben sich mehrere Konsequenzen. Zum

einen wird eine Taufwiedergeburtslehre abgelehnt, in der die Identifikation von Getauftsein und Christsein bruchlos durchgehalten wird. Vielmehr möchte man dem Sakrament der Taufe nahekommen »als einem personalen Angebot der Freundschaft Gottes. Es mußte das Magische abgebaut werden, als ob die Sakramente automatisch wirkten, wie Vitaminspritzen.«[138]

Zum anderen wird – bei gleichzeitiger Annahme der Praxis der Säuglingstaufe – gefordert, daß in der Gemeinde evangelistisch gepredigt werden muß: ecclesia semper evangelizanda.[139] »Nur dann aber, wenn auf die Kindertaufe der Ruf zum Glauben, die Einladung in die Nachfolge Jesu Christi folgt, kann diese Form der Taufe theologisch verantwortet werden. Die bedingungslose gnädige Zusage Gottes in der Taufe wartet auf eine Antwort des Menschen. Denn Gottes Verheißung über dem Menschen wird allein in gläubiger Annahme Wirklichkeit.«[140] »Weil und insofern Gott in der Taufe des Kindes gehandelt hat, kann durchaus die spätere Glaubensentscheidung aus der Taufgnade erwachsen.«[141] Dieses Votum des Paderborner Dogmatikers Heribert Mühlen weist auf eine Lösung hin, die sowohl die Taufe als auch den Umkehrruf ernst nimmt.

2. Theodosius Harnack

In diesem Konflikt könnte wiederum die dogmatisch verantwortete Praktische Theologie von Theodosius Harnack weiterhelfen. In der ekklesiologischen Grundlegung seines Werkes geht Harnack immer wieder auf das Problem von Taufe und Glaube ein. Dies tut er vor allem in seiner Erörterung des Wesens der Kirche. Die Kirche ist das Werk Christi.[142] Doch beeilt sich Harnack, neben dieser objektiven auch die subjektive Seite der Kirche ihrem Wesen zuzurechnen. »Sie ist immer nur dann und da vorhanden, wo und wann auch der Glaube ist.«[143] Mit CA VII sieht Harnack Christus in Wort und Sakrament am Werk, so daß Gemeinde entsteht. Hier aber kommt es zur Frage nach Glaube und Taufe. Sosehr Harnack die gemeindebauende Wirkung von Wort und Sakrament herausgearbeitet hat, so klar kann er sich nun gegen ein Mißverständnis lutherischer Lehre abgrenzen: »Auch bildet die Gesamtheit der Getauften noch keine Gemeinschaft, sondern nur eine Schaar von Solchen, denen das gemeinsam ist, daß etwas an ihnen geschehen.«[144]

Die spannende Frage ist nun, wie Harnack, ohne das Sakrament einzuebnen, Glauben und Taufe zusammenhält. Denn wenn die Getauften von den Glaubenden zu unterscheiden sind, was unterscheidet sie dann noch von den nichtgetauften Nicht-Glaubenden, schlicht: den Heiden? Doch Harnack gelingt diese Gratwanderung, indem er festhält: »Die Getauften sind darum nur passive Glieder der Kirche, Glieder der göttlichen Bestimmungsthat nach; wirkliche, active Gliedschaft ist nur da, wo Glaube ist. Die Taufe scheidet wol Getaufte und Ungetaufte; ein Getaufter ist nicht mehr ein Heide, auch wenn er nicht glaubt, denn er steht schon innerhalb der Wirkungssphäre der Gnade und kann in jedem Moment etwas Anderes werden, als er ist, d. h. zum Glauben kommen.«[145]

Damit ist die innere Evangelisation, die die Taufe ernstnimmt als verheißungsvolles Geschehen, das den Glauben aus sich heraussetzen kann, die zugleich zur Umkehr ruft und darin die Realisierung des in der Taufe Zugeeigneten erhofft, im Kontext lutherischer Erweckungstheologie formuliert. Noch einmal Harnack:

»...durch die Taufe ist er in ein anderes, neues Verhältnis zu Gott gesetzt. Aber, so lange diesem nicht ein inneres Selbstverhalten entspricht, so lange besteht auch noch von seiner Seite keine Gemeinschaft. Die Kirche dagegen ist immer nur da wirklich, wo das gottgeschaffene, neue Verhältnis der Kindschaft in Christo auch der Grund eines neuen, gottwohlgefälligen Verhaltens, nämlich des Glaubens, geworden ist.«[146]

Deshalb muß die Kirche die Unterscheidung des coetus vocatorum, also der Getauften, vom coetus credentium, also den Glaubenden, zwischen der empirischen und der wesentlichen Kirche durchhalten, selbst wenn sie die Grenzziehung zwischen beiden nicht immer erkennen kann. Beide Kirchen liegen wie konzentrische Kreise ineinander, keineswegs aber wie exzentrische Kreise nebeneinander. Sie sollen auch nicht vorzeitig getrennt werden; der Zwiespalt mitten in der Kirche gehört zur Knechtsgestalt der irdischen Kirche. Doch sollen die bloß getauften Glieder zu glaubenden werden. Die extensive Selbsterbauung der Kirche fordert auch den Ruf zum Glauben.[147] In höchst aktueller Zuspitzung kann Harnack darum im Blick auf Säuglingstaufe und Patenamt fordern: Die Taufe »wird dem Kinde nur gespendet unter der Bürgschaft, die wenigstens die Pathen zu geben haben, daß ihr das katechetische Wort nachfolge, durch welches das in der Taufe Gegebene und Empfangene zum Bewußtsein gebracht und das persönliche entsprechende Verhalten in Buße und Glauben geweckt werden soll.«[148]

In dieser Richtung soll nun weitergedacht werden. Das zum Glauben rufende Wort ist es, durch welches die Frage nach der persönlichen Heilsgewißheit geweckt wird. Das zum Glauben rufende Wort ist es auch, das Trennung bringt. Die einen nehmen es im Glauben an, die anderen verwerfen es. Nicht menschliches Richten, sondern das Wort unterscheidet dann zwischen Glauben und Unglauben.

Wie kann glaubenweckende Verkündigung im Bereich der Kerngemeinde, der Mitarbeiterschaft und weiterer interessierter Gemeindeglieder aussehen?

3. Das Ziel

Wir formulieren zuvor jedoch noch einmal präzise das Ziel dieser kybernetischen Grundentscheidung: Es geht nicht darum, die Taufe geringzuschätzen, sondern zu ihr zurückzuführen. Es geht um Tauferneuerung. Es geht um eine erstmalige oder erneute Hinkehr der Getauften zu dem ihnen in Christus durch die Taufe zugeeigneten Heil. Dann geht es um die Einübung der glaubenden Getauften in den täglichen recursus ad baptismum. Angesichts zunehmender Erosion der Volkskirche werden wir darüber hinaus immer mehr mit Nicht-Getauften rechnen müssen, die wir zum Glauben und darum auch zur Taufe einladen sollen. Für die Getauften aber, »die nicht mehr zu ihrer Taufe stehen können oder noch nie stehen konnten«[149], geht es um diesen erstmaligen recursus ad baptismum, um die persönliche Umkehr, die in einer praxis pietatis Gestalt gewinnt, sich an die Schwestern und Brüder gewiesen weiß und die Sendung in den Dienst in Welt und Kirche annimmt.

4. Das Beispiel Gottesdienst

Auf der Suche nach den Räumen im Leben der Gemeinde, in denen die Tauferneuerung geschehen kann, wird man angesichts des Zeitbudgets der Pfarrerschaft gut daran tun, möglichst die vorhandenen Arbeitsformen für die missionarische Arbeit umzugestalten. Diese gestalterische Aufgabe ist nicht mit einer reinen Umbenennung der alten Gemeindearbeit zu verwechseln. Es nützt gar nichts, wenn man innerhalb des morphologischen Fundamentalismus oder der additiven Gemeindearbeit den alten Formen einen neuen Namen gibt. Manchen »Hoffnungswörtern« ist es so ergangen. In der Furcht vor dem Neuen, das das Zeitbudget noch mehr belasten könnte, wurde etwa die gesamte klassische Gemeindearbeit als »Evangelisation« bezeichnet, auch wenn an keiner Stelle Fernstehenden die Einladung zur persönlichen Christusbeziehung werbend und in elementarer Weise nahegebracht wurde. Ähnlich könnte es dem missionarischen Gemeindeaufbau ergehen. Durch einen Wechsel in der Beschilderung könnte nun die ganze Palette einer additiv arbeitenden Gemeinde die Bezeichnung »missionarischer Gemeindeaufbau« erhalten. Darum kann es hier jedoch nicht gehen. Die Bemühung um die vorhandenen Arbeitsformen und deren Öffnung für den missionarischen Gemeindeaufbau geht vielmehr davon aus, daß nicht neben der vorhandenen Gemeinde eine zweite, womöglich konkurrierende Gemeinde entstehen soll. Außerdem soll das Potential des Vorhandenen nicht ungenutzt bleiben.
Darum soll zuerst vom Gottesdienst die Rede sein. Die These vom sonntäglichen Gottesdienst als dem Zentrum der Gemeinde und des Gemeindeaufbaus vermag in vielen Gemeinden nicht mehr zu überzeugen. Diese theologisch landauf, landab vertretene These deckt sich nicht mehr mit der kirchlichen Wirklichkeit. Der sonntägliche Gottesdienst mit einer Beteiligung von durchschnittlich 5% bis 7% der Getauften erscheint eher als Veranstaltung einer kleinen Minderheit von Kirchenmitgliedern. Dementsprechend baut der sonntägliche Gottesdienst auch nicht wie von selbst die Gemeinde auf. Er tut dies schon deshalb nicht, weil in den wenigsten Fällen eine Ausrichtung auf den Aufbau einer »Gemeinde von Brüdern« festzustellen ist.[150]
Andererseits stellt der sonntägliche Gottesdienst gerade im Blick auf die in der zweiten kybernetischen Grundentscheidung angesprochene Personengruppe ein erhebliches Potential dar. Hier ist eine Umorientierung nötig: Bisher wies man gewöhnlich dem Sonntagsgottesdienst die »Gemeindepredigt« und der großen Sonderveranstaltung, oft in Zelten, die »evangelistische« Predigt zu. Die leidvolle Erfahrung vieler Veranstalter, daß meist in Jugendkreisen oder Bibelgruppen aktive Christen zu den großen Evangelisationen kommen, sollte schon hellhörig machen. Kommt aber hinzu, daß im Sonntagsgottesdienst viele Menschen versammelt sind, deren Hinkehr zum Evangelium noch aussteht, dann wird man mit Recht dem sonntäglichen Gottesdienst – neben anderen Formen der Verkündigung – auch die evangelistische Rede zuweisen. Es ist durchaus sinnvoll, im Umkehrschluß der Großevangelisation eine neue Ausrichtung zuzumuten, die stärker »die so zahlreich vorhandenen Christen kritisch, erwecklich und ermutigend«[151] anspricht.
Es ist deutlich, daß der Sonntagsgottesdienst damit nicht zu einer ausschließlichen permanenten Evangelisation gemacht werden soll. Es bleiben andere Funktionen

des Gottesdienstes, die von gleicher Bedeutung sind: Er ist Ort der Anbetung und des Lobes, Ort der Fürbitte und der Sendung, selbst Ort der Lehre und der prophetischen Weisung. Eine Verkürzung des Gottesdienstes steht nicht zur Debatte, sondern das Gewinnen einer neuen Dimension gottesdienstlicher Verkündigung.[152]

Paulus entwickelt in 1 Kor 14 ein Bild des urchristlichen Gottesdienstes, in den die evangelistische Dimension fruchtbar integriert ist. Da dient der Gottesdienst dem intensiven wie extensiven Wachstum. Der Fremde und Noch-nicht-Glaubende wird bei der liturgischen Gestaltung sehr ernstgenommen. Ziel ist die Gewinnung dieser Menschen für den Glauben an Christus. Doch darin geht der korinthische Gottesdienst nicht auf, Lobpreis, Prophetie, Lehre – all das hat dort Raum![153]

Kronzeuge für die evangelistische Dimension des Gottesdienstes im missionarischen Gemeindeaufbau ist Martin Luther in der Vorrede zur »Deutschen Messe« 1526: »die noch nicht gleuben odder Christen sind, sondern das mehrer teyl da steht und gaffet, das sie auch etwas newes sehen…; denn hie ist noch keyne geordente und gewisse versamlunge, darynnen man kunde nach dem Euangelio die Christen regiern. Sondern ist eyne offentliche reytzung zum glauben und zum Christenthum.«[154]

Daraus folgt: Die gottesdienstliche Verkündigung ist auch unter dem Aspekt der evangelistischen Anrede zu gestalten. Es ist unmittelbar einsichtig, daß hierzu bereits in der homiletischen Ausbildung während der ersten und zweiten Ausbildungsphase Bewußtsein gebildet und Kenntnisse vermittelt werden müßten. Evangelistische Verkündigung im Gottesdienst wäre eine elementare Beschreibung der großen Taten Gottes im Alten und Neuen Testament, die darauf abzielt, die Zuhörer zur Umkehr einzuladen.

Vom »Zuspruch des Evangeliums aus ist der Anspruch Gottes zu entfalten. Es muß immer wieder mit Ernst davon gesprochen werden, daß ohne Umkehr (Mark 1,15), ohne die neue Geburt von oben her (Joh 3,3) kein Mensch in Gottes Reich kommen kann… So gehört gerade in die gottesdienstliche Situation immer, wenn es der Text zuläßt, das Wort von der persönlichen Glaubensentscheidung des einzelnen; ebenso die Einladung, das von Gott durch Jesus Christus für uns Geschaffene, in der Taufe uns Zugesprochene und Geschenkte durch ein persönliches Ja des Glaubens anzunehmen.«[155]

Martin Stiewe hat die Kriterien evangelistischer Verkündigung auf den Begriff gebracht: Evangelistische Verkündigung sei *erstens* klar und einfach. Die Beschränkung der Verkündigung auf die Grundaussagen ist unumgänglich, da die normale Gemeindepredigt immer noch viel zu viele Kenntnisse voraussetzt. Bei einer tendentiell mißlingenden kirchlichen Sozialisation müssen wir von einem Nicht-Wissen im Blick auf elementare biblische Zusammenhänge bei den Hörern der Predigt ausgehen. Evangelistische Verkündigung sei *zweitens* anschaulich und lebendig. Martin Stiewe verweist hier auf die lebendige Predigtweise der großen Erweckungsprediger (Wesley, Spurgeon etc.) und spricht sich für narratives Predigen aus. Evangelistische Verkündigung sei *drittens* direkt und persönlich. Sie befindet sich hier auf einer Gratwanderung zwischen Liebe und Wahrheit, sie soll persönlich anreden und zur Umkehr rufen, dabei aber taktvoll und nicht drängerisch vorgehen. *Viertes* Kriterium evangelistischer Verkündigung ist Glaubwürdigkeit. In diesem Zusammenhang ist an die erste kybernetische Grundentscheidung zu erin-

nern: will ein Pfarrer missionarischen Gemeindeaufbau beginnen, so ist er zunächst persönlich betroffen und auf seine Christusbeziehung hin befragt. *Letztes*, aber gewiß nicht unwichtiges Kriterium der evangelistischen Verkündigung ist der Bezug auf den gekreuzigten als den auferstandenen Herrn Jesus Christus: österlich muß die evangelistische Verkündigung sein. Angesichts einer zunehmenden katastrophistischen Grundstimmung ist die evangelistische Verkündigung Verkündigung des Sieges Gottes über die Mächte des Todes und der Sünde.[156]
Evangelistische Verkündigung, die diese Kriterien befolgen will, wird auf die »Kurzformel des Glaubens« stoßen. Eine solche Kurzformel des Glaubens, die das Entscheidende der christlichen Botschaft plastisch und behältlich darstellt, ist etwa das »einfache Evangelium«, das Fritz Schwarz in der Grundlegung der »Überschaubaren Gemeinde« vorgestellt hat.[157] Im Anschluß an Leo Karrer weist Fritz Schwarz den Kurzformeln des Glaubens die Funktion zu, dem erzählten Evangelium die Richtung zu weisen. Sie verhelfen dem Prediger zur Konzentration auf das Wesentliche. Ihr Ort ist die werbende Verkündigung, aber auch die Vergewisserung der Glaubenden und die Sorge um die Einheit der kirchlichen Gemeinschaft.[158]
Evangelistische Verkündigung geschieht im Kontext der Hoffnung: der Heilige Geist beruft durch das Evangelium, erleuchtet mit seinen Gaben, heiligt im rechten Glauben und erhält die Glaubenden bei Jesus Christus (Erklärung Luthers zum dritten Glaubensartikel).[159]
Zwei Ergänzungen sind allerdings nachzutragen: Es ist nicht ausreichend, die gottesdienstliche Predigt allein evangelistisch im Blick auf die nicht-glaubenden Getauften auszurichten. Vielmehr muß der ganze Gottesdienst auf die evangelistische Aufgabe hin überprüft und auch umgestaltet werden. »Missionarische Liturgie ist also die selbstverständliche Folge missionarischer Predigt.«[160] Missionarische Liturgie wird zum Beispiel dafür sorgen, daß viele Christen an der Gestaltung des Gottesdienstes teilhaben und das werbende Bezeugen des Evangeliums mittragen. Sie wird Raum zur Gemeinschaft, zur Rückfrage und zum Austausch bieten, im Gottesdienst, aber wenigstens doch vor bzw. nach dem Gottesdienst.[161] Missionarische Liturgie läßt auch die zweiten und dritten Programme nicht außer acht und fragt nach neuen Gottesdienstformen, die dem evangelistischen Zeugnis dienen. Familien- und Jugendgottesdienste sind unter diesem Gesichtspunkt zu gestalten. Neue Formen werden hinzutreten, z. B. Abendgottesdienste für interessierte Gemeindeglieder. In einer Gemeinde in einer Universitätsstadt wurden Sonntagsabendgottesdienste eingerichtet für die an diesem Abend in ihre Studienorte zurückkehrenden Studenten und andere junge Leute. Die Liste ließe sich beliebig fortsetzen.[162]
Die zweite Ergänzung: Es ist nicht ausreichend, missionarischen Gemeindeaufbau allein vom evangelistisch ausgerichteten Gottesdienst her zu planen. Der evangelistische Gottesdienst wird gewiß zu einem der wichtigsten Bausteine des missionarischen Gemeindeaufbaus werden. Aber er ruft gerade darum nach Ergänzungen. Wer evangelistisch predigt, wird zum Beispiel in der Seelsorge bei Hausbesuchen an seine Verkündigung anknüpfen können. Die evangelistische Verkündigung hat ein Gefälle zur evangelistischen Seelsorge. Allen Unkenrufen zum Trotz werden Kasualgespräche tatsächlich zu missionarischen Gelegenheiten, wenn sie nicht die (Not-)Lage der Menschen »ausnutzen«, sondern den Men-

schen in werbender Bezeugung das Evangelium von Christus nahebringen und sie in die »Gemeinde von Brüdern« einladen. Die Diffamierung des Missionarischen in der Seelsorge verträgt sich nicht mit dem Auftrag zum missionarischen Gemeindeaufbau. Es ist nicht etwa mangelndes Selbstbewußtsein, sondern kränkelndes Christusbewußtsein, wenn Pfarrer und Mitarbeiter den Gemeindegliedern die – gewiß liebevolle und situationsgemäße – Bezeugung des Evangeliums schuldig bleiben. Dies ist der Hintergrund der These von Manfred Seitz: »Entgegen der herrschenden Scheidung von Seelsorge und Mission gehört zur Seelsorge auch die Führung zum Glauben und die Einweisung in die Gemeinde... Seelsorge im urchristlichen Sinn hieß, das heilende Wort Jesu Christi dort hinbringen, wo menschliches Leben versehrt und gestört ist, die Weisungen des Herrn dort festhalten zu helfen und einzugliedern in die Gemeinschaft derer, die im Sichverlassen darauf leben.«[163]

Ruft evangelistische Verkündigung nach der Ergänzung durch die Seelsorge, so ruft sie auch nach weiteren Räumen, in denen das Hören auf das Evangelium vertieft, der Glaube gewagt und ausgesprochen, die Gemeinschaft eingeübt werden kann. In ihrem Kern verweist die zweite kybernetische Grundentscheidung darum auf die Notwendigkeit kleiner geistlicher Zellen. Sie werden zum wichtigsten Grundbaustein des missionarischen Gemeindeaufbaus.

IV. Die geistliche Zelle

Wenn in der gesamten neueren kybernetischen Literatur die Bedeutung der kleinen geistlichen Zellen hervorgehoben wird, so ist dies die Wiederentdeckung einer reformatorischen Grunderkenntnis. Martin Luther hat in seiner berühmten Vorrede zur »Deutschen Messe« dieses Thema angeschlagen. Die Rede vom allgemeinen Priestertum aller Glaubenden ist ohne die kybernetischen Überlegungen Luthers in dieser Vorrede zur »Deutschen Messe« unvollständig. Wenn das allgemeine Priestertum weithin Fiktion blieb, so könnte dies auch daran liegen, daß in der Wirkungsgeschichte der Reformation der Vorschlag Luthers zwar immer wieder wohlwollend und zustimmend zitiert worden ist, daß er aber kaum einmal mit Entschiedenheit in die Praxis umgesetzt wurde. Luther hat selbst dazu mit seiner leicht resignativen Schlußbemerkung Anlaß gegeben. Es blieb seither bei der Feststellung, es sei ja wünschenswert, der »dritten Weise« gemäß Gemeinde zu bauen, doch leider habe man die Leute dazu nicht. Stimmt das wirklich?

Luther will neben der deutschen und der lateinischen Messe eine »dritte Weise des Gottesdienstes«: sie »muste nicht so offentlich auff dem platz geschehen unter allerley volck; sondern die ienigen, so mit ernst Christen wollen seyn und das Euangelion mit hand und munde bekennen, musten mit namen sich eyn zeychen und etwo yn eyn hause alleyne sich versamlen zum gebet, zu lesen, zu teuffen, das sacrament zu empfahen und andere Christliche werck zu uben. Inn dieser ordnunge kund man die, so sich nicht Christlich hielten, kennen, straffen, bessern, ausstossen odder ynn den bann thun nach der regel Christi Matth. xviii. Hie kund man auch eyn gemeyne almosen den Christen aufflegen, die man williglich gebe und aus teylet unter die armen nach dem exempel S. Pauli. ij. Cor. ix. Hie durffts nicht viel und gros gesenges. Hie kund man auch eyn kurtze fuyne weyse mit der tauffe und sacrament halten und alles auffs wort und gebet und die liebe richten. Hie muste man eynen guten kurtzen Catechismum haben uber den glauben, zehen gebot und vater unser. Kurtzlich, wenn man die leute und personen hette, die mit ernst Christen zu seyn begerten, die ordnunge und weysen weren balde gemacht.«[164]

Doch Luther sah die Leute nicht und blieb darum bei der ersten und zweiten Weise, in der Hoffnung, irgendwann könnten erweckte Christen von selbst die Gottesdienste derer fordern, die mit Ernst Christen sein wollen.

In der neueren kybernetischen Literatur spielt die Vorrede zur »Deutschen Messe« eine wachsende Rolle.[165] Die Verknüpfung von öffentlichem Gottesdienst, der zum Glauben reizen soll, und geistlicher Zelle, in der der Glaube vertieft werden kann, wird dabei als neutestamentliche Grundstruktur erkannt. In der Apostelgeschichte etwa ist das Wechselspiel von öffentlicher Verkündigung und dem Leben der christlichen Gemeinde in den Häusern unverkennbar: Apg 2,46; 5,42; 20,20 u. a.

Die zweite kybernetische Grundentscheidung folgt dieser Spur: Die kleine geistliche Zelle erscheint in Ergänzung zum evangelistisch ausgelegten Gottesdienst als entscheidender Baustein des missionarischen Gemeindeaufbaus.

Die Praxis dieser Grundentscheidung könnte etwa so aussehen: Das Ziel ist eine erste Gruppe von glaubenden Getauften, in der sich das normale Christen- und Gemeindeleben realisiert. Im Blick auf die geistliche Durchdringung der gesamten volkskirchlichen Parochie könnte man auch formulieren: Das Ziel ist der Mitarbeiterkreis für den missionarischen Gemeindeaufbau.

Der Pfarrer, der seine Berufung zum missionarischen Gemeindeaufbau (erneut oder erstmals) erkannt und angenommen hat, wird zunächst versuchen, interessierte Gemeindeglieder für eine solche Zelle zu sammeln. Es gehört zu seinen Leitungsaufgaben, daß er mit wachem Blick in der Gemeindearbeit auf Menschen achtet, die für eine solche Unternehmung u. U. zu gewinnen wären. Man wird in der Regel nicht erwarten dürfen, daß sich die Menschen von sich aus zu einer verbindlichen Zelle melden. Es geht um anfängliche Berufung. Dabei wird der Pfarrer die vorhandenen (haupt-, neben- und ehrenamtlichen) Mitarbeiter zuerst in den Blick nehmen, ihnen das Vorhaben erläutern und sie einladen. Darüber hinaus wäre an interessierte Gottesdienstbesucher zu denken, aber auch an Menschen, die bei Hausbesuchen oder Kasualgesprächen ihre Offenheit für Fragen des Glaubens und Gemeindelebens deutlich gemacht haben. Hier sind ja die Menschen; es gilt nur, sie zu sehen und zu rufen. Hier wird es ernst mit den »Chancen der Volkskirche«. Der Kreis, der hier zusammenkommt, wird vielleicht sehr klein und unscheinbar, vielleicht sogar ausgesprochen unattraktiv sein. Doch genau hier gilt es zu beginnen. Der Pfarrer tut gut daran, diesen Kreis geistlich nicht zu überfordern. Er darf nicht den guten Willen der Beteiligten mit einer persönlichen Christusbeziehung verwechseln, die es vielleicht erst aufzubauen gilt. Er tut aber gut daran, mit vielleicht verborgenen Geschichten des Glaubens zu rechnen, auch mit angefochtenen Christen, vielleicht mit einem schwachen oder wenig ausdrücklichen Glauben, jedoch auch mit handfestem Unglauben. In vielen Fällen finden sich aber die ein, die tatsächlich mit Ernst Christen sein wollen und nur darauf gewartet haben, zu einer verbindlichen Gemeinschaft eingeladen zu werden. Das sind zugleich die, die an der Situation der Kirche leiden und nach Wegen der Erneuerung fragen. Wichtig ist in dieser Frage nur die Offenheit des Pfarrers, des kybernetischen Supervisors und der vielleicht schon vorhandenen Mitleiter, daß eine offene Begegnung mit diesen Menschen stattfindet, die immerhin Zeit und Kraft in eine neue, unbekannte Sache investieren. Es geht nicht an, sie in dieser oder jener Richtung schon festzulegen, bevor nicht ein gemeinsamer Weg gegangen ist. Es geht vielmehr darum, neugierig und offen ein Stück gemeinsamen Weges zu gehen. Standortbestimmungen wird es dann von selbst geben, diesseits und jenseits der Grenze des Glaubens. Ziel ist für alle, die Christusbeziehung in der Gemeinschaft von Schwestern und Brüdern erstmals oder neu aufzubauen und wachsen zu lassen. Dazu aber bedarf es der Geduld.

Im Blick auf die Zusammensetzung einer solchen Zelle, aus der einmal der Mitarbeiterkreis des missionarischen Gemeindeaufbaus erwachsen soll, wird man demnach am Anfang keine zu großen Anforderungen stellen dürfen. In vielen Fällen wird es erst in der Zelle zu einer klaren und erkennbaren Glaubensentscheidung kommen. Der alte Grundsatz, daß Mitarbeiterschaft an den Glauben und die Nachfolge Christi gebunden ist, wird davon nicht berührt. In der Anfangsphase des missionarischen Gemeindeaufbaus allerdings wird sich dieser Grundsatz kaum fruchtbar in die Gemeindearbeit umsetzen lassen. Gibt es dann aber einen geistlich mündigen Mitarbeiterkreis, sollten nur noch solche Gemeindeglieder hineinberufen werden, die ihre Taufe im Glauben angenommen und sich dazu auch bekannt haben. Für die anderen Gemeindeglieder wird es dann bessere, missionarisch offene Kreise und Angebote geben, in die sie aufgenommen werden können.[166]

Eine zunächst merkwürdig anmutende Erfahrung mit solchen geistlichen Zellen ist zu erwähnen: Oft erscheint es schwieriger, Menschen aus dem Bereich der Kerngemeinde und der Mitarbeiterschaft für das verbindliche Leben einer geistlichen Zelle zu gewinnen als Menschen, die nur lockere Verbindungen zur Gemeinde haben. Auch das persönliche Gespräch über den Glauben erscheint im Kern der Gemeinde zuweilen schwerer als an ihrem Rand. Vermutlich ist mit einer gewissen Immunisierung der Kerngemeinde im Blick auf die zentralen Aussagen des Evangeliums zu rechnen. Man weiß das alles eben schon. Um so schwerer fällt es, von der Ebene des Konfirmandenwissens und der theologischen Richtigkeiten zum persönlichen Austausch zu kommen. Hier tun sich Fernstehende leichter, da ihre Begegnung mit dem Evangelium nach einer Zeit der »Abstinenz« unmittelbarer ist.

Die Treffen der kleinen geistlichen Zellen in der Gemeinde sollten in nicht zu großen Abständen (vielleicht zunächst zweiwöchentlich) in einem gut gestalteten äußeren Rahmen stattfinden. Die Gestaltung des Raumes, aber auch der Ablauf der Treffen selbst muß dokumentieren, daß es hier nicht um eine Ausschußsitzung oder eine Schulungsmaßnahme geht. Wenn es um den Aufbau der »Gemeinde von Brüdern« geht, ist eine dieser bruderschaftlichen Existenzweise angemessene Gestaltung des Raumes und der Treffen selbst zu suchen. Auf Dauer tun sich hier schon Möglichkeiten auf, den verschiedenen Charismen Raum zu geben. Im normalen geistlichen Leben einer Gemeinde werden auch »Charismen der Gestaltung« oder »Charismen der Gesprächsführung« sichtbar, die es freizusetzen, zu pflegen und einzubringen gilt.

Die Treffen der kleinen geistlichen Zelle geschehen in einem Schonraum. Es ist nicht legitim, die Menschen, die sich haben einladen lassen, nun sogleich für diverse Arbeiten in der Gemeinde einzuplanen. Wer hier hinkommt, darf wissen, daß er nichts leisten muß. Die geistliche Zelle wird gerade wegen ihrer Bedeutung für den missionarischen Gemeindeaufbau einen Freiraum darstellen. Um es noch deutlicher und scheinbar paradox zu formulieren: Gerade weil es um den Zweck eines Mitarbeiterkreises geht, wird die kleine geistliche Zelle zweckfrei zusammenkommen.

Angesichts der wachsenden beruflichen und familiären Anforderungen könnte es auch geboten sein, die Dauer der geistlichen Zelle zunächst zu befristen, etwa auf ein Jahr. Damit wird vielen Menschen der Zugang erleichtert. Sie wissen, daß sie nicht unbeschränkt gebunden werden. Nach einem Jahr muß neu überlegt werden: Wer dann gehen will, kann es in aller Freiheit tun. In der Regel bewirkt die Freiheit zu gehen, daß nach dem verabredeten Zeitraum die meisten sich weiter binden. Jedoch sollte innerhalb der verabredeten Frist Verbindlichkeit herrschen. Ohne dieses Minimum an gegenseitiger Verläßlichkeit und Verbundenheit (und um nichts anderes geht es bei dem häufig diskriminierten Begriff »Verbindlichkeit«) ist der Aufbau einer geistlichen Zelle als Keimzelle des missionarischen Gemeindeaufbaus unmöglich.[167]

Für den Pfarrer wird die geistliche Zelle zum Ort der Bewährung seines Amtsverständnisses innerhalb des missionarischen Gemeindeaufbaus. Hier wird er sowohl im Gegenüber zur Gemeinde Leiter und Spiritual sein müssen als auch im Miteinander mit den anderen Getauften als Bruder »per mutuum colloquium et consolationem fratrum«[168] mitleben dürfen.

Zu seiner rektoralen Aufgabe im missionarischen Gemeindeaufbau gehört nun auch der regelmäßige Kontakt zu den Mitgliedern der geistlichen Zelle. Er wird sie besuchen, wach sein für seelsorgerliche Fragen und offen für den Kairos, den Gott einem Menschen schenkt, damit er ein persönliches Ja zu dem ihm in der Taufe bereits zugeeigneten Heil finden und aussprechen kann. Dies erfordert Offenheit zur Begleitung auf dem Weg der Umkehr bis hin zur (Lebens-)Beichte. Dieser Weg verläuft nie stereotyp; auch darauf muß sich der Pfarrer einstellen.

Schließlich gehört die geistliche Prägung der Zelle zur rektoralen Aufgabe des Pfarrers. Hier ist er Spritual. Das erfordert den Mut zur geistlichen Leiterschaft. Angesichts dieser Aufgabe ist die Notwendigkeit sowohl kybernetisch-aszetischer Ausbildung wie kybernetischer Supervision unmittelbar einleuchtend. Es geht darum, daß die geistliche Zelle intentional zum Lern- und Lebensraum des Glaubens werden kann. Hier können die zentralen (biblischen) Texte und Themen des Glaubens in einer das persönliche und gemeinschaftliche Leben betreffenden Weise angesprochen und durchgesprochen werden. Hier können Erfahrungen des Zweifels, der Enttäuschung, der Verletzung und des Unglaubens angesprochen (und »weggesprochen«) werden. Hier können aber auch Schritte in den Glauben hinein und dann erste Schritte im Glauben gewagt werden. Anfänge dürfen ausgesprochen werden; davon lebt gerade anfänglicher Glaube. Die Begegnung mit lebendigen Christuszeugen in der geistlichen Zelle läßt immer wieder nach dem Bezeugten zurückfragen. Miteinander gestaltete Zeit, also in bescheidener Weise ein Stück gemeinsamen Lebens, läßt den Glauben mitten im Leben erscheinen. Von der dritten Barmer These her ist Sozialität neben Aktualität des Wortes Kennzeichen der »Gemeinde von Brüdern«.

Verweist schon die soziale Dimension der geistlichen Zelle auf die Ganzheitlichkeit ihres Lebens, so ist einer intellektualistischen Verengung vollends durch die gemeinsame Einübung einer elementaren Spiritualität zu wehren. Der Glaube kann nicht nur im Kopf verhandelt werden. Schon Luthers »dritte Weise« sieht ein ganzheitliches Zusammenleben vor: beten und in der Bibel lesen, singen und die Sakramente reichen, Werke der Liebe tun und für andere opfern, auch Gemeindezucht üben. So geht es auch in der kleinen geistlichen Zelle um die Einübung von Glaubensvollzügen, d. h. um das Hineinwachsen in eine schlichte, aber tragende praxis pietatis. Deren Grundelemente sind im Anschluß an Apg 2,42 das Hören auf das biblische Wort, das Gebet, die Gemeinschaft und das Herrenmahl. Jede geistliche Zelle muß nun diese Grundelemente in eine wiederholbare, schlichte Form umsetzen. Es gehört zur Verläßlichkeit ihres Zusammenlebens, daß dieselben Vollzüge wiederholt und darum eingeübt werden können.

Ein schlichtes Modell der gemeinsamen praxis pietatis könnte etwa so aussehen: Kommen, Schweigen, Hören, Austauschen, Antworten, Feiern, Gehen. Diese sieben Schritte können zunächst sehr einfach und knapp geformt werden, um später dann weiter ausgebaut zu werden. Nichts wäre verhängnisvoller als eine geistliche Überforderung am Anfang. Wichtig ist, daß allmählich ein »Klima« entsteht, in dem der Glaube reifen und wachsen kann.

Die Menschen kommen zusammen. Sie werden begrüßt und aufgenommen. Es ist Zeit, sich einzufinden, einander zu begrüßen und einige Worte miteinander zu wechseln. Gemeinsames Singen, anfangs stockend, dann immer besser und fröhlicher, führt zusammen und orientiert das Treffen auf Gott hin.

Das Schweigen – es sei gerade am Anfang nicht zu lang und auf jeden Fall inhaltlich »gefüllt« – dient der Vorbereitung. Es läßt die vielen Stimmen des Tages ausklingen, damit die eine »leise Stimme« (Paul Schütz)[169] gehört werden kann. Nur diese Stimme kann den Glauben hervorrufen (Röm 10,17).

Darum ist das gemeinsame Hören entscheidend. Es steht im Zentrum der gemeinsamen Spiritualität. Das Hören auf das biblische Wort geschieht auf eine sehr unmittelbare Weise. Aus dem Hören erwächst der Glaube und darum auch das allgemeine Priestertum. Der hörenden Gemeinde weist Martin Luther die Vollmacht zu, »Daß eine christliche Versammlung oder Gemeine Recht und Macht habe, alle Lehre zu urteilen und Lehrer zu berufen, ein- und abzusetzen… 1523«[170] Entsprechend schätzt Christian Möller das Hören ein und spricht geradezu von einer »Bekehrung zum Hören«: »Der reformatorischen Wiederentdeckung des Wortes entsprach… die Wiederentdeckung eines ganzheitlichen Hörens… Die gute Nachricht von der Vergebung der Sünden in Jesus Christus öffnet dem Menschen das Ohr, macht ihn hörfähig, zum Glauben fähig, zum Bekenntnis bereit. Dieses Hören muß nicht noch durch ein Tun vervollständigt werden, denn es ist ein Tun, ein Bleiben in Jesu Rede. Da wächst viel Frucht (Joh 15,5). Das ist ein einziger Hörvorgang: Hörend werde ich in die Nähe von Jesu Rede hineingezogen, werde diesem Wort hörend gehorsam, gehöre ihm im Glauben und gehöre darin mit anderen zusammen, die sich zu demselben Herrn bekennen und sich zum immer neuen Hören in der Nähe des Wortes versammeln.«[171]

Dem Hören entwächst der Austausch über das Gehörte in der Gemeinschaft. Da wird – ohne Besserwisserei oder Schulmeisterei – zusammengetragen, was das gehörte Wort in den einzelnen hervorgerufen hat. Immer wieder werden grundsätzliche Fragen des Glaubens hervorgerufen: Wer ist ein Christ? Was bedeutet die Taufe? Wie kann ich beten? Was darf ich von Jesus Christus erhoffen? Immer wieder stößt das gehörte Wort mit der eigenen und der gesellschaftlichen Lebenswirklichkeit zusammen: Wie will Gott unserem Leben Gestalt geben? Was sollen wir tun in Familie und Beruf? Was hat Gottes Wille mit der politischen Existenz zu tun? Was sagt die Bibel zu Fragen des Lebensstils? Immer geht es dabei um Christus und um die Umkehr zu ihm. Gegenseitig helfen sich die Hörer des Wortes auf dem Weg der Umkehr weiter.

Aus dem Hören und dem Austauschen erwächst dann auch das Gebet. Es ist Antwort auf das Gehörte. Im Gebet erhören die Hörer Gottes Wort, dann erst geht es auch darum, von Gott erhört zu werden; aber auch dies darf erwartet werden. Das gemeinsame Gebet beginnt bescheiden als festes, vorformuliertes und gelesenes Gebet. Es ist nicht gut, sofort mit Gebetsgemeinschaften zu beginnen. Vielleicht kann man nach einiger Zeit Fürbitten laut zusammentragen und mit einem gemeinsamen Vaterunser schließen. Das freie, laute und gemeinsame Beten ist ein weiterer Schritt. Es gehört zur rektoralen Funktion des Pfarrers, hier die Zeitpunkte zu ertasten. Wichtig ist jedenfalls, daß gebetet wird: Hier steht die Zelle in Dank und (Für-)Bitte, in Lob und Anbetung vor Gott. Die Anliegen des missionarischen Gemeindeaufbaus können hier bald betend mitgetragen werden.

In der Feier kommt erneut die Ganzheitlichkeit christlicher Gemeinschaft zum Tragen. Sie ergibt sich in der Regel wie von selbst: als gemeinsam gestaltete freie Zeit, als Fest, als gegenseitige Einladung und Gastfreundschaft. Im Feiern findet die Freude an Christus und aneinander ihren angemessenen Ausdruck. Es kann die Gestalt der Geselligkeit haben. Es wird aber immer stärker auch mit dem Herrenmahl verknüpft sein. Wo immer geistliches Leben entsteht, kommt auch der starke Wunsch nach der gemeinsamen Feier des Herrenmahls auf. Und dies zu Recht; denn hier ist ja das Zentrum des Glaubens sinnfällig anwesend. Christus gibt sich uns und läßt sich von uns nehmen. Er schenkt uns Gemeinschaft mit sich selbst und darum auch untereinander. Bleibt die Zelle – und sei es zunächst nur durch den Pfarrer – an die Parochie angebunden, ist der Wunsch nach der gemeinsamen Feier des Herrenmahls in der geistlichen Zelle durchaus legitim.

Als letztes gehört auch das Gehen zur gemeinsamen Spiritualität. Es ist zunächst schlicht ein Hinausgehen in die Alltagswelt, ein Zurückgehen in die Häuser, Betriebe und vielfältigen alltäglichen Bezüge. Die geistliche Zelle ist stets auf diese alltägliche Welt bezogen. Das Hinausgehen wird mit der Zeit als Gesandtwerden verstanden. Es wird zur Sendung in vielfältige und höchst unterschiedliche Dienste, in der Gemeinde, in der Familie, in der Arbeitswelt und in der Gesellschaft. Das Gehen schließt nicht aus, daß die Glieder der Zelle über die gemeinsamen Treffen hinaus mit der Zeit Kontakt aufnehmen, sich den anderen mitteilen und einander dienen.

Die geistliche Zelle wird wachsen, äußerlich und innerlich. Das ist das Verheißene und Normale, denn es ist das Werk des zwar unverfügbaren, aber zuverlässigen Heiligen Geistes. Geschichten des Glaubens werden zu erzählen sein. Wachstum ist oft mit Händen zu greifen. Andere werden angezogen und eingegliedert. Zugleich sind Rückschläge und Anfeindungen zu ertragen. Durststrecken bleiben nicht aus. Wo sich geistliches Leben rührt, ist schnell auch Widerspruch da. Glaubenslosigkeit wird in weiten Teilen der Volkskirche bei weitem als nicht so bedrohlich oder aufregend empfunden wie geistliches Wachstum. Es gilt zu lernen, mit heftigen Widerständen umzugehen. Das Auffällige ist, daß sie oft von innen, aus der Gemeinde also, kommen werden. Um sie durchzustehen, ist wiederum Supervision und die Gemeinschaft innerhalb der »Gemeinde von Brüdern« unabdingbar.

Ein häufig verhandelter Konflikt ist im Bereich des Kirchenvorstands angesiedelt. Oft ist der Kirchenvorstand besorgt über geistliche Aufbrüche innerhalb der Parochie. Zuweilen kommt es zu scharfen Widersprüchen gegen das Neue. Wie soll ein Pfarrer, der missionarischen Gemeindeaufbau will und auf Grund der zweiten kybernetischen Grundentscheidung gerade im Bereich der (mitarbeitenden) Kerngemeinde beginnen will, damit umgehen? Zunächst wird der Pfarrer versuchen, einzelne Kirchenvorsteher für die kleine geistliche Zelle zu gewinnen. Kirchenvorsteher müßten schon kraft ihrer gemeindeleitenden Funktion hier ernstgenommen werden. Gelingt dies, so ist erhebliches Konfliktpotential aus dem Weg geräumt. Auf jeden Fall wird der Pfarrer den Kirchenvorstand über das, was in den kleinen geistlichen Zellen geschieht, nicht im unklaren lassen, ihn vielmehr gründlich informieren. Schließlich wird er sich Gedanken darüber machen, wie auch die Kirchenvorsteher auf ihre Christusbeziehung hin angesprochen und in eine elementare Spiritualität eingeführt werden könnten. Manche Klage über die Kirchenvorsteher, die nur in Verwaltungs- und Baufragen leidenschaftlich streiten könnten, ist auch auf eine mangelnde geistliche Pflege zurückzuführen. Alles in allem ist hier viel Aufmerksamkeit vonnöten, will man sich nicht unnötige Konflikte schaffen. Allerdings lassen sich Konflikte nicht gänzlich vermeiden und sollten dann auch durchgestanden werden.

Es kann sein, daß der Kirchenvorstand selbst zum innersten Mitarbeiterkreis und zur Schaltstelle des missionarischen Gemeindeaufbaus wird. Andernfalls sollte der Pfarrer auch um den Kirchenvorstand ringen und beten. Dies kann wiederum nicht bedeuten, daß der missionarische Gemeindeaufbau zu den Akten gelegt wird, wenn und weil der Kirchenvorstand sich ablehnend dazu äußert. Hier ist auch Theo Sorg zu widersprechen: »Es sollte freilich – nicht nur aus Achtung vor dem geordneten Amt, sondern auch aus brüderlicher Rücksichtnahme – nicht geschehen, daß dort, wo das geistliche Interesse des Kirchengemeinderates für eine solche Entwicklung noch nicht vorhanden ist, an ihm vorbei und ohne jede Fühlungnahme mit diesem Gremium Gemeindeaufbau nach neutestamentlichen Grundsätzen forciert wird.«[172]

Natürlich sollte nicht ohne Fühlungnahme mit dem gemeindeleitenden Gremium missionarischer Gemeindeaufbau forciert werden, das wäre ja nur eine andere, nun sich missionarisch gebende Variante der Pfarrerskirche. Aber der missionarische Gemeindeaufbau bleibt geboten, auch wenn der Kirchenvorstand sich dagegen sträubt, und er ist so dringlich, daß er auch nicht warten kann, bis der Kirchenvorstand »Interesse... für eine solche Entwicklung« zeigt. Vielmehr wird gerade um dieser Kirchenvorsteher willen missionarischer Gemeindeaufbau zu forcieren sein, daß ihnen die »Gemeinde von Brüdern« vor Augen gestellt wird und sie anschauen können, wieviel mehr Gott an seiner Gemeinde tun will, als sie es bislang für möglich gehalten haben: »...auf die Stunde Gottes für den Gemeindeaufbau braucht man nun wahrlich nicht zu warten. Sie hat seit Pfingsten bereits geschlagen und kann nicht abhängig gemacht werden von einem Leitungsgremium, das

für geistliche Fragen keinen Blick hat. Wenn wir das sagen, dann ist uns klar, wie sehr hier Konfliktfähigkeit und manchmal auch Leidensfähigkeit gefordert sind.«[173]
Schließlich ist auf eine letzte rektorale Aufgabe des Pfarrers in der geistlichen Zelle zu verweisen: Er wird wachsam sein müssen. Gesunde Zellen teilen sich. Zellen, die aufhören, sich zu teilen, werden krank und sterben ab. Die geistliche Zelle braucht eine Zeitlang einen gewissen Schutzraum. Es ist auch gar nicht schlimm, wenn ihr einmal das Odium des Exklusiven anhaftet. Auf Dauer ist aber darauf zu achten, daß sie sich nicht abkapselt. Sie kann nicht (schon um ihrer selbst willen) grenzenlos nach innerem Wachstum streben. Sie wird vielmehr andere aufnehmen und sich bei entsprechender Größe teilen. In der Sprache der alten Kybernetik: sie kann nicht immer nur auf Sammlung aus sein. Sie wird sich in die Sendung stellen lassen müssen. Will sie nur die Sammlung, wird sie schmerzhaft spüren, daß ihr dann noch nicht einmal die Sammlung mehr gegeben wird. Läßt sie sich in die Sendung stellen, wird sie bemerken, wie dringend sie die Sammlung auf dem Weg der Sendung braucht und auch erfährt.

V. Das geistliche Leben des Mitarbeiters

Die gemeinsame Spiritualität der Gruppe soll auch tragfähig sein für die Zeit zwischen den Treffen der geistlichen Zellen. Die gemeinsame praxis pietatis erfährt dann ihre Vervollständigung durch die einsame praxis pietatis. Beide gehören zusammen.
Um einem Mißverständnis vorzubeugen: Es geht in der Frage des geistlichen Lebens nicht um einen besonderen Lebensbereich, der von einem anderen, ungeistlichen, abgesondert werden könnte. Es geht um das ganze Leben unter der Leitung des Heiligen Geistes. »Vita spiritualis bedeutet demzufolge das vom Heiligen Geist bestimmte Leben, oder genauer gesagt: Geistliches Leben ist eine vom Geist Gottes bestimmte Art des In-der-Welt-Seins.«[174]
Um diese vita spiritualis geht es, wenn in dieser zweiten kybernetischen Grundentscheidung von der mitarbeitenden Gemeinde die Rede ist. Wie kann es geschehen, daß diese Getauften aus dem Unwissen, der Unausdrücklichkeit und der Sprachlosigkeit herausfinden, ihre Taufe annehmen und dann in einer vom Heiligen Geist bestimmten Weise in der Gemeinde und in der Welt existieren? Wer nur an den sekundären Früchten des Christlichen interessiert ist, wer also nur nach den guten Werken fragt ohne den vermeintlichen Umweg über die vita spiritualis, der verwechselt nicht nur Gesetz und Evangelium, sondern überfordert in einer unbarmherzigen Weise die Gemeindeglieder.
Die vita spiritualis im weiteren Sinne als von Gottes Geist bestimmtes Leben in der Welt umschließt dann aber auch die praxis pietatis als vita spiritualis im engeren Sinn. Es ist das Wesen des Heiligen Geistes, Leib zu werden. Der Geist bindet sich an die äußeren Mittel wie Wort und Sakrament und wird dort vernehmbar. Wer sein Leben unter der Führung des Heiligen Geistes leben will, wird darum auf die Bibel, das Gebet, die Gemeinschaft verwiesen: »Der Geist wird Leib in der Bibel, und wo die Bibel ist, inkorporiert er sich weiter in der ausgelegten Bibel und im Vollzug des Wortes; wo das Verkündigungswort ergeht, entsteht Antwort, Ge-

bet, und dies nie ohne Gemeinschaft, die durch Wort und Gebet zustande kommt und alles wieder trägt. So wird der Geist leibhaft in Wort, Gebet und Gemeinschaft. Jetzt haben wir konkret vor uns, was geistliches... Leben sein soll: von Wort, Gebet und Gemeinschaft bestimmtes Leben.«[175]

In der geistlichen Zelle wird nun eingeübt, was in dem täglichen Leben des Christen vor Gott auch in wahrnehmbarer Weise Gestalt annehmen soll: der Umgang mit Wort und Gebet. Was in der früher geübten Hausandacht, die sich an den Zyklus von Tag, Woche und Jahr sowie an die Gemeinschaft der Familie anlehnen konnte, selbstverständlich war, ist heute für die meisten Getauften erst neu zu entdecken und zu neuen Selbstverständlichkeiten zu formen. Aus der Fülle der Möglichkeiten soll wieder exemplarisch ein Vorschlag herausgegriffen werden, nämlich das tägliche Gebet, wie es Manfred Seitz beschrieben hat. Es ist eine elementare Form geistlichen Lebens im Alltag der Welt, ohne großen Aufwand zu halten: Es besteht aus Psalm, Schriftlesung und Gebet. Es sollte wenigstens einmal täglich als Wahrzeichen gehalten werden. Die Abfolge der drei Stücke ist mit Bedacht gewählt: Das Psalmwort trägt das Menschliche vor Gott, es findet Antwort in der Schriftlesung, der Anrede Gottes, die wiederum betend beantwortet wird. Damit sind die Grundelemente christlichen Gottesdienstes in die persönliche Stille aufgenommen.[176]

Das tägliche Gebet kann und soll Ergänzung finden durch das gelegentliche Gebet, mit dem Christen im Tageslauf spontan das Erlebte vor Gott bringen, oder durch das verweilende Gebet. Im verweilenden Gebet geht es um eine geplante und sorgfältig ausgesparte Zeit des Verweilens über einem biblischen Text. Es könnte seinen Platz haben bei gelegentlichen Stillen Tagen (sogenannten »Wüstentagen«), die dazu dienen, das eigene Leben zu bilanzieren, um dann – eventuell nach einer Beichte – einen neuen Anfang im Alltag zu machen. Das verweilende Gebet hat auch seinen Platz auf Einkehrtagen, wo es hinüberweist zum gemeinsamen Gebet, zur praxis pietatis der geistlichen Zelle.[177]

Die Formen sind sehr variabel. Es gilt, an einer Stelle einen Anfang zu machen. Der Pfarrer ist als Spiritual seiner Gemeinde gerufen, auf allen Ebenen der Gemeindearbeit, vom Konfirmandenunterricht bis hin zur Altenarbeit, angemessene Gestaltwerdungen geistlichen Lebens vorzustellen und einzuüben. Es bedarf dazu gezielter Akte des Anfangens und einer gewissen Regelmäßigkeit. Diese Regelmäßigkeit ist streng von Gesetzlichkeit zu unterscheiden. Sich täglich zu Wort und Gebet und regelmäßig zur »Gemeinde von Brüdern« zu halten, ist nicht gesetzlich, sondern Ausdruck der Treue. Gesetzlichkeit wäre »die Verabsolutierung des Sekundären«.[178] Wort, Gebet und Gemeinschaft hingegen gehören zum Primären: sie sind im Leben des Mitarbeiters unabdingbar. Sie weisen ihm auch die Richtung für den Dienst, von dem nun zu sprechen ist.

VI. Mitarbeiterschaft

Erst jetzt wird die zweite Hälfte der zweiten kybernetischen Grundentscheidung akut: Jetzt geht es um die Entdeckung der Charismen bzw. um Mitarbeiterschaft. Wo geistliches Leben entsteht, ist es völlig ausgeschlossen, daß nicht auch Gaben des Heiligen Geistes aufkommen, daß nicht auch Dienste in Sicht geraten und

Menschen aus der erneuerten Christusbeziehung heraus dienstbereit werden. In der kleinen geistlichen Zelle wird der Laie geboren, nun nicht als der Nicht-Theologe, sondern als das charismatisch begabte Glied des Volkes Gottes (λαός). »Die ›Laien‹ sind die Glieder des Gottesvolkes nicht im Gegensatz zu einer Gruppe Personen innerhalb des Gottesvolkes, sondern im Gegensatz zu all den Menschen in der Welt, die nicht um Gottes Königsherrschaft wissen und nicht durch die Taufe dem Gottesvolk einverleibt sind.«[179]

So wird der Begriff des Laien identisch mit dem des Christen, gleichwohl nicht überflüssig, wie Fritz und Christian Schwarz meinen, denn er akzentuiert einen besonderen Aspekt des Christseins: die Zugehörigkeit zum Volk Gottes im Unterschied zu den Völkern.[180] Hinfällig aber ist die rein negative Definition des Laien im Unterschied zum Pfarrer. Um es ganz deutlich zu machen: im beschriebenen Sinne ist der Pfarrer – hoffentlich! – nichts anderes als – ein Laie!

In der kybernetischen Literatur nach dem Zweiten Weltkrieg, die sich besonders eifrig um die Laien kümmerte, tauchte nun im Zusammenhang von Gemeindeaufbau und Laientum der Begriff der Haushalterschaft auf. Er markierte den Bereich des Dienstes der Christen in der Welt.[181] H. Krüger hat Haushalterschaft knapp und präzise definiert. Sie »bezeichnet... die vom einzelnen Christen erwartete und anzustrebende Haltung ›planvoller und angemessener Hingabe von Zeit, Fähigkeiten und materiellem Besitz, beruhend auf der Überzeugung, daß sie von Gott anvertraut sind, um in Seinem Dienst zum Wohle der ganzen Menschheit Verwendung zu finden, in dankbarer Anerkennung von Christi erlösender Liebe‹«.[182]

Ausgehend von 1 Petr 4,10 wurde die Haushalterschaft zu einem wichtigen kybernetischen Instrument, zunächst in den amerikanischen Kirchen, bald aber auch im europäischen Luthertum. Besondere Schwerpunkte lagen auf dem Besuchsdienst durch Gemeindeglieder und auf dem Zehnten als dem finanziellen Opfer der Christen. Stewardship war dabei stets geistlich verankert, es ging nicht um eine Methode, sondern um die Frucht des Glaubens an Christus. In diesem Sinne soll nun auch über Mitarbeiterschaft nachgedacht werden. Die kleine geistliche Zelle wird mit der Zeit zu einer Mitarbeiterzelle bzw. zu einem Mitarbeiterkreis wachsen (oder: aus mehreren Zellen entsteht ein neuer Mitarbeiterkreis). An ihrem geistlichen Leben sollte das nichts ändern; aber es kommt ein neuer Aspekt hinzu.

1. Mitarbeiterschaft und Charismen

Von Röm 6,23 her gesehen bezeichnet Charisma zunächst nichts anderes als das ewige Leben, die eine entscheidende Gabe Gottes in der Endzeit. Ernst Käsemann sagt: »Der Geist ist unser gegenwärtiger Anteil am ewigen Leben.«[183] Doch die Macht der Charis ergreift uns und bringt uns unter der Herrschaft Christi zum Dienen. Wo in einer geistlichen Zelle die Charis ergriffen wird, da geraten Menschen unter diese Macht. Christen haben Anteil an ewigen Leben, d. h. an Christus. Jede Gnadengabe, die ein Christ erhält, ist darum nichts anderes als Individuation der einen Charis, die in der Anteilhabe an Christus besteht, bestimmt zum Dienen in der Welt. Charisma ist »...der spezifische Anteil des einzelnen an der Herrschaft und Herrlichkeit Christi... und dieser spezifische Anteil am Herrn (erweist) sich in einem spezifischen Dienst und einer spezifischen Berufung...«[184]

Jede Gabe Gottes ist sogleich auch Aufgabe und Berufung zum Dienst. Der Glaube an Christus macht lebendig und äußert sich. Er tritt nach außen in einem neuen Gehorsam, in der Teilnahme am Dienst der »Gemeinde von Brüdern«. Man würde aber den Begriff des Charismas (und in der Folge die gesamte Frage der Mitarbeiterschaft) völlig falsch verstehen, wenn man sich unter einem Charisma bloß das Übernatürliche, das Herausragende und Besondere vorstellte. Paulus hat in seiner Darstellung der Charismen den entsprechenden Begriff der πνευματικά äußerst kritisch beurteilt. Die neutestamentlichen Autoren wußten, daß auch die Götzen Macht entfalten und Außerordentliches hervorbringen können (Mt 24,24; 2 Thess 2,9). Nicht am Außerordentlichen erkennt man das Charisma. Paulus entfaltet vielmehr in 1 Kor 12–14 die Kriterien, an denen sich alle Gaben messen lassen müssen. Das erste Kriterium ist das Bekenntnis zu Christus. Der Heilige Geist hat kein anderes Ziel, als den Namen Jesu Christi in der Welt zur Geltung zu bringen. Das bedeutet (von 1 Kor 12,1–3 her): Eine Gabe kann noch so außerordentlich und übernatürlich sein; wenn sie nicht den Namen Jesu Christi bekennt und lobt, ist sie kein Charisma. Das zweite Kriterium ist die Liebe (1 Kor 13,1–3): Gnadengaben spiegeln etwas von der Liebe Christi wider. Was nicht der dienenden Hingabe an Gott und den Nächsten gilt, kann nicht als Charisma bezeichnet werden, so eindrucksvoll es sich auch darstellen mag. Und schließlich (1 Kor 14,26): Die Erbauung der Gemeinde Jesu ist das Ziel des Heiligen Geistes. Gnadengaben sind zur Erbauung der Gemeinde gegeben, oder sie sind keine Gnadengaben. Sie dienen also in keinem Fall der persönlichen (oder gemeindlichen) Selbstdarstellung oder Selbsterhöhung, sondern dem Bekenntnis zu Christus, der Liebe zu Gott und dem Nächsten sowie der Erbauung der Gemeinde Jesu. Dann aber kann erst recht das Außerordentliche nicht mehr das Kriterium des Charismas sein. Vielmehr wird dann jede Gabe, sei sie groß oder klein, auffällig oder unscheinbar, natürlich oder übernatürlich, zum Charisma, die unter die Herrschaft des Geistes gerät.

Der sehnsüchtige Ausblick nach dem Besonderen, Ekstatischen und Außerordentlichen wäre dann alles andere als das Kennzeichen einer charismatischen Gemeinde.[185] Andererseits werden die »auffälligen« Charismen wie etwa das Sprachengebet[186] oder die Gabe der Heilung nicht aus dem Katalog der Charismen verbannt; sie werden vielmehr durch ihre Einordnung neben die Gabe der Kassenführung relativiert, dem Dienst unterstellt und somit auch zu neuer Ehre gebracht (1 Kor 12,27–31).

Zu den Charakteristika der Charismen gehört ihre Vielfalt. Das Miteinander vieler, höchst verschiedener Gaben ist für den missionarischen Gemeindeaufbau notwendig. Viele Gaben sind gegeben, und keine ist überflüssig. Jeder soll und darf seine Gabe einbringen; tut er es nicht, fehlt dem Leib etwas. Wird er gehindert, behindert sich der Leib selbst. Keiner darf seine Berufung verachten und neidisch nach der eines anderen schielen. Wie der Leib aus vielen Gliedern besteht (und anders auch gar nicht »funktionieren« kann), so gibt es keine Uniformität, sondern reiche Vielfalt der Gnadengaben. Dies folgt nur zu konsequent aus dem bisher Gesagten. Wenn nicht mehr die vermeintliche Qualität, sondern die Modalität, d. h. der Gehorsam, über den Charakter einer Gabe entscheidet, dann kann alles, wirklich alles zum Aufbau der Gemeinde fruchtbar gemacht werden. Und da sind dann auch alle, wirklich alle Charismatiker, die ihre Gabe in den Dienst stellen. Das bedeutet im Blick auf die Mitarbeiterschaft: »...sind sie alle... auch Charismatiker? Die Frage stellen, heißt, sie zu bejahen. Das folgt schon aus der Definition von Charisma als Konkretion und Individuation der Gnade oder des Geistes, da ja jeder Christ an Gnade und Geist Anteil hat, weiter aus der Beschreibung des Christusleibes, welche diesen aus lauter Charismen und Charismatikern gebildet sein läßt. In ihm gibt es nicht passive Mitgliedschaft. Jeder Christ steht als Begnadeter und Dienender in der Waffenrüstung von Eph 6,10ff.«[187]

Wir ergänzen: mit der ihm verliehenen Gabe, die bei einem alten Gemeindeglied anders aussieht als bei einem jungen Familienvater, beim arbeitslosen Jungakademiker anders als bei der überlasteten Hausfrau. Damit aber stellt sich die Frage nach der inhaltlichen Bestimmung von Charismen. Paulus zählt in Röm 12 und 1 Kor 12 Gaben auf; dazu kommt die deuteropaulinische Gabenliste in Eph 4,11–16. Diese Listen erweisen sich als inkongruent, und das bedeutet als unvollständig. Aber sie bieten doch exemplarische Kataloge der für den missionarischen Gemeindeaufbau bedeutsamen Charismen.

Im missionarischen Gemeindeaufbau geht es um die Wiederentdeckung der Fülle (1 Kor 1,5ff.; Eph 1,3; 2,7; 1 Petr 4,10) der Charismen, die in einer pfarrerzentrierten Kirche der Ein-Mann-Rolle des Pfarrers geopfert zu werden droht. Zur Fülle der Charismen gehören dann auch die zahlreichen im Neuen Testament aufgezählten Gaben, die der Geist bis heute schenkt. Evangelistische Gaben, mit denen das Evangelium werbend und überzeugend vor Nicht-Glaubenden vertreten wird (z. B. Eph 4,11), prophetische Gaben, mit denen der Gemeinde das Wort Gottes in die konkrete Situation hinein zugesprochen wird (1 Kor 12,28), Lehrgaben, die die Zusammenhänge des christlichen Glaubens einprägsam und anschaulich vermitteln können. Dann gibt es seelsorgerliche Gaben (z. B. Röm 12,8), die Ratsuchenden tröstend und ermahnend den Zuspruch und Anspruch des Evangeliums zu vermitteln wissen. Es gibt neben dem Diakonat als dem Charakteristikum aller Charismen auch besondere diakonische Charismen, z. B. das Charisma der Krankenheilung. Hier wird Gottes heilende Macht zuversichtlich erwartet und unter Gebet und Handauflegung für einen Menschen erbeten (nicht: erzwungen; z. B. 1 Kor 12, 28). Daneben steht die Gabe der Krankenpflege, der Betreuung der Alten und Schwachen. Wer das ist, muß je neu gefragt und bestimmt werden (z. B. Röm 12,8). Es gibt auch ausgesprochen kybernetische Gaben wie die Gabe der Leitung (1 Kor 12,28), die schon im Zusammenhang mit dem Pfarramt angesprochen wurde. Der Katalog ließe sich schon von den neutestamentlichen Quellen her beliebig fortsetzen: Es gibt Gaben der Kassenverwaltung (1 Kor 12,28), der Geisterunterscheidung (1 Kor. 12,10), des materiellen Reichtums (Röm 12,8), des Sprachengebets und der Auslegung (1 Kor 12,30). Die Liste ließe sich verlängern; der Geist kennt und schafft neue Gaben in den Gemeinden, die sich seinem Wirken öffnen. Was notwendig ist für den Aufbau der Gemeinde, wird auch gegeben, Gaben der Gastfreundschaft, der Gesprächsführung, der festlichen Gestaltung, der Analyse gemeindlicher Zustände, der politischen Klarheit, der künstlerischen und musikalischen Gestaltung – dem Geist sind hier keine Grenzen gesetzt. Und die geistliche Zelle ist ein Raum, in dem Gaben geweckt, entdeckt, gepflegt und zum Einsatz gebracht werden können.[188]

2. Aspekte der Mitarbeiterschaft

Nach allem bisher Gesagten gibt es keine passiven Glieder der Gemeinde, sondern nur Mitarbeiter. Diese vielleicht etwas steil anmutende These muß allerdings sofort gegen erhebliche Mißverständnisse gesichert werden.

Das erste Mißverständnis ist das reduktionistische Mitarbeiterbild. Die hinter diesem Bild stehende Vorstellung reduziert die Mannigfaltigkeit der Charismen auf einige wenige, die für besonders wertvoll und wichtig erachtet werden. Wer diese Charismen hat, gilt als wichtiger Mitarbeiter; die anderen hingegen nicht. Waren es in der korinthischen Gemeinde die außergewöhnlichen Gaben, also vor allem Sprachengebet und Heilung, so sind es heute oft die Wort-Charismen, die in besonders hohem Rang stehen. Mitarbeiterschaft orientiert sich dann vorwiegend an den kerygmatischen Gaben, selbst dann, wenn verbal behauptet wird, alle Gaben hätten den gleichen Rang. Zweifelsohne haben die Wort-Charismen besondere Bedeutung, da durch sie die Verkündigung des Evangeliums als Namenrede ergeht, also der Name Jesus Christus unter den Menschen zur Geltung gebracht wird. Doch geht mit der Wertschätzung der Wort-Charismen im Neuen Testament nie eine Verachtung der anderen Gnadengaben einher. Dies aber ist – zumindest unterschwellig – auch in Gemeinden, die dem missionarischen Gemeindeaufbau dienen wollen, häufig der Fall. Der Mitarbeiter, der eine Bibelarbeit halten kann, der Mitarbeiter, der ein seelsorgerliches Gespräch zu führen weiß, wird doch in der Regel höher geachtet als der Mitarbeiter, der für das reibungslose Funktionieren der Heizung sorgt, oder der sich um gut gestaltete Räume für die Treffen der Mitarbeiter bemüht, oder der ohne großes Aufsehen Menschen nachgeht. Dies entspricht nicht dem neutestamentlichen Befund: Die Unterscheidung der Charismen dient nicht einer innergemeindlichen Hierarchie der Mitarbeiterschaft. Gerade missionarische Gemeinden werden es lernen müssen, z. B. die diakonischen Charismen hochzuachten.

Das zweite Mißverständnis ist das quantitative Mißverständnis. Hier wird Mitarbeiterschaft am Maß der eingesetzten Zeit gemessen. Mitarbeiter ist dann der Christ, wenn er viel tut. Es gibt Christen, die sehr viel Zeit in die Mitarbeit in der Gemeinde investieren können und wollen. Das ist auch wichtig. Es kann auch von Mitarbeitern erwartet werden, daß sich sich mit Hingabe einsetzen. Wem das Leben der »Gemeinde von Brüdern« wichtig wurde, der wird auch gerne Zeit und Kraft in die Mitarbeit investieren. Aber hier sind auch die Charismen zu beachten. Da bei Paulus die gesamte Lebenssituation, also z. B. auch Ehe und Ehelosigkeit (1 Kor 7) zu den Charismen gerechnet wird, wird man die Lebenssituation in Anschlag bringen müssen, wenn man über das Quantum der Mitarbeit einzelner nachdenkt. Hier kann der Frührentner oder der Jugendliche erheblich mehr einsetzen als z. B. der Berufsanfänger, der gerade eine Familie gegründet hat, oder die Hausfrau, die ihre Zeit zur Mitarbeit in der Gemeinde immer in Einklang mit ihrer Arbeit zu Hause zu bringen hat. Mitarbeit in der Gemeinde wird dementsprechend auch in bezug auf das Zeitbudget sehr unterschiedlich aussehen. Der Normalfall wird sein, daß zu den regelmäßigen Treffen der Mitarbeiter, zunächst in der kleinen geistlichen Zelle, dann in dem daraus hervorwachsenden Mitarbeiterkreis, *ein* regelmäßiger Dienst hinzukommt. Aber selbst diese weithin bewährte Regel darf nicht gesetzlich gehandhabt werden. Es ist besser, ein Christ bleibt in der geistlichen Zelle oder im Mitarbeiterkreis, auch wenn er an keiner weiteren Stelle sich einsetzen kann oder will, als daß er auch noch die Treffen der »Gemeinde von Brüdern« verläßt. Eine andere Möglichkeit besteht auch in zeitlich genau befristeten Diensten, etwa anläßlich einer missionarischen Aktion oder eines Gemeindefestes oder auch einer befristeten Gesprächsreihe. Das quantitative Mißverständnis macht aus den charismatisch begabten Mitarbeitern im Grunde Kopien der Pfarrer in der pfarrerzentrierten Volkskirche. Es gibt auch Gemeinden, in denen hochqualifizierte Mitarbeiter fast wie weitere Hauptamtliche eingesetzt werden. Hier ist das allgemeine Priestertum keineswegs besser verwirklicht als in anderen, rein pfarrerzentrierten Gemeinden. Die Pfarrerzentrierung ist nur auf eine andere Ebene transferiert. Besteht dort die Gefahr, daß Mitarbeiter nur *Hilfs*-Pfarrer sind, also Handlanger, eben die Mitarbeiter des Pfarrers, so besteht hier die Gefahr, daß sie Hilfs-*Pfarrer* werden, also getreue Kopien der für alles zuständigen und andere Charismen behindernden Pfarrer. Dieses Mitarbeiterbild löst dann bei z. B. beruflich belasteten Christen Angst aus und verhindert unter Umständen, daß sie ein klar begrenztes oder befristetes Aufgabengebiet übernehmen.

Das dritte Mißverständnis ist damit eng verwandt: es ist das exklusive Mißverständnis. Hier wird durchaus jedem Christen ein eigener, voll anerkannter Arbeitsbereich in der Gemeinde zuerkannt. Aber es wird Mitarbeit stets gemeindeorientiert verstanden. Mitarbeiter ist nur, wer innerhalb der Gemeinde seinen Dienst tut. Hier ist eine Begrenzung von Charismen auf die internen Belange der Gemeinde zu sehen, die nicht der charismatischen Fülle im Neuen Testament zu entsprechen vermag. Es kann durchaus sein, daß Christen in der geistlichen Zelle beheimatet sind und Charismen entdecken, die sie in Arbeitsbereiche außerhalb der Gemeinde gehen lassen. Diakonische Charismen z. B. könnten dazu führen, daß einzelne Christen (oder wiederum kleine Zellen, vielleicht auch nach neutestamentlichem Vorbild zwei Christen miteinander) in (christliche oder weltliche) Hilfswerke außerhalb des eigenen Gemeindebereichs gesandt werden, aber weiterhin geistlich in der Mitarbeitergemeinde verankert bleiben. Oder: kybernetisch begabte Mitarbeiter könnten in eine andere Gemeinde entsandt werden, in der missionarischer Gemeindeaufbau begonnen werden soll und die um Mithilfe gebeten hat. Wiederum könnten Christen die politische Verantwortung wahrnehmen und als Mitarbeiter in kommunale oder auch andere Gremien entsandt werden. Auch hier gilt es, den Geist nicht zu dämpfen. Ein besonders wichtiges Beispiel ist die Entsendung von Mitarbeitern in den hauptamtlichen Dienst oder in die Äußere Mission. In beiden Fällen müßte eine Gemeinde dazu bereit sein, auf Mitarbeiter zu verzichten, damit diese an anderer Stelle ihre Gaben einsetzen können, in der Regel nicht, ohne daß die sendende Gemeinde selbst dadurch gesegnet würde. Schließlich weist das exklusive Mißverständnis noch einmal auf das reduktionistische und quantitative Mißverständnis zurück: Gehört die Lebenssituation zur Berufung und ist Ehe oder Ehelosigkeit gleichfalls charismatisch zu interpretieren, dann ist auch die Zuwendung zur Familie als Mitarbeit im weiteren Sinne zu verstehen. Hier ist ein Konfliktherd für die Mitarbeitergemeinschaft, die Gratwanderung zwischen dem Opfer für das Engagement in der Gemeinde und der Verantwortung für Ehe und Familie, damit immerhin auch für das bei der Taufe gegebene Versprechen christlicher Erziehung der folgenden Generation.

Die drei Mißverständnisse machen deutlich: Wir brauchen einen sehr weiten Begriff der Mitarbeiterschaft, der der Vielfalt der Charismen, die der Heilige Geist in der Gemeinde gibt, entspricht. Es darf nicht dazu kommen, daß unter dem Motto des allgemeinen Priestertums oder der mitarbeitenden Gemeinde die Vergötzung des Aktiven, Starken und Gebildeten den missionarischen Gemeindeaufbau infiziert. Mitarbeiterschaft bietet nicht nur Raum für den redegewandten, aktiven und immer präsenten jungen Menschen. Die kleinen geistlichen Zellen, die nun auf dem Wege sind, Mitarbeitergemeinschaften zu werden, haben hier viel Sorgfalt zu üben, daß sie dem Wirken des Heiligen Geistes nachspüren und nicht übersehen, welche vielleicht unscheinbaren und doch für den missionarischen Gemeindeaufbau unverzichtbaren Gaben der Geist geschenkt hat. Manfred Seitz schreibt über die mitarbeitende Gemeinde: »Sie werden nicht Laien, sondern ›Heilige‹ genannt; d. h. Menschen, auf die Gott seine Hand gelegt hat. Sie bilden die mitarbeitende Gemeinde. Dazu gehören auch diejenigen, die nur noch für die Gemeinde beten können, und die Leidenden aller Art, die nach Worten des Apostels Paulus das noch ausstehende Maß der Leiden voll machen, damit die Gemeinde nicht verflacht.«[189]

Man wird nüchtern auch die Gefahr einer Entgrenzung des Mitarbeiterbegriffs sehen müssen: Gehören auch die Leidenden, Alten und Schwachen dazu, wird der entstehende Mitarbeiterkreis nicht mehr alle umfassen, die in diesem Sinn Mitarbeiter sind. Bleibt dies die wohlbegründete Ausnahme von der Regel, ist dagegen auch nichts einzuwenden. Der Mitarbeiterkreis ist dann Darstellung der Mitarbeiterschaft in proexistenter bzw. exemplarischer Gestalt.

Zu den hier zu beachtenden Aspekten der Mitarbeiterschaft ist weiterhin zu ergänzen: Mitarbeiterschaft erfordert Pflege. Dies gehört zu den rektoralen Aufgaben des Pfarrers. Es werden aber auf Dauer andere Christen hinzukommen, die auch solche rektoralen Aufgaben mit übernehmen. Pflege bedeutet, daß darauf geachtet wird, daß niemand durch seinen Dienst in der Gemeinde überfordert wird. Pflege hat etwas mit Nachfrage zu tun, regelmäßige Kontakte zeigen das Interesse am Dienst des Mitarbeiters an. Pflege bedeutet, daß die Mitarbeiter Gelegenheit zur Rückmeldung bekommen. Es muß jemand da sein, mit dem sie über Freuden und Sorgen in ihrem Dienstbereich sprechen können. Auch kritische Anfragen an den Mitarbeiter (etwa in bezug auf seine Zuverlässigkeit oder seinen Umgang mit anvertrauten Menschen und Gütern) gehören hierher. Zur Pflege gehört der priesterliche Dienst der Fürbitte ebenso wie die Sorge um die Weiterbildung der Mitarbeiter im weitesten Sinn, etwa durch Einkehrfreizeiten und Mitarbeiterschulung. Schließlich gehören Anfang und Ende der Mitarbeit in den Bereich der Pflege. Wer einen eigenverantwortlichen Dienst übernimmt, sollte dazu von der Gemeinde gesandt werden, wenn möglich im Gottesdienst. Ist dies nicht möglich, so sollte die Beauftragung und Sendung zu einem Dienst in der Mitarbeiterzelle geschehen. Es kann auch zur Pflege gehören, einen Mitarbeiter wieder von einer Aufgabe zu entbinden. In jedem Fall wird auch das Ende einer befristeten Mitarbeit von der geistlichen Zelle wahrgenommen. Hier ist der Ort des Dankes, und zwar Gott gegenüber und – horribile dictu! – dem Mitarbeiter gegenüber.

Eines aber ist nun geschehen: aus der kleinen geistlichen Zelle wurde ein Mitarbeiterkreis. Erste Dienste wurden übernommen. Damit nicht ein falsches, weil romantisches Bild entsteht: es ist höchstwahrscheinlich auch zu Scheidungen gekommen; nur selten können alle den Weg mitgehen. Aber die Verheißung erfüllt sich in der Regel doch: aus Interessierten und Gliedern der Kerngemeinde, aus locker mit der Gemeinde Verbundenen und (haupt-, neben- und ehrenamtlichen) Mitarbeitern wird eine geistliche Zelle. Menschen fanden erstmals oder erneut zu einer persönlichen Christusbeziehung und wurden unter der Hand zu belastbaren und begabten Mitarbeitern.

3. Exkurs: Die zweite Arbeitswelt

Arbeitslosigkeit und Frühpension gehören zu den Kennzeichen der postindustriellen Gesellschaft. Durch die technologische Fortentwicklung wird immer mehr Leistung von immer weniger arbeitenden Menschen erbracht. Arbeitslosigkeit erscheint inzwischen nicht mehr als vorübergehendes Übel, sondern als Strukturmerkmal der Gesellschaft. Dies erkannte in den zwanziger Jahren bereits Eugen Rosenstock-Huessy. Er sah in der Gemeinde eine Chance zu einer »zweiten Arbeitswelt«, in der sinnvolle Arbeit für arbeitslose und mit sinnloser Arbeit belastete Menschen möglich wird.[190]

Es muß natürlich sogleich vor einem ideologischen Verständnis dieser These gewarnt werden. Wenn in der Kirche von einer zweiten Arbeitswelt die Rede ist, dann bedeutet das nicht, daß etwa die Bemühungen um neue Arbeitsplätze oder alle wie auch immer gearteten Arbeitsbeschaffungsmaßnahmen diskreditiert oder für überflüssig erklärt werden sollen. Im Gegenteil: die Rede von der zweiten Arbeitswelt muß Hand in Hand mit dem Kampf gegen die Arbeitslosigkeit gehen. Andererseits wird bei der oben beschriebenen nüchternen Beurteilung der Arbeitsmarktsituation von der Gemeinde die Rolle einer Avantgarde zu erwarten sein. In ihr kann ein neues und vorbildliches Verhältnis zur Arbeit eingeübt und demonstriert werden.

Allein 1982 wurden 200 000 Arbeitsplätze »wegrationalisiert«. Vollbeschäftigung ist kaum noch zu erreichen, es sei denn, man erwarte illusionäre wirtschaftliche Wachstumsraten auf Kosten anderer Übel, etwa eines verschwenderischen Konsums oder eines hemmungslosen Umgangs mit der Schöpfung. So ist Arbeitslosigkeit nicht vorübergehend. Eine tiefe Umstrukturierung der Industriegesellschaft steht an. Konnte früher das Potential menschlicher Arbeit von der Agrar- in die Industriewirtschaft und von dort in den tertiären Bereich der Dienstleistungen verschoben werden, so ist jetzt nach einem »quartären Bereich« zu suchen, in dem Menschen sinnvolle Arbeit finden. Nicht nur Arbeitslose sind davon betroffen, auch die Jahresarbeitszeit nimmt immer mehr ab, die Lebensarbeitszeit ebenfalls. Was sollen die Menschen mit der gewonnenen Zeit tun, wenn sie nicht einer sich ausdehnenden elektronischen Unterhaltungsindustrie anheimfallen sollen, die ihre Geschäfte mit den Menschen macht? Was sollen schließlich diejenigen Menschen tun, die zwar Erwerbsarbeit leisten können, aber keinen Sinn und keine Befriedigung in ihrer Arbeit finden? Es gilt, Auswege zu suchen, die uns davor bewahren, Erwerbs-Arbeitslosigkeit zum Stigma zu erklären und freie Zeit mit gähnender Langeweile zu identifizieren.

Neu an unserer Arbeitsmarktlage ist, daß die Erwerbslosen und nicht mehr Erwerbstätigen relativ gut materiell ausgestattet sind. Arbeitslosigkeit muß nicht mehr mit Verelendung einhergehen. Ähnliches gilt für die Frühpensionierung.

Die Gesellschaft ist in der Lage, mit weniger geleisteter Arbeit mehr Menschen zu versorgen.

Der Augsburger Soziologe Peter Atteslander fordert eine Neuorientierung: »Erwerbsarbeit wird zum knappen Gut, gerechte Verteilung von Arbeit zur überragenden Aufgabe der Zukunft. Darauf sind weder Politik noch Wirtschaft ausreichend vorbereitet. Zum menschlichen Dasein wird mehr Subsistenzarbeit gehören, also Tätigkeiten wie Nachbarschaftshilfen, Übernahme ehrenamtlicher Funktionen in Gemeinden und freiwilligen Organisationen. Diese weitgehend eigenbestimmbare neue Art von Arbeit wird die aufgeblähten Bürokratien ersetzen müssen, welche die ineffizient gewordenen Sozialdienste in gefordertem Maße nicht mehr werden erbringen können. Es ist, wie angedeutet, durchaus möglich, daß mit Hilfe der modernen Technologie eine materielle ›Grundausstattung‹ durch Produktivität insgesamt erreicht wird, so daß der Arbeitsfreie eben nicht als stigmatisierter Arbeitsloser Unterstützung erhält, sondern ein Anrecht auf Ausgleich, auf Entgelt hat, gerade wenn ihm keine bezahlte Arbeit zufällt.«[191]

Atteslander fordert ein Zusammenspiel von Maßnahmen, z. B. gerechtere Verteilung der Arbeit durch job-sharing und zugleich gesellschaftliche Aufwertung zweiter Arbeitswelten in der sogenannten Subsistenzarbeit. Damit würde sowohl einer aufgeblähten Versorgungsbürokratie gewehrt als auch der Sinnkrise der Erwerbslosen und Frühpensionierten. Mehr Dienste würden in die Hand der Betroffenen zurückgegeben. Wichtig wäre hier eine finanzielle Grundausstattung, nicht als Almosen, sondern als Dividende des technologischen Fortschritts.[192]

Die Gemeinde kann im Rahmen des missionarischen Gemeindeaufbaus und charismatischer Mitarbeiterschaft hier Vorreiter sein: in ihr gibt es genügend Dienst zu tun. Missionarische, diakonische, liturgische und koinonische Dienste warten auf mitarbeitende Christen. Hier gibt es in der Tat keine Arbeitslosigkeit.

Eine entscheidende Änderung in der Einstellung zur Gemeinde Jesu ist damit allerdings zu verbinden. Die Trennung von Freizeit und Arbeitswelt hat zur Folge, daß das Leben in der Gemeinde in der Regel dem Freizeit- oder – noch offener gesagt – dem Hobby-Sektor zugerechnet wird. Legt schon die geistliche Zelle nahe, Gemeinde als »Gemeinde von Brüdern« eher im Zentrum der Existenz als an ihrer Freizeit-Peripherie zu sehen, so wird von der mitarbeitenden Gemeinde her die unsinnige Einteilung in Freizeit und Arbeitswelt endgültig hinfällig, insofern das Mitleben und Mitarbeiten in der Gemeinde nicht den Charakter des Unverbindlichen, Unernsthaften und Nebensächlichen haben kann.

4. Zur Struktur der mitarbeitenden Gemeinde

Mitarbeit wird in der Gemeinde auch organisiert werden müssen. Es geht wieder um Planung als Hoffnungshandeln anstelle von Unordnung und Zufälligkeit. Im Kapitel über das »kybernetische Programm« wird dazu noch mehr zu sagen sein. In diesem Abschnitt soll ein Modell vorgestellt werden, wie in einer Gemeinde, deren Mitarbeiterschaft durch missionarischen Gemeindeaufbau wächst, Mitarbeit organisiert werden kann. Das beschriebene Modell hat sich bewährt, ist gleichwohl nur ein Modell. Es gibt eine Vielzahl von Möglichkeiten, die Mitarbeiterschaft auch anders zu ordnen.[193]

Wir unterscheiden zwischen der Anfangssituation des missionarischen Gemeindeaufbaus und einer wachsenden missionarischen Gemeinde. In der Anfangssituation ist noch nicht viel organisatorische Bemühung notwendig (und oft auch gar nicht möglich). Mitten in einer additiven Gemeinde gibt es eine kleine geistliche Zelle, in der allmählich Menschen zum Glauben an Christus finden. Einzelne werden bereit, konkrete Dienste in der Gemeinde (»Innendienst«) oder außerhalb der Gemeinde (»Außendienst«) zu tun. Die kleine geistliche Zelle wird zu einem kleinen Mitarbeiterkreis.

Nehmen wir aber an, daß dieser Mitarbeiterkreis wächst und daß zugleich neue geistliche Zellen entstehen, auch Fernstehende im Bereich der Gemeinde das Gespräch über den Glauben suchen (aber noch nicht die Mitarbeit!). Dann ist eine neue Struktur zu schaffen, die diesem Wachstum der Gemeinde entspricht. Von nun an sollte es einen zentralen Mitarbeiterkreis geben. Zu diesem Mitarbeiterkreis gehören fortan alle, die sich zu verbindlicher Mitarbeit entschließen können und das Bekenntnis zum dreieinigen Gott mitsprechen können. Für alle anderen, die an elementarem Glaubensgespräch interessiert sind, wird es nun neue Formen der Teilnahme geben, z. B. Hauskreise, Bibelstudienkurse usw.

Zu dem neuen zentralen Mitarbeiterkreis kann hinzustoßen, wer an einem Mitarbeiter-Grundkurs teilgenommen hat. Dieser Grundkurs könnte mehrmals im Jahr angeboten werden. Hier werden in 10 bis 12 Sitzungen die Grundaussagen des Glaubens dargelegt (das Charisma der Lehre und das Medium des Katechismus), und es wird in die Arbeitsbereiche der mitarbeitenden Gemeinde eingeführt. Am Ende steht ein persönliches Gespräch mit einem seelsorgerlich begabten Mitarbeiter und einem leitenden Mitarbeiter und die Entscheidung über die Arbeit in einem konkret zu benennenden Arbeitsbereich im Innen- oder Außendienst der Gemeinde. Hier werden paränetische und kybernetische Charismen benötigt. Die Mitarbeiterschaft nimmt das Ergebnis dieses Gespräches auf und entsendet den neuen Mitarbeiter fürbittend und segnend in seinen neuen Dienst. Dies geschieht entweder im Mitarbeiterkreis oder (was noch besser, aber oft noch nicht möglich ist) im Gottesdienst der Gemeinde.

Unterschiedliche Erfahrungen gibt es mit Mitarbeiterrichtlinien, die von den Mitarbeitern zu unterschreiben sind. Als Gestaltungshilfe zum Leben in der Nachfolge können sie hilfreich sein. Ein Beispiel: In den Mitarbeiterrichtlinien des CVJM München bindet sich jeder Mitarbeiter (jährlich zu Ostern) an tägliches Bibellesen und Gebet, Fürbitte, Beichte, Seelsorge, die Mitarbeit in einem offenen Kreis und (als Empfehlung) den Zehnten. Solche Richtlinien sind Versuche, auf Grund der Verbundenheit Christi mit seiner Gemeinde nun auch ihm gegenüber und untereinander verbindlich zu sein. Sie stehen aber stets unter dem Vorbehalt von CA IV, d. h., sie sind Gestaltungshilfen, die nicht gesetzlich zu handhaben sind. Die Rechtfertigung wird im Glauben empfangen; sie ist nicht an die Einhaltung von Mitarbeiterrichtlinien gebunden.[194]

Die Mitarbeiterschaft selbst strukturiert sich nach dem Prinzip von Sammlung und Sendung im missionarischen Gemeindeaufbau. Das bedeutet, daß jeder Mitarbeiter zum Mitarbeiterkreis gehören (über die Ausnahmen wurde bereits etwas gesagt!) und an einer Stelle einen Dienst tun sollte. Das Mitleben in der »Gemeinde von Brüdern«, die sich im Mitarbeiterkreis darstellt, sollte jedenfalls Bedingung dafür sein, daß Dienst durch einen Christen geschieht. Sendung ohne Sammlung wäre ebenso ungesund wie Sammlung ohne Sendung.

Das Leben des Mitarbeiterkreises wird nun auch in dem Maße zu ordnen sein, wie dieser Kreis wächst, innerlich wie an Zahl. Ein Mitarbeiterkreis mit mehr als 20 oder 25 Mitarbeitern sollte sich einmal im Monat als Gesamtmitarbeiterkreis treffen. Hier ist der Ort der Lehre, der Ort der Beratung von Anliegen, die die gesamte Mitarbeiterschaft angehen (etwa die Durchführung einer Gemeinde-Evangelisation oder die Vorbereitung eines neuen Projektes in der Dritten Welt, das von der ganzen Gemeinde gefördert werden soll), aber auch der Ort des Lobens und Anbetens und des gemeinsamen Feierns. Die Treffen der gesamten Mitarbeiterschaft sollten einen festlichen Charakter haben; auch dazu sind wiederum Charismen vonnöten und vorhanden.

Zweimal im Monat sollte der Mitarbeiterkreis sich in kleine und auf längere Zeit hin feststehende Gruppen teilen. Unter Umständen können sich diese Kleingruppen auch als Hauskreise versammeln. Es ist gut, wenn die Teilnehmer dieser Kleingruppen möglichst gemischt sind, Ältere und Jüngere, unterschiedliche Charismen, Ehepaare und Ledige. Es hat sich bewährt, wenn dieser Kreis von einem Ehepaar geleitet wird. Die kleinen Gruppen innerhalb des Mitarbeiterkreises vertreten in dieser Phase des missionarischen Gemeindeaufbaus die ursprünglichen kleinen geistlichen Zellen. Deren Vorteile werden in diesem Entwicklungsstadium ja keineswegs überflüssig. Der persönliche Austausch, das gemeinsame Hören und Beten, die gegenseitige Anteilgabe am persönlichen Leben, die Möglichkeit zu unmittelbarer Hilfeleistung bleiben ja unaufgebbare Kennzeichen der »Gemeinde von Brüdern«. Ein wachsender Mitarbeiterkreis kann das allerdings nicht mehr leisten. Darum teilt er sich in kleine Mitarbeiterzellen auf, zu denen jeweils 8 bis 12 Mitarbeiter gehören sollten. Spätestens hier wird es auch notwendig, daß die Leitungsverantwortung im Mitarbeiterkreis erweitert und geteilt wird. Vielleicht ist es immer noch die rektorale Aufgabe des Pfarrers, den Gesamtmitarbeiterkreis zu leiten; die kleinen Mitarbeiterzellen werden aber nun von anderen zu leiten sein, die in ihrer Leitungsaufgabe allerdings vom Pfarrer begleitet werden sollten. Jedenfalls wird deutlich, daß die Pfarrerzentrierung Tag für Tag abnimmt.

Einmal im Monat trifft sich demnach der Gesamtmitarbeiterkreis, und zweimal im Monat kommen die kleinen Mitarbeiterzellen zusammen. Ein viertes Treffen dient den verschiedenen Dienstgruppen der Gemeinde. Sie treffen sich auch einmal im Monat, um über die Fragen ihres gemeinsamen Dienstes nachzudenken. Hier trifft sich z. B. das Team, das für die missionarischen Hauskreise zuständig ist. Diese existieren ja nun als »Auffangstation« für an Glaubensfragen interessierte Gemeindeglieder, die noch nicht zu der verbindlichen Gestalt der Mitarbeitergemeinschaft hinzustoßen wollen oder können. Oder es trifft sich das Team, das für andere missionarische Dienste zuständig ist. Hier werden missionarische Aktionen geplant, die fernstehende Menschen zum Glauben und zur Gemeinde einladen sollen. Oder es trifft sich das Team, das einen festlichen Gottesdienst gestalten wird. Und es treffen sich die diakonischen Mitarbeiter, die über die Reparatur der Heizung nachdenken. In der Gesamtmitarbeiterversammlung werden sie alle in kurzen Statements von ihrer Arbeit berichten. Die Dienstgruppen sind nicht mit den oben beschriebenen kleinen Mitarbeiterzellen identisch. Es ist wichtig, daß kleine Zellen in regem Austausch mit anderen stehen. Darum unterscheiden sich personell die beiden Kategorien von Mitarbeitergruppen unterhalb der Ebene des Gesamtmitarbeiterkreises voneinander. Auch die kleinen Dienstgruppen haben eigene Leiter, sachverständige Christen (und das ist in der Regel nicht der Pfarrer). Auch die Dienstgruppen werden das gemeinsame Hören und Beten in die Gestaltung ihrer Treffen aufnehmen.

So beschreiben Gesamtmitarbeiterkreis, kleine Mitarbeiterzellen und Dienstgruppen die differenzierte Struktur der wöchentlichen Mitarbeiterversammlung einer wachsenden Gemeinde unter dem Aspekt des Sammlung.

Geistliche Gemeinschaft erweist sich aber gerade darin als geistlich (und nicht rein psychisch)[195], daß es in ihr zum entschlossenen Dasein für andere kommt. Die Mitarbeitergemeinschaft könnte ja auch voll und ganz mit sich selbst beschäftigt und für sich selbst da sein. Und in der Tat geschieht hier auch sehr viel. Da wird Schuld aufgedeckt und vergeben, da werden Bindungen gelöst und Menschen von inneren Verletzungen heil. Aber all das verkäme zum religiösen Genuß, wenn es nicht die Bereitschaft zum Dienst erweckte. Gesunde Mitarbeiterkreise und geistliche Zellen merken sehr schnell: jetzt muß es losgehen! Auch hier gilt Bodelschwinghs Motto: »Schneller, sie sterben sonst darüber.«[196]

Anfangs wird der Dienstbereich des missionarischen Gemeindeaufbaus ebensowenig der Strukturierung bedürfen wie der Sammlungsbereich. Die Strukturen der Gemeinde sind ja am Anfang noch sehr durchwachsen. Es gibt eine Reihe unterschiedlicher Mitarbeiter, verschiedener Gremien und Kreise, die keineswegs alle für den missionarischen Gemeindeaufbau aufgeschlossen sein dürften. Diese gilt es nun in mühsamer Kleinarbeit zu gewinnen.

Mit der Zeit aber wird es sinnvoll, die bereits kurz besprochenen Dienstgruppen einzurichten. Welche Dienstgruppen im einzelnen notwendig und möglich werden, hängt von der konkreten Lage der einzelnen Gemeinde ab. Hier sind keine Grenzen gesetzt. Es kommt alles darauf an, daß Mitarbeiterkreise wach genug für die Frage nach Gottes Willen sind und in der Situation und angesichts der vorhandenen Charismen erkennen, was jetzt zu tun ist. Oft wird die Erkenntnis des Notwendigen erst das Gebet um »Arbeiter in seine Ernte« (Mt 9,38) hervorrufen.

Dazu einige kurze Beispiele: Im missionarischen Gemeindeaufbau dürfte es mit einiger Sicherheit eine Dienstgruppe für missionarische Dienste geben. Ein solches Team könnte permanente oder auch kontingente Formen der Evangelisation planen, z. B. auch Lord's Parties.[197] Aber auch neue Formen der missionarischen Bezeugung des Evangeliums könnten hier geplant werden, z. B. Offene Abende im Wechsel mit missionarischen, offenen Hauskreisen. Oder es könnten phantasievolle Straßenaktionen geplant werden, etwa in der Kombination von Pantomime, Büchertisch und evangelistischer Kurzansprache. Schließlich könnten hier auch publizistische Möglichkeiten der Evangelisation durchdacht werden. Oder das missionarische Team widmet sich der Besuchsdienstarbeit, wie sie im Rahmen des Konzeptes »Überschaubare Gemeinde« vorgestellt wurde.

Eine andere Dienstgruppe könnte sich als katechetische Dienstgruppe konstituieren. Zu den Aufgaben dieser Dienstgruppe gehörte dann z. B. die Vorbereitung, Gestaltung und Durchführung der Mitarbeitergrundkurse. Oder Taufseminare für die Taufeltern eines Vierteljahres könnten vorbereitet werden – von Mitbetroffenen. Eltern, die sich zum Leben der »Gemeinde von Brüdern« halten, könnten anderen Eltern bezeugen, wie sie die Taufe ihrer Kinder verstehen und wie sie mit dem Versprechen christlicher Erziehung umgehen. Auch die Durchführung des Konfirmandenunterrichts könnte zum Teil von Eltern übernommen werden, die katechetische Charismen bei sich entdecken. Auch dazu gibt es inzwischen einige gute Modelle.[198]

Eine dritte Dienstgruppe könnte die diakonische Dienstgruppe sein. Hier ist zunächst ein Team für die Diakonie im engeren Sinne denkbar, also im Bereich der Alten- und Krankenpflege. An diesem Beispiel läßt sich der Unterschied des missionarischen Gemeindeaufbaus zur additiven Gemeinde noch einmal aufzeigen: Im missonarischen Gemeindeaufbau wird auch der Arbeitsbereich der Diakonie in das Gesamtkonzept der Gemeindearbeit integriert (also zum Beispiel mit dem Mitarbeiterkreis verbunden), vom allgemeinen Priestertum durchdrungen und damit auch von der Professionalisierung gelöst. Die Experten für diesen Bereich, also die Gemeindeschwestern, werden ähnlich wie die Pfarrer als (An-)Leiter verstanden, die neben ihrer hochqualifizierten Betreuung von kranken und gebrechlichen Menschen andere Christen dazu ausbilden, diakonisches Tun in einem begrenzten Bereich zu verwirklichen. Die Durchdringung vom missionarischen Gemeindeaufbau her hat dann auch zur Folge, daß neue Themen in die diakonische Arbeit aufgenommen werden: Wie verbinden wir diakonische Hilfeleistung für das Wohl der Menschen mit einer klaren und doch taktvoll-angemessenen verbalen Bezeugung Jesu Christi? Was bedeutet die Hoffnung auf Gottes heilende Macht im Zusammenhang diakonischen Handelns? Kann zur Pflege und Behandlung dann nicht auch das erwartungsvolle, fürbittende Gebet (auch unter Handauflegung) hinzukommen? Das Charisma der Krankenheilung steht gewiß in der Volkskirche nicht in der Gefahr, überbetont zu werden: »Erwartung und Erfahrung von Krankenheilung durch Gebet sind bei uns günstigstenfalls Ausnahme, kaum Bestandteil normalen kirchlichen Lebens. Wo jedoch, wenn auch anfangshaft, mit dem Gebet um Krankenheilung im Alltag der Gemeinde ernst gemacht wird, kommt es vielfach zu einer Entmoralisierung des Gottesbildes; der Bezug des zweiten Glaubensartikels zum ersten wird deutlicher, die Fülle des Menschseins wieder stärker in die geistlichen Bezüge integriert.«[199]

Wichtig ist aber vor allem, daß aus der erneuerten Grundentscheidung für Jesus Christus der diakonische Einsatz für andere entspringt. Im Diakonat tritt das Lebensgesetz der »Gemeinde von Brüdern«, das Dienen in der Nachfolge Jesu, nach außen, es äußert sich gegenüber der Welt in einer glaubwürdigen Gestalt. So verstandener Dienst degradiert die zu pflegenden Menschen auch nicht zu Objekten der Behandlung. In der »Gemeinde von Brüdern« entsteht diakonische Gemeinschaft, zu der beide, Gesunde wie Kranke und Behinderte, einen Beitrag leisten. Das EKU-Votum zur Barmer Theologischen Erklärung spricht von einer »Integrationsgemeinschaft«: »Diakonie zielt darum stets auf den Aufbau einer Gemeinschaft der Liebe, in der Gesunde und Kranke, Behinderte und Nichtbehinderte miteinander leben und einander wechselseitig mit der Gabe dienen, die sie empfangen haben.«[200]

Das Arbeitsprinzip der diakonischen Dienstgruppe wird demnach auch aus der »Gemeinde von Brüdern« heraus entwickelt und nicht aus dem Prinzip bevormundender Betreuung. Dies kann sich eventuell in Lebens- und Arbeitsgemeinschaften von Gesunden und Kranken, Behinderten und Nichtbehinderten, Gefährdeten und seelsorgerlich begabten Mitarbeitern bewähren. Menschen, die zu solchen Diensten fähig werden, erwachsen der Gemeinde jedoch nicht per Appell, sondern allein durch die erneute oder erstmalige Begegnung mit Christus, dem

Diakon (Mt 20,28; Joh 13). Dann aber wird CA VI als oft vergessener Artikel der Augsburger Konfession zur Geltung gebracht und die sinnvolle Reihenfolge von CA IV (Glaube) – CA V (Verkündigungsamt) und CA VI (neuer Gehorsam) kybernetisch nachvollzogen.

Dieser etwas ausführlichere Hinweis auf eine mögliche diakonische Dienstgruppe soll nicht den Blick für andere diakonische Aufgabenbereiche verstellen, die sich im Zuge des allgemeinen Priestertums auftun: Dienstgruppen zur Schularbeitenhilfe oder zur Begleitung von Alkoholgefährdeten, Wohngemeinschaften als »Auffangstationen« für Gefährdete, Teams, die innerhalb ökologischer Bürgerinitiativen im Bereich der Gemeinde mithelfen, sind denkbar. Darüber hinaus könnte ein diakonisches Team »Denk-Diakonie« betreiben, etwa im Bereich der politischen Ethik oder auch der medizinischen Ethik und damit der Urteilsbildung der Gemeinde dienen. Ein anderes, ebenso wichtiges Team wird sich der »administrativen Diakonie« widmen, die etwa in der Verwaltung der Gemeinde, in der Organisation oder bei Baufragen mithilft. Eine »technische Diakonie« (hierher gehört sachlich das Küsteramt im Mitarbeiterkreis) kümmert sich um den gesamten Bereich des äußeren Ablaufs im Gemeindeleben.

Die Liste der möglichen Dienstgruppen ließe sich beliebig fortsetzen. Eine Dienstgruppe wäre völlig ausgelastet, die sich als Gebetsdienstgruppe verstünde. Es wäre gut, wenn es in der Gemeinde bekannt wäre, daß es Menschen gibt, denen Anliegen der Fürbitte, aber auch des Dankes übergeben werden können. Übrigens könnte die Pflege und »Entrümpelung« der Sakristei zum Dienstbereich dieses Teams gehören. Eine koinonische Dienstgruppe könnte sich mit Fragen der Mitarbeitergemeinschaft befassen, z. B. mit der Gestaltung der Treffen, der Gesprächsführung, der Seelsorge unter den Mitarbeitern, der Fortbildung, der Gestaltung von Mitarbeiterfreizeiten und Festen. Auch diese Gruppe wäre voll und ganz ausgelastet. Die Charismen der »Gesprächsleiter«, der »Feierer« und der »Raumausstatter« wären hier neben den paränetischen Charismen gefordert.

Mit Absicht am Ende dieser Liste von Diensten und Dienstgruppen steht die liturgische Dienstgruppe. Sie steht am Ende dieser Liste, damit noch einmal gezielt der Gottesdienst der Gemeinde angesprochen werden kann. Es wäre ein arges Mißverständnis zu meinen, daß der Gottesdienst nun allmählich bedeutungslos wird, da ja ein Mitarbeiterkreis existiert, der offenbar so etwas wie die neue Mitte der Gemeinde ist. Vielmehr wird jetzt, im Wachstumsstadium des missionarischen Gemeindeaufbaus, der Gottesdienst immer wichtiger. Er bleibt für viele Christen der wichtigste Kontakt zur Gemeinde, z. B. für diejenigen Christen, die nicht zum Mitarbeiterkreis gehören können oder wollen. Er wird auch immer stärker zum gestalteten Treffen aller Mitarbeiterzellen, Hauskreise und Dienstgruppen. Hier kommen sie zusammen und tragen das in den Gottesdienst hinein, was sie an Gaben und Aufgaben empfangen haben. Darüber verliert der Gottesdienst keineswegs seine evangelistische Dimension. Im Gegenteil, als Gottesdienst der »Gemeinde von Brüdern« wird er sogar attraktiver für viele, die dem Glauben und der Gemeinde noch skeptisch gegenüberstehen. Sie spüren, daß hier lebendiger Glaube dargestellt wird. Sie merken auch, daß hier nicht ein Pfarrer Gottesdienst »hält«, sondern eine Gemeinde Gottesdienst feiert.

Der sonntägliche Gottesdienst wird zum Höhepunkt der Woche und des gemeindlichen Lebens. Er ist der Ort, an dem Christus mit seiner Gemeinde spricht

und sich ihr im Herrenmahl schenkt, und an dem die Christen miteinander Gott antworten, sich zu ihm bekennen, danken, bitten und ihn lobend anbeten.[201]
Dieser Gottesdienst wird in der »Gemeinde von Brüdern« mit Liebe und Phantasie gestaltet. Darum ist entweder ein liturgisches Team nötig oder eine abwechselnde Gestaltung des Gottesdienstes durch je einen Hauskreis o. ä. In Zusammenarbeit mit dem Kantor wird die Musik der Gottesdienste sorgfältig gestaltet, das Singen mit der Gemeinde – eventuell einige Minuten vor Beginn des Gottesdienstes – eingeübt. Kirchenmusik und missionarischer Gemeindeaufbau werden verbunden; da wäre noch manches zu sagen etwa zur musikalischen Begleitung evangelistischer Aktionen oder zum Zusammenhang von Chorarbeit und geistlicher Leitung durch den Kantor! Die Abkündigungen informieren die Gemeinde im Wechsel über das Leben der verschiedenen Zellen und Dienstgruppen. Die Kollekte wird dort ebenfalls sorgfältig vorgestellt; jede Gemeinde begleitet ein Projekt in der Dritten Welt, über das sie regelmäßig im Gottesdienst informiert wird. Die Anliegen von Kollekte und Abkündigung werden von den Mitarbeitern, die das Gemeindegebet leiten, vor Gott getragen. Ein Kreis bespricht mit den Predigern die Predigttexte. In diesem homiletischen Team sind neben den Pfarrern auch die Lektoren und Prädikanten vertreten, aber auch Mitarbeiter, die nicht selbst predigen, aber doch an der Verkündigung im Gottesdienst besonderes Interesse haben und zur Konkretion der Predigt beitragen. Ein anderes kleines Team sorgt für eine kurze Begrüßung, empfängt die Teilnehmer des Gottesdienstes und verteilt die Blätter mit Liedern und Texten des Gottesdienstes. Nach dem Gottesdienst wird zum Gespräch bei einer Tasse Kaffee oder Tee ins Gemeindehaus eingeladen. Ein kleines diakonisches Team hat dies vorbereitet.
Manchem mag diese Auflistung wie ein Wunschtraum erscheinen. In der Tat ist das meiste in den Gemeinden noch nicht zu verwirklichen. Aber es ist doch auch eine Schilderung des allgemeinen Priestertums, auf das der missionarische Gemeindeaufbau zuarbeitet, und wenn auch mit sehr kleinen Schritten.
Die Vision vom Gottesdienst als dem gestalteten Treffen der Christen entspricht auch der Darstellung des urchristlichen Gottesdienstes nach 1 Kor 14 in seiner Verbindung von charismatischer Mitarbeiterschaft, missionarischem Gemeindeaufbau und Gottesdienst. Es fällt auf, daß gerade dieser charismatische Gottesdienst besondere evangelistische Wirkung hat: Fernstehende finden gerade hier glaubwürdige Christuszeugen. Darum wird es nun in der dritten Grundentscheidung gehen.
Zuvor ist noch eine Schlußbemerkung zu diesem Abschnitt nötig: In den verschiedenen Dienstgruppen taucht auch sehr bald die Frage der Leiterschaft auf. Leitungsgaben werden überall notwendig. Der Pfarrer als Leiter im missionarischen Gemeindeaufbau ist gerufen, die Augen für solche Leitungsgaben offen zu halten und dann auch Leitung entschlossen zu delegieren. Es sind oft gerade nicht die auffälligen und besonders begabten Mitarbeiter, die sich zum Dienst der Leitung eignen. Leitungsgaben erwachsen aus der Bereitschaft zu geringen Diensten und finden sich häufig eher bei den Stillen. Hier bedarf es großer Wachsamkeit, Leitungsgaben zu erkennen, zu fördern und zum Zuge kommen zu lassen. Hier entscheidet sich nämlich, ob die erste und zweite kybernetische Grundentscheidung tatsächlich zu dem erwünschten Ergebnis führen, daß durch entschiedene Annahme der zentralen Rolle des Pfarrers in der pfarrerzentrierten Volkskirche die

Pfarrerskirche gerade nicht zementiert, sondern allmählich überwunden wird. Mitarbeiter mit Leitungsfunktionen werden dann eigene Treffen brauchen, zur Koordination von Leitung, zur Verantwortung für das Ganze, zum Austausch und zum priesterlichen Dienst des Gebets. Mit dem Pfarrer zusammen werden die Leiter auf kybernetische Supervision und Seelsorge u. U. von außen angewiesen sein. Zu den Zielen des missionarischen Gemeindeaufbaus gehört es, daß dieser Kreis der Leitenden mit dem Kirchenvorstand übereinstimmt.

D. Die dritte Grundentscheidung[202]

Die Fernstehenden

I. Erinnerung an die kybernetische Situation

»Der gegenwärtige stand in der Kirche ist der, daß sie 1) solche Glieder besitzt, die ihr mit Überzeugung, wenn auch mit mehr oder weniger klarer, zugetan sind, ihre Segnungen zu schätzen wissen und sich an ihren Aufgaben beteiligen; 2) solche, die nicht mit ihr gebrochen haben, noch brechen wollen, die aber indifferent stehen und die Ansprüche, welche die Kirche an sie zu erheben sich genötigt sieht, als eine Beeinträchtigung ihrer Freiheit empfinden; 3) solche, die ihr ganz entfremdet sind und mit ihr gebrochen haben.«[203]

Diese Bestandsaufnahme kirchlichen Lebens ist inzwischen 100 Jahre alt. Sie entstammt der Kybernetik des Erlanger Praktischen Theologen Theodosius Harnack. Sie könnte sich aber ebensogut in einer der neuesten kirchensoziologischen Erhebungen finden.

In diesem Abschnitt geht es nun um die Fernstehenden, um alle die, die sich nicht mehr oder nur noch äußerst selten zum Leben der um Wort und Sakrament versammelten »Gemeinde von Brüdern« halten. Ihre Zahl wächst. Zu erinnern ist an die 1,52 Millionen Kirchenaustritte zwischen 1972 und 1982, vor allem aber an jene 22% der evangelischen Getauften, die ernsthafte Austrittsgedanken haben; das sind 4,6 Millionen Kirchenmitglieder über 14 Jahre.[204] Zu erinnern ist aber auch an alle jene, die nur anläßlich der großen biographischen Lebenswenden bzw. anläßlich aufkommender religiöser Bedürfnisse im Lebens- oder Jahresrhythmus am Leben der Gemeinde partizipieren. Wenn es nun um diese der »Gemeinde von Brüdern« fernstehenden Menschen geht, dann ist die Stoßrichtung des missionarischen Gemeindeaufbaus zum Ausdruck gebracht: Erst wenn der missionarische Gemeindeaufbau diese Menschen erreicht, zum Glauben in der Gemeinschaft beruft und zum Lob des dreieinigen Gottes befreit, hat er sein Ziel erreicht.

Indem aber zunächst von der geistlichen Erneuerung des Pfarrerstandes und von der Erosion in der Kerngemeinde zu sprechen war, wurde nicht nur die Bewegung des missionarischen Gemeindeaufbaus nachgezeichnet, der eben nicht anders als durch erneuerte christliche Zellen möglich ist. Es wurde auch ein Mißverständnis des missionarischen Gemeindeaufbaus entkräftet. Was nun von den Fernstehenden zu sagen ist, das ist zu allererst auch von den Nahestehenden zu sagen gewesen. Das Nahestehen ist kein automatischer Schutz vor Unglauben und geistlicher

Lauheit. Im missionarischen Gemeindeaufbau steht eines fest: Vom Pfarrer bis zum am äußersten Rand der Kirche lebenden Mitglied bedürfen alle der geistlichen Erneuerung, d. h. der Umkehr zu Christus. Im missionarischen Gemeindeaufbau werden gerade nicht hochmütige und selbstsichere Disqualifikationen oder gar Exkommunikationen vorgenommen. Es wird vielmehr herausgearbeitet, was alle brauchen. Wenn nun die Pfarrer und Mitarbeiter miteinander in elementarer und werbender Weise das Evangelium zu den Fernstehenden bringen wollen, dann laden sie die dem Glauben und der Gemeinde (noch) entfremdeten Menschen dazu ein, den Weg der Umkehr mitzugehen, den sie selbst einmal und immer wieder betreten haben. Wie sollten sie verschweigen, daß sie in der Begegnung mit Christus das Leben gefunden haben? Wie sollten sie dies nicht auch anderen wünschen? Es handelt sich dabei keineswegs um eine pietistische Eigentümlichkeit, sondern um etwas höchst Normales. Nicht aus dem Hochmut des Besserwissens heraus, aber aus der eigenen Betroffenheit vom Evangelium heraus erwächst das werbende Wahrheitszeugnis der »Gemeinde von Brüdern«, die alle Fernstehenden gewinnen möchte, nicht um der Größe oder Erhaltung der Kirche willen, sondern im Gehorsam gegenüber dem erklärten Willen Jesu Christi (Mt 28,18–20; Joh 20,19–23 u. a.). Der ceylonesische Bischof und Evangelist Daniel T. Niles hat in seinen Briefen an einen Buddhisten diese Bewegung treffend zum Ausdruck gebracht: »Evangelium verkündigen heißt Zeugnis ablegen. Das geschieht so, daß ein Bettler dem anderen erzählt, wo man etwas zu essen bekommen kann. Der Christ hat nichts anzubieten aus einem Vorrat, über den er verfügt. Er hat nichts angesammelt. Er ist nur Gast am Tisch seines Herrn, und als Botschafter des Evangeliums lädt er die anderen dazu ein. Die durch das Evangelium bestimmte Beziehung der Menschen zueinander ist das Miteinander und nicht das Gegenüber. Der Christ steht neben dem Nichtchristen und zeigt auf das Evangelium, auf Gottes heiliges Tun…«[205]

Ein weiteres Mißverständnis ist damit ebenfalls zu entkräften: Es geht im missionarischen Gemeindeaufbau um alles andere als um die permanente Pflege der Frommen und die fatale Fixierung auf die Kerngemeinde. Es geht vielmehr um eine fundamentale Offenheit. Pfarrer und mitarbeitende Gemeinde sollen dazu ermutigt und befähigt werden, auf die Menschen, die dem Glauben fernstehen, zuzugehen und ihnen zu dienen. Eine Beschränkung der Gemeindearbeit auf die Sammlung, sprich auf das Innenleben einer frommen Gruppe, liefe dem Bestreben eines missionarischen Gemeindeaufbaus stracks zuwider.

Zum Begriff der Distanzierung ist schließlich ein Nachtrag notwendig. Bislang konnte nur empirisch festgestellt werden, daß Distanzierung von der Kirche existiert, daß sie in den meisten Fällen auch mit einer Distanzierung von Bibel, Gebet, Bekenntnis und somit den »Lebensmitteln« des Glaubens einhergeht, und daß Distanz von der »Gemeinde von Brüdern« in der Regel als höchst bedrohliches Phänomen (sowohl für den Distanzierten als auch für die Gemeinde) theologisch zu beurteilen ist. Distanz ist sicher der persönliche Entschluß, nicht am Leben der Gemeinde teilzunehmen. Dieser Entschluß wird aber in der Gegenwart durch mehrere Faktoren bekräftigt und unterstützt. Darum muß von mehreren distanzierenden Faktoren gesprochen werden. Distanz bewirkt eben auch die Kirche selbst. Sie stößt ab und hält ferne. Dabei gibt es unvermeidbare und vermeidbare distanzierende Momente im Leben der Kirche. Unter Umständen unvermeidbar ist die distanzierende Wirkung der Verkündigung. Menschen mögen sich ärgern und darum der Gemeinde fernbleiben (Mt 11,6). Die Kirche begibt sich auf bedenkliche Wege, wenn sie das Ärgernis des Evangeliums abzuschwächen sucht, um nicht distanzierend zu wirken. Aber es stellt sich die Frage, ob es immer das Ärgernis des Evangeliums und nicht das Ärgernis der Kirche selbst ist, wodurch Distanz entsteht. Die Kirche tut gut daran, hier sorgfältig und umkehrbereit zu unterscheiden. Vielleicht ist es sogar öfter das Ärgernis der Kirche, das Distanz produziert. Eine unklare, in entscheidenden Fragen hin- und hergeworfene Kirche ist eher abstoßend als anziehend. Eine pfarrerzentrierte Kirche vermag kaum Menschen zu gewinnen. Die Verengung des sozialen Milieus in der Kerngemeinde, das Fehlen angemessener »Aufnahmeräume« für die Menschen, die Sprachlosigkeit der mitarbeitenden Gemeindeglieder – all das wirkt wenig attraktiv und fördert statt dessen den Entschluß, dem Leben der Gemeinde fernzubleiben. Teilnahme erscheint schlicht irrelevant und unplausibel. Distanzierend kann aber auch die gesellschaftliche Stimmung gegenüber der Kirche und dem von ihr verkündigten Evangelium wirken. Schon bei der Analyse der Kirchenaustrittsbewegung wurde dies deutlich: latente Austrittsbereitschaft wird aktiviert, wenn das gesellschaftliche »Klima« umschlägt. Auch bei unterschiedlicher theologischer Beurteilung der Säkularisation ist deutlich, daß die notwendigen sozialen Stützungen kirchlichen Verhaltens im Schwinden begriffen sind. Die pluralistische und säkulare Gesellschaft ist nicht einheitlich religiös geprägt. Sie ordnet den christlichen Glauben in der Frage nach Sinn und Wert in den Markt der Möglichkeiten ein. Das Evangelium ist nur einer der vielen Bewerber auf diesem Markt. Zur gesellschaftlichen Bedingtheit der Distanz gehört auch die tendentiell mißlingende kirchliche Sozialisation; denn zur Gemeinde zu gehören, ist nicht mehr selbstverständlicher Bestandteil der Lebenswelt eines Heranwachsenden. Er erfährt es vielmehr als Normalfall, in einer unterschiedlichen, mal mehr ablehnenden, mal mehr gleichgültigen Distanz zur Gemeinde zu leben.[206] Mangelnde soziale Abstützung der Zugehörigkeit zur Gemeinde ist für die kirchliche Sozialisation äußerst unverträglich. Nur die stabile christliche Zelle vermag ein akzeptables Gegengewicht zu dieser Erfahrung gesellschaftlicher Normalität zu bieten.

II. Christentum außerhalb der Kirche?

Nun sollte man meinen, daß die Erfahrung der Distanz von Getauften zur Gemeinde alarmierend wirke, daß sofort die Frage aufkommt, wie denn die Fernstehenden – nun nicht zur Kirche um der Kirche willen, sondern – zum Glauben an Christus und darum auch zur Gemeinde geführt werden könnten. Doch dies ist keineswegs die Konsequenz, die theologische Theorie in dieser Situation bereithält. Ein breiter Strom systematisch-theologischer und praktisch-theologischer Reflexion geht andere Wege. Unbestritten ist, daß Pfarrer und Gemeinde unter leeren Kirchenbänken und zunehmender Distanzierung leiden. Doch tun sie es zu Recht?
Stellvertretend für andere und wohl auch stimulierend für viele steht hier Trutz Rendtorff. Eines seiner Bücher proklamiert ein »Christentum außerhalb der Kirche« und beschreibt darin »Konkretionen der Aufklärung«, deren Lob eigens the-

matisiert wird.[207] Die Grundentscheidung Rendtorffs lautet: »Christlichkeit und Kirchlichkeit sind nicht dasselbe.«[208] Viele erachten sich als gute Christen, auch wenn sie in Distanz zum Gemeindeleben stehen. Von einer entchristlichten oder unchristlichen Welt, von einem Missionsland gar darf darum keine Rede sein. Eine Einteilung in Christen und Nicht-Christen will nicht recht gelingen und darf es auch nicht, sind doch nahezu alle Menschen in diesem unserem Land getauft. Die Kinder werden getauft und konfirmiert, die Ehen kirchlich getraut, und die Toten werden kirchlich bestattet. Wer wollte diesen Menschen das Christsein absprechen oder ähnliche Unfreundlichkeiten von sich geben?[209] Wer es dennoch tut, erfährt: »Solche Urteile kann sich mit gutem Gewissen eigentlich nur eine Sekte leisten, eine fromme Gemeinschaft, die davon lebt, sich von der Masse der angeblich Ungläubigen zu unterscheiden... Manche kirchlichen Kreise treten heute mit dem Bewußtsein einer Sekte auf.«[210]

Rendtorff tritt an mit der Absicht, der Ehrenrettung einer Christlichkeit außerhalb der Kirche zu dienen. Das nichtkirchliche Christentum, das dennoch mit der Kirchenmitgliedschaft verbunden bleibt, wird als ernsthafte und wahrhaft christliche Möglichkeit vertreten, denn: »Hinter der sogenannten Unkirchlichkeit im Protestantismus steht eine eigene christliche und theologische Position. Nicht die Ablehnung dessen, worum es auch der Kirche zu tun ist, sondern eine andere Weise der Zustimmung zur christlichen Überlieferung ist die Wurzel für das Auseinandertreten von Kirchlichkeit und Christlichkeit.«[211]

Was ist aber das Christliche an dieser Position, und worin besteht die Zustimmung zur christlichen Überlieferung? Rendtorff verweist auf eine christliche Spielart der Aufklärung, die nicht prinzipiell christentumskritisch ist, wohl aber eine umfassendere, reichere und freiere Form christlicher Existenz in der Moderne propagiert. Christliche Aufklärung ist kritisch gegenüber der Dogmatik und macht ihr den Rang streitig. Das Christentum ist mehr und besser als die unverständliche Theologie, als die Wundererzählungen, die Schöpfungsmythen, die Jungfrauengeburt usw. Man sucht eine plausible Christlichkeit auf einem Boden, der allen Menschen zugänglich ist. Eine neue Weite und Gemeinsamkeit mit der Welt wird angestrebt, die doch das Christliche festhält. Christliche Aufklärung propagiert ferner ein Christentum des freien Individuums, das nicht von kirchlicher Lehre und auch Bevormundung abhängig ist. Als private Religion bleibt das Christliche wichtig, jedoch mit R. Rothe »im Hausrock des einfach Menschlichen«.[212] Es ist eine der Welt und dem tätigen Leben zugewandte, eher ethische als dogmatische Gestalt des Christlichen, um die es Rendtorff im Gefolge dieser christlichen Aufklärung zu tun ist, und um deren Gleichberechtigung neben dem kirchlichen Christentum er kämpft. Daß damit eine Kritik an der kirchlichen Christenheit impliziert ist, versteht sich fast von selbst: zumal wenn es in ihr um die »Abwendung von der Welt, das heißt die Bekehrung«[213] geht. Distanzierte Christlichkeit ist eine (mindestens) ebenbürtige Frömmigkeit. Die Konsequenz ist deutlich: Missionarischer Gemeindeaufbau als werbende Bezeugung des Evangeliums den Distanzierten gegenüber mit dem Ziel, ihnen zur Begegnung mit Christus und darum auch zur Begegnung mit der »Gemeinde von Brüdern« zu verhelfen, ist nicht nur unnötig, sondern geradezu verboten: »Das nichtkirchliche Christentum berief sich in seinem Ursprung auf die eigene freie Fähigkeit des Menschen als Christen und des Christen als Menschen. Hier liegt in unserer Gesellschaft der Kern des modernen

Freiheitsbewußtseins, das dem Christentum eine neue Dimension der Erfahrung und Erkenntnis eröffnet hat… Was hieße (die Verkirchlichung des Protestantismus)… anderes, als Christen, die Christen sind, noch einmal zu Christen machen zu wollen, indem man sie zu einer anderen Frömmigkeit bekehrt?«[214]

Es ist eine durchaus beliebte Argumentationsfigur, das Plädoyer für ein sogenanntes unkirchliches Christentum mit einer geharnischten Kritik an jedweder Gestalt des Missionarischen zu verbinden. Dies sei darum als erstes herausgearbeitet: Das Missionarische läßt sich nicht entkräften, indem man es mit dem Terminus der Sekte verknüpft. Im Vertrauen auf den abschreckenden Klang allein dieses Wortes – und der damit verbundenen Vorstellung von Abstrusität, Merkwürdigkeit und Muffigkeit – läßt sich missionarischer Gemeindeaufbau nicht kompromittieren. Außerdem ist zu fragen, ob die Menschen, denen man Christlichkeit bescheinigt, ohne daß sie Christlichkeit in Gestalt des christlich Normalen noch äußern, damit überhaupt recht verstanden sind und sich verstanden fühlen. Es scheint geradezu so, als ob man den Menschen einen Gefallen täte, wenn man sie vom Wort Gottes und Gebet, von Gemeinschaft und Dienst dispensiert, während man ihnen auf gefährliche Weise schadet, indem ihre Stellung gegenüber dem normalen Christen- und Gemeindeleben nüchtern aufgedeckt wird. Das Leben außerhalb der Gemeinde erscheint als weit und befreit, das Leben in der Gemeinde dagegen als verzichtbar.

Hier steht das Verständnis dessen auf dem Spiel, was Christsein eigentlich bedeutet, bzw. höchst allgemein ausgedrückt, was eigentlich gut und hilfreich für die Menschen ist, die durch die Taufe der Kirche angehören. Wohlgemerkt, darum geht es und nicht um eine verbale Diskriminierung der Kirchenfernen. Missionarischer Gemeindeaufbau möchte Getauften, die ohne eine ausdrückliche Christusbeziehung, ohne das Leben der »Gemeinde von Brüdern« leben, beides nahebringen. Die Beschreibungen der »Gemeinde von Brüdern« legen es nahe, darin gerade nicht den Schaden der Menschen zu sehen. Ein ernster Schaden für Zeit und Ewigkeit aber ist es, Getauften die Erfahrung der Umkehr und des Glaubens, der fröhlichen Gewißheit und der tragenden Gemeinschaft zu »ersparen«.

Selbstverständlich kann so deutlich und werbend nur dann von der Gemeinde Jesu Christi gesprochen werden, wenn diese sich dem Prozeß der geistlichen Erneuerung öffnet. Wo aber das Missionarische diskriminiert und statt dessen Distanz zum gar nicht bedrohlichen Normalfall erhoben wird, da bleibt auf Dauer nur noch der Weg in die kraftlose Bedienungskirche.

III. Das Ziel

Hier wird dagegen eine dritte kybernetische Grundentscheidung gesetzt. Eine Kirche, die Kinder tauft, darf sich darauf nicht ausruhen. Sie muß vielmehr zutiefst beunruhigt sein, wenn Getaufte nicht mit ihr zusammen hören und beten, feiern und arbeiten, sondern statt dessen die Kirche verlassen oder an ihre Ränder emigrieren. Sie muß die Geschichte Gottes mit den Menschen in Gefahr sehen, die Gott mit der Taufe begonnen hat. Er hat sie doch auch zum Glauben und zum Leben in der Gemeinde berufen. Doch die Antwort dieser Getauften steht noch aus. Gott will aber dieses Ja der Getauften, denn seine Liebe wirbt, aber zwingt nicht.

Er will, daß seine Kirche beim Zustandekommen dieses Ja hilft und ihm nicht etwa im Weg steht. Dieses Ja aber hat etwas zu tun mit der Gemeinde. Eine Berufung zu Christus, die nicht zugleich Berufung zu den Christen wäre, ist unvorstellbar. Wo anders als bei den Christen sollte ein Getaufter (oder auch Ungetaufter!) von Christus hören? Christlichkeit ohne Beziehung zu den Christen widerspricht dem Willen Gottes. Gott will uns »auf keinen Fall als Monaden, jeder auf seine eigene Faust, in irgendeiner privaten Jüngerschaft, auf jeden Fall vielmehr miteinander, in gemeinsam übernommener und getragener und darum auch in gegenseitiger Verantwortung, auf jeden Fall als Glieder desselben besonderen Volkes, im Raum der einen durch ihren Lehrer konstituierten Bruderschaft, in der einen, von ihm, dem sie alle berufenden Herrn gegründeten und erhaltenen Gemeinde.«[215]

Dieser Berufung zu Christus und zu den Christen sieht sich der missionarische Gemeindeaufbau verpflichtet. Er will Gemeinden bauen, in denen Fernstehende die unio cum Christo in der communio sanctorum erfahren können. Er sieht sich in die Sendung Christi gestellt und will darum nichts anderes als das, was Gott auch will. Darum sieht die Gemeinde als die bleibende Grundform ihres Dienstes die Missio Dei nach Mt 28,18–20. Diese Bestimmung entspricht auch der Intention der sechsten Barmer These, die von der Sendung der »Gemeinde von Brüdern« zu allem Volk spricht, damit die Botschaft von der freien Gnade Gottes bekannt gemacht wird. Dies ist gewiß nicht erreicht, wenn sie bloß aus der Distanz zur Kenntnis genommen wird, sondern erst dann, wenn sie glaubend angenommen wird und zur Eingliederung in die »Gemeinde von Brüdern« führt.[216] Es ist unerträglich, unter Berufung auf die Freiheit des Individuums den Menschen diesen Dienst zu versagen. Auch als unterlassene Mitteilung des Evangeliums wäre dies eine Botschaft, nämlich eine Botschaft über den Rang, der dem expliziten Christuszeugnis in den Reihen der Christen noch beigemessen wird. Martin Fischer stellt dazu fest: »Hat der Kirchenferne sich aber von den Gottesdiensten der Gemeinde entwöhnt, so wird er in den seltensten Fällen von einer darüber beunruhigten Gemeinde heimgesucht, die… jeden Getauften außerhalb des Gottesdienstes beunruhigt im Auge hätte. Ahnt die gottesdienstlich versammelte Gemeinde überhaupt, was denen geschieht, die ohne Gottesdienst leben, denen das Verhältnis zur Bibel fehlt und die die Antwort des Glaubens nicht finden? Oder hat die Kirche etwa selbst nur noch ein gestörtes Verhältnis zu ihren Gottesdiensten und zu ihrer Bibel?«[217]

Missionarischer Gemeindeaufbau hingegen weiß um die Dringlichkeit, mit der etwa Paulus allen und gerade den Fernen das Evangelium ausrichten mußte (1 Kor 9,19 – »auf daß ich ihrer viele gewinne« –; 14,23–25; 2 Kor 5,11). Wer solche Bemühungen einer sektenähnlichen Einstellung zuschreibt, müßte auch Paulus den Ketzerhut aufsetzen.

IV. Johann Hinrich Wichern

Wichern stieß in den sechziger Jahren des 19. Jahrhunderts auf ganz ähnliche kirchliche Verhältnisse wie wir heute. In den großen Städten ging der Gottesdienstbesuch auf 2–3% der Getauften zurück. Er mochte sich damit nicht abfinden, sondern beurteilte eine Christlichkeit ohne Gottesdienst kritisch. Zwar sei es

in Ausnahmefällen vorstellbar, daß es ein Christsein ohne den Besuch des öffentlichen Gottesdienstes gebe, doch könne dies nie die Regel sein. Umgekehrt aber äußere sich ein Nicht-Christsein im Sich-Verschließen gegenüber dem göttlichen Wort, in der Unwissenheit über den christlichen Glauben und in der Gleichgültigkeit dem Reich Gottes gegenüber.[218] Wichern äußerte sich dazu auf dem Stuttgarter Kirchentag von 1869 in einer engagierten Rede über »Die Aufgabe der evangelischen Kirche, die ihr entfremdeten Angehörigen wiederzugewinnen«.
Wicherns Aussagen zur Frage der Fernstehenden sind von unverminderter Aktualität. Sie fügen sich nahtlos in das Bild des missionarischen Gemeindeaufbaus ein. Sie sollen aber nicht allein darum hier vorgestellt werden. Es gilt auch, das Bild dieses »Genie(s) der Barmherzigkeit«[219] zu vervollständigen. Innere Mission war für Wichern stets beides miteinander: der Aufbau lebendiger Gemeinden und die Hilfe für die Gefährdeten, Kranken und Behinderten. Dafür, daß beides dann auch zusammen im missionarischen Gemeindeaufbau Platz finden muß, ist Wichern mahnende Autorität.
Im Blick auf den Kirchenbegriff Wicherns ist eine erstaunliche Weite festzustellen. Im Bild konzentrischer Kreise sieht Wichern zunächst Kirche als die Gemeinschaft derer, die an den in Christus offenbaren Gott glauben. Dann aber »schart sich um diesen glaubenden Kern der Erlöseten die ganze Menge derjenigen anderen, die als Peripherie in näherem oder fernerem, auch fernstem Verhältnis zu jenem Mittelpunkte stehen.«[220]
Sie alle gehören zur Kirche – um der Taufe willen. Wichern nimmt die Taufe also ebenso ernst wie schon Theodosius Harnack. Auch der Fernste gehört noch dazu. Wichern geht vom Gleichnis vom verlorenen Sohn (Lk 15) aus und sieht in den Fernstehenden Verlorene, d. h. höchst bedrohte Getaufte, aber doch Söhne, deren Heimkehr erwartet, erhofft und erbeten werden darf. Der missionarische Gemeindeaufbau vernachlässigt demnach keineswegs die Taufe, sondern nimmt sie erst in ihrem ganzen Ernst wahr; dies wird durch den Vergleich mit dem verlorenen Sohn deutlich. Dazu heißt es schon in der Denkschrift zur Frage der Inneren Mission (1849): »Die innere Mission bekehrt nicht die Ungetauften, weder Juden noch Heiden; ihre Arbeit ist innerhalb der Kirche im Bereiche der Getauften, und die Getauften gelten ihr nie als Heiden. Denn der eigentümliche Wert der Taufe als hochheiligen Sakramentes ist ihr unumstößlich; sie vergißt es darum nie, daß sie mit solchen zu handeln hat, welchen der Herr im Sakramente sich bereits persönlich zugewendet.«[221]
Gehören die Getauften zur Kirche, dann wird die Situation der Kirche unerträglich. Die notorische Entfremdung der Massen von der Gemeinde und ihren Lebensäußerungen stellt das Wesen des christlichen Glaubens in Frage: »Worin besteht alsdann noch das Christentum, wenn anders diese wirklich die durch Christum wiederhergestellte Lebensgemeinschaft zwischen Gott und den Menschen und nicht ein leerer Schein und Götzendienst stummer Diener ist, die mit ihrem Gotte nicht reden und für die ihr Gott kein Wort und keine sich offenbarende Liebe mehr hat?«[222]
Wicherns Gesamtschau der gesellschaftlichen Verhältnisse im 19. Jahrhundert sieht die sittliche Verwahrlosung in engem Zusammenhang mit der Erosion der Kirche. Der Verfall der Ehe, die öffentliche Sittenlosigkeit, der Ausfall religiöser und sittlicher Kindererziehung, ja auch die katastrophalen sozialen Verhältnisse

gehen mit dem Zerfall der Kirche einher. Als besonders bedrohlich empfindet Wichern die dadurch begünstigten sozialistischen Tendenzen im Volk. Diese negative Beurteilung des Sozialismus ist schon häufig als »Schatten« in Wicherns Vita benannt worden.[223] In unserem Zusammenhang ist jedoch ausschließlich die enge Verknüpfung zwischen einer gefährdeten Kirche und sozialem Lebensraum bedeutsam. Dieser Zusammenhang gehört zu den Charakteristika des Wichernschen Denkens, zum einen als strenger Bezug des Gemeindeaufbaus auf das Volk (wir würden sagen: die Gesellschaft) und zum anderen als Furcht vor einer Revolution.

Ist Wicherns Denken so stark mit dem Gesamtgeschick des Volkes verknüpft, stellt sich natürlich sogleich die Frage nach dem Begriff der Volks-Kirche bei J. H. Wichern. Der bei Schleiermacher kritisch gegen die Staatskirche Friedrich Wilhelms III. gedachte Begriff der Volkskirche bekommt bei Wichern eine neue Wendung.[224] Wichern beurteilt zunächst in einer kritischen Rückschau auf die Geschichte der evangelischen Kirche die jahrhundertealten Ursachen der gegenwärtigen Situation. Waren die Reformatoren noch in einem persönlichen Glaubensleben gegründet, so fehlte dieser persönliche Glaube oft den später hinzukommenden Kirchengliedern. Ganze Städte und Länder schlossen sich der Reformation an, so daß der neuen evangelischen Volkskirche das ganze Volksleben mit seinem Reichtum in den Schoß fiel. Doch blieb die evangelische Kirche ihrem Volk das Notwendige schuldig, nämlich das Ringen um die Überwindung des inneren Heidentums in der Volkskirche. Kurzum: Die Kirche war blind gegenüber der Aufgabe der Inneren Mission, in unserer Sprache des missionarischen Gemeindeaufbaus. Sie identifizierte kurzschlüssig die christianisierten Massen der Getauften mit der Gemeinde Jesu Christi.[225] Darum spricht Wichern von einer jahrhundertealten Verschuldung der Kirche ihrer Aufgabe am Volk gegenüber. Volkskirche kann unter diesen Umständen niemals die Kirche sein, die mit dem Volk (doch mindestens weitgehend) identisch ist. Sie kann nur Kirche für das Volk sein und Kirche mitten in dem Volk, in das sie hineingestellt ist. Da sich die Kirche dieser Aufgabe verweigert hat, ist sie gerade noch nicht Volkskirche, sondern muß dies allererst werden. In einer kurzen Erklärung auf dem Wittenberger Kirchentag sagt Wichern dazu: »Es muß und wird zum Bewußtsein kommen, daß unsere evangelische Kirche eine Volkskirche werden muß und kann, indem sie das Volk durchs Evangelium in neuer Weise und Kraft zu erneuern und mit neuem Lebensodem aus Gott zu durchdringen hat.«[226] Und in einer Denkschrift heißt es entsprechend: »Die evangelische Kirche unseres Vaterlandes ist ihrem Prinzip nach wesentlich eine Kirche der inneren Mission; durch sie erst wird und kann sie zur Volkskirche ausgeboren werden.«[227]

Was bedeutet diese kritische und auf eine neue Gestalt der Kirche hin entworfene Sicht der Volkskirche für die Frage nach den Fernstehenden? Es kann nur eine Konsequenz denkbar sein: die Kirche muß sich mit ganzer Kraft der Mission zuwenden. Die freien Werke der Inneren Mission in der Kirche sind dazu da, als Hilfswerke (z. B. Traktatgesellschaft, Bibellesebünde, Kolportagevereine) das Volk missionarisch zu durchdringen. Ihr Ziel ist es, »diejenigen Massen innerhalb der Kirche, welchen kein Wort Gottes nahekommt, welche demselben ganz entfremdet worden, die darum der Kirche ganz ferne getreten sind, und jetzt in Gefahr stehen, von ihr ganz abgetrennt zu werden, – wieder mit dem Worte Gottes zu erreichen und für dasselbe empfänglich, d. h. für Buße und Glauben wieder zugänglich zu machen und für den Herrn aufs neue zu gewinnen.«[228]

Ein besonderes Anliegen Wicherns war es, daß Kirche und freie Werke sich gemeinsam dieser Aufgabe annehmen und die freien Werke auf diese Weise in der Kirche integriert sind. Dieses bis heute aktuelle Problem weist auf die Gefahr einer missionslosen Kirche und kirchenloser Missionswerke hin. Wichern wirbt darum um das Vertrauen der Kirche gegenüber den Vereinen der Inneren Mission mit ihren missionarischen und diakonischen Zielen. Er möchte eine Zusammenarbeit beider erreichen. In überaus moderner Weise sieht er die Grenzen der parochialen Gemeinde und die Chancen beweglicher missionarischer Gruppen. Beide möchte er dazu verpflichten, beieinander zu bleiben.[229]

Aufschlußreich ist auch, daß sich Wichern nicht von einer »kybernetischen Resignation« anstecken läßt, die die Hoffnung auf eine Erneuerung von Kirche und Gesellschaft, also auf eine wahrhafte Volkskirche fahren läßt. Er sieht die Wege der Umkehr noch offen und erhofft sich von Christus eine Erneuerung der Kirche von innen her und folgerichtig eine Rückführung der Fernstehenden durch erneuerte Gemeinden. Allerdings weiß er auch, daß sich ein jahrhundertealter Schaden nicht im Handumdrehen beheben läßt: missionarischer Gemeindeaufbau kostet Zeit. Wer sich darauf einläßt, braucht Geduld. Von innen, allmählich und sauerteigartig, geschieht die Erneuerung. Vehement wehrt sich Wichern gegen die, denen sowohl die Hoffnung als auch die Geduld im Blick auf die Erneuerung der Kirche fehlt. Das sind die, die entweder sich mit der reinen Lehre trösten und jeden auf seine Façon leben lassen, oder die, die sich selbst als den letzten Rest der Gläubigen im Volk betrachten, der Welt entfliehen und – nun tatsächlich! – zur Sekte werden. Demgegenüber ruft Wichern dazu auf, auf die schöpferische Siegeskraft des Evangeliums zu vertrauen.[230] Nicht zuletzt eine große Kenntnis internationaler Beispiele der Inneren Mission (z. B. in London) ermutigt Wichern zu dieser Hoffnung.

Konkrete Strategien sollen die Berichterstattung über Johann Hinrich Wichern abrunden. Wichern hatte in dem von ihm 1833 gegründeten Rauhen Haus in Hamburg das Zusammenleben der Kinder in Familien organisiert. In einer Atmosphäre des Vertrauens und der Vergebung lebten 12 bis 14 Kinder mit einem Bruder zusammen. Die Kinder wurden in das gesamte Geschehen einbezogen; jeder erhielt eine konkrete Aufgabe in diesen familienähnlichen Verbänden.[231] Es kann eigentlich nicht überraschen, daß Wichern im Blick auf die Innere Mission auch solche familienähnlichen Strukturen entwickelte. In der Tradition des Pietismus und der Erweckungsbewegung forderte er kleine Kreise von Interessierten zur Förderung des individuellen wie sozialen Lebens im gemeinsamen Umgang mit der Heiligen Schrift. Das Gespräch über biblische Texte (nicht die Predigt) sollte das erste Strukturmerkmal dieser Kreise sein. Wichern erhoffte sich von solchen geistlichen Zellen eine erneute Durchdringung der entchristlichten Familien bis hin zur Wiederentdeckung der Hausandacht. Er sah die wachsenden Gemeinden voraus, in denen immer mehr dieser Zellen entstehen. Die Zellen kommen zu gemeinsamen Treffen zusammen, auch ihre Leiter haben eigene Versammlungen. Sie werden dann auch offen sein, missionarische und diakonische Hilfen zu leisten, sich also den verschiedenen Hilfswerken der Inneren Mission mitarbeitend zur Verfügung zu stellen! Der Hinweis auf diese *erste Strategie* der Inneren Mission steht stellvertretend für die ganz entsprechenden Vorstellungen, die in der Erweckungsbewegung des 19. und des 20. Jahrhunderts virulent waren und sind und wie sie z. B. in den freien Werken, etwa im Christlichen Verein Junger Menschen, auch praktiziert werden. Neben den kleinen geistlichen Zellen steht bei Wichern eine *zweite Strategie*. Er fordert eine entschiedene Ausweitung der Verkündigungsdienste. Missionarische Verkündigung, nicht nur in der Kirche, sondern überall, auf den Straßen, in den Gasthäusern und Versammlungsstätten, in den Betrieben und Werkstätten, ist unabdingbar, wenn die Fernstehenden tatsächlich erreicht werden sollen. Missionarische Verkündigung kennt keine Begrenzung des Ortes noch der Methode. Manche Schriften Wicherns lesen sich wie lange Kataloge der Chancen missionarischer Verkündigung.[232] Ein besonderes Interesse aber hatte Wichern an der vollmächtigen missionarischen Bezeugung des Evangeliums durch Laien. Sie sollten das Evangelium als lebendige und zum Glauben weckende Geschichte an allen nur denkbaren Orten erzählen. Sie sollten – modern gesprochen – der Kirche von der Komm-Struktur zur Geh-Struktur verhelfen: »In der Volkskirche kann hinsichtlich der Ausbreitung und Verkündigung des göttlichen Wortes das Ziel kein anderes sein als das Eine, daß niemand im christlichen Volke bleibe, dem nicht, und zwar so, wie er es zu fassen imstande ist, gepredigt oder der nicht in den Stand gesetzt worden sei, das Wort zu hören, so daß, wenn er nicht zur Kirche kommt, die Kirche zu ihm kommt, wozu Christus selbst mit seinen Aposteln in ihrem Verkehr mit dem Volke das unumstößliche Vorbild gegeben.«[233] Kirchenorte, wie Wichern sie nennt, sind dabei nicht bloß die Kanzeln. Kirchenorte sind überall: wo haben Jesus und Paulus nicht gepredigt? Schulen, Wirtslokale und Theater sind ebenso geeignete Kirchenorte wie die Kanzel, wenn dort Menschen auf Zeugen des Evangeliums stoßen können.[234] Diese Zeugen sind Charismatiker der missionarischen Verkündigung, nicht nur Träger des geistlichen Amtes, sondern gerade begabte Laien, Prädikanten, um deren kirchliche Anerkennung Wichern nicht müde wird zu ringen. Viele Pfarrer können nicht missionarisch verkündigen, erreichen auch die Massen der Entfremdeten nicht, während die missionarischen Gruppen (etwa Bibel- und Traktatgesellschaften) oder die begabten Evangelisten sowohl das Charisma haben als auch an den Orten der Entfremdeten leben. Sie sollen auf ihren Dienst gut vorbereitet werden, um dann mit kirchlichem Auftrag z. B. in der Stadtmission (in Deutschland seit 1849) zu wirken.[235] Sie können als Straßenprediger eingesetzt werden oder auch als Kolporteure, die mit Bibeln und Traktaten von Haus zu Haus gehen. Aufgabe der Pfarrer wäre es, begabte und bewährte Gemeindeglieder zu entdecken und zu fördern, die zu solchen Diensten berufen werden können.

Zum Werk der Inneren Mission gehört als *dritte Strategie* auch die Diakonie: »Die Liebe gehört mir wie der Glaube.«[236] Angesichts der Verelendung vieler Menschen in der frühindustriellen Gesellschaft waren viele erweckte Christen in Vereinen der Inneren Mission vereinigt, um der Not nachzuspüren und wirksame Hilfe zu leisten. Diese Hilfe wurde stets in engem Zusammenhang mit der Bezeugung des Evangeliums gesehen; beides blieb untrennbar. Nicht zuletzt darum erschien eine Zusammenarbeit mit den Sozialisten undenkbar. Es ist jedenfalls erstaunlich, mit welcher Phantasie Wichern Nöte aufspürte, die andere gar nicht sahen. Stets ging es ihm um die Hilfe für die von Sünde und Unglaube beschädigten Menschen, für Notleidende an allen Orten. Es ging ihm um den Nachweis: das Evangelium hat lebensrettende Macht.[237]

Eine *vierte Strategie* bezieht sich auf den heute so stark diskutierten Bereich der kirchlichen Sozialisation, genauer gesagt auf die Konfirmationspraxis. Über die Konfirmation ist im 19. Jahrhundert intensiv nachgedacht worden; hier berührt sich J. H. Wichern auch mit T. Harnack.[238]

Der Weg von der Taufe über die christliche Erziehung bis hin zur Konfirmation als Einsegnung, Abendmahlszulassung und mit einem Gelübde verbundene Entlassung in die kirchliche Mündigkeit ist schon zur Zeit Wicherns nur in der theologischen Theorie begangen worden. Die Konfirmation als entscheidender Baustein des Gemeindeaufbaus, durch den die mündige (Abendmahls-)Gemeinde entsteht, wurde bereits damals in Frage gestellt. Wichern fragt kritisch: Wie kann von der Konfirmation soviel erwartet werden, wenn die Konfirmierten sich in der kirchlichen Realität sogleich in das Heer der Fernstehenden einreihen? Muß hier nicht eine grundsätzliche Neubesinnung stattfinden, weil der gesamte Weg der christlichen Erziehung nicht mehr akzeptiert wird? Die Eltern achten die Taufe gering und vernachlässigen die christliche Erziehung. Konfirmation steht bei den meisten Konfirmierten für neu erworbene Freiheit (auch von der Kirche), Berufstätigkeit, Erwachsenwerden und Geldverdienen. Gelübde und Abendmahl stehen nur im Hintergrund.

Wichern schlug vor, nicht etwa das Konfirmationsalter anzuheben (dieses Problem ist nicht unbedingt altersspezifisch!), sondern die Einsegnung und das Gelübde voneinander zu trennen. Die Unterweisung der Jugend durch den Pfarrer wollte er nicht aufgeben. Die Möglichkeit zu einer altersgemäßen Jugendseelsorge erschien ihm als zu wichtig. Die Einsegnung sollte dann den Abschluß der kirchlichen (und oft auch schulischen sowie häuslichen) Unterweisung nach einer kirchlichen Prüfung darstellen. Glaubensbekenntnis und Gelübde sollten erst einen zweiten, davon zeitlich unabhängigen Schritt darstellen, zu dem eine persönliche Entscheidung und ein Votum der Gemeinde gehören sollten. Erst dieser zweite Schritt wäre dann mit der Zulassung zum Abendmahl zu koppeln. Es ist wohl denkbar, daß dieser zweite Schritt relativ bald nach der Einsegnung getan wird; aber es muß nicht so sein. Wichern will auf diese Weise eine Abendmahlsgemeinde schaffen, in der das Abendmahl als Mahl der Glaubenden ernstgenommen wird. Der Predigt weist er entsprechend eine eher missionarische Funktion zu.[239] Diese kurze Übersicht vermag nicht die umfassende Kenntnis Wicherns widerzuspiegeln. Seine Schriften bieten ganze Kataloge der unterschiedlichsten Möglichkeiten, im Sinne der Inneren Mission Gemeinde zu bauen. Entscheidend ist sein leidenschaftliches Eintreten für die Erneuerung der Gemeinde von innen her, aus der heraus der missionarische und diakonische Einsatz für andere erwächst, so daß die Fernstehenden gewonnen werden. »Die von ihm geforderte Wandlung der Behörden- und Pastorenkirche in eine diakonisch und missionarisch ausgerichtete Gemeindekirche hat langsam eingesetzt... Die Innere Mission als seelsorgerlich-missionarische Bewegung, welche das entfremdete Volk, vor allem den abwartenden Arbeiterstand für das Christentum und ein Leben in und mit der Kirche zurückgewinnen will, steht noch in ihren Anfängen.«[240]

V. Evangelisation?

Wenn bereits innerhalb der zweiten Grundentscheidung von der Evangelisation zu reden war, so jetzt erst recht. Die Zurückgewinnung der Entfremdeten durch elementare und fundamentale Verkündigung ist die Frage nach der Evangelisation. Es ist kaum bekannt, daß Karl Barth gegen Ende seines Lebens eine hohe Meinung von der Evangelisation entwickelte und sie sogar zu den in Geschichte und Gegenwart konstanten Grundformen des kirchlichen Dienstes rechnete. Dabei ging er von der Situation der Volkskirche aus. Angesichts des sogenannten corpus christianum und der »noch seltsameren Sitte der Kindertaufe« stellt er fest: Hier werden Menschen zu Christen erklärt, die doch nur auf höchst problematische Weise zur Gemeinde gehören. Barth spricht von einer »nichtchristliche(n) Christenheit«.[241] »Evangelisation ist die besondere, der Kirche zweifellos auf der ganzen Linie gestellte Aufgabe, dem Wort Gottes eben unter den zahllosen Menschen zu dienen, die es theoretisch längst vernommen und positiv aufgenommen und beantwortet haben müßten, es aber faktisch noch nie oder nur aus irgendeiner Ferne und darum für ihre Beteiligung an der Sache der Gemeinde bedeutungslos vernommen haben.«[242]

In diesem Sinne ist Evangelisation dringend notwendig. Da sich nun aber der missionarische Gemeindeaufbau in der Schußlinie theologischer und kirchlicher Kritik befindet, muß auch so etwas wie eine Apologie der Evangelisation vorgelegt werden. Eine Karikatur der Evangelisation sieht etwa so aus: Da werden – alle Jahre wieder – die Frommen einer Region mit Bussen in ein großes Zelt gebracht, wo sie so tun, als befänden sie sich nicht nur auf dem moralischen Nullpunkt, sondern hätten obendrein noch nie etwas vom Glauben an Jesus Christus gehört. Dann tritt ein Starevangelist auf, der in markigen Worten von der Sünde spricht und alle Zuhörer eindringlich auffordert, sich – noch heute abend! – für Jesus Christus »zu entscheiden«, andernfalls keine Garantie für zeitliches und ewiges Heil mehr gegeben werden könne. Etliche folgen dem Aufruf und treten nach vorne, allerdings zum vierten oder siebten Mal. In den Augen der Veranstalter war es ein gelungener Abend, der mit einigen Evangelisationsliedern aus dem 19. Jahrhundert ausklingt.

Im Klartext lauten die Vorwürfe:

Evangelisation ist eine ganz bestimmte Veranstaltungsform (Zelt, Chor, Ansprache, Nachvornetreten etc.), die nur leicht variiert seit 140 Jahren immer neu abläuft.

Evangelisation erreicht nur die religiös besonders ansprechbaren Menschen, keineswegs aber die Masse der Kirchenfernen.

Evangelisation ist auch nur eine Variante der pfarrerzentrierten Gemeindekonzeption; die Rolle des Pfarrers übernimmt hier der Starevangelist, der im Zentrum der Veranstaltung steht und an dessen rhetorischem Charisma das Gelingen des Ganzen hängt.

Evangelisation ist methodisch fragwürdig: Sie steht in der Gefahr der psychischen Manipulation durch Musik, drängerische Aufrufe und moralischen Druck.

Evangelisation betont das Gesetz (und nicht das Evangelium), die Entscheidung des Menschen (und nicht Gottes Gnade), das Seelenheil (und nicht die Verantwortung für das Diesseits).

Nicht selten werden diese Vorwürfe aus biographischer Betroffenheit heraus vorgetragen. Die Kritiker kennen die Form der Evangelisation recht gut von innen, haben vielleicht auch eine »Entscheidung für Jesus« getroffen und distanzieren sich nun vehement (wegen ihrer theologischen Einsicht oder ihrer abweichenden Lebensführung oder eines Gemisches aus beidem) von dem in der Vergangenheit Erlebten und Vertretenen.

In der Tat dürften manche dieser Vorwürfe auf gewisse Varianten von Evangelisation zutreffen. Aus der Sicht des missionarischen Gemeindeaufbaus tritt noch ein weiterer Punkt der Kritik hervor: In vielen Gemeinden ist die jährliche Evangelisation fest verankert, aber sie korrespondiert nicht mit entsprechenden Bemühungen des Gemeindeaufbaus. Sie ist vielmehr ein kybernetisches Alibi für eine im übrigen nicht missionarische Gemeindearbeit. Dann aber ist Evangelisation auch nur ein Programmpunkt innerhalb der additiven Gemeindearbeit. Ihr fehlt die Anbindung an das übrige Gemeindeleben. Werden tatsächlich einmal Fernstehende durch eine solche Evangelisation erreicht, so bleibt es bei einem punktuellen Kontakt; denn der Evangelisation fehlen dann die Aufnahmeräume im Leben der Gemeinde, und es erweist sich als illusionär, die angesprochenen Menschen einfach in den Gottesdienst einzuladen. Aufnahmeräume müßten Ausspracheräume sein, im Sinne der Zellen geistlichen Lebens, mehr noch, sie müßten Lern- und Lebensräume des Glaubens sein. Evangelisation ohne missionarischen Gemeindeaufbau ist kybernetischer Unfug.

Andererseits ist den Kritikern der Evangelisation entgegenzuhalten, daß es auch ganz andere Erfahrungen mit der Evangelisation gibt, wirkliche und dauerhafte Umkehrungen von Lebensgeschichten, einfühlsame und befreiende Verkündigung des Evangeliums, liebevolle Gestaltung des Rahmens u. v. a. Immerhin wird man auch fragen, ob nicht mit gleicher Strenge die »Opfer« der herkömmlichen Gemeindearbeit und der ausbleibenden elementaren, werbenden Verkündigung gezählt werden müßten.

Entscheidend aber ist die Entdeckung, daß sich Evangelisation nicht mit der oben karikierten Veranstaltungsform identifizieren läßt. Evangelisation ist nicht eine bestimmte Veranstaltung, sondern wesensmäßig fundamentale Verkündigung des Evangeliums an Fernstehende. Manfred Seitz definiert ganz entsprechend: Evangelisation ist »eine elementare Weise der Verkündigung und Gemeindearbeit, durch die in einfacher Bezeugung Gemeindeglieder, Entfremdete und Fernstehende in verbindliche Christusgemeinschaft berufen und zum Zeugnis befähigt werden.«[243]

Wie schon in der Begriffsbestimmung Karl Barths wird hier deutlich, daß Evangelisation eine Grundform des kirchlichen Dienstes in einer Fülle von Gestaltwerdungen ist. Eine in der Praktischen Theologie inzwischen übliche Unterscheidung hilft hier weiter: Evangelisation ist demnach vor allem permanente Evangelisation. D. h.: Evangelisation ist ein Grundzug der gesamten Gemeindearbeit. In allem, was in der Gemeinde geschieht, ist auch die Frage gestellt, ob und wie Nah- oder Fernstehende erstmals oder zum wiederholten Mal zu einer Erneuerung ihrer Taufe im Glauben finden können. Evangelisation ist nicht reduzierbar auf die jährliche Alibiveranstaltung. Sie ist vielmehr eine durchgängige Dimension des Gemeindeaufbaus. Daneben erst ist von kontingenter Evangelisation zu sprechen, den mehr oder weniger großen, immer noch höchst unterschiedlich gestalteten

Sonderveranstaltungen. Johannes Hansen bringt das Verhältnis von permanenter und kontingenter Evangelisation treffend auf den Nenner: »Eine sich evangelistisch verstehende Gemeindearbeit, die ständig darauf aus ist, Menschen für Jesus zu gewinnen, setzt immer wieder einmal den deutlichen Akzent einer öffentlichen Evangelisation.«[244]

Damit wird Evangelisation auch dem exegetischen Befund gerecht, der εὐαγγελίζεσθαι gerade nicht als das Besondere erscheinen läßt, sondern als das Alltägliche im Leben der ganzen Gemeinde. Εὐαγγελίζεσθαι ist nichts anderes als κηρύσσειν (Lk 8,1). Der Begriff, zunächst geprägt von der Botschaft Deuterojesajas (Jes 52,7) beschreibt dann das wirkungsvolle, heilschaffende Ausrufen der Gottesherrschaft durch den Evangelisten Jesus Christus (Mt 11,6). In seiner Person, in der Einheit von Tat und Wort, erscheint das Evangelium. Er proklamiert das Evangelium, das zugleich in ihm anwesend ist. Bei Paulus ist Evangelium das Wirken Gottes in Kreuz und Auferstehung zum Heil der Welt (Röm 1,1), das er mit erheblicher Dringlichkeit in aller Welt zu bezeugen hat (1 Kor 1,17). Sein Ziel ist es, durch diese Bezeugung viele zu gewinnen (1 Kor 9,19).

Evangelisation als werbende, das Heil in Jesus Christus elementar bezeugende Verkündigung in vielfacher Gestalt ist die der dritten Grundentscheidung entsprechende Praxis. Der oben aufgeführte »Lasterkatalog« bleibt von Bedeutung. Im missionarischen Gemeindeaufbau ist darauf zu achten, daß die ganze Gemeindearbeit evangelistisch ausgerichtet ist. Das Evangelium darf nicht in Gesetz verkehrt werden. Der Starevangelist darf nicht in Konkurrenz zur mitarbeitenden Gemeinde treten; er soll vielmehr mit seinem Charisma der »Gemeinde von Brüdern« am Ort dienen. Bedrängende Redeweise ist auszuschließen, ohne daß der Ruf zur Umkehr unter ein falsches theologisches Verdikt gerate. Es ist mit aller Phantasie anzustreben, daß durch evangelistische Gemeindearbeit tatsächlich Fernstehende angesprochen werden, auch wenn außer Frage steht, daß auch die Nahestehenden der Erneuerung ihrer Christusbeziehung durch evangelistische Verkündigung immer wieder einmal bedürfen.

Der methodistische Bischof Hermann Sticher bringt das Ziel der Evangelisation treffend auf den Begriff, wenn er von einer Quadriga spricht, die in den neueren Dokumenten zur Frage der Evangelisation (z. B. Lausanne 1974) immer wieder vorkommt: »das ganze Evangelium dem ganzen Menschen in der ganzen Welt durch die ganze Kirche«.[245]

Das ganze *Evangelium:* Die gute Botschaft von der Liebe Gottes ist zu bezeugen, kein drückendes Gesetz. Diese gute Botschaft wird begleitet von Zeichen der kommenden Welt. Soziale Aktion ist nicht Evangelisation, aber sie kommentiert die Namenrede der Evangelisation.

Dem ganzen *Menschen:* Es geht um eine persönliche Einladung zur Umkehr, die den ganzen Menschen in jeder Beziehung betrifft. Seine Beziehung zu Gott wird in der Evangelisation ebenso angesprochen und auf Christus bezogen wie seine Beziehung zu den Menschen, zu sich selbst und zur Schöpfung.

Der ganzen *Welt:* Es beginnt mit der Kirche selbst als einem Ziel der Evangelisation. Dann aber drängt Evangelisation nach draußen bis an die Enden der Welt.

Durch die ganze *Kirche:* nicht nur durch den Starevangelisten, sondern durch das Tun und Reden der ganzen Gemeinde, in welche das Zeugnis des besonderen Evangelisten eingebunden werden kann. Dieser Teil der Quadriga verweist auch darauf, daß Evangelisation Aufgabe der Kirche als katholischer Kirche ist; hier werden die Grenzen der Konfessionen überschritten. In der Aufgabe des missionarischen Gemeindeaufbaus wäre überhaupt an eine neue Gemeinsamkeit der Konfessionen zu denken.

»Evangelisieren heißt, die gute Nachricht zu verbreiten, daß Jesus Christus für unsere Sünden starb und von den Toten auferstanden ist nach der Schrift und daß Er jetzt die Vergebung der Sünden und die befreiende Gabe des Geistes all denen anbietet, die Buße tun und glauben. Für Evangelisation ist unsere Präsenz als Christen in der Welt unerläßlich, ebenso eine Form des Dialogs, die durch einfühlsames Hören zum Verstehen des anderen führt. Evangelisation ist ihrem Wesen nach die Verkündigung des historischen, biblischen Christus als Heiland und Herrn. Ziel ist es, Menschen zu bewegen, zu Ihm persönlich zu kommen und so mit Gott versöhnt zu werden... Das Ergebnis der Evangelisation schließt Gehorsam gegenüber Jesus Christus, Eingliederung in Seine Gemeinde und verantwortlichen Dienst in der Welt ein.«[246]

Diese Sätze der Lausanner Verpflichtung zeigen den Unterschied gegenüber der eingangs karikierten Sicht der Evangelisation deutlich auf.

IV. Die Praxis

Wenn in Deutschland Evangelisation mit Priorität zu fördern ist, wie die Studie »Evangelische Spiritualität« (EKD) es forderte[247], dann müßte sich dies in klaren Programmen niederschlagen.

Aus der Arbeit der Mitarbeiterzellen und Mitarbeiterkreise im missionarischen Gemeindeaufbau erwächst aber das evangelistische Bezeugen des Evangeliums wie von selbst. Es ist eine Lebensäußerung der »Gemeinde von Brüdern«. Dies gilt um so mehr, wenn in den Mitarbeiterzellen ehedem selbst Fernstehende zu Mitarbeitern geworden sind. Evangelisation als konsequente Lebensäußerung der »Gemeinde von Brüdern« stellt das evangelistische Zeugnis in einen ganzheitlichen Kontext. Oder umgekehrt formuliert: Die Bezeugung des Evangeliums ergeht nicht rein verbal, sie wird vielmehr ergänzt und kommentiert durch das Leben der »Gemeinde von Brüdern«, durch ihren Dienst und durch ihr Lob. »Das Evangelium muß in der Verkündigung proklamiert, in der Gemeinschaft gelebt und im Dienst demonstriert werden.«[248]

Die Evangelisation als Lebensäußerung der »Gemeinde von Brüdern« spielt sich auf drei verschiedenen Ebenen ab:

Die erste Ebene: der einzelne Christ als Zeuge des Evangeliums in seiner Lebenswelt (= persönliche Evangelisation).

»Das in der Koinonia (...) gelebte, in der Diakonia (...) demonstrierte Zeugnis von Jesus Christus und seinem Reich wird von den Gliedern des Gottesvolkes in der Originalität und mit der besonderen Begabung jedes einzelnen von Mensch zu Mensch verkündigt.«[249]

Hier geht es um die Nutzung der persönlichen Kontakte zu Arbeitskollegen, Nachbarn, Freunden und Bekannten. Es ist auffällig, daß die Lebensgemeinschaft in der »Gemeinde von Brüdern« in relativ kurzer Zeit dazu führt, daß die Kontakte außerhalb der Gemeinde reduziert werden. Alte Freundschaften werden nicht mehr gepflegt, die Mitarbeit in Vereinen und Verbänden wird eingestellt, und neue Beziehungen werden fast ausschließlich in der Gemeinde aufgebaut. Die Gemeinde kann unter Umständen die fatale Tendenz bekommen, ihre Glieder so an sich zu binden, daß »Außenkontakte« kaum eine reelle Chance zum Überleben haben. Das ist nicht im Sinne der dritten kybernetischen Grundentscheidung. Vielmehr wäre es höchst notwendig, gerade als Glied der »Gemeinde von Brüdern« solche »Außenkontakte« zu pflegen und neu aufzubauen. Dies gehört nicht nur zur Nüchternheit der Existenz in der Welt, sondern auch zur Evangelisation als Lebensäußerung der »Gemeinde von Brüdern«. Nur dann kann ja das Evangelium von Mensch zu Mensch, bezogen auf die alltäglichen und weltlichen Fragen, bezeugt werden.

Das Geschehen der persönlichen Evangelisation läßt sich nicht schematisieren. Oft ergeben sich überraschende, nicht vorhersehbare Gelegenheiten, im Alltag der Welt den Namen Christi ins Spiel zu bringen, die u. U. ganz schnell wieder vorüber sind, wenn sie nicht entschieden und spontan genutzt werden. Oft ist es aber auch ein langer Austausch mit Fernstehenden, mit vielen Begegnungen und Gesprächen. Zu dieser Weise der persönlichen Evangelisation ist etwas Entscheidendes nachzutragen: Sie darf nicht doketisch sein und sich in bekenntnishaften Worten begrenzen lassen. Persönliche Evangelisation will wie alle Evangelisation ganzheitlich sein, auch wenn die namentliche Bezeugung Christi und die Einladung zur Umkehr im Zentrum stehen. Wer persönliche Evangelisation will, sollte sich auf den Menschen, mit dem er spricht, einlassen. Er hat nicht nur einen festen Platz in der Fürbitte des Mitarbeiters. Vielmehr sollte es zu einer, gewiß beschränkten, aber doch echten Teilhabe am Leben des Mitarbeiters kommen. Zur persönlichen Evangelisation gehört Anteilnahme, Geleit, Zeitgenossenschaft, Interesse am anderen, kurzum eine gewisse Preisgabe von Zeit und Kraft für den anderen. In einem solchen Raum der Freundschaft kann die Bezeugung Christi glaubwürdig und ganzheitlich geschehen. Diese Bezeugung sollte vorbereitet sein. In den Mitarbeiterzellen sollte das Gespräch darüber, was wir zu bezeugen haben, einen wichtigen Platz einnehmen. Die Studie der EKD über »Evangelische Spiritualität« macht dazu einen Vorschlag:

»Gott hat einen Plan für mein Leben, weil er mich liebt und in der Taufe angenommen hat.

Ich erfahre, daß ich durch Sünde von ihm abgetrennt bin.

Jesus Christus ist Gottes einziger Ausweg.

Ich nehme Jesus Christus als Herrn und Erlöser in mein Leben auf.«[250]

Ein anderer Text, an dem sich das persönliche Zeugnis ausrichten lassen kann, ist das bereits erwähnte »einfache Evangelium«, mit dem in der »überschaubaren Gemeinde« in Herne gearbeitet wird.[251]

Die zweite Ebene: die evangelistisch lebende Gemeinde als Aufnahmeraum.

Wer mit Fernstehenden ins Gespräch über Fragen des Glaubens kommt, wird bald vor der Frage stehen, ob er sie in die Gemeinde einladen kann, und welche Räume dazu geeignet sind, fragende Fernstehende weiterzuführen. Oft scheitert die evangelistische Bemühung einer Gemeinde, weil sie zwar mit Eifer eine Evangelisationswoche durchführte, aber keine Räume geschaffen hat, in denen das Gespräch lebensmäßig eingebunden weitergeführt werden kann. Solche Räume müßten auch eine evangelistische Eigendynamik haben, wenn anders Evangelisation tatsächlich permanente Lebensäußerung der »Gemeinde von Brüdern« sein soll. Einige Beispiele können hier nur summarisch dargestellt werden.

Eine bewährte, bislang aber kaum wissenschaftlich beschriebene und ausgewertete Gestalt evangelistischer Existenz der Gemeinde ist die Arbeit mit Freizeiten. Dabei ist sowohl an Wochenendfreizeiten in der näheren Umgebung als auch an Ferienfreizeiten zu denken. Diese Freizeiten erfüllen am stärksten das Postulat des ganzheitlichen Evangelisationsstils. Die verbale Bezeugung des Evangeliums ist hier eingebunden in das punktuelle gemeinsame Leben. Die Gäste erfahren nicht nur, was Christen über Jesus Christus zu berichten wissen; sie können auch anschauen und – soweit sie es wollen – probeweise mitleben, wie Christen ihr Leben aus dem Evangelium heraus (und im Scheitern aus der Vergebung heraus) gestalten. Hier ist auch Zeit und Ruhe an einem »dritten Ort«. Alle sind aus dem Alltag herausgenommen und so auch befreit zu vertieftem Austausch und Gespräch. Für stark beanspruchte Menschen ist die Stille einer solchen Freizeit von hohem Erholungswert. Solche Freizeiten sind darum auch in erster Linie nicht Programm-, sondern Beziehungsfreizeiten. Sosehr auf eine gute Programmgestaltung zu achten ist (z. B. Begegnung mit dem Gastland, gute Unterhaltung, Sport und Spiel), so sehr muß das Programm doch im Dienst der Begegnung stehen. Feste Punkte eines »dienenden Programms« sind tägliche Zeiten des Hörens auf biblische Texte und des Austausches darüber, ein nicht zu großes, aber gut vorbereitetes Angebot an Interessengruppen, Sport-, Spiel- und Bildungsangebote, nicht zuletzt die bewußt gemeinsam gestalteten Mahlzeiten. Im Zentrum steht jedoch das gemeinsame Leben (z. B. von Familien) und der Raum zum Austausch und zum Gespräch über Fragen des Lebens und Glaubens. Daß hier eine Fülle von Charismen notwendig und darum zu entdecken sind, versteht sich von selbst.

Ein anderer Baustein einer evangelistischen Gemeindearbeit ist die Arbeit mit Hauskreisen. Die Chance, auch hier im – wenn auch bescheideneren – Rahmen gemeinsamen Lebens zu Christus einzuladen, wiegt die oft zitierten Gefahren von Hauskreisen auf.

Hauskreise und Freizeitarbeit stehen in einem lebendigen Wechselverhältnis zueinander. Die Hauskreise sind kontinuierlich, die Freizeiten dagegen punktuell. Wer Gast auf einer Freizeit war, läßt sich u. U. in einen Hauskreis einladen. Die Teilnehmer von Hauskreisen können für die Vorbereitung von Freizeiten einstehen, so daß die Freizeit zum Jahreshöhepunkt der Hauskreisarbeit werden kann.

Die dritte Ebene: Die evangelistisch lebende Gemeinde setzt immer wieder einmal Akzente durch besondere evangelistische Aktionen. Dabei nutzt sie ihre Kontaktmöglichkeiten voll und ganz aus. Vor allem aber sucht sie die Zusammenarbeit mit anderen Gemeinden, freien Werken u. ä.

Solche besonderen evangelistischen Aktionen können ganz unterschiedliche Gestalt annehmen. Sie können z. B. die Gestalt der traditionellen Evangelisationswoche annehmen, die nun aber eingebettet ist in das Leben der »Gemeinde von Brüdern«, deren Gaben auch hier zum Tragen kommen. Solche Evangelisationswochen haben vor allem die Funktion, evangelistisch die Präsenz des Evangeliums in einer Stadt oder einer Region zu bezeugen. Ihre »publizistische« Wirkung ist u. U. größer als ihre unmittelbar evangelistische Wirkung.

Neben die traditionelle Evangelisationswoche treten dann aber neue Formen der Evangelisation. In den Fußgängerzonen einer Großstadt könnte man zum Beispiel während der verkaufsoffenen Sonnabende Aktionen durchführen: Durch Musik und Pantomime können Menschen angesprochen und interessiert werden, kurze evangelistische Ansprachen verschiedener Mitarbeiter ergänzen die musikalische und schauspielerische Bezeugung des Evangeliums. Dazu kommt ein Büchertisch oder/und ein Teeausschank als Möglichkeit zum Gespräch. Gute evangelistische Kleinschriften mit Einladungen in die »Aufnahmeräume« der Gemeinde gehören auch zu einer solchen Aktion. Noch besser sind Gemeinden dran, die ein Ladenlokal in der Innenstadt besitzen und dort eine Teestube, vielleicht verbunden mit einem Schriftenverkauf einrichten können. Hier finden sich erfahrungsgemäß viele Menschen ein. Man darf sich keine Illusionen machen, oft sind es auch sehr schwierige Kontakte; z. B. wird mancher Nicht-Seßhafte froh über einen kostenlosen Tee sein. Auch diese Arbeit braucht »Korridore«, die in die Gemeinde, ihre Gottesdienste und Hauskreise, in Jugendgruppen und diakonische Angebote hineinführen, wenn die Kontakte nicht nur punktuell und damit relativ fruchtlos bleiben sollen.

Optimal ist die Arbeit mit evangelistischen Aktionen, wenn es einen Verbund von Aktionen gibt, wie dies in der »Überschaubaren Gemeinde« der Fall ist, wo der regelmäßige Besuchsdienst der Gemeinde für relativ stabile Kontakte sorgt. Die Mitarbeiter des Besuchsdienstes laden zu den »Offenen Abenden« und »Lord's Parties« ein. Die Gäste wiederum können das angefangene Gespräch über den Glauben sowohl mit den für sie zuständigen Besuchsdienst-Mitarbeitern als auch in Hauskreisen weiterführen. Im Zentrum dieses evangelistischen Verbundes stehen die sehr bewährten »Lord's Parties«. Anders als bei Zelt- und Großevangelisationen erscheint hier die Gemeinde nicht als Veranstalter, sondern als Gastgeber, der sich über jeden Gast freut, nicht zuletzt, weil auf Grund persönlicher Kontakte eingeladen wurde. Der überschaubare Rahmen (meist nicht mehr als 100 Personen), die Bewirtung (z. B. mit Tee und Gebäck), die Chance zu gründlichen Gesprächen, zum Fragen und Widersprechen an kleinen Tischen binden die evangelistische Kurzverkündigung in das Leben der »Gemeinde von Brüdern« ein.

Die Reihe der Beispiele ließe sich beliebig fortsetzen. Hier sind der Kreativität der Gemeinden keine Grenzen gesetzt, wenn sie erst einmal Evangelisation als ihre ureigene Lebensäußerung entdeckt hat. Dazu gehört dann auch das intensive Gespräch über die verschiedenen Ebenen der Evangelisation in den Mitarbeiterzellen und eine elementare Ausbildung: Was gehört zu einer evangelistischen Kurzansprache? Wie kann ein evangelistisches Gespräch geführt werden? Wie beten wir mit Fernstehenden (bis hin zur Frage eines »Umkehr-Gebets«)?[252]

In alledem geht es um die Berufung der »Gemeinde von Brüdern«, die dem Glauben und der Gemeinde entfremdeten Menschen nicht unter dem Vorwand reformatorisch errungener Freiheit und Individualität in ihrer Distanz alleine zu lassen, sondern ihnen auf jede dem Evangelium entsprechende Weise Christus zu bezeugen mit der Bitte: »Lasset euch versöhnen mit Gott« (2 Kor 5,20). Der Kairos dazu ist da. Es gilt ihn beim Schopf zu ergreifen. »Wir haben Grund anzunehmen, daß Gott... eine Evangelisierung unserer an innerem Leben verarmten Kirchen heraufführt, um sie instand zu setzen, die Nicht-Glaubenden wieder anzuziehen.«[253]

VII. Das Lob

Damit sind die drei kybernetischen Grundentscheidungen durchbuchstabiert. Es soll zum Schluß noch einmal deutlich gemacht werden, daß es nicht um eine Verkirchlichung der Menschen zur größeren Ehre der Kirche geht. Letztes Ziel des missionarischen Gemeindeaufbaus und damit auch letzter Sinn der »Gemeinde von Brüdern« ist das Lob Gottes. Es ist auch eine Grundentscheidung, ob die Gemeinde, die sich dem missionarischen Gemeindeaufbau öffnet, selbst groß werden will oder ob sie ihre Existenz auf das Lob des dreieinigen, in Christus offenbaren und im Heiligen Geist präsenten Gottes ausrichten will. Ihr Umgang mit der Pfarrerschaft, den anderen Laien und den Fernstehenden wird davon entscheidend mitgeprägt werden.

Karl Barth ist hier noch einmal das Wort zu geben: »Es ist klar: die Existenz der Gemeinde als solche und die aller Christen hat diesem Gotteslob zu dienen. Ihre Existenz als solche ist insofern jener eigentümliche, den sonstigen Weltfaktoren gegenüber neu geschaffene und selbständig bedeutsame Weltfaktor, als in ihr, im Werk ihres Dienstes die Bejahung, die Anerkennung und Gutheißung, das Loben, Preisen und Rühmen dieses Gottes, das Bekenntnis zu ihm stattfindet.«[254]

Das kybernetische Programm[1]

A. Von den kybernetischen Grundentscheidungen zum kybernetischen Programm

Die drei kybernetischen Grundentscheidungen markieren die Rahmenbedingungen missionarischen Gemeindeaufbaus in der Volkskirche, nicht mehr, aber auch nicht weniger. Als Grundentscheidung erheben sie den Anspruch, unter den Bedingungen der volkskirchlichen Realität von allgemeiner Gültigkeit zu sein. Sie bekämpfen miteinander die Not dieser volkskirchlichen Realität, die Massen der zwar getauften, dem Glauben an Jesus Christus und der »Gemeinschaft von Brüdern« gleichwohl entfremdeten Menschen.

Auch wenn in die Darstellung der drei Grundentscheidungen hier und dort bereits Beschreibungen von konkreten Arbeitsformen (wie z. B. dem Mitarbeiterkreis) eingeflossen sind, bleiben diese elementaren Forderungen des missionarischen Gemeindeaufbaus weitgehend im allgemeinen verhaftet. Sie können und wollen nicht mehr leisten als die Beschreibung der Rahmenbedingungen des missionarischen Gemeindeaufbaus. Damit zwingen sie einerseits zu notwendigen Überlegungen im Blick auf den Transfer in die konkrete Gemeindesituation. Damit ermöglichen sie andererseits weitgehende Freiheit im Blick auf die Gestaltung des missionarischen Gemeindeaufbaus. Sie verdeutlichen schließlich, daß der missionarische Gemeindeaufbau nicht an die strikte Einhaltung eines Arbeitsprogrammes gebunden ist. Wer nur eine Rezeptur erfolgreicherer Gemeindepraxis sucht, wird die Grundentscheidungen für überflüssig halten und statt dessen ungeduldig nach erfolgreichen Modellen und neuen Methoden fragen.

Die Grundentscheidungen zwingen zur Reflexion, sie stellen vor die Aufgabe, allgemeine Einsichten kybernetischen Denkens in die konkrete Situation einer Gemeinde umzusetzen. Das Ergebnis dieses Transfers ist das kybernetische Programm. Das kybernetische Programm ist eine gleichsam »maßgeschneiderte« Strategie des missionarischen Gemeindeaufbaus in einer Gemeinde. Erst mit Hilfe eines kybernetischen Programms erhält der missionarische Gemeindeaufbau die notwendige Konkretion eines »vorweggedachten Entwurfs«[2], einer situationsgerechten Prozeßplanung für das kybernetische Handeln.

Die Grundentscheidungen ermöglichen Freiheit: sie verpflichten den, der sich für den Aufbau einer missionarischen Gemeinde öffnen will, nicht zu einer bestimmten Methodik des Gemeindeaufbaus. Sie wissen damit um die Relativität aller Methoden und Programme. Die kybernetischen Grundentscheidungen bewahren vor kybernetischer Gesetzlichkeit in Gestalt eines neuen morphologischen Fundamentalismus. Sie geben statt dessen den Raum frei zum kybernetischen Experiment. Damit ist natürlich nicht die Kontaktaufnahme mit anderen Gemeinden im Prozeß der Erneuerung ausgeschlossen: Wer am Aufbau missionarischer Gemeinden interessiert ist, wird auch hier allem Einzelgängertum gerne den Abschied geben und dankbar an den Erfahrungen anderer Gemeinden partizipieren.[3]

Das kybernetische Programm ist zugleich schon eine Frucht der entstehenden »Gemeinde von Brüdern«: in der kleinen geistlichen Zelle ist es beheimatet. Im gemeinsamen Hören und Beten, Analysieren und Planen erwächst allmählich die Einsicht in die konkreten Chancen und Notwendigkeiten der Gemeindesituation. Zu den Aufgaben der kleinen geistlichen Zelle gehört es, die Bedingungen des Gemeindeaufbaus am Ort zu erkunden. Diese Gemeindeerkundung »braucht nicht in jedem Falle in Form einer aufwendigen Gemeindeanalyse zu erfolgen, sondern kann als eher lockere Erhebung über Mitglieder, Mitarbeiter, Gebäude, Veranstaltungen und Finanzen durchgeführt werden.«[4] Dazu gehört auch die Erforschung der Geschichte einer Gemeinde. Gemeindeaufbau geschieht nicht unter Absehung von dieser Geschichte; was geworden ist, ist nicht ohne Gott geworden. Auch wenn Neuanfänge notwendig sind, ereignen sie sich in der Kontinuität der Geschichte Gottes mit seiner Gemeinde. Zu erforschen sind die Gaben derer, die bei der Erneuerung der Gemeinde mitarbeiten wollen. Dies schließt auch die Akzeptanz von Grenzen mit ein. Schließlich wird die kleine geistliche Zelle in betender Reflexion nach »geöffneten Türen« fragen (Kol 4,3). Hier fallen die in der Gemeindeerkundung erhobenen Bedürfnisse der Gemeinde und die im Leben der kleinen geistlichen Zelle erwachsenen Charismen zusammen. Weiterhin wird die kleine geistliche Zelle bei der Erarbeitung des kybernetischen Programms Hilfe von außen in Anspruch nehmen: durch das Studium der Literatur über missionarischen Gemeindeaufbau, vielleicht noch mehr durch das »Studium« lebendiger Gemeinden in der Umgebung, schließlich auch durch einen kybernetischen Berater aus einer anderen Gemeinde. Während dieses ganzen Prozesses bleibt das gemeinsame Gebet um die Erneuerung der Gemeinde Mittelpunkt im Leben der kleinen geistlichen Zelle.

Das kybernetische Programm nimmt allmählich Gestalt an. Die Leitlinien einer gemeindegemäßen Strategie werden sichtbar. Dabei fallen wichtige und nicht selten auch schmerzhafte Entscheidungen, die der Gemeindeöffentlichkeit vermittelt werden müssen. Fünf Fragen wird das kybernetische Programm zu beantworten haben: Was muß weitergeführt werden? Was kann in reduzierter Form weitergehen? Was muß eingestellt werden? Womit wollen wir neu beginnen? Mit welchen Mitarbeitern sollen welche Teilziele in welchem Zeitraum erreicht werden? Die kleine geistliche Zelle als Planungsgruppe des missionarischen Gemeindeaufbaus lebt dabei immer wieder in dem Vierschritt von Analyse, Entscheidung, Experiment und Kontrolle. Nach festgesetzten Zeiträumen sind die Entscheidungen zu überprüfen und gegebenenfalls auch zu revidieren. Diese Zeiträume dürfen nicht zu knapp bemessen sein. Der Aufbau lebendiger Gemeinden ist eine auf langfristiges Denken angewiesene Unternehmung.

B. Die »kybernetischen Bausteine«

Obwohl der missionarische Gemeindeaufbau in Deutschland noch lange nicht fest verwurzelt ist, gibt es doch schon etliche Erfahrungen mit »kybernetischen Bausteinen«. Ein ganzer »Baukasten« mit Methoden und Arbeitsformen steht dem zur Auswahl, der auf Grund seiner Gemeindeerkundung nach geeigneten Mitteln und Wegen sucht, um missionarischen Gemeindeaufbau in die Tat umzusetzen. Von einigen dieser Methoden war bereits die Rede, so daß sie hier nicht mehr erwähnt werden müssen. Vom Gottesdienst und der Gestaltung der missionarischen Liturgie ist schon gesprochen worden, ebenso von missionarischen Freizeiten. In der Vorstellung der »Überschaubaren Gemeinde« war auch über den missionarischen Besuchsdienst und die Lord's Parties berichtet worden. Jetzt sollen noch einige »kybernetische Bausteine« vorgestellt werden, die in der Praxis bewährt sind. Die meisten dieser Bausteine sind nicht in der Retorte, sprich an Schreibtischen von Theologen oder Pädagogen entstanden, sondern aus dem Leben der Gemeinde erwachsen und erst sehr viel später auch literarisch festgehalten worden.

Bei den »kybernetischen Bausteinen« geht es immer auch um die Frage, ob die Kontakte der Kirche, der einzelnen Gemeinde und des einzelnen Christen zu anderen Menschen gepflegt und für den missionarischen Gemeindeaufbau genutzt werden. Die Volkskirche ist noch immer die Gestalt der Kirche, die am leichtesten Kontakte zu sehr vielen Menschen bekommt. Die meisten Kontakte hat die Gemeinde jedoch durch ihre Mitglieder. Es sind Kontakte zu Verwandten, Bekannten, Nachbarn, Freunden oder Arbeitskollegen. Es ist ein Dilemma der »Gemeinde von Brüdern«, wenn diese Kontakte bei Menschen, die aus der Distanz zur Gemeinde heraustreten und Mitarbeiter werden, immer mehr abnehmen, bis der Mitarbeiter fast nur noch die »Binnenkontakte« in der Gemeinde pflegt. Damit ist eine der größten Chancen des missionarischen Gemeindeaufbaus verspielt, und der Laie als »Missionar des 20. Jahrhunderts« ist erneut gelähmt.

Kontakte fallen der »Gemeinde von Brüdern« dennoch zu: Jede Amtshandlung bringt die Mitarbeiter der Gemeinde mit Menschen zusammen, die von sich aus den Kontakt zur Gemeinde suchen und in ihrer Situation viel von diesem Kontakt erwarten. Diese Gelegenheiten sind zu nutzen, damit aus einer punktuellen Begegnung eine dauerhafte Beziehung erwachsen kann. Kontakte bekommt die Gemeinde auch dadurch, daß sie selbst – z. B. durch Besuchsdienst – zu den Menschen geht und ihnen das Evangelium zuträgt.

Gelingt es aber, Kontakte aufzubauen und zu pflegen, dann lassen sich viele Menschen immer noch gerne in den Raum der Gemeinde einladen. Der Vertrauensvorschuß der Kirche ist noch immer enorm. Wer sich auf das Wagnis des missionarischen Gemeindeaufbaus einläßt, kann darüber staunen, wie gerade die »anspruchsvollen« missionarischen Programme Menschen anziehen. Es ist durchaus nicht so, daß Themen des Glaubens niemanden mehr interessieren. Dies belegen die »kybernetischen Bausteine«, die nun vorgestellt werden sollen.

Zuvor noch einige Bemerkungen zu diesen »kybernetischen Bausteinen«: Auffällig ist, daß viele dieser Bausteine ursprünglich nicht in Deutschland beheimatet waren. Ebenso auffällig ist, daß ebenso viele Bausteine auch nicht aus dem Protestantismus stammen. In der Tat braucht der missionarische Gemeindeaufbau in unserem Land den Anschluß an zahlreiche ökumenische Erfahrungen. In dieser Hinsicht ist Deutschland nicht nur Missionsland, sondern auch kybernetisches Entwicklungsland. Ein Verdienst der »missionarischen Doppelstrategie« (besonders aber Horst Rellers) ist es, solche ökumenischen Erfahrungen für unsere Situation ausgewertet und fruchtbar gemacht zu haben.[5]

Die oft sehr attraktiven »kybernetischen Bausteine« bergen eine Gefahr in sich:

Sie könnten dazu verführen, einen »Gemeinde-Neubau« neben den »Gemeinde-Altbau« zu setzen. Es wäre z. B. nicht besonders schwer, eine lebendige »Hauskreis-Gemeinde« neben die vorhandene volkskirchliche Gemeinde zu bauen. Damit wäre jedoch das Ziel des missionarischen Gemeindeaufbaus verraten. Es geht ja um die Erneuerung der vorhandenen Gemeinde der Getauften. Die gesamte Gemeindearbeit muß darum missionarisch durchdrungen werden. Wer dieses Ziel vor Augen hat, wird der traditionellen Gemeindearbeit viel Zeit und Kraft opfern. Mit Bedacht wird er dann – aufgrund der Gemeindeerkundung – einige der neueren »kybernetischen Bausteine« auswählen. Sein Ziel wird es sein, diese neuen Bausteine in die vorhandenen Gemeindegebäude zu integrieren. Einige Bausteine verdeutlichen, wie dies möglich ist.

I. Der Bethel-Bibelstudienkurs

Die Erhebungen der kybernetischen Situation in unserem Land haben auf ein bedrohliches Defizit aufmerksam gemacht: Die meisten Erwachsenen haben kaum Kenntnisse von biblischen Zusammenhängen. Bis hinein in den Bereich der Kerngemeinde ist ein erschreckendes Unwissen im Blick auf die Bibel festzustellen. Die Konsequenzen dieses Tatbestandes liegen auf der Hand: Wie sollen Menschen ihren Glauben ins Gespräch bringen, wenn sie gar nicht wissen, was sie glauben sollen? Wie sollen Getaufte ihres Heils in der Taufe gewiß werden, wenn ihnen verborgen bleibt, was ihnen da geschenkt wurde? Der Glaube lebt davon, daß er ausgesprochen und weitergegeben werden kann. Er muß sich äußern, wenn er nicht innerlich vertrocknen soll. All das ist ohne profundere Kenntnis der Bibel unmöglich. Das allgemeine Priestertum wird zur Farce, wenn die »Priester« auf dem Niveau – zumeist unverdauten – Konfirmandenwissens stehenbleiben. Wo dieser Tatbestand im Leben einer Gemeinde erkannt wird, bietet sich ein Bethel-Bibelstudienkurs an. Dieser Bibelkurs steht hier stellvertretend für zahlreiche andere Modelle, die grundkursmäßig elementares biblisches oder dogmatisches Wissen vermitteln wollen.[6] Jede Gemeindeaufbaubewegung ist Bibellesebewegung, Bibel aber kann keiner auf Dauer unbeteiligt lesen. Die Frage nach der persönlichen Stellungnahme drängt sich ganz von selbst auf. Aus diesem Grund gehört der Bethel-Bibelstudienkurs zu den wirkungsvollsten Instrumenten der kirchlichen Nachsozialisation im Erwachsenenalter.[7]
Der Bethel-Bibelstudienkurs wurde von Dr. Harley A. Swiggum entwickelt. Swiggum wurde während des Zweiten Weltkrieges auf eine Insel verschlagen. 18 Monate lang hatte er keine andere Lektüre als die Bibel. Er lernte, die Bibel in großen Zusammenhängen zu lesen, und kam so zu seiner Idee eines Bibelstudienkurses. Zunächst war dieser Kurs nur für Swiggums Gemeinde der Bethel Lutheran Church/Madison gedacht. Doch inzwischen hat die »Bethel-Series« weltweite Verbreitung gefunden. Seit 1974 ist der Bethel-Bibelstudienkurs auch in Deutschland bekannt. Im Bereich der Württembergischen Kirche wurde er für deutsche Verhältnisse umgearbeitet. Seit einigen Jahren finden Bibelkurse nach dem Vorbild der »Bethel-Series« in allen Landeskirchen mit gutem Erfolg statt.
Swiggums Anliegen ist einfach: Es geht ihm darum, profundes Bibelwissen zu vermitteln. Die ganze Bibel soll in großen Zusammenhängen gelesen und verstanden

werden. Existentielle Fragen kommen dabei wie von selbst ins Gespräch. Durch die intensive Beschäftigung mit der Bibel werden die Teilnehmer der Kurse in die Lage versetzt, sachkundig und zugleich persönlich Rechenschaft abzugeben über den Glauben an Jesus Christus. Swiggum empfiehlt sein Programm gerade Gemeinden, die unter der Erosion der Volkskirche leiden. Sein Motto lautet: Zurück zu den Quellen! Die intensive Beschäftigung mit der Bibel baut lebendige Gemeinde. Sie ist durch kein noch so attraktives anderes Programm zu ersetzen: »Geistliches Leben entsteht nur in einer Gemeinde, deren Glieder sich intensiv mit der Bibel beschäftigen.«[8]

Als erste sind die Leiter geplanter Bethel-Bibelstudienkurse, in der Regel zunächst Pfarrer, gefordert: Sie besuchen zwölf Tage lang einen Einführungskurs, der sie auf ihre Aufgaben vorbereiten soll. In diesem Zeitraum wird ihnen das gesamte Kurs-Material der »Bethel-Series« vorgeführt. Nur den Absolventen der Einführungskurse wird das Studienmaterial für die Gemeinde ausgehändigt. Außerdem muß der Leiter eines Bethel-Bibelstudienkurses pro Woche etwa einen Arbeitstag in die Vorbereitung der Kurseinheiten investieren.

Der Kurs in der Gemeinde dauert zwei Jahre lang. Auch von den ca. 15 Teilnehmern eines Kurses wird sehr viel erwartet. Sie verpflichten sich, während der Dauer des Kurses einmal in der Woche (ausgenommen sind die Schulferien) zu gemeinsamen Treffen zu kommen. Darüber hinaus bekommen sie »Hausaufgaben«: Etwa eine Stunde pro Tag muß jeder Teilnehmer dafür aufbringen. Es sind jeweils größere Bibelabschnitte zu lesen, konkrete Fragen zu beantworten und einzelne Abschnitte auswendig zu lernen. Zum pädagogischen Konzept der Bethel-Bibelstudienkurse gehören auch regelmäßige Tests. Das Motto lautet: Wo viel verlangt wird, kommt auch etwas heraus. Am Anfang steht jeweils ein offener Informationsabend in der Gemeinde. Ehemalige Teilnehmer berichten von ihren Erfahrungen. Erst dann wird eingeladen, sich verbindlich zu einem Kurs anzumelden. Die Verbindlichkeit ist auf zwei Jahre befristet, sollte innerhalb dieser Frist aber durchgehalten werden.

Der Bethel-Bibelstudienkurs hat 40 Kapitel, je 20 für das Alte und für das Neue Testament. Es geht darum, die Bibel im Zusammenhang zu lesen und zu verstehen. Dafür sind die wöchentlichen Treffen von großer Bedeutung; sie dauern zwei bis drei Stunden. Am Anfang steht in der Regel eine Andacht. Anschließend werden die Aufgaben miteinander besprochen. Eine Pause von ca. 30 Minuten dient dem Austausch der Teilnehmer untereinander. Dabei kann auch ein Imbiß gereicht werden. Im Anschluß an die Pause gibt der Leiter in einem Lehrvortrag Informationen zu einer neuen Lektion. Das Gespräch über den neuen Stoff schließt sich an diesen Impuls an. Der gemeinsame Abend endet damit, daß das Studienmaterial zu der neuen Lektion verteilt wird. Das Studienmaterial stellt wesentliche Aspekte des erarbeiteten Stoffes zusammen und gibt Anstöße zur Weiterarbeit. Graphische Darstellungen dienen der Behaltbarkeit des Stoffes. Nach dem Schlußgebet gehen die Teilnehmer nach Hause, versehen mit neuen Studienaufgaben.

Die deutschen Vertreter des Bethel-Bibelstudienkurses (z. B. Hermann Mahnke und Gerhard Röckle) betonen, daß manches Vorurteil gegen dieses amerikanische Gemeindeaufbau-Programm sich nicht bewahrheitete: Der Bethel-Bibelstudienkurs vertritt keinen naiven Fundamentalismus. Die Ergebnisse historischer Arbeit mit den biblischen Texten werden vielmehr ohne Angst verarbeitet und in der Vermittlung des Stoffes vorausgesetzt. Es versteht sich von selbst, daß es nicht das primäre Ziel des Kurses ist, in historisch-kritische Exegese einzuführen. Gleichwohl werden historische Hintergründe beleuchtet. In die verschiedenen Gattungen biblischer Literatur wird eingeführt.[9]

Der Bethel-Bibelstudienkurs wirkt durch seine hohen Ansprüche nicht abschrekkend. Es nehmen inzwischen zahlreiche Gemeindeglieder aus allen Bildungsschichten an diesen Kursen teil. Offenbar besitzt die Bibel genug Attraktivität, um ganz unterschiedliche Menschen zwei Jahre lang für eine verbindliche Kursgemeinschaft zu gewinnen. Die meisten Teilnehmer halten diese beiden Jahre auch durch; nur selten wird davon berichtet, daß Teilnehmer vorzeitig den Kurs abbrechen.

Der Bethel-Bibelstudienkurs führt nach zweijährigem Bibelstudium nicht zu einer egozentrischen Frömmigkeit. Vielmehr gewinnt die Gemeinde, die die Bürde dieses anspruchsvollen Programms auf sich nimmt, am Ende einige gut informierte, vor allem aber hoch motivierte neue Mitarbeiter.[10]

Der Bethel-Bibelstudienkurs ermöglicht dem Pfarrer die Einübung in seine neue Rolle, da er als »Ausbilder« von Gemeindegliedern dient. Er kann sein theologisches Wissen fruchtbar machen und zugleich Mitarbeiter für ihren Dienst zurüsten. Er findet so zum Eigentlichen seiner Berufung (Eph 4,11f.).

Für Gemeindeglieder bietet der Bethel-Bibelstudienkurs ein spannendes Experiment. Gewiß, es wird viel verlangt. Doch wird auch viel geboten, sie erfahren z. B. die Gemeinschaft einer überschaubaren Gruppe. Sie werden nur für eine befristete Zeit gebunden. Gleichwohl ist diese Frist lang genug, um wichtige gemeinsame und persönliche Erfahrungen zu machen. Ihnen wird in elementarer Form biblisches Wissen vermittelt. Zugleich erleben sie, wie sie in der Kursgemeinschaft das Aussprechen des Glaubens einüben können. Der Bethel-Bibelstudienkurs dient so als Sprachschule des beginnenden oder auch des reifenden Glaubens. Ob Fernstehende an einem solchen Kurs ohne weiteres teilnehmen, ist gewiß fraglich, wenn auch nicht ausgeschlossen. Fernstehende profitieren eher auf indirekte Weise: Ihnen begegnen im Alltag nun zeugnisfähige Christen im Beruf und nicht mehr nur sprachgewandte Berufschristen. Die Glaubwürdigkeit des christlichen Zeugnisses wird dadurch erhöht. »Mit diesem intensiven Bibelstudienprogramm haben die Gemeinden... Mitarbeiter für Gemeindearbeit gewonnen, die biblisch fundiert sind und ihre Kenntnisse einbringen werden. Das Bethel-Bibelstudienprogramm hat sich also im Ergebnis als Gemeindeaufbauprogramm von der Basis her mit Hilfe der Bibel erwiesen.«[11]

II. Der Cursillo

Der Cursillo (Kleiner Kurs des Glaubens) wurde im spanischen Katholizismus der Nachkriegsjahre entwickelt. Er hat sich jedoch schnell über die ganze Welt verbreitet. Seit 1960 gibt es auch in Deutschland eine Cursillo-Bewegung. Fast jede Diözese hat ein eigenes Cursillo-Büro.[12]

Der Cursillo ist ein Grundkurs des christlichen Glaubens. Er steht in der Tradition der Exerzitien, z. B. des Ignatius von Loyola. Doch ist der Cursillo der Versuch, die Exerzitien auf gut drei Tage zu reduzieren. In diesen drei Tagen soll das Grundwissen des Glaubens einfach und lebensnah vermittelt werden. Den 25

Teilnehmern aus allen Altersgruppen und sozialen Schichten soll durch den Cursillo das vermittelt werden, was sie unbedingt über die Gnade und den Glauben wissen müssen, um Christen zu werden und als Christen zu leben. Cursillo ist das »Erlebnis des Wesentlichen im Evangelium«.[13]

Josef G. Cascales, eine der Leitfiguren der Cursillo-Bewegung, hebt aber hervor, daß der Cursillo keine einseitig intellektuelle Vermittlung des christlichen Glaubens betreibt. Es geht ja um das Erlebnis des Glaubens: Die Teilnehmer »sollen in der Gemeinschaft und durch sie eine Begegnung mit Christus erleben, um dann eine echte, kräftige Christenheit aufzubauen, die das Evangelium weitergibt.«[14]

Jeder Cursillo wird von einem Mitarbeiterteam getragen: Zwei Priester und fünf bis sechs Laien gehören in der Regel dazu. Die geistliche Leitung liegt bei einem der Priester (er ist der Direktor), während einer der Laien (er ist der Rektor) für den gesamten Ablauf zuständig ist. Dabei wird zwischen dem Vorcursillo, dem Cursillo im eigentlichen Sinn und dem Nachcursillo unterschieden. Beim Vorcursillo geht es um die Auswahl der Teilnehmer. Sie müssen nicht katholisch sein, auch wird nicht vorausgesetzt, daß sie bereits eine christliche Haltung mitbringen. Diejenigen, die schließlich zu einem Cursillo zugelassen werden, werden ausführlich über das, was sie erwartet, informiert.[15]

Der Vorcursillo endet am Abend der Anreise in das ruhig gelegene Cursillo-Haus. Drei volle Tage Gemeinschaft schließen sich an. Der ganzheitliche Aspekt wird bis in die Programmgestaltung deutlich: Es gibt Messen, Ansprachen und Gebetszeiten, aber auch Tischgespräche, Zeiten der Erholung, Singstunden und eine Abschlußfeier mit ehemaligen Cursillistas. Zu den Charakteristika des Cursillo gehört die stets gleichbleibende Methodik: Ein Cursillo läuft nach demselben Grundmuster ab, egal ob er in Spanien, Kanada oder Deutschland stattfindet. Die Wortführer der Cursillo-Bewegung betonen, wie wichtig es sei, daß »in den drei Tagen des Cursillo in einer Atmosphäre der christlichen Liebe, der evangelischen Freude, der eucharistischen Gemeinschaft die Methodik richtig angewendet wird, so daß allen die Möglichkeit angeboten wird, eine Begegnung mit Christus zu erleben und die apostolische Sendung zu erfassen.«[16]

Man bemüht sich in der Cursillo-Bewegung um schlüssige, knappe Formeln für die Inhalte des eigentlichen Cursillo, etwa: es geht um die Begegnung mit sich selbst, mit Gott, mit den Schwestern und Brüdern. Oder: es geht um Glaube, Liebe und Hoffnung.[17] Die Themen sind dabei jedoch stets heilsgeschichtlich orientiert. Grob gesagt umfassen sie die Themenbereiche Gnade Gottes – Glaube – Kirche – Sakramente – Apostolat. Diese Themen werden nicht in Form von Referaten, sondern in 15 »Gesprächen« behandelt; ein Priester oder ein Laie führt dabei kurz in das Thema ein. »Die Vorträge (Gespräche) des Cursillo werden eher in einer meditativen Art gehalten. Sie gleichen eher dem Zeichnen eines Bildes als einer systematischen Darstellung. Die Themen werden in einer Gesamtsicht dargestellt. Viele Beispiele, Vergleiche, Anwendungen, Zeugnisse gehören dazu.«[18] In gut behaltbaren »Slogans« werden die wesentlichen Wahrheiten zusammengefaßt. Stets bleibt das Wesentliche im Blickpunkt; Elementarisierung ist höchstes Gebot![19]

An die Gespräche schließt sich der Austausch in »Tischgruppen« an. An dieser Stelle ist das Team der sieben Mitarbeiter besonders gefordert. Der neue Cursillista muß nicht nur Wahrheiten entgegennehmen; er kann zurückfragen, Zweifel artikulieren und das Sprechen des Glaubens einüben.[20]

Eine zweite Weise der Verkündigung neben den »Gesprächen« sind die fünf Betrachtungen der Gestalt Christi, die die Priester zu Beginn des Cursillo und an jedem Morgen halten.[21]

Die Verkündigung bleibt aber stets eingebettet in die Gebetszeiten (Rosenkranz), die täglichen Eucharistiefeiern, den Gesang, die Einladung zur Einzelbeichte und die fröhliche Gemeinschaft der Cursillistas untereinander. Erlebbar soll das Wesentliche im Christentum werden. »Zum Kern der Methodik der Cursillos gehört die Gemeinschaftsbildung und das Erlebnis der Gemeinschaft.«[22] Das Ziel aber ist deutlich; es geht um die persönliche Erneuerung des Glaubens, um einen Neuanfang mit Glauben und Kirche.

Der Cursillo endet mit einer großen Abschlußfeier, zu der auch ehemalige Cursillistas eingeladen werden. Die kleine Kursgemeinschaft soll damit wieder geöffnet werden für die Katholizität der Kirche.[23]

Der Nachcursillo ist die Nagelprobe für das Gelingen eines Cursillo. Nach dem abschließenden dritten Tag des Cursillos beginnt der ewige vierte Tag. Es geht nun um »das Abenteuer eines Lebens im Bewußtsein, von Gott geliebt zu werden«.[24] Der Nachcursillo übersetzt den Cursillo in den Alltag. Die Cursillistas sind aufgefordert, Hilfen für dieses Leben in Anspruch zu nehmen: Das Faltblatt »Mein Programm für die Entfaltung im religiösen Leben« lädt dazu ein, im persönlichen Gebetsleben verbindlich zu werden. Dazu gehören die Angebote von Beichte und Eucharistie, Schriftmeditation und Gebetszeiten. Ein weiteres Element des Nachcursillo bildet die religiöse Vertiefung. Dazu gehört die Einladung in eine christliche Freundschaftsgruppe. Die christlichen Freundschaftsgruppen bilden kleine geistliche Zellen in den Diözesen. Das Treffen mehrerer kleiner geistlicher Zellen heißt »Ultreya« (spanisch: Vorwärts!). Die Freundschaftsgruppen und die »Ultreya« verlängern den Cursillo in den Alltag hinein. Der Cursillo ist nicht individualistisch geprägt. Das wird am Nachcursillo noch einmal deutlich: Es geht um eine Kirche in Bewegung, und das Apostolat ist stets im Blick. Ein Slogan in der Cursillo-Bewegung lautet, man wolle der Kirche das »Rückgrat« geben.[25] Die persönliche geistliche Erneuerung der Cursillistas soll letztlich der Erneuerung der Kirche als Ganzer zu Gute kommen. Der Dienst des Laien im Apostolat stellt darum einen wesentlichen Aspekt des Nachcursillo dar.

Obwohl der Cursillo an einer ausgefeilten Methodik interessiert ist, bleibt das Bewußtsein für die Abhängigkeit von Gottes Wirken wach. Dies macht der Begriff »Nachschub« deutlich: So wird das intensive Gebet des Mitarbeiterteams bezeichnet.[26]

Es ist keine Frage: der Cursillo ist katholisch, und manches Katholische in der Cursillo-Bewegung ist für evangelische Christen schwer zu verstehen und kaum zu übernehmen. Die katholische Frömmigkeit prägt den Cursillo vom Anfang bis zum Ende; Rosenkranz, Marienverehrung, katholisches Sakramentsverständnis usw. bilden den Bezugsrahmen jedes Cursillo. Was sollte man auch anderes erwarten? Andererseits liegt im Cursillo ein höchst interessanter Baustein für den missionarischen Gemeindeaufbau vor: die kurzfristigen Exerzitien. Die Stärken des Cursillo sind, daß eine kleine, aber bunt gemischte Gruppe sich intensiv mit den Grundaussagen des christlichen Glaubens befaßt und sich in Grundvollzügen des geistlichen Lebens einübt. Sie wird dabei unterstützt von einem Team von Mitarbeitern. Im Nachcursillo werden dann Hilfen gegeben, den geistlichen Neubeginn in den Alltag hinaus zu verlängern. Organisch schließen sich geistliche Zellen an den Cursillo an. Ließe sich diese Grundstruktur nicht auch im evangelischen Raum verwirklichen?

Seit 1980 wird dies in Hamburg versucht: Der Nordelbische Gemeindedienst (Dr. Otto Diehn) bietet einen evangelischen Cursillo an.[27] Hier werden aktive Gemeindeglieder und interessierte Fernstehende, aber auch Ausgetretene erreicht. Die Struktur ähnelt stark dem katholischen Cursillo. Sieben Mitarbeiter begleiten die Wochenendkurse. Darunter sind immer zwei Theologen. Die Hälfte der Mitarbeiter besteht aus ehemaligen Kursteilnehmern. Doch soll die Verantwortung auf immer neue Schultern verteilt werden, so daß es keine festen Teams gibt. Die Mitarbeiter werden »gefunden«; man kann sich nicht selbst dazu melden. Das Gebet spielt dabei eine wichtige Rolle.

Sobald die Anmeldungen eingegangen sind und die ca. 30 Teilnehmer eines neues Kurses aus allen Altersgruppen und sozialen Schichten feststehen, soll für jeden der Teilnehmer persönlich gebetet werden (= »Vorcursillo«).

Der Glaubenskurs selbst möchte der volkskirchlichen Wirklichkeit gerecht werden. Man möchte eine Antwort geben auf die Sehnsucht nach einer glaubwürdigen Frömmigkeit. Dabei soll bei dieser Gestalt der Evangelisation der ganze Mensch angesprochen werden. Dazu gehört ein sorgsam ausgewähltes Einkehrhaus, die liebevoll gestaltete Atmosphäre, die Betonung des Singens und des Gemeinschaftserlebnisses. »In diesem Glaubenskurs soll sich eine Begegnung von Glauben und Leben ereignen. Darum soll der ganze Mensch mit Leib, Seele und Geist angesprochen werden. Neben dem Nachdenken über den Glauben steht das Erleben und das Einüben in das Tun des Glaubens.«[28]

Das Ziel ist einfach: Es geht darum, daß Teilnehmer im Erwachsenenalter noch einmal einen Neuanfang mit dem Glauben wagen dürfen. Zwei verschiedene Weisen der Verkündigung sollen mithelfen, um dieses Ziel zu erreichen. Zum einen sind es die »Fährten«. »Fährten« sind kurze, persönliche Impulse für die anschließenden Gruppengespräche in Sechsergruppen. Es geht hier nicht um fachlich qualifizierte Referate. Vielmehr berichten Laien etwa drei bis acht Minuten lang über ihre Erfahrungen mit Gott. Die zweite Form der Verkündigung betont eindrücklich das Bemühen der Ganzheitlichkeit: Der Sonntagmorgen beim evangelischen Cursillo ist für eine »Prozession« freigehalten. Es geht um das Glauben im Gehen. Mit Hilfe der Zeichen- und Symbolhandlung des Weges soll eine biblische Geschichte (wie z. B. die Emmausgeschichte aus Lk 24,13–35) entfaltet werden. Dazu gehören Stationen; markante Punkte des Weges dienen der Verkündigung. Station um Station entfaltet sich der biblische Text. Nach zwei bis drei Stunden kommt die Kursgruppe wieder zu ihrem Einkehrhaus. Dort schließt sich die Feier des Abendmahls und ein festliches Mittagessen an.[29] Wichtige Elemente sind außerdem gemeinsame Gebetszeiten und das Angebot zu seelsorgerlichen Gesprächen mit den Mitarbeitern. Der Nachcursillo ist noch nicht so deutlich strukturiert wie in der katholischen Kirche. Der vierte »ewige« Tag wird aber ähnliche Stukturen annehmen: z. B. durch Vertiefungskurse und das Angebot von Hauskreisen.

Vieles erinnert im Cursillo an den Bethel-Bibelstudienkurs. Der Vorteil des Cursillo liegt jedoch auf der Hand: Hier kann zu einer kurzfristigen Verbindlichkeit eingeladen werden, deren Eintrittsschwelle vielleicht niedriger liegt als beim großen Bibelkurs. Beide Methoden können sich jedoch ergänzen. Cursillistas werden u. U. motivierte Teilnehmer eines Bethel-Bibelstudienkurses.

III. Eltern geben Konfirmandenunterricht

Der Konfirmandenunterricht ist einer der klassischen Bausteine des Gemeinde-aufbaus. Wer hier mit seinen Bemühungen um die Erneuerung der Gemeinde ein-setzt, muß nicht erst völlig neue Strukturen neben die alten setzen, sondern kann Vorhandenes ausbauen. Die gute Reputation des Konfirmandenunterrichtes in der Volkskirche scheint sogar so etwas wie die bereits angesprochenen »offenen Türen« zu signalisieren. Gemeindeaufbau, der beim Konfirmandenunterricht an-setzt, nutzt die sogenannte kirchliche »Grundevangelisation« aus. Gemeindeauf-bau durch Konfirmandenunterricht steht in dieser Arbeit stellvertretend für den Gemeindeaufbau im Bereich der Jugendarbeit.[30] Damit ist zugleich signalisiert, daß hier der Konfirmandenunterricht mehr im Sinne der kirchlichen Jugendarbeit als im Sinne schulischer Unterweisung verstanden wird.

1. Theodosius Harnack

Bereits im 19. Jahrhundert wurde über den Zusammenhang von Gemeindeaufbau und Konfirmandenunterricht nachgedacht. Einer der profiliertesten Vertreter die-ser kybernetischen Denkrichtung war Theodosius Harnack. Harnack ordnete die Katechetik der extensiven Erbauung der Gemeinde zu. Sie steht damit Seite an Seite mit der Missionswissenschaft. Der Grund für diese Einordnung dürfte im Taufverständnis Harnacks zu suchen sein, wie es bereits im Laufe dieser Arbeit entfaltet worden ist.[31]

Im Blick auf die kybernetische Lage der Kirche zu seiner Zeit möchte Harnack eine Klärung der Kirchenmitgliedschaftsfrage herbeiführen. Er leidet darunter, daß viele Getaufte und Konfirmierte nicht am Leben der Gemeinde teilnehmen. Er wehrt sich vehement gegen die unterschiedslose Behandlung aller Getauften als Christen. Er sieht in dieser Praxis der Kirche die Gefahr einer »Scheinkirche mit plenipotenten Gemeindehaufen«[32]. Dieser Zustand erscheint ihm unerträglich, besonders im Hinblick auf die Abendmahlspraxis. Darum schlägt er eine Unter-scheidung der Abendmahls- von der Taufgemeinde vor. Wenigstens in der Abendmahlsgemeinde soll die Gemeinschaft der Glaubenden sichtbar werden. Harnack gibt sich nicht der gefährlichen Illusion hin, er könne damit so etwas wie die reine Gemeinde herbeiführen. Er weiß, daß die Gemeinde immer ein corpus permixtum bleiben wird, bis zur Wiederkunft Jesu Christi. Damit kann jedoch seiner Auffassung nach nicht gerechtfertigt sein, daß offenkundige Unterschiede geleugnet werden und alle in gleicher Weise zur Gemeinde gehören, ob sie nun mit Ernst Christen sein wollen oder nicht.[33]

Das Grundübel sieht Harnack in der Konfirmationspraxis. Ursprünglich waren die Verfechter der Konfirmation angetreten, um das Problem der Säuglingstaufe zu lösen. Das eigene Ja der Getauften zu ihrem Taufbund sollte hier nachgeholt werden, der Taufbund gewissermaßen von den Getauften nachträglich ratifiziert werden. Doch was ist daraus geworden: Zu einer bürgerlichen Sitte ist die Konfir-

mation verkommen. Ihr ursprünglicher Sinn ist entstellt und kaum noch erkennbar. So aber bekommen alle unterschiedslos den Zugang zum Abendmahl, und die Abendmahlsgemeinde ist ebenso verdorben wie die Taufgemeinde.[34]
Harnack stellt nun der Weite der Taufe die Geschlossenheit des Abendmahls gegenüber. Hier werden die credentes und die vocati geschieden, auch wenn die mali admixti gewiß darunter verborgen bleiben. Wie will Harnack dies praktisch in die Wege leiten? Er möchte wie bisher einen Konfirmandenunterricht durchführen. Dieser Unterricht endet feierlich mit einer Entlassung und Segnung der Konfirmanden, nicht jedoch mit ihrer Zulassung zum Abendmahl und zu den kirchlichen Rechten. Dazu ist erst ein zweites Katechumenat notwendig, der sogenannte Kompetentenunterricht. Dieses zweite Katechumenat ist nicht mehr an ein bestimmtes Lebensalter gebunden. Die Absolventen des Kompetentenunterrichts können dann zum Abendmahl und zur Mitarbeit in der Kirche zugelassen werden. Die Bedingungen dieser Zulassung sind einfach: Der persönliche Glaube soll öffentlich bekannt werden und der Kleine Katechismus soll beherrscht werden.[35]
Mit diesen Überlegungen sucht Harnack den Anschluß an die altkirchliche Praxis. Dort war das Abendmahl gleichfalls der Arkandisziplin unterworfen. Die Zulassung war an klare Bedingungen gebunden. Gemeindezucht wurde erst auf diesem Hintergrund möglich. Ähnliche Überlegungen hatten im 19. Jahrhundert auch andere Theologen aufgenommen: z. B. J. H. Wichern und K. v. Hofmann.[36] Vereinzelt tauchen solche Überlegungen auch heute wieder auf. Die Streckung des Konfirmandenunterrichts schlägt beispielsweise Manfred Seitz vor. Er will damit allerdings – anders als Harnack – die Zulassung der Kinder zum Abendmahl ordnen. Dadurch ergibt sich bei ihm eine Dreiteilung: Konfirmation ist zu entflechten in »eine Abendmahlszulassung von Kindern nach Art einer ›evangelischen Erstkommunion‹ (a), in einen die Probleme der Jugendreifung begleitenden seelsorgerlichen Katechumenat (b) und eine erst am Abschluß der Reifekrise freiwillig begehrte Einsegnung zum Christsein (c)«.[37]
Da solche strukturellen Überlegungen zur Konfirmationspraxis einen Konsens in der Beurteilung der kybernetischen Situation und in der Ausrichtung auf den missionarischen Gemeindeaufbau verlangen, besteht zur Zeit wohl keine Hoffnung, daß sie sich durchsetzen könnten.

2. Missionarischer Konfirmandenunterricht

Unter diesem Stichwort veröffentlichte der Essener Pfarrer Jürgen Blunck Anfang 1985 zwei kurze Aufsätze.[38] Er bemüht sich darum, den Konfirmandenunterricht als missionarische Gelegenheit ersten Ranges verständlich zu machen. Er spricht sogar von der größten jugendevangelistischen Möglichkeit unserer Kirche.[39] Es ist außerordentlich schwer, junge Menschen für offene Jugendabende, evangelistische Jugendwochen oder gar Jugendkreise in der Gemeinde zu gewinnen. Im Konfirmandenunterricht hingegen kommen fast 100% der evangelischen Jugendlichen zwei Jahre lang wöchentlich in den Raum der Gemeinde. Sie kommen nicht zu einer besonderen Veranstaltung, sondern kontinuierlich ca. 60mal in zwei Jahren und obendrein zu manchen Gottesdiensten in dieser Zeit. An keiner anderen Stelle hat die Gemeinde eine so große Chance, junge Menschen zu begleiten, ihnen Gemeinschaft anzubieten und ihnen das Evangelium altersgemäß zu bezeugen.

Blunck ermutigt deshalb dazu, viel Zeit und Arbeit in den Konfirmandenunterricht zu investieren. Sein Ziel ist deutlich: Wir sollen »so unterrichten und verkündigen, daß junge Menschen darüber Jesus kennenlernen und Jesus liebgewinnen und sich zu Jesus bekehren...«[40]

Darüber hinaus sieht Blunck Schneisen für die kirchliche Jugendarbeit. Wenn es gelingt, den Konfirmandenunterricht attraktiv zu gestalten, dann lassen sich die Jugendlichen auch zu Angeboten der kirchlichen Jugendarbeit, ja sogar zu biblischen Fortführungskursen nach der Konfirmation einladen.[41]

Es geht Jürgen Blunck vor allem um diese Grundausrichtung des Unterrichts. Die Inhalte der Konfirmandenarbeit schließen sich daran nahtlos an. Es sind vier große thematische Blöcke: 1. Mein Leben soll Jesus Christus gehören. 2. Woher weiß ich etwas von Jesus Christus? 3. Warum soll mein Leben Jesus Christus gehören? 4. Wie kann mein Leben Jesus Christus gehören? In diese Themenblöcke werden die klassischen Themen des Konfirmandenunterrichtes eingebaut; sie haben jetzt aber einen eindeutigen missionarischen Bezugspunkt bekommen. Im zweiten thematischen Unterrichtsblock etwa geht es um das Glaubensbekenntnis. Mein Leben soll Jesus Christus gehören, denn er zeigt mir den wahren Gott und Schöpfer, er zeigt mir, wie man wirklich als Mensch lebt. Er vergibt Schuld und hat den Tod überwunden. Er macht mir zehn große Angebote (die Zehn Gebote), usw.[42]

Methodisch versteht Blunck den Konfirmandenunterricht im wesentlichen als eine Hinführung zum persönlichen Bibellesen. Darum spielt das Gespräch über biblische Texte eine zentrale Rolle im missionarischen Konfirmandenkurs. Das schließt jedoch keineswegs aus, daß gruppenpädagogische Methoden zur Anwendung kommen, wenn sie sich in das Gesamtziel des Unterrichts einfügen lassen. Der Essener Pfarrer betont zwei bewährte Arbeitsweisen: zum einen die regelmäßigen Konfirmandenfreizeiten (z. B. eine viertägige Freizeit unmittelbar vor der Konfirmation), zum anderen das Gespräch mit Konfirmanden unter vier Augen.[43]

3. Lernen um zu lehren

Im französischen Katholizismus wurde es zuerst ausprobiert: Laien wirkten als Firmhelfer bei der Firmvorbereitung der acht bis zehn Jahre alten Kinder mit. Gruppenkatechese hieß das neue Stichwort: Ein Laie empfing einmal in der Woche ca. sechs Kinder in seiner Wohnung, bewirtete sie ein wenig und gab ihnen Unterricht. Inzwischen wird dieses Modell auch in allen deutschen Diözesen praktiziert. Der deutsche Katechetenverein hat ein Programm für zehn Unterrichtsstunden entworfen. Die Priester betreuen die ehrenamtlichen Gruppenkatecheten intensiv.[44]

An mehreren Stellen ist inzwischen in der evangelischen Kirche versucht worden, dieses Modell zu übertragen, z. B. in Hoya/Weser (Pfr. H. W. Hastedt) und in Uffenheim/Mittelfranken (Pfr. E. Reichelt).[45]

Pfarrer Hastedt aus Hoya ging von der Einsicht in die »schleichende oder offene Entfremdung vom Glauben«[46] aus. Auf der anderen Seite standen Erfahrungen in der Projektgruppe des Hamburger Systematikers Helmut Thielicke (»Glaubensinformation«). Das Projekt »Konfirmandeneltern geben Konfirmandenunterricht« geht von der Situation der Konfirmanden aus. Hastedt hält nichts davon, den Unterricht erst bei den 13 oder 14 Jahre alten Jugendlichen beginnen zu lassen. Er bemerkte ein großes Interesse an religiösen Fragen bei Kindern im dritten und vierten Schuljahr. Darum verlegte er das erste Jahr des Konfirmandenunterrichtes in die Altersgruppe der zehn Jahre alten Kinder. In keiner anderen Altersstufe ist das Interesse an Geschichten so groß. Außerdem sind die pädagogischen Probleme mit Kindern dieses Alters gut überschaubar. Eine zweite Veränderung des klassischen Unterrichts betraf die Gruppengröße: Hastedt wollte nicht mehr ausschließlich mit großen Gruppen arbeiten. Allein aber wäre er nie in der Lage gewesen, Kleingruppen von Konfirmanden zu betreuen.[47] Darum warb Hastedt um die Mitarbeit der Konfirmandeneltern. Eltern sollten die ersten Katecheten ihrer Kinder werden. Hastedt geht dabei von einigen gemeindepädagogischen Grunderfahrungen aus: Wenn Eltern ihren Glauben vertreten und weitergeben, fällt es den Kindern erheblich leichter, den Zugang zum Glauben und zur Gemeinde zu finden. Distanzierte Elternhäuser hingegen bringen in der Regel auch distanzierte Kinder hervor. Das Hoyaer Modell bemüht sich darum um die Eltern als Katecheten. Sie werden auf diese Weise bei dem Versprechen behaftet, das sie anläßlich der Taufe ihrer Kinder gegeben haben: diese Kinder nach bestem Vermögen im christlichen Glauben zu erziehen. In der Tat haben sich in Hoya (aber auch an anderen Orten wie Uffenheim) zahlreiche Eltern zu diesem Versuch bereit gefunden. Offenbar fiel ihnen dieser Schritt in die Mitarbeit deshalb leichter, weil es galt, etwas für die eigenen Kinder zu tun. Seither unterrichten diese Eltern (etwa fünf bis sieben pro Jahrgang) die zehn Jahre alten Konfirmanden in kleinen Gruppen mit jeweils sechs bis acht Kindern. Der Unterricht findet entweder in den Wohnungen der Eltern oder in einem geeigneten Raum im Gemeindehaus statt. Drei Stunden im Monat werden von den Eltern unterrichtet. Ihre Aufgabe besteht darin, den Kindern die Geschichten des Alten Testamentes zu erzählen und mit ihnen darüber zu sprechen. Am Ende jeder Stunde wird ein (vorformuliertes) Gebet gesprochen. Die vierte Stunde im Monat vereint alle Konfirmanden-Kleingruppen im Gemeindehaus. Dort wird viel gesungen: Zusammenfassungen des Stoffes werden gegeben und Methoden eingesetzt, die in der Kleingruppe nicht anwendbar sind. Für diese Stunde ist der Pfarrer zuständig.[48]

Der Unterricht ist eindeutig bibelzentriert. Das unterscheidet ihn von seinen katholischen Vorbildern, denen es mehr um eine Sakramentskatechese geht.

Das Projekt »Konfirmandeneltern geben Konfirmandenunterricht« betrifft aber die Konfirmandeneltern mindestens so stark wie die Kinder. Jede Stunde des häuslichen Konfirmandenunterrichts wird vom Team der Eltern mit dem Pfarrer gemeinsam vorbereitet. Ein Abend pro Woche ist dazu notwendig. Wiederum wird deutlich, daß die modernen kybernetischen Bausteine ausgesprochen anspruchsvoll sein können und daß der hohe Einsatz, der von den Teilnehmern erwartet wird, offensichtlich nicht abschreckend wirkt. Die Eltern erhalten für jede Unterrichtsstunde ein Arbeitspapier mit Informationen über den Stoff, dazu einen ausgearbeiteten Vorschlag für den Unterrichtsverlauf (mit dem Angebot von Medien) und Arbeitsbogen für die Unterrichtsmappen der Kinder. Der hohe Aufwand für die Eltern zahlt sich nicht zuletzt für diese selbst aus; die Vorbesprechungen des Konfirmandenkurses werden wie von selbst zu einem Glaubenskurs für die Eltern. Hier muß jede Gemeinde, die sich auf diese Arbeitsweise einlassen will, eine wichtige Vorentscheidung treffen. Sollen nur solche Eltern mitarbeiten, die sich

bereits erkennbar zum christlichen Glauben und zur Gemeinschaft der Christen halten? Oder soll die Einladung umfassend sein und auch solche Eltern miteinbeziehen, die bislang nur ein positiv-distanziertes Verhältnis zur Kirche haben? Es ist deutlich, daß Eltern, die die biblische Botschaft rundweg ablehnen, nicht mitarbeiten können. Eltern aber, deren Beziehung zur Kirche bisher »volkskirchlich-normal« war, die also im wesentlichen die kirchlichen Dienstleistungen in Anspruch nahmen, können an diesem Projekt durchaus mitarbeiten. Vielleicht sollten in diesem Fall auch einige Mitarbeiter aus dem Bereich der Kerngemeinde mithelfen. In Hoya und Uffenheim wurde jedenfalls die Strategie der Öffnung bewußt gewählt[49]: »Unsere Mitarbeiter sind nicht eigentlich ›Gläubige‹. Eine Frau macht jetzt mit, die die Abrahamsgeschichte zum ersten Mal in ihrem Leben hört. Wir sind bewußt auf Leute zugegangen, die bereit sind, sich für die Geschichten des Glaubens zu öffnen. Dabei kann es herauskommen, daß Eltern mit ihren Kindern zusammen glauben lernen.«[50] Das ist ein Schlüsselsatz dieses kybernetischen Modells: Eltern und Kinder lernen gemeinsam glauben. Die doppelte Zielsetzung entspricht wiederum den drei kybernetischen Grundentscheidungen: Der Pfarrer übt sich in seine neue Rolle ein, er rüstet Mitarbeiter zum Dienst zu. Eigenständige Mitarbeit wird den Christen zugemutet und zugetraut. Bislang positiv-distanzierte Kirchenmitglieder werden für den Glauben gewonnen. Das Hoyaer Modell ist ein Beispiel für den Weg zum Glauben über die Mitarbeit.
In den wöchentlichen Besprechungen des Eltern-Teams kommen die eigenen Zweifel und Probleme der Eltern auf den Tisch. Ein besonders intensives Glaubens- und Lebensseminar wird möglich. Vielleicht wären manche Eltern ohne den Umweg über die eigene befristete Beauftragung nie dazu bereit gewesen, an einem Glaubensseminar, Hauskreis oder Bibelkurs teilzunehmen. Der Pfarrer ist sowohl als Ausbilder der Mitarbeiter wie auch als Zeuge für das Evangelium gefordert. Von den Eltern wird im übrigen nicht erwartet, daß sie mehr als einmal mitarbeiten. Auch wenn zweite und dritte Kinder in den Konfirmandenunterricht kommen sollten, werden sie in der Regel nicht wieder eingesetzt. Viele Eltern, die mitgearbeitet haben, sind aber längst an anderen Stellen im Leben der Gemeinde engagiert. Für sie wurde der Konfirmandenkurs zum Eingangstor in die Gemeinde. Sie haben bemerkt, daß Gemeinde nicht nur ein beliebiger Freizeitbereich ist, sondern ein Lebensraum, der Wesentliches und Lebensnotwendiges zu bieten hat. Das hoffnungsorientierte Denken von H. W. Hastedt zahlt sich dabei aus: »Wir warten nicht erst darauf, bis die Leute sich als gläubig zu bezeichnen wagen. Wir wagen zu hoffen, daß sie gläubig werden.«[51]
Nach dem ersten Konfirmandenjahr tritt eine Pause ein: Die Konfirmanden werden dann mit 14 Jahren bzw. im achten Schuljahr wieder zusammengerufen. Es hat sich gezeigt, daß sie dann erheblich besser motiviert sind, am Unterricht teilzunehmen als andere Konfirmanden. Die beiden Jahre zwischen den Konfirmandenkursen werden durch Angebote der kirchlichen Jugendarbeit ausgefüllt. Das zweite Konfirmandenjahr beschäftigt sich vor allem mit neutestamentlichen Texten. Alle drei Wochen kommen die Konfirmanden samstags von 15 Uhr bis 20 Uhr zusammen. Der Blockunterricht ermöglicht es, in aller Ruhe und mit wechselnden Methoden ein Thema durchzuarbeiten. Information und Rundgespräch, Plenum und Kleingruppenarbeit wechseln einander ab. Zum Konfirmandenunterricht gehört auch das gemeinsame Spielen, ein gemeinsames Essen und eine Andacht.[52]

Es ist sicher ein besonders aufwendiges Modell des missionarischen Gemeindeaufbaus, das hier vorgestellt wurde. Sein Reiz besteht darin, daß es die kirchliche Nachsozialisation der Erwachsenen mit der kirchlichen Grundevangelisation im Konfirmandenunterricht verbindet. Sein Vorteil besteht auch darin, daß es bei einer anerkannten volkskirchlichen Veranstaltung anknüpft, diese missionarisch durchdringt und zum Aufbau lebendiger Gemeinde in Dienst nimmt.

VI. Hauskreisarbeit

Über Hauskreise ist in den letzten Jahren ungemein viel geschrieben und gesprochen worden. Die Literatur ist inzwischen kaum noch zu übersehen. Viele sehen im Hauskreis den Grundbaustein des missionarischen Gemeindeaufbaus schlechthin. Seit 1975 etwa entstehen landauf, landab immer mehr Hauskreise mit unterschiedlichen Prägungen. Man kann fast schon von einer Hauskreisbewegung sprechen. Einzelne Landeskirchen haben bereits hauptamtliche Referenten für Hauskreisarbeit eingestellt. Wenn eine Methode des missionarischen Gemeindeaufbaus sich durchsetzen konnte, dann ist es die Hauskreisarbeit.[53]
Die zahlreichen biblisch-theologischen und kirchengeschichtlichen Belege für die Bedeutung von Hauskreisen müssen hier nicht wiederholt werden. Der Befund beweist, daß Hauskreise seit der Zeit der Urgemeinde zu den Grundbausteinen der christlichen Gemeinde gehört haben. Christen haben sich immer »hin und her in den Häusern« getroffen (Apg 2,46). Hauskreise hatten dabei von Anfang an zwei verschiedene Stoßrichtungen. Sie dienten einmal der »Sammlung« der Christen. Das normale, gemeinsame Leben der Christen hatte in den Häusern seinen Platz, das Festhalten an der Lehre der Apostel, das Gebet, die Lebensgemeinschaft und die Feier des Herrenmahls sowie das Teilen aller Güter (Apg 2,42–47). Im Grunde sind die Hausgemeinden der Urchristen hervorragende Übungsfelder für die junge Gemeinde gewesen. Begüterte Christen stellten ihre Häuser zur Verfügung, dort kamen dann Arme und Reiche, Alte und Junge, Judenchristen und Heidenchristen zusammen (Gal 3,28). Hauskreise dienten zum anderen aber auch der »Sendung«. Die intensive Lebensgemeinschaft der Christen machte das missionarische Urchristentum inmitten der zahlreichen religiösen Vereine der Antike konkurrenzfähig. Der Neutestamentler Peter Stuhlmacher zieht die praktisch-theologischen Konsequenzen aus dieser Einsicht in die Hauskreis-Struktur des Urchristentums: »Die ur- und frühchristlichen Hausgemeinden stellen also in der Ursprungsgeschichte des Christentums ein missionarisch, theologisch und organisatorisch wichtiges Element dar, und die Kirche der Gegenwart tut gut daran, sich in ihrer Mission und in ihrer in der Lebensdimension oft sehr verarmten Verkündigung an Gestalt und Wirkung jener kat'oíkous ekklesíai zu erinnern.«[54]
Hauskreise sind bedeutende Bausteine des missionarischen Gemeindeaufbaus, weil sie den Radius der Gemeinde in das Alltagsleben der Menschen hinaus vergrößern. Die Menschen treffen sich dort, wo sie auch leben. Ihr Christsein bekommt einen Ort im Alltag. Außerdem sind Hauskreise wiederum im Sinne der kybernetischen Grundentscheidungen von Bedeutung. Im Hauskreis regiert (fast) nie ein Pfarrer. Wenn ein Pfarrer zum Hauskreis gehört, ist er Laie und Geistlicher unter Laien und Geistlichen. Der Hauskreis ist vielleicht auch der Idealfall der

kleinen geistlichen Zelle, um die es in der zweiten Grundentscheidung ging. Hier kann über die Grundfragen des Glaubens gesprochen werden; Zweifel werden ausgesprochen, aber auch erste Artikulationen des beginnenden Glaubens. Im Gespräch ereignet sich nicht selten Seelsorge. Da der Glaube vom Hören (Röm 10,17) *und* vom Sprechen (Röm 10,10) lebt, ist der Hauskreis ein »Seminarium«, eine Pflanzstätte des Glaubens, denn beides, Hören und Sprechen, hat hier seinen Ort. Hauskreise haben schließlich eine starke missionarische Wirkung. Es hat sich gezeigt, daß sich auch distanzierte Menschen zum Gespräch über den Glauben einladen lassen, das im Wohnzimmer eines Bekannten stattfindet. Die befürchtete Hemmschwelle ist in der Regel nicht so hoch, wie oft behauptet wird.

Allerdings wird man zwei Grundformen des Hauskreises unterscheiden müssen: den vertiefenden und den missionarischen Hauskreis.[55] Beide sind von Bedeutung für den missionarischen Gemeindeaufbau: der vertiefende im Sinne der zweiten Grundentscheidung, der missionarische im Sinne der dritten Grundentscheidung. Der vertiefende Hauskreis versammelt etwa 10 bis 15 Glieder einer Gemeinde, die mit Ernst Christen sein wollen, in einem Wohnzimmer. In der Regel sind vertiefende Hauskreise Bibellesekreise. Doch bietet der Hauskreis gegenüber der gemeindlichen Bibelstunde in stärkerem Maße die Möglichkeit persönlicher, ja freundschaftlicher Kontakte. Man gibt sich einen gewissen Vertrauensvorschuß und spricht auch schon einmal über persönliche Probleme. Man möchte im Glauben und in der Gemeinschaft wachsen. Oft sind die Teilnehmer eines vertiefenden Hauskreises Mitarbeiter, die an verschiedenen Stellen der Gemeindearbeit eingesetzt sind. Sie suchen im Hauskreis nicht eine weitere Möglichkeit zur Mitarbeit, sondern im besten Sinne persönliche und gemeinsame Erbauung. Gelegentlich bildet ein vertiefender Hauskreis auch die bruderschaftliche Mitte für eine Reihe von missionarischen Hauskreisen.

Der missionarische Hauskreis geht von Christen aus, die mit dem Instrument des Hauskreises andere Menschen »bei Jesus und seiner Gemeinde zu beheimaten« suchen.[56] Diese Christen lesen gemeinsam in der Bibel und beten, nutzen dann aber auch die sich ihnen bietenden Chancen aus, andere Menschen einzuladen und mit ihnen über Fragen des Lebens und des Glaubens zu sprechen. Dabei werden die persönlichen Kontakte wichtig, jetzt gilt es, die Kindergarteneltern, die Mitarbeiter im Betrieb, die Kommilitonen im Institut oder die Nachbarn im Garten anzusprechen und einzuladen. Methodisch braucht der missionarische Hauskreis eine große Weite. Wenn die Zielbestimmung eindeutig ist, kann der missionarische Hauskreis eine ganze Weile allgemeine Themen besprechen, bevor er die Bibel ins Gespräch bringt. Es gilt, Beziehungen aufzubauen und Vertrauen zu wecken, ohne den eigenen Glauben zu verbergen. Missionarische Hauskreise denken kairologisch: Sie können auf den von Gott gegebenen Zeitpunkt warten und dann in Freiheit und Klarheit ihren Glauben bezeugen. Es gibt natürlich auch missionarische Hauskreise, die sofort als Bibelkreise beginnen. Das hängt von der jeweiligen Situation ab.[57]

Missionarische Hauskreise bedürfen einer geordneten Leitung. Die Vielfalt der Anschauungen in einem solchen Kreis bedarf der vorsichtigen Koordination. Ortwin Schweitzer spricht von den drei Charismen, die der missionarische Hauskreis braucht: zunächst das Charisma des Hirten (nicht des Herrschers!). Der Hirte ist für die anderen da, ohne sich in den Vordergrund zu schieben. Er ermutigt andere und wird darum bald Mittelpunkt allgemeinen Vertrauens. Er leitet unauffällig, behält den einzelnen im Blick und gesteht jedem sein eigenes Wachstumstempo zu. Darum braucht der Leiter nicht nur ein gutes Maß an Bibelkenntnis, sondern auch menschliche Reife und christliche Lebenserfahrung.[58] Das zweite Charisma ist das evangelistische; denn der missionarische Hauskreis braucht Christen, die die Dynamik des Evangeliums anderen Menschen nahebringen können. Schließlich braucht der missionarische Hauskreis das diakonische Charisma, das dazu verhilft, Menschen so aufzunehmen, daß sie sich wohlfühlen können. Die drei Charismen des missionarischen Hauskreises müssen durchaus nicht in einer Person vereinigt sein.[59]

Mitarbeiter in missionarischen Hauskreisen brauchen die Anbindung an Mitarbeiterkreise oder vertiefende Hauskreise. Aufgabe des Pfarrers wäre es, die Mitarbeiter der missionarischen Hauskreise zu begleiten und anzuleiten. Hier realisiert sich dann wiederum die erste kybernetische Grundentscheidung. In dieser Verbindung der Mitarbeiter untereinander und zum Pfarrer ist die Zugehörigkeit der Hauskreise zum Ganzen der Gemeinde gewährleistet. Hauskreise brauchen eine gewisse Freiheit; sie sind oft vorgeschobene Außenposten der Gemeinde. Sie geben Menschen Herberge, die sich mit der kirchlichen Institution schwer tun. Gleichwohl brauchen die Hauskreise die Verbindung zum Gemeindeganzen, wenn sie sich nicht isolieren wollen. Auf Dauer ist darauf zu hoffen, daß das Vertrauen zueinander wächst. Dann werden auch missionarische Hauskreise am Gottesdienst der versammelten Gemeinde teilnehmen. Vielleicht wird es sogar möglich, daß einzelne Hauskreise die Gestaltung eines Gottesdienstes mitverantworten. Hier ist jedoch Geduld, vor allem von der Seite der Kirchengemeinde her, notwendig.[60]

Hauskreise entwickeln mit der Zeit ihre eigene »Liturgie«. Ein Ablauf, auf den sich die Teilnehmer einigen, hilft allen, im Hauskreis heimisch zu werden. Abläufe werden vertraut, Fremdes wird allmählich heimatlich. Die meisten Hauskreise treffen sich wöchentlich oder vierzehntäglich an einem Ort. Es ist normalerweise nicht gut, den Treffpunkt zu wechseln. Neu hinzukommende Mitglieder könnten sich verpflichtet fühlen, auch zu sich einzuladen, obwohl sie das eigentlich nicht möchten. Der freundlich gestaltete Raum des Gastgebers gehört dagegen zum Proprium des missionarischen Hauskreises. Am Anfang der Treffen steht in der Regel eine Phase der Begrüßung und des Austausches. Der Leiter des Abends wird dann in das Thema bzw. den Bibeltext einführen und das Gespräch leiten. Er wird auch zur vereinbarten Zeit die Gesprächsrunde abschließen. Anfangs wird nur einer der Mitarbeiter ein kurzes Abschlußgebet mit einer kurzen Zusammenfassung sprechen. Gebetsgemeinschaften jedenfalls werden zumindest am Anfang nicht stattfinden; für Außenstehende wäre diese Gestalt des gemeinsamen Gebets zu ungewohnt und eher abschreckend. Vielleicht kommt nach einiger Zeit auch für das gemeinsame Gebet der geeignete Kairos. Hier müssen die Mitarbeiter sehr wachsam sein. Eine gesellige Phase – mit einer schlichten Bewirtung – schließt den Abend ab. Oft ergeben sich dann über den eigentlichen Hauskreisabend hinaus persönliche Kontakte.

Hauskreise werden, wenn sie gesund sind, wachsen. Die Kontakte zu anderen Menschen weiten sich mit jedem neuen Hauskreisgast aus. Gesunde Hauskreise werden sich dann nach einiger Zeit teilen. Ehemalige Gäste haben zum Glauben gefunden und beginnen nun – vielleicht mit Unterstützung anderer Christen – einen eigenen, neuen Hauskreis. So kann Hauskreisarbeit Gemeindewachstum freisetzen. Es ist jedoch ein Zeichen der Erkrankung, wenn die »Innentemperatur« eines Hauskreises so hoch wird, daß der Hauskreis sich nach außen abschließt. In der Bereitschaft zur Aufnahme neuer Gäste und gegebenenfalls auch zur Teilung erweist sich demnach die Gesundheit des missionarischen Hauskreises.

Der Württembergische Hauskreisreferent Ortwin Schweitzer hat den Hauskreis in ein Kräftedreieck eingezeichnet: Zur gesunden Hauskreisarbeit gehören demnach die Faktoren »Sache«, »Person« und »Dienst«. Die Sache, um die es geht, ist klar: Es geht um das Wort der Bibel oder doch um Themen des Glaubens. Diese Sache will aber nicht aus der Distanz heraus betrachtet werden. Die Person des Hauskreismitglieds kommt zwangsläufig ins Spiel. Soll sie wirklich ins Spiel kommen, dann braucht der Hauskreis die Offenheit, über persönliche Fragen und Probleme zu sprechen (und dann auch zu beten). Der Raum zum persönlichen Austausch muß geschaffen werden. Der Austausch betrifft dann beides: die Sache der Bibel und die Person des Bibellesers bzw. das, was beim »Zusammenstoß« von Person und Sache hervorgerufen wird. Zum Bereich »Person« gehört aber auch das gemeinsame Feiern, die Anteilnahme am alltäglichen Leben des anderen und die praktische gegenseitige Hilfe. Hier taucht bereits als drittes Element der Dienst auf. Der Dienst gehört zum Leben des Hauskreises, damit er nicht zur Clique verkommt und daran selbst auch zugrunde geht.[61]

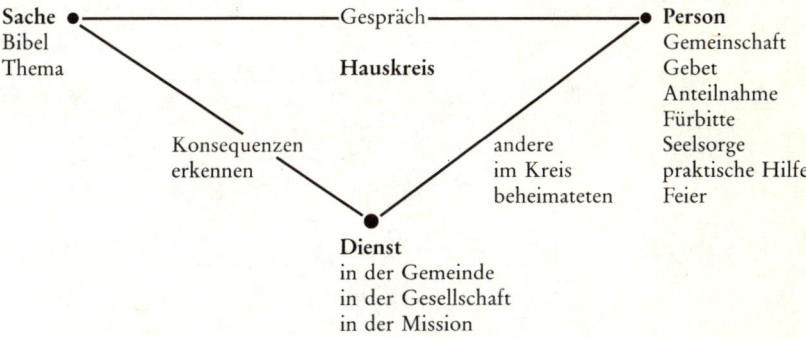

Sache ● ——————————Gespräch——————— ● Person
Bibel   Gemeinschaft
Thema   **Hauskreis**   Gebet
                                                        Anteilnahme
                                                        Fürbitte
    Konsequenzen   andere   Seelsorge
    erkennen   im Kreis   praktische Hilfe
                                    beheimateten   Feier
                          ●
                    Dienst
                    in der Gemeinde
                    in der Gesellschaft
                    in der Mission

C. Schluß

Die Beispiele für kybernetische Bausteine ließen sich beliebig fortsetzen. Die Darstellung konnte auch an dieser Stelle nur exemplarisch sein.

Am Ende dieser Arbeit soll eine Schlußbemerkung des Erlanger Praktischen Theologen Manfred Seitz stehen: Wer sich auf das Wagnis des missionarischen Gemeindeaufbaus einläßt, wird sehr schnell bemerken, daß dies kein einfacher Weg ist. »Die eigentlichen, schweren und lohnenden Probleme beginnen jetzt... Die Gemeinde, ihre Pfarrer und Mitarbeiter werden durch viele mühsame Stunden, durch Rückschläge und Anfeindungen gehen. Aber in dem Maße, in dem sie eine immer tiefere Gründung in der Sache des Evangeliums und in der Gemeinschaft eines lebendigen, den gegenwärtigen Nöten aufgeschlossenen Glaubens finden, werden sie zunehmend von Aufrichtungen und Erfahrungen des Gelingens berichten können.«[62]

Anmerkungen

Erster Teil

Gemeindeaufbau als Problem der praktischen Theologie

Erstes Kapitel: Die Aufgabe der Praktischen Theologie

1 Um einen gewissen Überblick über die wichtigste Literatur zu ermöglichen, soll am Anfang eines jeden Kapitels eine Zusammenstellung der wichtigsten Titel erstellt werden. Für das Thema dieses Kapitels sind zu nennen: *Barth, Karl:* Einführung in die evangelische Theologie, Zürich 1962 – *Birnbaum, Walter:* Theologische Wandlungen von Schleiermacher bis Karl Barth. Eine enzyklopädische Studie zur praktischen Theologie, Tübingen 1963 – *Bloth, Peter C.:* Praktische Theologie, in: *G. Strecker* (Hg.): Theologie im 20. Jahrhundert. Stand und Aufgaben, Tübingen 1983, S. 389–450 – *Bohren, Rudolf:* Praktische Theologie, in: ders. (Hg.): Einführung in das Studium der evangelischen Theologie, München 1964, S. 9–32 – *Daiber, Karl-Fritz:* Grundriß der Praktischen Theologie als Handlungswissenschaft. Kritik und Erneuerung der Kirche als Aufgabe, München und Mainz 1977 – *Henkys, Jürgen:* Die Praktische Theologie, in: Handbuch der Praktischen Theologie, Bd. 1, Berlin 1975, S. 11–56 – *Josuttis, Manfred:* Praxis des Evangeliums zwischen Politik und Religion, München 1974 – *Jüngel, Eberhard – Rahner, Karl* und *Seitz, Manfred:* Die Praktische Theologie zwischen Wissenschaft und Praxis, München 1968 – *Klostermann, Ferdinand* und *Zerfass, Rolf* (Hg.): Praktische Theologie heute, München und Mainz 1974 – *Krause, Gerhard* (Hg.): Praktische Theologie. Texte zum Werden und Selbstverständnis der praktischen Disziplin der evangelischen Theologie, Darmstadt 1972 (WdF 264) – *Mette, Norbert:* Theorie und Praxis. Wissenschaftsgeschichtliche und methodologische Untersuchungen zur Theorie-Praxis-Problematik innerhalb der Praktischen Theologie, Düsseldorf 1978 – *Otto, Gert:* Praktische Theologie als kritische Theorie religiös vermittelter Praxis in der Gesellschaft, in: ders. (Hg.): Praktisch-theologisches Handbuch, Hamburg 1975², S. 9–31 – *Roessler, Dietrich:* Prolegomena zur Praktischen Theologie. Das Vermächtnis Christian Palmers, in ZThK 64 (1967), S. 357–371 – *Schröer, Henning:* Praktische Theologie, in: ders. (Hg.): Einführung in das Studium der evangelischen Theologie, Gütersloh 1982, S. 149–167 – *Wintzer, Friedrich:* C. I. Nitzschs Konzeption der Praktischen Theologie in ihren geschichtlichen Zusammenhängen, in: EvTh 29 (1969), S. 93–109.

2 vgl. *Seitz,* Praxis, S. 51–53.

3 vgl. *Roessler,* Prolegomena, S. 357f., und *Bloth,* Theologie, S. 392.

4 vgl. *Henkys,* Theologie, S. 21–34.

5 vgl. *Roessler,* Theologie, S. 2f.

6 vgl. *Henkys,* Theologie, S. 26–28.

7 vgl. zu den Ursprüngen der katholischen Pastoraltheologie *Mette,* Theorie, S. 17–109.

8 vgl. *Schleiermacher,* Darstellung, S. 1 (= § 1).

9 s. a.a.O., S. 2f. (= § 5).

10 vgl. a.a.O., S. 3 (= § 7) – vgl. ferner *Roessler,* Prolegomena, S. 357f., und *Wintzer,* Konzeption, S. 97–99.

11 vgl. *Schleiermacher,* a.a.O., S. 9–13 (= §§ 24–31).

12 vgl. *Roessler,* Theologie, S. 5.

13 vgl. *Schleiermacher*, Darstellung, S. 100 u. 102 (= §§ 260 u. 265).
14 Wiedergegeben nach *Schröer*, Theologie, S. 150. Vgl. auch *Schleiermacher*, Theologie, S. 26.
15 Darauf verweist besonders *Roessler*, Prolegomena, S. 357.
16 vgl. *Schleiermacher*, Theologie, S. 12.
17 vgl. *Otto*, Theologie, S. 16. *Otto* zitiert hier eine unveröffentlichte Examensarbeit von *H. Luther. Luther* schrieb: »Diese Regeln sind nicht formal als Mittel zu verstehen, sondern als Methoden, da Mittel und Zweck nicht zu trennen sind. Technik hat hier also nicht den instrumentalistischen Sinn, der den modernen Begriff von Technik auszeichnet. Technik ist vielmehr, in der Tradition des antiken Begriffs der techne verstanden als Kunst, als Regeln reflektierende, nicht Regeln anwendende und verwertende Tätigkeit... Als derartig theoretisch vermittelte Reflexion auf Praxis kann Pr(aktische) Th(eologie) wiederum auch als Theorie gelten.«
18 s. *Wintzer*, Konzeption, S. 98.
19 vgl. a.a.O., S. 98 f.
20 Eine gewisse Ausnahme bildet hier *Otto*, Theologie. Auf ihn ist später noch genauer einzugehen.
21 s. *Schleiermacher*, Theologie, S. 49.
22 vgl. *Bloth*, Theologie, S. 392 und *Wintzer*, Konzeption, S. 99.
23 vgl. *Lämmermann*, Theologie, S. 40–99. Vgl. ferner *Roessler*, Prolegomena, S. 360–362.
24 vgl. *Roessler*, a.a.O., S. 359.
25 vgl. *Nitzsch*, Theologie, Bd. 1, S. 123.
26 vgl. *Wintzer*, Konzeption, S. 104–106.
27 vgl. a.a.O., S. 103 f.
28 s. *Nitzsch*, Theologie, S. 31.
29 s. *Wintzer*, Konzeption, S. 107 f.
30 So z. B. *Roessler*, Theologie, S. 6 oder *Roessler*, Prolegomena, S. 365.
31 Über das Leben *Harnacks* berichtet ausführlich *Hoerschelmann*, Harnack, S. 445–449.
32 vgl. *Harnack*, Theologie, Bd. 1, S. 1–8.
33 vgl. a.a.O., S. 8–14 und S. 27 f.
34 vgl. a.a.O., S. 17.
35 s. a.a.O., S. 19. Zu diesem Gedankengang als ganzem vgl. a.a.O., S. 17–19.
36 s. a.a.O., S. 23.
37 vgl. a.a.O., S. 23–26. Vgl. auch auch *H. Wittram*, Kirche, S. 104–116.
38 s. *Harnack*, Theologie, Bd. 1, S. 48.
39 vgl. a.a.O., S. 27 f.
40 Zur Frage von Amt und allgemeinem Priestertum vgl. a.a.O., S. 87–100.
41 vgl. *Roessler*, Prolegomena, S. 357–371.
42 vgl. a.a.O., S. 371.
43 vgl. a.a.O., S. 364 f.
44 vgl. a.a.O., S. 367–371.
45 vgl. a.a.O., S. 370 f.
46 Mündlich berichtet von Prof. Dr. *M. Seitz* von verschiedenen Tagungen.
47 vgl. *Drews*, Problem, S. 251–268.
48 vgl. *Bloth*, Theologie, S. 394 f.
49 vgl. die ausführlichen Darstellungen dieser Praktischen Theologen bei *Bloth*, a.a.O., S. 395–405 oder bei *Doerne*, Stand, S. 400–405.
50 s. *Drews*, Problem, S. 258 (vgl. zum Ganzen, S. 251–257).
51 vgl. a.a.O., S. 258–263.
52 vgl. a.a.O., S. 264.

53 vgl. a.a.O., S. 267.
54 s. a.a.O., S. 265.
55 Darauf verweist *Bloth*, Theologie, S. 402 f. und 405.
56 Mit diesem Hinweis soll zugleich einer Tendenz der neueren Praktischen Theologie widersprochen werden, die einleitend – fast rituell – ihren Abstand von *Karl Barth* proklamiert.
57 s. *Barth*, Wort, S. 199.
58 s. *Barth*, Römerbrief, S. XVII.
59 vgl. *Barth*, Wort, S. 199–202. Diese Bemerkung könnte den Leser dazu führen, bei *Barth* doch so etwas wie eine Anknüpfungslehre zu vermuten, wenigstens im Sinne einer richtigen Frage, auf die die Theologie nun antworten soll. Dem ist jedoch nicht so: der Theologe soll vielmehr den Hörer besser verstehen, als dieser selbst sich verstehen kann. Er hat von Gottes Wort her eigentlich eine Antwort und sucht nun nach der angemessenen Frage des Menschen.
60 vgl. a.a.O., S. 216–218.
61 vgl. a.a.O., S. 217.
62 vgl. *Barth*, Römerbrief, S. 88 und 315.
63 s. a.a.O., S. XIII.
64 vgl. *Barth*, Einführung, S. 16–18.
65 vgl. a.a.O., S. 27.
66 s. a.a.O., S. 18.
67 s. a.a.O., S. 26.
68 s. a.a.O.
69 s. a.a.O., S. 40.
70 s. a.a.O., S. 41.
71 vgl. a.a.O., S. 24–26.
72 vgl. *Henkys*, Theologie, S. 33.
73 vgl. *Barth*, Dogmatik, Bd. I/1, S. 1.
74 s. a.a.O., S. 3.
75 s.a.a.O., S. 1.
76 s. *Burgsmüller/Weth*, Erklärung, S. 36.
77 s. *Barth*, Dogmatik, Bd. I/1, S. 3.
78 vgl. *Bloth*, Theologie, S. 415.
79 s. *Barth*, Einführung, S. 198.
80 vgl. *Wintzer*, Seelsorge, S. XXVIII–XXXII und (u. a.) S. 95. Vgl. auch *Bloth*, Theologie, S. 417.
81 vgl. *Barth*, Einführung, S. 198.
82 s. a.a.O., S. 199.
83 s. a.a.O.
84 vgl. *Wintzer*, Seelsorge, S. XXVIII–XXXII und *Bloth*, Theologie, S. 417.
85 vgl. *Barth*, Einführung, S. 199 und *Thurneysen*, Lehre, S. 176.
86 vgl. *Wintzer*, Seelsorge, S. XXXVIII f. und S. 119–133 sowie *Bloth*, Theologie, S. 426 f. und *Doerne*, Stand, S. 412. *Doerne* und *Bloth* geben auch einen Überblick über die anderen bedeutenden Grundrisse der Praktischen Theologie nach dem 2. Weltkrieg (*Fendt, Haendler, Uhsadel* u. a.).
87 vgl. *Schröer*, Theologie, S. 153.
88 vgl. *Roessler*, Theologie, S. 7.
89 vgl. *Schröer*, Theologie, S. 150 und *Zerfass*, Theologie, S. 164 f.
90 vgl. zur näheren Diskussion dieses Themas – auch mit ausführlichen wissenschaftstheoretischen Erörterungen – *Klostermann/Zerfass*, Theologie, S. 65–131.

91 s. *Daiber*, Grundriß, S. 10.
92 vgl. *Bohren*, Theologie, S. 22.
93 vgl. *G. Krusche*, Kirche, S. 145 f., *Schröer*, Theologie, S. 149–154 (bes. S. 153 f.) und *Schröer*, Inventur, S. 446–449.
94 vgl. *Schröer*, Inventur, S. 446.
95 s. *Greinacher*, Theorie, S. 105.
96 s. a.a.O.
97 vgl. a.a.O., S. 106.
98 vgl. a.a.O., S. 108–110 und *Gollwitzer*, Befreiung, S. 38.
99 vgl. *Greinacher*, a.a.O., S. 111 f. und *Otto*, Theologie, S. 19 f.
100 vgl. *Greinacher*, a.a.O., *Otto*, a.a.O.
101 s. *Greinacher*, a.a.O., S. 117.
102 vgl. *Schröer*, Inventur, S. 448–451.
103 vgl. *Bohren*, Theologie, S. 16–18.
104 vgl. *Zerfass*, Theologie, S. 161–178.
105 s. *Otto*, Theologie, S. 23.
106 vgl. a.a.O., S. 20–23.
107 s. *Josuttis*, Praxis, S. 255.
108 vgl. *Otto*, Theologie, S. 23–25 und vgl. die Beurteilung durch *Josuttis*, a.a.O., S. 256 f.
109 vgl. *Otto*, a.a.O., S. 19.
110 vgl. a.a.O., S. 24.
111 vgl. *Josuttis*, Praxis, S. 257.
112 Darauf verweist treffend *Josuttis*, a.a.O., S. 254 f.
113 s. a.a.O., S. 256.
114 s. a.a.O., S. 257.
115 vgl. *Spiegel*, Theologie, S. 178 f.
116 s. a.a.O., S. 178.
117 s. *Greinacher*, Theorie, S. 105.
118 s. *Bohren*, Predigtlehre, S. 76 f.
119 vgl. *Schröer*, Theologie, S. 152.
120 s. Augsburgische Konfession, Artikel V, in: BSLK, S. 58.
121 vgl. *Seitz*, Praxis, S. 53.
122 s. *Jüngel*, Theologie, S. 40.
123 vgl. *Bohren*, Theologie, S. 11.
124 vgl. *Seitz*, Praxis, S. 57.
125 vgl. *Bohren*, Theologie, S. 14 f.
126 vgl. *Seitz*, Praxis, S. 56.
127 s. *Gollwitzer*, Befreiung, S. 28.
128 s. a.a.O., S. 34.
129 vgl. *Bohren*, Theologie, S. 18–20.
130 s. a.a.O., S. 19 f.
131 vgl. a.a.O., S. 20–22 und *Seitz*, Praxis, S. 56 f.
132 vgl. *Schwarz*, Gemeinde, Bd. 1, S. 12.
133 s. *Barth*, Einführung, S. 25. Vgl. auch *Jannasch*, Theologie, Sp. 506, *Jüngel*, Theologie, S. 38 und *Gollwitzer*, Befreiung, S. 29–32.
134 s. *Voigt*, Gegenwartsstand, S. 615.
135 vgl. *Seitz*, Praxis, S. 59 und *Greinacher*, Theorie, S. 114 f.
136 vgl. *Henkys*, Theologie, S. 15–17, *G. Krusche*, Kirche, S. 147 und *Seitz*, Praxis, S. 57.
137 s. *Bohren*, Theologie, S. 9 f.

Zweites Kapitel: Was ist Gemeindeaufbau?

1 Zunächst eine Zusammenfassung der wichtigsten Titel zu diesem Kapitel: *Bäumler, Christof:* Gemeindeaufbau, in: *F. Klostermann* und *R. Zerfass* (Hg.): Praktische Theologie heute, München und Mainz 1974, S. 417–429 – *Barth, Karl:* Der Heilige Geist und die Erbauung der christlichen Gemeinde, in: ders.: Kirchliche Dogmatik, Bd. IV, 2, Zürich 1955, S. 695–824 – *Burgsmüller, Alfred* (Hg.): Kirche als »Gemeinde von Brüdern« (Barmen III). Bd. 2: Votum des Theologischen Ausschusses der Evangelischen Kirche der Union, Gütersloh 1981 – *Friedrich, Gerhard* und *Krause, Gerhard:* Artikel »Erbauung«, in: TRE, Bd. 10, S. 18–28 – *Möller, Christian:* Artikel »Gemeinde«, in TRE, Bd. 12, S. 316–335 – *Scholder, Klaus:* Die Bedeutung des Barmer Bekenntnisses für die evangelische Theologie und Kirche, in: EvTh 27 (1967), S. 435–461 – *Schwarz, Fritz* und *Christian A.:* Theologie des Gemeindeaufbaus. Ein Versuch, Neukirchen 1984 – *Seitz, Manfred:* Missionarische Existenz der Gemeinde in der Volkskirche. Evangelisation und Gemeindeaufbau, in: Theologische Beiträge 13 (1982), S. 150–157 – *Weth, Rudolf:* Barmen als Herausforderung an die Kirche, München 1984 – *Winkler, Eberhard* und *Kretzschmar, Gottfried:* Der Aufbau der Kirche zum Dienst, in: Handbuch der Praktischen Theologie, Bd. 1, Berlin 1975, S. 133–227. .

2 vgl. *Baden,* Gemeinde, S. 58–64.

3 Die Reihe »Missionierende Gemeinde« (hg. v. *E. Baden* u. a.) erschien seit 1961 im Lutherischen Verlagshaus Berlin. Ausgehend von den »Spandauer Thesen« [vgl. 2] versuchte diese Reihe, Einzelprobleme im Umkreis der Volksmission zu bearbeiten: die Mischehenseelsorge, das Taufgespräch, den Lektorendienst, die Frage der geeigneten Strukturen von Parochie und Region, die Werbung der Gemeinde etc.

4 s. z. B. *Ulrich,* Wort, S. 202: Das Bestreben Ulrichs in der Zeitschrift besteht darin, »die missionarische Dimension in die kirchlichen Arbeitsfelder einzubringen...« Dabei geht es um »einen Beitrag zum Entstehen einer missionarisch und diakonisch lebendigen Kirche..., die ihre Mitte im Evangelium hat, aber offen ist für die Herausforderungen der Zeit.«

5 vgl. *Lausanne,* Bd. 1, S. 8–18, besonders S. 12.

6 s. *Positionspapier,* S. 11.

7 s. a.a.O., S. 12.

8 In den ersten drei Bänden beschreibt *Fritz Schwarz* mit wechselnden Mitautoren zusammen die Grundlagen, die Praxis und die sozialethischen Implikationen des Konzeptes *»Überschaubare Gemeinde«.*

9 1984 erschien dieser erste Versuch einer »Theologie des Gemeindeaufbaus« von *Fritz Schwarz* und seinem Sohn *Christian A. Schwarz.*

10 vgl. *Schwarz,* Gemeinde, Bd. 2, S. 106–122.

11 vgl. *Maier,* Gemeindewachstum, S. 178–187.

12 vgl. unten: 3. Teil, 4 Kapitel.

13 vgl. IDEA-*Spektrum,* Nr. 20 vom 16. 5. 1984, S. 7.

14 vgl. *Seitz,* Umkehr, S. 230.

15 s. a.a.O.

16 Der Dokumentarband »Das Haus der lebendigen Steine« wird gleichfalls 1987 erscheinen.

17 s. *Schwarz,* Gemeinde, Bd. 2, S. 39.

18 s. *Seitz,* Existenz, S. 152.

19 s. *Seitz,* Verkündigung, S. 106.

20 vgl. *Seitz,* Umkehr, S. 230.

21 vgl. *Lück,* Praxis, S. 69–79.

22 s. a.a.O., S. 70.
23 s. a.a.O., S. 71.
24 s. a.a.O., S. 75.
25 vgl. a.a.O.
26 vgl. *Kugler*, Resignation, S. 15–29.
27 s. a.a.O., S. 25.
28 s. *Lindner*, Gemeinde, S. 85.
29 vgl. *Möller*, Gemeinde, S. 328.
30 s. *Bäumler*, Gemeindeaufbau, S. 418.
31 s. *Winkler/Kretzschmar*, Aufbau, S. 182.
32 s. *Burgsmüller/Weth*, Erklärung, S. 10.
33 s. *Bäumler*, Gemeindeaufbau, S. 419.
34 Darauf verweist mit Recht *Schwarz*, Theologie, S. 27.
35 vgl. *Möller*, Gemeinde, S. 316f.
36 s. BSLK, S. 459.
37 Zur Debatte über Barmen: »nur« Erklärung oder Bekenntnis? Vgl. *Hauschild*, Irrlehre, S. 201–204.
38 s. *Jüngel*, Wahrheit, S. I.
39 vgl. *Weth*, Barmen, S. 11 und *ders.*, in: *Burgsmüller*, Vorträge, S. 9.
40 s. *Burgsmüller/Weth*, Erklärung, S. 36.
41 vgl. *Scholder*, Bedeutung, S. 443–445.
42 s. BSLK, S. 61.
43 vgl. *Scholder*, Bedeutung, S. 443–451.
44 s. a.a.O., S. 442.
45 s. *Weth*, Barmen, S. 10.
46 In der Betonung der christologischen Verankerung der Ekklesiologie in Barmen III sieht *Weth*, Barmen, S. 25, das Besondere und auch den Fortschritt gegenüber CA VII.
47 vgl. a.a.O., S. 20–25, besonders S. 21.
48 Dieses Bild für die sekundäre Bedeutsamkeit der Kirche benutzt *Schwarz*, Gemeinde, Bd. 1, S. 86.
49 Alle Bibelstellen werden nach der deutschen Übersetzung Martin Luthers in der revidierten Fassung von 1956/64 wiedergegeben.
50 s. *Burgsmüller/Weth*, Erklärung, S. 36.
51 Dazu ist besonders eindrücklich Luthers Auffächerung der verschiedenen Kommunikationswege des Evangeliums in dem Schmalkaldischen Artikel III/4, vgl. BSLK, S. 449. Dazu hat sich ausführlich geäußert: *Henkys*, Seelsorge, S. 28–30.
52 vgl. *Burgsmüller*, Votum, S. 43.
53 vgl. *Kühn*, Kirche, S. 167f.
54 s. *Marsch*, Institution, zitiert nach *Kühn*, Kirche, S. 169.
55 vgl. *Kühn*, a.a.O.
56 vgl. a.a.O., S. 171–181, sowie *Burgsmüller*, Votum, S. 62–64.
57 vgl. *Burgsmüller*, Votum, S. 54.
58 Etwa auch bei *Bäumler*, Gemeindeaufbau, S. 417.
59 Von Schwestern und Brüdern zu sprechen, lag noch nicht im Blickfeld der Barmer Bekenntnissynode, auf der auch nur eine einzige Frau vertreten war. Mit *Schröer* (in: *Burgsmüller*, Votum, S. 21) ist aber festzuhalten, daß bei den Brüdern die Schwestern stets der Bibel entsprechend mit gemeint sind. Rituelle Pedanterie im Sprachgebrauch (etwa der Vorwurf »sexistischer« Sprache) ist unnötig. Die neue Geschwisterlichkeit in Jesus Christus (Gal 3,28) bedarf keiner sprachlichen Gesetzlichkeit, die sich kritisch von Barmen absetzt wegen eines sprachlichen Versäumnisses.

60 s. *Voigt,* Aufbau, S. 10.
61 Zur zeitlichen Einordnung und Begrenzung der Gemeinde: vgl. *Burgsmüller,* Votum, S. 39–42.
62 s. BSLK, S. 459 f.
63 vgl. *Kühn,* Kirche, S. 82 f. und 89.
64 vgl. a.a.O., S. 170.
65 s. *Weth,* in: *Burgsmüller,* Vorträge, S. 181. Vgl. ferner *Barth,* Dogmatik, Bd. IV, 2, S. 704.
66 vgl. *Weth,* Barmen, S. 27.
67 s. *Burgsmüller,* Votum, S. 33 f.
68 vgl. *Barth,* Dogmatik, Bd. IV, 2, S. 727 f. Zum missionarischen Lebensstil vgl. *Weth,* Barmen, S. 167 sowie *Schwarz,* Gemeinde, Bd. 3.
69 s. BSLK, S. 62.
70 vgl. *Burgsmüller,* Votum, S. 37–39.
71 s. *Burgsmüller/Weth,* Erklärung, S. 37.
72 s. a.a.O., S. 35.
73 s. a.a.O., S. 36.
74 vgl. *Burgsmüller,* Votum, S. 54 und 64–67.
75 s. *Burgsmüller/Weth,* Erklärung, S. 39.
76 vgl. *Schwarz,* Theologie, S. 41–46.
77 vgl. Jer 6,14.
78 s. *Burgsmüller,* Votum, S. 112.
79 Zum Begriff der »Namenrede« s. *Bohren,* Predigtlehre, S. 89–108. Zum Vorrang des Wortzeugnisses vgl. *Burgsmüller,* Votum, S. 54.
80 vgl. die zweite Barmer These, in: *Burgsmüller/Weth,* Erklärung, S. 35.
81 s. *Burgsmüller/Weth,* S. 36.
82 s. *Weth,* in: *Burgsmüller,* Vorträge, S. 11.
83 vgl. *Burgsmüller/Weth,* Erklärung, S. 65–67.
84 vgl. *Weth,* in: *Burgsmüller,* Vorträge, S. 18.
85 s. a.a.O., S. 13.
86 vgl. *Bohren,* Predigtlehre, S. 76.
87 »Indem der Heilige Geist wirkt – die belebende Macht des Herrn Jesus Christus – entsteht und ist christliche Gemeinde, die wirkliche Kirche. Sie besteht und ist, indem er Menschen und ihr menschliches Werk heiligt, sie und ihr Werk auferbaut zur wirklichen Kirche.« So *Barth,* Dogmatik, Bd. IV, 2, S. 698 f.
88 s. *Schwarz,* Theologie, S. 61.
89 vgl. *Barth,* Dogmatik, Bd. IV, 2, S. 709.
90 vgl. a.a.O., S. 710 f.
91 s. a.a.O., S. 699.
92 vgl. a.a.O., S. 716–718.
93 vgl. a.a.O., S. 714 f.
94 vgl. *Schwarz,* Theologie, S. 63–67.
95 vgl. *Seitz,* Existenz, S. 150.
96 Zur Differenzierung der Begriffe vgl. *Seitz,* Verkündigung, S. 101.
97 vgl. *Schwarz,* Theologie, S. 61 f.
98 s. *Möller,* Gemeinde, S. 328 f.
99 vgl. *Schwarz,* Gemeinde, Bd. 1, S. 22–25.
100 vgl. *Seitz,* Gemeindeaufbau, S. 324.
101 s. *Barth,* Dogmatik, Bd. IV, 2, S. 737.
102 s. *Winkler/Kretzschmar,* Aufbau, S. 178.

103 s. *Barth*, Dogmatik, Bd. IV, 2, S. 734.
104 vgl. a.a.O., S. 731.
105 vgl. *Friedrich/Krause*, Erbauung, S. 18–28.
106 s. *Friedrich/Doerne*, Sp. 539.
107 vgl. a.a.O., Zu den Schmalkaldischen Artikeln vgl. Anm. 51.
108 Zu den geistlichen Übungen vgl. *Seitz*, Exerzitien, S. 703–707; *ders.*,Geistl. Leben, S. 197–210. Zur Erbauung des einzelnen vgl. *Barth*, Dogmatik, Bd. IV, 2, S. 709.
109 s. *Friedrich/Doerne*, Erbauung, Sp. 539.
110 s. a.a.O.
111 vgl. *Bloth*, Theologie, S. 429.
112 vgl. a.a.O.
113 vgl. *Harnack*, Kybernetik, S. 531–571.
114 s. *Handlexikon*, Kybernetik, S. 142.
115 vgl. *Bloth*, Theologie, S. 430.
116 vgl. *Seitz*, Verkündigung, S. 106. Und: *G. Krusche*, Kirche, S. 140.
117 s. *Kretzschmar*, Kirche, S. 61.
118 s. *Seitz*, Existenz, S. 157.
119 Stellenbelege dazu vgl. *Möller*, Gemeinde, S. 317–319.
120 vgl. vor allem *Kugler*, Resignation, S. 15–29.
121 vgl. z. B. *Kretzschmar*, Kirche, S. 101–111.
122 So beschreibt *Möller*, Gemeinde, S. 317 das Besondere der Gemeinde am Ort.
123 s. a.a.O., S. 329.
124 s. *Burgsmüller*, Votum, S. 81.
125 Den Begriff der Komplementarität verdanke ich den Hinweisen von *Möller*, Gemeinde, S. 317.330f.
126 vgl. *Kretzschmar*, Kirche, S. 102–105.
127 vgl. *Seitz*, Leben, S. 40.

Drittes Kapitel: Die Gemeinde als Bau – Neutestamentliche Perspektiven

1 Die Basisliteratur zum Thema:»Gemeinde als Bau im Neuen Testament« soll hier wieder kurz zusammengefaßt werden:
Barth, Karl: Der Heilige Geist und die Erbauung der christlichen Gemeinde, in: ders.: Die kirchliche Dogmatik, Bd. IV, 2, Zürich 1955, S. 695–824 – *Goetzmann, Jürgen:* Art. »Haus, bauen«, in: Theologisches Begriffslexikon zum Neuen Testament, Bd. 1, Wuppertal 1977[4], S. 636–645 – *Lohfink, Gerhard:* Wie hat Jesus Gemeinde gewollt? Zur gesellschaftlichen Dimension des christlichen Glaubens. Freiburg, Basel und Wien 1982 – *Michel, Otto:* Artikel »οἶκος κτλ«, in: Theologisches Wörterbuch zum Neuen Testament, Bd. 5, Stuttgart 1954, S. 122–151 – *ders.:* Das Zeugnis des Neuen Testamentes von der Gemeinde, Gießen und Basel 1983[2] – *Pfammater, Josef:* Art. οἰκοδομή κτλ.«, in Exegetisches Wörterbuch zum Neuen Testament, Bd. 2, Stuttgart 1981, Sp. 1211–1218 – *ders.:* Die Kirche als Bau. Eine exegetisch-theologische Studie zur Ekklesiologie der Paulusbriefe, Rom 1960 – *Riesner, Rainer:* Apostolischer Gemeindebau. Die Herausforderung der paulinischen Gemeinden, Gießen und Basel 1978 – *Schmidt, Karl-Ludwig:* Art. καλέω«, in: Theologisches Wörterbuch zum Neuen Testament, Bd. 2, Stuttgart 1938, S. 502–539 – *Schnackenburg, Rudolf:* Die Kirche im Neuen Testament. Ihre Wirklichkeit und theologische Bedeutung. Ihr Wesen und Geheimnis, Freiburg, Basel und Wien 1961 (Quaestiones disputatae, Bd. 14) – *Schütz, Eduard:* Gemeindeaufbau im Neuen Testament, Berlin 1971 – *Schweizer, Eduard:* Gemeinde nach

dem Neuen Testament, Zürich 1949 (Theologische Studien, Heft 26) – *ders.:* Gemeinde und Gemeindeordnung im Neuen Testament, Zürich 1959 (Abhandlungen zur Theologie des Alten und Neuen Testaments, Bd. 35) – *Venetz, Hermann-Josef:* So fing es mit der Kirche an. Ein Blick in das Neue Testament, Zürich, Einsiedeln und Köln 1981 – *Vielhauer, Philipp:* Oikodome. Das Bild vom Bau in der christlichen Literatur vom Neuen Testament bis Clemens Alexandrinus, in: ders.: Oikodome. Aufsätze zum Neuen Testament, Bd. 2, München 1979 (Theologische Bücherei Bd. 65), S. 3–168.

2 s. *Stuhlmacher*, Verstehen, S. 206.

3 s. a.a.O.

4 s. a.a.O.

5 s. a.a.O.

6 s. *Lohfink*, Jesus, S. 122.

7 s. *Schweizer*, Gemeindeordnung, S. 7.

8 vgl. auch zur Vielfalt der neutestamentlichen Aussagen über die Gemeinde: *Schweizer*, Gemeinde, S. 3–28, sowie *Schnackenburg*, Kirche, S. 52–106.

9 s. *Schweizer*, Gemeindeordnung, S. 148.

10 vgl. a.a.O., S. 7f.

11 Zitiert bei *Riesner*, Gemeindebau, S. 101f.

12 Andere Bilder für die Gemeinde im Neuen Testament tragen zusammen: *Dinkler*, in: *Burgsmüller*, Vorträge, S. 118f. und *Michel*, Zeugnis, S. 12–19.

13 s. *Schweizer*, Gemeindeordnung, S. 13.

14 Auf die Quellen des Bildes im Alten Testament und in der außerbiblischen Literatur verweisen *Vielhauer*, Oikodome, S. 4–52.143f., und *Michel*, Oikos, S. 139f.

15 Die Stellen zählt auf u. a. *Michel*, a.a.O., S. 141.

16 s. *Pfammater*, Oikodome, Sp. 1216.

17 vgl. *Kraus*, Psalmen, Bd. 2, S. 938f.

18 vgl. *Roloff*, Apostelgeschichte, S. 82.

19 Gegen *Gnilka*, Markus, Bd. 2, S. 149.

20 Für die christologische Deutung setzt sich ein *Gnilka*, a.a.O., S. 280. Für die ekklesiologische Deutung spricht vor allem *Vielhauer*, Oikodome, S. 60.

21 vgl. *Goetzmann*, Haus, S. 641, und *Vielhauer*, a.a.O., S. 62f.

22 vgl. *Schweizer*, Matthäus, S. 218f.

23 vgl. *Vielhauer*, Oikodome, S. 6f.

24 Zur Auslegung von Mt 16,18f. vgl. *Vielhauer*, a.a.O., S. 66–71, *Michel*, Zeugnis, S. 22f.; aufschlußreich ist die rabbinische Parallele Jalqut 1, 766 (bei *Vielhauer*, a.a.O., S. 12f.).

25 s. BSLK, S. 61.

26 vgl. *Sorg*, Kirche, S. 13.

27 vgl. *Vielhauer*, Oikodome, S. 107.

28 vgl. zu dieser Stelle *Vielhauer*, a.a.O., S. 104f. und *Roloff*, Apostelgeschichte, S. 306.

29 s. *Roloff*, a.a.O., S. 157.

30 vgl. *Vielhauer*, Oikodome, S. 105f.

31 vgl. a.a.O., S. 106f. Nur hier wird das Verbum ἀνοιχοδομεῖν gebracht.

32 Zur alttestamentlichen Bedeutung des Hauses vgl. *Michel*, Oikos, S. 123f.

33 vgl. auch *Michel*, a.a.O., S. 132f., *Goetzmann*, Haus, S. 639 und *Riesner*, Gemeindebau, S. 35–37.

34 vgl. *Lohse*, Entstehung, S. 34–52.

35 Wie es etwa *Pfammater*, Kirche, in seinem sonst sehr instruktiven Buch durchgängig tut.

36 vgl. *Dinkler*, in *Burgsmüller*, Vorträge, S. 126f.

37 vgl. *Pfammater*, Kirche, S. 19f.
38 vgl. *Vielhauer*, Oikodome, S. 74f., *Pfammater*, a.a.O., S. 19–21, ders., Oikodome, Sp. 1213, *Michel*, Oikos, S. 148.
39 vgl. *Vielhauer*, a.a.O., S. 73.
40 s. *Pfammater*, Kirche, S. 63.
41 vgl. auch Jer 1,9f.; 12,14–17; 18,9; 24,6; 31,28; 42,10 u. a.
42 Zu 1 Kor 3,10f. vgl. im ganzen *Pfammater*, Kirche, S. 22–27; *Vielhauer*, a.a.O., S. 75. Zum mehrdeutigen Begriff des Fundamentes (Θεμέλιος) äußert sich *Pfammater*, a.a.O., S. 140–143: Demnach ist das Fundament im engeren Sinn der unterste Gebäudeteil, die breiter gebauten untersten Teile der Hausmauer. So ist es etwa in 1 Kor 3,10f. gemeint. Im weiteren Sinn ist das Fundament aber auch der Baugrund, der schon hart ist (also etwa ein Fels) oder selbst erst tragfähig gemacht werden muß. So ist es in Eph 2,20 und Mt 16,18f. gemeint. Die dahinterstehende Vorstellung läßt sich sehr gut aus Lk 6,48f. erheben.
43 vgl. *Pfammater*, a.a.O., S. 36; *Michel*, Oikos, S. 142f.; *Vielhauer*, a.a.O., S. 79–81.
44 vgl. *Pfammater*, a.a.O., S. 12f.
45 vgl. a.a.O., S. 10f.
46 vgl. *Kuhli*, Oikonomia, Sp. 1218–1222.
47 vgl. *Schweizer*, Gemeindeordnung, S. 86–92.
48 vgl. *Barth*, Dogmatik, Bd. IV, 2, S. 722–724.
49 vgl. *Michel*, Oikos, S. 144.
50 vgl. *Pfammater*, Kirche, S. 55.
51 s. *Vielhauer*, Oikodome, S. 87.
52 vgl. a.a.O., S. 108.
53 s. *Michel*, Oikos, S. 144.
54 Die positive Bedeutung der Selbsterbauung stellt heraus: *Bittlinger*, Kraftfeld, S. 104–111.
55 s. *Barth*, Dogmatik, Bd. IV, 2, S. 719.
56 vgl. *Pfammater*, Kirche, S. 17.
57 vgl. *Riesner*, Gemeindebau, S. 83–86.
58 s. *Lohfink*, Jesus, S. 116.
59 vgl. *Barth*, Dogmatik, Bd. IV, 2, S. 720.
60 vgl. *Michel*, Oikos, S. 129.
61 s. *Pfammater*, Kirche, S. 59f.
62 vgl. *Goetzmann*, Haus, S. 639.
63 vgl. *Pfammater*, Kirche, S. 29.
64 Beide Stellen sind in bezug auf die Verfasserfrage umstritten: 2 Thess gilt bei den meisten Exegeten als deuteropaulinisch. Aber auch 2 Kor 6,11ff. ist möglicherweise eine Einschaltung.
65 vgl. *Pfammater*, Kirche, S. 35–44.
66 vgl. a.a.O., S. 47f.
67 Natürlich konnte dies nur in groben Zügen geschehen, so daß nur die wichtigsten Stellen berücksichtigt wurden. Dabei fiel auch die Entscheidung, 2 Kor 5,1–10 anders als *Karl Barth* nicht ekklesiologisch (vgl. *Barth*, Dogmatik, Bd. IV, 2, S. 710f.), sondern anthropologisch zu verstehen. Damit schied diese Stelle auch im Zusammenhang des Aufbaus der Gemeinde aus. Die Lösung, die *Barth* vorschlägt, ist zwar höchst attraktiv, jedoch kaum haltbar und von den Auslegern auch nicht rezipiert (vgl. etwa *Goetzmann*, Haus, S. 642).
68 σκεῦος wird im Neuen Testament an mehreren Stellen für Menschen verwandt: vgl. Röm 9,22f. und Apg 9,15.

69 s. *Michel*, Zeugnis, S. 56.
70 vgl. *Schweizer*, Gemeindeordnung, S. 96.
71 vgl. *Schnackenburg*, Epheser, S. 120 f.
72 vgl. a.a.O., S. 122.
73 s. a.a.O., S. 122.
74 s. a.a.O., S. 123. Ausführlich und gut äußert sich dazu auch *Pfammater*, Kirche, S. 80–97.
75 vgl. zu dieser Debatte den Bericht von *Pfammater*, a.a.O., S. 79.80–84 sowie S. 169 f. und S. 176–182.
76 Gegen *Vielhauer*, Oikodome, S. 118. Zur Auslegungsgeschichte vgl. *Pfammater*, a.a.O., S. 143–151, und *Schnackenburg*, Epheser, S. 123–125.
77 s. *Pfammater*, a.a.O., S. 178.
78 Πᾶσα οἰκοδομή ist ungenaues Griechisch; der Umgang mit dem Artikel ist offensichtlich abgeschliffen. Darum wird übersetzt: »der ganze Bau«, vgl. *Pfammater*, a.a.O., S. 100 f.
79 vgl. *Schnackenburg*, Epheser, S. 125 f.
80 s. a.a.O., S. 126.
81 vgl. *Pfammater*, Kirche, S. 106, und *Schnackenburg*, Epheser, S. 127.
82 Zur Auslegung dieses Abschnitts vgl. *Barth*, Dogmatik, Bd. IV, 2, S. 705–708 und S. 745–747; *Bittlinger*, Kraftfeld, S. 149–184; *Pfammater*, a.a.O., S. 107–114; *Schnackenburg*, a.a.O., S. 171–196; *Vielhauer*, Oikodome, S. 122–135, und *Vollmer*, Wege, S. 39–55.
83 *Hieronymus* wurde zitiert nach *Bittlinger*, Kraftfeld, S. 150.
84 vgl. *Schnackenburg;* Epheser, S. 182–185.
85 *Schnackenburg*, a.a.O., S. 174 + 185–187, referiert die Debatte. *Schnackenburg*, a.a.O., *Vielhauer*, Oikodome, S. 123 f., und *Pfammater*, Kirche, S. 110 meinen, daß die drei Aussagen das Tun der besonderen Amtsträger meinen.
86 So übersetzt *Schnackenburg*, a.a.O., S. 173.
87 s. a.a.O., S. 194.
88 s. a.a.O., S. 186 f.
89 vgl. *Vielhauer*, Oikodome, S. 126–130, und *Barth*, Dogmatik, Bd. IV, 2, S. 706 f.
90 vgl. *Schnackenburg*, Epheser, S. 187 f.
91 vgl. a.a.O.
92 s. a.a.O., S. 188.
93 vgl. a.a.O., S. 189–191.
94 s. a.a.O., S. 191 f.
95 So übersetzt *Schnackenburg*, a.a.O., S. 192.
96 So wiederum *Schnackenburgs* Übersetzung, a.a.O.
97 vgl. *Pfammater*, Kirche, S. 114–116.
98 vgl. *Vielhauer*, Oikodome, S. 141.
99 vgl. *Michel*, Oikos, S. 128 f. Vgl. bei *Michel, Vielhauer, Pfammater*, jeweils a.a.O. weitere Stellen zum Thema, bei *Vielhauer*, Oikodome, S. 145–160 Belege aus nachneutestamentlicher Literatur des Urchristentums zum Thema.

Viertes Kapitel: Gemeindeaufbau und Volkskirche, Bemerkungen zur kybernetischen Situation

1 Für dieses Kapitel war ursprünglich eine eigene empirische Untersuchung geplant: Im Dekanat Fürth sollten alle Pfarrer befragt werden, wie sie Gemeindeaufbau in der Volkskirche verstehen, was sie davon in die gemeindliche Praxis umsetzen können, und an welchen Stellen sie hinter der eigenen Konzeption zurückbleiben. Die Pfarrer des Dekanates waren freundlicherweise dazu bereit, über die Arbeit in ihren Gemeinden Auskunft zu geben – auch der Dekan, Pfr. J. Opp, hat dieses Projekt von Anfang an unterstützt. Ihnen allen danke ich an dieser – etwas ungewöhnlichen – Stelle. Das Gespräch mit mehreren Soziologen erbrachte dann im Rahmen dieser Arbeit ein negatives Ergebnis. Ohne massives Einarbeiten in demoskopische Methoden, ohne den Einsatz aufwendiger EDV-Technik wäre ein solches Unterfangen sinnlos. Diesen großen Aufwand konnte der Verfasser jedoch innerhalb der sowieso sehr breit angelegten Thematik nicht mehr leisten, so daß das Projekt in Fürth abgesagt werden mußte. An Stelle einer eigenen empirischen Untersuchung werden nun in diesem Kapitel nach grundsätzlichen Erwägungen über Theologie und Empirie die großen kirchensoziologischen Untersuchungen der letzten 15 Jahre daraufhin befragt, was sie zur kybernetischen Lage aussagen. Die wichtigste Literatur zu diesem Kapitel sei hier wieder kurz zusammengefaßt: *Hanselmann, Johannes/Hild, Helmut* und *Lohse, Eduard* (Hg.): Was wird aus der Kirche? Ergebnisse der zweiten EKD-Umfrage über Kirchenmitgliedschaft, Gütersloh 1984 – *Harenberg, Werner* (Hg.): Was glauben die Deutschen? Die Emnid-Umfrage. Ergebnisse und Kommentare, München und Mainz 1968 – *Harnack, Theodosius*: Praktische Theologie, Bd. 1, Erlangen 1877 – *Hild, Helmut* (Hg.): Wie stabil ist die Kirche? Bestand und Erneuerung. Ergebnisse einer Umfrage, Gelnhausen und Berlin 1974 – *Honecker, Martin*: Kirche als Gestalt und Ereignis. Die sichtbare Gestalt der Kirche als dogmatisches Problem, München 1963 – *Kirchenamt der EKD* (Hg.): Strukturbedingungen der Kirche auf längere Sicht. Frankfurt 1986 – *Kirchenkanzlei der EKD* (Hg.): Kirchenaustritte als Herausforderung an kirchenleitendes Handeln, Frankfurt 1977 (epd – Dokumentation 52/77) – *Köcher, Renate*: Die Entfremdung zwischen Jugend und Kirche, Allensbach 1982 (Allensbacher Berichte 1982/4) – *Köster, Reinhard*: Die Kirchentreuen. Erfahrungen und Ergebnisse einer soziologischen Untersuchung in einer großstädtischen evangelischen Kirchengemeinde, Stuttgart 1959 – *Kuphal, Armin*: Abschied von der Kirche. Traditionsabbruch in der Volkskirche, Gelnhausen 1979 – *Lohse, Jens-Marten*: Kirche ohne Kontakte? Beziehungsformen in einem Industrieraum, Stuttgart und Berlin 1967 – *Mette, Norbert*: Kirchlich-distanzierte Christlichkeit. Eine Herausforderung für die praktische Kirchentheorie, München 1982 – *Mette, Norbert/Bommer, Josef/Bischofsberger, Otto* und *Zulehner, Paul M.*: Volkskirche – Gemeindekirche – Parakirche, Zürich, Einsiedeln und Köln 1981 – *Schmidtchen, Gerhard*: Gottesdienst in einer rationalen Welt. Religionssoziologische Untersuchungen im Bereich der *VELKD*, Stuttgart, Freiburg u. a. 1973 – *Seitz, Manfred* und *Mohaupt, Lutz* (Hg.): Gottesdienst und öffentliche Meinung. Kommentare und Untersuchungen zur Gottesdienstumfrage der VELKD, Stuttgart, Freiburg u. a. 1977.

2 vgl. oben S. 46.

3 s. *Seitz*, in: *Seitz/Mohaupt*, Gottesdienst, S. 11.

4 vgl. *Hild*, Umfrage, S. 28–32. Erst 1984 erschien die 2. EKD-Umfrage über Kirchenmitgliedschaft »Was wird aus der Kirche?«

5 vgl. *Schmidtchen*, in: *Seitz/Mohaupt*, Gottesdienst, S. 11.

6 vgl. *Honecker*, Kirche, S. 205.

7 vgl. *Harnack*, Theologie, Bd. 1, S. 172.

8 vgl. *Burgsmüller*, Votum, S. 37–39.
9 vgl. *Kühn*, Kirche, S. 138 f.
10 vgl. *Burgsmüller*, Votum, S. 38.
11 s. *Hild*, Umfrage, S. 29.
12 s. BSLK, S. 58.
13 vgl. a.a.O., S. 62.
14 s. 1 Sam 16,7.
15 Joh 10,27; Mt 13,24–30; CA VIII = BSLK, S. 62.
16 So *Bohren*, Predigtlehre, S. 59 und 69 über die Charismenlehre J. Chr. Blumhardts.
17 vgl. *Rad*, Theologie, S. 67–72; zu Hesekiel besonders a.a.O., S. 243–247.
18 s. *Seitz*, Gemeindeaufbau, S. 323 f.
19 vgl. *Schwarz*, Gemeinde Bd. 1, S. 86–90.
20 s. a.a.O., S. 41.
21 s. BSLK, S. 61.
22 s. *Schwarz*, Gemeinde, Bd. 1, S. 91.
23 s. a.a.O.
24 s. a.a.O.
25 s. *Seitz*, Geistl. Leben, S. 198.
26 s. *Seitz*, in *Schmidtchen*, Gottesdienst, S. 150.
27 s. *Harnack*, Theologie, Bd. 1, S. 27 f.
28 s. a.a.O., S. 28.
29 s. a.a.O.
30 s. a.a.O.
31 s. a.a.O., *Josuttis*, Ekklesiologie, S. 152–166 zeigt ganz ähnliche Argumente bei Karl Barth auf. Gegen den ekklesialen Doketismus ist die empirische Kirche ernst zu nehmen. Aber die Kirche, die ihre Wahrheit glaubt und ihre Wirklichkeit als den Ort kennt, an dem diese Wahrheit sich ereignet, muß zugleich ihre Wirklichkeit von der Wahrheit her kritisch betrachten und für die Wahrheit der Kirche in und an der Wirklichkeit arbeiten.
32 vgl. *Kuphal*, Abschied, S. 37 f.
33 vgl. a.a.O., S. 44 f. und 47.
34 vgl. a.a.O., S. 34–52.
35 vgl. a.a.O., S. 37.
36 vgl. a.a.O., S. 375–384.
37 vgl. *IDEA*, 22. 2. 1984, S. 5 f. Vgl. auch *Hanselmann/Hild/Lohse*, Kirche, S. 24.
38 vgl. *IDEA*, a.a.O.
39 vgl. a.a.O. Und: *EKD*, Strukturbedingungen, S. 3–7.
40 s. *Kuphal*, Abschied, S. 40.
41 vgl. a.a.O., S. 43–52.
42 vgl. *VELKD*, Entwicklung, S. 8–14. Und: *Hanselmann/Hild/Lohse*, Kirche, S. 30.
43 s. *VELKD*, a.a.O., S. 11.
44 vgl. a.a.O., S. 11–14.
45 vgl. a.a.O., S. 13.
46 vgl. *Kuphal*, Abschied, S. 66–70.
47 vgl. a.a.O., S. 56–66. Und: *Hanselmann/Hild/Lohse*, Kirche, S. 146 f. 70% der Protestanten in überwiegend katholischen Gebieten kannten demnach 1982 keine Austrittsgedanken.
48 vgl. *Kuphal*, a.a.O., S. 71–76.
49 vgl. a.a.O., S. 82–85.
50 vgl. a.a.O., S. 86–94.

51 vgl. a.a.O., S. 95–98.
52 vgl. a.a.O., S. 99–102.
53 vgl. a.a.O., S. 103–105.
54 vgl. a.a.O., S. 144–171.
55 vgl. a.a.O., S. 194–224.
56 vgl. a.a.O., S. 249–306.
57 vgl. a.a.O., S. 308–423.
58 s. *EKD*, Kirchenaustritte, S. 4.
59 s. *Hild*, Umfrage, S. 3.
60 vgl. *VELKD*, Entwicklung, passim.
61 s. a.a.O., S. 1.
62 vgl. *Hild*, Umfrage, S. 114. Und: *Hanselmann/Hild/Lohse*, Kirche, S. 142 f.
63 vgl. *Hild*, a.a.O., S. 116–120 + 135. Und: *Hanselmann/Hild/Lohse*, a.a.O., S. 144–146.
64 vgl. *Hild*, a.a.O., S. 120–125. Und: *Hanselmann/Hild/Lohse*, a.a.O.
65 Zur »Ansteckungsgefahr« vgl. *Hild*, a.a.O., S. 123 f.
66 vgl. a.a.O., S. 126.
67 vgl. *EKD*, Kirchenaustritte, S. 10–13.
68 s. *Hild*, Umfrage, S. 243 f.
69 s. *Schwarz*, Theologie, S. 40. Vgl. auch *Hanselmann/Hild/Lohse*, Kirche, S. 65 f.
70 s. *Barth*, Dogmatik, Bd. IV, 2, S. 704.
71 vgl. *VELKD*, Entwicklung, S. 9 f.
72 vgl. *Köcher*, Entfremdung, S. 4–6. *Hanselmann/Hild/Lohse*, Kirche, S. 215, sehen darin ein starkes Indiz dafür, »daß für die Befragten zwischen der Nähe oder Distanz zur Kirche und den Kirchgangsgewohnheiten ein enger innerer Zusammenhang besteht«.
73 vgl. *Hanselmann/Hild/Lohse*, a.a.O., S. 206.
74 s. *Hild*, Umfrage, S. 48.
75 vgl. *IDEA*, 22. 2. 1984, S. 6.
76 vgl. z. B. *Schmidtchen*, Gottesdienst, S. 126.
77 vgl. a.a.O., S. 139. Vgl. auch Anm. 72.
78 vgl. *Harenberg*, Emnid-Umfrage, S. 62–94.
79 vgl. *Hild*, Umfrage, S. 171–173.
80 vgl. a.a.O., S. 174 f.
81 vgl. a.a.O., S. 179–182.
82 s. a.a.O., S. 183.
83 s. a.a.O.
84 vgl. a.a.O., S. 175 f.
85 vgl. *Schmidtchen*, Gottesdienst, S. 184.
86 vgl. a.a.O., S. 187–191.
87 vgl. a.a.O., S. 222 f.
88 vgl. *Köcher*, Entfremdung, S. 2. Vgl. auch *Hanselmann/Hild/Lohse*, Kirche, S. 184: Nur noch 38% aller Evangelischen halten eine formelle Eheschließung für notwendig. »Die übrigen machen die Entscheidung von den Umständen abhängig bzw. sind der Meinung, der Gang zum Standesamt könnte auch unterbleiben.«
89 s. *Köcher*, a.a.O., S. 3.
90 vgl. *Hanselmann/Hild/Lohse*, Kirche, S. 149. Und: *Hild*, Umfrage, S. 184 + 205.
91 s. *Hild*, a.a.O., S. 185.
92 vgl. a.a.O., S. 185, 190 f. und 205. Vgl. auch *Hanselmann/Hild/Lohse*, Kirche, S. 150.
93 vgl. *Hild*, a.a.O., S. 192–194 und 205. Und: *Hanselmann/Hild/Lohse*, a.a.O.
94 vgl. *Hild*, a.a.O., S. 194 f. und 205.

95 vgl. a.a.O., S. 196–203. Und: *Hanselmann/Hild/Lohse*, Kirche, S. 152 f.
96 s. *Hild*, a.a.O., S. 206.
97 vgl. *Hanselmann/Hild/Lohse*, Kirche, S. 151 f.
98 vgl. *Mette*, Volkskirche, S. 15.
99 vgl. *Kretzschmar*, Kirche, S. 105–111.
100 vgl. *Schwarz*, Theologie, S. 36–40.
101 vgl. *Kugler/Lindner*, Trauung, S. 30–34.
102 vgl. *Zulehner*, in: *Mette*, Volkskirche, S. 109–137.
103 vgl. *Friedberger*, Pastoral, S. 37 f.
104 vgl. *Hümmer*, Kirche, S. 41–44.
105 vgl. *Kaufmann*, Kirche, S. 119 f.
106 vgl. *Mette*, Volkskirche, S. 20–23.
107 vgl. *Schmidtchen*, Gottesdienst, S. 133–138.
108 vgl. *Seitz*, in: a.a.O., S. 152.
109 vgl. a.a.O.
110 vgl. *Seitz/Mohaupt*, Gottesdienst, S. 32 f. (Tabelle).
111 vgl. *Seitz*, in: *Schmidtchen*, Gottesdienst, S. 152.
112 s. *Schmidtchen*, in: *Seitz/Mohaupt*, Gottesdienst, S. 31.
113 Kol 2,20.
114 Zum Begriff der partiellen oder totalen Distanz vgl. *Friedberger*, Pastoral, S. 28–38.
115 vgl. *Kugler/Lindner*, Trauung, S. 32.
116 s. a.a.O.
117 s. *Mette*, Volkskirche, S. 23. Vgl. auch *Hanselmann/Hild/Lohse*, Kirche, S. 154–158.
118 s. *Boos-Nünning*, Dimensionen, S. 150–153.
119 s. *Hanselmann/Hild/Lohse*, Kirche, S. 157.
120 vgl. a.a.O., S. 150. Und: *Hild*, Umfrage, 194.
121 s. *Hild*, a.a.O., S. 236.
122 s. a.a.O., S. 239.
123 vgl. *Hanselmann/Hild/Lohse*, Kirche, S. 14.
124 s. *Matthes*, in: *Matthes*, Erneuerung, S. 111.
125 vgl. *Kruse*, Bericht.
126 s. a.a.O., S. 121–123.
127 s. a.a.O., S. 80.
128 s. a.a.O., S. 100.
129 vgl. z. B. a.a.O., S. 70 und S. 81.
130 vgl. *Schmidtchen*, in: *Seitz/Mohaupt*, Gottesdienst, S. 38.
131 vgl. *Schmidtchen*, Gottesdienst, S. 236.
132 vgl. *Hanselmann/Hild/Lohse*, Kirche, S. 165. Und: *Hild*, Umfrage, S. 73.
133 vgl. *Hanselmann/Hild/Lohse*, a.a.O., S. 91 f.
134 vgl. *Schmidtchen*, in: *Seitz/Mohaupt*, Gottesdienst, S. 38. Ähnliches sieht aber auch die
    EKD-Umfrage »Was wird aus der Kirche?«. Da heißt es nämlich über die Chancen der
    Kirchenmitgliedschaft (s. *Hanselmann/Hild/Lohse*, Kirche, S. 17): »Solange sie nur als
    Traditionsrest erscheint, ohne darüber hinausgehenden Sinn und Bedeutung, ist sie die-
    sen Einflüssen sozusagen schutzlos ausgeliefert. Ihr Bestand ist nur in dem Maße gesi-
    chert, in dem es gelingt, die ›zugeschriebene‹, durch Tradition vorgegebene Mitglied-
    schaft mit einer ›erworbenen‹, auch subjektiv angeeigneten und bewußt bejahten Rolle
    zu verbinden.«
135 So der »*Spiegel*«, zitiert bei: *Mette*, Volkskirche, S. 15.
136 vgl. *Kugler*, Gemeindesituation, S. 581–594. Die bei Erscheinen dieses Bandes bereits
    weit verbreitete Literatur des missionarischen Gemeindeaufbaus, etwa die Bände von

Fritz Schwarz oder die verschiedenen Ausarbeitungen von Theo Sorg, finden keine entsprechende Würdigung. Ähnliches ließe sich für zahlreiche Publikationen zu Gemein-
defragen nachweisen.

137 s. *Hild,* Umfrage, S. 183.
138 vgl. a.a.O., S. 182.
139 vgl. a.a.O., S. 183.
140 s. a.a.O., S. 143.
141 s. *Hanselmann/Hild/Lohse,* Kirche, S. 93 und 157. Vgl. auch a.a.O., S. 63.
142 s. *Hild,* Umfrage, S. 183.
143 s. a.a.O., S. 205.
144 vgl. a.a.O., S. 24.
145 s. a.a.O.
146 s. a.a.O., S. 25.
147 s. a.a.O., S. 26.
148 vgl. zu *Ernst Troeltsch: Kretzschmar,* Kirche, S. 70, sowie *Honecker,* Kirche, S. 35–42.
Wer Troeltsch liest, fragt sich, ob die, die mit seiner Hilfe ihre »Kirche« gegen jede
»Sekte« verteidigen, wirklich einverstanden wären mit seiner Charakterisierung der
»Kirche« als einem weitgehenden Verzicht auf Eschatologie und Ethik.
149 s. *Hanselmann/Hild/Lohse,* Kirche, S. 72.
150 s. *Lück,* Praxis, S. 67.
151 vgl. *Hild,* Umfrage, S. 183.
152 s. *Seitz,* Geistl. Leben, S. 198.
153 vgl. *Barth,* Dogmatik, Bd. IV, 2, S. 722–724.
154 s. a.a.O., S. 724.
155 vgl. *Lück,* Praxis, S. 724.
156 s. *Hanselmann/Hild/Lohse,* Kirche, S. 49.
157 vgl. *Mühlen,* Grundentscheidung, S. 19: »Man wird also davon ausgehen müssen, daß
alle, die ohne wirkliche Auseinandersetzung irgendwann feststellen, daß sie sich der
Kirche, ihrer Gemeinde, dem Vater Jesu Christi faktisch entfremdet haben, nie eine
durchgreifende Umkehrentscheidung an sich haben geschehen lassen.«
158 vgl. *Schwarz,* Gemeinde, Bd. 1, S. 96f., sowie *Schwarz,* Gemeinde, Bd. 2, S. 95–101.
159 s. *Burgsmüller,* Votum, S. 112.
160 Gegen *Lück,* Praxis, S. 10.
161 s. *Schwarz,* Gemeinde, Bd. 1, S. 98.
162 Hier ist auf eine interessante ökumenische Parallele hinzuweisen. Der holländische
Theologe Adrian Geense (in: *Geense,* Kirche, S. 184–192) erläutert ausführlich die Situation der niederländisch-reformierten Kirche. Sie kennt eine dreifache Mitgliedschaft: Konfirmierte, Getaufte, Kinder reformierter Eltern. Auf Grund des Gnaden-
bundes sollen auch die nicht-getauften und natürlich auch nicht-konfirmierten Nieder-
länder zur Kirche gehören. Die zuvorkommende Gnade wirkt überindividuell-orga-
nisch in der Abfolge der Generationen. Die Situation wird jedoch immer absurder: da
gehören Menschen ohne jede Verbindung doch zur Kirche. Theologisch kritisiert
Geense: »Gott der Herr hat wohl Kinder, aber keine Enkel« (a.a.O., S. 188). Geense
sieht keinen Sinn in einer Kirchenmitgliedschaft ohne Glauben. Vom Neuen Testament
her vermutet er: »Es erscheint daher äußerst unwahrscheinlich, daß im Neuen Testament Kinder, die später keine persönliche oder eine negative Entscheidung zum Evangelium treffen, noch länger der Gemeinde des Herrn angehören« (a.a.O., S. 189). Gliedschaft in der Kirche darf nicht von Bekehrung, persönlicher Entscheidung und Glauben
getrennt werden. Geense sieht auch Parallelen zwischen der Situation in den Niederlan-
den und in der EKD. Das Problem der nicht-getauften Mitglieder ist funktional iden-

tisch mit dem Problem der getauften Mitglieder, die nicht zum Glauben kommen. Während aber die niederländische Kirche sich am liebsten von ihren nominellen Mitgliedern lösen würde, will die EKD sie unbedingt halten. Geense schließt: Beides ist unangemessen, weil beide auf Wort und Sakrament verzichten. Die dem Apostolat entsprechende Frage aber muß lauten: »Wie können wir die, die ihr angehören, halb angehören oder nicht (mehr) angehören, mit dem Evangelium erreichen?« (a.a.O., S. 192).

163 s. *Sorg*, in: *Schober/Thimme*, Gemeinde, S. 148.
164 s. *Bonhoeffer*, Nachfolge, S. 26.
165 vgl. a.a.O., S. 21.
166 s. a.a.O., S. 25.
167 s. *Schütz*, Evangelium, S. 356.
168 s. *Schütz*, Evangelium, S. 358 f.
169 vgl. *VELKD*, Entwicklung, S. 2.
170 s. *Seitz*, Gemeindeaufbau, S. 324.
171 vgl. *Hild*, Umfrage, S. 183.
172 vgl. *Hanselmann/Hild/Lohse*, Kirche, S. 151.
173 s. *Köster*, Kirchentreue, S. 107.
174 vgl. a.a.O., S. 47–51.
175 vgl. zur Unterscheidung von »harten« und »weichen« Daten *Lück*, Praxis, S. 8.
176 vgl. etwa *F. Keller* bei *Mette*, Volkskirche: Keller stellt dort fest, daß »der Kirchgänger mehr weibliche Züge trägt, im allgemeinen etwas schüchtern und kontaktarm wirkt und eher der Altersklasse über 50 Jahre zuzuordnen ist, dazu eine geringe Schulbildung besitzt und insgesamt den Anforderungen des Alltagslebens nicht so recht angepaßt erscheint« (s. *Mette*, Volkskirche, S. 19).
177 vgl. *Schwarz*, Gemeinde, Bd. 2, S. 53–55 und S. 88–91.
178 s. Eph 4,13.
179 s. *Sorg*, in: *Schober/Thimme*, Gemeinde, S. 148.
180 vgl. *Hanselmann/Hild/Lohse*, Kirche, S. 165. Und: *Hild*, Umfrage, S. 72–75.
181 s. *Köster*, Kirchentreue, S. 53.
182 vgl. a.a.O., S. 53 f.
183 vgl. *Lohse*, Kirche, S. 43–56.
184 vgl. a.a.O., S. 182–184.
185 s. *Seitz*, Existenz, S. 153.
186 vgl. *Seitz*, Geistl. Leben, S. 198.
187 vgl. *Hanselmann/Hild/Lohse*, Kirche, S. 107. Und: *Hild*, Umfrage, S. 59.
188 vgl. *Hild*, a.a.O., S. 60–62.
189 vgl. *Hanselmann/Hild/Lohse*, Kirche, S. 107–109 + 203. So auch *Hild*, Umfrage, S. 63.
190 vgl. *Hanselmann/Hild/Lohse*, a.a.O., und: *Hild*, a.a.O., S. 69.
191 vgl. *Hanselmann/Hild/Lohse*, a.a.O., S. 197–204. Und: *Hild*, a.a.O., S. 70 und S. 155.
192 s. *Hild*, a.a.O., S. 59.
193 s. a.a.O., S. 256.
194 vgl. a.a.O., S. 65. Vgl. ferner *Hanselmann*, Chancen, S. 181.
195 vgl. *Hanselmann/Hild/Lohse*, Kirche, S. 105 f. und 204 f.
196 s. *Hild*, Umfrage, S. 70.
197 s. a.a.O., S. 278.
198 s. a.a.O., S. 280.
199 s. *Lück*, Praxis, S. 118.
200 s. *Kugler*, Gemeindesituation, S. 585.
201 vgl. *Abel*, in: *Adam/Schmidt*, Umgang, S. 17–27.
202 s. *Becker*, Leben, S. 15–17.

203 vgl. a.a.O., S. 18–24.
204 vgl. *Seitz*, Predigt, S. 34–36.
205 vgl. *Schniewind*, Erneuerung, S. 123–147.
206 vgl. *Klostermann*, Gemeinde, Bd. 1, S. 27: Er spricht hier von den Laien, die als verlängerter Arm des Klerus nicht ernstgenommen werden.
207 s. *Seitz*, Leben, S. 37.
208 vgl. 1 Kor 12.
209 vgl. *Hild*, Umfrage, S. 281.
210 s. a.a.O., S. 279.
211 s. Apg 17,11.
212 vgl. *Hanselmann/Hild/Lohse*, Kirche, S. 218–223.
213 vgl. a.a.O., S. 170–173 und *Hild*, Umfrage, S. 149–162. Die Verfasser machen auch darauf aufmerksam, daß eine gewisse Unschärfe hier nicht zu vermeiden ist, da die Befragten dazu neigen könnten, ihre eigene Kirchlichkeit auf ihre Eltern zu projizieren.
214 s. *Hanselmann/Hild/Lohse*, a.a.O., S. 173.
215 vgl. a.a.O., S. 170–173. Und *Hild*, Umfrage, S. 150–152.
216 vgl. *Hild*, a.a.O., S. 152–162. Und: *Hanselmann/Hild/Lohse*, a.a.O., S. 174–182.
217 vgl. *Schmidtchen*, Gottesdienst. S. 137 f. und *Seitz*, in: *Schmidtchen*, a.a.O., S. 153 f.
218 vgl. a.a.O.
219 vgl. *Köcher*, Entfremdung, S. 10.
220 vgl. *Schmidtchen*, in: *Seitz/Mohaupt*, Gottesdienst, S. 25.
221 s. a.a.O., S. 26.
222 vgl. a.a.O., S. 27.
223 vgl. *Hild*, Umfrage, S. 199–203 und S. 242–251. Und: *Hanselmann/Hild/Lohse*, Kirche, S. 179 ergänzen diesen Eindruck: »Man wird sich klar machen müssen, daß der Konfirmandenunterricht seine kirchlichen Lernziele – Einführung in christliche Lehre und Lebensformen, Einsicht in die Bedeutung der Kirchenzugehörigkeit, Aufbau dauerhafter Identifikation mit der Kirche – offenbar nur halb erreicht. Die sozialen Faktoren, wenn man so will, die Beziehungsebene – in bezug auf den Pastor, die Mitkonfirmanden – drängt in der Wahrnehmung und Erinnerung die Sachebene, Themen und Inhalte, zurück.«
224 *Schmidtchen*, zitiert nach *Mette*, Christlichkeit, S. 50.
225 vgl. *Köcher*, Entfremdung, S. 1–16.
226 s. *Nørgaard-Højen*, Taufe, S. 212.
227 vgl. *Sorg*, in: *Schober/Thimme*, Gemeinde, S. 149; sowie *Klostermann*, Gemeinde, Bd. 1, S. 11.
228 vgl. *Seitz*, Existenz, S. 156, sowie *Schwarz*, Gemeinde, Bd. 1, S. 42.
229 s. *Hild*, Umfrage, S. 3.
230 s. *Schmidtchen*, in: *Seitz/Mohaupt*, Gottesdienst, S. 42.
231 vgl. *Mette*, Christlichkeit, S. 45.
232 s. *Marhold*, Bürgerreligion, S. 305.
233 s. a.a.O., S. 310.
234 s. a.a.O., S. 312.
235 s. *Schwarz*, Theologie, S. 225.
236 vgl. *Hanselmann/Hild/Lohse*, Kirche, S. 22–26.
237 vgl. *Seitz*, Existenz, S. 156.
238 s. *Seitz*, Praxis, S. 223.

Zweiter Teil

Wege des Gemeindeaufbaus – Die Konzepte

Erstes Kapitel: Die Bedeutung der Konzepte für den Gemeindeaufbau

1 Die wichtigste Literatur zu diesem Kapitel:
Bäumler, Christof: Erwägungen zur Zielbestimmung der Gemeindearbeit, in: *Greinacher, Norbert/Mette, Norbert/Möhler, Wilhelm* (Hg.): Gemeindepraxis, München 1979, S. 108–125 – *Dahm, Karl-Wilhelm:* Beruf: Pfarrer, München 1971 – *Kugler, Georg:* Gemeindesituation und Gemeindekonzepte, in: *P. C. Bloth* u. a. (Hg.): Handbuch der Praktischen Theologie, Bd. 3, Gütersloh 1983, S. 581–594 – *Lohff, Wenzel:* Theologische Konzeption und Gemeindeleitung im Spiegel theologischer Schulen, in: *W. Erk* und *Y. Spiegel* (Hg.): Theologie und Kirchenleitung. M. Fischer zum 65. Geburtstag, München 1976, S. 226–237 – *Schulze, Claus-Dieter:* Reformation oder Performation der Kirche? in: Pastoraltheologie 58 (1969), S. 106–122 – *Schwarz, Fritz* und *Christian:* Theologie des Gemeindeaufbaus. Ein Versuch, Neukirchen 1984 – *Seitz, Manfred:* Gemeindeaufbau in den achtziger Jahren, in: *H. J. Luhmann* und *G. Neveling-Wagener* (Hg.): Deutscher Evangelischer Kirchentag Hannover 1983. Dokumente, Stuttgart und Berlin 1984, S. 322–330 – *Winkler, Eberhard* und *Kretzschmar, Gottfried:* Der Aufbau der Kirche zum Dienst, in: *H. Ammer* u. a. (Hg.): Handbuch der Praktischen Theologie, Bd. 1, Berlin 1975, S. 133–228.
2 s. oben, S. 68.
3 vgl. *Winkler/Kretzschmar,* Aufbau, S. 181.
4 s. *Schwarz,* Gemeinde, Bd. 1, S. 91; zum Ganzen überhaupt hier S. 85 bis 104; sowie die These von den nicht erbauten Gemeinden im Unterschied zur volkskirchlichen Auffassung, die immer schon mit dem Vorhandensein der »Gemeinde von Brüdern« und dem Christsein der Getauften rechnet: S. 50 und öfter.
5 Fritz und Christian Schwarz kritisieren mit Recht in *Schwarz,* Theologie, S. 58 und 61, den Sprachgebrauch (und die dahinterstehende theologische Auffassung) von *Winkler/Kretzschmar,* Aufbau, S. 181, die den morphologischen Fundamentalismus noch als Tendenz des Gemeindeaufbaus bezeichnen. Sie schreiben völlig zu Recht: »Der völlige Verzicht auf Gemeindeaufbau kann und muß wohl unter ›Tendenzen des Gemeindeaufbaus‹ registriert werden«; dann aber gilt, »daß alles Gemeindeaufbau ist, was in der Kirche geschieht«.
6 s. *Seitz,* Gemeindeaufbau, S. 325.
7 vgl. *Lindner,* Gemeinde, S. 83 f. Zum additiven Verfahren vgl. die ähnlich lautenden Gedanken bei *Schwarz,* Gemeinde, Bd. 1, S. 33–37. Vgl. auch *Knöller,* Kennzeichen, S. 8 f. aus der Sicht der Gemeindewachstumsbewegung.
8 vgl. Meyers Enzyklopädisches Lexikon, Bd. 14, Mannheim, Wien und Zürich 1975, S. 192.
9 vgl. *Kugler,* Gemeindesituation, S. 587.
10 s. *Harnack,* Theologie, Bd. 1, S. 214.
10a vgl. *Möller,* Lehre, Bd. 1, S. 97 u. 249–263.
11 s. *Winkler/Kretzschmar,* Aufbau, S. 178 f.
12 vgl. zu dieser Frage auch *Schwarz,* Theologie, S. 64–67.
13 s. *Seitz,* Leben, S. 29.
14 vgl. dazu *Seitz,* Leben, S. 29–48. M. Seitz entwickelt hier Thesen zum Gemeindeaufbau im Zusammenhang der Personalplanungsdiskussion.

15 vgl. oben S. 33.
16 vgl. *Sorg*, Gemeinde, S. 18 f.
17 vgl. *Möller*, Gemeinde, S. 323.
18 vgl. *ders.*, Erbauung, S. 1.
19 vgl. a.a.O., S. 2.
20 s. *Schleiermacher*, Darstellung, S. 107 (§ 277).
21 vgl. *Möller*, Erbauung, S. 3 f.
22 s. *Schleiermacher*, Darstellung, S. 107 (§ 278).
23 vgl. *Winkler*, Gemeinde, S. 20 f.
24 vgl. a.a.O., S. 26.
25 s. *Schleiermacher*, Darstellung, S. 103 (§ 267 f.).
26 vgl. *Möller*, Erbauung, S. 7.
27 vgl. a.a.O., S. 7 f.
28 vgl. a.a.O., S. 9–15.
29 vgl. a.a.O., S. 10.
30 s. *Schleiermacher*, Predigten, Bd. 1, S. 6 f.
31 s. a.a.O.
32 s. a.a.O.
33 vgl. *ders.*, Darstellung, S. 2 (§ 5).
34 vgl. *Winkler*, Gemeinde, S. 25 + 28, und *Jannasch*, Sulze, S. 22 f.
35 vgl. *Schnell*, Gemeinde, passim.
36 s. *Sulze*, Gemeinde, S. 3.
37 s. a.a.O., S. 2.
38 s. *ders.*, Reform, S. 137.
39 vgl. *ders.*, Gemeinde, S. 46–52. Vgl. auch *Winkler*, Gemeinde, S. 25.
40 s. *Sulze*, a.a.O., S. 59.
41 vgl. *Möller*, Gemeinde, S. 324.
42 s. *Sulze*, Gemeinde, S. 160.
43 vgl. *Winkler*, Gemeinde, S. 27.
44 vgl. *Hilbert*, Ecclesiola, S. 3 ff.
45 s. a.a.O., S. 43.
46 vgl. a.a.O., S. 49.
47 vgl. *Sulze*, Reform, S. 94. Ferner: *Hilbert*, a.a.O., S. 52, und *Winkler*, Gemeinde, S. 27 f.
48 s. *Hilbert*, a.a.O., S. 53.
49 vgl. a.a.O., S. 53–65 und 80.
50 vgl. *Musall*, Gemeinde, S. 151.
51 vgl. *Schulze*, Reformation, S. 106–122.
52 vgl. auch die Kritik an Schulze bei *Dahm*, Beruf, S. 165 f.
53 s. *Dahm*, Beruf, S. 164.
54 Referiert etwa bei *Lohff*, Konzeption, S. 228 f.
55 vgl. *Bäumler*, in *Greinacher* u. a., Gemeindepraxis, S. 108–125.
56 vgl. *Dahm*, Beruf, S. 164–169.
57 s. a.a.O., S. 167.
58 s. a.a.O.
59 vgl. a.a.O., S. 167–169.
60 s. a.a.O., S. 168.
61 vgl. *Winkler/Kretzschmar*, Gemeinde, S. 180–183.
62 Darauf hat schon Fritz Schwarz hingewiesen. Vgl. *Schwarz*, Theologie, S. 58–61.

Zweites Kapitel: Kirche für andere – oder: Von der Konversion zur Welt

1 Die wichtigste Literatur zu diesem Thema, soweit sie in dieser Arbeit verwendet wurde, soll wiederum kurz aufgelistet werden. An Vollständigkeit ist in diesem Fall überhaupt nicht zu denken: die Literatur zu diesem Konzept ist schier unübersehbar. Gute Literaturangaben finden sich bei *W. Ratzmann* (s. u.):
Hoekendijk, Johannes Christiaan: Die Zukunft der Kirche und die Kirche der Zukunft, Stuttgart 1964 – *Die Kirche für andere und die Kirche im Ringen um Strukturen missionarischer Gemeinden.* Schlußberichte der Westeuropäischen und Nordamerikanischen AG des Referates für Verkündigung. ÖRK, Genf 1967 – *Krusche, Werner:* Schritte und Markierungen. Aufsätze und Vorträge zum Weg der Kirche, Göttingen 1971 (Arbeiten zur Pastoraltheologie, Bd. 9) – *Lange, Ernst:* Kirche für die Welt. Aufsätze zur Theorie kirchlichen Handelns (hg. v. *R. Schloz*), München und Gelnhausen 1981 – *Margull, Hans Jochen* (Hg.): Mission als Strukturprinzip. Ein Arbeitsbuch zur Frage missionarischer Gemeinden. ÖRK, Genf 1965 – *ders.:* Theologie der missionarischen Verkündigung. Evangelisation als ökumenisches Problem, Stuttgart 1959 – *Neve, Herbert T.* und *Krusche, Werner:* Quellen der Erneuerung. ÖRK, Genf 1968 – *Piper, Hans-Christoph:* Apostolatstheologie und Gemeindeaufbau, in: Pastoraltheologie 45 (1956), S. 145–153 – *Ratzmann, Wolfgang:* Missionarische Gemeinde. Ökumenische Impulse für Strukturreformen, Berlin 1980 (Theologische Arbeiten XXXIX) – *Simpfendörfer, Werner* (Hg.): Die Gemeinde vor der Tagesordnung der Welt, Stuttgart 1968 (Reihe »Kirchenreform«, Bd. 1) – *ders.:* Offene Kirche – Kritische Kirche. Kirchenreform am Scheideweg, Stuttgart 1969 – *Williams, Colin W.:* Gemeinden für andere, Orientierung zum kirchlichen Strukturwandel. Deutsche Fassung v. *W. Simpfendörfer*, Stuttgart 1965.
2 vgl. *Bonhoeffer*, Widerstand, S. 413–416.
3 s. a.a.O., S. 414.
4 s. a.a.O., S. 415.
5 vgl. zum Ansatz D. Bonhoeffers vor allem *Lange*, Kirche S. 19–62: Kirche für andere. Dietrich Bonhoeffers Beitrag zur Frage einer verantwortbaren Gestalt der Kirche in der Gegenwart. Aber vgl. auch: *Bethge*, Kirche, S. 94–105: Was heißt: Kirche für andere.
6 vgl. *Williams*, Gemeinden, S. 17.
7 vgl. *Ratzmann*, Gemeinden, S. 13. Zu dieser Phase: *Margull*, Theologie, passim.
8 vgl. *Ratzmann*, a.a.O.
9 vgl. a.a.O., S. 14. Und: *Piper*, Apostolatstheologie, S. 145–153.
10 vgl. *Ratzmann*, a.a.O., S. 14 und 19.
11 vgl. *Freytag*, Reden, S. 207–217.
12 s. a.a.O., S. 213 f.
13 vgl. *Ratzmann*, Gemeinde, S. 18.
14 vgl. *Hoekendijk*, Zukunft, S. 85–108.
15 s. a.a.O., S. 96.
16 vgl. a.a.O., S. 100 f.
17 vgl. *Ratzmann*, Gemeinde, S. 30.
18 s. a.a.O., S. 31. Vgl. auch S. 31 f., 33–37.
19 vgl. a.a.O., S. 37–50.
20 vgl. a.a.O., S. 73 f.
21 vgl. *Ratzmann*, Gemeinde, S. 75–79.
22 s. a.a.O., S. 82. Zu Uppsala i. A.: S. 82–85.
23 vgl. a.a.O., S. 85.
24 Zur Darstellung des Konzeptes wurden vor allem die Arbeiten von *Hoekendijk, Krusche* und *Margull* herangezogen.

25 s. *Hoekendijk,* in: *Margull,* Mission, S. 33.
26 vgl. a.a.O., S. 33 f.
27 s. *Ratzmann,* Gemeinde, S. 19.
28 s. *Hoekendijk,* Zukunft, S. 95.
29 vgl. *Hoekendijk,* in: *Margull,* Mission, S. 35; *Williams,* Gemeinden, S. 33–36.
30 s. *Krusche,* Schritte, S. 136.
31 s. *Hoekendijk,* in: *Margull,* Mission, S. 31.
32 vgl. *ders.,* Zukunft, S. 89.
33 vgl. *Krusche,* Schritte, S. 137.
34 s. *Winkler/Kretzschmar,* Aufbau, S. 182.
35 s. *Williams,* Gemeinden, S. 34.
36 vgl. *Krusche,* Schritte, S. 141.
37 vgl. *Hoekendijk,* in: *Margull,* Mission, S. 36.
38 vgl. a.a.O. Zum Thema auch schon *Hoekendijk,* Zukunft, S. 118–121.
39 vgl. *Westeuropäische Arbeitsgruppe,* in: *Margull,* Mission, S. 121.
40 vgl. *Bethge,* Kirche, S. 104.
41 s. *Krusche,* Schritte, S. 138 f.
42 s. *Schultz,* Konversion, S. 49.
43 s. *Erweiterter Arbeitsausschuß,* in: *Margull,* Mission, S. 44 f.
44 s. *Hollenweger,* in: *Margull,* a.a.O., S. 58.
45 s. *Erweiterter Arbeitsausschuß,* in: *Margull,* a.a.O., S. 45.
46 s. *Krusche,* Schritte, S. 141.
47 vgl. a.a.O., S. 142.
48 So etwa auch *J. G. Davies* (vgl. *C. Williams,* in: *Margull,* Mission, S. 123), vor allem aber *J. Hamel,* in: *Margull,* Mission, S. 47–54).
49 s. *Hoekendijk,* in: *Margull,* a.a.O., S. 35.
50 vgl. *Ratzmann,* Gemeinde, S. 119–121.
51 vgl. a.a.O., S. 122–126.
52 vgl. a.a.O., S. 134 f.
53 vgl. *Krusche,* Schritte, S. 141.
54 vgl. *Erweiterter Arbeitsausschuß,* in: *Margull,* Mission, S. 44.
55 vgl. a.a.O., S. 46.
56 vgl. *Krusche,* Schritte, S. 145 f.
57 vgl. a.a.O., S. 146.
58 s. a.a.O.
59 s. *Hollenweger,* in: *Margull,* Mission, S. 57.
60 vgl. *Ratzmann,* Gemeinde, S. 93–96.
61 vgl. *Erweiterter Arbeitsausschuß,* in: *Margull,* Mission, S. 45.
62 vgl. *Westeuropäische Arbeitsgruppe,* in: *Margull,* a.a.O., S. 121.
63 s. *Krusche,* Schritte, S. 150. Eine andere Position in diesen Fragen bezog wieder *J. Hamel,* in: *Margull,* a.a.O., S. 49 unter Hinweis auf die leidvollen Erfahrungen der deutschen Kirche 1933 mit der natürlichen Offenbarung.
64 s. *Freytag,* Reden, S. 214.
65 s. *Hoekendijk,* Zukunft, S. 88.
66 s. *Krusche,* Schritte, S. 151.
67 vgl. a.a.O., S. 113.
68 s. *Hoekendijk,* Zukunft, S. 96.
69 s. *ders.,* in: *Margull,* Mission, S. 35.
70 vgl. auch *Williams,* Gemeinden, S. 39–51.
71 vgl. *Schultz,* Konversion, S. 39 und 101 f.

72 vgl. *Krusche,* Schritte, S. 153.
73 vgl. *Hoekendijk,* in: *Margull,* Mission, S. 37.
74 vgl. *Williams,* Gemeinden, S. 38 f.
75 vgl. *Krusche,* Schritte, S. 129 f.
76 Zitiert nach *Ratzmann,* Gemeinde, S. 117.
77 vgl. *Margull,* Mission, S. 221–225; vgl. ausführlicher dazu *Krusche,* Schritte, S. 156–162.
78 vgl. im ganzen zu diesem Abschnitt: *Ratzmann,* Gemeinde, S. 148–151; *Margull,* Mission, S. 221–225; *Krusche,* a.a.O., S. 158; sowie *Williams,* Gemeinden, S. 81 ff.
79 s. *Margull,* a.a.O., S. 224.
80 vgl. zu diesem Abschnitt *Ratzmann,* a.a.O., S. 152–154.
81 vgl. *Margull,* Mission, S. 200 + 210 ff.
82 vgl. *Ratzmann,* Gemeinde, S. 156–159.
83 Dieses Thema kann hier nur sehr summarisch dargestellt werden; das Problem der Gottesdienstreform bzw. die Frage, was einige Jahre nach ihrem Abklingen an Ergebnissen festzustellen wäre, wäre Thema einer eigenen Erarbeitung.
84 vgl. *Krusche,* Schritte, S. 116–123.
85 vgl. die Belege bei *Ratzmann,* Gemeinde, S. 154–156.
86 s. a.a.O., S. 154.
87 vgl. a.a.O., S. 156.
88 vgl. *Krusche,* Schritte, S. 126–128.
89 vgl. *Ratzmann,* Gemeinde, S. 169.
90 vgl. a.a.O. – und: *Krusche,* Schritte, S. 133–175.
91 vgl. *Ratzmann,* a.a.O., S. 168–186.
92 vgl. *Hollenweger,* Kirche, S. 430.
93 vgl. a.a.O., S. 431. Die Bände der Reihe »Kirchenreform«: *Simpfendörfer, Werner* (Hg.): Die Gemeinde vor der Tagesordnung der Welt. Dokumente und Entwürfe, Stuttgart 1968 (Kirchenreform 1) – *Seiz, Paul-Gerhard* (Hg.): Die Siedlung als Neuland der Kirche, Stuttgart 1968 (Kirchenreform 2) – *Wacker, Gerhard* und *Seiz, Paul-Gerhard* (Hg.): Gottesdienst im Gespräch. Verlauf eines Prozesses, Stuttgart 1969 (Kirchenreform 3) – *Daiber, Karl-Fritz* und *Simpfendörfer, Werner* (Hg.): Kirche in der Region, Stuttgart 1970 (Kirchenreform 4) – *Wacker, Gerhard* (Hg.): Kirche im Werden einer Dienstgruppe. Die Kolonie in Ramtel, Stuttgart 1970 (Kirchenreform 5).
94 s. *Wacker,* Kirche, S. 180.
95 s. a.a.O., S. 181.
96 vgl. *Dahm,* Beruf, S. 157–164.
97 vgl. *Hollenweger,* Kirche, S. 431 mit weiteren Hinweisen.
98 vgl. *Ev. Kirche von Westfalen,* Überlegungen, S. 5–13.
99 s. *Krusche,* Schritte, S. 162.
100 s. *Burgsmüller/Weth,* Erklärung, S. 39.
101 s. *Krusche,* Schritte, S. 166.
102 s. a.a.O., S. 170.
103 vgl. ausführlicher vor allem *Ratzmann,* Gemeinde, S. 33–37; 107–112.
104 vgl. a.a.O., S. 96.
105 s. *Krusche,* Schritte, 171.
106 vgl. *Krusche,* Kirche, S. 93.

Drittes Kapitel: Offene Kirche für alle – oder: Vom Ja zum Pluralismus

1 In diesem Kapitel soll die wichtigste Literatur nicht schon hier zusammgefaßt werden. Da dieses Konzept in verschiedenen Teilkonzeptionen dargestellt werden muß, soll jeweils zu Beginn der Abschnitte B, C und D die wichtigste Literatur zusammengetragen werden.

2 s. *Dienst*, Theorie, S. 226.

3 Die wichtigste Literatur zum Abschnitt B (Funktionale Theorie): *Bäumler, Christof:* Gemeindeaufbau, in: *F. Klostermann* und *R. Zerfass* (Hg.): Praktische Theologie heute, München und Mainz 1974, S. 417–429 – *Dahm, Karl Wilhelm:* Beruf: Pfarrer. Empirische Aspekte, München 1971 – *Dahm, Karl Wilhelm/Luhmann, Niklas* und *Stoodt, Dieter:* Religion – System und Sozialisation, Darmstadt und Neuwied 1972 – *Dienst, Karl:* Theologische Theorie kirchlicher Planmodelle, in: Deutsches Pfarrerblatt 72 (1972), S. 226 f. – *Josuttis, Manfred:* Praxis des Evangeliums zwischen Politik und Religion. Grundprobleme der Praktischen Theologie, München 1974, S. 245–253 – *Lessing, Eckhard:* Abhängigkeit von Funktionen der Kirche? in: Deutsches Pfarrerblatt 72 (1972), S. 188 f. – *Lück, Wolfgang:* Praxis: Kirchengemeinde, Stuttgart 1978 – *Schoeck, Helmut:* Kleines soziologisches Wörterbuch, Freiburg, Basel und Wien 1969 – *Seminarkollektiv (Mainz):* Religion und Funktionalismus. Kritische Überlegungen zu *K. W. Dahm:* Beruf: Pfarrer, in: Theologia Practica 8 (1973), S. 82–100.

4 vgl. *Schoeck*, Wörterbuch, S. 315–318.

5 s. *Dahm*, in: *Dahm/Luhmann/Stoodt*, Religion, S. 138.

6 s. *ders.*, Beruf, S. 100.

7 vgl. a.a.O., S. 99–102.

8 vgl. a.a.O., S. 101.

9 vgl. *Grubel*, in: *Schober/Thimme*, Gemeinde, S. 302.

10 s. *Dahm*, Beruf, S. 193.

11 vgl. *Seminarkollektiv*, Religion, S. 85.

12 s. *Dahm*, in: *Dahm/Luhmann/Stoodt*, Religion, S. 136.

13 vgl. *Lück*, Praxis, S. 67 f.

14 s. *Hild*, Umfrage, S. 252.

15 vgl. *Schoeck*, Wörterbuch, S. 317.

16 vgl. *Dahm*, Beruf, S. 102.

17 vgl. *Schoeck*, Wörterbuch, S. 317.

18 s. *Dahm*, Beruf, S. 105.

19 vgl. a.a.O., S. 105–109.

20 vgl. die Bemerkungen zur kybernetischen Situation im vierten Kapitel des ersten Hauptteils.

21 vgl. *Lück*, Praxis, S. 9–12.

22 s. a.a.O., S. 29.

23 vgl. *Dahm*, Beruf, S. 113–115.

24 s. *Wulf*, Niemandsland, S. 443.

25 s. *Dahm*, Beruf, S. 117.

26 vgl. a.a.O., S. 117–121.

27 s. a.a.O., S. 117.

28 vgl. a.a.O., S. 121–125.

29 vgl. a.a.O., S. 126–128.

30 vgl. a.a.O., S. 129 f.

31 vgl. a.a.O., S. 131–143.

32 vgl. a.a.O., S. 138.
33 s. a.a.O., S. 144.
34 s. a.a.O., S. 146.
35 s. a.a.O., S. 148.
36 vgl. a.a.O., S. 149 f. Zu den Kleingruppen vgl. a.a.O., S. 186 ff. und S. 245 ff.
37 s. a.a.O., S. 153.
38 s. a.a.O., S. 148.
39 s. *Bahr*, Kontingenz, S. 220 und 223.
40 s. *Josuttis*, Praxis, S. 249 f.
41 s. a.a.O., S. 251.
42 Auf die Gefahr des Empirismus in der natürlichen Theologie K. W. Dahms verweist *Lessing*, Abhängigkeit, S. 188.
43 s. *Burgsmüller*, Votum, S. 23.
44 vgl. als Variante zu Dahm auch *Bäumler*, Gemeindeaufbau, S. 417–429. Bäumler unterscheidet sich von Dahm, indem er zwischen den (theologisch!) wünschenswerten Funktionen der Kirche in der Gesellschaft und ihren faktischen Funktionen unterscheidet. Damit bleibt der Theologie bei einer zugestandenen Funktionalität doch das Einspruchsrecht, über sinnvolle Funktionen der Kirche mitzusprechen.
45 Die wichtigste Literatur zu Abschnitt C (Konziliare Gemeinde): *Adam, Ingrid* und *Schmidt, Eva Renate:* Gemeindeberatung. Ein Arbeitsbuch, Gelnhausen, Berlin, Freiburg und Stein 1977 – *Hanselmann, Johannes/Hild, Helmut* und *Lohse, Eduard* (Hg.): Was wird aus der Kirche? Ergebnisse der zweiten EKD-Umfrage über Kirchenmitgliedschaft, Gütersloh 1984 – *Hild, Helmut* (Hg.): Wie stabil ist die Kirche? Bestand und Erneuerung. Ergebnisse einer Umfrage, Gelnhausen und Berlin 1974 – *Evangelische Kirche in Hessen und Nassau* (Hg.): Der konziliare Weg der Kirche, Darmstadt 1974 (Versuche zur kirchlichen Praxis, Heft 6) – *Kirchenamt der EKD (Planungsgruppe):* Christsein gestalten. Frankfurt 1986 (epd-Dokumentation 28/86) – *Kugler, Georg:* Gemeindesituation und Gemeindekonzepte, in: *P. C. Bloth* u. a. (Hg.): Handbuch der Praktischen Theologie, Bd. 3, Gütersloh 1983, S. 581–594 – *ders.:* Zwischen Resignation und Utopie. Die Chancen der Ortsgemeinde, Gütersloh 1971 – *ders.* und *Lindner, Herbert:* Trauung und Taufe. Zeichen der Hoffnung. Begründung und Modelle, München 1977 – *Lohff, Wenzel* und *Mohaupt, Lutz:* Volkskirche – Kirche der Zukunft? Leitlinien der Augsburgischen Konfession für das Kirchenverständnis heute. Eine Studie des Theologischen Ausschusses der VELKD, Hamburg 1977 – *Lück, Wolfgang:* Praxis: Kirchengemeinde, Stuttgart 1978 – *ders.:* Die Volkskirche, Stuttgart 1980 – *Marsch, Wolf-Dieter:* Institution im Übergang. Evangelische Kirche zwischen Tradition und Reform, Göttingen 1970.
46 vgl. im vierten Kapitel des ersten Hauptteils dieser Arbeit.
47 vgl. *Kugler/Lindner*, Trauung, S. 7–10. Außerdem mündlich mitgeteilt von Herbert Lindner, Rummelsberg.
48 vgl. a.a.O.
49 vgl. *Lück*, Praxis, S. 18–49.
50 vgl. a.a.O., S. 18. Der Pietismus wird mit einer einzigen Randbemerkung als historisch nicht relevant abgetan.
51 s. a.a.O., S.48.
52 vgl. a.a.O., S. 69–75.
53 s. a.a.O., S. 46.
54 vgl. S. 53–55 in dieser Arbeit.
55 vgl. *Kugler/Lindner*, Trauung, S. 31.
56 vgl. a.a.O., S. 32.

57 vgl. a.a.O., S. 32f.
58 s. *Kugler*, Gemeindesituation, S. 586.
59 s. a.a.O., S. 587.
60 s. a.a.O., S. 589.
61 s. a.a.O.
62 vgl. *EKD*, Christsein, S. 20–23.
63 s. a.a.O., S. 22.
64 s. *Kugler*, Gemeindesituation, S. 589.
65 s. *Kugler/Lindner*, Trauung, S. 37.
66 vgl. a.a.O., S. 65.
67 vgl. a.a.O., S. 65–69.
68 s. *Lück*, Praxis, S. 121f. + 123.
69 vgl. a.a.O., S. 130.
70 vgl. a.a.O., S. 129–136.
71 s. *EKHN*, Weg, S. 24.
72 s. *Kugler*, Gemeindesituation, S. 585.
73 s. *Lück*, Praxis, S. 118.
74 vgl. *Kugler*, Resignation, S. 60f.
75 s. *Kugler*, Gemeindesituation, S. 588.
76 vgl. *Kugler*, Resignation, S. 63ff., bes. S. 68.
77 vgl. *Adam/Schmidt*, Gemeindeberatung, S. 13–145.
78 s. *Kugler/Lindner*, Trauung, S. 34.
79 s. a.a.O.
80 vgl. a.a.O., und: *Kugler*, Gemeindesituation, S. 592f.
81 vgl. *Kugler/Lindner*, Familiengottesdienste, Bde. 1–4.
82 vgl. *Cornehl/Christiansen*, Abendmahl. Dort ist auch eine gute Zusammenstellung neuerer Literatur zum Thema zu finden.
83 vgl. *Kugler/Lindner*, Trauung, S. 22–26.
84 vgl. a.a.O., S. 17–22.
85 vgl. a.a.O., S. 34f.
86 vgl. a.a.O., S. 38f.
87 s. a.a.O., S. 98.
88 vgl. *Kugler*, Gemeindesituation, S. 590f.
89 vgl. *Kugler/Lindner*, Trauung, S. 64f.
90 vgl. a.a.O., S. 63f., sowie: *Lück*, Praxis, S. 81.
91 s. *EKHN*, Weg, S. 24.
92 vgl. *Kugler/Lindner*, Trauung, S. 37.
93 s. *Schwarz*, Gemeinde, Bd. 1, S. 91.
94 s. *Kugler*, Gemeindesituation, S. 589.
95 s. *Lück*, Praxis, S. 83.
96 s. *Bäumler*, Gemeindeaufbau, S. 424.
97 vgl. *Becker/Herbst*, Protokoll, S. 10f. Es handelt sich um die Protokolle der EKD-Konsultation »Evangelische Spiritualität« im Oktober 1983 in Springe/Deister.
98 vgl. *Arnoldshainer Konferenz*, Pluralismus, S. 162.
99 s. a.a.O., S. 163.
100 s. *Seitz*, Praxis, S. 222.
101 s. *Schwarz*, Gemeinde, Bd. 1, S. 28f.
102 s. *Lück*, Praxis, S. 74f.
103 s. a.a.O., S. 118.
104 s. *Burgsmüller*, Votum, S. 112.

105 Ein konkretes Beispiel dafür bot der damalige Ratsvorsitzende der EKD, Landesbischof Eduard Lohse, anläßlich der Schlußveranstaltung des Nürnberger Kirchentages 1979, als er vor ca. 100000 Anwesenden ausrief: »Sind das alles Christen, die hier versammelt sind?« Er bejahte diese Frage sofort entschieden: »Ja, das sind alles Christen, denn alle sind sie gerufen, zur Hoffnung berufen.« Daraufhin ergab sich ein kontroverser Briefwechsel zwischen dem Essener Jugendpfarrer (und jetzigen CVJM-Generalsekretär) Ulrich Parzany und dem Ratsvorsitzenden. Parzany warf Lohse vor, dieser vereinnahme alle Menschen als Christen, egal ob diese es überhaupt sein wollen oder nicht. Der Unterschied zwischen einem zur Hoffnung Berufenen und einem in der Hoffnungsgemeinschaft mit Christus Lebenden werde so zum Schaden der Betroffenen verwischt. Diesen Briefwechsel dokumentierte die von Parzany herausgegebene Zeitschrift »Schritte«. *S. Parzany*, Christen, S. 18.
106 So *Karl-Fritz Daiber*, zitiert nach *Kugler/Lindner*, Trauung, S. 20.
107 vgl. *Lück*, Praxis, S. 9–12, 47 und 69–75.
108 vgl. *Krusche*, Schritte, S. 116–123.
109 vgl. *Hanselmann/Hild/Lohse*, Kirche, S. 14.
110 vgl. *Hümmer*, Kirche, S. 16–18.
111 vgl. *Schönherr*, Volkskirche, S. 216f.; *Class*, in: *Schober/Thimme*, Gemeinde, S. 238f.
112 Die wichtigste Literatur zur »missionarischen Doppelstrategie«:
Hanselmann, Johannes/Hild, Helmut und *Lohse, Eduard* (Hg.): Was wird aus der Kirche? Ergebnisse der zweiten EKD-Umfrage über Kirchenmitgliedschaft, Gütersloh 1984 – *Lorenz, Karin/Reller, Horst* (Hg.): Alternative: Glauben. Gütersloh 1985. – *Lutherisches Kirchenamt der VELKD* (Hg.): Zur Entwicklung von Kirchenmitgliedschaft – Aspekte einer missionarischen Doppelstrategie, Hannover 1983 (Texte aus der VELKD, Nr. 21) – *Lutherisches Kirchenamt der VELKD* (Hg.): Lutherische Generalsynode Coburg 1983. Bericht über die fünfte Tagung der sechsten Generalsynode der VELKD vom 20.–24. September in Coburg, Hannover 1984 – *Kirchenkanzlei der EKD* (Hg.): Kirchenaustritte als Herausforderung an kirchenleitendes Handeln, Frankfurt 1977 (epd-Dokumentation 52/77) – *Moltmann, Jürgen*: Offene Kirche durch Doppelstrategie? Die Krise der Volkskirche als Chance der Gemeinde, in: Evangelische Kommentare 9 (1976), S. 82–85 – *Preiser, Gotthart*: Aspekte einer missionarischen Doppelstrategie. Beobachtungen, Überlegungen, Vorschläge des VELKD-Ausschusses für Fragen des gemeindlichen Lebens zur Situation und zu den Schwerpunktaufgaben der Kirche, Neuendettelsau 1983 – *Reller, Horst*: Zum Gesamtkonzept der missionarischen Doppelstrategie. Thesen anläßlich der VELKD-Konsultation vom 24.–26. 9. 1984 in Celle. Bisher unveröffentlicht.
113 vgl. *Schloz*, Thema.
114 vgl. *EKD*, Kirchenaustritte, S. 10–13.
115 vgl. a.a.O., S. 11.
116 s. a.a.O., S. 30.
117 vgl. *VELKD*, Entwicklung, S. 28, sowie *VELKD*, Generalsynode 1983, S. 354.
118 s. *VELKD*, Entwicklung, Deckblatt-Rückseite.
119 s. a.a.O.
120 vgl. die Literaturliste in Anm. 112.
121 s. *VELKD*, Entwicklung, S. 1.
122 vgl. *Hanselmann/Hild/Lohse*, Kirche, S. 35.
123 vgl. *VELKD*, Entwicklung, S. 11.
124 vgl. a.a.O., S. 8–14.
125 s. a.a.O., S. 2.
126 s. a.a.O., S. 14.

127 vgl. das erste Kapitel im ersten Hauptteil dieser Arbeit.
128 s. *Preiser*, Aspekte, S. 11.
129 vgl. a.a.O., S. 12.
130 vgl. *VELKD*, Entwicklung, S. 15–22.
131 vgl. a.a.O., S. 22–26.
132 vgl. a.a.O., S. 23–25.
133 vgl. a.a.O., S. 25f.
134 s. a.a.O., S. 15.
135 s. a.a.O., S. 29.
136 s. a.a.O.
137 vgl. oben, S. 149–152.
138 vgl. *Schmidtchen*, Gottesdienst, S. 137f.
139 vgl. *VELKD*, Entwicklung, S. 17.
140 s. a.a.O., S. 4.
141 s. *Reller*, Gesamtkonzept, S. 2.
142 vgl. *VELKD*, Entwicklung, S. 4.
143 s. a.a.O., S. 27.
144 vgl. a.a.O., S. 31–33.
145 s. a.a.O., S. 4.
146 s. a.a.O., S. 31
147 s. *Reller*, Gesamtkonzept, S. 2.
148 vgl. *VELKD*, Entwicklung, S. 5.
149 s. a.a.O.
150 s. a.a.O., S. 6.
151 s. a.a.O., S. 42.
152 vgl. a.a.O., S. 43f.
153 vgl. a.a.O., S. 34 und 36f.
154 vgl. a.a.O., S. 37f.
155 vgl. *Hanselmann/Hild/Lohse*, Kirche, S. 35.
156 vgl. a.a.O., S. 70f.
157 vgl. *Preiser*, Aspekte, S. 11.
158 s. *Bohren*, Umkehr, S. 347.
159 s. *Moltmann*, Doppelstrategie, S. 84.

Viertes Kapitel: Die missionarische Gemeinde für alle – oder: Von der Einladung zur Umkehr

1 Die wichtigste Literatur zum Abschnitt A:
Baden, Elisabeth u. a. (Hg.): Missionarischer Gemeindeaufbau. Handreichung zu den Spandauer Thesen I, Berlin 1961 (Missionierende Gemeinde, Bd. 1) – *Funke, Alex:* Die mitarbeitende Gemeinde, Gütersloh 1959 (Handbücherei für die Gemeindearbeit, Heft 2/3) – *Goessel, Hans Hartwig von* und *Stephan, Arthur:* Die missionarische Dimension. Anstöße für die Praxis in der Gemeinde, Gladbeck 1965 – *Hansen, Johannes* und *Möller, Christian:* Evangelisation und Theologie. Texte einer Begegnung, Neukirchen 1980 – *Schnell, Hugo:* Die überschaubare Gemeinde, Berlin und Hamburg 1965[2] (Missionierende Gemeinde, Bd. 5) – *Sorg, Theo:* Wie wird die Kirche neu? Ermutigung zur missionarischen Gemeinde, Wuppertal 1977 – *ders.:* Ruf und Vollmacht. Von den Grundlagen geistlichen Dienstes, Gießen und Basel 1965 (Heiligung und Dienst, Heft 1) – *Spener, Philipp Jacob:* Pia Desideria. Hg. v. *Kurt Aland*, Berlin 1964[3] (Kleine Texte für Vorlesungen und Übungen, Bd. 170).

2 vgl. *Möller*, Gemeinde, S. 327.
3 vgl. *Baden*, Gemeinde, S. 58–64.
4 vgl. a.a.O., S. 8.
5 So die erste und zweite Spandauer These. Vgl. a.a.O., S. 58.
6 vgl. a.a.O., S. 58 f.
7 s. a.a.O., S. 59.
8 s. a.a.O.
9 s. a.a.O.
10 s. a.a.O., S. 60.
11 s. a.a.O., S. 61.
12 vgl. a.a.O., S. 59.
13 vgl. a.a.O., S. 62.
14 vgl. a.a.O.
15 vgl. a.a.O., S. 60.
16 vgl. a.a.O., S. 61–64.
17 vgl. a.a.O., S. 64.
18 s. *St. Exupéry* in *Goessel/Stephan*, Dimension, S. 13.
19 s. *Sorg*, Kirche, S. 17.
20 s. a.a.O., S. 29.
21 vgl. a.a.O., S. 30.
22 vgl. a.a.O., S. 22–25 + S. 39–44.
23 vgl. a.a.O., S. 31–39.
24 vgl. *Spener*, Pia Desideria, S. 2 ff. und *Sorg*, a.a.O., S. 29–31 + S. 40–42.
25 s. *Spener*, Pia Desideria, S. 55, Z. 22–Z. 29.
26 s. a.a.O., S. 54, Z. 1 f.
27 vgl. *Sorg*, Kirche, S. 35–39.
28 vgl. *Spener*, Pia Desideria, S. 58, Z. 11–S. 60, Z. 29.
29 vgl. *Lange*, Bewegung, passim.
30 vgl. *Sorg*, Kirche, S. 35–37.
31 s. a.a.O., S. 45.
32 s. a.a.O., S. 45–52.
33 s. *Spener*, Pia Desideria, S. 79, Z. 34–Z. 37.
34 vgl. *Sorg*, S. 42–44.
35 s. a.a.O., S. 49 (vgl. zu dieser Frage a.a.O., S. 49 f.).
36 vgl. a.a.O., S. 45–52.
37 s. a.a.O., S. 54 (vgl. zu dieser Frage a.a.O., S. 54–58).
38 vgl. a.a.O., S. 56.
39 vgl. a.a.O., S. 52–54.
40 vgl. a.a.O., S. 58–60.
41 s. a.a.O., S. 38.
42 vgl. *Hansen/Möller*, Evangelisation, S. 9 + 30.
43 vgl. a.a.O., S. 15 f.
44 s. a.a.O., S. 16.
45 s. a.a.O., S. 35.
46 s. a.a.O., S. 37.
47 s. a.a.O., S. 34.
48 s. a.a.O., S. 31.
49 vgl. a.a.O., S. 31 f. Die dort aufgeführten Unterscheidungsmerkmale sind noch einmal aufgeführt in *Möller*, Eindeutigkeit, S. 160 f.
»J. Hansen akzeptierte diese Unterscheidung von gottesdienstlicher Predigt und evan-

gelistischer Rede nicht in allen Punkten, weil er fürchtete, daß der Evangelist auf ein besonderes und dann alsbald absonderliches Gleis der Kirche abgeschoben wird, während es ihm darum geht, daß das ganze Handeln der Kirche eine evangelistisch-missionarische Dimension bekommt.« So *Möller, Eindeutigkeit,* S. 161, in einem Rückblick auf das Gespräch mit Hansen. In seinem Aufsatz versucht Möller dann tatsächlich evangelistische Dimensionen etwa in der Diakonie, in der Seelsorge, in der Jugendarbeit und gar in der Kasualpraxis aufzuspüren. Vgl. *Möller, Eindeutigkeit,* S. 166–177. Immerhin wird man sprachlich der Unterscheidung zwischen gottesdienstlicher Predigt und evangelistischer Rede nicht zustimmen können. Als Auslegung des Kerygmas in einer bestimmten Situation ist evangelistisches Reden in keinem geringeren Sinne Predigt als z. B. gottesdienstliches Reden. Andernfalls wird das evangelistische Reden eben doch wieder in dem kritisierten Sinne der Sondersituation zugewiesen und aus der kirchlichen Normalität entlassen.

50 vgl. *Hansen/Möller,* Evangelisation, S. 32.
51 vgl. a.a.O., S. 15f. und S. 34–37.
52 vgl. a.a.O., S. 25.
53 vgl. a.a.O., S. 50–52.
54 vgl. a.a.O., S. 50.
55 vgl. a.a.O., S. 27.
56 s. a.a.O., S. 21.
57 s. a.a.O., S. 57.
58 vgl. a.a.O., S. 60.
59 s. a.a.O., S. 61.
60 vgl. a.a.O., S. 40–45.
61 s. a.a.O., S. 45.
62 Die wichtigste verfügbare Literatur zur Gemeindewachstums-Bewegung: *Arn, Win/Arn, Charles/Schwarz, Christian A.:* Gemeindeaufbau – Liebe in Aktion. Neukirchen-Vluyn 1985 – *Gemeindewachstum.* Zeitschrift für Pfarrer und engagierte Gemeindeglieder. Hg.: Arbeitskreis für Gemeindeaufbau in Deutschland e. V. (Giengen an der Brenz). Vierteljährlich, ab Heft 1/1979 – *Gerber, Vergil:* Handbuch für Evangelisation und Gemeindeaufbau, Bad Liebenzell 1979 – *Gibbs, Eddie:* I believe in Church Growth, London u. a. 1981 – *Kasdorf, Hans:* Gemeindewachstum als missionarisches Ziel. Ein Konzept für Gemeinde- und Missionsarbeit, Bad Liebenzell 1976 – *Kennedy, D. James:* Handbuch für Gemeindewachstum. Für den deutschsprachigen Raum bearbeitet und herausgegeben von *Bernd Schlottoff,* Bad Liebenzell 1981[2] – *Knöller, Horst:* 10 Kennzeichen der wachsenden Gemeinde, Giengen/Brenz o. J. (Selbstverlag) – *Maier, Gerhard:* Gemeindewachstum. Zu Theologie und Praxis der Church-Growth-Bewegung, in: Theologische Beiträge 13 (1982), S. 178–187 – *Masuch, Herbert:* Handbuch für dynamische Gemeindearbeit, Neuhausen und Stuttgart 1975 – *McGavran, Donald:* Understanding Church Growth, Grand Rapids (Michigan/USA) 1980[2] – *ders.:* Die Dimension der Weltevangelisation, in: Alle Welt soll sein Wort hören. Lausanner Kongreß für Weltevangelisation, Neuhausen und Stuttgart 1974, Bd. 1, S. 109–145 (Telos-Dokumentation, Bd. 901) – *ders.:* Die theologischen Voraussetzungen der Gemeindewachstumsbewegung. Maschinenschriftliches Manuskript, Gießen 1983 (Institut für Gemeindeaufbau) – *ders.* und *Arn, Win:* Wachsen oder Welken, Witten 1978 – *Wagner, C. Peter:* Your Spiritual Gifts Can Help Your Church Grow, Glendale (California/USA) 1979 – *Winter, Ralph D.:* Evangelisation in anderen Kulturen. Ein Gebot von höchster Dringlichkeit, in: Alle Welt soll sein Wort hören. Lausanner Kongreß für Weltevangelisation, Bd. 1, S. 291–338, Neuhausen und Stuttgart 1974 (Telos-Dokumentation, Bd. 901).

63 vgl. *Gutmann*, Gemeindeaufbau, S. 7–15.

64 vgl. *Keysser*, Papuagemeinde, passim.

65 Neben Keysser und Gutmann werden immer wieder genannt: John Clough (1836–1910) und Gustav Warneck (1834–1910). Vgl. *Kasdorf*, Gemeindewachstum, S. 19. Und: *McGavran*, Voraussetzungen, S. 22.

66 vgl. *Kasdorf*, a.a.O., S. 20–29 und *Maier*, Gemeindewachstum, S. 178 f.

67 vgl. die Literatur in Anm. 62.

68 vgl. IDEA-Spektrum, Heft 51 (1985), S. 4.

69 vgl. *Gemeindewachstum*, Heft 1 (1979), S. 1, und Heft 20 (1985), S. 2 + 5.

70 vgl. *Maier*, Gemeindewachstum, S. 179.

71 vgl. u. a. *Gemeindewachstum*, Heft 11 (1982), S. 6.

72 vgl. u. a. a.a.O., Heft 2 (1980), S. 1 und 3, sowie Heft 17 (1984), S. 1 und 13, und Heft 5 (1981), S. 6 und 15.

73 vgl. a.a.O., Heft 10 (1982), S. 6. Und *Maier*, Gemeindewachstum, S. 180, *Masuch*, Handbuch, passim.

74 vgl. *Gemeindewachstum*, Heft 12 (1983), S. 6, und *Maier*, a.a.O.

75 s. *McGavran*, Voraussetzungen, S. 2.

76 s. a.a.O., S. 12.

77 s. *Gemeindewachstum*, Heft 20 (1985), S. 15.

78 s. *McGavran*, Dimensionen, S. 138.

79 s. a.a.O., S. 109.

80 vgl. *ders.*, Church Growth, S. 11 f.

81 s. a.a.O., S. 24, 25 und 26. Deutsche Übersetzung (M. Herbst): »Die Frage nach den Prioritäten kann nicht vermieden werden... Als Regel sollte gelten: Die Vervielfältigung von Zellen wiedergeborener Christen hat weiterhin die höhere Priorität... Wir werden in unseren sozialen Angelegenheiten nicht siegen, wenn wir nicht große Zahlen entschiedener Christen haben.«

82 vgl. *ders.*, Dimensionen, S. 135.

83 vgl. a.a.O., S. 110, 114 bis 116 und 139.

84 s. a.a.O., S. 109.

85 s. *ders.*, Church Growth, S. 5 f. Deutsche Übersetzung (M. Herbst): »Wenn Christen vorhanden sind, die gehorsam unter dem Gebot des Herrn marschieren und mit seinem Mitleid erfüllt sind, und die die Umherschweifenden heimbringen und die Herde füttern, dann vervielfältigen sich Kirchen.«

86 s. a.a.O., S. 7. Deutsche Übersetzung (M. Herbst): »Sie müssen einverleibt werden in die unwissenden, schmutzigen und sündigen Dörfer und Städte der realen Welt.«

87 s. *Kasdorf*, Gemeindewachstum, S. 14.

88 s. *Knöller*, Kennzeichen, S. 4.

89 vgl. *Gemeindewachstum*, Heft 20 (1985), S. 6–10.

90 vgl. *Gerber*, Handbuch, S. 9–13.

91 vgl. *Kasdorf*, Gemeindewachstum, S. 45–47.

92 s. *McGavran*, Dimensionen, S. 135.

93 vgl. a.a.O., S. 118–120.

94 vgl. *Maier*, Gemeindewachstum, S. 182.

95 s. *McGavran*, Dimensionen, S. 120.

96 s. *ders.*, Church Growth, S. 62. Deutsche Übersetzung (M. Herbst): »Sogar wenn sie zum Glauben an Christus kämen und in der Gemeinde willkommen wären, würden sich Bekehrte von diesen oder anderen ethnischen Einheiten nicht wohlfühlen können.«

97 vgl. a.a.O., S. 63–72, und *ders.*, Dimensionen, S. 125–132. Vor allem aber vgl. *Winter*, Evangelisation, S. 291–338.

98 s. *Maier*, Gemeindewachstum, S. 182, Anm. 26. Deutsche Übersetzung (M. Herbst): »Konzentriere dich auf die Empfänglichen!«
99 s. *McGavran*, Voraussetzungen, S. 9.
100 s. *ders.*, Church Growth, S. 37. Deutsche Übersetzung (M. Herbst): »Die Kirche gewann die, die sich gewinnen ließen, solange sie sich gewinnen ließen.«
101 s. *ders.*, Voraussetzungen, S. 8.
102 s. *Kasdorf*, Gemeindewachstum, S. 17.
103 s. a.a.O., S. 42.
104 s. *McGavran*, Church Growth, S. 33. Deutsche Übersetzung (M. Herbst): »Gott möchte, daß zählbare, verlorene Menschen gefunden werden.«
105 s. a.a.O., S. 130. Deutsche Übersetzung (M. Herbst): »Alles Nachdenken über Gemeindewachstum sollte angesichts der Wachstumskurve geschehen. Wenn es nämlich ohne genaue Kenntnisse darüber, wie die Kirche gewachsen oder nicht gewachsen ist, geschieht, wird man mit hoher Wahrscheinlichkeit Irrtümern erliegen.«
106 vgl. a.a.O., S. 7.
107 s. *ders.*, Dimensionen, S. 129f.
108 s. *ders.*, Church Growth, S. 106. Deutsche Übersetzung (M. Herbst): »Glücklicherweise gibt es eine solche Einheit – das getaufte, verantwortliche Mitglied.«
109 s. *Kasdorf*, Gemeindewachstum, S. 234.
110 vgl. a.a.O., S. 203–205.
111 s. *Gerber*, Handbuch, S. 37.
112 s. a.a.O., S. 11.
113 s. a.a.O., S. 38.
114 vgl. a.a.O., S. 42–51. Vgl. auch *Kasdorf*, Gemeindewachstum, S. 48–51.
115 s. *McGavran*, Church Growth, S. 38. Deutsche Übersetzung (M. Herbst): »Wird nicht nach biblischer Einsicht ziemlich deutlich, daß aus der Sicht des Gottes, der finden möchte, Zahlen von Erlösten wichtig sind?«
116 vgl. zu der folgenden Darstellung *Gemeindewachstum*, Heft 11 (1982), S. 4.
117 vgl. auch *Gemeindewachstum*, Heft 20 (1985), S. 15. D. McGavran äußert sich hier sehr deutlich im Blick auf die Notwendigkeit des sozialen Engagements.
118 vgl. *Nater*, Mut, passim.
119 vgl. *Knöller*, Kennzeichen, S. 10, und *Kasdorf*, Gemeindewachstum, S. 124–126.
120 s. *McGavran*, Church Growth, S. 55. Deutsche Übersetzung (M. Herbst): »Die Kirche erwartet, daß jeder Christ – Hausfrau, Landwirt, Zimmermann, Mechaniker, LkW-Fahrer oder Lehrer – persönliche Evangelisation betreibt.«
121 s. *Maier*, Gemeindewachstum, S. 183.
122 s. *Gemeindewachstum*, Heft 11 (1982), S. 4.
123 s. *Maier*, Gemeindewachstum, S. 182. GW ist die interne Abkürzung der Gemeindewachstums-Bewegung für Gemeindewachstum.
124 vgl. *Kennedy*, Handbuch, passim, und *Masuch*, Handbuch, S. 220–244.
125 s. *Kennedy*, a.a.O., S. 37.
126 s. a.a.O., S. 76.
127 s. a.a.O., S. 38.
127a vgl. *Arn u. a.*, Gemeindeaufbau, S. 40–55.
128 s. *Maier*, Gemeindewachstum, S. 184.
129 vgl. die Äußerung Kasdorfs zum freien Willen in *Kasdorf*, Gemeindewachstum, S. 234.
130 s. *Hyles*, in: *Masuch*, Handbuch, S. 236, 241 und 242.
131 s. *McGavran*, Voraussetzungen, S. 22.
132 s. *Maier*, Gemeindewachstum, S. 185. Sehr deutlich wehrt sich z. B. auch Bernd Schlottoff gegen eine Vergötzung des quantitativen Wachstums. Er schreibt in *Gemeinde-*

wachstum, Heft 5 (1981), S. 6: »...unsere Gemeinde ist eine wachsende Gemeinde. Sie wächst nicht schnell, aber immerhin, sie wächst... Es drängt sich nun auf, Zahlen zu nennen... Aber ich liebe es nicht, Zahlen zu nennen. Die Lust daran ist mir ganz und gar vergangen, nachdem ich in anderen Ländern erlebt habe, besonders in Amerika, wie mit diesen Zahlen Schindluder und Menschenlob getrieben wurde. Darum bin ich ein Feind jedes Rühmens mit Zahlen im Reich Gottes, ich mag aber auch nicht die Ideologie der kleinen Zahl. Das alles hat mit dem Evangelium nichts zu tun.« Schlottoff verweist auf einen besonderen Grund, der quantitatives Wachstum zu relativieren vermag: Er bezeichnet es als »handfeste Lüge« (s. a.a.O.), daß sich automatisch quantitatives Wachstum einstellt, wo im Sinne des missionarischen Gemeindeaufbaus gearbeitet wird. Viele arbeiten so, ohne entsprechende Ergebnisse vorzeigen zu können. Wachstum bleibt Gabe Gottes!

133 s. *McGavran*, Church Growth, S. 93. Deutsche Übersetzung (M. Herbst): »Der Zugang durch Zahlen ist unverzichtbar für den, der Gemeindewachstum verstehen will.«

134 vgl. das Zitat gemäß Anm. 96.

135 s. *McGavran*, Church Growth, S. 5. Deutsche Übersetzung (M. Herbst): »Gemeindewachstum bedeutet: Vertrauen auf Gott!«

136 s. a.a.O., S. V. Deutsche Übersetzung (M. Herbst): »Evangelisation zielt auf die Rettung von Individuen und auf die Vervielfältigung von Kirchen ab. Der Bezug auf Evangelisation und Gemeindewachstum ist ein wesentlicher Teil des christlichen Glaubens und ein unersetzbarer Teil der kirchlichen Arbeit.«

137 Die Basisliteratur über die Geistliche Gemeinde-Erneuerung: *Die charismatische Bewegung im Streit der Meinungen*. Eine Stellungnahme der Bekenntnisbewegung »Kein anderes Evangelium« und die Erwiderung des Leiters der Charismatischen Gemeinde-Erneuerung in der evangelischen Kirche, Pastor Wolfram Kopfermann, Hamburg, Wetzlar 1983 (IDEA-Dokumentation Nr. 23/83) – *Bittlinger, Arnold:* Charismatische Erneuerung – eine Chance für die Gemeinde? Hochheim 1979 (Charisma und Kirche, Heft 6) – *ders.:* Im Kraftfeld des Heiligen Geistes. Gnadengaben und Dienstordnungen im Neuen Testament, Marburg 1976[5] – *ders.:* ...Und sie beteten in anderen Sprachen. Charismatische Bewegung und Glossolalie, Hochheim 1979[4] (Charisma und Kirche, Heft 2) – *Findeisen, Sven:* Noch einmal: Charismatische Bewegung, in: Informationsbrief der Bekenntnisbewegung »Kein anderes Evangelium« (Gal 1,16), Nr. 101, 1983, S. 9–23 – *Grossmann, Siegfried:* Haushalter der Gnade Gottes. Von der charismatischen Bewegung zur charismatischen Erneuerung der Gemeinde, Wuppertal und Kassel 1977 – *Haacker, Klaus* u. a.: Mit Geist beschenkt, Witten 1983 (Wittener Reihe Nr. 147) – *Kopfermann, Wolfram:* Die evangelischen Charismatiker – Perspektiven einer neuen Erweckungsbewegung. Referat auf dem dritten Evangelischen Kongreß der Charismatischen Gemeinde-Erneuerung vom 13.–17. 10. 1982 in Hochheim, Wetzlar 1982 (IDEA-Dokumentation Nr. 43/82) – *ders.:* Charismatische Gemeinde-Erneuerung – Eine Zwischenbilanz, Hochheim 1981 (Charisma und Kirche, Heft 7/8) – *ders.:* Umfallen beim Gebet? Ein Wort der Verständigung über ein umstrittenes Phänomen, in: Rundbrief Nr. 15 der Charismatischen Gemeinde-Erneuerung in der evangelischen Kirche Juni 1983, S. 19–25 – *Lange, Dieter:* Eine Bewegung bricht sich Bahn. Die deutschen Gemeinschaften im ausgehenden 19. und beginnenden 20. Jahrhundert und ihre Stellung zu Kirche, Theologie und Pfingstbewegung, Gießen und Dillenburg 1979 – *McDonnell, Kilian (OSB)* und *Mederlet, Eugen (OFM):* Charismatische Erneuerung der katholischen Kirche, Schloß Craheim/Wetzhausen 1974[2] (Charismatische Kirche, Heft 1) – *Mühlen, Heribert:* Einübung in die christliche Grunderfahrung. Unter Mitarbeit von *Arnold Bittlinger, Erhard Griese* und *Manfred Kiessig.* 2 Bände, Mainz 1982[10] (Topos-Taschenbücher, Bde. 40 und 49) – *ders.* (Hg.): Erfahrungen mit dem Heiligen

Geist. Zeugnisse und Berichte, Mainz 1981[3] (Topos-Taschenbücher, Bd. 90) – *ders.:* Geistesgaben heute, Mainz 1982 (Topos-Taschenbücher, Bd. 116) – *ders.:* Umkehrliturgie für alle, in: Erneuerung in Kirche und Gesellschaft, Heft 13 (1982), S. 16–24 – *ders.:* Volkskirche und Umkehr. Auf dem Weg zu einer Umkehrliturgie für alle, in: Erneuerung in Kirche und Gesellschaft, Heft 11 (1982), S. 20–28 – *ders.* und *Kopfermann, Wolfram:* Die Gemeindefähigkeit der Erneuerung. Gemeinsamer Vortrag auf dem Kongreß »Pfingsten über Europa«, in: Erneuerung in Kirche und Gesellschaft, Heft 13 (1982), S. 11–13 – *Schneider, Herbert (SJ):* Die Bedeutung der Geistestaufe in der charismatischen Erneuerung der katholischen Kirche, Schloß Craheim/Wetzhausen 1974 (Charismatische Kirche, Heft 4) – *Wimber, John/Springer, Kevin:* Vollmächtige Evangelisation, Hochheim 1986.

138 vgl. *Mühlen,* Erfahrungen, S. 12–32.
139 s. a.a.O., S. 15 f.
140 s. a.a.O., S. 16 f.
141 vgl. a.a.O., S. 19 f.
142 s. a.a.O., S. 25.
143 vgl. *Grossmann,* Haushalter, S. 15–65.
144 s. *Bittlinger,* Erneuerung, S. 4.
145 vgl. *Grossmann,* Haushalter, S. 35, und *Lange,* Bewegung, S. 30.
146 s. *Wesley,* zitiert nach *Schneider,* Bedeutung, S. 10 f.
147 s. *Jellinghaus,* zitiert nach *Schnepper,* in: *Haacker* u. a., Geist, S. 84.
148 s. a.a.O. und vgl. *Lange,* Bewegung, S. 29–53.
149 vgl. *Lange,* a.a.O., S. 164 f.
150 vgl. *Grossmann,* Haushalter, S. 30 f.
151 s. *Lange,* Bewegung, S. 170 f.
152 vgl. a.a.O., S. 177–179.
153 vgl. a.a.O., S. 201–203 und S. 287–290.
154 vgl. a.a.O., S. 203–226.
155 vgl. *Grossmann,* Haushalter, S. 39–41.
156 vgl. a.a.O., S. 59.
157 vgl. *Schnepper,* in: *Haacker* u. a., Geist, S. 89 f.
158 s. *Women's Aglow,* Faltblatt (»Was ist Aglow?«).
159 s. *Geschäftsleute des vollen Evangeliums,* in: *Schnepper,* in: *Haacker* u. a., Geist, S. 90.
160 vgl. *Grossmann,* Haushalter, S. 47.
161 vgl. a.a.O., S. 16–18.
162 s. a.a.O., S. 19.
163 vgl. *McDonnell/Mederlet,* Erneuerung, S. 10–15.
164 vgl. *Grossmann,* Haushalter, S. 49.
165 s. *Lutherische Bischofskonferenz,* dokumentiert in: *Kopfermann,* Gemeinde-Erneuerung, S. 55.
166 vgl. a.a.O., S. 55 f.
167 vgl. a.a.O., S. 53–55 (Dokumentation).
168 s. a.a.O., S. 53.
169 s. a.a.O., S. 54.
170 vgl. *IDEA*-Spektrum, Heft 10 (1984), S. 5.
171 vgl. *Kopfermann,* Gemeinde-Erneuerung, S. 24 f. und S. 53.
172 vgl. a.a.O., S. 41 f.
173 vgl. a.a.O., S. 42.
174 vgl. a.a.O., S. 44 f.
175 s. *Charismatische Bewegung (IDEA),* S. 4.

176 s. a.a.O., S. 5.
177 vgl. a.a.O., S. 13–17.
178 s. a.a.O., S. 17.
179 s. *Kopfermann*, Gemeinde-Erneuerung, S. 43.
180 s. *Charismatische Bewegung (IDEA)*, S. 17.
181 vgl. *Kopfermann*, Gemeinde-Erneuerung, S. 33–40.
182 s. a.a.O., S. 35.
183 s. a.a.O., S. 39.
184 vgl. a.a.O., S. 16 f.
185 vgl. *Charismatische Bewegung (IDEA)*, S. 14 f.
186 vgl. *Schneider*, Bedeutung, S. 7, und *Seidel*, in: *Haacker* u. a., Geist, S. 64–69.
187 s. *Bittlinger*, zitiert nach *Seidel*, a.a.O., S. 56.
188 vgl. *Mühlen*, Einübung, Bd. 2, S. 147 f., und *Kopfermann*, Gemeinde-Erneuerung, S. 17 f.
189 s. *Schneider*, Bedeutung, S. 15.
190 vgl. *Toaspern*, in: *Schober/Thimme*, Gemeinde, S. 124, der allerdings im Blick auf solche Erlebnisse nach der Bekehrung davon spricht, daß ein neuer Status dadurch erreicht werde.
191 vgl. *Mühlen*, Einübung, Bd. 1 und 2.
192 vgl. *ders.*, Volkskirche, S. 20–25.
193 vgl. *ders.*, Einübung, Bd. 2, S. 145.
194 s. *ders.*, Umkehrliturgie, S. 23.
195 s. *Kopfermann*, Gemeinde-Erneuerung, S. 30.
196 s. a.a.O., S. 27.
197 s. a.a.O., S. 28.
198 vgl. *Grossmann*, Haushalter, S. 173–181.
199 vgl. *Bittlinger*, Erneuerung, S. 15–19.
200 s. a.a.O., S. 21.
201 vgl. *Kopfermann*, Umfallen, S. 19–25.
202 s. *Leitlinien*, dokumentiert in: *Kopfermann*, Gemeinde-Erneuerung, S. 53.
203 vgl. a.a.O.
204 vgl. a.a.O., S. 13 f.
205 vgl. a.a.O., S. 21.
206 vgl. a.a.O., S. 39.
207 s. a.a.O., S. 13. Vom übernatürlichen Charakter der Charismen spricht z. B. *Wagner*, Gifts, S. 85–110.
208 s. *Bittlinger*, Erneuerung, S. 8.
209 vgl. *Grossmann*, Haushalter, S. 98.
210 vgl. a.a.O., S. 116 f.
211 vgl. *Bittlinger*, Erneuerung, S. 10.
212 vgl. *Kopfermann;* Gemeinde-Erneuerung, S. 20 f.
213 vgl. *Griese*, Verantwortung, S. 31–35, und *ders.*, in: *Mühlen* (Hg.), Geistesgaben, S. 147–159.
214 vgl. *Hörster*, in: *Haacker* u. a., Geist, S. 47 f., und *Bittlinger*, Sprachen, S. 6.
215 vgl. *Bittlinger*, a.a.O., S. 6–10.
216 vgl. a.a.O., S. 4 f.
217 s. *Grossmann*, Haushalter, S. 76.
218 vgl. *Kopfermann*, Umfallen, S. 21–23.
219 So *John Richard*, mitgeteilt durch *Helge Seekamp*, Ein parapsychisches Phänomen, hektographiertes Manuskript, Bad Salzuflen, o. J., S. 1.

220 s. *Kopfermann*, Gemeinde-Erneuerung, S. 43.
221 s. *Grossmann*, Haushalter, S. 164.
222 Die Literatur: *Schwarz, Fritz:* Überschaubare Gemeinde, Bd. 1: Grundlegendes – ein persönliches Wort an Leute in der Kirche über missionarischen Gemeindeaufbau, Gladbeck 1980[2] – *Schwarz, Fritz* und *Sudbrack, Rainer*: Überschaubare Gemeinde, Bd. 2: Die Praxis – für Leute, die in der Kirche anpacken wollen, Gladbeck 1980 – *Schwarz, Fritz* und *Schwarz, Christian A.*: Überschaubare Gemeinde, Bd. 3: Programm des neuen Lebensstils. Für Leute, denen Jesus konkurrenzlos wichtig ist, Gladbeck 1982 – *Schwarz, Fritz* und *Schwarz, Christian A.*: Theologie des Gemeindeaufbaus. Ein Versuch, Neukirchen 1984 – *Weth, Rudolf* (Hg.): Diskussion zur »Theologie des Gemeindeaufbaus«. Neukirchen-Vluyn 1986.
223 Trotz seiner Publizität ist dieses Programm bislang von der wissenschaftlichen Theologie nicht ausreichend zur Kenntnis genommen worden.
224 vgl. *Schwarz*, Theologie, S. 13.
225 s. *Gollwitzer*, Befreiung, S. 38.
226 vgl. *Schwarz*, Theologie, S. 11–18.
227 s. a.a.O., S. 27.
228 vgl. a.a.O., S. 24–27.
229 s. a.a.O., S. 34.
230 s. a.a.O., S. 44.
231 s. a.a.O., S. 61.
232 vgl. a.a.O., S. 61 f.
233 s. a.a.O., S. 67.
234 vgl. a.a.O., S. 63–67.
235 vgl. *ders.*, Gemeinde, Bd. 2, S. 63–65.
236 vgl. *Brunner*, Mißverständnis, passim.
237 s. *Schwarz*, Theologie, S. 16.
238 vgl. a.a.O., S. 34 f.
239 vgl. a.a.O., S. 27.
240 s. a.a.O., S. 23. Vgl. auch S. 32 und 34.
241 vgl. *Brunner*, Mißverständnis, z. B. S. 51.
242 vgl. a.a.O., S. 123 f., und *Schwarz*, Theologie, S. 28 f.
243 vgl. *Schwarz*, a.a.O., S. 32 f.
244 vgl. a.a.O., S. 221.
245 vgl. a.a.O., S. 180–186.
246 vgl. a.a.O., S. 30 f.
247 vgl. a.a.O., S. 41–46 und S. 219–222.
248 vgl. a.a.O., S. 188–191.
249 vgl. a.a.O., S. 201–206.
250 vgl. a.a.O., S. 186–188.
251 vgl. *ders.*, Gemeinde, Bd. 1, S. 85–90.
252 s. a.a.O., S. 92.
253 vgl. im 1. Teil dieser Arbeit das vierte Kapitel.
254 vgl. *Schwarz*, Theologie, S. 289.
255 s. *ders.*, Gemeinde, Bd. 1, S. 99 und 102.
256 s. *ders.*, Theologie, S. 81.
257 vgl. a.a.O., S. 84 f.
258 vgl. a.a.O., S. 78 f.
259 s. *Brunner*, Mißverständnis, S. 79.
260 vgl. bei *Schwarz*, Theologie, S. 114–116.

261 s. *ders.*, Gemeinde, Bd. 1, S. 12. Vgl. auch die Auslegung in: *ders.*, Gemeinde, Bd. 2, S. 71–126.
262 vgl. *ders.*, Theologie, S. 104f.
263 vgl. dazu die Ausführung über die Geistliche Gemeinde-Erneuerung.
264 vgl. *Schwarz*, Theologie, S. 121–123.
265 s. a.a.O., S. 128.
266 vgl. a.a.O., S. 128f.
267 vgl. a.a.O., S. 129–131. Und vgl. *ders.*, Gemeinde, Bd. 2, S. 106–110.
268 vgl. *ders.*, Theologie, S. 131f., und vgl. *ders.*, Gemeinde, Bd. 2, S. 110–114.
269 vgl. *ders.*, Theologie, S. 132–134. Und vgl. *ders.*, Gemeinde, Bd. 2, S. 115–118.
270 vgl. *ders.*, Theologie, S. 134–139. Und vgl. *ders.*, Gemeinde, Bd. 2, S. 119–122, und *ders.*, Gemeinde, Bd. 3, passim.
271 s. *ders.*, Gemeinde, Bd. 1, S. 119.
272 s. *ders.*, Theologie, S. 229.
273 s. a.a.O., S. 249.
274 vgl. a.a.O., S. 260–269.
275 s. a.a.O., S. 149.
276 vgl. a.a.O., S. 149–158, und *ders.*, Gemeinde, Bd. 1, S. 64–68.
277 s. *ders.*, Gemeinde, Bd. 1, S. 70.
278 vgl. *ders.*, Theologie, S. 159–169.
279 s. *ders.*, Gemeinde, Bd. 2, S. 25.
280 vgl. a.a.O., S. 29–33.
281 vgl. a.a.O., S. 34–39.
282 vgl. a.a.O., S. 40–43. Vgl. auch *ders.*, Gemeinde, Bd. 1, S. 45–62.
283 vgl. *ders.*, Gemeinde, Bd. 2, S. 43–49.
284 vgl. a.a.O., S. 49–51.
285 vgl. a.a.O., S. 52–55.
286 s. *ders.*, Gemeinde, Bd. 1, S. 45.
287 vgl. *ders.*, Gemeinde, Bd. 2, S. 57–60.
288 s. a.a.O., S. 62.
289 s. *ders.*, Gemeinde, Bd. 1, S. 45.
290 s. *ders.*, Theologie, S. 216.
291 vgl. *ders.*, Gemeinde, Bd. 2, S. 126–129.
292 vgl. a.a.O., S. 130–142.
293 vgl. a.a.O., S. 143–149.
294 vgl. a.a.O., S. 150–162.
295 vgl. a.a.O., S. 163–172.
296 vgl. *ders.*, Theologie, S. 13f.
297 vgl. *ders.*, a.a.O., S. 188–190.
298 vgl. *ders.*, a.a.O., S. 140.
299 vgl. *Weth*, Barmen, S. 116–129.
300 vgl. *Schwarz*, Theologie, S. 178–180.
301 vgl. a.a.O., S. 150f.; 203f. und 281f.
302 vgl. a.a.O., S. 85–87.
303 s. *Miro*, Theologie, S. 239.

Dritter Teil

Die Praxis des missionarischen Gemeindeaufbaus in der Volkskirche

Erstes Kapitel: Die drei kybernetischen Grundentscheidungen

1 Die Zusammenfassung der wichtigsten Literatur erfolgt wieder vor den einzelnen Abschnitten A, B, C etc.
2 Zum Abschnitt A (»Die Rede von den kybernetischen Grundentscheidungen«) sind zu nennen:
Schwarz, Fritz und *Christian A.:* Theologie des Gemeindeaufbaus. Ein Versuch, Neukirchen 1984 – *Seitz, Manfred:* Gemeindeaufbau in den achtziger Jahren, in: *H. J. Luhmann* und *G. Neveling-Wagner* (Hg.): Deutscher Evangelischer Kirchentag Hannover 1983, Stuttgart 1984, S. 322–330 – *Seitz, Manfred/Herbst, Michael* und *Becker, Falk:* Missionarischer Gemeindeaufbau in der Volkskirche. Theologische Überlegungen zum Auftrag der Kirche. Wetzlar 1984 (IDEA-Dokumentation 44/84) Der Begriff der »kybernetischen Grundentscheidungen« wurde in der Zusammenarbeit im Institut für Praktische Theologie in Erlangen am Thema Gemeindeaufbau entwickelt und wurde vom Verfasser geprägt.
3 vgl. die Definition des missionarischen Gemeindeaufbaus S. 68.
4 vgl. *Seitz,* Gemeindeaufbau, S. 329.
5 s. *Bonhoeffer,* Ethik, S. 128 f.
6 s. *Harnack,* Theologie, Bd. 1, S. 147.
7 s. *Klostermann,* Gemeinde, Bd. 1, S. 12.
8 vgl. *Schwarz,* Gemeinde, Bd. 1, S. 112–116.
9 vgl. *ders.,* Gemeinde, Bd. 3, S. 45.
10 Literatur zum Abschnitt B (»Die erste Grundentscheidung. Die geistliche Erneuerung und kybernetische Ausbildung des Pfarrerstandes«):
Adam, Ingrid und *Schmidt, Eva-Renate:* Umgang mit Zeit. Gemeindeberatung Ergänzungsheft 1, Gelnhausen u. a. 1978 – *Becker, Rolf-Walter:* Leben mit Terminen. Anregungen und Hilfen zum Umgang mit Zeit in der Gemeindearbeit, München 1981 (ganz praktisch) – *Bonhoeffer, Dietrich:* Gemeinsames Leben, München 1983[19] – *Dahm, Karl Wilhelm:* Beruf: Pfarrer. Empirische Aspekte, München 1971 – *Josuttis, Manfred:* Der Pfarrer ist anders. Aspekte einer zeitgenössischen Pastoraltheologie, München 1982 – *Kühn, Ulrich:* Kirche, Gütersloh 1980, S. 182–201 (Handbuch Systematischer Theologie Bd. 10) – *Lück, Wolfgang:* Praxis: Kirchengemeinde, Stuttgart 1978 – *Riess, Richard* (Hg.): Haus in der Zeit. Das evangelische Pfarrhaus heute, München 1979 – *Schniewind, Julius:* Geistliche Erneuerung, Göttingen 1981 (Lese-Zeichen) – *Schwarz, Fritz* und *Christian A.:* Theologie des Gemeindeaufbaus. Ein Versuch, Neukirchen 1984 – *Seitz, Manfred:* Praxis des Glaubens. Gottesdienst, Seelsorge und Spiritualität, Göttingen 1978 – *Seitz, Manfred/Herbst, Michael* und *Becker, Falk:* Missionarischer Gemeindeaufbau in der Volkskirche. Theologische Überlegungen zum Auftrag der Kirche. Wetzlar 1984 (IDEA-Dokumentation Nr. 44/84) – *Sorg, Theo:* Wie wird die Kirche neu? Ermutigung zur missionarischen Gemeinde, Wuppertal 1977 – *Spiegel, Yorick:* Der Pfarrer im Amt. Gemeinde – Kirche – Öffentlichkeit, München 1970 – *Winkler, Eberhard:* Die Gemeinde und ihr Amt. Historische, empirische, hermeneutische Aspekte, Stuttgart 1973 (Arbeiten zur Theologie, Heft 53).
11 vgl. oben S. 144–152.
12 s. *Lück,* Praxis, S. 14.

13 s. *Hild*, Umfrage, S. 278.
14 s. *Schwarz*, Gemeinde, Bd. 1, S. 67.
15 s. *Hanselmann*, Chancen, S. 181.
16 vgl. *Bohren*, Worte, S. 155–157.
17 vgl. *Sorg*, Kirche, S. 24.
18 vgl. *Schwarz*, Theologie, S. 237.
19 s. *Lück*, Praxis, S. 116 f.
20 s. a.a.O., S. 47.67.118.
21 vgl. *Dahm*, Beruf, S. 135.
22 vgl. a.a.O., S. 205–207.
23 vgl. *Schwarz*, Theologie, S. 238–240.
24 s. *Dahm*, Beruf, S. 175.
25 vgl. *Schwarz*, Gemeinde, Bd. 2, S. 28.
26 s. *Kugler*, in: *Cornehl/Christiansen*, Abendmahl, S. 97.
27 s. *Hild*, Umfrage, S. 279.
28 s. *Schwarz*, Theologie, S. 250.
29 vgl. *ders.*, Gemeinde, Bd. 2, S. 25 + 37.
30 vgl. *Burgsmüller/Weth*, Erklärung, S. 65–67.
31 s. *Friedel*, Mission, S. 14.
32 s. *Schwarz*, Gemeinde, Bd. 1, S. 18.
33 vgl. *Schniewind*, Erneuerung, S. 125.
34 s. *Schwarz*, Gemeinde, Bd. 1, S. 118 f.
35 s. *Seitz*, Predigt, S. 36.
36 s. *Sorg*, Kirche, S. 121.
37 s. *Schniewind*, Erneuerung, S. 24.
38 s. a.a.O., S. 32.
39 s. *Burgsmüller/Weth*, Erklärung, S. 36.
40 s. *Sorg*, Kirche, S. 43.
41 s. *Kopfermann*, Gemeinde-Erneuerung, S. 38.
42 s. a.a.O., S. 54.
   vgl. auch die Praxisberichte von Pfarrern, die innerhalb der Geistlichen Gemeindeerneuerung eine persönliche Glaubenserneuerung erfahren haben und über die Erneuerung ihres Ordinationsversprechens zu einer anderen Gemeindearbeit fanden: *Mühlen*,
   Erfahrungen, passim, besonders aber S. 12–32 und 81–92.
43 vgl. *BSLK*, S. 449.
44 So der Buchtitel von *Jürgen Henkys* (s. Literaturliste). Vgl. vor allem *Henkys*, Seelsorge,
   S. 25–34.
45 s. *Schniewind*, Erneuerung, S. 129.
46 s. a.a.O., S. 131.
47 vgl. a.a.O., S. 131 f.
48 vgl. a.a.O., S. 132–136.
49 s. a.a.O., S. 137.
50 s. a.a.O., S. 143.
51 s. a.a.O.
52 vgl. a.a.O., S. 143 f.
53 vgl. a.a.O., S. 144 f.
54 s. *Sorg*, Kirche, S. 40 f.
55 s. *Seitz*, Praxis, S. 220.
56 s. a.a.O., S. 223.
57 s. *Voll*, in: *Riess*, Haus, S. 257.

58 vgl. *Becker*, Leben, S. 18–21.
59 vgl. a.a.O.
60 s. a.a.O., S. 20.
61 vgl. a.a.O., S. 21–24.
62 vgl. *Adam/Schmidt*, Umgang, S. 7–40.
63 vgl. *Becker*, Leben, S. 25f.
64 s. *Wurzbacher* u. a., Pfarrer, S. 10.
65 s. a.a.O., S. 12.
66 s. *Seitz*, Praxis, S. 218.
67 s. *Bohren*, Predigtlehre, S. 47.
68 s. *Becker*, Leben, S. 33.
69 vgl. a.a.O., S. 35f.
70 vgl. *Bonhoeffer*, Leben, S. 31–35.
71 s. *Becker*, Leben, S. 42.
72 vgl. a.a.O., S. 42–44.
73 vgl. *Seitz*, Exerzitien, passim. Ferner: *Becker*, a.a.O., S. 47.
74 vgl. *Becker*, a.a.O., S. 50f.
75 s. *Sorg*, Kirche, S. 49.
76 vgl. *Kugler*, Resignation, S. 56.
77 vgl. *Schwarz*, Gemeinde, Bd. 2, S. 29–33.
78 s. *Seitz.*, Praxis, S. 225.
79 vgl. *Seitz*, in: *Schober/Thimme*, Gemeinde, S. 144.
80 s. *Burgsmüller/Weth*, Erklärung, S. 66.
81 vgl. *Wagner*, Gifts, S. 165–169.
82 s. *Kopfermann*, Gemeindeerneuerung, S. 28.
83 vgl. *Rahner/Vorgrimler*, Konzilskompendium, S. 299–303.
84 s. *Schwarz*, Gemeinde, Bd. 1, S. 116f.
85 Eine ganze Reihe von Anregungen zu diesem Seminar, vor allem im Hinblick auf die Gemeindeerkundung und auf das Planspiel, erhielten wir vom Ephorus des Predigerseminars der Evangelischen Kirche von Westfalen, Rolf-Walter Becker, dem an dieser Stelle ausdrücklich unser Dank gilt.
86 vgl. die laufende Berichterstattung zum Studienkolleg in der Zeitschrift *Gemeindewachstum*.
87 vgl. *Gemeindewachstum*, Nr. 16, S. 11.
88 s. *Seitz*, Existenz, S. 157.
89 s. *Wagner*, Gifts, S. 138. In deutscher Übersetzung (Herbst): »Der Pastor ist natürlich nicht der einzige Faktor für das Wachstum einer Parochie, aber vermutlich doch der wichtigste.«
90 vgl. *Schwarz*, Gemeinde, Bd. 2, S. 58–62.
91 Zu dieser Fragestellung vgl. die Zusammenfassung bei *Kühn*, Kirche, S. 182–201.
92 s. *Kasper*, in: *Kühn*, a.a.O., S. 190.
93 s. *Seitz*, Leben, S. 38.
94 s. *Burgsmüller/Weth*, Erklärung, S. 37.
95 vgl. *Kühn*, Kirche, S. 193.
96 vgl. a.a.O.
97 vgl. *BSLK*, S. 58.
98 s. *Winkler/Kretzschmar*, Aufbau, S. 146.
99 vgl. *Kühn*, Kirche, S. 193f.
100 s. *Klostermann*, Gemeinde, Bd. 1, S. 98.
101 s. *Wichern*, Werke, Bd. III/2, S. 130.

102 s. *VELKD*, Pfarrergesetz, § 24.2 + 3.
103 vgl. dazu auch das Kapitel »Offene Kirche für alle – oder: Vom Ja zum Pluralismus«.
104 s. *Kühn*, Kirche, S. 193 f.
105 s. *Wagner*, Gifts, S. 141. In deutscher Übersetzung (Herbst): »Der beste Pastor ist nicht derjenige, welcher die Gemeindeglieder aus ihren Verantwortlichkeiten entläßt, sondern der sicherstellt, daß jedes Gemeindeglied einen Verantwortungsbereich hat und sich darin engagiert. Der Pastor ist eines von vielen Gliedern des Leibes. Er ist nicht das Haupt (dies bleibt Jesus vorbehalten). Aber er könnte so etwas Ähnliches wie das Nervensystem sein, das Botschaften vom Haupt zu den verschiedenen Gliedern des Leibes transportiert und sicherstellt, daß die Glieder harmonisch zusammenarbeiten.«
106 s. *Seitz*, Praxis, S. 224.
107 s. *ders.*, in: *Schober/Thimme*, Gemeinde, S. 142.
108 vgl. a.a.O., S. 136–145.
109 s. *Wagner*, Gifts, S. 165. In deutscher Übersetzung (Herbst): »der Trainer der Mannschaft«.
110 s. *Schwarz*, Theologie, S. 229.
111 s. *ders.*, Gemeinde, Bd. 2, S. 62.
112 Die wichtigste Literatur zum Abschnitt C (Die zweite kybernetische Grundentscheidung. Die Laien):
Congar, Yves: Der Laie. Entwurf einer Theologie des Laientums, Stuttgart 1956 – *Goessel, Hans Hartwig von* und *Stephan, Arthur:* Die missionarische Dimension. Anstöße für die Praxis in der Gemeinde, Gladbeck 1965 – *Käsemann, Ernst:* Amt und Gemeinde im Neuen Testament, in: ders.: Exegetische Versuche und Besinnungen. Bd. 1, Göttingen 1960, S. 109–134 – *Kraemer, Hendrik:* Theologie des Laientums. Die Laien in der Kirche, Zürich 1959 – *Möller, Christian:* Zur Entdeckung der Ortsgemeinde als charismatischer Gemeinde. In: Wissenschaft und Praxis in Kirche und Gesellschaft 64 (1975), S. 1–13 – *Schwarz, Fritz* und *Christian:* Theologie des Gemeindeaufbaus. Ein Versuch, Neukirchen 1984 – *Seitz, Manfred/Herbst, Michael* und *Becker, Falk:* Missionarischer Gemeindeaufbau in der Volkskirche. Theologische Überlegungen zum Auftrag der Kirche, Wetzlar 1984 (IDEA-Dokumentation Nr. 44/84) – *Sorg, Theo:* Wie wird die Kirche neu? Ermutigung zur missionarischen Gemeinde, Wuppertal 1977 – *Stiewe, Martin:* Missionarische Elemente des Gottesdienstes. In: *Schober, Theodor* und *Thimme, Hans* (Hg.): Gemeinde in diakonischer und missionarischer Verantwortung. Auftrag – Anspruch – Wirklichkeit. Heinrich-Hermann Ulrich zum 65. Geburtstag gewidmet, Stuttgart 1980, S. 166–170 – *Winkler, Eberhard:* Impulse Luthers für die heutige Gemeindepraxis, Stuttgart 1983 (Arbeiten zur Theologie, Heft 67.)
113 s. *Käsemann*, Amt, S. 123.
114 s. a.a.O.
115 s. *Luther*, WA, Bd. 6, S. 407 f.
116 vgl. *Winkler*, Impulse, S. 9–24.
117 s. *Luther*, WA, Bd. 6, S. 412.
118 s. *Kraemer*, Theologie, S. 49.
119 vgl. das Kapitel über die »Kirche für andere«.
120 s. *Kraemer*, Theologie, S. 112.
121 vgl. a.a.O., S. 137 f.
122 vgl. a.a.O., S. 140–145.
123 s. a.a.O., S. 142.
124 s. a.a.O., S. 147 f.
125 vgl. *Rahner/Vorgrimler*, Konzilskompendium, S. 134.
126 s. a.a.O., S. 162.

127 s. a.a.O., S. 163.
128 s. *Augustinus*, Serm. 340, 1 (PL 38, 1483), zitiert nach *Rahner/Vorgrimler*, a.a.O., S. 163 (mit Anm. 112).
129 s. *Rahner/Vorgrimler*, a.a.O., S. 166.
130 s. *Congar*, Laie, S. 7.
131 vgl. *Seitz/Herbst/Becker*, Gemeindeaufbau, S. 6f., sowie *Schwarz*, Gemeinde, Bd. 1, S. 20 und 45–63.
132 vgl. *Schwarz*, a.a.O., S. 20.
133 s. a.a.O., S. 50.
134 vgl. a.a.O., S. 45–63.
135 s. *Grässmann*, Volkskirche, S. 147.
136 s. *Mühlen*, Volkskirche, S. 20.
137 vgl. a.a.O., S. 23.
138 s. *Schulz*, Gemeinde, S. 39.
139 vgl. *Apostolisches Schreiben*, S. 12.
140 s. *Sorg*, in: *Schober/Thimme*, Gemeinde, S. 147f.
141 s. *Mühlen*, Volkskirche, S. 22.
142 vgl. *Harnack*, Theologie, Bd. 1, S. 72.
143 s. a.a.O., S. 73.
144 s. a.a.O., S. 77.
145 s. a.a.O.
146 s. a.a.O.
147 vgl. a.a.O., S. 79–86.
148 s. a.a.O., S. 197.
149 s. *Seitz*, Existenz, S. 154.
150 vgl. *Schwarz*, Theologie, S. 240f.
151 s. a.a.O., S. 87.
152 vgl. *Stiewe*, in: *Schober/Thimme*, Gemeinde, S. 167.
153 vgl. die Aussagen zu 1 Kor 14 im exegetischen Kapitel.
154 s. *Luther*, WA, Bd. 19, S. 74f. Zur Vorrede der »Deutschen Messe« von 1526 vgl. auch *Winkler*, Impulse, S. 87–90.
155 s. *Sorg*, Kirche, S. 45.
156 vgl. *Stiewe*, in: *Schober/Thimme*, Gemeinde, S. 168.
157 vgl. *Schwarz*, Gemeinde, Bd. 1, S. 12.
158 vgl. *ders.*, Theologie, S. 114–116.
159 vgl. *BSLK*, S. 512.
160 s. *Stiewe*, in: *Schober/Thimme*, Gemeinde, S. 168.
161 vgl. *Sorg*, Kirche, S. 72–76.
162 vgl. *Kugler*, Resignation, S. 87–107.
163 s. *Seitz/Herbst/Becker*, Gemeindeaufbau, S. 9f.
164 s. *Luther*, WA, Bd. 19, S. 75.
165 vgl. u. a. *Sorg*, Kirche, S. 34–39.
166 vgl. a.a.O., S. 53f.
167 vgl. *Seitz/Herbst/Becker*, Gemeindeaufbau, S. 12.
168 s. *BSLK*, S. 449.
169 vgl. *Schütz*, Evangelium, S. 43–45.
170 vgl. *Luther*, WA, Bd. 11, S. 401–416.
171 s. *Möller*, in: *Schober/Thimme*, Gemeinde, S. 160.
172 s. *Sorg*, Kirche, S. 51f.
173 s. *Schwarz*, Theologie, S. 174.

174 s. *Seitz*, Geistliches Leben, S. 200.
175 s. a.a.O., S. 201.
176 vgl. a.a.O., S. 206.
177 vgl. a.a.O., S. 206–208.
178 s. a.a.O., S. 209.
179 s. *Goessel/Stephan*, Dimension, S. 33. Vgl. auch *Congar*, Laie, S. 21.
180 vgl. *Schwarz*, Theologie, S. 176f.
181 vgl. zur Frage der Haushalterschaft vor allem *Kantonen*, Theologie; *Reich*, Haushalterschaft und *Krüger*, Haushalterschaft.
182 s. *Krüger*, Haushalterschaft, S. 97.
183 s. *Käsemann*, Amt, S. 111.
184 s. a.a.O.
185 vgl. *Möller*, Entdeckung, S. 1–13.
186 vgl. *Bittlinger*, Sprachen.
187 s. *Käsemann*, Amt, S. 117.
188 vgl. *Hörster*, in: *Haacker* u. a., Geist, S. 32–53.
189 s. *Seitz*, Gemeindeaufbau, S. 329.
190 vgl. dazu *Veraguth*, Erwachsenenbildung, S. 187–190.
191 s. *Atteslander*, Gedeih, S. I.
192 vgl. a.a.O.
193 vgl. diese Mitarbeiterstruktur mit *Schweitzer*, Hauskreis, S. 67–74, sowie *Schwartz*, Leben.
194 vgl. *Schwartz*, Leben. Aber auch: *Vollmer*, Wege, S. 61–69.
195 vgl. *Bonhoeffer*, Leben, S. 13.
196 zitiert nach *Schober*, in: *Schober/Thimme*, Gemeinde, S. 280.
197 vgl. *Schwarz*, Gemeinde, Bd. 2, S. 43–49.
198 Modelle dazu werden unter dem Stichwort »Bausteine« vorzustellen sein.
199 s. *Kopfermann*, Gemeinde-Erneuerung, S. 40.
200 s. *Burgsmüller*, Votum, S. 116.
201 vgl. *Luther*, WA,Bd. 49, S. 588.
202 Die Grundliteratur zum Abschnitt D: vgl. die bereits unter C aufgeführten Titel. Dazu weiterhin:
     Barth, Karl: Die Lehre von der Versöhnung, in: ders.: Die kirchliche Dogmatik, Bd. 3, Zweite Hälfte, Zürich 1959 – *Rendtorff, Trutz:* Christentum außerhalb der Kirche. Konkretionen der Aufklärung, Hamburg 1969 – *Alle Welt soll sein Wort hören.* Lausanner Kongreß für Weltevangelisation. Dokumente. Bd. 1 + 2, Neuhausen 1974 – *Wichern, Johann Hinrich:* Die Kirche und ihr soziales Handeln. In: *P. Meinhold* (Hg.): Johann Hinrich Wichern. Sämtliche Werke. Bd. 1 + 3/2, Hamburg und Berlin 1962 und 1969.
203 s. *Harnack*, Kybernetik, S. 569.
204 vgl. *Hanselmann/Hild/Lohse*, Kirche, S. 24 + 35.
205 s. *Niles*, in: *Hansen*, Zeugnis, S. 9.
206 vgl. *Friedberger*, Pastoral, S. 20–38.
207 vgl. *Rendtorff*, Christentum, passim.
208 s. a.a.O., S. 9.
209 vgl. a.a.O., S. 10f.
210 s. a.a.O., S. 11.
211 s. a.a.O., S. 12.
212 s. a.a.O., S. 18.
213 s. a.a.O., S. 17.

214 s. a.a.O., S. 19.
215 s. *Barth*, Dogmatik, Bd. IV/3, S. 782.
216 vgl. *Burgsmüller/Weth*, Erklärung, S. 39.
217 s. *Fischer*, Mitteilung, S. 235.
218 vgl. *Wichern*, Werke. Bd. III/2, S. 145. Vgl. auch *Grubel*, in: *Schober/Thimme*, Gemeinde, S. 299–306.
219 s. *Beyreuther*, Geschichte, S. 89.
220 s. *Wichern*, Werke, Bd. III/2, S. 144.
221 s. a.a.O., Bd. I, S. 183.
222 s. a.a.O., Bd. III/2, S. 145.
223 vgl. z. B. *Grubel*, in: *Schober/Thimme*, Gemeinde, S. 301.
224 vgl. *Huber*, Volkskirche, S. 481–486.
225 vgl. *Wichern*, Werke, Bd. III/2, S. 146–150.
226 s. a.a.O., Bd. I, S. 155.
227 s. a.a.O., S. 193.
228 s. a.a.O., S. 221 f.
229 vgl. a.a.O., S. 155 f.
230 vgl. a.a.O., Bd. III/2, S. 150–152.
231 vgl. *Beyreuther*, Geschichte, S. 92–96.
232 vgl. *Wichern*, Werke, Bd. I, S. 57–72.
233 s. a.a.O., Bd. III/2, S. 155.
234 vgl. a.a.O., S. 155 f.
235 vgl. a.a.O., S. 156–160.
236 s. a.a.O., Bd. I, S. 165.
237 vgl. a.a.O., Bd. III/2, S. 160–162.
238 vgl. *Doerne*, Neubau, S. 65–79.
239 vgl. *Wichern*, Werke, Bd. III/2, S. 164–168.
240 s. *Beyreuther*, Geschichte, S. 125.
241 s. und vgl. *Barth*, Dogmatik, Bd. IV/3, S. 1000.
242 s. a.a.O.
243 s. *Seitz*, Verkündigung, S. 101.
244 s. *Hansen*, in: *Schwarz*, Gemeinde, Bd. 2, S. 11.
245 s. *Sticher*, in: *Schober/Thimme*, Gemeinde, S. 246.
246 s. *Lausanne*, Bd. 1, S. 11.
247 vgl. *Evangelische Spiritualität*, S. 52.
248 s. *Goessel/Stephan*, Dimension, S. 65.
249 s. a.a.O., S. 70.
250 s. *Evangelische Spiritualität*, S. 53.
251 vgl. *Schwarz*, Gemeinde, Bd. 1, S. 12.
252 vgl. *ders.*, Gemeinde, Bd. 2, S. 163–172.
253 s. *Seitz*, Geistliches Leben, S. 197.
254 s. *Barth*, Dogmatik, Bd. IV/3, S. 992.

Zweites Kapitel: Das kybernetische Programm

1 vgl. *Seitz*, Gemeindeaufbau, S. 328 f.
2 vgl. a.a.O.
3 vgl. *Seitz/Herbst/Becker*, Gemeindeaufbau, S. 9.

4 s. *Seitz*, Gemeindeaufbau, S. 328.
5 vgl. *VELKD*, Entwicklung, S. 22–26.
6 vgl. a.a.O., S. 36 und 40.
7 vgl. a.a.O., S. 17.
8 s. *Swiggum*, zitiert bei *Röckle*, Erfahrungen, S. 5.
9 vgl. *Mahnke*, Gemeindeaufbau, S. 93.
10 vgl. *Röckle*, Erfahrungen, und *Mahnke*, Gemeindeaufbau.
11 s. *Mahnke*, a.a.O., S. 95.
12 vgl. *Bonnin/Fernandez*, Entstehung, S. 8–25.
13 s. *Cascales*, Kirche, S. 7.
14 s. a.a.O., S. 12.
15 vgl. a.a.O., S. 11–14. Außerdem: Vgl. *ders.*, Straße, S. 40–43 und 77. Und *Bonnin/Fernandez*, Entstehung, S. 105–121.
16 s. *Cascales*, Kirche, S. 8.
17 vgl. a.a.O., S. 15.
18 s. *ders.*, Straße, S. 64.
19 vgl. *ders.*, Kirche, S. 21.
20 vgl. a.a.O., S. 18–20.
21 vgl. *ders.*, Straße, S. 13 f.
22 s. a.a.O., S. 16.
23 vgl. *ders.*, Kirche, S. 21 f.
24 s. a.a.O., S. 25.
25 s. a.a.O., S. 6. Vgl. zum Ganzen: *ders.*, Straße, S. 88–110.
26 s. a.a.O., S. 73.
27 vgl. *VELKD*, Entwicklung, S. 34 und 37 f.
28 s. *Diehn*, in: *Reller*, Gesamtkonzept, S. 7.
29 vgl. a.a.O., S. 7–9, und *Diehn*, Stationen, S. 137–141.
30 Zur Jugendarbeit vgl. *Becker*, in: *Seitz/Herbst/Becker*, Gemeindeaufbau, S. 10–13.
31 vgl. *Wittram*, Kirche, S. 57–62 und 110–116 sowie 131–136.
32 s. *Harnack*, zitiert nach *Doerne*, Weg, S. 514.
33 vgl. *Doerne*, Weg, S. 514 f., und *Harnack*, Kybernetik, S. 568 f.
34 vgl. *Doerne*, a.a.O., S. 515.
35 vgl. a.a.O., S. 516.
36 vgl. *ders.*, Neubau, passim.
37 s. *Seitz*, Praxis, S. 47.
38 vgl. *Blunck*, Konfirmandenunterricht, Teil 1 und Teil 2.
39 vgl. *ders.*, a.a.O., Teil 1, S. 9.
40 s. a.a.O.
41 vgl. a.a.O., S. 10.
42 vgl. a.a.O., S. 10–13.
43 vgl. a.a.O., Teil 2, S. 23 f.
44 vgl. *VELKD*, Entwicklung, S. 34 f.
45 vgl. *Reller/Grohmann*, Lernen, passim.
46 s. *Grohmann/Hastedt/Reller*, in: a.a.O., S. 19.
47 vgl. *Reller*, Bibelunterricht, S. 1.
48 vgl. *VELKD*, Entwicklung, S. 38 f. und *Reller*, a.a.O., S. 3–5.
49 vgl. *Grohmann/Hastedt/Reller*, in: *Reller/Grohmann*, Lernen, S. 20 f. und 24–26.
50 s. a.a.O., S. 20 f.
51 s. a.a.O., S. 97.
52 vgl. *Reller*, Bibelunterricht, S. 5 f.

53 vgl. zur Hauskreisarbeit: *Nater*, Mut; *Schweitzer*, Hauskreis; *Schumann*, Hausbibel-
    kreis, und *Zunke*, Hauskreise, in: *Lindner*, Gemeinde bauen.
54 s. *Stuhlmacher*, Philemon-Brief, S. 75.
55 vgl. *Schweitzer*, Hauskreis, S. 7 f.
56 s. a.a.O., S. 12.
57 vgl. a.a.O., S. 7–16.
58 vgl. a.a.O., S. 14–16, und *Nater*, Mut, S. 45–53.
59 vgl. *Schweitzer*, a.a.O., S. 16.
60 vgl. *Schumann*, Hausbibelkreis, S. 20.
61 vgl. *Schweitzer*, Gedanken, S. 1.
62 s. *Seitz*, Gemeindeaufbau, S. 330.

Literatur

Adam, Ingrid und *Schmidt, Eva Renate:* Gemeindeberatung. Ein Arbeitsbuch zur Methodik, Begründung und Beschreibung der Entwicklung von Gemeinden. Gelnhausen usw. 1977.
(Der Kurzbeleg lautet: *Adam/Schmidt,* Gemeindeberatung)
Adam, Ingrid und *Schmidt, Eva Renate:* Umgang mit Zeit. Gelnhausen usw. 1978 (Gemeindeberatung, Ergänzungsheft 1 – BCS-Reihe).
(*Adam/Schmidt,* Umgang)
Alle Welt soll sein Wort hören. Lausanner Kongreß für Weltevangelisation 1974, 2 Bde. Neuhausen und Stuttgart 1974.
(*Lausanne,* Bd. 1, Bd. 2)
Apostolisches Schreiben »Evangelii Nuntiandi« Seiner Heiligkeit Papst Pauls VI. an den Episkopat, den Klerus und alle Gläubigen der Katholischen Kirche über die Evangelisierung in der Welt von heute, vom 8. Dezember 1975, hg. v. Sekretariat der Deutschen Bischofskonferenz. Bonn 1975.
(*Apostolisches Schreiben*)
Arn, Win/Arn, Charles/Schwarz, Christian A.: Gemeindeaufbau – Liebe in Aktion. Neukirchen-Vluyn 1985.
(*Arn u. a.,* Gemeindeaufbau)
Arnoldshainer Konferenz: Pluralismus in der Kirche, in: Offensive – Freundesbrief aus Bensheim, Nr. 87 (1983), S. 160–163.
(*Arnoldshainer Konferenz,* Pluralismus)
Atteslander, Peter: Auf Gedeih und Verderb? Von der Mühsal, arbeiten zu müssen, zu dem Glück, arbeiten zu dürfen, in: Süddeutsche Zeitung, Feuilleton-Beilage Nr. 99 vom 30. 4./1. 5. 1983, S. I.
(*Atteslander,* Gedeih)

Baden, Elisabeth u. a. (Hg.): Missionarischer Gemeindeaufbau. Handreichung zu den Spandauer Thesen I. Berlin 1961 (Missionierende Gemeinde, Bd. 1).
(*Baden,* Gemeinde)
Bäumler, Christof: Gemeindeaufbau, in: *F. Klostermann* und *R. Zerfass:* Praktische Theologie heute. München und Mainz 1974, S. 417–429.
(*Bäumler,* Gemeindeaufbau)
Bäumler, Christof: Kommunikative Gemeindepraxis. Eine Untersuchung ihrer Bedingungen und Möglichkeiten. München 1984.
(*Bäumler,* Gemeindepraxis)
Bahr, Hans-Eckehard: Kontingenz im Koffer. Was wir der funktionalen Theorie gegenwärtiger Religion danken, in: Theologia practica X (1975), S. 220–224.
(*Bahr,* Kontingenz)
Barth, Karl: Einführung in die evangelische Theologie. Zürich 1962.
(*Barth,* Einführung)
Barth, Karl: Die Lehre vom Wort Gottes. Prolegomena zur Kirchlichen Dogmatik = ders.: Die Kirchliche Dogmatik, Bd. I, 1. Teil. Zürich 1975⁹.
(*Barth,* Dogmatik, Bd. I, 1)
Barth, Karl: Die Lehre von der Versöhnung = ders.: Die Kirchliche Dogmatik, Bd. IV, 2. Teil. Zürich 1955.
(*Barth,* Dogmatik, Bd. IV, 2).

Barth, Karl: Die Lehre von der Versöhnung = ders.: Die Kirchliche Dogmatik, Bd. IV, 3. Teil. Zürich 1959.
(*Barth*, Dogmatik, Bd. IV, 3)
Barth, Karl: Der Römerbrief. Zürich 1976[11].
(*Barth*, Römerbrief)
Barth, Karl: Das Wort Gottes und die Theologie. Neuabdruck in: *J. Moltmann* (Hg.): Anfänge der dialektischen Theologie, Teil 1 (Karl Barth – Heinrich Barth – Emil Brunner). München 1966[2], S. 197–218 (Theologische Bücherei, Bd. 17, 1).
(*Barth*, Wort)
Becker, Falk und *Herbst, Michael:* Protokoll der EKD – Konsultation »Evangelische Spiritualität« vom 24. bis 25. 10. 1983 in Springe/Deister. Erlangen 1983.
(*Becker/Herbst*, Protokoll)
Becker, Rolf-Walter: Leben mit Terminen. Anregungen und Hilfen zum Umgang mit Zeit in der Gemeindearbeit. München 1981 (ganz praktisch, hg. v. *I. Ueberschär*).
(*Becker*, Leben)
Die Bekenntnisschriften der evangelisch-lutherischen Kirche. Göttingen 1976[7].
(*BSLK*)
Bethge, Eberhard: Was heißt: Kirche für andere. Überlegungen zu Dietrich Bonhoeffers Kirchenverständnis, in: Pastoraltheologie 58 (1969), S. 94–105.
(*Bethge*, Kirche)
Die charismatische Bewegung im Streit der Meinungen. Eine Stellungnahme der Bekenntnisbewegung »Kein anderes Evangelium« und die Erwiderung des Leiters der Charismatischen Gemeinde-Erneuerung in der evangelischen Kirche, Pastor Wolfram Kopfermann, Hamburg. Wetzlar 1983 (IDEA-Dokumentation Nr. 23/83).
(*Charismatische Bewegung [IDEA]*)
Beyreuther, Erich: Geschichte der Diakonie und Inneren Mission in der Neuzeit. Berlin 1983[3].
(*Beyreuther*, Geschichte)
Beyreuther, Erich: Geschichte des Pietismus. Stuttgart 1978.
(*Beyreuther*, Pietismus)
Bierbaum, Bernd: Von der Lust, Mitarbeiter zu sein. Moers 1982.
(*Bierbaum*, Lust)
Birnbaum, Walter: Theologische Wandlungen von Schleiermacher bis Karl Barth. Eine enzyklopädische Studie zur Praktischen Theologie. Tübingen 1963.
(*Birnbaum*, Wandlungen)
Bittlinger, Arnold: Charismatische Erneuerung – eine Chance für die Gemeinde? Hochheim 1979 (Charisma und Kirche, Heft 6, hg. v. Koordinierungsausschuß für Charismatische Gemeinde-Erneuerung in der evangelischen Kirche).
(*Bittlinger*, Erneuerung)
Bittlinger, Arnold: Im Kraftfeld des Heiligen Geistes. Gnadengaben und Dienstordnungen im Neuen Testament. Marburg 1976[5].
(*Bittlinger*, Kraftfeld)
Bittlinger, Arnold: ...und sie beteten in anderen Sprachen. Charismatische Bewegung und Glossolalie. Hochheim 1979[4] (Charisma und Kirche, Heft 2, hg. v. Koordinierungsausschuß für Charismatische Gemeindeerneuerung in der evangelischen Kirche).
(*Bittlinger*, Sprachen)
Bloth, Peter C.: Praktische Theologie, in: *G. Strecker* (Hg.): Theologie im 20. Jahrhundert. Stand und Aufgaben. Tübingen 1983, S. 389–450.
(*Bloth*, Theologie)
Blunck, Jürgen: Konfirmandenunterricht – eine missionarische Aufgabe und Möglichkeit,

in: Schritte, Heft 1 (1985), S. 9–13, und Heft 2 (1985), S. 23 f.
(*Blunck*, Konfirmandenunterricht, Teil 1 und Teil 2)
Bohren, Rudolf: Der Aufruf zur Buße, in: Pastoraltheologie 72 (1983), S. 345–347.
(*Bohren*, Aufruf)
Bohren, Rudolf: Predigtlehre. München 1971.
(*Bohren*, Predigtlehre)
Bohren, Rudolf: Praktische Theologie, in: ders. (Hg.): Einführung in das Studium der evangelischen Theologie. München 1964, S. 10–32.
(*Bohren*, Theologie)
Bohren, Rudolf: Dem Worte folgen. Predigt und Gemeinde. München und Hamburg 1969.
(*Bohren*, Worte)
Bonhoeffer, Dietrich: Ethik. Zusammengestellt und hg. v. *E. Bethge.* München 1975[8].
(*Bonhoeffer*, Ethik)
Bonhoeffer, Dietrich: Gemeinsames Leben. Hg. v. *E. Bethge.* München 1983[19].
(*Bonhoeffer*, Leben)
Bonhoeffer, Dietrich: Nachfolge. Hg. v. *E. Bethge.* München 1971[2].
(*Bonhoeffer*, Nachfolge)
Bonhoeffer, Dietrich: Widerstand und Ergebung. Briefe und Aufzeichnungen aus der Haft. Hg. v. *E. Bethge.* München 1970.
(*Bonhoeffer*, Widerstand)
Bonnin, Eduardo und *Fernandez, Miguel:* Entstehung und Methodik des Cursillo. Hg. v. der Arbeitsgemeinschaft der Diözesansekretariate der Cursillobewegung ADC. Wien 1974.
(*Bonnin/Fernandez*, Entstehung)
Boos-Nünning, Ursula: Dimensionen der Religiosität. Zur Operationalisierung und Messung religiöser Einstellungen. München und Mainz 1972 (Gesellschaft und Theologie; Sozialwissenschaftliche Analysen, Nr. 7).
(*Boos-Nünning*, Dimensionen)
Brunner, Emil: Das Mißverständnis der Kirche. Stuttgart 1951.
(*Brunner*, Mißverständnis)
Burgsmüller, Alfred (Hg.): Kirche als »Gemeinde von Brüdern« (Barmen III). Bd. 1: Vorträge aus dem Theologischen Ausschuß der EKU. Gütersloh 1983[2].
(*Burgsmüller*, Vorträge)
Burgsmüller, Alfred (Hg.): Kirche als »Gemeinde von Brüdern« (Barmen III). Bd. 2: Votum des Theologischen Ausschusses der EKU. Gütersloh 1981.
(*Burgsmüller*, Votum)
Burgsmüller, Alfred und *Weth, Rudolf* (Hg.): Die Barmer Theologische Erklärung. Einführung und Dokumentation. Neukirchen–Vluyn 1984[3].
(*Burgsmüller/Weth*, Erklärung)

Cascales, Josef G.: Für eine Kirche in Bewegung. Worauf es ankommt beim Cursillo. Hg. v. der Arbeitsgemeinschaft der Diözesansekretariate der Cursillobewegung ADC. Wien o. J.
(*Cascales*, Kirche)
Cascales, Josef G.: Die gerade Straße. Der Cursillo in seinem Wesen. Hg. v. der Arbeitsgemeinschaft der Diözesansekretariate der Cursillobewegung ADC. Wien 1974.
(*Cascales*, Straße)
Coenen, Lothar: Art. »Kirche«. In: *L. Coenen, E. Beyreuther* und *H. Bietenhard* (Hg.): Theologisches Begriffslexikon zum Neuen Testament (Studienausgabe), Bd. 2. Wuppertal 1977[4], S. 784–799.

(*Coenen*, Kirche)
Congar, Yves: Der Laie. Entwurf einer Theologie des Laientums. Stuttgart 1956.
(*Congar*, Laie)
Cornehl, Peter und *Christiansen, Rolf:* Abendmahl und Gemeindeerneuerung. Göttingen 1983 (Themenheft Pastoraltheologie 1983).
(*Cornehl/Christiansen*, Abendmahl)

Dahm, Karl Wilhelm: Beruf: Pfarrer. München 1971.
(*Dahm*, Beruf)
Dahm, Karl Wilhelm/Luhmann, Niklas und *Stoodt, Dieter:* Religion – System und Sozialisation. Darmstadt und Neuwied 1972.
(*Dahm/Luhmann/Stoodt*, Religion)
Daiber, Karl-Fritz: Grundriß der Praktischen Theologie als Handlungswissenschaft. Kritik und Erneuerung der Kirche als Aufgabe. München und Mainz 1977 (Gesellschaft und Theologie. Abt. Praxis der Kirche, Bd. 23).
(*Daiber*, Grundriß)
Daiber, Karl-Fritz und *Simpfendörfer, Werner* (Hg.): Kirche in der Region. Stuttgart 1970 (Reihe: »Kirchenreform«, Bd. 4).
(*Daiber/Simpfendörfer*, Kirche)
Diehn, Otto: Stationen des Glaubens, in: Das missionarische Wort 36 (1983), S. 137–141.
(*Diehn*, Stationen)
Dienst, Karl: Theologische Theorie kirchlicher Planmodelle, in: Deutsches Pfarrerblatt 72 (1972), S. 226f.
(*Dienst*, Theorie)
Doerne, Martin: Neubau der Konfirmation. Grundzüge einer Erneuerung kirchlichen Jugendkatechumenats. Gütersloh 1936.
(*Doerne*, Neubau)
Doerne, Martin: Zum gegenwärtigen Stand der Praktischen Theologie, in: *G. Krause* (Hg.): Praktische Theologie. Darmstadt 1972, S. 400–417 (WdF 264).
(*Doerne*, Stand)
Doerne, Martin: Ein Weg zur wirklichen Gemeinde. Theodosius Harnack zur Frage der Gemeindesammlung, in: Pastoralblätter 77 (1935), S. 513–525.
(*Doerne*, Weg)
Drews, Paul: Das Problem der Praktischen Theologie. Zugleich ein Beitrag zur Reform des theologischen Studiums, in: *G. Krause* (Hg.): Praktische Theologie. Darmstadt 1972, S. 251–268 (WdF 264).
(*Drews*, Problem)

Evangelische Kirche in Hessen-Nassau (Hg.): Der konziliare Weg der Kirche. Darmstadt 1974 (Versuche zur kirchlichen Praxis, Heft 6).
(*EKHN*, Weg)
Evangelische Kirche von Westfalen (Hg.): Überlegungen zur gegliederten Gesamtgemeinde. Landeskirchenamt Bielefeld 1969.
(*Ev. Kirche von Westfalen*, Überlegungen)

Findeisen, Sven: Noch einmal: Charismatische Bewegung, in: Informationsbrief der Bekenntnisbewegung »Kein anderes Evangelium« (Gal 1,6) Nr. 101 (1983), S. 9–23.
(*Findeisen*, Bewegung)
Fischer, Martin: Die Mitteilung des Evangeliums an den kirchenfernen Zeitgenossen, in: Das missionarische Wort 18 (1965), S. 233–243.

(*Fischer,* Mitteilung)

Frerichs, Friedrich: Gottesdienst und Gemeindeaufbau, in: Theologischer Konvent der Bekenntnisgemeinschaft der ev.-luth. Landeskirche Hannover (Hg.): Gottesdienst und Gemeindeaufbau, Heft 3 des Colloquium theologicum, Hannover 1958, S. 3–14.
(*Frerichs,* Gottesdienst)

Freytag, Walter: Reden und Aufsätze. Hg. v. *J. Hermelink* und *H. J. Margull.* Zweiter Teil. München 1961 (Theologische Bücherei, Bd. 13/II).
(*Freytag,* Reden)

Friedberger, Walter: Pastoral mit Distanzierten. Situation – Theologie – Kontaktaufnahme. München 1981.
(*Friedberger,* Pastoral)

Friedel, Erich: Mission als Strukturprinzip im Blick auf die Gemeinde, in: Das missionarische Wort 21 (1968), S. 14–22.
(*Friedel,* Mission)

Friedrich, Gerhard und *Doerne, Martin:* Art. »Erbauung«, in: RGG³, Bd. 2, Sp. 538–540.
(*Friedrich/Doerne,* Erbauung)

Friedrich, Gerhard und *Krause, Gerhard:* Art. »Erbauung«, in: TRE, Bd. 10, S. 18–28.
(*Friedrich/Krause,* Erbauung)

Funke, Alex: Die mitarbeitende Gemeinde, Gütersloh 1959 (Handbücherei für die Gemeindearbeit, Heft 2/3, hg. v. *dems.* u. a.).
(*Funke,* Gemeinde)

Geense, Adriaan: Wer gehört der Kirche an? Probleme eines holländischen Nachbarn, in: *W. Erk* und *Y. Spiegel* (Hg.): Theologie und Kirchenleitung (FS für Martin Fischer). München 1976, S. 184–192.
(*Geense,* Kirche)

Gemeindewachstum. Zeitschrift für Pfarrer und engagierte Gemeindeglieder. Hg. v. Arbeitskreis für Gemeindeaufbau in Deutschland e. V. (Giengen an der Brenz). Giengen 1979 ff.
(*Gemeindewachstum*)

Gerber, Vergil: Handbuch für Evangelisation und Gemeindeaufbau. Bad Liebenzell 1979.
(*Gerber,* Handbuch)

Gestrich, Christof: Gemeindeaufbau in Geschichte und Gegenwart. In: Pastoraltheologie 75 (1986), S. 2–15.
(*Gestrich,* Gemeindeaufbau)

Gibbs, Eddie: I believe in Church Growth. London usw. 1981.
(*Gibbs,* Church Growth)

Gnilka, Joachim: Das Evangelium nach Markus, Bd. 2 (Mk 8,27–16,20). Zürich usw. 1979 (EKK, Bd. II/2, hg. v. *J. Blank* u. a.).
(*Gnilka,* Markus, Bd. 2)

Goessel, Hans Hartwig von und *Stephan, Arthur:* Die missionarische Dimension. Anstöße für die Praxis in der Gemeinde. Gladbeck 1965.
(*Goessel/Stephan,* Dimension)

Goetzmann, Jürgen: Art. »Haus, bauen«, in: *L. Coenen, E. Beyreuther* und *H. Bietenhard* (Hg.): Theologisches Begriffslexikon zum Neuen Testament (Studienausgabe), Bd. 1. Wuppertal 1977⁴, S. 636–645.
(*Goetzmann,* Haus)

Gollwitzer, Helmut: Befreiung zur Solidarität. Einführung in die evangelische Theologie. München 1978.
(*Gollwitzer,* Befreiung)

Grässmann, Frithjof: Von der Volkskirche zur offenen Gemeinde. Impulse und Beispiele zum Gemeindeaufbau. München 1982 (ganz praktisch, hg. v. *I. Ueberschär*).
(*Grässmann*, Volkskirche)
Greinacher, Norbert: Das Theorie-Praxis-Problem in der Praktischen Theologie, in: *F. Klostermann* und *R. Zerfass* (Hg.): Praktische Theologie heute. München und Mainz 1974, S. 103–118.
(*Greinacher*, Theorie)
Greinacher, Norbert/Mette, Norbert und *Möhler, Wilhelm* (Hg.): Gemeindepraxis. Analysen und Aufgaben. München und Mainz 1979 (Gesellschaft und Theologie, Praxis der Kirche, Bd. 30).
(*Greinacher* u. a., Gemeindepraxis)
Griese, Erhard: Hineinwachsen in die größere Verantwortung, in: Erneuerung in Kirche und Gesellschaft, Heft 15 (1983), S. 31–35.
(*Griese*, Verantwortung)
Grossmann, Siegfried: Haushalter der Gnade Gottes. Von der charismatischen Bewegung zur charismatischen Erneuerung der Gemeinde. Wuppertal und Kassel 1977.
(*Grossmann*, Haushalter)
Gutmann, Bruno: Gemeindeaufbau aus dem Evangelium. Leipzig 1925.
(*Gutmann*, Gemeindeaufbau)

Haacker, Klaus/Hörster, Gerhard u. a.: Mit Geist beschenkt. Witten 1983 (Wittener Reihe, Bd. 147).
(*Haacker* u. a., Geist)
Hanselmann, Johannes: Chancen der Volkskirche, in: *W. Erk* und *Y. Spiegel* (Hg.): Theologie und Kirchenleitung (FS für Martin Fischer). München 1976, S. 169–183.
(*Hanselmann*, Chancen)
Hanselmann, Johannes/Hild, Helmut und *Lohse, Eduard* (Hg.): Was wird aus der Kirche? Ergebnisse der zweiten EKD-Umfrage über Kirchenmitgliedschaft. Gütersloh 1984.
(*Hanselmann/Hild/Lohse*, Kirche)
Hansen, Johannes: Vom Zeugnis des Christen im Alltag. Schritte zur Einübung des Glaubenszeugnisses, in: Materialien für den Dienst in der Evangelischen Kirche von Westfalen, Heft A 15/45, o. O. u. J.
(*Hansen*, Zeugnis)
Hansen, Johannes und *Möller, Christian:* Evangelisation und Theologie. Texte einer Begegnung. Neukirchen–Vluyn 1980.
(*Hansen/Möller*, Evangelisation)
Harenberg, Werner (Hg.): Was glauben die Deutschen? Die Emnid-Umfrage. Ergebnisse und Kommentare. München und Mainz 1968.
(*Harenberg*, Emnid-Umfrage)
Harnack, Theodosius: Art. »Kybernetik«, in: *O. Zoeckler* (Hg.): Handbuch der theologischen Wissenschaften in enzyklopädischer Darstellung, Bd. 4 (Praktische Theologie). Nördlingen 1885[2], S. 531–571.
(*Harnack*, Kybernetik)
Harnack, Theodosius: Praktische Theologie, Bde. 1 und 2, Erlangen 1877 und 1878.
(*Harnack*, Theologie, Bd. 1 und Bd. 2)
Hauschild, Wolf-Dieter: Gegen die Irrlehre der deutschen Christen. Die Barmer Theologische Erklärung als lutherisches Bekenntnis, in: Lutherische Monatshefte 23 (1984), S. 201–204.
(*Hauschild*, Irrlehre)
Henkys, Jürgen: Seelsorge und Bruderschaft. Stuttgart 1970.

(*Henkys*, Seelsorge)
Henkys, Jürgen: Die Praktische Theologie, in: *H. Ammer* u. a. (Hg.): Handbuch der Praktischen Theologie, Bd. 1. Berlin 1975, S. 11–56.
(*Henkys*, Theologie)
Herbst, Michael: Grundlegende Literatur zum Gemeindeaufbau. Witten 1986 (Aus der Praxis für die Praxis 1/86).
(*Herbst*, Literatur)
Hilbert, Gerhard: Ecclesiola in ecclesia. Leipzig und Erlangen 1920.
(*Hilbert*, Ecclesiola)
Hild, Helmut (Hg.): Wie stabil ist die Kirche? Bestand und Erneuerung. Ergebnisse einer Umfrage. Gelnhausen und Berlin 1974.
(*Hild*, Umfrage)
Hild, Helmut (Hg.): Wie stabil ist die Kirche? Materialband. Gelnhausen und Berlin 1974.
(*Hild*, Materialband)
Hoekendijk, Johannes Christiaan: Die Zukunft der Kirche und die Kirche der Zukunft. Stuttgart 1964.
(*Hoekendijk*, Zukunft)
Hoerschelmann, F. (Vorname unbekannt): Art. »Harnack, Theodosius«, in: RE, Bd. 7, S. 445–449.
(*Hoerschelmann*, Harnack)
Hollenweger, Walter: Die Kirche für andere – ein Mythos, in: Evangelische Theologie 37 (1977), S. 425–443.
(*Hollenweger*, Kirche)
Honecker, Martin: Kirche als Gestalt und Ereignis. Die sichtbare Gestalt der Kirche als dogmatisches Problem. München 1963.
(*Honecker*, Kirche)
Huber, Wolfgang: Welche Volkskirche meinen wir? In: Lutherische Monatshefte 14 (1975), S. 481–486.
(*Huber*, Volkskirche)
Hümmer, Walter: Neue Kirche in Sicht? Vorträge und Betrachtungen. Marburg 1977[2].
(*Hümmer*, Kirche)

IDEA-Spektrum. Informationsdienst der Evangelischen Allianz.
(*IDEA*)

Jannasch, Wilhelm: Art. »Sulze, Emil«, in: RGG[3], Bd. 6, Sp. 522 f.
(*Jannasch*, Sulze)
Jannasch, Wilhelm: Art. »Praktische Theologie«, in: RGG[3], Bd. 5, Sp. 504–510.
(*Jannasch*, Theologie)
Josuttis, Manfred: Dogmatische und empirische Ekklesiologie in der Praktischen Theologie. Zum Gespräch mit Karl Barth, in: *W. Erk* und *Y. Spiegel* (Hg.): Theologie und Kirchenleitung (FS für Martin Fischer). München 1976, S. 150–168.
(*Josuttis*, Ekklesiologie)
Josuttis, Manfred: Der Pfarrer ist anders. Aspekte einer zeitgenössischen Pastoraltheologie. München 1983[2].
(*Josuttis*, Pfarrer)
Josuttis, Manfred: Praxis des Evangeliums zwischen Politik und Religion. Grundprobleme der Praktischen Theologie. München 1974.
(*Josuttis*, Praxis)
Jüngel, Eberhard: Widersprechende Wahrheit. 50 Jahre nach der Barmer Erklärung: zur

Aktualität eines Bekenntnisses, in: Süddeutsche Zeitung, Feuilleton-Beilage vom 26. 5./27. 5. 1984, S. I.
(*Jüngel*, Wahrheit)

Jüngel, Eberhard/Rahner, Karl und *Seitz, Manfred:* Die Praktische Theologie zwischen Wissenschaft und Praxis. München 1968 (Studien zur Praktischen Theologie, Bd. 5).
(*Jüngel* u. a., Theologie)

Käsemann, Ernst: Amt und Gemeinde im Neuen Testament, in: *ders.:* Exegetische Versuche und Besinnungen, Bd. 1. Göttingen 1960, S. 109–134.
(*Käsemann*, Amt)

Kantonen, Taito A.: Lebendige Gemeinde. Theologie der Haushalterschaft. Stuttgart 1958.
(*Kantonen*, Gemeinde)

Kasdorf, Hans: Gemeindewachstum als missionarisches Ziel. Ein Konzept für Gemeinde- und Missionsarbeit. Bad Liebenzell 1976.
(*Kasdorf*, Gemeindewachstum)

Kaufmann, Franz-Xaver: Kirche begreifen. Analysen und Thesen zur gesellschaftlichen Verfassung des Christentums. Freiburg, Basel und Wien 1979.
(*Kaufmann*, Kirche)

Kennedy, D. James: Handbuch für Gemeindewachstum. Für den deutschsprachigen Raum bearbeitet und hg. v. *Bernd Schlottoff.* Bad Liebenzell 1981[2].
(*Kennedy*, Handbuch)

Keysser, Christian: Eine Papuagemeinde. Kassel 1929.
(*Keysser*, Papuagemeinde)

Die Kirche für andere und *Die Kirche im Ringen um Strukturen missionarischer Gemeinden.* Schlußberichte der Westeuropäischen und der Nordamerikanischen Arbeitsgruppe des Referates für Fragen der Verkündigung. ÖRK, Genf 1967.
(ÖRK, Kirche)

Kirchenamt der EKD (Planungsgruppe): Christsein gestalten. Gemeindeaufbau jenseits der Traditionslenkung zur Vermittlung von Kirchenbild und Lebenswelt. Frankfurt 1986 (epd-Dokumentation 28/86).
(*EKD*, Christsein)

Kirchenamt der EKD (Studien- und Planungsgruppe): Strukturbedingungen der Kirche auf längere Sicht. Frankfurt 1986 (epd-Dokumentation 29/1986).
(*EKD*, Strukturbedingungen)

Kirchenkanzlei der Evangelischen Kirche in Deutschland (Hg.): Evangelische Spiritualität. Überlegungen und Anstöße zur Neuorientierung, vorgelegt von einer Arbeitsgruppe der EKD, im Auftrag des Rates der EKD. Gütersloh 1979.
(Evangelische Spiritualität)

Kirchenkanzlei der Evangelischen Kirche in Deutschland (Hg.): Kirchenaustritte als Herausforderung an kirchenleitendes Handeln. Frankfurt 1977 (epd-Dokumentation 52/77).
(*EKD*, Kirchenaustritte)

Kirchenkanzlei der Evangelischen Kirche in Deutschland (Hg.): Thema: Volkskirche. Ein Arbeitsbuch für die Gemeinde. Bearbeiter: *Rüdiger Schloz.* Gelnhausen und Berlin 1978.
(*Schloz*, Thema)

Klostermann, Ferdinand: Gemeinde – Kirche der Zukunft. Thesen – Dienste – Modelle. 2 Bde. Freiburg, Basel und Wien 1974.
(*Klostermann*, Gemeinde)

Klostermann, Ferdinand und *Zerfass, Rolf* (Hg.): Praktische Theologie heute. München und Mainz 1974.
(*Klostermann/Zerfass*, Theologie)

Knoblauch, Jörg (Hg.): Gemeindeaufbau hat Zukunft. 30 Beiträge aus der Praxis für die Praxis. Neukirchen-Vluyn 1987.
(*Knoblauch*, Gemeindeaufbau)

Knöller, Horst: 10 Kennzeichen der wachsenden Gemeinde. Giengen an der Brenz o. J.
(*Knöller*, Kennzeichen)

Knospe, Gottfried: Emil Sulze und sein Gemeindeideal in zeitgenössischer und reformatorischer Sicht, in: Verantwortung (FS für Gottfried Noth). Berlin 1964, S. 105–121.
(*Knospe*, Sulze)

Köcher, Renate: Die Entfremdung zwischen Jugend und Kirche. Allensbach 1982 (Allensbacher Berichte 1982/4).
(*Köcher*, Entfremdung)

Köster, Reinhard: Die Kirchentreuen. Erfahrungen und Ergebnisse einer soziologischen Untersuchung in einer großstädtischen evangelischen Kirchengemeinde. Stuttgart 1959.
(*Köster*, Kirchentreue)

Kopfermann, Wolfram: Die evangelischen Charismatiker – Perspektiven einer neuen Erweckungsbewegung. Referat auf dem Dritten Evangelischen Kongreß der Charismatischen Gemeinde-Erneuerung vom 13.–17. 10. 1982 in Hochheim. Wetzlar 1982 (IDEA-Dokumentation Nr. 43/82).
(*Kopfermann*, Charismatiker)

Kopfermann, Wolfram: Charismatische Gemeinde-Erneuerung – eine Zwischenbilanz. Hochheim 1981 (Charisma und Kirche, Heft 7/8, hg. v. Koordinierungsausschuß für Charismatische Gemeinde-Erneuerung in der evangelischen Kirche).
(*Kopfermann*, Gemeinde-Erneuerung)

Kopfermann, Wolfram: Umfallen beim Gebet? Ein Wort der Verständigung über ein umstrittenes Phänomen, in: Rundbrief Nr. 15 der Charismatischen Gemeinde-Erneuerung in der evangelischen Kirche (Juni 1983), S. 19–25.
(*Kopfermann*, Umfallen)

Kraemer, Hendrik: Theologie des Laientums. Die Laien in der Kirche. Zürich 1959.
(*Kraemer*, Theologie)

Kraus, Hans-Joachim: Psalmen, Bd. 2 (Ps. 60–150). Neukirchen–Vluyn 1978[5] (BK, Bd. XV/2, hg. v. *S. Herrmann* und *H. W. Wolff*).
(*Kraus*, Psalmen, Bd. 2)

Krause, Gerhard (Hg.): Praktische Theologie. Texte zum Werden und Selbstverständnis der praktischen Disziplin der evangelischen Theologie. Darmstadt 1972 (WdF 264).
(*Krause*, Theologie)

Kretzschmar, Gottfried: Die Kirche in ihrer sozialen Gestalt, in: *H. Ammer* (Hg.): Handbuch der Praktischen Theologie, Bd. 1. Berlin 1975, S. 57–132.
(*Kretzschmar*, Kirche)

Krüger, Hanfried: Art. »Haushalterschaft«, in: RGG[3], Bd. 3, Sp. 97.
(*Krüger*, Haushalterschaft)

Krusche, Günter: Die Kirche als Gegenstand der Praktischen Theologie, in: *W. Erk* und *Y. Spiegel* (Hg.): Theologie und Kirchenleitung (FS für Martin Fischer). München 1976, S. 135–149.
(*G. Krusche*, Kirche)

Krusche, Werner: Kirche der Zukunft: Kirche für die anderen, in: Pastoraltheologie 58 (1969), S. 84–93.
(*Krusche*, Kirche)

Krusche, Werner: Schritte und Markierungen. Aufsätze und Vorträge zum Weg der Kirche. Göttingen 1971 (Arbeiten zur Pastoraltheologie, Bd. 9, hg. v. *M. Fischer* und *R. Frick*).
(*Krusche*, Schritte)

Kruse, Martin: Evangelische Kirche 1986. Bericht vor der EKD-Synode 1986 in Bad Salzuflen. Wetzlar 1986 (IDEA-Dokumentation 30/86).
(*Kruse*, Bericht)
Kühn, Ulrich: Kirche. Gütersloh 1980 (Handbuch Systematischer Theologie, Bd. 10, hg. v. *C. H. Ratschow*).
(*Kühn*, Kirche)
Kugler, Georg: Gemeindesituation und Gemeindekonzepte, in: *P. C. Bloth* u. a. (Hg.): Handbuch der Praktischen Theologie, Bd. 3. Gütersloh 1983, S. 581–594.
(*Kugler*, Gemeindesituation)
Kugler, Georg: Zwischen Resignation und Utopie. Die Chancen der Ortsgemeinde. Stuttgart 1971.
(*Kugler*, Resignation)
Kugler, Georg und *Lindner, Herbert:* Trauung und Taufe: Zeichen der Hoffnung. Begründung und Modelle. München 1977 (ganz praktisch, hg. v. *I. Ueberschär*).
(*Kugler/Lindner*, Trauung)
Kugler, Georg und *Lindner, Herbert:* Neue Familiengottesdienste, 4 Bde. Gütersloh 1973–1980.
(*Kugler/Lindner*, Familiengottesdienste, Bd. 1, Bd. 2, Bd. 3, Bd. 4)
Kuhli, Horst: Art. »Οἰκονομία κτλ«, in: *H. Balz* und *G. Schneider* (Hg.): Exegetisches Wörterbuch zum Neuen Testament, Bd. 2. Stuttgart usw. 1981, Sp. 1218–1222.
(*Kuhli*, Oikonomia)
Kuphal, Armin: Abschied von der Kirche. Traditionsabbruch in der Volkskirche. Gelnhausen 1979.
(*Kuphal*, Abschied)
Art. »*Kybernetik*« (o. Vf.), in: Kirchliches Handlexikon, hg. v. *C. Meusel* u. a., Bd. 4. Leipzig 1894.
(*Handlexikon*, Kybernetik)

Lämmermann, Godwin: Praktische Theologie als kritische oder als empirisch-funktionale Handlungstheorie? Zur theologiegeschichtlichen Ortung und Weiterführung einer aktuellen Kontroverse. München 1981 (Theologische Existenz heute, Bd. 211, hg. v. *T. Rendtorff* und *K. G. Steck*).
(*Lämmermann*, Theologie)
Lange, Dieter: Eine Bewegung bricht sich Bahn. Die deutschen Gemeinschaften im ausgehenden 19. und beginnenden 20. Jahrhundert und ihre Stellung zu Kirche, Theologie und Pfingstbewegung. Gießen und Dillenburg 1979.
(*Lange*, Bewegung)
Lange, Ernst: Kirche für die Welt. Aufsätze zur Theorie kirchlichen Handelns, hg. v. *R. Schloz*. München und Gelnhausen 1981.
(*Lange*, Kirche)
Lessing, Eckhard: Abhängigkeit von Funktionen der Kirche? In: Deutsches Pfarrerblatt 72 (1972), S. 188 f.
(*Lessing*, Abhängigkeit)
Lindner, Herbert: Gemeinde entwickeln, in: Das missionarische Wort 35 (1982), S. 83–87.
(*Lindner*, Gemeinde)
Lindner, Herbert: Programme – Analysen – Visionen. Eine Analyse neuerer Gemeindeaufbaukonzepte. In: Pastoraltheologie 75 (1986), S. 210–229.
(*Lindner*, Programme)
Lindner, Reinhold (Hg.): Gemeinde bauen. Studienmaterial zum Gemeindeaufbau. Gladbeck 1978 (Studienmaterial für Verkündigung und Gemeindeaufbau, Heft 9).

(*Lindner,* Gemeinde bauen)

Lohff, Wenzel: Theologische Konzeption und Gemeindeleitung im Spiegel theologischer Schulen, in: *W. Erk* und *Y. Spiegel* (Hg.): Theologie und Kirchenleitung (FS für Martin Fischer), München 1976, S. 226–237.
(*Lohff,* Konzeption)

Lohff, Wenzel und *Mohaupt, Lutz* (Hg.): Volkskirche – Kirche der Zukunft? Leitlinien der Augsburgischen Konfession für das Kirchenverständnis heute. Eine Studie des Theologischen Ausschusses der VELKD. Hamburg 1977 (Zur Sache – Kirchliche Aspekte heute, Bd. 12/13).
(*Lohff/Mohaupt,* Volkskirche)

Lohfink, Gerhard: Wie hat Jesus Gemeinde gewollt? Zur gesellschaftlichen Dimension des christlichen Glaubens. Freiburg, Basel und Wien 1982.
(*Lohfink,* Jesus)

Lohse, Eduard: Die Entstehung des Neuen Testamentes. Stuttgart usw. 1979³ (Theologische Wissenschaft, Bd. 4).
(*Lohse,* Entstehung)

Lohse, Jens-Marten: Kirche ohne Kontakte? Beziehungsformen in einem Industrieraum. Stuttgart und Berlin 1967.
(*Lohse,* Kirche)

Lorenz, Karin/Reller, Horst (Hg.): Alternative: Glauben. Missionarische Arbeitsformen in der Volkskirche heute. Gütersloh 1985.
(*Lorenz/Reller,* Alternative)

Lück, Wolfgang: Praxis: Kirchengemeinde. Stuttgart usw. 1978.
(*Lück,* Praxis)

Lück, Wolfgang: Die Volkskirche. Kirchenverständnis als Norm kirchlichen Handelns. Stuttgart usw. 1980.
(*Lück,* Volkskirche)

Luther, Martin: An den Christlichen Adel deutscher Nation von des Christlichen standes besserung, in: D. Martin Luthers Werke. Kritische Gesammtausgabe, 6. Bd., Weimar 1888, S. 404–469.
(*Luther,* WA, Bd. 6)

Luther, Martin: Deutsche Messe und Ordnung Gottesdiensts 1526, in: D. Martin Luthers Werke. Kritische Gesammtausgabe, 19. Bd., Weimar 1897, S. 44–113.
(*Luther,* WA, Bd. 19)

Luther, Martin: Predigt am 17. Sonntag nach Trinitatis, bei der Einweihung der Schloßkirche zu Torgau gehalten (5. 10. 1544), in: D. Martin Luthers Werke. Kritische Gesamtausgabe, 49. Bd., Weimar 1913, S. 588–615.
(*Luther,* WA, Bd. 49)

Luther, Martin: Daß eine christliche Versammlung oder Gemeine Recht und Macht habe, alle Lehre zu urtheilen und Lehrer zu berufen, ein- und abzusetzen, Grund und Ursach aus der Schrift, in: D. Martin Luthers Werke. Kritische Gesammtausgabe, 11. Bd., Weimar 1900, S. 401–416.
(*Luther,* WA, Bd. 11)

Lutherisches Kirchenamt der VELKD (Hg.): Zur Entwicklung von Kirchenmitgliedschaft. Aspekte einer missionarischen Doppelstrategie, vorgelegt vom Ausschuß für Fragen des gemeindlichen Lebens in der VELKD. Hannover 1983 (Texte aus der VELKD, Nr. 21/1983).
(*VELKD,* Entwicklung)

Lutherisches Kirchenamt der VELKD (Hg.): Lutherische Generalsynode 1983 Coburg. Bericht über die fünfte Tagung der sechsten Generalsynode der VELKD vom 20.–24. 9. 1983

in Coburg. Hannover 1984.
(*VELKD*, Generalsynode 1983)

Mahnke, Hermann: Gemeindeaufbau mit der Bibel. Das Bethel-Bibelstudienprogramm, in: Theologische Beiträge 14 (1983), S. 87–95.
(*Mahnke*, Gemeindeaufbau)

Maier, Gerhard: Gemeindewachstum. Zu Theorie und Praxis der Church-Growth-Bewegung, in: Theologische Beiträge 13 (1982), S. 178–187.
(*Maier*, Gemeindewachstum)

Margull, Hans-Jochen (Hg.): Mission als Strukturprinzip. Ein Arbeitsbuch zur Frage missionarischer Gemeinden (Ökumenischer Rat der Kirchen). Genf 1965.
(*Margull*, Mission)

Margull, Hans-Jochen: Theologie der missionarischen Verkündigung. Evangelisation als ökumenisches Problem. Stuttgart 1959.
(*Margull*, Theologie)

Marhold, Wolfgang: Bürgerreligion. Soziologische und theologische Bemerkungen zu zwei empirischen Erhebungen in der gegenwärtigen Volkskirche, in: Theologia practica IX (1974), S. 304–312.
(*Marhold*, Bürgerreligion)

Marsch, Wolf-Dieter: Institution im Übergang. Göttingen 1970.
(*Marsch*, Institution)

Masuch, Herbert: Handbuch für dynamische Gemeindearbeit. Neuhausen und Stuttgart 1975.
(*Masuch*, Handbuch)

Matthes, Joachim (Hg.): Erneuerung der Kirche – Stabilität als Chance? Konsequenzen aus einer Umfrage. Gelnhausen und Berlin 1975.
(*Matthes*, Erneuerung)

McDonnell, Kilian (OSB) und *Mederlet, Eugen* (OFM): Charismatische Erneuerung der katholischen Kirche. Schloß Craheim/Wetzhausen 1974[2] (Charismatische Kirche, Heft 1).
(*McDonnell/Mederlet*, Erneuerung)

McGavran, Donald: Understanding Church Growth. Grand Rapids/Michigan (USA): W. B. Eerdmans Publ. Comp. 1980[2] (fully revised).
(*McGavran*, Church Growth)

McGavran, Donald: Die Dimensionen der Weltevangelisation, in: Alle Welt soll sein Wort hören. Lausanner Kongreß für Weltevangelisation, Bd. 1. Neuhausen und Stuttgart 1974, S. 109–145.
(*McGavran*, Dimensionen)

McGavran, Donald: Die theologischen Voraussetzungen der Gemeindewachstumsbewegung. Masch. Gießen 1983, hg. v. Institut für Gemeindeaufbau Gießen.
(*McGavran*, Voraussetzungen)

McGavran, Donald und *Arn, Win:* Wachsen oder Welken. Witten 1978.
(*McGavran/Arn*, Wachsen)

Mette, Norbert: Kirchlich–distanzierte Christlichkeit. Eine Herausforderung für die praktische Kirchentheorie. München 1982.
(*Mette*, Christlichkeit)

Mette, Norbert: Theorie der Praxis. Wissenschaftsgeschichtliche und methodologische Untersuchungen zur Theorie-Praxis-Problematik innerhalb der Praktischen Theologie. Düsseldorf 1978.
(*Mette*, Theorie)

Mette, Norbert/Bommer, Josef/Bischofsberger, Otto und *Zulehner, Paul M.:* Volkskirche –

Gemeindekirche – Parakirche. Zürich, Einsiedeln und Köln 1981 (Theologische Berichte, Bd. X, hg. v. *J. Pfammater* und *F. Furger*).
(*Mette*, Volkskirche)

Michel, Otto: Art. »Οἶκος κτλ«, in: *G. Friedrich* (Hg.): ThWNT, Bd. 5. Stuttgart usw. 1954, S. 122–151.
(*Michel*, Oikos)

Michel, Otto: Das Zeugnis des Neuen Testamentes von der Gemeinde. Gießen und Basel 1983².
(*Michel*, Zeugnis)

Miro, Ralf: »Theologie des Gemeindeaufbaus – Ein Versuch«. Grundsätzliche Erwägungen zu dem Buch von Fritz und Christian A. Schwarz, in: Theologische Beiträge 15 (1984), S. 239–244.
(*Miro*, Theologie)

Möller, Christian: Von der Eindeutigkeit der Verkündigung im Namen Jesu. Zur evangelistischen Dimension kirchlichen Handelns, in: Theologische Beiträge 13 (1982), S. 158–177.
(*Möller*, Eindeutigkeit)

Möller, Christian: Zur Entdeckung der Ortsgemeinde als charismatischer Gemeinde, in: Wissenschaft und Praxis in Kirche und Gesellschaft 64 (1975), S. 1–13.
(*Möller*, Entdeckung)

Möller, Christian: Die Erbauung der Gemeinde aus der »lebendigen Circulation des religiösen Interesses« bei Friedrich Schleiermacher. Masch. Wuppertal 1984.
(*Möller*, Erbauung)

Möller, Christian: Art. »Gemeinde«, in: TRE, Bd. 12, S. 316–335.
(*Möller*, Gemeinde)

Möller, Christian: Lehre vom Gemeindeaufbau. Bd. 1: Konzepte – Programme – Wege. Göttingen 1987.
(*Möller*, Lehre)

Moltmann, Jürgen: Offene Kirche durch Doppelstrategie? Die Krise der Volkskirche als Chance der Gemeinde, in: Evangelische Kommentare 9 (1976), S. 82–85.
(*Moltmann*, Doppelstrategie)

Mühlen, Heribert: Einübung in die christliche Grunderfahrung, unter Mitarbeit von *Arnold Bittlinger, Erhard Griese* und *Manfred Kiessig*. Bd. 1: Lehre und Zuspruch. Bd. 2: Gebet und Erwartung. Mainz 1982[10].
(*Mühlen*, Einübung, Bd. 1, Bd. 2)

Mühlen, Heribert (Hg.): Erfahrungen mit dem Heiligen Geist. Zeugnisse und Berichte. Mainz 1981³.
(*Mühlen*, Erfahrungen)

Mühlen, Heribert (Hg.): Geistesgaben heute. Mainz 1982.
(*Mühlen*, Geistesgaben)

Mühlen, Heribert (Hg.): Grundentscheidung. Weg aus der Krise I. Mainz 1983.
(*Mühlen*, Grundentscheidung)

Mühlen, Heribert: Umkehrliturgie für alle, in: Erneuerung in Kirche und Gesellschaft, Heft 13 (1982), S. 16–24.
(*Mühlen*, Umkehrliturgie)

Mühlen, Heribert: Volkskirche und Umkehr. Auf dem Weg zu einer Umkehrliturgie für alle, in: Erneuerung in Kirche und Gesellschaft, Heft 11 (1982), S. 20–28.
(*Mühlen*, Volkskirche)

Mühlen, Heribert und *Kopfermann, Wolfram:* Die Gemeindefähigkeit der Erneuerung. Gemeinsamer Vortrag auf dem Kongreß »Pfingsten über Europa«, in: Erneuerung in Kirche

und Gesellschaft, Heft 13 (1982), S. 11–13.
(*Mühlen/Kopfermann*, Gemeindefähigkeit)
Musall, Peter: Art. »Gemeinde«, in: *E. Fahlbusch* (Hg.): Taschenlexikon Religion und Theologie, Bd. 2. Göttingen 1983[4], S. 150–155.
(*Musall*, Gemeinde)

Nater, Hans: Mut zum Hauskreis. Anregungen und Modelle, hg. v. Arbeitskreis »Mut zur Gemeinde«. Gladbeck 1983.
(*Nater*, Mut)
Neve, Herbert T. und *Krusche, Werner:* Quellen der Erneuerung. Genf 1968.
(*Neve/Krusche*, Quellen)
Nitzsch, Carl Immanuel: Praktische Theologie, Bd. 1. Bonn 1859[2].
(*Nitzsch*, Theologie)
Nørgaard-Højen, Peder: Taufe und Kirchenzugehörigkeit. Hat die christliche Volkskirche noch Überlebenschancen? In: Lutherische Monatshefte 22 (1983), S. 211–213.
(*Nørgaard-Højen*, Taufe)

Otto, Gert: Praktische Theologie als kritische Theorie religiös vermittelter Praxis in der Gesellschaft. Zur Einleitung und Standortbestimmung, in: *ders.* (Hg.): Praktisch-theologisches Handbuch. Hamburg 1975[2], S. 9–31.
(*Otto*, Theologie)

Parzany, Ulrich: »Sind das alles Christen?« Zum Protestantenforum in Nürnberg, in: Schritte, Heft 8 (1979), S. 17f., und Heft 11 (1979), S. 23.
(*Pazany*, Christen)
Pfammater, Josef: Die Kirche als Bau. Eine exegetisch-theologische Studie zur Ekklesiologie der Paulusbriefe. Rom 1960 (Analecta Gregoriana, Vol. 110).
(*Pfammater*, Kirche)
Pfammater, Josef: Art. »Οἰκοδομή κτλ.« in: *H. Balz* und *G. Schneider* (Hg.): Exegetisches Wörterbuch zum Neuen Testament, Bd. 2. Stuttgart usw. 1981, Sp. 1211–1218.
(*Pfammater*, Oikodome)
Pfarrergesetz der VELKD, in der Fassung vom 3. Januar 1983, mit den Ergänzungs- und Ausführungsbestimmungen für die Ev.-luth. Kirche in Bayern, in: Amtsblatt der Ev.-luth. Kirche in Bayern, Nr. 11 vom 7. Juni 1983, S. 134–158.
(*VELKD*, Pfarrergesetz)
Piper, Hans-Christoph: Apostolatstheologie und Gemeindeaufbau, in: Pastoraltheologie 45 (1956), S. 145–153.
(*Piper*, Apostolatstheologie)
Positionspapier für das Missionarische Jahr 1980. Arbeitspapier. Bielefeld o. J.
(*Positionspapier*)
Preiser, Gotthart: Aspekte einer missionarischen Doppelstrategie. Beobachtungen, Überlegungen, Vorschläge des VELKD-Ausschusses für Fragen des gemeindlichen Lebens zur Situation und zu den Schwerpunktaufgaben der Kirche. Neuendettelsau 1983.
(*Preiser*, Aspekte)

Rad, Gerhard von: Theologie des Alten Testamentes, Bd. 2. Die Theologie der prophetischen Überlieferungen Israels. München 1965[4].
(*Rad*, Theologie)
Rahner, Karl und *Vorgrimler, Herbert:* Kleines Konzilskompendium. Sämtliche Texte des Zweiten Vaticanums. Freiburg, Basel und Wien 1976[11].

(*Rahner/Vorgrimler*, Konzilskompendium)
Ratzmann, Wolfgang: Missionarische Gemeinde. Ökumenische Impulse für Strukturreformen. Berlin 1980 (Theologische Arbeiten, Bd. 39).
(*Ratzmann*, Gemeinde)
Reich, Herbert: Art. »Haushalterschaft«, in: EKL, Bd. 2, Sp. 34 f.
(*Reich*, Haushalterschaft)
Reller, Horst: Bibelunterricht durch Vorkonfirmandeneltern. Beispiel: Hoya/Weser. Hannover 1979 (VELKD – Informationen).
(*Reller*, Bibelunterricht)
Reller, Horst: Zum Gesamtkonzept der missionarischen Doppelstrategie. Thesen anläßlich der VELKD-Konsultation vom 24.–26. 9. 1984 in Celle. Masch. Hannover 1984.
(*Reller*, Gesamtkonzept)
Reller, Horst und *Grohmann, Rita:* Lernen um zu lehren. Eltern geben Vorkonfirmandenunterricht, unter Mitarbeit von *Hans Wilhelm Hastedt, Günter Scholz* und *Eckhard Reichelt*. Gütersloh 1985.
(*Reller/Grohmann*, Lernen)
Rendtorff, Trutz: Christentum außerhalb der Kirche. Konkretionen der Aufklärung. Hamburg 1969.
(*Rendtorff*, Christentum)
Riesner, Rainer: Apostolischer Gemeindebau. Die Herausforderung der paulinischen Gemeinden. Gießen und Basel 1978.
(*Riesner*, Gemeindebau)
Riess, Richard (Hg.): Haus in der Zeit. Das evangelische Pfarrhaus heute. München 1979.
(*Riess*, Haus)
Röckle, Gerhard: Erfahrungen mit dem Bethel-Bibelstudienprogramm in der Bundesrepublik Deutschland. Bericht von der 1. Internationalen Konferenz des Bethel-Bibelstudienprogramms in Madison/Wisconsin (USA) vom 30. 5.–5. 6. 1983. Masch. Stuttgart 1983.
(*Röckle*, Erfahrungen)
Rössler, Dietrich: Prolegomena zur Praktischen Theologie. Das Vermächtnis Christian Palmers, in: Zeitschrift für Theologie und Kirche 64 (1967), S. 357–371.
(*Rössler*, Prolegomena)
Rössler, Dietrich: Praktische Theologie – Begriff und Aufgabe, in: *F. Wintzer* (Hg.): Arbeitsbuch Praktische Theologie. Neukirchen-Vluyn 1982, S. 1–10.
(*Rössler*, Theologie)
Roloff, Jürgen: Die Apostelgeschichte. Göttingen 1981[17] (NTD, Bd. 5, hg. v. *G. Friedrich* und *P. Stuhlmacher*).
(*Roloff*, Apostelgeschichte)

Seitz, Manfred: Art. »Exerzitien«, in: TRE, Bd. 10, S. 703–707.
(*Seitz*, Exerzitien)
Seitz, Manfred: Missionarische Existenz der Gemeinde in der Volkskirche. Evangelisation und Gemeindeaufbau, in: Theologische Beiträge 13 (1982), S. 150–157.
(*Seitz*, Existenz)
Seitz, Manfred: Gemeindeaufbau in den achtziger Jahren, in: *H. J. Luhmann* und *G. Neveling-Wagener* (Hg.): Deutscher Evangelischer Kirchentag Hannover 1983. Stuttgart 1984, S. 322–330.
(*Seitz*, Gemeindeaufbau)
Seitz, Manfred: Das geistliche Leben des Mitarbeiters, in: Theologische Beiträge 11 (1980), S. 197–210.
(*Seitz*, Geistl. Leben)

Seitz, Manfred: Das Leben des Herrn in den Diensten der Gemeinde. Theologische Erwägungen zur Personalplanung in der Kirche. In: Personalplanung in der Ev.-luth. Kirche in Bayern. Referate der Landessynode in Bad Alexandersbad vom 26.–29. 4. 1979. München 1979.
(*Seitz,* Leben)

Seitz, Manfred: Praxis des Glaubens. Gottesdienst, Seelsorge und Spiritualität. Göttingen 1979².
(*Seitz,* Praxis)

Seitz, Manfred: Die Predigt bei der Taufe, in: *H. Breit* und *M. Seitz* (Hg.): Calwer Predigthilfen »Taufe«. Stuttgart 1976, S. 29–48.
(*Seitz,* Predigt)

Seitz, Manfred: Auf der Suche nach Bestätigung. Einsichten aus der VELKD-Umfrage zum Gottesdienst, in: Lutherische Monatshefte 12 (1973), S. 407–410.
(*Seitz,* Suche)

Seitz, Manfred: Umkehr zu welchem Leben? Kirchentag zwischen Großveranstaltung und Gemeinschaft, in: Zeitenwende 1983, S. 229–232.
(*Seitz,* Umkehr)

Seitz, Manfred: Elementare Verkündigung und veränderte Gemeinde. Ein pastoraltheologischer Beitrag zur Evangelisierung der Kirche, in: *R. Riess* und *D. Stollberg* (Hg.): Das Wort, das weiterwirkt, Aufsätze zur Praktischen Theologie in memoriam Kurt Frör. München 1982, S. 98–107.
(*Seitz,* Verkündigung)

Seitz, Manfred/Herbst, Michael und *Becker, Falk:* Missionarischer Gemeindeaufbau in der Volkskirche. Theologische Überlegungen zum Auftrag der Kirche. Vortrag vor der Arbeitsgemeinschaft für missionarischen Gemeindeaufbau in der Ev. Kirche von Westfalen am 26. 10. 1984 in Meinerzhagen-Nordhelle. Wetzlar 1984 (IDEA-Dokumentation 44/84).
(*Seitz/Herbst/Becker,* Gemeindeaufbau)

Seitz, Manfred und *Mohaupt, Lutz* (Hg.): Gottesdienst und öffentliche Meinung. Kommentare und Untersuchungen zur Gottesdienstumfrage der VELKD. Stuttgart usw. 1977.
(*Seitz/Mohaupt,* Gottesdienst)

Seiz, Paul-Gerhard (Hg.): Die Siedlung als Neuland der Kirche. Stuttgart 1968 (Reihe: »Kirchenreform«, Bd. 2).
(*Seiz,* Siedlung)

Seminarkollektiv (Mainz): Religion und Funktionalismus. Kritische Überlegungen zu K. W. Dahm: Beruf: Pfarrer, in: Theologia practica VIII (1973), S. 82–100.
(*Seminarkollektiv,* Religion)

Simpfendörfer, Werner (Hg.): Die Gemeinde vor der Tagesordnung der Welt. Stuttgart 1968 (Reihe: »Kirchenreform«, Bd. 1).
(*Simpfendörfer,* Gemeinde)

Simpfendörfer, Werner: Offene Kirche – kritische Kirche. Kirchenreform am Scheideweg. Stuttgart 1969.
(*Simpfendörfer,* Kirche)

Sorg, Theo: Wie wird die Kirche neu? Ermutigung zur missionarischen Gemeinde. Wuppertal 1977.
(*Sorg,* Kirche)

Sorg, Theo: Ruf und Vollmacht. Von den Grundlagen geistlichen Dienstes. Gießen und Basel 1965 (Heiligung und Dienst, Heft 1).
(*Sorg,* Ruf)

Spener, Philipp Jacob: Pia Desideria. Hg. v. *K. Aland.* Berlin 1964³ (Kleine Texte für Vorle-

sungen und Übungen, Bd. 170).
(*Spener*, Pia Desideria)
Spiegel, Yorick: Der Pfarrer im Amt. Gemeinde – Kirche – Öffentlichkeit. München 1970.
(*Spiegel*, Pfarrer)
Spiegel, Yorick: Praktische Theologie als empirische Theologie, in: *F. Klostermann* und *R. Zerfass* (Hg.): Praktische Theologie heute. München und Mainz 1974, S. 178–194.
(*Spiegel*, Theologie)
Sulze, Emil: Die evangelische Gemeinde. Gotha 1891 (Zimmers Handbibliothek der praktischen Theologie, Bd. I,a).
(*Sulze*, Gemeinde)
Sulze, Emil: Die Reform der evangelischen Landeskirchen nach den Grundsätzen des neueren Protestantismus. Berlin 1906.
(*Sulze*, Reform)

Schleiermacher, Friedrich: Kurze Darstellung des Theologischen Studiums zum Behuf einleitender Vorlesungen (hg. v. *H. Scholz*), Darmstadt 1982[5].
(*Schleiermacher*, Darstellung)
Schleiermacher, Friedrich: Predigten, 1. Bd. Neue Ausgabe. Berlin 1843.
(*Schleiermacher*, Predigten)
Schleiermacher, Friedrich: Die Praktische Theologie nach den Grundsätzen der evangelischen Kirche im Zusammenhang dargestellt (hg. v. *J. Frerichs*), Berlin 1850.
(*Schleiermacher*, Theologie)
Schmidt, Karl-Ludwig: Art. »καλέω κτλ«, in: *G. Friedrich* (Hg.): ThWNT, Bd. 3. Stuttgart usw. 1950, S. 502–539.
(*Schmidt*, Kaleo)
Schmidtchen, Gerhard: Gottesdienst in einer rationalen Welt. Religionssoziologische Untersuchungen im Bereich der VELKD. Stuttgart und Freiburg 1973.
(*Schmidtchen*, Gottesdienst)
Schnackenburg, Rudolf: Die Kirche im Neuen Testament. Ihre Wirklichkeit und theologische Deutung. Ihr Wesen und Geheimnis. Freiburg, Basel und Wien 1961 (Quaestiones disputatae, Bd. 14, hg. v. *K. Rahner* und *H. Schlier*).
(*Schnackenburg*, Kirche)
Schnackenburg, Rudolf: Der Brief an die Epheser. Zürich usw. 1982 (EKK, Bd. X, hg. v. *J. Blank* u. a.).
(*Schnackenburg*, Epheser)
Schneider, Herbert (SJ): Die Bedeutung der Geistestaufe in der charismatischen Erneuerung der katholischen Kirche. Schloß Craheim/Wetzhausen 1974 (Charismatische Kirche, Heft 4, hg. v. *A. Bittlinger* und *A. Schmitt*).
(*Schneider*, Bedeutung)
Schnell, Hugo: Die überschaubare Gemeinde. Berlin und Hamburg 1965[2] (Missionierende Gemeinde, Bd. 5, hg. v. *E. Baden* u. a.).
(*Schnell*, Gemeinde)
Schniewind, Julius: Geistliche Erneuerung. Göttingen 1981 (Lese-Zeichen).
(*Schniewind*, Erneuerung)
Schober, Theodor und *Thimme, Hans* (Hg.): Gemeinde in diakonischer und missionarischer Verantwortung. Auftrag – Anspruch – Wirklichkeit (FS für *H. H. Ulrich*). Stuttgart 1979.
(*Schober/Thimme*, Gemeinde)
Schoeck, Helmut: Kleines soziologisches Wörterbuch. Freiburg, Basel und Wien 1969.
(*Schoeck*, Wörterbuch)
Schönherr, Albrecht: Volkskirche im Zerfall begriffen, in: Theologia practica VIII (1973),

S. 216–218.
(*Schönherr*, Volkskirche)

Scholder, Klaus: Die Bedeutung des Barmer Bekenntnisses für die evangelische Theologie und Kirche. *Ernst Wolf* zum 65. Geburtstag, in: Evangelische Theologie 27 (1967), S. 435–461.
(*Scholder*, Bedeutung)

Schröer, Henning: Hauskreise, in: *P. C. Bloth* u. a. (Hg.): Handbuch der Praktischen Theologie, Bd. 3. Gütersloh 1983, S. 276–285.
(*Schröer*, Hauskreise)

Schröer, Henning: Inventur der Praktischen Theologie. Zur heutigen Forschungs- und Studienlage, in: *G. Krause* (Hg.): Praktische Theologie. Darmstadt 1972, S. 445–459 (WdF 264).
(*Schröer*, Inventur)

Schröer, Henning: Praktische Theologie, in: *ders.* (Hg.): Einführung in das Studium der evangelischen Theologie. Gütersloh 1982, S. 149–167.
(*Schröer*, Theologie)

Schütz, Eduard: Gemeindeaufbau im Neuen Testament. Leben und Dienst des Christen im Spiegel der Pastoralbriefe. Berlin 1971.
(*Schütz*, Gemeindeaufbau)

Schütz, Paul: Evangelium. Sprache und Wirklichkeit der Bibel in der Gegenwart. Hamburg 1972 (Gesammelte Werke, Sonderausgabe, Bd. 1).
(*Schütz*, Evangelium)

Schultz, Hans-Jürgen: Konversion zur Welt. Gesichtspunkte für die Kirche von morgen. Hamburg 1964.
(*Schultz*, Konversion)

Schulz, Heinz-Manfred: Eine Gemeinde spricht über ihren Glauben. Predigt als Wegbegleitung. Mainz 1983.
(*Schulz*, Gemeinde)

Schulze, Claus-Dieter: Reformation oder Performation der Kirche? In: Pastoraltheologie 58 (1969), S. 106–122.
(*Schulze*, Reformation)

Schumann, Wolfgang: Thema: Hausbibelkreis. Stuttgart 1981³ (Missionarische Dienste, Heft 106. Nachrichten vom Amt für missionarische Dienste der Ev. Landeskirche in Württemberg).
(*Schumann*, Hausbibelkreis)

Schwartz, Burkard: Leben und Dienst des CVJM München. Faltblatt des CVJM München. München o. J.
(*Schwartz*, Leben)

Schwarz, Fritz: Überschaubare Gemeinde, Bd. 1: Grundlegendes – ein persönliches Wort an Leute in der Kirche über missionarischen Gemeindeaufbau. Gladbeck 1980².
(*Schwarz*, Gemeinde, Bd. 1)

Schwarz, Fritz und *Sudbrack, Rainer:* Überschaubare Gemeinde. Bd. 2: Die Praxis – für Leute, die in der Kirche anpacken wollen. Gladbeck 1980.
(*Schwarz*, Gemeinde, Bd. 2)

Schwarz, Fritz und *Schwarz, Christian A.:* Überschaubare Gemeinde. Bd. 3: Programm des neuen Lebensstils für Leute, denen Jesus konkurrenzlos wichtig ist. Gladbeck 1982.
(*Schwarz*, Gemeinde, Bd. 3)

Schwarz, Fritz: Wie bauen wir Gemeinden? Tendenzen des Gemeindeaufbaus in Deutschland. Vortrag auf dem Freundestag des Arbeitskreises für Gemeindeaufbau und des Evangelischen Studienkollegs für Gemeindewachstum am 2. Juli 1983 in Herne. Wetzlar 1983

((IDEA-Dokumentation 24/83).
(*Schwarz*, Gemeinden)
Schwarz, Fritz: Wenn Kirchenmitglieder Christen werden... Hg. v. *Christian A. Schwarz.* Neukirchen-Vluyn 1986.
Schwarz, Kirchenmitglieder)
Schwarz, Fritz und *Schwarz, Christian A.:* Theologie des Gemeindeaufbaus. Ein Versuch. Neukirchen 1984.
(*Schwarz*, Theologie)
Schweitzer, Ortwin: Konzeptionelle Gedanken zur Hauskreisarbeit. Masch. Manuskript. Stuttgart o. J.
(*Schweitzer*, Gedanken)
Schweitzer, Ortwin: Hauskreis offensiv. Tips für missionarische Hauskreise. Wuppertal 1984.
(*Schweitzer*, Hauskreis)
Schweizer, Eduard: Das Evangelium nach Matthäus. Göttingen 1976[12] (NTD, Bd. 1, hg. v. *G. Friedrich*).
(*Schweizer*, Matthäus)
Schweizer, Eduard: Gemeinde und Gemeindeordnung im Neuen Testament. Zürich 1959 (AThANT, Bd. 35, hg. v. *W. Eichrodt* und *O. Cullmann*).
(*Schweizer*, Gemeindeordnung)
Schweizer, Eduard: Gemeinde nach dem Neuen Testament. Zürich 1949 (ThSt [B], Heft 26, hg. v. *K. Barth*).
(*Schweizer*, Gemeinde)

Strunk, Reiner: Vertrauen. Grundzüge einer Theologie des Gemeindeaufbaus. Stuttgart 1985.
(*Strunk*, Vertrauen)
Stuhlmacher, Peter: Der Brief an Philemon. Zürich usw. 1975 (EKK, Bd. XVII, hg. v. *J. Blank* u. a.).
(*Stuhlmacher*, Philemon)
Stuhlmacher, Peter: Vom Verstehen des Neuen Testaments. Eine Hermeneutik. Göttingen 1979 (GNT, Bd. 6 = Ergänzungsreihe zum NTD, hg. v. *G. Friedrich*).
(*Stuhlmacher*, Verstehen)

Thielicke, Helmut: Leiden an der Kirche. Ein persönliches Wort. Hamburg 1965.
(*Thielicke*, Leiden)
Thurneysen, Eduard: Die Lehre von der Seelsorge. München 1948.
(*Thurneysen*, Lehre)

Ulrich, Heinrich-Hermann: Ein Wort zum Abschied, in: Das missionarische Wort 35 (1982), S. 202.
(*Ulrich*, Wort)

Venetz, Hermann-Josef: So fing es mit der Kirche an. Ein Blick in das Neue Testament. Zürich usw. 1981.
(*Venetz*, Kirche)
Veraguth, Hans Peter: Erwachsenenbildung zwischen Religion und Politik. Die protestantische Erwachsenenbildungsarbeit in und außerhalb der freien Volksbildung in Deutschland von 1919–1948. Stuttgart 1979[2] (Schriften zur Erwachsenenbildung; Materialien zur Erwachsenenbildung).

Literatur

(*Veraguth,* Erwachsenenbildung)
Vicedom, Georg F.: Das Dilemma der Volkskirche. Gedanken und Erwägungen. München 1961 (TuG, Heft 4, hg. v. *E. Fikenscher*).
(*Vicedom,* Dilemma)
Vielhauer, Philipp: Oikodome. Das Bild vom Bau in der christlichen Literatur vom Neuen Testament bis Clemens Alexandrinus (Karlsruhe-Durlach 1939), in: *ders.:* Oikodome. Aufsätze zum Neuen Testament, Bd. 2. München 1979, S. 3–168 (Theologische Bücherei, Bd. 65, hg. v. *G. Klein*).
(*Vielhauer,* Oikodome)
Voigt, Gottfried: Der Aufbau der Gemeinde Jesu, in: Das missionarische Wort 21 (1968), S. 10–13.
(*Voigt,* Aufbau)
Voigt, Gottfried: Gegenwartsstand und Gegenwartsaufgaben der Praktischen Theologie, in: Pastoralblätter 107 (1967), S. 613–630.
(*Voigt,* Gegenwartsstand)
Vollmer, Klaus: Alte Wege – neu entdeckt. Handbuch zum geistlichen Gemeindeaufbau. Wesel 1975.
(*Vollmer,* Wege)

Wacker, Gerhard (Hg.): Kirche im Werden einer Dienstgruppe. Die Kolonie in Ramtel. Stuttgart 1970 (Reihe:»Kirchenreform«, Bd. 5).
(*Wacker,* Kirche)
Wacker, Gerhard und *Seiz, Paul-Gerhard* (Hg.): Gottesdienst im Gespräch. Verlauf eines Prozesses. Stuttgart 1969 (Reihe:»Kirchenreform«, Bd. 3).
(*Wacker/Seiz,* Gottesdienst)
Wagner, C. Peter: Your Spiritual Gifts Can Help Your Church Grow. Glendale/California (USA): Regal Books Divisions 1979.
(*Wagner,* Gifts)
Wenzelmann, Helmut: Modell einer Laienarbeit. Der Offene Abend Stuttgart, in: Porta 32 (1983), S. 35–40.
(*Wenzelmann,* Modell)
Weth, Rudolf:»Barmen« als Herausforderung an die Kirche. Beiträge zum Kirchenverständnis im Licht der Barmer Theologischen Erklärung. München 1984 (Theologische Existenz heute, Bd. 220, hg. v. *T. Rendtorff* und *K. G. Steck*).
(*Weth,* Barmen)
Weth, Rudolf (Hg.): Diskussion zur»Theologie des Gemeindeaufbaus«. Neukirchen-Vluyn 1986.
(*Weth,* Diskussion)
Williams, Colin W.: Gemeinden für andere. Orientierung zum kirchlichen Strukturwandel. Deutsche Fassung von *Werner Simpfendörfer.* Stuttgart 1965.
(*Williams,* Gemeinden)
Wichern, Johann Hinrich: Sämtliche Werke. Bd. I: Die Kirche und ihr soziales Handeln. Grundsätzliches und Allgemeines, hg. v. *P. Meinhold.* Hamburg und Berlin 1962.
(*Wichern,* Werke. Bd. I)
Wichern, Johann Hinrich: Sämtliche Werke. Bd. III/2: Die Kirche und ihr soziales Handeln. Grundsätzliches, Allgemeines, Praktisches, hg. v. *P. Meinhold.* Hamburg und Berlin 1969.
(*Wichern,* Werke, Bd. III/2)
Wimber, John/Springer, Kevin: Vollmächtige Evangelisation. Zeichen und Wunder heute. Hochheim 1986.
(*Wimber/Springer,* Evangelisation)

476

Winkler, Eberhard: Die Gemeinde und ihr Amt. Historische, empirische und hermeneutische Aspekte. Stuttgart 1973 (Arbeiten zur Theologie I, Heft 53).
(*Winkler,* Gemeinde)
Winkler, Eberhard: Impulse Luthers für die heutige Gemeindepraxis. Stuttgart 1983 (Arbeiten zur Theologie I, Heft 67).
(*Winkler,* Impulse)
Winkler, Eberhard und *Kretzschmar, Gottfried:* Der Aufbau der Kirche zum Dienst, in: *H. Ammer* u. a. (Hg.): Handbuch der Praktischen Theologie, Bd. 1. Berlin 1975, S. 133–228.
(*Winkler/Kretzschmar,* Aufbau)
Winter, Ralph D.: Evangelisation in anderen Kulturen. Ein Gebot von größter Dringlichkeit, in: Alle Welt soll sein Wort hören. Lausanner Kongreß für Weltevangelisation, Bd. 1. Neuhausen und Stuttgart 1974, S. 291–338.
(*Winter,* Evangelisation)
Wintzer, Friedrich: C. I. Nitzschs Konzeption der Praktischen Theologie in ihren geschichtlichen Zusammenhängen, in: Evangelische Theologie 29 (1969), S. 93–109.
(*Wintzer,* Konzeption)
Wintzer, Friedrich (Hg.): Seelsorge. Texte zum gewandelten Verständnis und zur Praxis der Seelsorge in der Neuzeit. München 1978 (Theologische Bücherei, Bd. 61).
(*Wintzer,* Seelsorge)
Wittram, Heinrich: Die Kirche bei Theodosius Harnack. Ekklesiologie und Praktische Theologie. Göttingen 1963 (APTh, Bd. 2, hg. v. *M. Fischer* und *R. Frick*).
(*Wittram,* Kirche)
Wulf, Hans: In einem religiösen Niemandsland. Welche Gründe führen heute zum Kirchenaustritt? In: Lutherische Monatshefte 23 (1984), S. 440–443.
(*Wulf,* Niemandsland)
Wurzbacher, Gerhard u. a.: Der Pfarrer in der modernen Gesellschaft. Soziologische Studien zur Berufssituation des evangelischen Pfarrers. Hamburg 1960 (SEST, Bd. IX).
(*Wurzbacher,* Pfarrer)

Zerfass, Rolf: Praktische Theologie als Handlungswissenschaft, in: *F. Klostermann* und *R. Zerfass* (Hg.): Praktische Theologie heute. München und Mainz 1974, S. 164–178.
(*Zerfass,* Theologie)